中国法学会民族法学研究会2018年年会论文选集

民族事务依法治理与民族民间规范

——《民族法学评论》第14卷

主　编：王　平
副主编：潘红祥　董　武

中国出版集团　全国百佳图书
中国民主法制出版社　出版单位

图书在版编目（CIP）数据

民族事务依法治理与民族民间规范：民族法学评论.第14卷 / 王平主编. — 北京：中国民主法制出版社,2019.9

ISBN 978-7-5162-2086-3

Ⅰ.①民… Ⅱ.①王… Ⅲ.①民族事务－法学－中国－文集 Ⅳ.①D922.154-53

中国版本图书馆CIP数据核字(2019)第198266号

责任编辑 / 逯卫光　胡俊平

装帧设计 / 郑文娟

书　　名 / 民族事务依法治理与民族民间规范——《民族法学评论》第14卷

作　　者 / 王　平　主编

出版·发行 / 中国民主法制出版社

社　　址 / 北京市丰台区右安门外玉林里7号（100069）

电　　话 / 010—62155988

传　　真 / 010—62168123

经　　销 / 新华书店

开　　本 / 787mm×1092mm　1/16

印　　张 / 33

字　　数 / 480千字

版　　本 / 2019年9月第1版　　2019年9月第1次印刷

印　　刷 / 北京精乐翔印刷有限公司

书　　号 / ISBN　978-7-5162-2086-3

定　　价 / 75.00元

本书编委会

主 编：王 平

委 员：潘红祥 董 武

前　言

现代民族国家是一个"想象的共同体"，民族主义是现代性的重要内容之一，是一种现代的"世界观"，是一种新的话语和历史实践。中国现代文学在中国现代民族国家的创造和建构中发生了重要的作用。与此同时，中国现代文学在主题内容和表达形式上都发生了深刻的、根本的变化。

19世纪是殖民主义全球化和欧洲民族主义高涨的时代，资本主义在全球的有力扩张，把地球变成了"世界"。19世纪资本主义形成了广泛的世界市场，同时也加剧了各民族利益不可克服的矛盾和冲突。20世纪终于爆发了空前规模的两次世界大战。歌德和马克思提出了"世界文学"的概念，同时，马克斯·韦伯在《民族国家与经济政策》中则指出，"全球经济共同体的扩展只不过是各民族之间相互斗争的另一种形式"。霍布斯鲍姆在《民族与民族主义》一书中说："若想一窥近两世纪以降的地球历史，则非从'民族'（nation）以及衍生自民族的种种概念入手不可。"而列文森则说："近代中国思想史的大部分时期，是一个使'天下'成为'国家'的过程。

本书是中国民族法学研究会2018年年会论文选编，主要是靠前民族法学界在2018年度的近期新研究成果收录的主要是关于民族区域自治、少数民族文化保护、少数民族权利保障、少数民族习惯法、民族法治基本理论方面的文章，从不同视角阐释了民族法治的现状、特点、面临的问题和解决的对策，对于推动民族工作法治化和民族法学研究的进一步深入将会产生积极影响。

王　平

2019年9月

目　录

中国法学会民族法学研究会第六次会员代表大会讲话

ZHONGGUO FAXUEHUI MINZU FAXUE YANJIUHUI

DILIUCI HUIYUAN DAIBIAO DAHUI JIANGHUA

在中国法学会民族法学研究会
会员代表大会暨学术研讨会上的致辞

中国法学会副会长　张鸣起

2018年6月21日

各位嘉宾、会议代表、同志们：

大家上午好!

江城六月，夏花烂漫。今天，我们相聚在美丽的南湖之滨，隆重召开中国法学会民族法学研究会会员代表大会暨学术研讨会。我代表中国法学会，向大会的顺利召开表示热烈的祝贺!向辛勤工作在民族法学研究和实践领域的专家学者们致以诚挚的问候!向本次会议的承办单位中南民族大学表示衷心的感谢!

民族法治是我国社会主义法治建设的重要组成部分，把民族工作纳入法治化、规范化轨道，是贯彻依法治国方略和实现民族事务治理现代化的重要内容，也是我们党解决民族问题长期实践的重要经验。民族法学研究会是中国法学会主管的50多个学科和专业研究会中，地位重要又独具特色的一个研究会。在过去的五年里，民族法学研究会在国家民委、中国法学会等相关单位的大力支持和指导下，在研究会领导班子的团结带领下，通过广大民族法学法律工作者的共同努力，在坚持和完善民族区域自治制度、推进民族法治建设、依法保障各民族合法权益等方面做了大量工作，特别是在进一步推动完善民族政策法规，培养民族法律人才，积极开展学术研究和交流，推动民族法学研究成果转化等方面取得了显著成绩，进一步开创了研究会工作的新局面。在今天的会议上，民族法学研究会还将举行换届选举，产生新一届理事会和领导班子成员。换届是研究会的大事，在这里，我提前向新当选的理事、常务理事和研究会负责人表示祝贺!希望民族法学研究会在新一届领导班子的带领下，在新的起点上取得更大的发展!

今年是贯彻落实党的十九大精神的开局之年。研究会以"学习贯彻十九大精神，推进民族事务治理法治化"为主题召开学术研讨会议，可谓恰逢其势、正当其时。希望研究会贯彻落实好中央关于民族问题和法学研究的新思想新要求，切实履行好团结培养人才、组织引领研究、服务法治实践的职责，为繁荣民族法治研究，全面推进依法治国作出新的贡献！借这个机会，我代表中国法学会，对民族法学研究会的工作提几点意见：

一是要坚持以习近平新时代中国特色社会主义思想和党的十九大精神为指导开展学术研究。习近平新时代中国特色社会主义思想是在伟大实践中升华形成的，深刻回答了实践和时代提出的新课题，包含着丰富的原创性理论贡献，是当前和今后指导开展民族法治问题研究的理论基础和行动指南。十八届四中全会指出，要"围绕社会主义法治建设重大理论和实践问题，推进法治理论创新，发展符合中国实际、具有中国特色、体现社会主义发展规律的社会主义法治理论，为依法治国提供理论指导和学理支撑。"十九大报告强调，要"全面贯彻党的民族政策，深化民族团结进步教育，铸牢中华民族共同体意识，加强各民族交往交流交融，促进各民族像石榴籽一样紧紧抱在一起，共同团结奋斗、共同繁荣发展。"民族法学研究会要团结引领全国民族法学法律工作者，切实学习贯彻习近平新时代中国特色社会主义思想和十九大报告精神，特别是学习贯彻十八大以来党中央关于法治建设和民族工作的一系列重大决策和部署，实现中国特色社会主义法治理论、民族理论与解决我国当前民族法治实践的重大理论现实问题的有效结合，牢牢把握民族法学研究、法学教育和法治实践的正确政治方向。

二是坚持以学习型、协同型、智库型、国际型的标准建设好新型研究会。我国幅员辽阔，各民族聚居交融，文化多样，研究会要深入基层，加强调研，立足于我国是一个统一的多民族国家的国情开展学术研究。今年，按照中央关于"大兴调研之风"的有关要求，中国法学会组织了"法学家下基层"系列专题法治调研活动。昨天，我们20多位专家学者专门就少数民族流动人员合法权益保障等问题进行了调研，收获很大。研究会要继续拓展研究平台和合作方式，加强与其他专业研究会、地方法学会、实务部门和高等院校的交流合作，实现跨学科、跨区域、跨部门的协同创新研究。要重视研究会理论阵地建设，发挥好研究会的组织协调作用，充分利用自身调研优势，动员和组织各方面力量开展相关研究，争取多出有质量、有影响的成果。要着力探索建立完善的信息决策和智力支持系统，多向有关部门提供前瞻性、战略性、基础性的咨询建议，实现研究成果及时高效转化。

要重视智库人才的储备，通过积极开展活动，发现、培养、凝聚一批中青年优秀人才。希望通过研究会上下全体共同努力，多措并举、奋发有为，将研究会建设成为民族法学研究领域的重要高端智库。

三是坚持理论联系实际，围绕民族法治实践中的重点难点热点问题，着力开展具有较强针对性、时效性、应用性的对策研究。习近平总书记在2014年中央民族工作会议上对新时期的民族工作提出了新任务、新要求。为贯彻落实中央的要求，民族法学研究会应该有所作为。要加大研究力度，围绕中央关切、社会关注、人民关心的热点问题，例如民族区域自治相关法律法规、少数民族权益保障、少数民族文化教育、生态环境保护、民族事务管理法治化等课题，积极推动理论研究。并且注重理论联系实际，探索出一系列切实可行、操作性强的成果，推动建立更加完备的民族法律法规体系、高效的民族法治实施体系、严密的民族法治监督体系、有力的民族法治保障体系。要积极推动民族地区的法治宣传教育和法治人才培养，立足本地方本民族的特点，善于挖掘民族地区长期形成的有效治理经验和治理模式，如习惯、民俗、伦理、文化价值观念等，创新民族地区社会治理体制机制，不断丰富发展中国特色社会主义民族法治理论与实践，为实现各民族共同团结奋斗、共同繁荣发展创造良好的法治环境和制度保障。

四是进一步加强研究会组织建设和能力建设，不断增强研究会的活力和影响力。研究会换届之后，团队实力更为增强了，为今后的发展打下了很好的基础。研究会领导班子和常务理事要更加关心支持研究会的工作，广泛动员各方资源，为研究会出题目、交任务，更好地推动研究会各项工作的开展。国家民委作为民族法学研究会的依托单位，一直以来给予了研究会很大的支持。研究会要最大限度地继续争取依托单位的支持，加强研究会秘书处建设。要进一步加强人才梯队建设，广泛吸纳本领域有代表性、权威性的专家学者和实务部门代表，实现地域分布均衡、比例分配合理。要积极开展活动，激发会员热情，更好推进民族法学学科建设和理论构建。同时，还要积极参与中国法学会组织的课题研究、成果评奖、立法司法咨询、法治论坛等各项活动。通过各方努力，将研究会打造成更加团结、更加奋进、更具活力、更有影响的专业研究会。

同志们，今年是实施"十三五"规划承上启下的关键一年，也是改革开放40周年。当前，我国正处于实现中华民族伟大复兴中国梦的关键历史时期，"两个一百年"奋斗目标明确，全面建设社会主义现代化强国的时间表、路线图清晰。在伟大实践中，如何推动民族地区实现跨越式发展、同全国一道全面建成小康社会，如何增强中华民族共同体意识、进一步推动民族大团结和国家长治久安，这些重大现实问题都迫切需要民族法学法律工作者们作出回答。新形势新任务给民族法学理论创新和学术繁荣提供了强大动力和广阔空间。希望大家要把握历史机遇，努力构建新时代中国特色民族法学，为巩固发展民族团结的大好局面作出新的历史性贡献。

预祝会议取得圆满成功！谢谢大家！

在中国法学会民族法学研究会会员代表大会
暨学术研讨会上的致辞

国家民委政策法规司司长　宋　全

2018年6月21日

尊敬的张鸣起会长，边境书记，同志们：

在全国上下深入学习习近平新时代中国特色社会主义思想和党的十九大精神之际，我们在美丽的中南民族大学召开中国法学会民族法学研究会第六次会员代表大会暨学术研讨会，这是一次换届会议，具有承前启后、继往开来的意义。中国法学会对这次会议十分重视，学会党组审议通过了换届方案，对相关工作给予了大力支持，张鸣起会长又亲自到会指导，接下来还要作重要指示。在这里，我谨代表国家民委政法司，衷心感谢中国法学会一直以来的关心和指导！衷心感谢同志们、同学们与会支持！衷心感谢中南民族大学的领导和师生们对本次会议的辛勤付出！

民族法学研究会成立以来特别是2012年第五届理事会成立以来，在中国法学会和国家民委的支持下，做了大量工作，一方面为推动民族法学成为相对独立的综合性法学学科、不断促进相关研究发展繁荣发挥了重要作用；另一方面充分发挥专家学者的专业优势，积极参与民族立法、普法等活动，为完善民族法律法规体系、推动民族法治建设作出了重要贡献；同时，学会还搭建交流平台，聚合了一大批专家学者，每年都推出可观的优秀成果，对深化学术研究，促进民族事务法治化进程产生了积极的影响。

今年是贯彻落实党的十九大精神的开局之年，也是改革开放40周年，党和国家各项事业站在了新的历史起点。民族法学会要积极适应新形势新任务新要求，在中国特色社会主义法治建设新的伟大实践中，砥砺前行，奋发有为。

一是始终坚持党的领导，牢牢把握正确的政治方向。学术无禁区，但政治原则不能背离。研究会作为党领导下的学术研究团体，在坚持党的领导这个政治原则问题上，必须旗帜鲜明、立场坚定。要加强研究会党建工作，坚决贯彻党的理论和路线方针政策，各位会员在政治立场、政治方向、政治原则、政治道路上要始终同党中央保持高度一致。要深入学习习近平新时代中国特色社会主义思想，尤其是进一步深化习近平法治思想的学习、研究和宣传阐释，准确把握习近平关于民族工作的新思想新理念新战略，坚持以党的领导为根本保证，牢固树立"四个意识"，坚定"四个自信"，矢志不渝做中国特色社会主义事业的建设者、捍卫者。

二是围绕党和国家中心工作，努力为法治建设和民族工作贡献才智。要主动服务大局，围绕全面深化改革总目标和全面依法治国基本方略，坚持和完善民族区域自治制度，切实铸牢中华民族共同体意识；围绕依法保障各族群众合法权益，促进各民族交流交往交融，切实维护民族团结稳定大局；围绕加强和完善民族工作体制机制，研究面临的重点、难点和热点问题，提出高质量的理论成果，切实推动民族事务治理法治化。

三是同心协力，不断推进民族法学研究创新发展。在推进全面依法治国的实践中，民族法学既拥有广阔前景，又面临着诸多挑战。要发扬研究会广泛联系理论界和实务界的优良传统，继续打造优势互补、合作共赢的平台，形成合力，勇于创新，多出精品，增强民族法学的话语权和影响力。要着力加强学科建设，凝聚更多的优秀人才，完善梯队结构，营造良好研究氛围，推动学术成果转化，体现应有价值。要加强自身建设，从会长到会员都应不断强化创新意识、责任意识、担当意识，研究会领导班子和秘书处要切实履行职责。今后，国家民委政法司将一如既往地对研究会工作给予全力支持。

同志们，这次会议的召开，预示着研究会进入了一个新的历史阶段。希望研究会团结带领大家以习近平新时代中国特色社会主义思想为指导，发挥自身优势，秉持"志不求易、事不避难"的精神，积极进取，努力为民族法治工作作出新的更大贡献！

最后，预祝会议取得圆满成功！谢谢大家！

在中国法学会民族法学研究会
第六次会员代表大会上的报告

国家民委政策法规司副司长　王　平

2018年6月21日

各位理事，各位代表，各位学术委员，同志们：

刚才，会议完成了既定议程，选举产生了研究会第六届理事会、常务理事会以及领导机构负责人，还成立了研究会的学术委员会。新一届理事会的成立，标志着研究会开始了新的征程。在开幕式上，中国法学会张鸣起副会长和国家民委政法司宋全司长分别作了重要讲话，老会长毛公宁同志作了语重心长的讲话，对新一届理事会提出了殷切的希望，也为我们今后的工作指明了方向。

民族法学研究会成立于1990年，是当时中国法学会下属的七个分支学科研究会之一。从研究会的筹备、成立以及第一届至第五届理事会的工作，我都参与了，是研究会一步步发展壮大的亲历者和见证者，现在接力棒交到我们第六届理事会，大家选举我为研究会会长，我深感荣幸，同时也感到责任重大。首先，我代表新一届理事会、新一届常务理事会，非常感谢大家对我们的信任和支持！也非常感谢大家对我本人的信任和支持。

研究会从无到有，从有到大到强，目前已发展成为在全国具有较大影响的法学社团之一，是民族法学研究领域唯一的全国性法学社团。研究会能有今天的成绩，离不开中国法学会和国家民委的领导和指导，离不开各位民族法学研究和民族法治实践领域的同仁们的鼎力支持和积极参与，也离不开研究会历届领导的努力，如前会长、副会长杨侯第、毛公宁、戴小明、雷振扬、马玉祥、彭高健等一批老前辈、老领导，都曾倾注大量的心血，为研究会的发展壮大作出了杰出贡献。在此，我代表新一届理事会，对一直以来关心支持研究会发展的各位领导、老前辈和同仁们，表示崇高的敬意和衷心的感谢！

研究会成立以来，主要围绕民族法学的基本理论问题、民族区域自治法学、少数民族人权保障、少数民族习惯法和比较民族法学以及民族法治建设的重大理论和实践问题等内容开展研究，经过近三十年的发展，已经具有了深厚的学术积累，产生了一大批有影响的成果，形成了一支专业学术队伍，对我国民族法治建设起到了重要的理论支撑作用，民族法学研究已经引起国内越来越多的高校和研究机构的重视，目前已经形成了遍布全国的研究格局，一些西方国家的科研机构和高等院校也开始关注中国特色的民族法治实践和民族法学的教学和科研。

2012年第五届理事会成立以来，围绕党和国家的工作大局，认真履行学术团体的职能，团结广大民族法学理论工作者和实务工作者，在加强研究会党的建设、繁荣民族法学研究、服务民族工作、加强民族法治宣传、培养法律人才、推动学科发展等方面做了大量卓有成效的工作，研究会获得了新的发展。

一是以党建强会建，加强了政治学习，增强了"四个意识"。按照中国法学会的统一领导和部署，研究会成立了以常务副会长吴大华为书记，副秘书长田艳、李远龙为委员的党支部。党支部成立以来，及时传达、学习并认真贯彻落实党的十八大以来各项方针政策，确保了理论研究和学术组织活动始终保持正确的政治方向。研究会建立健全了学习宣传机制，开展一系列宣传活动，如，2014年与中央民族大学法学院共同主办法律文化节，纪念《宪法》颁布60周年和《民族区域自治法》颁布30周年，推出系列名家学术讲座，及时解读党的十八届四中全会精神与民族法治发展成就；还举办了"宪法与民族法知识竞赛""十八届四中全会十大热点宣传展"等活动，以生动活泼的方式将中央的精神传递给广大会员和社会大众。

二是紧紧围绕工作大局开展民族法学研究，取得了一大批新的成果。研究会服务于我国法治建设和民族工作的大局，紧紧围绕民族法治建设中带有全局性、根本性、战略性的问题开展研究，如围绕坚持和完善民族区域自治制度、依法妥善处置涉及民族因素的社会问题、促进民族关系和谐、加快边疆地区、民族地区法治队伍建设等方面，选取了十大研究课题作为重点研究领域，并通过邀请学术名家以讲座、报告、论坛等形式进行学术交流，力求在重大现实问题上取得理论突破和创新。2012年—2016年，研究会先后举办的5次高质量的全国性学术年会，吸引了全国高等院校、科研院所和实务部门的人员参与，成为民族法学研究领域的同仁们的盛会，在国内产生了广泛的学术影响。各位理事、会员还积极参加了其他许多具有重要影响的学术会议，推动了国内国外跨学科、跨领域的学术交流，使专题研究更加深入。目前，研究会已经与中国人类学研究会、中国法律人类学研究会、中国民间法研究会、中央民族大学民族区域自治法与民族法制研究中心、世界民族研究中心、中国政法大学民族法研究中心、兰州大学西北少数民族研究中心等重点研究团体（机构）建立了较为紧密的科研联系，通过与这些研究团体（机构）的合作，研究会促进了理事单位与会外平台、研究队伍与实践部门之间的交流合作，也进一步聚合了全国的民族法学研究力量。研究会强调问题导向，关注法治实践需要，注重成果的转化应用，为促进民族地区改革发展稳定提供法律支持，例如，已在云南、内蒙古、甘肃等地的基层建立了调研基地，在相关基层法院、律师事务所建立了实习基地。研究会加强了课题委托研究。今年，经过积极争取，从国家民委民族问题研究项目里定向拿出五个部级项目作为研究会项目，进行委托研究，进一步激励和推动了学者们的研究热情。在过去的五年中，研究会的许多理事撰写的著作和论文在各种法学研究评奖活动中获奖，由于时间关系，我就不一一列举了。

三是坚持理论联系实际，积极参与民族法治实践活动，取得了显著成效，研究会的智库作用得到进一步体现。研究会的理事有的担任了国家民委法律顾问，有的担任了国家民委专家咨询委员等，利用专业知识，在立法决策、政策法规制定起草、实施评估等方面发挥了突出的作用。研究会组织力量，整合资源，对重大法律法规制定和修改开展对策性研究，跟踪关注法律实施中出现的新情况新问题，为决策部门提供了专业的意见。如，积极推动把城市民族工作、清真食品管理、民族成分管理、民族团结进步创建表彰活动等纳入规范化、法治化轨道。2016年，研究会在甘肃舟曲参与承办了"民族法制文化与司法实践研讨会"，最高人民法院院长周强、国家民委副主任刘慧等领导出席了会议。研究会参与举办"伊斯兰教、穆斯林、回族、清真食品和 Halal 食品的关系问题"等多个小型学术研讨会，为国家有关立法活动提供理论支持。研究会还组织成员参与了国家人权事务研究，按照有关部门的要求，参与编写国家人权报告、人权白皮书、有关国际人权公约履约报告、影子报告的撰写等工作，为我国外交大局和国际交流合作作出了积极贡献。

四是不懈地推动民族法学学科发展和民族地区法学人才的培养工作，取得了显著成绩。五年来，研究会为将民族法学纳入教育部法学二级学科目录和将其列为国家民委重点学科作出了不懈的努力。同时，研究会致力于推动民族法学人才的培养，目前，中央民族大学、云南大学、内蒙古大学、广西民族大学、贵州民族大学、西南民族大学等单位都已经拥有民族法学博士学位授权点或硕士学位授权点，中央民族大学、西南民族大学设立了藏汉双语基地班，中央民族大学、西南民族大学等单位还被授予卓越法律人才培养基地。中央民族大学法学院和云南大学法学院成功入选应用型、复合型法律职业人才教育培养基地，内蒙古大学法学院、西南民族大学法学院、云南民族大学法学院、青海民族大学法学院等入选西部基层法律人才教育培养基地。具有民族法学知识的法律人才已经成为促进我国民族地区法治建设的一支重要力量。

同志们，过去的五年，研究会第五届理事会的工作成果丰硕，由于时间关系，我挂一漏万地讲了几个方面。这些成绩的取得，是第五届理事会和会长、副会长以及广大会员共同努力的结果，特别是研究会秘书处和5个年会的承办单位付出了大量的辛劳。对上一届理事会的工作以及取得的丰硕成果，我们表示敬意和感谢，我想，最好的敬意和感谢就是，新一届理事会，要在上一届理事会以及历届理事会奠定的厚重的工作基础上，锐意开拓创新，推动研究会工作不断向前发展。

下面，关于新一届理事会的工作，我讲几点初步意见。

（一）深入学习习近平新时代中国特色社会主义法治思想，深入学习习近平总书记关于民族工作的重要论述，加强政治引领，推进研究会工作持续健康发展

习近平新时代中国特色社会主义法治思想关于民族工作的重要论述，是习近平中国特色社会主义思想的重要组成部分，集中体现了我们党在法治建设领域、在民族工作领域的理论创新、制度创新和实践创新，是我们开展好民族法学研究和推进民族法治实践的根本遵循，我们一定要坚持不

懈地加强学习，并用以统领我们的工作。今年以来，中国法学会连续召开了常务理事扩大会议、研究会工作会议、地方法学会工作座谈会，就习近平中国特色社会主义法治思想的学习、加强研究会党建工作、加强对法学法律工作者政治引领，都提出了明确要求，国家民委也对深入学习贯彻中央民族工作会议精神、学习贯彻习近平总书记关于民族工作一系列讲话、批示精神，提出了明确要求。我们要进一步抓好贯彻落实。要发挥好研究会党支部的作用，通过多种形式，及时传达学习中央关于全面依法治国和关于民族工作的最新精神和重大决策部署，在民族法学界广泛宣传党的路线方针政策，把研究会党支部的工作与业务工作相结合，引导会员们牢固树立"四个意识"，牢牢把握正确的政治方向，始终同党中央保持高度一致，不断增强坚定走中国特色社会主义法治道路的信心。作为法律人，尤其要深刻认识第五次宪法修改的重大意义，带头尊崇宪法、学习宪法、遵守宪法、维护宪法、运用宪法，弘扬宪法精神。在研究工作中，要坚持政治标准与学术标准相统一，正确处理"双百"方针与"二为"方向的关系，既要旗帜鲜明地、一以贯之地坚持"百花齐放、百家争鸣"的"双百"方针，又要坚持好为人民服务、为社会主义服务的"二为"方向。

（二）深刻把握新时代的新特点，紧紧围绕国家法治建设和民族工作的大局和需要，深化理论研究，不断贡献高质量的研究成果

研究会的基本功能是学术研究，繁荣民族法学研究是研究会的基本任务。2016年5月17日，习近平同志《在哲学社会科学工作座谈会上的讲话》中指出，一个国家的发展水平，既取决于自然科学发展水平，也取决于哲学社会科学发展水平。一个没有发达的自然科学的国家不可能走在世界前列，一个没有繁荣的哲学社会科学的国家也不可能走在世界前列。套用这句话，我们是不是也可以说，没有繁荣的民族法学研究，我国的民族法治建设也很难达到一个理想的局面。

学术研究有长线研究，有短线研究；有基础理论研究，也有当前对策研究；还有历史研究，国际比较研究等等。我们欢迎各种各类研究。但是，学术研究总是为现实服务的，当前，我国现实的最大特点，就是中国特色社会主义进入了新的时代，我们要研究新时代的新特点，为我国民族事务治理法治化、为我国民族事务治理能力的现代化多作贡献。新时代的一个主要特点就是，社会主要矛盾发生了转变，我国社会主要矛盾已经转化为

人民日益增长的美好生活的需要与不平衡不充分的发展之间的矛盾，人民美好生活的需要，不仅对物质生活提出了更高的要求，而且在民主、法治、公平、正义、安全、环境等方面都提出了要求。我国社会主要矛盾的转化为民族法治研究提出了许多重大的理论和实践问题。比如说，不平衡不充分的发展在少数民族地区可能表现得更为突出，公平、正义本来就是我们研究民族问题遵循的基本价值和目的，环境、安全等价值目标都与民族问题研究息息相关，而如何把民族事务的治理纳入国家民主、法治的总体框架之中，对我们从事民族法学研究的同仁们来说，其实就是主要任务。因此，深入研究和牢牢把握新时代的新特点，围绕国家法治建设和民族工作的大局和需要，进一步加强理论研究，是新时代赋予我们的历史使命。

如何进一步搞好我们的理论研究，我认为，关键是要继续弘扬我们好的学术研究传统，不断改革创新研究方法，严格遵循学术研究规范。至少有这么几个好的传统，应该大力弘扬：

一是继续弘扬好坚持马克思主义在民族法学研究中的指导地位这个优良传统。我国知识分子用现代社会科学的方法研究中国问题，是在鸦片战争以后开始的，从那时起，特别是到上世纪与上上世纪之交，各种现代社会科学学科在中国逐步发展起来。而当代中国哲学社会科学是以马克思主义进入我国为起点的，是在马克思主义指导下逐步发展起来的。这是一个好的传统，必须坚持。坚持马克思主义的指导地位，必须反对两种不良倾向：否认马克思主义的指导地位或者教条地对待马克思主义。前一种倾向，公开的，有但比较少见，后一种倾向，好像还比较多。恩格斯说："马克思的整个世界观不是教义，而是方法。它提供的不是现成的教条，而是进一步研究的出发点和供这种研究使用的方法。"马克思主义思想，要整体把握，要把握它的基本精神、基本观点、具体观点的时代背景，切忌不顾背景地片言只语地随意断章取义。

二是继续弘扬好注重调查研究这个优良传统。李维汉同志讲，民族工作，不搞调查研究就没有饭吃。这句话，也适合民族法学研究。为什么民族工作或者民族问题研究要特别注重调查研究呢？我理解，少数民族成员首先是国家公民，国家关于公民方方面面权利义务的法律制度，所有公民是一体适用的。为什么又有民族事务、民族法规政策呢？是因为民族之间存在差异性，有差异，就有民族问题，有民族问题就有特殊的民族法规政策。所以说，我们搞民族问题研究或民族法治问题研究的一个前提，就是要善于发现、研究这种差异性，这就需要特别注重调查研究。我们有这个好的传统，比如说鼓励建立调研基地，长时间的蹲点调查、跟踪调查等等，我们要继续弘扬这种传统。当然，我说的调查研究，是广义的调查研究，历史文献研究等也是间接的调查研究，古人已逝，他们的世界我们走不进去了，只能通过文献、考古、现代生物学等方法来间接地调查研究。

研究各民族的一致性是不是不重要了呢？不是。研究一致性有时更为重要，比如当前关于中华民族共同体的研究，就非常重要。差异性以一致性为前提，没有一致性，就无所谓差异。我们不提倡把各民族的差异绝对化、孤立化、原子化的那种不科学的研究方法。

三是继续弘扬好正确处理坚持马克思主义指导地位与借鉴古今中外学术资源的关系的优良传统。习近平总书记指出，要加快构建中国特色的哲学社会科学，要按照立足中国、借鉴国外，挖掘历史、把握当代，关怀人类、面向未来的思路，着力构建中国特色哲学社会科学，在指导思想、学科体系、学术体系、话语体系等方面充分体现中国特色、中国风格、中国气派。这对中国哲学社会科学来说，无疑是一个重大的课题，是一项艰巨而光荣的任务。对中国民族法学来说，也是一个艰巨而光荣的任务。学科的发展需要积累，需要创新。完成这一任务，需要一代一代学人持续的、踏踏实实的努力。在这个努力过程中，特别要注意处理好古今中外的关系。我们坚持马克思主义的指导地位，但也不能一概排斥借鉴西方的学术资源，要知道，马克思主义本来就诞生于西方，是马克思、恩格斯在当时主要是西方学术资源的基础上，经过革命性的创造产生的。在借鉴西方学术资源上，我们也不能简单地拿来一种西方观点，反对另一种西方观点。我们知道，在西方，有唯物主义就有唯心主义，有自由主义就有共和主义、社群主义、差异政治、承认理论，有现代化理论就有后现代理论、反东方主义，有建构就有解构等等。有的主义，我们批判多年，但也不能简单地认为后出现的就是好的，非主流的就是发展的方向，还是要用马克思主义的观点辩证地分析。在借鉴古代的智慧时，我们也不能忽视古代社会与现代社会的本质差别。比如，习近平总书记在2014年中央民族工作会议上谈到坚持和完善民族区域自治制度时，谈到了历代王朝经略民族地区的"因俗而治""怀柔羁縻"政策的智慧，但是他也指出了新办法、老办法的本质差别。民族区域自治制度不是简单套用过去的办法，它是建立在公民权利平等、民族平等的基础之上的，是现代社会的办法，是对老办法的扬弃。总之，无论是建立中国特色的民族法学学科体系也好，还是研究民族法治的具体问题也好，把握好主体与借鉴、特色与一般、创造与继承等关系，是我们的一个好经验、好传统，要继续发扬。

四是继续保持和弘扬优良学风，严格遵循学术研究规范开展学术研究和学术讨论。这也是不断贡献高质量研究成果的基础。现在社会上一些领域流行一种浮躁风气，我觉得我们民族法学研究领域还好，我们要坚持好这个优良传统。研究、讨论问题，所用概念的内涵外延自然要有界定，逻辑推理要明晰（不管是形式逻辑、辩证逻辑还是数理逻辑，也不管是演绎推理还是归纳推理），前人的研究要交待、引用文献要注明，讨论问题要准确把握对方的观点，这些是所有研究者都知道的常识。我们民族法学会的同仁们，都较好地遵循了这些学术研究规范，但我们也看到，一些有关民族问题的研究文章，实在不敢恭维。有的用了许多概念，但概念的内涵外延不清楚；有的满篇"马克思主义民族观认为"，但没有直接引用一句马克思的话；有的提出了一个重要命题，仅举一个例子加以说明，既不是演绎推理，也不是归纳推理，不知道这个命题是怎么得来的；有的学术讨论和争论（不是我们民族法学领域的），很热闹，但仔细品味，好像互相之间争论的针对性并不强，只是在扣帽子而已。这些不良做法，应该引以为戒，遵循基本的学术研究规范，应该是一条底线。我们民族法学会学风严谨的好传统，要保持下去。

（三）创新研究会发展理念，努力搭建多样化、多层次的学术研究交流平台

研究会作为一个组织化的学术研究团体，它主要是为会员们创造一个学术交流的平台，理事会、常务理事会或研究会的负责机构和办事机构，都是为了这个目的设立的。我们的研究会还有一个特点，就是会员们大多不是专门研究民族法的，而是不同部门法学的专家，甚至是非法学领域的专家，同时又对民族法学研究感兴趣，这种知识结构，与民族法规范的分布结构是一致的。聚集了多样化知识结构的专家，这是研究会的一个特点，也是一个优势，但是这个特点也导致学术交流机会并不多。因此，搭建各种各样的学术交流平台，对我们这种研究会来说，就更为必要。历届

理事会为搭建会员们的交流平台作出了积极的努力，本届理事会要继续努力。在保证年会正常召开的同时，要进一步探索多主办一些小型的专题研讨会。希望各位理事、常务理事，特别是副会长单位，积极考虑承办这类专题研讨会。一些兄弟研究会在为会员创办交流平台方面，积累了不少好的经验，比如几个法学院就某个重大研究领域建立研究方阵，协力攻关，有的研究会专门建立了"青年学者论坛""20人论坛""40人论坛"等，这些经验，我们都可以借鉴。民族法学研究，是一个实践性很强的交叉学科，所以，我们的研究会既有高校、研究部门的专家，也有实务部门的专家领导，双方之间都有交流合作的需要，上几届理事会一直比较注重在双方之间搭建桥梁，本届理事会也将继续这么做，通过举办专家咨询论证会、聘请法律顾问、法学家下基层、联合举办活动等多种形式，为专家们服务于民族法治建设实践提供机会。研究会还将进一步加强对外交流合作和国际交流合作，与其他相关的法学学术团体加强交流，积极开拓民族法学和少数民族人权保护领域的国际交流合作渠道。当今网络信息社会，是一个自媒体十分发达的社会，通过博客、微信群等方式，每个会员几乎都有自己的学术交流平台，研究会也要充分利用网络这个工具，加强网站、微信公众号建设，为会员们提供迅捷方便的交流方式。

（四）加强研究所设机构建设，为研究会发挥作用、服务会员提供更好的保障

第一，要加强研究会党支部的建设。中国法学会正在制定《所属研究会党建工作指导意见》，下一步我们将按照中国法学会的要求，把研究会党支部的建设和作用的发挥作为研究会完善内部治理结构的重要任务。第二，要按照章程，充分发挥研究会理事会、常务理事会、会长、副会长的作用，在其位，要谋其政，在其职，要履其责。这次换届选举，我们较大幅度地增加了理事会、常务理事会的规模，增加了副会长的人数，在本届理事会任职期间，我们还可以按照章程进行个别的调整和增加。人多力量大，只要大家都关心支持研究会的发展，关心支持民族法学研究事业，关心支持我国民族事务治理法治化进程，我们的研究会必定会取得更大的成绩。第三，要发挥好学术委员会的作用。本届理事会新设了学术委员会，聘请研究会内外的专家对我们的学术研究活动进行指导、评价和提供咨询，这对我们提升学术研究质量和水平具有重要意义。研讨议题选择、课

题评审、优秀著作论文评奖等学术评价活动，不仅需要公正、公平，评价本身就具有导向作用。学术委员会已经开始发挥很好的作用，前不久对研究会几个委托课题选择进行了评审，这次还要对参会论文进行评审，希望进一步发挥好作用。第四，要完善和发挥好秘书处的作用。秘书处，是研究会各项活动运转起来的枢纽，是研究会协助会长、副会长处理日常事务的机构，必须不断完善和加强。中国法学会提倡秘书处要实体化，我们还不能完全做到，秘书处的工作人员还都是兼职人员。但是，我们要保障秘书处有相对固定的兼职工作人员，有办公场所和基础办公条件。秘书处的工作人员很辛苦，但还是要加强管理，要树立兼职不等于业余的工作意识，调动激发他们尽职尽责的积极性和责任感。第五，要建立健全各种工作制度，如科研项目管理办法、经费使用管理办法、信息公开办法、学习制度、重要事项报告制度、文件管理制度、档案管理制度等。我们是搞法学研究的，法讲的就是规则，我们的规则意识都是很强的，要把这种规则意识也落实到研究会工作的日常管理之中。中国法学会对建立各种内部管理制度也有明确要求，我们要落实好。总之，要进一步加强研究会自身建设，通过加强自身建设为大家提供更好的服务。

同志们，新一届理事会已经成立，让我们不忘初心、牢记使命，同心协力，在中国法学会和国家民委的领导和指导下，把民族法学研究会的这个平台进一步建设好、作用进一步发挥好，为繁荣民族法学研究，为我国民族事务治理法治化，为国家治理体系和治理能力现代化，作出新的、更大的贡献！

以上讲的不妥之处，请大家批评指正。

谢谢大家！

关注民族法治前沿问题
推动民族法学理论创新

——中国法学会民族法研究会会员代表大会暨学术研讨会的总结讲话

贵州省社会科学院院长　吴大华

2018年6月22日

　　第六届中国法学会民族法研究会会员代表大会暨学术研讨会由中国法学会民族法学研究会主办，中南民族大学民族法制研究中心、中南民族大学法学院、湖北省民族理论研究基地承办。参会嘉宾分别来自中国法学会、国家民委政法司的领导，31个省、市、自治区的民族法学专家学者、民族实务工作部门代表196人，创民族法学会历史新高。本次论坛收到了145篇高质量的学术论文，其中收入论文集的有126篇。本次论坛得到中国法学会的高度重视，民族法学研究会换届领导小组事先给中国法学会副会长张苏军、研究部、会员部领导作了汇报，中国法学会副会长张鸣起亲临会议作了重要讲话，研究部巡视员李存捧带领中国法学会民族法学研究会20多名专家到武汉市开展"法学家下基层——少数民族外来人员合法权益保护调研"活动。国家民委对这次会议也非常重视，委领导专门作了批示，政法司司长宋全同志出席讲话提了要求。中南民族大学党委书记边境同志在开幕式致辞。昨天上午，中国法学会宣读了关于民族法学研究会换届和领导班子的批复，会员代表大会进行了选举，产生了新一届民族法学研究会理事会、常务理事会、会长、常务副会长、副会长和秘书长，聘任了副秘书长、学术委员会委员，整个换届工作圆满成功。下午的学术交流，分为六个分论坛，分别为："民族区域自治与民族立法""少数人权利与民族文化的法律保护""宗教事务治理法治化""民族民间规范与基层社会治理""民族事务治理法治化""研究生论坛"；今天上午又进行了"主题报告"，中国政法大学法学院教授、博士生导师、中国民族法学研究会副会长李鸣主持，南开大学周恩来政府管理学院教授、博士生导师、中国法学会民族法学研究会副会长高永久作了题为"认识民族问题治理体系的三个维度"的主题发言，内蒙古自治区民委副主任、中国法学会民族法学研究会副会长云国盛作了题为"全面准确把握十九大精神认真做好新时代民族法治工作"的主题发言，清华大学法学院教授、博士生导师、中国法学会民族法学研究会副会长高其才作了题为"与时俱进与维系自治：民族地区村规民约的变与不变——以贵州省锦屏县魁胆村为对象"的主题发言，西南民族大学法学院教授、博士生导师、中国法学会民族法学研究会常务理事王允武作了题为"高度重视队伍建设对民族事务治理法治化的基础与保障作用"的主题发言，中南民族大学法学院教授、博士生导师、中国法学会民族法学研究会常务理事严永和作了题为"论我国少数民族非物质文化遗产知识产权利益结构与法律保护制度框架"的主题发言，中国社会科学院民族学与人类学研究所研究员、博士生导师、中国法学会民族法学研究会常务理事周少青作了题为"西欧民族分离主义问题"的主题发言。闭幕式由延边大学党委副书记、中国法学会民族法学研究会副会长李宝奇教授主持，六个分论坛汇报人分别介绍了各组讨论的热点和心得；中国法学会民族法学研究会学术委员会主任、中共中央党校期刊社总编辑戴小明教授宣读了本次会议论文获奖表彰决定。至此，本次会议取得了丰硕的成果，在此我作一个简单的小结。

本次论坛有几大特点。

一、本次论坛具有浓郁的时代气息

党的十八大以来，习近平总书记关于民族工作、"全面依法治国"有一系列新论述、新理念、新思想、新战略、新要求，是对马克思主义民族理论、法学理论的重要创新，对于中国共产党用法治思维和法治方式处理民族问题，既提供了实际遵循方针，又提供了长远的理论指导。本次会议的论文及发言嘉宾紧扣了习近平总书记"用法律来保障民族团结"的重要指示精神，具有很强的时代气息、前瞻性、指导性。

二、本次论坛具有强烈的问题导向

与会代表在交流发言过程中紧紧抓住了"民族事务治理法治化"这个主题。就存在的问题，求真务实不空谈。有的从正面提出建议，有的从反面提出要杜绝不良倾向。每一个命题坚持从实践中来，并力求破解实践中的难题，具有很强的问题导向。

三、本次论坛具有明显的学科特色

民族法学在教育部的学科目录中尚未成为一门独立学科，许多高校都把它放在"民族学"或"宪法学"下面或自设学科方向，大多从事民族法学研究的同仁分别从民族法学基础理论、民族区域自治法、少数人权利保护、民间法、习惯法等视角对民族问题、民族事务治理进行研究，可以说是"大民族法学"的范畴，民族法学本身就具有综合性特点，表明不同学科的同仁越来越关注民族法律问题的研究，是民族法学学科之幸！有的论文是研究宗教事务治理，严格说来，不属民族法学范畴，可以归属宗教法学。但民族问题与宗教问题，关系密切。

四、本次论坛有一定的思想交锋

比如5个自治区自治条例的制定，民族习惯法与国家制定法的冲突与协调，民族宗教事务法治化等，有一些不同的观点，相关的法律法规还有一些难题，好几篇文章对此都有讨论。对民族自治地方立法雷同化等等也有一些不同的看法。有思想交锋是好事。毛泽东同志说过："艺术问题要百花齐放、学术问题要百家争鸣，讲学术，这种学术可以，那种学术也可以，不要拿一种学术压倒一切。"所以本次论坛关于一些有争论的问题有交锋是好事，一个成熟的论坛要具有包容性、多样性、要存在思想市场，我们欢迎多元性的思想交锋，有助于我们理清思路。这次论坛取得了一些丰硕的成果，达成了一些理论共识，和之前每年年会一样，论文集最终都要出版，《民族法学评论》今年应该是第14本了。

另外大家也看到了我们论坛有很多年轻的理论新锐，从论文作者、年龄结构来看，副高级职称以上的中青年学者占了半壁江山。这说明越来越多的中青年学者加入到了民族法学研究队伍，也说明了民族法学研究会培养人才的作用。这次我们第一次开展论文评选，事先发了公告，响应者众，提交论文多。秘书处提前把论文发到学术委员会委员邮箱，请各位委员进行评审。20日晚上与会学术委员又进行充分的讨论，最后评出一等奖3项，二等奖5项，三等奖10项。值得注意的是，这次评奖原则就是"鼓励后学、提携青年"，凡有正高级职称的作者均不参评。学术是需要传承的，可见我们的评奖导向就是搭建一个培养人才、倡导理论与实践结合的平台。

本次会议也存在一些问题，比如分论坛有六个，离原定主题"民族事务治理法治化"较偏，不是很集中，探讨的深度不够。另外，高校系统居多，人大民委、政府法治等实务部门偏少，今后既要有专家学者、又要有实务部门的具体操作者，特别是战斗在"民族法律法规"第一线的操作者来共同探讨，才能更有成效。论文评奖时间比较仓促，对象可限定"副会长、学术委员会委员的论文不参加评奖"，但其他教授的论文还是可以参评的，因为对年轻的教授来说，国家级学会的奖项还是有"含金量"的，这样似乎更公平一些。还有我们参与的学者范围会更大一些，我们不仅需要法学学科的支撑，还需要民族学、人类学等学科领域的专家共同参与，从多学科的角度使后发赶超的理论更加清晰、决策更加科学、道路更加坚实。民族法学是一个学科，涉及方方面面的理论和实践，需要我们把论坛讨论的主题更加聚焦、更加贴近实际。今后我们会提前在全国范围内广泛征文，比如，在《中国民族报》登载征文启事等，让探讨面更加聚焦、更加深入理论性和实践性深度融合。

五、民族法学研究之前瞻

关于民族法学研究会今后的发展，昨天上午，老会长、学术委员会委员毛公宁先生提出了"坚持坚定的政治方向、加强对民族法治工作重大问题研究、适应新时代需要加强民族立法健全民族法律法规体系"的精辟见解，王平会长提出了"深入学习习近平法治思想和民族工作论述、深刻把握新时代特点提供高质量成果、发扬四个好传统创新发展建好平台、加强自身建设"四个方面的工作安排。作为长期从事民族法学研究的学者，关于民族法学研究的重点，我也有一点想法，提出来与大家共勉。

习近平同志在十九大报告中指出，经过长期努力，中国特色社会主义进入了新时代，这是我国发展新的历史方位。民族法学研究要满足新时代我国发展的现实需要，顺应当代哲学社会科学及法学的发展趋势，立足当下、开阔视野、比较借鉴地去探索和把握人类社会民族现象的规律，提炼总结我国民族法治建设的实践经验，进一步推动民族法学理论研究与民族法治实践的有机衔接。

一是以马克思主义为指导，坚持理论推陈出新。十九大报告指出：二十一世纪中国的马克思主义一定能够展现出更强大、更有说服力的真理力量。新时代中国特色社会主义思想，是马克思主义中国化最新成果。当前，民族法学学科的基础理论研究还较为薄弱，建设中国民族法学，要始终坚持以马克思主义为指导，在新时代中国特色社会主义思想指引下，推动民族法学基础理论研究不断推陈出新。一方面需要对中国特色解决民族问题正确道路进行全新诠释和与时俱进的阐发，另一方面也要在铸牢中华民族共同体意识、构建中华民族命运共同体、中华文化一体与文化自信等重大命题上作出创造性贡献。

二是立足中国民族法治实践，坚持学术研究问题导向。民族法学是一门实践性、现实性、针对性极强的学科。中国特色民族法学的建设，要坚持立足于中国的民族法治实践，坚持学术研究的问题导向，总结和提炼中国民族法治建设尤其是党的十八大以来民族工作取得的创新经验，服务于新时代中国特色解决民族问题正确道路的开拓创新，服务于多民族平等团结和繁荣发展以及民族法治建设的大局，致力于推动中国特色民族法律体系的发展完善、少数民族合法权益的法律保障及民族地区的法治建设。习近平同志指出，当前民族工作面临"五个并存"的阶段性特征，现阶段民族法学研究应当坚持以这"五个并存"为问题导向，切实为加快民族地区发展、铸牢中华民族共同体意识、加强各民族交往交流交融作出应有贡献，并在研究和解决这些重大实践问题中实现理论创新。

三是以建设新型智库为目标，充分发挥民族法学研究的高端智库作用。展望我国的民族法学研究工作，我们要坚持贯彻十九大的精神，坚持以新时代中国特色社会主义思想为指导，民族法学研究为维护国家主权和领土完整服务，为加强社会主义法治进程服务，为推动民族地区的经济发展和文化繁荣服务。我们相信，只要我们民族法学界各位同仁肩扛责任、铭记使命，化理论为方法、化理论为实践，以更加坚实的人文关怀和现实关怀不断把"中国特色社会主义民族法治的理论与实践"这个问题研究引向深入。西方是没有"民族法学"这门学科的，因此，中国特色的"民族法学"更显研究价值。通过同仁们的研究，要展示中国民族法治建设的成就，推出我国民族法治实践的经验和最新成果，发出中国民族法学好声音，从而提升我国民族法学的研究水平，为我国民族法治建设和民族地区经济社会发展作出更多更大的贡献。

武汉素有"火炉"之称，一下飞机，我就给接机的同志说："武汉好热哦！"接待的人说："吴老师，前几天更热哦，听说全国来了这么多嘉宾，来开这么重要的一个会，特别是您是从'爽爽的贵阳'来的'贵人（贵州人）'，下了场大雨，温度降低了不少。"说得我"好爽哦"。今天天公作美，又下了一场大雨。当然，大家与我一样，感受到了湖北人的另外一种热——中南民大人热情好客！本次会议的圆满成功，要感谢中国法学会、各位专家、学者、民族工作部门代表，你们的光临才能让本次会议成功举办，你们的真知灼见成为我们下一步的理论支撑。再次特别感谢湖北省民族宗教事务委员会、武汉市民族宗教事务委员会对中国法学会2018年第3期"法学家下基层"调研的精心安排；感谢中南民族大学学校、法学院领导、工作人员对本次会议付出的辛勤劳动。明年的年会，目前已经有内蒙古自治区民宗委与赤峰学院、西北政法大学提出了口头申报，会后再研究决定"花落谁家"，不管是美丽的内蒙大草原，还是神秘的古都西安，我们都期待着明年的相会！

谢谢大家！

民族事务依法治理研究

MINZU SHIWU YIFA ZHILI YANJIU

法治的尴尬与希望

——《民族区域自治法》的普及状况及其问题研究

戴小明

摘要： 民族区域自治是民族地区稳定、发展和民族团结的制度保障。《民族区域自治法》颁布施行已30多年，该法的社会认知和民众认同状况如何？文章重点以在校大学生群体为对象，展开问卷调查，采用比较研究、定量分析，特别是定量与定性分析相结合的研究方法，对问卷数据进行统计剖析，探寻在全面依法治国大背景下《民族区域自治法》法律普及、法治宣传的状况，以及当前民族事务法治化过程中存在的问题。通过研究发现，《民族区域自治法》的普及程度以及社会满意度还存在很多不足，法律执行差距突出。文章提出了因应的对策建议，包括切实增强法律普及实效，强化主流媒体使命担当，提高民族事务治理水平，推动民族地区科学发展，充分发挥理论研究功能。

关键词： 法治　民族区域自治法　民族事务治理　法律普及

作者简介： 戴小明，中共中央党校（国家行政学院）教授、博士研究生导师。研究方向：区域法治与地方治理、党建政治。

基金项目： 国家社会科学基金重点项目"法治中国建设与民族区域自治"（14AMZ001）。

民族问题是多民族国家的基本社会问题，正确处理民族问题是治国理政的重要任务。习近平总书记指出："处理好民族问题、做好民族工作，是关系祖国统一和边疆巩固的大事，是关系民族团结和社会稳定的大事，是关系国家长治久安和中华民族繁荣昌盛的大事。"[①] 2014年，《中华人民共和国民族区域自治法》（以下简称《民族区域自治法》）颁布施行30周年。30年来，该法的社会认知和民众认同状况如何？在建设社会主义法治国家的目标指引下，我们以"法治中国建设与民族区域自治"为题申报国家社

[①] 中共中央宣传部：《习近平总书记系列重要讲话读本》，人民出版社2016年版，第179页。

会科学基金重点项目并成功立项。在研究过程中，课题组持续密切关注中国民族报社、中国民族宗教网站开展的"《中华人民共和国民族区域自治法》30年"网络问卷调查情况及相关信息。然而，令人意外和失望的是，网络问卷调查的参与情况不尽如人意。在这种情况下，课题组按照"认知、认同、尊重、遵守"的法律实施进路，特别组织开展了一次以在校大学生群体为对象的典型抽样调查，期待从中探寻在全面依法治国大背景下《民族区域自治法》法律普及、法治宣传的状况以及当前民族事务法治化过程中存在的问题，并提出因应对策。

一、研究设计与实施

问卷设计与调查是不断修正完善的，前后历时近两年。2014年5月、6月和10月，中国民族报社、民族宗教网先后开辟了"《中华人民共和国民族区域自治法》颁布实施30周年专栏"，通过网络平台面向国内外网站用户实施了一次大型网络调查。它们主要采取自主自愿参与的方式，人员分散、时间分散、答卷分散。总体来看，累计参与人数429人，参与程度极低，且地域分布不均（表1）[①]。参与人员主要集中在新疆、云南、贵州等几个多民族省域，而五大民族自治区的内蒙、宁夏和广西等仅有寥寥数人。其他涉及民族事务和少数民族人口数较多的14个省域则无人问津，包括少数民族流动人口量大、涉及民族工作广泛的江苏、浙江和广东等。

表1　网络问卷调查参与人员统计（前六位）（N=429）

省（自治区）	人数	占比（％）	累计占比（％）
新疆	54	13.0	13.0
云南	41	10.0	23.0
贵州	34	8.0	31.0
北京	33	8.0	39.0
辽宁	33	8.0	47.0
湖北	33	8.0	55.0
其他	201	45.0	100

此外，参与人员的职业分布也极不均衡，主要集中在党政机关和事业单位职工范围内（表2），而大量农村地区以及少数民族群体的意见汇集明显不足。显然，网络调查的公众参与度极低，涉及范围非常有限。这与我国近年来国家政策议程中公众参与趋增的态势大相径庭，表现出一定的参

[①] 统计数据由中国民族报社、中国民族宗教网应春华同志提供。

与冷漠。这本身或许就是公众对于我国民族区域自治政策实践绩效的印象的一种直观反映，凸显它所遭遇的"尴尬"。作为调节民族社会关系的基本法律，《民族区域自治法》并未全面深刻影响社会关系和公众的日常生活，公众身处其中却没有感同身受，该法处于一种"可有可无"的状态，其信度和效度也必然大打折扣。

表2　网络问卷调查参与人员职业身份统计情况（N=429）

职业身份	人数	占比（%）	累计占比（%）
党政机关工作人员	239	55.7	55.7
事业单位职工	90	20.9	76.6
企业员工	22	5.1	81.7
学生	78	18.3	100

表3　网络问卷调查参与人员答题统计（N=429）

一、您是否了解我国实行民族区域自治制度的主要依据？		
是	408	95%
否	0	0%
不确定	21	5%
二、您对我国建立民族自治地方的情况是否了解？		
是	386	90%
否	21	5%
不确定	22	5%
三、您对《中华人民共和国民族区域自治法》是否了解？		
是	373	87%
否	0	0%
不确定	56	13%
四、《中华人民共和国民族区域自治法》颁布30年来，您对其贯彻落实情况是否满意？		
是	242	56%
否	143	33%
不确定	44	10%
五、《中华人民共和国民族区域自治法》颁布已经30年了，您认为其是否有待完善？		
是	395	92%
否	21	5%
不确定	13	3%

为此，课题组尝试针对特定大学生群体展开抽样调查。专门设计《民

族区域自治法》纸质问卷，并区分非法学组和法学组两类调查对象。如此设计，主要基于如下几个方面的考虑：一是大学生群体整体文化素质较高，社会认知较为广泛，又是未来社会的中坚力量。特别是民族高等院校的大学生对于《民族区域自治法》的认知、分析和判断更为明确，对于民族区域自治政策的意见表达更为充分；二是人数相对集中，实地调查和问卷回收更为高效便捷。再者，区分法学和非法学组调查对象，主要是考虑到前者专业知识素养、学习动机与态度等可能会对研究结果产生影响。在调查时，以问卷调查和访谈相结合进行，要求学生尽可能作出符合或相近于自身独立判断的选择。纸质问卷的内容主要包括个人主观认知、评价与态度、需求与建议等三个方面，共35个问项。此外，还设置了一个开放式问题："您对《民族区域自治法》及其贯彻落实还有哪些想法和建议？"希望通过学生的回答了解当前《民族区域自治法》实施现状及未来发展方向。

我们选取中、西部地区各1所高校，于2015年12月前完成纸质问卷调查。调查采取等距抽样调查方法，均以无记名方式答题。其中非法学组选取位于西部边疆某民族省区的省属高校××师范大学[①]，抽样对象是非法学专业在校二年级学生，包括思想政治教育、公共管理、旅游管理、藏语言文学等四个专业的124名学生，回收有效问卷123份，样本人员基本信息统计见表4。法学组选取地处中部地区的某部委高校××民族大学进行[②]。抽样对象是该校法学专业在校二年级100名学生，回收有效问卷98份，样本人员基本信息统计见表5。

表4 非法学组参与问卷人员样本基本信息（N=123）

特征	类别	频次	百分比（％）	累计百分比（％）
性别	男	39	31.7	31.7
	女	84	68.3	100
年龄	20岁及以下	36	29.3	29.3
	21岁	45	36.6	65.9
	22岁	23	18.7	84.6
	23岁及以上	19	15.4	100
政治面貌	中共党员	24	19.5	19.5
	民主党派	0	0	19.5
	共青团员	94	76.4	95.9
	无党派	5	4.1	100

---

① 非法学组问卷组织、问卷回收，课题组委托ＸＸ师范大学马德明教授具体负责组织实施。
② 法学组问卷组织、问卷回收，由课题组成员ＸＸ民族大学潘弘祥教授负责组织实施。

（续表）

特征	类别	频次	百分比（%）	累计百分比（%）
民族成分	汉族	67	54.5	54.5
	少数民族	56	45.5	100
宗教信仰	佛教	14	11.4	11.4
	伊斯兰教	8	6.5	17.9
	基督教	4	3.3	21.2
	不信教	89	72.4	93.5
	其他	8	6.5	100

表5 法学组参与问卷人员样本基本信息（N=98）

特征	类别	频次	百分比（%）	累计百分比（%）
性别	男	47	48.0	48.0
	女	51	52.0	100
年龄	20岁及以下	22	22.4	22.4
	21岁	39	40.0	62.4
	22岁	17	17.3	79.7
	23岁及以上	20	20.4	100
政治面貌	中共党员	20	20.4	20.4
	民主党派	0	0	20.4
	共青团员	74	75.5	95.9
	无党派	4	4.1	100
民族成分	汉族	59	60.2	60.2
	少数民族	39	39.8	100
宗教信仰	佛教	3	3.1	3.1
	伊斯兰教	8	8.2	11.3
	基督教	3	3.1	14.4
	不信教	74	75.5	89.9
	其他	10	10.1	100

二、统计结果与分析

（一）认知与评价

首先，在认知方面，着重考察大学生群体对于《民族区域自治法》基本知识的了解、掌握程度。文章分别对非法学组和法学组调查统计结果进行摘选描述①。其中，非法学组问卷调查结果（表6）分别为：1. 对于民族区域自治的整体认知水平较低，明确表示"知晓"民族区域自治制度的法律依据的人不足50%（Q1）、40%以上的"不了解"《民族区域自治法》（Q2）。2. 对于民族自治地方建立等有关基本知识掌握明显偏低（Q3），绝大部分人

① 在认知方面区分"法学组（n=98）"和"非法学组（n=123）"，结果显示有较强统计意义。其他方面则并无明显区分意义，均采取合并处理数据（n=221）。

（70%以上）未看过《民族区域自治法》的文本，仅极少数人完整看过（Q4）。

表6 非法学组主观认知的问卷数据描述性统计（摘选）（N=123）

问项	选项	频次	百分比（%）	累计百分比（%）
Q1是否知晓民族区域自治制度的基本法律依据	知晓	60	48.8	48.8
	不确定	60	48.8	97.6
	没听说	3	2.4	100
Q2对《民族区域自治法》的了解程度	熟悉	9	7.3	7.3
	了解	62	50.4	57.7
	不了解	51	41.5	99.2
	没听说	1	0.8	100
Q3对于民族自治地方建立的了解程度	知晓	41	33.3	33.3
	不确定	76	61.8	95.1
	没听说过	6	4.9	100
Q4是否看过《民族区域自治法》文本	熟读过	1	0.8	0.8
	完整看过	3	2.4	3.2
	看过一点	44	35.8	39.0
	没看过	75	61.0	100

法学组问卷相比之下表现出更高的认知水平，但整体上也并不乐观（表7）：1. 对于民族区域自治的整体认知，有接近40%的人对于民族区域自治制度的基本法律依据表示"不确定"或"没听说"（Q1）；2. 接近70%的人对于民族自治地方建立的情况表示"知晓"（Q3），比如自治区个数、自治州个数等基本知识有比较准确的掌握，接近55%的人"看过一点"或"完整看过"民族区域自治法文本（Q4），相较于非法学组有明显的增长。

总体来看，一方面，民族区域自治作为国家基本政治制度和基本法律安排，并未有效纳入大学生通识普及知识范围或被学生有效接纳；另一方面，从法学组和非法学组的比较来看，对于《民族区域自治法》的关注，前者表现出较高认知度，这与民族院校的民族法学教育占据特殊地位有一定关系。但其在具体法律和规范认知上与后者并无明显的差异，这可能反映出当前高校法学专业教育中对于《民族区域自治法》的关注和重视并不特别突出，甚至有一定的边缘化趋向。

表7 法学组主观认知的问卷数据描述性统计（摘选）（N=98）

问项	选项	频次	百分比（%）	累计百分比（%）
Q1是否知晓民族区域自治制度的基本法律依据	知晓	61	62.2	62.2
	不确定	35	35.7	97.9
	没听说	2	2.1	100

（续表）

问项	选项	频次	百分比（%）	累计百分比（%）
Q2对《民族区域自治法》的了解程度	熟悉	3	3.1	3.1
	了解	34	34.7	37.8
	不了解	61	62.2	100
	没听说	0	0	100
Q3对于民族自治地方建立的了解程度	知晓	67	68.4	68.4
	不确定	28	28.6	97.0
	没听说过	3	3.0	100
Q4是否看过民族区域自治法文本	熟读过	1	0.8	0.8
	完整看过	13	13.3	14.1
	看过一点	40	40.8	54.9
	没看过	44	44.9	100

其次，在主观评价方面，着重考察大学生群体对于《民族区域自治法》在"保障民族地区发展和少数民族权益的作用""在地方经济社会文化发展中自治权的重要程度""上级国家机关职责的重要程度"等几个方面的总体评价及其认同程度。第一，受访者对于《民族区域自治法》保障民族地区发展和少数民族权益的总体评价较高（表8-1），有71.6%的人认为《民族区域自治法》"公正且执行到位"或"规定公正但执行不到位"（Q5），显示出他们对于该法律本身的正当性具有较高认同，但是对于法律执行则显示出明显的不认可。

第二，对《民族区域自治法》规定的各项地方经济社会文化发展自治权的认同情况来看，受访者的认同程度不一，差异较大（表8—2）。他们认为"很重要"的依次为"管理和保护本地自然资源（71.7%）""培养和选拔民族干部和专业人员（65.0%）""自主发展本地教育、文化、科技和卫生事业（61.2%）"等；认为"不重要"的自主权依次为"组织本地维护社会治安的公安部队（3.4%）""自主安排使用本地财政收入（3.4%）""变通权（1.7%）"等等。这说明大学生群体对于前一类型的自治权更为看重，应赋予其更为具体可行的法律保护和落实措施，而对于后一类型的期望程度很低。

表8-1 《民族区域自治法》总体评价的描述性统计（N=221）

问项	选项	频次	百分比（%）	累计百分比（%）
Q5对于保障民族地区发展和少数民族权益的作用	公正且执行到位	46	20.8	20.8
	规定公正但执行不到位	110	49.8	70.6
	执行很不到位	15	6.8	77.4
	不清楚	50	22.6	100

表8-2　民族自治地方经济社会文化发展中自治权重要程度的
评价统计（N=221）

问项内容（Q6）	很重要	重要	一般	不重要
（1）制定自治条例和单行条例	59.5%	30.2%	10.3%	
（2）变通或停止执行上级国家机关决定	30.2%	37.1%	31.0%	1.7%
（3）培养选拔民族干部和专业人员	65.0%	26.5%	6.8%	1.7%
（4）组织本地方维护社会治安的公安部队	45.3%	35.1%	16.2%	3.4%
（5）自主地安排和管理地方性的经济文化事业	48.7%	40.0%	11.3%	
（6）管理和保护本地方的自然资源	71.7%	19.5%	8.8%	
（7）自主地安排使用本地方财政收入	39.7%	33.6%	23.3%	3.4%
（8）自主地发展本地方教育、文化、科技、卫生事业	61.2%	26.7%	10.4%	1.7%

第三，在民族区域自治中，上级国家机关职责主要是指上级国家机关在执行民族区域自治法律规定方面应该承担的积极责任和对民族地区、少数民族的帮扶义务。受访者认为"最为重要"的依次为"民族文化保护（74.2%）""生态环境保护（71.7%）"和"民族教育发展（71.3%）"；认为"不太重要"（包括"无所谓""不重要"）的依次为"资源开发补偿（4.4%）""民族干部培养（1.9%）"等（表8-3）。显然，上级国家机关职责并不等同于民族自治地方自治权。事实上，调查结果也显示出公众对上级国家机关职责与自治地方自治权的认识各有侧重。民族自治地方自治权充分行使的重要前提，一方面上级国家机关职责与民族自治地方自治权的划分是清晰的，另一方面上级国家机关职责履行应当积极到位且不逾界，边界和功能定位须是准确的。

表8-3　上级国家机关职责重要程度的评价统计（N=221）

问项内容（Q7）	很重要	一般	无所谓	不重要
（1）干部培养使用	53.3%	11.5%	1.9%	
（2）经济发展援助	56.1%	9.4%	0.9%	
（3）民族教育发展	71.3%	7.8%		
（4）生态环境保护	71.7%	8.5%	1.2%	
（5）资源开发补偿	56.1%	10.5%	1.8%	2.6%
（6）民族文化保护	74.2%	6.4%		

第四，着重考察大学生群体对于《民族区域自治法》在"个人日常工作、学习和生活中的作用"，以及"对于现行少数民族优惠政策"的主观

评价（表9）。结果显示，《民族区域自治法》在个人日常生活、工作中发挥作用和影响的程度较高，认为"非常重要"的占23.4%，"比较重要"的占46.8%（Q8）。事实上，公众往往也主要基于个人日常工作、生活体验来感知某一项法律存在或政策实施的影响程度。对于我国现行少数民族优惠政策的评价上，受访者总体评价较高，对于绝大多数优惠政策的主观认可度较高，均超过50%（Q9）；另一方面，较为认可的优惠政策依次有"民族地区基础设施建设资金的倾斜投入（73.4%）""区域人大代表少数民族代表配置最低保障（67.7%）"和"高考加分（60.5%）""公务员录用（58.9%）"等，但是对于"实行特殊婚龄生育制度（46.8%）""特需用品生产贷款优惠（56.5%）"等并不太认可。

很明显，若从对少数民族优惠政策的主观评价来看，人们基于民族地区经济发展相对落后的现实考量，对于国家和上级机关加大资金帮扶、改善民族地区基础设施建设状况的措施是认可的。与此同时，人们认可实行特殊或差异化政策的诉求更多集中在政治方面，而对于其他经济社会方面的差异化并无较高期待或认可度。这与我们的田野调查经验具有高度吻合性。对少数民族和民族地区而言，在国家经济社会快速一体化发展的进程中，它们主动适应并融入其中，共享发展成果，这无疑具有引领作用，但经济社会的一体并不意味着全方位一体化。

表9　《民族区域自治法》主观评价的描述性统计（摘选）（N=221）

问项	选项	频次	百分比（%）	累计百分比（%）
Q8对于个人日常生活工作的作用评价	非常重要	52	23.4	23.4
	比较重要	105	46.8	70.2
	作用一般	60	27	98.2
	不起作用	4	1.8	100
Q9对于少数民族优惠政策合理评价（多选）	（1）高考加分	134	60.5	60.5
	（2）自治机关公务员录用照顾	130	58.9	58.9
	（3）特殊婚龄生育政策	103	46.8	46.8
	（4）基础设施建设资金倾斜投入	162	73.4	73.4
	（5）特需用品生产贷款优惠	125	56.5	56.5
	（6）区域人大代表配置最低保障	150	67.7	67.7

问项	选项	频次	百分比（%）	累计百分比（%）
Q10对于贯彻落实效果的评价	很好	25	11.3	11.3
	较好	112	50.7	62.0
	一般	77	34.8	96.8
	比较差	7	3.2	100

最后是关于《民族区域自治法》贯彻落实效果的评价情况（表9），问卷调查对象认为法律的贯彻落实效果并不理想。只有11.3%的人认为"很好"，50.7%的人认为"较好"，合计仅有62%对于法律落实较为认同。还有3.2%的人认为比较差（Q10）。

（二）主要需求分析

这一部分的调查重点考察大学生群体对于《民族区域自治法》宣传教育和需求的认识，以及对于尊法、守法的态度，并对统计结果进行分析（表10）。

首先，了解该法律的途径依次为学校学习（74.2%）、电视广播（64.5%）、书籍报刊（58.9%）、网络（58.1%），普法宣传则居末位（Q11）。对于是否开展有关民族区域自治的法律宣传和知识培训活动，则有52.4%的学生表示"很少"，29.9%的学生表示"没见过"（Q12）；对于是否开设《民族区域自治法》的有关课程教学或专题研究，32.1%的学生表示"没有"，20.4%的学生表示"没有印象"（Q13）。

其次，在尊法、守法方面，对于个人是否会在日常工作、学习和生活中主动运用法律法规来审视和解决问题，只有13.1%的学生表示"经常"，有62.9%的学生表示"很少"，甚至24%的表示"从不"（Q14）。即使在前述大学生群体对于《民族区域自治法》认知程度较高的情况下，个人对于该法遵守的自觉程度仍然十分低。这与我国整体法治环境和文化不无关系，但可以明显看到对于《民族区域自治法》的认知与尊重、遵守之间的较大反差和裂隙。另一方面，在遵守法律的公众期待上，有79.6%的人认为最应该遵守的主体为"民族自治地方自治机关"，有62.9%的人认为是"民族事务管理干部"，有53.4%的人认为是"少数民族公民"，有50.7%的人认为是"中央国家机关"（Q15）。再者，有91.9%的人认为有必要进一步完善《民族区域自治法》（Q16）。

表10 《民族区域自治法》需求与态度的描述性统计（摘选）（N=221）

问项	选项	频次	百分比（%）	累计百分比（%）
Q11了解民族区域自治法律的途径（多选）	（1）书籍报刊	130	58.9	58.9
	（2）电视广播	143	64.5	64.5
	（3）网络	128	58.1	58.1
	（4）普法宣传	116	52.4	52.4
	（5）学校学习	164	74.2	74.2
Q12是否开展有关民族区域自治的法律宣传和知识培训活动	经常	39	17.6	17.6
	很少	116	52.4	79.0
	没见过（或没关注）	66	29.9	100
Q13是否开设《民族区域自治法》的有关课程教学或专题研究	有开设	105	47.5	47.5
	没有开设	71	32.1	79.6
	没有印象	45	20.4	100
Q14是否会主动运用民族区域自治法律	经常	29	13.1	13.1
	很少	139	62.9	76.0
	从不	53	24.0	100
Q15认为最应该遵守民族区域自治法的主体（多选）	（1）民族自治地方自治机关	176	79.6	79.6
	（2）民事务管理干部	139	62.9	62.9
	（3）少数民族公民	118	53.4	53.4
	（4）中央国家机关	112	50.7	50.7
Q16认为有无必要进一步完善民族区域自治法	有必要	203	91.9	91.9
	无必要	11	5.0	96.9
	不确定	7	3.2	100

三、基本结论与建议

（一）基本结论

通过对《民族区域自治法》问卷的数据分析，并结合对现实生活的观察，在法律普及和法治实践中，笔者认为如下问题应予以高度重视。

1.社会认知明显不足。在中国民族宗教网站开展的网络问卷调查中，关于"您是否了解我国实行民族区域自治制度的主要依据？"肯定性回答，占参与答题人的比例高达95%（表3），但普通民众参与人数极少，而且地区分布极不平衡。诸多中东部及沿海省份（如天津、河北、上海、山东、广东、海南），以及我国台湾地区、香港特别行政区、澳门特别行政区，甚至宁夏回族自治区都无人参与。这不能不说是《民族区域自治法》所遭遇的现实尴尬。而抽样调查的结果显示，大学生群体的认知程度有明显提高，但其了解、掌握民族区域自治制度方面的基本知识水平仍然偏低，甚至民族院校的少数民族学生对于我国民族区域自治制度的认知状况也不容乐观。可见，《民族区域自治法》作为国家调整民族关系、治理民族事务的基本法律，民众对它的关注度、参与度、认知度，主流媒体在重大事件、重要时间节点的宣传方式、宣传力度及其效果，都还存在明显不足。

2. 法律认同程度不高。法治是一种自觉的治理，良法善治的前提是法律认同，法治的真谛在于全体人民的真诚信仰和忠实践行。民众的法治信仰和法治观念是依法治国的内在动力，更是法治中国的精神支撑。当法律得到人们内心的认同、信任和尊崇，全民守法、遇事找法、办事循法的良好愿景，才能变为现实。法律认同至少体现在两个层面，一是民众对于法律自身及其内容的知晓、关注和影响力的认可，如民族自治地方自治权行使、上级国家机关职责履行、民族优惠政策落实等。二是政府组织、社会和全体公民尊法、守法、用法的自觉意识。法律实施有赖于全社会法治观念的增强，政府普法是基础性工作。从问卷调查结果来看，目前普法工作仍然任重道远。在网络问卷中，"《中华人民共和国民族区域自治法》颁布已经30年了，您认为其是否有待完善？"肯定性回答，占参与答题人的比例高达92%（表3）。

3. 法律执行差距突出。"法律的生命力在于实施，法律的权威也在于实施。"《民族区域自治法》是保障民族区域自治制度的基本法律，必须全面有效地贯彻执行。但在网络问卷中，"《中华人民共和国民族区域自治法》颁布30年来，您对其贯彻落实情况是否满意？"参与答题人中只有56%的人表示满意（表3）。反映出来的一些问题，具体实践中比如某些民族优惠政策没有惠及所有民族地区基层群众 ①。

（二）对策建议

对于一个多民族国家来说，采取什么样的国家结构形式来处理国内民族问题，关乎国家的长治久安和各民族的前途命运。"多民族的大一统，各民族多元一体，是老祖宗留给我们的一笔重要财富，也是我们国家的一个重要优势" ②。实践充分证明，经过70年发展完善，作为一项基本政治制度，民族区域自治制度是中国特色解决民族问题的正确道路的重要内容和

---

① 白志红：《安居工程为何不安——配套民族政策的缺失对边境少数民族文化影响研究》，载《北方民族大学报（哲学社会科学版）》2014年第3期。

② 《习近平谈治国理政》第二卷，外文出版社2017年版，第299页。

制度保障，它有利于维护国家统一和民族团结，促进各民族的共同繁荣发展。法律的权威源自人民的内心拥护和真诚信仰。中国特色社会主义进入新时代，我们要准确把握新时代条件下民族问题、民族工作的特点和规律，牢牢把握国家治理体系和治理能力现代化的新趋势，适应新时代全面依法治国的新要求，通过全面贯彻落实《民族区域自治法》，推动民族事务治理的法治化。

1. 增强法律普及的实效性。法治是依法的治理，是一种法的精神，是一种任何人、任何组织都必须服从的精神。随着法治建设的深入推进，普法亦不能简单等同于法律知识的普及，更重要的是增强公民对法治精神的感悟和体认，教化公民养成一种尊重法律、敬畏法律、认同法律价值的生活方式。民众对于法律的信任与尊重，远比知法懂法更重要。法律知识的获得并不难，难的是法治信仰的养成 ①。《党政主要负责人履行推进法治建设第一责任人职责规定》明确要求，县级以上地方党委和政府主要负责人是推进法治建设第一责任人，并将履职情况纳入政绩考核指标体系，对不履行或不正确履行的情形进行严格问责。《关于实行国家机关"谁执法谁普法"普法责任制的意见》已明确国家机关为法治宣传教育的责任主体，必须切实承担起普法责任，特别是要将执掌国家公权力的政府公职人员作为普法的重中之重，将《宪法》《民族区域自治法》等基本法律作为普法的重点，人大代表在监督法律实施的同时，在普法方面应作出更大的贡献。当然，法律信仰的内生并不完全靠政府宣传引导，而要通过行动约束，尤其是对政府行动的规制以及公众行为的自觉化，这样才能潜移默化地内生为法律文化及其信仰。真正有效的普法，要从公民亲身体悟的生活经验以及他所观察的法律实践中得来。因此，要改进法治宣传方式，关注一般受众主体的需求和自主选择，增强法律普及的针对性，将普法寓于日常、融于生活，集家庭、学校、社会于一体的全方位教化，力戒形式主义、简单化、任务式的机械宣教。唯此，法律知识才能转化为具体的法律行为，才能深植人心。例如，积极推广法官、检察官、行政执法人员、律师等"以案释法"活动，总结普法进机关、进乡村、进社区、进学校、进企业、进单位活动，推广网站、微博、微信、微视频、客户端等网络新渠道普法活动，形成全社会大普法格局。

2. 提升主流媒体使命担当。习近平总书记指出："推进全民守法，必

① 封丽霞：《以什么方式普法》，载《学习时报》2013年10月28日。

须着力增强全民法治观念。要坚持把全民普法和守法作为依法治国的长期基础性工作，采取有力措施加强法制宣传教育。"① 实现民族事务法治化，要进一步加强法治宣传教育，强化主流媒体的服务、引导功能。一方面，通过占领国家民族事务舆论主阵地，全面引领信息舆论导向，保障信息的有序传播和健康发展。另一方面，要切实承担起应有的国家责任、社会责任，有效服务国家民族事务治理，在信息沟通、法律普及、法律监督等方面发挥积极作用。特别是随着新媒体的蓬勃发展，主流媒体要主动适应时代发展趋势，讲好法治故事，切实提升在国家法治建设领域的传播力、影响力、公信力。譬如，可以通过发布系列权威调查和研究成果，针对社会热点事件以法律视角进行公正报道以及价值评判，针对法治热点话题开展对话讨论和深入报道。提高宣传频次，设置法治热评等议题板块，增进和民众之间的交流，邀请人大代表、资深专家和新闻评论员点评、追踪热点事件，正确引导舆论，扬主旋律、传播正能量。理性的争辩和讨论，本身就是很好的普法过程。总之，"行胜于言"，一个个生动的案例是最好的普法素材。一个经典案例可以增加民众对司法的信心、树立法治的权威，甚至可以影响几代人对法律的认知和态度。只有让法治精神融进民族精神血脉，法治文化注入国家文化内核，法治社会建设才能不断推进，法治力量才能深入人心，全民守法才能成为现实。

3.提高民族事务法治水平。民族问题具有长期性、复杂性，要牢牢把握社会主义初级阶段这个最大国情，科学认识和把握我国社会发展的阶段性特征，按照新时代深化依法治国实践要求，坚决推进依法治理。例如近年来，涉及民族因素的矛盾纠纷和案件时有发生，如果不依法处置，反而可能进退失据。为此，要把依法治国的基本方略贯穿到民族工作的所有领域和各个环节，运用法治思维和法治方式，着力推进民族事务法治化，依法治理民族事务，果断处置热点事件。决不搞法外的从宽从严，坚决防止和纠正涉及民族因素的歧视性言行，切实作到法律面前人人平等；要严密防范和依法打击"三股势力"及其破坏活动，切实维护好边疆巩固和国家统一。与此同时，要坚持问题导向，全面推动《民族区域自治法》的贯彻落实，针对自治条例、单行条例以及涉及民族事务的地方性法规、地方政府规章和部门规章的备案审查、执行监督等工作中存在的难点问题，对民族地区和少数民族群众关切的突出民生问题要进行及时研判、有效评估、

---

① 《习近平谈治国理政》第二卷，外文出版社2017年版，第122页。

重点突破。当前正值新型城镇化建设加速推进的阶段，城乡人口流动加剧，各民族跨区域大流动进入活跃期，从文化的视角而言，人口流动，实质是文化的流动；民族交往交流交融，本质是文化的交往交流交融。所以，尤其需要围绕城市民族工作的新情况、新特点，完善有关行政法规，做好少数民族流动人口流入地和流出地的两头对接，加大少数民族流动人口的社会融入支持。

4. 推动民族地区科学发展。中国特色社会主义进入新时代，我国社会主要矛盾已经转化为人民日益增长的美好生活需要和不平衡不充分的发展之间的矛盾。我们要在继续推动发展的基础上，着力解决好发展不平衡不充分问题①。上级国家机关负有支持民族自治地方加快发展的法定责任。贯彻落实好《宪法》和《民族区域自治法》，关键是帮助自治地方发展经济、改善民生。在民族地区的发展过程中，要坚持民族因素和区域因素相结合，发展经济和改善民生相结合，释放政策动力和激发内生潜力相结合，发挥中央、发达地区和民族自治地方三个积极性，完善体制机制和扶持政策，增强民族地区自我发展能力，让各族群众更多更公平地享有改革发展的丰硕成果。习近平总书记指出："要发挥好中央、发达地区、民族地区三个积极性，对边疆地区、贫困地区、生态保护区实行差别化的区域政策，优化转移支付和对口支援体制机制，把政策动力和内生潜力有机结合起来。"② 必须全面贯彻落实《民族区域自治法》，因地制宜、分类指导、精准施策，解决民族地区在改革发展中面临的区域性问题，制定适应各区域特点的经济社会发展政策，采取更加集中的支持、更加有效的举措、更加有力的工作，着力精准扶贫、精准脱贫，决胜深度贫困地区脱贫攻坚，促进民族地区可持续发展，确保民族地区和全国一道全面建成小康社会。

5. 充分发挥学术研究功用。坚持和发展中国特色社会主义，推进全面依法治国，必须发展中国特色社会主义法治理论，增强理论自信和战略定力，以习近平新时代中国特色社会主义思想为指导，大力推进实践基础上的理论创新，推进科学立法、民主立法、依法立法，以良法促进发展、保障善治。法律就是要根据社会现实的需要，有效的法律才是好的法律，能

---

① 习近平：《决胜全面建成小康社会 夺取新时代中国特色社会主义伟大胜利——在中国共产党第十九次全国代表大会上的报告》，载《求是》2017年第21期。

② 中共中央文献研究室编：《习近平关于协调推进"四个全面"战略布局论述摘编》，中央文献出版社2015年版，第40页。

在社会执行下去的法律才能算有效的法律。学术何为？学术何用？学术的使命是求真，但在功利主义盛行的当下，学术研究与社会发展脱节，理论成果与现实需求"两张皮"，这些问题屡见不鲜。如何通过学术研究、学科发展、智库建设来助力国家治理，把脉社会问题，传递底层呼声，提出真知灼见？政府决策和政策制订是否充分尊重、倾听、吸纳学者智慧，将科学主张自觉转化为现实？这些现象和问题亟待从事民族问题研究的学者与民族事务治理、民族政策制定的实务工作者之间有效协同回应解决，把政策研究同对策研究紧密结合起来，以适应国家治理现代化与法治中国建设的新形势、新要求，防范民族问题研究和民族事务治理以及民族政策制定的政绩本位主义、功利主义、形式主义，切实保障研究成果和法律制度更加科学、及时、有效地服务国家战略，服务政府决策，服务民族事务治理法治化，服务中国特色社会主义事业长远发展。

【特别鸣谢：感谢盛义龙博士、李少文博士为问卷数调查据统计和文稿所作的贡献！】

论坚持和完善民族区域自治制度的宪法执行机制

李占荣　唐　勇　李晓波

摘要：在"深化依法治国"背景下，随着"中华民族伟大复兴"入宪，坚持和完善民族区域自治制度，必须通过对"中华民族"范畴和解决民族问题宪法原则的贯彻，将"中华民族""中华民族伟大复兴"和"民族事务法治化"纳入《民族区域自治法》，并强化民族自治机关依法行使自治权权限和程序，构建以宪法原则贯彻、民族主体范畴纳入、依法行使自治权为要素的宪法执行机制。

关键词：民族区域自治制度　宪法实施　宪法执行机制

作者简介：李占荣（1967—），男，法学博士，浙江财经大学法学院教授，博士生导师，研究方向为：宪法学、法理学。

唐勇，法学博士，浙江财经大学法学院副教授，研究方向为：宪法学、法理学。

李晓波（1983—），男，法学博士，浙江财经大学法学院讲师，研究方向为：宪法学、政治学。

项目来源：国家民委重点项目"坚持和完善民族区域自治制度的宪法实施机制研究"（项目编号：2017—GMA—002）阶段性成果。

中国是统一的多民族国家，在长期的历史发展过程中建立了单一制国家结构。在单一制国家背景下，为了处理少数民族问题，实现民族平等、团结和互助，中央政府采取了民族区域自治制度作为解决民族问题的基本政治制度①。作为一项基本的政治制度，民族区域自治制度必须在国家的统一领导下，以少数民族聚居区和民族自治机关享有自治权为基础，充分体现了国家尊重和保障少数民族权利的精神，坚持平等、团结和共同繁荣的原则。实践证明，民族区域自治制度保障了少数民族当家作主，促进了民族地区经济和社会发展，加强了民族团结和国家统一。在"深化依法治国实践"的新时代，"全面贯彻党的民族政策，深化民族团结进步教育，铸牢中华民族共同体意识，加强各民族交往交流交融，促进各民族像石榴籽一样紧紧抱在一起，共同团结奋斗、共同繁荣发展"②，必须坚持和完善民族区域自治制度，构建以贯彻宪法原则、纳入民族宪法主体范畴、依法行使民族区域自治权为要素的宪法执行机制。如何理解这个宪法执行机制原理和运行过程？本文结合相关宪法学理论对该问题进行探析。

一、民族区域自治制度对解决民族问题宪法原则的贯彻

民族区域自治制度是马克思主义民族政策与中国解决民族问题的实践相结合的产物，"民族区域自治制度是解决我国民族问题的根本制度"③，具有制度优越性。"民族区域自治不仅是民族平等原则在民族地区的真实

---

① "民族区域自治制度"是指在国家统一领导下，在少数民族聚居的地方实行区域自治，设立自治机关行使自治权，管理本自治区域内的事务（林来梵：《宪法学讲义》，法律出版社2011年版，第183页。）

② 习近平：《决胜全面建成小康社会 夺取新时代中国特色社会主义伟大胜利——在中国共产党第十九次全国代表大会上的报告》，载《求是》2017年第21期。

③ 国家民委、中央政策研究室：《民族工作文献选编（1990—2002年）》，中央文献出版社2003年版，第3页。

体现，也是进一步促进民族团结、加快民族共同发展，从而实现各民族共同繁荣，消除各民族间由于经济社会发展不平衡而存在的事实上的不平等的重要制度保障"[1]。因此，贯彻解决民族问题的宪法原则是坚持和完善民族区域自治制度首要机制。

根据我国《宪法》和《民族区域自治法》规定，结合中国解决民族问题的实践，可将解决民族问题的宪法原则"类型化"为"民族平等与公民平等原则""民族团结与公民团结原则""民族自治与区域自治结合原则"和"民族发展与各民族共同繁荣原则"四大原则[2]。这四大原则构成了解决我国民族问题的宪法原则体系，其中的"民族平等与公民平等原则"是前提性原则，"民族团结与公民团结原则"是目的性原则，"民族自治与区域自治结合原则"是保障性原则，"民族发展与各民族共同繁荣原则"是基础性原则[3]。在新时代背景下，随着"中华民族伟大复兴"入宪，"中华民族"原则也得以确立。坚持和完善民族区域自治制度，首要的就是贯彻"中华民族"原则和解决民族问题的四大宪法原则，从宪法原则层面为民族区域自治制度提供根本法依据。

（一）对"中华民族"原则的贯彻

"中华民族"概念集中反映了中国的民族国家属性。"中华民族"事实上的形成是中国构建现代民族国家的前提条件。现代中国民族国家的建立包含着两个基本的环节："一是'中华民族'这个族称的形成；二是国内各个民族融合为一个普遍认同于'中华民族'这个族称的共同体"[4]。"中华民族"概念的形成是近现代中国历史发展的产物。早在辛亥革命时期，孙中山领导下的国民革命政府就提出了各民族建立民国的主张，后来各族人民就接受了"中华民族"的称谓。中国各民族融合为统一的政治共同体，

---

① 黄元姗：《民族地区宪政研究》，民族出版社2006年版，第42页。

② 李晓波、李占荣：《论"多民族国家"民族问题解决的宪法规范回应机制》，载《浙江工商大学学报》2017年第5期；李占荣、李晓波：《"多民族国家"民族问题解决的宪法原则回应》，载《西北师大学报（社会科学版）》2017年第6期。

③ 根据《宪法》和《民族区域自治法》规定，结合我国民族法治实践所总结的解决民族问题的四大宪法原则是一个逻辑体系，"民族平等与公民平等原则"解决民族平等权问题，"民族团结与公民团结原则"解决民族团结问题，"民族自治与区域自治结合原则"解决民族自治权问题，而"民族发展与各民族共同繁荣原则"处理民族发展权问题。从民族平等权、民族团结义务、民族自治权和民族发展权的逻辑关系来看，民族平等权是民族团结、民族自治权和民族发展权的前提，民族团结则是民族平等权、民族自治权和民族发展权的目的；民族自治权则为实现民族平等、民族团结和民族发展提供了制度保障；而民族发展权通过经济和社会发展为民族平等权、民族团结和民族自治权提供了物质基础。

④ 周平：《多民族国家的族际政治整合》，中央编译出版社2012年版，第171页。

是在反抗殖民侵略的过程中逐步实现的。自1840年以后，中国进行的民主主义革命是中国各民族融合为中华民族政治共同体的关键时期。在新民主主义革命时期，以毛泽东为领导的中国共产党人，联合全国各族人民，推翻了帝国主义、封建主义和官僚资本主义的统治，实现了全国各族人民的大团结。"抗日战争胜利之后，'中华民族'基本上就成为各个民族共同接受的族称了"①。在此意义上，"中华民族作为一个自觉的民族实体，是近百年来中国和西方列强对抗中出现的"②。

中华人民共和国成立之后，党的第一代、第二代、第三代、第四代和第五代领导集体带领中国各族人民进行社会主义建设、改革事业，不断强化着"中华民族"的国家认同。2018年，《宪法》第五次修改，将"中华民族伟大复兴"写入宪法，至此，"中华民族"作为一个宪法范畴正式得以确立。尽管，我国在相关法律中"中华民族"范畴已经有所体现，例如，《中医药法》《慈善法》《国家勋章和国家荣誉称号法》《教育法》《国家安全法》《广告法》《老年人权益保障法》《非物质文化遗产法》《文物保护法》《反分裂国家法》等都出现了"中华民族"的表述③，但这些表述仅具有宣示意义，而"中华民族"入宪，意味着"中华民族"范畴具有根本法属性，国家必须以"多民族国家"为基础，将"中华民族"原则贯彻到立法、执法、司法和守法层面，通过系统的立法活动、执法活动、司法活动和守法活动全面贯彻"中华民族"原则，国家和公民层面负担的宪法性义务是显而易见的。

（二）对"民族平等与公民平等原则"的贯彻

民族区域自治制度通过在民族自治地方设立自治机关，赋予自治地方政府广泛的民族自治权，确保"民族平等和公民平等"宪法原则的贯彻。"民族平等和公民平等"原则是"民族平等"与"公民平等"的内在统一，它体现了少数民族集体平等权和少数民族个体平等权利的内生关系④。民族区域自治制度的核心在于自治权，《宪法》和《民族区域自治法》对民族自治地方自治权的规定从根本法的角度确保了民族自治地方公民平等权

① 周平：《多民族国家的族际政治整合》，中央编译出版社2012年版，第172页。
② 费孝通主编：《中华民族多元一体格局》，中央民族大学出版社1999年版，第3页。
③《中医药法》第2条、《慈善法》第5条、《国家勋章和国家荣誉称号法》第1条、《教育法》第7条、《国家安全法》第1条、《广告法》第3条、《老年人权益保障法》第1条、《非物质文化遗产法》第1条、《文物保护法》第1条和第40条、《反分裂国家法》第1条等相关规定。
④ 李占荣、李晓波：《"多民族国家"民族问题解决的宪法原则回应》，载《西北师大学报（社会科学版）》2017年第6期。

的实现。

民族区域自治制度对"民族平等和公民平等"宪法原则的贯彻，还要求以《宪法》和《民族区域自治法》为核心对"民族平等和公民平等原则"具体化，构建系统的法律体系保护民族平等权的实现，例如，我国现有的《国籍法》《国家安全法》《选举法》《教育法》《义务教育法》《就业促进法》《劳动法》《未成年人保护法》《科学技术进步法》《反恐怖主义法》《治安管理处罚法》《刑法》等相关法律都对"民族平等和公民平等"宪法原则进行了细化 ①。但是，以上这些规范保护民族平等权的"法益"有限，有学者建议在《刑法》中创制新的"破坏民族平等罪"以弥补"民族平等和公民平等"宪法原则贯彻的不足 ②。

（三）对"民族团结与公民团结原则"的贯彻

"民族团结和公民团结"宪法原则体现了"民族团结"和"公民团结"的同一性，它是解决我国民族团结问题重要宪法原则。坚持和完善民族区域自治制度，打击大汉族主义和地方民族主义，重点在于贯彻"民族团结和公民团结原则"。贯彻"民族团结和公民团结"宪法原则，关键在于构建解决民族团结问题的法律体系对该原则进一步具体化。我国现有的《电影产业促进法》《网络安全法》《境外非政府组织境内活动管理法》《教育法》《公务员法》《城市居民委员会组织法》《村民委员会组织法》《国家通用语言文字法》《教师法》《非物质文化遗产法》等多部法律都涉及"民族团结和公民团结原则"的具体化 ③，这些规定从法律层面贯彻了"民族团结和公民团结"宪法原则。从目前关于"民族团结和公民团结原则"的法律规范分析发现，"民族团结和公民团结原则"是一条义务性原则，目的在于保护民族区域自治制度，维护民族自治机关自治权。因此，在法治实践中就要求对目前日益猖獗的民族分裂势力进行严厉的制裁。鉴于这层考

---

① 《国籍法》第2条、《国家安全法》第26条、《选举法》第3条、《教育法》第9条、《义务教育法》第9条、《就业促进法》第3条、《劳动法》第12条和第14条、《未成年人保护法》第3条、《科学技术进步法》第53条、《反恐怖主义法》第81条、《治安管理处罚法》第47条、《刑法》第249条和第250及第251条相关规定。

② 李晓波、李占荣：《论"多民族国家"民族问题解决的宪法规范回应机制》，载《浙江工商大学学报》2017年第5期。

③ 《电影产业促进法》第14条和第16条、《网络安全法》第12条、《境外非政府组织境内活动管理法》第5条、《教育法》第6条、《公务员法》第52条、《城市居民委员会组织法》第5条、《村民委员会组织法》第9条、《国家通用语言文字法》第1条和第5条、《教师法》第8条、《非物质文化遗产法》第4条等相关法律规定。

虑，除了《反分裂国家法》之外，需要创制新的"破坏民族团结罪"，对严重破坏民族团结行为进行严厉制裁①。

（四）对"民族自治与区域自治原则"的贯彻

"民族自治与区域自治结合原则"是在单一制国家结构下，利用民族区域自治制度解决民族问题的宪法原则。民族区域自治制度不同于西方"民族自治制度"和"地方自治制度"，而是具有中国特色的"民族自治"与"区域自治"的结合②。如果仅强调"民族自治"，就会存在因"民族自决权"产生的国家分裂潜在危险，为了杜绝"民族自治"造成国家分裂风险，必须对"民族自治"施加"区域自治"限制。"民族自治与区域自治原则"适应了具体历史阶段我国国情，"保障了少数民族当家作主，管理本民族地方内部事务的权利，促进了民族地方的繁荣和国家富强，加强了民族团结和国家统一"③"有利于贯彻民主集中制，保障少数民族的自治权和促进各民族的共同繁荣和发展"④，实现"民族自治"与"区域自治"的统一。

从宪法价值来看，"民族自治和区域自治结合原则"满足了"民族地方"宪法主体的自治权。根据《宪法》和《民族区域自治法》的规定，"民族自治地方"作为主体除了享有一般地方国家机关的职权之外，还享有民族地方自治机关的权力，这些权力可"类型化"为以下几个方面：一是在贯彻执行国家法律、政策和上级国家机关决议、命令和指示的过程中，根据地方实际，经相关上级国家机关批准变通执行或停止执行的权力；二是制定自治条例和单行条例的权力；三是自主安排民族自治地方的财政收入的权力；四是自主安排和管理地方性经济建设权力；五是自主管理本地方的教育、科学、文化、卫生、体育事业；六是根据地方实际需要，经国务院批准组建相关的公安部队维持地方社会秩序；七是享有语言文字权⑤。另外，"民族自治地方"还可以要求国家扶植地方工业发展，帮助民族自治地方发展文化教育事业，为少数民族地方培养少数民族干部和技术干部。

坚持和完善民族区域自治制度，其他相关法律进一步具体化了"民

---

① 李晓波、李占荣：《论"多民族国家"民族问题解决的宪法规范回应机制》，载《浙江工商大学学报》2017年第5期。

② 林来梵：《宪法学讲义》，法律出版社2011年版，第183页。

③ 林来梵：《宪法学讲义》，法律出版社2011年版，第183页。

④ 周叶中：《宪法》，高等教育出版社2016年版，第211页。

⑤ 周叶中：《宪法》，高等教育出版社2016年版，第210页。

族自治和区域自治结合原则"，例如，《城乡规划法》《国旗法》等相关规定①。从《宪法》《民族区域自治法》和其他相关法律规定来看，"民族自治与区域自治"宪法原则在于保护民族自治地方的自治权。鉴于目前法律体系缺少对破坏"民族自治地方自治权"法律后果的规定，可在行为模式基础上构建"侵犯民族自治地方自治权罪"②，通过刑事制裁来打击破坏民族区域自治制度的行为。当然，对"民族自治与区域自治结合原则"的贯彻，还要求制定专门的民族区域自治制度保护法律体系，以体现"民族自治与区域自治结合原则"的辐射性功能。

（五）对"民族发展与各民族共同繁荣原则"的贯彻

"民族发展和各民族共同繁荣原则"是指通过建设高度的物质文明和精神文明实现各族人民发展和繁荣。"各民族共同繁荣，既是一个基本原则，又是一个任务和目标"③，民族共同繁荣作为一个基本原则是因为民族问题的长期性和民族特点决定的。《宪法》序言规定："平等团结互助和谐的社会主义民族关系已经确立""国家尽一切努力，促进全国各民族的共同繁荣。"从这里可以看出，"互助"目的在促进各民族的共同繁荣。"互助"原则要求国家通过制度化帮助少数民族地区社会和经济发展，通过各民族的共同发展最终达到共同繁荣。周恩来指出："我们对各民族既要平等，又要使大家繁荣。各民族繁荣是我们社会主义在民族政策上的根本立场。"④"民族发展与各民族共同繁荣原则"兼顾了少数民族地区发展和全国各民族的共同发展，体现了社会主义解放和发展生产力，实现共同富裕的本质。"民族发展与各民族共同繁荣"是我国处理少数民族的基本原则立场之一，它通过民族区域自治制度赋予少数民族地区大量的经济和社会发展权，并赋予国家帮助少数民族地区发展的宪法义务，确保了少数民族地区经济和社会持续发展。

坚持和完善民族区域自治制度，必须贯彻"民族发展与各民族共同繁荣"宪法原则。根据《宪法》规定⑤，《民族区域自治法》对"民族发展与

---

① 《城乡规划法》第4条、《国旗法》第7条等相关规定。
② 李晓波、李占荣：《论"多民族国家"民族问题解决的宪法规范回应机制》，载《浙江工商大学学报》2017年第5期。
③ 吴宗金等：《中国民族法学》，法律出版社2004年版，第128页。
④ 《周恩来选集》（下卷），人民出版社1984年版，第263页。
⑤ 《宪法》第4条、第118条—第122条。

各民族共同繁荣原则"进行了具体化①。除此之外,《公共文化服务保障法》《电影产业促进法》《体育法》《中医药法》《科学技术进步法》《就业促进法》《预算法》《公路法》《教育法》和《义务教育法》等法律都进一步具体化了"民族发展和民族共同繁荣原则"②。但对破坏民族自治地方经济发展权行为,缺少严厉的制裁性措施,可在《刑法》中构建相关的"破坏少数民族经济发展罪",对破坏少数民族经济发展,侵犯少数民族经济发展权的行为课以刑罚③。

综上所述,坚持和完善民族区域自治制度,对相关宪法原则贯彻是其主要方面。"宪法确立的原则要渗透到相应的法律和它的实施过程中,不管这部法律是被人们划分为公法还是私法,此乃天经地义的事情"④。因此,对若干宪法原则的贯彻,还应完善《民族区域自治法》的配套立法,加强单行法、自治条例、单行条例、地方性法规和政府规章的制定⑤,完善事关少数民族切身利益的《民族自治地方经济发展促进法》《少数民族地区语言文字保护法》《民族自治地方非物质文化遗产保护法》《散居少数民族权益保障法》《少数民族教育促进法》《少数民族地区人力和社会资源保障法》和《民族自治地方自然资源开发与保护法》等单行法体系。并将公民在少数民族地区权利和义务,散居少数民族权益,少数民族立法参与权、经济建设等相关内容纳入《民族区域自治法》。在具备优良的法律体系的前提下,坚持和完善民族区域自治制度必须充分发挥民族自治地方人民政府的执法功能,通过严格执法将相关的法律真正落实到实处。而对于立法中出现的侵害民族区域自治制度的行为,必须强化民族法律备案审查制度,充分发挥新建立的宪法和法律委员会的职能,不断调整和优化民族法治体系。对于执法中出现的侵害民族区域自治制度的行为,强化对行政执法人员的问责制度,完善行政诉讼制度和国家赔偿制度。在民族自治地方加强法治宣教,培养法治意识,树立守法良好氛围。最终形成以民族立

① 《民族区域自治法》第6条、第8条、第26条、第38条、第55条、第58条、第59条、第60条、第63条、第64条、第69条、第70条等规定。
② 《公共文化服务保障法》第8条、《电影产业促进法》第43条、《体育法》第6条、《中医药法》第52条、《科学技术进步法》第6条、《就业促进法》第21条、《预算法》第39条、《公路法》第5条、《教育法》第10条、《义务教育法》第47条等相关规定。
③ 李晓波、李占荣:《论"多民族国家"民族问题解决的宪法规范回应机制》,载《浙江工商大学学报》2017年第5期。
④ 童之伟:《宪法与部门法关系管窥》,法律出版社2017年版,第81页。
⑤ 张帆、吴大华:《论〈民族区域自治法〉在民族地区法治化建设进程中的完善与实施》,载《中国社会科学院研究生院学报》2015年第5期。

法为核心，民族立法、民族执法、民族司法和民族守法为基础的民族法治新局面。

二、民族纳入宪法主体范畴的法治化进路

宪法主体是与宪法关系紧密相关的范畴。宪法关系由主体、客体和内容构成，"宪法关系主体是依据宪法规范直接参与宪政活动的政治实践主体，是宪法权利和宪法义务的直接承载者和直接行使者；客体指宪法主体权力和权利指向对象的宪法行为；内容指依宪法而形成的公民与国家之间的权利和权力关系"[①]。国家和公民是宪法最基本主体，而民族、政党和利益集团等其他主体都是从公民与国家主体中关衍生出来的。坚持和完善民族区域自治制度宪法执行机制，必须确认民族的宪法主体地位，根据"中华民族"入宪要求，将民族作为宪法主体范畴贯彻到《民族区域自治法》中，从而为民族区域自治制度完善提供范畴机制。

（一）将"中华民族"写入《民族区域自治法》

2018年，随着《宪法》第五次修改，"中华民族伟大复兴"写入宪法。"中华民族"入宪开启了民族法治建设的新篇章。在宪法中确立"中华民族"的根本法律地位，有利于促进各族人民国家认同的法律纽带，也为防止民族分裂主义提供了宪法依据[②]。"中华民族"入宪决定了《民族区域自治法》必须将"中华民族"贯彻在《民族区域自治法》中，将"中华民族"写入《民族区域自治法》，有利于澄清部分民众长期以来将"中华民族"等同于汉族的错误认识，为开创新时期民族工作的新局面创造良好的主观认识条件，也有利于消除《民族区域自治法》中缺少"中华民族"概念产生的负面效应，"中华民族"纳入《民族区域自治法》的具体建议如下：

首先，在序言第一段，将原表述"中华人民共和国是全国各族人民共同缔造的统一的多民族国家。民族区域自治是中国共产党运用马克思列宁主义解决我国民族问题的基本政策，是国家的一项重要政治制度"，修改为"中华人民共和国是全国各族人民共同缔造的统一的多民族国家，是中华民族的家园。民族区域自治是中国共产党运用马克思列宁主义解决我国民族问题的基本政策，是国家的一项基本政治制度"。通过增加中华人民共和国是"中华民族"家园的表述和对"中华民族"的界定，既规定了中华民族的法律构成，也从法律上将五十六个民族与国家联系起

① 周叶中：《宪法》，高等教育出版社2016年版，第122—130页。
② 李占荣等：《宪法的民族观及其中国意义研究》，法律出版社2015年版，第236—239页。

来了。

其次，将《民族区域自治法》序言第四段最后一句"在维护民族团结的斗争中，要反对大民族主义，主要是大汉族主义，也要反对地方民族主义"，修改为"在维护中华民族团结的斗争中，要反对大民族主义，主要是大汉族主义，也要反对地方民族主义"。将"民族团结"修改为"中华民族团结"，第一次将"中华民族团结"上升为一个法律概念，克服了将"民族团结"等同于民族之间团结的局限性，消解了强调56个民族关系间性的弊端，强化"中华民族"民族国家的整体认同。

最后，根据"中华民族"范畴法律化的具体方式，在《民族区域自治法》序言部分将"中华民族"纳入之外，还应在具体法律规范层面有所体现。中国现行的法律体系中，"中华民族"已经在《教育法》《反分裂国家法》《国家勋章和国家荣誉称号法》《文物保护法》《非物质文化遗产法》《慈善法》《老年人权益保障法》《广告法》等相关法律中有所体现。但以上法律中，"中华民族"范畴主要是法律观念层面的宣示，还不具有约束功能。因此，在《民族区域自治法》的具体条文中，还应以进一步具体化体现"中华民族"范畴。例如，可以将第6条第4款"不断提高各民族人民的社会主义觉悟和科学文化水平"修改为"不断提高中华民族的社会主义觉悟和科学文化水平"。第53条"教育各民族的干部和群众互相信任，互相学习，互相帮助，互相尊重语言文字，风俗习惯，和宗教信仰，共同维护国家统一和各民族团结"修改为"教育各民族的干部和群众互相信任，互相学习，互相帮助，互相尊重语言文字，风俗习惯，和宗教信仰，共同维护国家统一和中华民族团结"。

（二）将"中华民族伟大复兴"写入《民族区域自治法》

"中华民族伟大复兴的中国梦"是近现代中国人民的百年梦想。自从1840年之后，一代又一代先进的中国人承接中华民族"救亡图存，振兴中华"的使命，寻求民族独立和国家富强道路。在中国共产党的领导下，终于取得了新民主主义革命的胜利，推翻了封建主义、帝国主义和官僚资本主义对中国人民的统治，建立了社会主义制度。在毛泽东、邓小平、江泽民、胡锦涛和习近平为代表中国共产党人的带领下，中国人民又取得了建设和改革的胜利，实现了国家富强。因此，"中华民族的伟大复兴"是全国各族人民的共同理想。

"中华民族伟大复兴"已经成为以习近平同志为核心的党中央在新时代带领全国各族人民努力实现的国家总目标，也是全国各族人民团结奋斗的动力之源。在此背景下，中共十九大在修改党章的决议中认为："实现中华民族伟大复兴是近代以来中华民族最伟大的理想，是我们党向人民、向历史作出的庄严承诺。"① 根据决议，"实现中华民族伟大复兴的中国梦"被写入党章。2018年《宪法》第五次修正，根据中国社会发展的阶段性特征，以及世情、国情和党情的新变化，国家适时修改了《宪法》，将"中华民族伟大复兴"纳入《宪法》。"中华民族的伟大复兴"入宪，为全国各族人民实现共同理想中国梦奠定了根本法基础。

　　从法理层面来讲，"中华民族的伟大复兴"入宪为民族区域自治制度的完善提供了新的契机。坚持和完善民族区域自治制度，必须根据《宪法》贯彻"中华民族伟大复兴"范畴，将"中华民族伟大复兴"写入到《民族区域自治法》，从范畴确立层面确定其法律地位②。具体来讲，首先将《民族区域自治法》序言第五段原表述"民族自治地方的各族人民和全国人民一道，在中国共产党的领导下，在马克思列宁主义、毛泽东思想的指引下，坚持人民民主专政，坚持社会主义道路，集中力量进行社会主义现代化建设，加速民族自治地方经济、文化的发展，建设团结、繁荣的民族自治地方，为各民族的共同繁荣，把祖国建设成为高度文明、高度民主的社会主义国家而努力奋斗"，修改为"民族自治地方的各族人民和全国人民一道，在中国共产党的领导下，在马克思列宁主义、毛泽东思想的指引下，坚持人民民主专政，坚持社会主义道路，集中力量进行社会主义现代化建设，加速民族自治地方经济、文化的发展，建设团结、繁荣的民族自治地方，为中华民族的共同繁荣，把祖国建设成为高度文明、高度民主的社会主义国家，实现中华民族的伟大复兴而努力奋斗"。

　　其次，将《民族区域自治法》序言第五段"为各民族的共同繁荣，把祖国建设成为富强、民主、文明的社会主义国家而努力奋斗"，修改为"为

　　① 《中国共产党第十九次代表大会关于〈中国共产党章程（修正案）〉的决议》，载新华网 http://www.xinhuanet.com/2017-10/24/c_1121850042.htm.2017年10月24日。（最后访问时间：2018年3月20日。）
　　② 从法理学层面讲，根据范畴法律化的形态，可将具体范畴法律化"类型化"为四种形式：一是仅确立范畴的法律地位，而不作实质内涵界定和规范构建。二是明确界定范畴含义进行法律化。三是具体规范构建层面的法律化。四是综合型，即范畴确立、范畴内涵界定和规范构建三种方式的结合，这个结合方式是"多样"的。

各民族的共同繁荣，把祖国建设成为富强、民主、文明、和谐和美丽的社会主义国家，为实现中华民族伟大复兴的中国梦不懈奋斗"。

通过以上两个层面的修改，可以确保《民族区域自治法》能够与时俱进，与十九大报告和宪法修正案的表述保持一致，体现新时代"深化依法治国实践"需要，以及坚持和完善民族区域自治制度的时代要求。

（三）将"民族事务治理法治化"写入《民族区域自治法》

坚持和完善民族区域自治制度，必须坚持和完善宪法和《民族区域自治法》规定的民族区域自治权，实现"民族事务治理法治化"。宪法第4条规定："各少数民族聚居的地方实行区域自治，设立自治机关，行使自治权。"根据本条规定，《民族区域自治法》对民族地方自治权进行具体化，其享有的自治权主要有立法自治权、行政自治权和部分司法自治权①，并且《宪法》和《民族区域自治法》还对上级国家机关课以义务，即它们有义务保障自治机关依法行使自治权②，依法行使自治权体现了"民族事务治理法治化"的要求。

坚持和完善民族区域自治制度，还必须面对新时代"深化依法治国实践"和民族问题的历史背景，强化民族区域自治制度的基本政治制度地位，将《民族区域自治法》在实践中贯彻和落实。面对新时代民族法治建设实践需要，国家将"民族事务治理法治化"写入《民族区域自治法》，明确中央与民族自治地方权限和自治权行使的范围和程序，顺畅民族自治事务法治化轨道，实现民族事务治理政策化向法治化转变。

综上所述，在"中华民族伟大复兴"入宪的背景下，"中华民族伟大

---

① 《宪法》和《民族区域自治法》规定民族自治地方的立法自治权和行政自治权比较明确，而部分司法自治权主要是根据《民族区域自治法》第46条第1款的规定而得出的。《民族区域自治法》第46条第1款规定："民族自治地方的人民法院和人民检察院对本级人民代表大会及其常务委员会负责。民族自治地方的人民检察院并对上级人民检察院负责。"本条款可以从三方面解读：一是民族自治地方的司法机关由本级人民代表大会选举产生，并对本级人民代表大会及其常务委员会负责和报告工作。而民族自治地方的人民代表大会及其常务委员会是法定民族自治机关，因此，民族自治地方的司法机关从属于民族自治机关，其司法管辖权也限于本地方内部。而且《民族区域自治法》规定自治地方的司法机关之中应当由实行区域自治的民族人员担任，这体现了实行民族区域自治的少数民族在司法领域行使当家作主的权利。二是民族自治地方的特殊性，使得一些法律在民族自治地方机关获得了变通执行和补充规定的权利，因此，变通执行和补充规定就成为司法机关活动的依据。再加上自治条例、单行条例和地方性法规，使得民族自治地方的司法机关也具有自治权管辖，行使自治权的性质。三是宪法规定的少数民族语言文字权。司法机关对少数民族语言文字权的适用直接体现了自治机关行使文字权的自治权。

② 根据《宪法》和《民族区域自治法》的相关规定，上级国家机关有保障民族自治机关行使自治权的义务，这些义务主要体现在财政政策、经济产业政策、扶贫开发政策、税收政策、教育政策和社会建设政策等方面。

复兴""中华民族"和"民族事务治理法治化"等范畴都应该通过不同方式纳入《民族区域自治法》中，进而对"中华民族伟大复兴"入宪进行回应，通过这种回应机制坚持和完善民族区域自治制度。

三、民族自治机关行使自治权的权限与程序

坚持和完善民族区域自治制度的核心是自治权行使，自治权是民族区域自治制度的核心。我国民族区域自治制度之下的自治权是由《宪法》和《民族区域自治法》规定的，并结合民族自治地方政治、经济和文化特点，民族自治机关自主管理本地方、本民族事务的权力。根据《民族区域自治法》规定，民族自治机关的自治权主要包括政策与法律执行权、自主立法权、经济发展自主权和财政自治权等方面，这些自治权在法定范围内，按照一定程序行使是坚持和完善民族区域自治制度的具体机制。

（一）民族区域自治权的法律属性

民族区域自治制度是我国基本政治制度。民族区域自治权是民族区域自治制度的核心，这个权力是由《宪法》授权产生的。从这个意义上讲，"国家是民族区域自治的发动者，发动形态为国家的宪法和法律，民族区域自治的发动形态是民族区域自治法和自治条例与单行条例"[1]。因此，民族区域自治权的法律属性是毋庸置疑的。

民族区域自治权的法律属性主要从两个方面体现出来：一方面，从国家结构角度来看，民族区域自治权涉及中央与民族自治地方的权力划分问题。民族区域自治权是由《宪法》和《民族区域自治法》奠定的。《宪法》规定了民族区域自治权的一般原则，而《民族区域自治法》根据《宪法》进行具体化。另一方面，从民族区域自治权的行使来看，自治权是民族自治机关行使的法定权力，这个权力具有特定性。在具体实践中，民族自治机关行使自治权必须按照法律规定条件和程序来行使，这在《民族区域自治法》中有明确规定，这体现了自治权的依法行使原则。

（二）政策与法律执行权的内涵与程序

根据《宪法》第115条、《民族区域自治法》第4条和第5条规定，民族区域自治机关根据本地方的社会发展实际，贯彻执行国家的法律和政策。对上级国家机关的决议、决定和命令和指示，如果有不适合民族自治地方

---

① 黄元姗：《民族地区宪政研究》，民族出版社2006年版，第138页。

民族事务依法治理研究

51

实际情况的，自治机关可以报经该上级国家机关批准，变通执行和停止执行，这些规定了民族自治机关政策和法律的执行权。民族自治机关政策和法律执行权包括两层含义：一是根据本地实际贯彻和执行国家法律和政策。民族自治机关具有民族自治机关和地方国家机关的双重属性，根据《宪法》和《民族区域自治法》的规定，自治机关执行国家法律和政策属于法定权力，当然也是法定义务。当然，与一般地方国家机关不同，民族自治机关在执行法律和政策过程中，可以根据本地实际灵活执行政策和法律。二是根据本地实际，如果国家法律和政策不适合本地民族发展实际的，自治机关可以获得上级国家机关批准，变通执行和停止执行。与第一层的含义相比，第二层的含义更具民族区域自治权特点。

《民族区域自治法》第20条规定："上级国家机关的决议、决定、命令和指示，如有不适合民族自治地方实际情况的，自治机关可以报经该上级国家机关批准，变通执行或者停止执行；该上级国家机关应当在收到报告之日起六十日内给予答复。"根据该规定，民族自治机关变通执行权和停止执行权行使应遵循法定程序，该程序包括：一是上报上级机关批准；二是上级国家机关60日的答复期间。经过这两个程序，自治机关的变通执行权和停止执行权才可以行使。

（三）自主立法权的内涵与程序

自主立法权是指民族自治地方的自治机关根据《宪法》和《民族区域自治法》规定，根据立法自治权结合本民族地方政治、经济和文化特点，按照法定程序制定具有民族地方特色规范性文件的活动。根据制定规范性文件的性质，可以将自主立法权分为制定自治条例、单行条例立法权；制定变通或补充规定的立法权；制定地方性法规的立法权；制定政府行政规章的立法权等方面。

首先，自治机关的自主立法权主要体现在自治条例和单行条例等方面。我国《宪法》第116条和《民族区域自治法》第19条明确规定民族自治地方的人民代表大会拥有制定自治条例和单行条例的权力。自治条例根据立法主体不同，分为自治区、自治州和自治县等三级，根据相关规定，这三类自治条例的立法程序是不一样的：自治区的自治条例报全国人民代表大会常务委员会批准后生效；自治州和自治县的自治条例报省或自治区的人民代表大会常务委员会批准后生效，并报全国人民代表大会常务委员会备案。单行条例的立法程序与自治条例相同。"批准"和"备案"程序确保了自治条例和单行条例的合宪性。

其次，补充规定立法权。《民族区域自治法》第33条规定："民族自治地方的自治机关对本地方的各项开支标准、定员、定额，根据国家规定的原则，结合本地方的实际情况，可以制定补充规定和具体办法。自治区制定的补充规定和具体办法，报国务院备案；自治州、自治县制定的补充规定和具体办法，须报省、自治区、直辖市人民政府批准。"根据本条规定，民族自治机关行使有关财政开支自治权，在涉及各项开支标准、定员、定额的补充规定和具体办法的法定程序包括三个方面：一是根据国家规定原则；二是结合本地方的实际情况；三是自治区级的需要国务院批准，自治州和自治县的需要省、自治区和直辖市批准。

而其他的变通立法权，制定地方性法规和行政规章的立法权也须遵循相应的立法程序。通过这些程序，确保了民族自治权的依法行使。

（四）经济发展自主权的内涵与程序

经济发展自主权，是民族自治机关根据《宪法》和《民族区域自治法》规定，在国家计划指导下，自主安排和管理地方性经济建设，根据地方特点制定经济发展方针、政策和计划，调整生产关系和管理经济体制的权力。该项权力涉及民族地方经济发展的广泛权能，具体包括制定经济建设方针、政策和计划；调整生产关系和经济管理体制；自主安排本地基础设施建设；自主管理本地方企业和事业；管理和开发本地的自然资源；开辟对外贸易口岸等[①]。

在以上经济发展自主权中，民族自治地方制定经济建设方针、政策和计划、管理和开发本地的自然资源、安排本地基础设施建设等都需要国家计划指导，即国家计划指导是这几项经济发展自主权的前置性程序[②]。之所以需要国家计划指导，与这些权力涉及的具体事项性质有关。而《民族区域自治法》第31条规定，民族自治机关开展对外经济贸易活动需要国务院批准，国务院批准是前置性的程序。

民族自治地方享有广泛的经济发展自主权是民族区域自治制度的重要体现。在新时代背景下，十九大报告将新时代我国的社会矛盾概括为人民

---

① 胡锦光主编：《宪法学原理与案例教程》，中国人民大学出版社2006年版，第189—190页。
② 《民族区域自治法》第25条、第28条、第29条。

日益增长的美好生活需要和不平衡不充分的发展之间的矛盾，社会矛盾的转型要求我国必须对民族自治地方的经济发展自治权进行进一步的立法完善，以消解民族发展不平衡和不充分带来的问题。

（五）财政自主权的内涵与程序

财政自主权指的是民族自治机关根据《宪法》和《民族区域自治法》规定享有的财政管理体制、财政收入和支出方面的自治权，该项权力具体包括由民族自治机关自主安排本地方财政收入的权力；获取上级财政机关补助的权力；享有各项专用资金和临时性民族补助专款的权力；某些税收的减免权等。

民族自治地方财政自主权行使需要严格遵循特定法律程序。例如，《民族区域自治法》第33条规定，自治机关的财政开支补充规定和具体办法的权力就涉及三项法定程序，即国家规定原则、结合本地实际情况和批准等。而第34条规定："民族自治地方的自治机关在执行国家税法的时候，除应由国家统一审批的减免税收项目以外，对属于地方财政收入的某些需要从税收上加以照顾和鼓励的，可以实行减税或者免税。自治州、自治县决定减税或者免税，须报省、自治区、直辖市人民政府批准。"本条款主要规定了民族自治机关减免税收的法定程序：一是自治机关享有减免税收的权力，但是应由国家统一审批的减税项目，自治机关无权减免；二是民族自治机关减免税收项目，自治区一级的可以自行决定，而自治州和自治县一级的需要省或自治区人民政府批准。

（六）其他自主权的内涵与程序

其他方面的自主权指的是民族自治机关在教科文卫体等方面享有的管理权力，以及根据批准设立公安部队的权力。教育管理自治权，是指民族自治机关根据国家的教育方针，依照法律规定自主管理本地的教育事业和发展民族教育事业的权力[1]。科学技术管理自治权赋予了民族自治机关进行自主管理科学技术的权力，即民族自治机关根据本地经济建设需要和国家科技方针的要求，制定本地科学技术发展规划，抓好科技人才队伍建设，普及科学技术知识，进行科技成果的推广和转化[2]。文化管理自治权，指民族自治机关根据法律规定，自主管理和发展具有民族形式和民族

---

[1] 《民族区域自治法》第36条、第37条。

[2] 《民族区域自治法》第39条。

特点的文学、艺术、新闻、出版、广播、电影和电视等本民族文化事业的权力①。医疗和卫生自主权指的是民族自治机关根据法律规定享有的自主管理卫生和体育事业的权力②。教科文卫体方面的自治权确保了民族自治地方能够根据本地实际，自主管理本地的教育、科学、文化、卫生和体育事业，促进民族自治地方社会事业的发展。在治安管理方面，民族自治地方机关根据国家军事制度和当地的实际需要，经国务院批准可以组织本地方维护社会治安的公安部队。除此之外，民族自治机关还有管理流动人口、制定计划生育政策、进行环境保护等方面的自治权③。民族自治机关广泛的自治权有力地贯彻了民族区域自治制度。

民族自治机关享有的其他自治权也需要遵循法定程序，例如，《民族区域自治法》第24条规定："民族自治地方的自治机关依照国家的军事制度和当地的实际需要，经国务院批准，可以组织本地方维护社会治安的公安部队。"本条款对民族自治地方组织公安部队权利规定了三项程序：一是国家军事制度的需要；二是当地的实际需要；三是国务院批准。《民族区域自治法》第36条规定："民族自治地方的自治机关根据国家的教育方针，依照法律规定，决定本地方的教育规划，各级各类学校的设置、学制、办学形式、教学内容、教学用语和招生办法。"本条对教育自主权规定明确了两项程序：一是根据国家教育方针；二是依据法律。

民族自治机关自治权的依法行使，法律程序的限定作用是关键。但是，从现行《民族区域自治法》的内容来看，有一些自治权有明确的程序，另一些自治权的程序尚不明确，就是即存的程序也比较原则和抽象。针对民族自治机关自治权依法行使原则，必须对《民族区域自治法》进行修改，强化自治权行使的程序建设，并在其他单行法中进一步具体化。

结　语

在新时代背景下，中国民族问题面临新的特点，大汉族主义和地方民族主义还没有完全消除，国内民族分裂势力与国际反华势力互相勾结，民族之间发展不平衡问题突出，这些问题交织在一起，增添了民族问题的复

---

① 《民族区域自治法》第38条。
② 《民族区域自治法》第40条、第41条。
③ 《民族区域自治法》第43条、第44条、第45条。

杂性。根据中共十九大"深化依法治国实践"的总体要求，解决民族问题根本出路还在于坚持和完善民族区域自治制度。坚持和完善民族区域自治制度，必须构建以宪法原则机制、民族范畴纳入机制和民族自治权依法行使机制为要素的宪法执行机制。通过对解决民族问题的宪法原则的贯彻，以《宪法》和《民族区域自治法》为核心，以授权立法、变通立法、完善自治条例和单行立法体系为切入点，从立法主体、立法内容、立法程序和立法评估，以及法律变通等层面健全民族立法体制，对财政、税收、资源开发、人才开发、援助等重点领域进行立法创新，并通过加入相关国际公约和条约，促进少数民族权利的国际合作，加大对侵犯少数民族权利和利益行为的法律制裁力度。以《宪法》修正为契机，将"中华民族""中华民族伟大复兴"和"民族事务治理法治化"纳入《民族区域自治法》中，从实体和程序层面充实《民族区域自治法》。坚持和完善民族区域自治权的依法行使制度，强化自治权行使的程序法治建设。宪法原则贯彻机制、范畴纳入机制和自治权依法行使机制为解决中国民族问题提供了根本法治化路径和实践选择。

论民族自治地方自治法规的立法完善

——以司法适用的反馈和补强为路径考量

郭丽萍

摘要：长期以来民族自治地方人大制定的很多自治法规由于实施的配套保障机制不健全，其功能的发挥十分有限。自治法规的司法适用对于其立法后的完善有着重要价值，因为其立法目的的实现离不开司法的权利救济功能的发挥，其变通权限的具体落实需要通过司法的纠纷解决功能来确认，其立法后的实施与完善更是与司法的监督功能联系紧密。基于此，应构建一套有利于自治法规的立法完善与司法适用良性互动的长效机制，即以自治法规立法备案信息的适度公开为保障，以立法解释的回应功能的充分发挥为依托，促使自治法规的修改与司法适用的反馈相衔接。

关键词：自治法规　立法完善　司法适用　自治条例　单行条例

作者简介：郭丽萍，女，广西警察学院讲师，法学博士。

十九大报告对推进民族事务治理法治化和用法治来保障民族团结提出了新的要求。民族自治地方自治法规是学界用以表述民族自治地方人大依法行使自治权制定的自治条例和单行条例的简称。民族自治地方自治法规的实施与完善问题关乎国家的长治久安，其重要性不容小觑。现有研究中对于民族自治地方自治法规的立法完善主要寄希望于政府和立法机关主导的执法检查，对于司法适用的问题缺乏足够重视和正确认知。本文以下将从民族自治地方自治法规实施现状入手，分析自治法规颁布后的实施不畅与修改滞后等问题存在的原因，再进一步对自治法规立法完善与司法适用之间的内在关联进行学理阐释，最后在此基础上再提出保障自治法规立法完善与司法适用良性互动的长效机制。

一、问题的提出：自治法规颁布后的实施不畅与修改滞后

自1984年民族区域自治法的颁布实施以来，民族自治地方的自治法规立法经过这三十余年的发展已经取得了一定的成绩。截至2017年7月2日在"中国法律法规信息库"的检索发现，全国155个民族自治地方中除了5个自治区以及新疆所辖的5个自治州和6个自治县至今还未制定出台自治条例，其他25个自治州和114自治县都已经制定出台了自治条例，自治区层面制定的单行条例7件，自治州层面得出383件，自治县层面得出398件 [①]。

然而，自治法规在实施过程中由于法律权威不足和配套的实施机制不健全影响了自治法规功能的发挥。虽然自治法规中关于上级国家机关职责的一些条款都是经过充分协商或是在贯彻实施上位法的基础上制定的，但在民族自治地方的行政管理活动中并没有很好地执行。《云南省巍山彝族回族自治县林业管理条例》在实施的过程中就存在这类问题，该条例中关于林业基金和育林基金的规定就无法落实，因为该条例第五条第一项规定，林业基金的主要来源之一是育林基金，第六条规定收取的育林基金用于发展本县的林业，返还30%给林木所有人和集体。然而，依据云南

---

① 该网站高级检索界面网址为 search.chinalaw.gov.cn/search2.html，笔者分别以"自治区""自治州""自治县"为标题关键词，将时效性为设置"有效"，制定机关设置为"地方人大及其常委会"进行检索，上文的数据包括民族自治地方的一些变通和补充规定，但筛除了重复项和民族自治地方各级人大及其常委会制定的相关决议或决定等文件。

省政府规章，育林基金必须上缴省级主管部门。最后自治县为了不影响上级对该县的专项资金拨款只能按照省政府的规定上缴育林基金①。自治法规中明确规定了具体内容的条款尚且如此，对于那些泛泛而谈的"大力扶持""予以奖励"的规定就更难以实施，其实施效果更难以保证。而且即便是明确规定了处罚金额作为法律责任的自治法规，也存在"有法不依，执法不严"的情况。再以《云南省西双版纳傣族自治州古茶树保护条例》的实施为例，由于该条例对于保护主体的责任不明确，在实施过程中由于经费和人员配备问题相互推诿而造成执法空白，导致在旅游开发过程中大量珍贵古茶树遭到破坏②。

在自治法规的司法适用方面，笔者通过对裁判文书网中援引自治条例的文书进行梳理后发现③，主要存在三个方面的问题：一是司法适用中"不会用"，诉讼主体和法院对于自治法规的属性和地位多与地方性法规相混淆，甚至等同于一般规范性文件，这些问题使得自治法规的功能定位需要进一步深入探讨，以及功能的实现机制也需要进一步完善；二是法院在司法适用中"不敢用"，对于自治法规中的变通条款存有顾虑，相比经济特区法规中的变通规定而言，其规范效力十分有限，自治法规的变通规定是否应该绝对优先适用、效力位阶如何确定以及司法适用中应遵循的原则等都需要从理论层面予以解答；三是司法适用过程中的"不好用"，自治法规行政管理功能过于膨胀可能会对民族自治地方民众的合法利益构成减损，法院对于自治法规中行政处罚和行政许可条款的普遍适用可能会偏离民族自治地方自治法规立法保障少数民族权益的初衷，故在司法适用中手段与目的的协调一致还需要立法机关的配合和指引。在实施过程中行政机关、司法机关对于自治法规缺乏足够重视和正确认知，可想而知，民族自治地方的少数民族公民对自治法规的了解是微乎其微的，更难以自觉将自治法规作为行为准则。

其必然结果是，耗费高额的立法成本制定出台的自治法规常常被搁置，立法后难以及时修改完善适用社会的发展。在自治县层面中尤为突出，据"中国法律法规信息库"的数据显示，现行有效的398件自治县单行条

① 张锡盛、朱国斌、字振华：《民族区域自治法规在云南的贯彻执行》，载《思想战线》2000年第5期，第136页。

② 陆海发：《单行条例促进民族区域自治地方经济社会发展研究——以云南省为例》，载《云南行政学院学报》2015年第5期，第73页。

③ 郭丽萍：《民族自治地方自治法规司法适用的实证考察——以106份裁判文书为分析样本》，载《民族研究》2016年第5期，第58—63页。

例中有82件是在2001年民族区域自治法修改之前制定的，立法机关对于这些自治法规仍然没有作出任何修改，尽管在这近三十年的时间内立法所依据的上位法已作出修改，社会经济环境已发生巨大改变。以《云南省宁蒗彝族自治县林业管理条例》为例，该条例于1994年制定至今仍未有任何修改，而其所依据的上位法《民族区域自治法》已于2001年修改，《森林法》已分别于1998年和2009年修正两次。还有相当一部分自治法规虽进行了修改，但是修改工作滞后也一定程度上影响了自治法规的实施。

诚然，国务院、国家民委以及各级民族工作部门在深入民族地区调研和监督检查时，能一定程度上督促有关部门协调解决各民族自治地方遇到的这些问题，但这种行政机关内部监督的矫正和反馈的效能和次数也是十分有限的。虽然自治法规在立法程序上须上报全国人大常委会和国务院备案提供了一种事后监督的可能，但对于自治法规在颁布实施情况却缺乏相应的常态化的反馈机制，使得实施过程中种种问题浮出水面。所以自治法规的实施与完善还是需要长效机制来保障，只有建立一套能将立法、执法、司法与公民的守法等各个环节都衔接起来的常态机制，才能从根本上保障自治法规能更好地服务于民族区域自治地方的经济社会文化事业的发展。

二、自治法规立法完善与司法适用之间的内在关联

自治法规的司法适用对于建构民族自治地方的法律秩序、检验自治法规的立法实效，以及推动立法后的实施与完善等方面有着十分重要价值，以下将结合司法在权利救济、制约公权力、定纷止争的三个基本功能对此进一步展开论述。

（一）自治法规立法目的的实现与司法的权利救济功能

"立法分配权利，执法落实权利，司法救济权利"，现代法治的精髓在于保障权利，任何权利没有司法救济的保障，都将难以名副其实[①]。自治法规的实施关乎少数民族公民的切身利益，既与我国公民普遍享有的生存权、宗教信仰自由、选举权与被选举权等方面的内容密切相关，还包括实行区域自治的少数民族特有的政治、经济、文化等方面的权利，这些合法权利的保障是民族自治地方自治法规立法的最终目的。

① 周玉华：《新时期人民法院的三大司法功能》，载《法制日报》2012年9月5日第11版。

正如耶林所说，"目的是整个法的创造者"①，然而，如何避免法条的僵化对社会经济的发展形成压制，同时又保证法规的条文在实施过程中具有可操作性，这需要立法者拥有高超的立法技术，对立法对所调整的各种社会关系发展有全面深刻的认知，还需要一个能迅速将社会现实的发展从立法层面有所反映的传递机制②。通过立法手段来解决民族自治地方的各种利益纠纷有时并不能一蹴而就，而司法机关在日常的司法实践中对个案中基于立法目的的裁判却可能有效减少对少数民族公民的权益的损害。因为司法是制约公权力的最后一道防线，对于确保自治法规的严格执行和防止公权力的滥用有着重要意义。自治法规也是行政法的渊源之一，其立法内容关乎民族自治地方政治、经济、文化生活的各个方面，很多涉及民族自治地方的行政机关的行政管理范畴和公权力的行使边界。还因为民族区域自治法本身对于法的实施没有设置法律责任条款，自治法规中也大多对此含糊其辞。司法机关对违反自治法规的公民、法人、国家机关来追究责任或对少数民族的权利提供救济，才能使少数民族公民和集体都能切实享有民族区域自治带来的法定权益。

从我国民族自治地方的社会现实来看，近年来经济发展迅猛，城乡差距拉大，违法犯罪案件频发，少数民族公民权利的保障不仅关系民生问题，还直接关系到民族自治地方的社会的稳定和发展。因此，只有充分发挥司法的权利救济功能，才能使人们确信正当权益一旦受到侵害就会得到补偿或救济，人们才能内心信仰法律，自觉遵守法律，才能切实保障宪法所赋予的民族自治地方在政治、经济、文化方面的自治权。

（二）变通权限的具体确认与司法的纠纷解决功能

司法的核心功能是定纷止争，通过依据法律作出判决来化解社会矛盾和纠纷。在自治法规的实施过程中，各权利义务主体对变通规定的效力往往存在争议，很多人认为一旦自治法规中的条文与上位法不符，就应遵从上位法的规定，由此产生自治法规难以贯彻实施的难题。这不仅需要不断加强普法工作，更需要司法机关在裁决各类纠纷和争议时能依据自治法规的变通条款来定纷止争。

法院对自治法规中变通条款的法定效力的确认之所以重要是因为法院

---

① F.Wieacher, Privatrechtsgeschichte der Neuzeit, 2.Aufl., G·ttingen 1967, S.582, Fu·note.59. 转引自［德］魏德士：《法理学》，丁晓春、吴越译，法律出版社2013年版，第233页。
② 孙昌军等：《网络安全法》，湖南大学出版社2002年版，第264页。

以理性的方式程序化地解决复杂社会矛盾，能以较小的社会成本化解矛盾纠纷和维护社会的和谐稳定。由于法律语言不可避免存在抽象模糊的情形，法官在适用法律前必须作出一个基本判断，法律是否有明确规定，对于法律规定不明确的，法官则可能会依据经验、惯例、法理等作出理性判断或予以补充，使抽象法律规定变得清晰和具体，贴近人们的社会生活。法官在个案中依据自由裁量权对于抽象的法律语言和条文中的不确定因素所作出的价值判断，不仅在一定程度上弥补了法律规定的缺陷和漏洞，而且这种符合法律精神的积极阐释实际上也提供了一种与立法趋同的预期和警示作用。

同时，法院在案件审理过程中适用自治法规定纷止争，就意味着法院在具体案件中再次构建自治法规的真实的权威。虽然自治法规颁布生效后会通过当地报纸和网站予以公布，但是民众对于自治法规条文的理解还需要通过法官的判决才能有具体的感性认知。只有法院在案件的审理过程中积极地适用自治法规，并公正的裁决自治法规实施过程中出现的各种纠纷，才能使自治法规中有争议的条款得以明晰，使其法律效力在人们心目中得以确立，成为真正的"看得见的正义"。

（三）立法后的实施完善与司法的监督功能

毋庸置疑的是，法的实施对于法的立法后完善尤为重要。在成文法国家，法的创制是将具体的社会关系和要求等上升为代表国家意志的抽象的法律规范的过程，而与此相对应的法的实施则是将法律规范再次注入人们的社会生活之中，转化为现实的过程，是法律从"应然到实然，由可能性向现实转化"的过程，也是法定的权利义务转化为现实的权利义务的过程①。可以说，法的创制是具体到抽象的过程，而法的实施则是抽象到具体的过程，而且法的实施也是法律发挥作用的主要途径，法的功能与法的权威都是在法的实施过程中实现的②。

法的实施对于法的完善有着积极意义，因为通过法的实施可以将法置于在社会生活实践中进行检验才能不断发现法条中存在的缺陷和不足，从而促使立法者可以基于新的认知对法进行补充、修改和完善。而法的司法适用本身是法的实施过程中的重要一环。通常依据法实施的主体可分为：法的遵守、法的执行、法的适用。法的适用通常是指司法机关依据法定职权和程序适用法律处理具体案件的活动，对于化解矛盾纠纷、惩

---

① 韩明德、石茂生主编：《法理学》，郑州大学出版社2004年版，第255页。
② 公丕祥主编：《法理学》，复旦大学出版社2002年版，第372页。

治犯罪、维护社会秩序等都有积极作用 ① 。正如赫克所认为的，"法官是立法者的助手"，对于完全缺乏社会评价的法律问题，法官也有义务在漏洞领域自己作出评价 ② 。因此，法官在日常受理各类案件和处理矛盾纠纷并作出裁判时能及时发现法律的漏洞和瑕疵，能一定程度上推动法律的发展和完善。

此外，司法机关通过适用自治法规推动立法完善的优势，还可以从以下两个方面作分析。一是可操作性强。司法机关推动的立法完善有自生自发的性质，由于基层司法机关长时间运用法律裁决具体案件，其在案件审理过程中的试验性举措往往具有较强的可操作性。司法机关通过对这些试错经验的观察总结后能逐步发现法律法规中存在的漏洞和适合民族自治地方实际情况的变通思路，弥补自治法规立法中操作性不足的问题。二是社会效果明显。司法机关推动立法完善能产生普遍的积极效果，可以有效解决实践中存在的各种问题和化解社会矛盾。法官在具体案件中能更好地对条文设置中的漏洞有感性认知和反馈社会主体立法的迫切需求，同时诉讼主体也将对司法适用中自身的权益有更清晰的了解，促进了法的实施和法的遵守。

三、长效机制：自治法规立法完善与司法适用的良性互动

如何实现两者的相互衔接形成良性互动，不仅是一个完善民族区域自治的重要理论课题，还是民族自治地方必须妥善处理的现实问题。通识认为，立法是人民意志的集中反映，而司法则是为保障立法机关制定的法律规范得到有效地遵守而存在的。从这个角度说，立法与司法的关系本就应该是和谐一致的。自治法规立法完善与司法适用的良性互动不仅内在要求在立法层面为司法适用提供保障，还需要司法适用的反馈和补强，最终推动立法完善。以下将从两个不同维度致力于寻找司法和立法之间互动的最佳平衡点，当然这还需要理论和实践的不断磨合，所以此处所构建的长效机制只是对这一思路的一种探索和努力。

（一）外在保障：自治法规备案信息的适当公开

民族自治地方的自治法规与一般地方性法规由于在立法事项和立法功能上的部分重合，在司法实践中常被混同。除了少数以"变通规定"和"补

---

① 韩明德、石茂生主编：《法理学》，郑州大学出版社2004年版，第256页，第259页，第262页。
② Ph.Heck,Gesetzesauslegung und Interessenjurisprudenz.AcP112(1914),S.227. 转引自 [德]魏德士：《法理学》，丁晓春、吴越译，法律出版社2013年版，第235页。

充规定"形式出现的显性变通能在司法适用中得到较好地实施，大部分自治法规中隐含的变通条款的规范效力都会一定程度招致争议，这极大地影响了民族自治地方立法和法院司法适用的积极性。究其原因，法院对于自治法规中的变通规定的合法性存疑是一个重要因素。法院在审理过程中无从确信自治法规的这些变通规定是否出于正当理由制定，抑或是由于立法监督不足导致对变通权限的滥用所产生。对于前者，法院没有查询和考证的途径不敢适用，对于后者，法院为了维护国家法治的统一不愿意适用。

自治法规作为民族自治地方变通立法的最为主要的载体[①]，其对上位法的这种变通是否合法正当，需要有监督机制来制衡。备案审查制度是我国的一项宪法监督制度，对于保障宪法和法律的贯彻实施，以及维护国家法治的统一有着重要意义。自治法规的备案审查与一般的地方性法规的合法性审查是不同的，《立法法》第97条中明确了全国人大及其常委会可改变或撤销民族自治地方自治法规的情形，限于"违背宪法和本法第七十五条第二款规定"。换言之，只要自治法规不违背宪法，不违背上位法的基本原则以及专门针对民族自治地方的规定，自治法规中对上位法的变通就是合法有效的。

我国《立法法》第98条第3项规定，自治州、自治县的自治条例和单行条例应当报全国人大常委会和国务院备案，并要求在备案时对于条例中对上位法的变通情况作出说明[②]。这一要求是2015年立法法修改时新增的，立法机关为了提高备案审查的工作效率和精准度而对自治法规的报备案新提出了必须说明变通的情况的要求，即立法机关也认为自治条例和自治法规通常所包含的条款较多，而对上位法的某些条款的变通规定就"隐藏"在这些条文之中，这使得备案审查机关不易识别，更不方便对比和审查[③]。

对于自治法规中的变通规定理应在立法审议过程中进行详细说明，也应该是审议的重点内容，但是从目前中国人大网的"中国法律法规信息库"所公开的信息来看，除了以"变通规定"和"补充规定"作为法的名称的

[①] 每个民族自治地方只能制定一部自治条例，而且其综合性使得具体变通上位法的规定较为有限。据学者统计，截止2009年之前制定的自治条例中没有发现具体变通条款。张文山：《通往自治的桥梁——自治条例与单行条例研究》，中央民族大学出版社2009年版，第473页。

[②] 对于自治区的自治法规，虽然《立法法》没有规定其要报全国人大常委会和国务院备案，但其在立法程序上需要经过全国人大常委会的批准才能制定，这实际上是比自治州和自治县的自治法规的备案更为严格的审查程序。乔晓阳主编：《〈中华人民共和国立法法〉导读与释义》，中国民主法制出版社2015年版，第304页。

[③] 乔晓阳主编：《〈中华人民共和国立法法〉导读与释义》，中国民主法制出版社2015年版，第305页。

自治法规，其他立法资料中只有立法背景和立法过程的一般性介绍，尚未发现直接讨论或提及变通上位法的具体内容。然而，一旦法院在司法实践中发现自治法规中存在变通上位法的情形，这些变通规定似乎成了暗度陈仓塞进来的条款，难以义正辞严地说明自身的合法性和正当性，法院对变通规定的暧昧态度也在情理之中。

本文认为，在现有机制下可能解决的路径在于，全国人大常委会和国务院能将自治法规报备案时对变通情况的说明予以公示。这一信息的公开可以消解法院对于自治法规中变通规定合法性的疑虑，同时也可以为法院积极适用变通规定提供正当性辩护。这一思路也符合十八大以来中央对备案审查工作的部署，十八届三中全会和四中全会都强调了要加强和完善备案审查制度。近年来，全国人大常委会一直在致力于建设备案审查信息平台的工作，据悉，目前这一信息平台已经基本完成测试，预计很快可以在这个平台上进行全国、地方性法规等规范性文件的电子报备①。如果这一信息平台能一定程度对法院开放，在自治法规司法适用过程中诉讼主体或法院对于变通规定存疑时，法院就可以直接通过这一平台便捷迅速地查询备案相关信息，并据此定纷止争。同时，如果能够获悉全国人大常委会对于其他公民个人或社会团体组织的审查意见的反馈情况，也可以避免在法的实施过程中的类似争议再度提出重复建议，备案信息的公开也就成为一种普法的手段。因此，自治州和自治县自治法规报备案时对于变通情况的说明，既是对自治法规立法的监督，也是对这一变通规定的规范效力的明确确认；而在此基础上，备案程序和备案内容的公开透明化则不仅可以回应自治法规备案与否、变通是否合法的问题，还可以推动自治法规在民族自治地方的顺利实施。

（二）内在依托：立法解释的回应功能的充分发挥

任何法律秩序都在一定程度上存在漏洞，这种漏洞既可能是"违背计划的非完整性"，也可能是立法者"意味深长的沉默"②。由于法律语言的模糊性、抽象性和概括性，个案事实与法律的原则性规范之间的内在关系时常呈现出不明确性、不周延性等诸多问题，而且自治法规的司法适用比一般的法律法规更需要有完善的立法解释的制衡来具体指导和明确立法意

---

① 朱宁宁：《明年将建成法规备案审查信息平台》，载《法制日报》2016年12月20日第11版。
② ［德］魏德士：《法理学》，丁晓春，吴越译，法律出版社2013年版，第347—349页。

图。因为自治法规立法所依据"当地民族的政治、经济、文化特点"与一般地方立法依据的"本行政区域的实际情况"之间无法泾渭分明地区分开来，即自治法规立法的民族性与地方性本身难以界分，当地民族特点必然是生活在一定地方的少数民族的特性，而地方立法所考虑的地方实际情况也不可能剔除当地民族的特点。

然而，自治法规的立法解释机制如何与民族自治地方人民法院审理案件中对法条适用的争议衔接好，同时如何避免立法解释的滥用对立法权的僭越，更是理论界和实务部门需要进一步审慎思考的。有些案件本身就是由于立法表述模糊存在歧义而引发争议，如果立法机关能完善立法技术，那么司法机关就不用对这些棘手的问题"和稀泥"，换言之，立法机关一开始就能制定出可操作性强的良善的法律。相对较为现实的是，如果立法机关能在法院与诉讼主体对法条的理解出现分歧时及时作出立法解释也将对法院的审判和适用产生积极影响。如在1997年制定出台的《云南省巍山彝族回族自治县林业管理条例》，在颁布实施几个月后，自治县人民法院在案件审理过程中对该条例第22条中有关山林权属争议的协调解决的规定的适用存在疑问，并就此专门向自治县人大常委会请示，作了《关于实施〈云南省巍山彝族回族自治县林业管理条例〉第二十二条的请示》；县人大常委会主任会议在讨论后对此作出了详细解释，即《关于实施〈林业管理条例〉第二十二条请示的批复》①。从这一个案中可以看出，基层法院在案件审理过程中遇到有自治法规的条文需要立法机关进行解释的问题向立法机关请示时，如果立法机关能及时作出解释就能够确保法院在审判活动中对自治法规的正确适用。

目前，一些自治州和自治区已经陆续制定出台的立法条例，尤其是在立法法赋予自治州地方立法权后，综合这些立法条例或规定可以看出，自治州自治法规与地方性法规的立法解释机制基本一致，大体可以概括如下：一是自治州人大常委会主动对于自治法规实施后出现新的情况中需要进一步明确含义或需要明确适用依据的情形作出解释，二是自治州人大常委会基于自治州政府、法院、检察院、有关专委会以及县级人大常委会提出的要求而作出解释。具体而言，由自治州法制委员会根据具体情况会同

---

① 此案例为其他学者在云南实地调研中发现的。张锡盛等：《民族区域自治法规在云南的贯彻执行》，载《思想战线》2000年第5期，第135页。

其他有关专委会提出解释草案，由主任会议决定是否列入常委会会议议程，在常委会审议修改后正式提出解释草案，经半数表决通过后，报省人大常委会备案，并依据有关规定发布公告公示，此时立法解释与自治法规具有同等效力①。对于具体问题的询问还可以有相对简易的程序，可以由法制委员会与有关委员会研究后，上报主任会议决定后作出答复②。

此外，自治法规的适用过程中也可能有一些例外情形需要考虑，司法适用与立法解释如能形成一种联动机制就可能弥补法条僵化的不足。因此，如果在司法实践中与法院审判相衔接的立法解释机制能发挥应有的作用，就可以一定程度上确保自治法规的立法目的得到正确实施。

（三）内外联动：法的修改与司法适用的反馈相衔接

正如霍姆斯大法官曾语"法律的生命不在于逻辑，而在于经验"③，也就是说法律只有通过司法适用和实施才能实现立法目的，也只有在实践中法律才能不断完善和发展。目前，我国司法机关对立法工作的影响主要集中于立法准备阶段作为提案主体提出法案或在法案的起草过程中参与立法前期调研，而在法规制定实施后对于司法的反馈功能似乎缺乏相应的机制来保障。鉴于这些问题并非民族自治地方所特有，以下将立足于整个地方立法层面从制度层面试图探寻自治法规司法适用推动立法完善的长效机制，主要围绕法院的司法建议如何推动法的修改的问题展开。

我国司法建议制度始于中华人民共和国成立初期在废除国民党旧制以后从苏联引进的"法院批评制度"④，当前这一制度已经成为我国颇具特色的做法，被人们认为是"社会啄木鸟"⑤。具体而言，司法建议是指司法机关在"在行使侦查、检察监督及审判职能中，发现有关单位和组织在工作中存在不足或者内部管理制度上存在违法犯罪隐患等问题时，通过制作并发送司法文书，提醒有关单位和组织注意其不足和隐患，并建议其建立

---

① 如《恩施土家族苗族自治州人民代表大会及其常务委员会立法条例》第44条所强调的，"常务委员会的法规解释同法规具有同等效力"。

② 如《黔南布依族苗族自治州立法条例》第44条所规定的，"对自治条例、单行条例、地方性法规具体问题的询问，由法制委员会会同有关委员会进行研究，报主任会议决定后予以答复"。

③ [美]霍姆斯：《普通法》，冉昊、姚中秋译，中国政法大学出版社2006年版，第1页。

④ 依据苏联当时的法律规定，如果法院在庭审过程中发现当事人之外的个人或机构有违法行为或错误的行为，可通过发出"特别指令"加以批评，而被批评一方须在一个月内回复法院对此所采取的补救措施。王杏飞：《能动司法的表达与实践》，厦门大学出版社2014年版，第123页；[德]K·茨威格特，H·克茨：《比较法总论》，潘汉典等译，法律出版社2003年版，第460页。

⑤ 学界和实务部门这样表述司法建议的例子很多，所能查到的最早的出处为新华社2010年的一篇报道。杨金志：《上海：司法建议书成社会啄木鸟》，载《新华每日电讯》2010年1月8日第4版。

健全规章制度，堵塞漏洞，改进和完善工作方式，从而预防犯罪与各种纠纷发生的法律制度"[1]。换言之，司法建议不仅是我国法律赋予人民法院的审判职能的延伸，还被认为是法院服务发展大局、履行社会治理职能和引领法治发展的重要方式。

一方面，司法建议存在推动立法完善的可能。在司法实践中法院提出的司法建议不仅体现了对热点民生问题的关注，还针对有关机关或单位存在的制度漏洞以及管理不善等提出了具有可操作性的对策。司法建议中所反应的问题在引起相关部门的重视后得以及时落实整改后取得较好的社会效果，还可以有效促进有关部门完善相关制度填补法律漏洞。虽然司法建议主要是针对行政机关和社会团体而提出的，但是一旦这些建议被采纳就成为了"司法与地方立法互动的规范方式"[2]，就存在最终通过地方立法渠道予以确认和为地方立法的完善助力的可能。尤其是当法院针对影响地方经济社会发展的某一类共性问题深度剖析后，向有关部门提出妥善处理争议的预案与建章立制的司法建议时，将一定程度上对地方政府的科学决策提供了有价值的指引和参考。当然，司法建议中这些操作性较强的具体举措要获得地方人大常委会的支持，上升到地方立法层面，还需要一个渐进的过程。

另一方面，司法能推动立法完善的逻辑预设为有关部门对司法建议中所反馈的信息转化为具体的改进方案，但是由于法律文本中对司法建议的效力规定的不明确，司法建议的实效性可能难以保障。从实际操作层面来看，司法建议主要不是用于处分妨碍司法的行为，而是被法院广泛用于向有关机构和部门反馈在裁判过程中所发现超出审判范围的问题。所以也有观点认为现行立法中对于司法建议的适用范围的规定过于狭窄，使得司法建议有超越法律职权之嫌[3]。同时，在实践中有的地方法院将司法建议纳入法官的绩效考核使得法官被迫为完成指标而发出司法建议并敦促有关部门就建议作出回应，甚至有法官为完成任务私下要求有关部门形式上出具一些笼统性的回复[4]。这些功利性的因素使得司法建议既可能有损司法权

---

① 汤维建：《亟需对司法建议进行立法调整》，载《中国审判》2012年第5期，第14页。

② 余彦：《事实与规范之间：司法与地方立法关系考察及改良》，载《江西社会科学》2017年第4期，第184页。

③ 夏祖银：《司法建议的实践价值、现实问题及其完善路径》，载《人民法院报》2016年8月31日第8版。

④ 郑智航：《法院如何参与社会管理创新——以法院司法建议为分析对象》，载《法商研究》2017年第2期，第35页。

威，又无益于推动社会治理的创新。

最后，司法建议向立法完善建议转型的可行路径。司法建议上升为立法完善建议意味着从具体个案向一般性规则的扩展。如何实现这种转变呢？在2009年上海市各级法院推出的"司法建议信息库"提供了一个思路，让整个司法建议的制作、审核、发出等流程在网上信息公开，淡化对法官司法建议回应的绩效考核。不仅可以让有关部门迫于舆论压力而采取相应措施，同时也可引发社会媒体的普遍关注，推动公共领域社会共识的形成。但是其最终可行路径在于，法院可通过向人大报告工作的机制，将司法建议从个案层次进一步提升纳入年度报告或专题报告之中，可在对类似案件的归纳总结的基础上提出一些争议解决和预防的思路以及填补制度漏洞的意见。由于司法建议是法院日常工作的一部分，而人大对法院的监督本身也不在于个案的监督，将司法建议中总结的经验纳入报告工作之中，有利于通过地方人大的监督以提高司法建议质量和落实的可能，同时也有助于同级人大常委会通过司法实践中反馈的经验和教训发现制度漏洞和宏观上规划整体改进方案，通过完善地方立法的可操作性来避免制度漏洞和提升地方法治水平。

因此，自治法规的司法适用一方面依赖于立法的机关公开备案信息明示变通内容以及构建与司法适用相衔接的立法解释机制来保障，同时，其也对自治法规的立法完善有重要价值，可以通过司法建议反馈自治法规实施过程中存在的问题并推动新一轮的立、改、废。

高度重视队伍建设对民族事务治理法治化的基础与保障作用

王允武

摘要：民族事务治理法治化既是国家治理现代化题中应有之义，也是维护平等团结互助和谐民族关系的必然要求。国家治理现代化背景下的民族事务治理法治化，必须健全民族工作法律法规体系、依法维护各民族公民平等权利、强化对各民族公民权益的司法保障。因此，队伍建设是民族事务治理法治化的基础和保障。故应以一般干部队伍建设为抓手、充分发挥民族工作干部在"交往交流交融"中的特殊作用并推进法治政府建设，加强理论宣传队伍建设、提升民族事务治理法治化理论研究和舆论宣传水平，强化专门队伍建设，提升立法质量和执法、司法水平，推进民族事务依法治理。民族事务工作者要培育共同的法律信仰，在工作中要有担当，要强化"我国解决民族问题的道路是正确的"理念、"三个离不开"理念、"五个认同"理念及"充分考虑国情、区情"理念，要高度重视民族工作"新常态"，工作中要杜绝"人为地"强化民族意识，不要"人为地"制造民族差异。

关键词：国家治理现代化民族事务治理　法治化　基础与保障　队伍建设

作者简介：王允武，陕西略阳人，西南民族大学民族理论与政策博士点导师，西南民族大学民族法学研究所所长，西南民族大学法学院教授。

一、问题缘起

我国的民族区域自治制度落实及民族事务依法治理，总体看是好的，成效是明显的。但制度供给不足、人力资源配置欠合理等现状还未根本改观，影响了民族工作的有效开展，影响了民族事务治理法治化的推进。为此，中共中央、国务院强调"提高依法管理民族事务能力"①，2017年1月9日中共中央办公厅、国务院办公厅印发《关于依法治理民族事务促进民族团结的意见》（下称《两办意见》），进一步强调依法治理民族事务促进民族团结。《两办意见》特别提出"全面贯彻落实宪法和民族区域自治法""坚持不懈抓好学习宣传""健全民族工作法律法规体系""依法维护各民族公民平等权利""强化对各民族公民权益的司法保障"。这对依法治理民族事务提出新的要求，而队伍建设无疑成为基础和关键，以适应国家治理体系和治理能力现代化发展。

民族区域自治制度作为我国基本政治制度中实施最早的制度，以1947年5月1日内蒙古自治政府建立为标志，实施70年有余。然而，在"国家治

---

① 《中共中央　国务院关于加强和改进新形势下民族工作的意见》（下称《中共中央国务院意见》）。

理体系和治理能力现代化"和"全面推进依法治国"的背景下，检视我国民族区域自治制度运行及民族事务治理法治化现状，我国民族事务依法治理在"资源配置"方面仍存在问题。与此同时，我们必须将民族地区治理体系和治理能力现状置于国家发展的总体格局下给予考量、予以强化。党的十九大报告对"过去五年的工作和历史性变革"进行系统梳理和总结基础上，明确提出"必须清醒看到，我们的工作还存在许多不足，也面临不少困难和挑战。主要是：……社会矛盾和问题交织叠加，全面依法治国任务依然繁重，国家治理体系和治理能力有待加强……"

无疑，这些问题，必须很好地加以解决。对于民族地区而言，我们工作的着力点必须与推进民族事务依法治理紧密结合。

诚然，这些问题的解决涉及多方面体制机制的完善，也都与"队伍建设"相关①。

因此，"要造就一支政治过硬、敢于担当、群众信任的少数民族干部队伍、民族地区各族干部队伍""为坚持和完善民族区域自治提供坚强组织保证"，推进民族事务治理法治化，推进民族地区治理体系和治理能力现代化。

二、充分认识队伍建设在依法治理民族事务中的重要意义

（一）民族事务依法治理是国家治理现代化题中应有之义

为落实党的十八大关于加强和创新社会治理的部署，《中共中央关于全面深化改革若干重大问题的决定》（下称"十八届三中全会《决定》"）明确提出："全面深化改革的总目标是完善和发展中国特色社会主义制度，推进国家治理体系和治理能力现代化。"

国家治理一般指国家的最高权威通过立法、行政和司法机关以及中央与地方之间的分权，从而对社会控制和管理的过程。国家治理有赖于治理体系和治理能力。

国家治理体系是指在党领导下管理国家各领域的制度体系，是包括体制机制、法律法规在内的一整套国家制度；国家治理能力则是运用这些制度管理社会各方面事务的能力。

推进国家治理体系和治理能力现代化，就是要加强和实现党、国家、

---

① 有效推进"民族事务依法治理"、提升民族区域自治运行实效，队伍建设至关重要。笔者也曾就此进行过探讨。有关内容参见《民族事务法治化：民族自治地方改进社会治理方式的可行路径》，载《西南民族大学学报》2014年第5期。

社会各项事务治理制度化、规范化、程序化，增强按制度办事、依法办事意识，善于运用制度和法律治理国家。长期以来，民族自治地方自治机关"自治意识和自治能力"较弱，过多强调政策扶持、弱化法律保障作用。而民族自治地方的上级机关又重"管理"轻"治理"，过于强调"倾斜扶持""特殊照顾"等政策实施。这样，就使得民族自治地方责任意识和法治意识薄弱，"等、靠、要"等思想仍未根本改观，过分倚重国家"优惠政策"谋求发展，导致民族自治地方发展权实现不足，一定程度上削弱了法律对民族自治地方和谐持续发展的根本保障作用，对于实现"法治民族自治地方"，最终实现法治中国的目标有所制约。

因此，依法治理民族事务成为必然。

（二）依法治理民族事务是维护平等团结互助和谐民族关系的必然要求

作为"国家治理现代化"系统中的"民族事务依法治理"，如何将其置于"国家治理体系和治理能力现代化"进程中的同时，通过"队伍建设"全力推进"民族事务法治化"，不但关乎能否有效解决"民族工作中还存在思想观念跟不上、法律法规建设滞后、体制机制不健全、能力水平不适应等突出问题"[①]，而且事关与国家治理体系与治理能力相关的制度建设与能力提升着力点的把握。同时，在民族工作呈现"阶段性特征"的当下，也涉及巩固和发展"平等团结互助和谐"民族关系、促进民族团结大局的统筹协调。尤其是，在我国目前"影响民族团结的国内外因素错综复杂、涉及民族因素的矛盾纠纷易发多发、反分裂斗争任务艰巨"的"发展关键期、改革攻坚期、矛盾凸显期"，依法治理民族事务促进民族团结具有十分重要的意义。

这也是继2014年《中共中央国务院意见》强调"用法律保障民族团结"后，《两办意见》进一步强调"依法治理民族事务促进民族团结"的原因所在。

《两办意见》进一步就依法治理民族事务与促进民族团结紧密结合在一起提出具体要求。特别强调"依法深入开展民族团结宣传教育和民族团结进步创建表彰活动"，"以社会主义核心价值观为引领，加强对我国统一多民族国家基本国情和马克思主义国家观、民族观、宗教观、历史观、文

---

① 中共中央办公厅、国务院办公厅《关于依法治理民族事务促进民族团结的意见》。

化观的宣传教育，切实增强各族群众的中华民族共同体意识，让'三个离不开'、'五个认同'思想更加深入人心"。"不仅要教育群众，也要教育干部；不仅要教育少数民族干部，也要教育汉族干部；不仅要教育一般干部，也要教育领导干部"。与此同时，《两办意见》专门强调"依法妥善处理影响民族团结的矛盾纠纷""坚决反对和纠正针对特定民族成员的歧视性做法""增强依法办事、维护和促进民族团结的意识和能力"。并进一步强调"坚持在法治轨道上处理涉及民族因素的问题、坚决依法打击暴力恐怖活动和宗教极端主义"①，明确提出"认真落实处理影响民族团结问题的责任制"。

（三）队伍建设是民族事务法治化的重要基础和强有力保障

十八届四中全会提出：全面推进依法治国总目标，是"建设中国特色社会主义法治体系，建设社会主义法治国家"。这就是：在中国共产党领导下，坚持中国特色社会主义制度，贯彻中国特色社会主义法治理论，形成"五大法治体系"——完备的法律规范体系、高效的法治实施体系、严密的法治监督体系、有力的法治保障体系，形成完善的党内法规体系；坚持"三个共同推进"——依法治国、依法执政、依法行政共同推进；坚持"三个一体建设"——法治国家、法治政府、法治社会一体建设，实现科学立法、严格执法、公正司法、全民守法，促进国家治理体系和治理能力现代化。

"五大法治体系""三个共同推进""三个一体建设"，从国家治理角度强调了法治的协调性；"科学立法、严格执法、公正司法、全民守法"，从参与主体角度强调了法治的系统性。

全面推进依法治国，需要良好的内外部条件和队伍保障。队伍建设是依法治理民族事务的基础。我们要针对民族区域自治制度落实及民族事务治理法治化存在的"制度供给、权力界分、人力保障"等"资源配置"不到位问题，采取有效措施予以应对。而制度供给与人力保障方面的问题又都与队伍建设滞后密切相关。

---

① 早在2014年《中共中央国务院意见》就指出："要加强民族工作法律法规建设，认真贯彻落实民族区域自治法，修订完善有关民族工作的法规条例。要依法妥善处理涉及民族因素的问题，坚持在法律范围内、法治轨道上处理涉及民族因素的问题，不能把涉及少数民族群众的民事和刑事问题归结为民族问题，不能把发生在民族地区的一般矛盾纠纷简单归结为民族问题。"

三、提升队伍建设水平，推进民族事务治理法治化

推进民族事务治理法治化，队伍建设是基础也是保障。民族事务依法治理的队伍建设包括一般干部队伍建设、理论宣传队伍建设和法治专门队伍建设。

（一）以一般干部队伍建设为抓手，充分发挥民族工作干部在"交往交流交融"中的作用，并推进法治政府建设

一般干部队伍建设是民族事务法治化的基础。全面推进依法治国，必须从我国实际出发，同推进国家治理体系和治理能力现代化相适应，既不能罔顾国情、超越阶段，也不能因循守旧、墨守成规。民族事务法治化必须从民族地区实际出发。民族地区的干部最了解民族地区实际，最熟悉当地情况。十九大报告在谈到"建设高素质专业化干部队伍"时指出："……统筹做好培养选拔女干部、少数民族干部和党外干部工作""鼓励引导人才向边远贫困地区、边疆民族地区、革命老区和基层一线流动……"[①]。然而，民族地区干部配备还存在一定的问题：在一些地方，少数民族干部比例与当地少数民族人口比例不协调（见下表），全国8省区少数民族干部比例（除内蒙古分别按照自治区级、厅局级和县（旗）级统计、比例高于人口比例外）均低于少数民族人口比例[②]；民族地区干部队伍素质不完全适应经济社会发展，有待提升；多数省级民族地区的主要干部多为汉族。这种状况难以适应民族地区治理体系和治理能力现代化，不利于增强少数民族对执政党的向心力，还会造成"汉族统治少数民族"的误解，也易使一些少数民族感情偏离于党和政府工作。故应增强干部制度自信，在"政治过硬、敢于担当、群众信任"的前提下，大胆选拔使用当地干部；放心使用"自己培养的干部"，充分发挥当地干部在"交往交流交融"中的特殊作用；完善自治区主要领导少数民族公民任职制度；推进州（市）、县主要领导由少数民族公民担任，进一步促进民族干部配备合理化；实现乡镇（社区）主要领导本地化，畅通干部与民众交流通道和优秀基层干部晋升渠道；大力培养少数民族专业干部；完善自治地方干部异地任职制度；完善自治地方干部任期制度，以促进各民族干部之间"团结、信任

---

① 在十九大代表中，少数民族代表有264名（比十八大增加15名），占11.5%，涵盖43个少数民族。31个省区市的少数民族党代表所占比例，均高于少数民族党员占本地区党员总数的比例。这些都充分体现了我们党对少数民族党员干部培养选拔工作的关心关怀。

② 有关少数民族人口比例数据分别参考了2015年1%人口抽样调查有关省区报告及第六次人口普查数据，而少数民族干部比例数据来自网络有关报道。

和合作"局面的形成,推进"和睦相处、和衷共济、和谐发展"的民族关系发展。

	西藏	新疆	内蒙	宁夏	广西	云南	贵州	青海
少数民族干部比例	70.4	40.24	34.1 36.08 31.06	27.3	41.25	33.45	?	37.6
少数民族人口比例	91.83	59.84	22.32	36.89	37.14	33.57	36.33	47.71
备注			高于人口比例				干部比例未收集到	

培养选拔少数民族干部,对加强党的领导、增强各民族的团结、实现国家稳定、促进民族地区经济发展与社会进步,加快社会主义现代化建设都具有十分重要的意义。早在2010年,时任中央党校校长的习近平,在中央党校西藏民族干部培训班创办30周年座谈会上就强调:"必须继续大力培养和造就德才兼备的少数民族优秀干部,必须进一步做好少数民族干部培训工作。"[1]

(二)加强理论宣传队伍建设,提升民族事务治理法治化理论研究和舆论宣传水平

20多年前《民族区域自治法》实施十周年之际,在全国人大工作了22年、亲历《民族区域自治法》起草、颁布及2001年修改的敖俊德先生就曾指出:"在落实'自治法'中,目前最突出的问题还是宣传不够、不到位。"[2]然而,民族区域自治制度发展至今,在《民族区域自治法》实施30多年后的今天,有关民族区域自治的理论研究及舆论宣传不足的问题仍然存在。原因是多方面的,但队伍建设跟不上是其制约因素之一。在大力推进依法治理民族事务的当下,必须加强理论宣传队伍建设。

第一,强化理论队伍建设,加大研究力度,增强对民族事务法治化的认知。《两办意见》指出:"着眼于协调推进'四个全面'战略布局和贯彻落实新发展理念,加强对规范和完善民族区域自治相关法规和制度的研究。"故应"着眼于民族理论的时代性",树立制度自信,坚定实施符合我国历史和国情的民族区域自治制度的理论支持;应"着眼于民族问题的战

---

[1] 《习近平:进一步做好少数民族干部培训工作》,载人民网,http://politics.people.com.cn/GB/1024/13017267.html,2017年6月10日访问。

[2] 付叶宏:《落实"自治法"加强宣传是关键》,载《中国民族报》2004年9月17日第6版。

略思考"，加强"分权"研究，明晰中央部委与民族自治地方自治机关的权限；应"着眼于新的实践和新的发展"，抢占理论阵地，深化"中国特色处理民族问题的正确道路"涉及的民族理论、政策、法律、制度及机制的学术创新。

第二，加强舆论宣传队伍建设，正面、积极宣传民族事务依法治理。一是从实际出发、客观地做好对外宣传工作。充分肯定实行民族区域自治"做到了承续历史传统与符合民族国情的统一、维护国家集中统一与照顾民族地区差异的统一、体现中华民族一体性与尊重各民族多元性的统一"，避免就事论事的回应分裂势力对自治制度的歪曲解读，从理论与自治地方实际结合上对民族事务法治化尤其是民族区域自治进行宣传。二是在国内全面、深入宣传普及"民族区域自治是维护国家统一和民族团结的重大制度安排"，实施民族区域自治制度，要"坚持统一和自治相结合""坚持民族因素与区域因素相结合"。让"各民族自治地方都是中华人民共和国不可分离的部分"的宪法精神深入人心 [1]。同时，大力倡导民族事务治理必须纳入法治轨道。

尤其是严格按照《两办意见》要求，"把宪法和民族区域自治法、民族区域自治制度列为各级党校、行政学院、干部学院、社会主义学院的必修课，作为相关国家工作人员初任培训、任职培训的必训内容"；"把宪法、民族区域自治法宣传教育作为'七五'普法工作重点……""加强微博、微信等新媒体新技术在宣传教育中应用，推动宪法民族区域自治法广为人知、深入人心……"；要"改变单一的'大水漫灌式'宣传教育方式"，要搞"滴灌"。

（三）强化专门队伍建设，提升立法质量和执法、司法水平，推进民族事务依法治理

法治专门队伍是民族事务治理法治化的关键。要立法、执法与司法三支队伍同步建设，推进《民族区域自治法》配套立法完善，提升自治地方执法、司法水平，促进民族自治地方治理体系和治理能力现代化。对此，笔者早年就曾提出"应完善民族区域自治法的实施制度：健全立法，促进《民族区域自治法》的有效实施；进一步强化执法观念，严格执法制度，维护《民族区域自治法》的严肃性和权威性；赋予和强化司法机关的监督

---

① 王允武：《创新理念推进自治制度运行和自治地方治理现代化》，《民族学刊》2017年第1期。

权利，切实保护民族自治地方的合法权利；进一步加强各级人大执法检查监督，保障法律的有效实施"①。在国家治理体系和治理能力现代化背景下的民族地区法治专门队伍建设，此种主张仍然适用。

基于破除"改革深水区"的体制机制障碍的需要，十八届三中全会《决定》要求"加快形成科学有效的社会治理体制"。这将带来两大深刻变革：国家管理方式从"统治"走向"治理"，"政府治理"与"民间治理"双管齐下。

中华人民共和国成立后，长期以来，我们习惯于"国家统治"和"政府治理"，尤其对"民间治理"很不重视。国家、社会治理现代化，民间治理是不可或缺的。而"民间治理"的实施，必须高度重视民间规则基础作用发挥。这必将要求治理主体了解、熟悉、运用"民间治理"所涉及的规则、理念等地方性知识。民族事务依法治理，相较一般地区社会事务治理，对"民间规则"的援用会更为普遍。这对"队伍"素质的要求更高。因此，要加强立法队伍建设，强化执法队伍建设，优化司法队伍建设。这在有的地方是有成功经验的。如云南省2009年以来，采取特殊政策措施，定向招录了1000多名通晓少数民族语言的高中毕业生，委托高等院校培养后，充实到基层政法部门工作，有效缓解了边疆民族地区基层政法部门缺乏通晓少数民族语言的"三官一员"（法官、检察官、警官、司法调解员）问题。中央有关部门也积极采取措施，大力培养少数民族司法人才②。笔者也从多方面呼吁"民族地区双语法律人才严重不足，而双语人才培养却缺乏整体规划及长效机制的形成"，建议"法治人才培养必须创新，而各相关方面应形成合力、协同推进法学教育"③。

第一，面对依法治理民族事务"制度供给"不足现状加强立法队伍建设。

立法是为国家立规矩、为社会定方圆的神圣工作，立法工作者必须具备很高的思想政治素质，具有遵循规律、发扬民主、协调沟通、凝聚共识

① 王允武：《试论完善民族区域自治法的实施制度》，载《西南民族学院学报》1997年第3期。
② 如国家多部门组织实施了"政法干警招录体制改革"，其中安排部分院校专门培养民汉双语法官、检察官。2014年以来国家民委和最高人民法院共同印发《关于进一步加强和改进民族地区民汉双语法官培养及培训工作的意见》，举办全国法院藏汉、维汉双语法官培训班，在中央民族大学、西南民族大学和西北民族大学设立全国双语法官培训基地。仅西南民族大学接受委托，培训藏汉双语法官4期。
③ 王允武：《法治人才培养机制创新与法学教育协同推进——以改进民汉双语法治人才培养机制为视角》，载《西南民族大学学报》2016年第1期。

的能力。当前，民族地区立法工作，将会面临两个方面的任务，必须通过加强立法队伍建设去完成。

一是以修改后的《中华人民共和国立法法》（下称《立法法》）第62条为依据，加大《民族区域自治法》第73条实施力度，推动行政法规完善（改变原则性规定多、缺乏细化措施与之相配套状况）、强化部门规章制定，推进下辖自治地方的省、直辖市贯彻《民族区域自治法》相关规定的完善和自治区自治条例出台，促进自治条例和单行条例的修改完善，形成科学规范的民族立法与监督检查机制，以解决《民族区域自治法》配套立法滞后问题依然严重的现实①。

《两办意见》也特别提出"健全民族工作法律法规体系"。要求"对落实《国务院实施〈中华人民共和国民族区域自治法〉若干规定》，国务院有关部门，自治区和辖有自治州、自治县的省、直辖市政府，应制定完善相应规章、具体措施和办法……制定完善自治条例、单行条例，要加强调查研究，以宪法法律为遵循，对民族自治地方辖区内有关事务作出规定，应与中央和上级政府管理权限原则上一致"。

二是适应《立法法》赋予所有设区的市地方立法权要求，加强队伍建设促进自治州地方立法工作。《立法法》赋予所有自治州享有设区的市相同的地方立法权，这对自治州带来"利好"的同时，我们需要重视的是自治州行使地方立法权是需要条件的，其中就要求加强队伍建设②。

这既是贯彻实施《立法法》的要求，也是落实《中共中央关于全面推进依法治国若干重大问题的决定》（下称十八届四中全会《决定》）的需要。十八届四中全会《决定》指出：健全有立法权的人大主导立法工作的体制机制，发挥人大及其常委会在立法工作中的主导作用。建立由全国人大相关专门委员会、全国人大常委会法制工作委员会组织有关部门参与起草综合性、全局性、基础性等重要法律草案制度。增加有法治实践经验的专职常委比例。依法建立健全专门委员会、工作委员会立法

---

① 王允武：《〈民族区域自治法〉配套立法现状及其完善——以建立完备的民族法律、法规体系为视角》，载《民族法学评论（第十二卷）》，法律出版社2016年版，第3页。

② 一般而言，享有地方立法权的基本条件包括：一是立法能力建设——立法工作机构和编制安排情况应基本满足立法工作需要（市政府法治和相关行政主管部门也应完善机构设置、增加法治工作人员配备）；二是立法需求和立法项目确定——是否属于"城乡建设与管理""环境保护""历史文化保护"方面的需求；三是立法工作制度建设——应出台办理地方性法规办法、立法工作流程、建立立法专家顾问制度等等。

专家顾问制度。加强和改进政府立法制度建设，完善行政法规、规章制定程序，完善公众参与政府立法机制。重要行政管理法律法规由政府法治机构组织起草。

总之，十八届四中全会《决定》提出"科学立法"。"科学立法"表达了非常丰富的含义，即立法的内容必须要达到科学化，同时立法的过程也要科学化，更重要的是它强调立出来的法必须是符合科学规律的。就是说立法体制构建、立法程序设定（民主化、公开化）、立法调整对象选择都要科学，科学地处理权利与权力、权利与义务关系。

科学立法必须有专业化的立法队伍作为保障①。基于"加快形成科学有效的社会治理体制"对"民间治理"的要求，"在民族自治地方，民间规范通过地方立法的方式进入国家法视野不但"成为一种首要选择"，而且也将成为可能。并"可以为民族自治地方立法目标的实现提供支持、为地方立法提供坚实的社会基础、为民族自治地方立法提供本土资源"。这就对民族自治地方立法工作者提出新的要求。在国家治理体系和治理能力现代化进程中，我们不但要解决"民间规范上升为自治立法的路径不畅"问题，而且要大胆倡导立法人员吸收民族自治地方社会治理的有效的民间规则。对此，《黔东南苗族侗族自治州自治条例（修订案草案）》的经验可资借鉴②。

第二，在推进民族事务依法治理过程中强化执法队伍建设。执法是把纸上的法律变为活的法律运用于现实生活的关键环节，执法工作者必须忠于法律、捍卫法律，严格执法、敢于担当。全面推进依法治国的"全面"，指的是"全领域、全区域、全体人员"③。因此，执法人员面对的工作将是复杂的。尤其面对与民族因素相关的执法活动，行政执法人员必须牢固树立依法而治、法下之治及依上位法而治的理念。《两办意见》进一步提出，

① 关于立法队伍建设问题，不但一般设区的市存在并需要加强，而且已经享有自治立法权的自治州也需重视。据2017年8月在某自治州人大和政府法制办调研及有关自治州了解发现，有的自治州人大虽然按规定建立了相关机构、确定了人员编制，但因当地人大常委会总体编制满额，有关"新增立法编制"实际上没有落实。而承担地方政府规章主要立法任务的自治州法制办，尽管基本适应新的立法任务要求，但因编制多是早前（《立法法》修改前）确定的，由于其原本任务繁重，其人员编制及人员素质适应新的立法工作仍然存在问题。

② 《黔东南苗族侗族自治州自治条例（修订案草案）》第七章法治建设的第59条规定，鼓励和支持民间契约、村规民约在不与国家法律法规和社会道德相违背的情况下，发挥其对社会秩序的调整、规范作用。引导和支持苗学会、侗学会以及寨老、牯藏头、侗款等社会组织和民间团体、人士依法依规参与民族民间矛盾纠纷调解，推进民族团结与社会和谐。

③ 全领域：涉及经济、政治、社会、文化、生态；全区域：指所有地区——包括城市、农村，包括东中西部，包括一般地区、民族地区；全体人员：涵盖你、我、他——所有社会成员。

"依法维护各民族公民平等权利"，其大量的工作要依靠行政执法人员来完成。在民族工作呈现出"阶段性特征"[①]的当下，与民族工作相关的执法任务将是艰巨而繁重的，执法队伍及执法队伍素质将面临考验。

第三，优化司法队伍建设，保障民族事务治理依法、公平、公正实施。司法是社会公平正义的最后一道防线，司法工作者必须信仰法律、坚守法治、端稳天平、握牢法槌、铁面无私、秉公司法。

就民族地区而言，按照《两办意见》精神，"强化对各民族公民权益的司法保障""推进覆盖城乡的公共法律服务体系建设，完善法律援助制度，扩大援助范围，健全司法救助体系"。司法工作者必须勇于担当。因此，要加大司法队伍建设力度，优化司法队伍[②]。以改变民族自治地方司法机关队伍结构不适应司法工作发展的现状。"西部D自治州检察系统各市（县）入额检察官专业背景情况"说明民族自治地方问题仍然突出[③]。因此，应采取相应措施。

一是适应"以审判为中心的诉讼制度改革"要求。"以审判为中心"更重要的意义在于，促使侦查部门按照审判时的证据认定规则，去提升自身侦查水平和能力，并指导整个侦查行为的展开。这不仅仅对警察队伍提出要求，而且对警察与检察官、检察官与法官、法官检察官与律师等关系协调都提出新的要求。因此，要着力构建新型的法律职业共同体。

西部D自治州检察系统各市（县）
入额检察官专业背景情况（2017年2月）

单位	入额检察官人数	入额检察官法学专业毕业数	入额检察官法学硕士数
州院	36	19	2
市院	29	20	7
E县	20	9	3
N县	14	9	1
B县	16	11	1
M县	13	4	0
J县	11	7	0

---

① 即"改革开放和社会主义市场经济带来的机遇和挑战并存，国家对民族地区支持力度持续加大和发展低水平并存，国家对民族地区支持力度持续加大和民族地区基本公共服务能力建设仍然薄弱并存，各民族交往交流交融趋势增强和涉及民族因素的矛盾纠纷上升并存，反对民族分裂、宗教极端、暴力恐怖斗争成效显著和局部地区暴力恐怖活动活跃多发并存"。

② 关于民族自治地方司法队伍建设问题，在很早之前，笔者就曾撰文《贯彻"自治法"亟待加强司法队伍建设》，见《中国民族报》2004年9月3日第06版。

③ 数据来自2017年2月西部某自治州检察院调研。

单位	入额检察官人数	入额检察官法学专业毕业数	入额检察官法学硕士数
Y县	13	2	0
Y2县	12	7	1
Y3县	12	4	1
W县	15	9	2
X县	19	9	2
H县	14	9	2

二是要创新法治人才培养机制。全面推进依法治国，必须大力提高法治工作队伍思想政治素质、业务工作能力、职业道德水准，着力建设一支忠于党、忠于国家、忠于人民、忠于法律的社会主义法治工作队伍，为加快建设社会主义法治国家提供强有力的组织和人才保障。2016年11月2日中共中央印发了《关于新形势下加强政法队伍建设的意见》，对政法队伍建设提出具体要求。

首先，消解"供给与需求的纠结"：西部欠发达地区基层单位法治人才奇缺，而专门为民族地区培养人才的西部（民族）院校，所培养的学生却出路堪忧、就业面临极大的困境，多数学生未回到急需法治人才的家乡，服务基层法治建设；其次，缓解"培养模式与基层人才知识结构需求矛盾"：长期以来法学教育办学思路的大一统要求，培养模式单一，导致不同地区，不同院校人才培养的同质性，西部民族地区双语法律人才严重不足，而双语人才培养缺乏整体规划及长效机制的形成；再次，协调"实务部门参与不足与对学生素质期望过高"：国家出台了很多提升法学专业教育教学水平和法科学生综合素质增强的措施，学校及老师也都采取多种办法培养学生的适应性和实践能力，基层用人单位还是觉得学生的专业知识不牢固、实践能力不强、社会交往能力差，而实务部门参与人才培养又有许多制约。

三是要继续推进法治人才分类培养机制建设，不同院校立足自身区位特点和院校特色，培养服务基层，"下的去、用得上、留得住"的实用型法治专门人才。

四是要高度重视民族地区"队伍"建设严重滞后现状，不断强化法科法官、检察官适应职业需求的地方性知识与技能训练。适应"加快形成科学有效的社会治理体制"要求，高度重视民间规则基础作用发挥。

法官、检察官要了解、熟悉、运用"民间治理"所涉及的规则、理念等等地方性知识。

五是要强化民族自治地方双语人才队伍建设。民族事务依法治理的推进，离不开既懂法律又懂当地文化的专门人才。尤其司法活动的开展，必须保障少数民族群众的诉讼权利实现。因此，为不懂汉语的少数民族群众提供语言服务就显得至关重要。然而，双语司法人才奇缺致使民族地区司法活动开展面临极大的困境[①]。

第四，适应全面依法治国要求，着眼于法治队伍建设特殊问题的解决。一是助力法治后备队伍建设。全社会都应高度重视法治后备力量的培养，按照2016年11月2日中共中央印发的《关于新形势下加强政法队伍建设的意见》，加强未来法官、检察官、律师、公证员等法律职业者队伍建设。二是高度重视民族地区"队伍"建设严重滞后现状，特别是法律服务队伍建设。2017年8月26日第九届西部律师论坛在贵阳开幕，会议资料显示，西部现有执业律师84000人左右，与中部相比，律师队伍建设任重道远。以贵州省为例，全省共有律师事务所536个、律师5563人，尽管发展迅速，但与经济社会发展要求还是有差距。而一些民族自治地方情况更为特殊。2017年8月在某民族自治州司法局调研，该局局长提到当地"法律资源匮乏"，其原因是"经济条件差、案件少、绩效低"，"现有律师特别是公职律师待遇低、不稳定""新生力量补充不到位"。据了解，该州全州有律师事务所18家（其中"国办所"15家）、律师70人（其中属于"国办所"的有"公务员身份"的专职律师就40余人）。由于有"专职律师不能办理收费案件"的规定，40余位专职律师除了办理"法律援助案件"外[②]，"律师资源"出现闲置。上述情况的存在，就导致当地"有案没人办"[③]和"有人没案办"尴尬境地。这种情况不是孤例[④]。这与《关

---

① 王允武：《民族地区双语司法人才队伍建设的困境与突破路径》，载《中国审判》2016年第16期。

② 由于当地律师数量少，专职律师法律援助案件较内地律师办理的多，而当地接受援助的案件往往又在离州府所在地较远的边远地区，专职律师办理援助案件的"劳酬不符"现象突出，影响律师办案积极性。加之，专职律师作为公务员还有本职工作任务要完成，出现了"公务员"与"律师"身份的"纠结"。

③ 外地律师也有来当地代理案件的，但因经济欠发达、路途远，绩效低，外地律师多数不愿代理当地案件。

④ 某自治州尽管有律师事务所38家、律师300余名，但其下辖的某县仅有1家公办律师事务所（现正在改制），有律师3人（专职律师2人、社会律师1人），全县有基层司法所24个（该县有28个乡镇），实际有专职人员5人，兼职人员28人。

于依法治理民族事务促进民族团结的意见》所要求的"推进覆盖城乡的公共法律服务体系建设，完善法律援助制度，扩大援助范围，健全司法救助体系"相去甚远。

（四）民族事务工作队伍建设应注意的几个问题

第一，民族事务工作者不仅要有亮剑的勇气，更要有亮剑的能力。要着力提升综合能力，要着力提升实战能力，要着力提升沟通协调能力。民族地区社会治理的特殊性，要求民族工作队伍按照十八届三中全会《决定》"加快形成科学有效的社会治理体制"要求，适应社会治理的两大深刻变革——国家管理方式从"统治"走向"治理"，"政府治理"与"民间治理"双管齐下。国家、社会治理现代化，民间治理是不可或缺的。而"民间治理"的实施，必须高度重视民间规则基础作用发挥。这必将要求治理主体了解、熟悉、运用"民间治理"所涉及的规则、理念等地方性知识。还应适应法治建设新的发展要求，如"两法衔接"对行政执法队伍与司法队伍提出新的要求，必须予以高度重视。与此同时，民族事务工作者要培育共同的法律信仰，在工作中要有担当，要强化"我国解决民族问题的道路是正确的"理念、"三个离不开"理念、"五个认同"理念及"充分考虑国情、区情"理念。

第二，应高度重视民族工作"新常态"，认清"家底"。应该肯定的是：我国民族关系和谐，民族自治地方经济社会发展迅速。但问题仍然突出：民族自治地方贫困面大，民族自治地方农村还有2500万贫困人口、贫困率高（17.1%）。同时，民族自治地方城乡差距大、地区差距大；城镇化率低（低于全国10个百分点），而有的自治地方，经济社会发展更为滞后，城镇化率低的惊人。特别是"民族8省区经济总量加起来仅相当于一个广东省，30个民族自治州经济总量加起来仅相当于一个苏州市，120个民族自治县经济总量加起来仅相当于排前几名的两个百强县"。大多数民族地区自然条件差、发展起点低、历史欠账多，城乡发展差距明显，与东部地区的发展差距不断拉大。

民族自治地方社会治理现代化过程中，必须充分重视、准确把握我国民族工作"阶段性特征"：改革开放和社会主义市场经济带来的机遇和挑战并存；国家对民族地区支持力度持续加大和发展低水平并存；国家对民族地区支持力度持续加大和民族地区基本公共服务能力建设仍然薄弱并存；各民族交往交流交融趋势增强和涉及民族因素的矛盾纠纷上升并存；反对民族分裂、宗教极端、暴力恐怖斗争成效显著和局部地区暴力恐怖活动活跃多发并存。

第三，工作中要杜绝"人为地"强化民族意识，不要"人为地"制造民族差异。要"做到依法行使民族区域自治权和贯彻执行党和国家方针政策相统一、保护少数民族合法权益和依法履行公民义务相统一、促进区域内全体群众共同富裕和重点帮助相对贫困地区相统一""必须明确民族区域自治不是某个民族独享的自治，民族区域自治地方更不是某个民族独有的地方""我国所有民族自治地方都是党领导下的地方，都是中华人民共和国的地方，都是全国各族人民共同拥有的地方"。特别是要"依法妥善处理涉及民族因素的问题"，"坚持在法律范围内、法制轨道上处理涉及民族因素的问题，不能把涉及少数民族群众的民事和刑事问题归结为民族问题，不能把发生在民族地区的一般矛盾纠纷简单归结为民族问题"。"凡属违法犯罪的，不论涉及哪个民族、来自哪个地区，都要依法处理，不能以民族划线搞选择性执法。对于蓄意挑拨民族关系、煽动民族歧视和仇恨、破坏民族团结、制造恶性事件的犯罪分子，坚决依法打击"。

少数民族传统手工艺知识产权保护研究

——基于广西壮族自治区的实地调研

高俊山

摘要：少数民族传统手工艺是我国少数民族传统科技、经济与艺术智慧相结合的产物。传统手工艺与知识产权具有某种共通性和契合性，通过知识产权保护传统手工技术具有正当性。在实地调查了解广西壮族自治区少数民族传统手工艺传承与保护现状的基础上，本文以知识产权保护为视角，梳理了地区传统手工艺的类型划分、保护路径，并提出了保护少数民族传统手工艺的对策和建议。

关键词：传统手工艺　知识产权　专利权

作者简介：高俊山，中南民族大学法学院2016级博士研究生，研究方向：知识产权与民族地区发展。

少数民族传统手工艺是国家非物质文化遗产的重要组成部分，是各民族文化传承的重要符号，也是推动民族地区经济发展和少数民族群众致富增收的重要载体，具有极高的历史价值、文化价值、市场价值和政治价值。广西壮族自治区历史悠久，文化资源丰富，少数民族传统手工艺种类繁多，技艺精湛，包括织锦、绣球、刺绣、铜鼓、雕画、陶瓷、画扇、编织等。其中，侗族木构建筑营造技艺、壮族织锦技艺、钦州坭兴陶烧制技艺、毛南族花竹帽编织技艺4项技艺入选国家级非物质文化遗产名录。北海贝雕技艺、江州草席制作技艺等30项技艺入选自治区级非物质文化遗产名录。这些传统手工艺是当地少数民族群众在漫长历史岁月中智慧的结晶，包含丰富的技术元素、艺术元素于一体，具有较高的经济价值与文化价值，与知识产权具有某种共通性和契合性。

2017年2月，科研团队一行深入广西南宁市、靖西县、环江县、融水县等地，就少数民族传统手工艺的传承和保护工作进行专题调研。在调研的基础上，进一步梳理了广西壮族自治区少数民族传统手工艺传承和保护现状，并从知识产权保护的视角分析了相关对策建议。

一、知识产权法视角下广西少数民族传统工艺类型划分

从知识产权法角度看，可以从不同来源民族（权利主体）、不同历时性版本、不同生成属性、不同知识属性等视角，对广西少数民族传统手工艺的类型进行不同的区分。

（一）根据传统手工艺来源民族进行区分

根据传统手工艺来源民族对传统手工艺进行区分，是区分少数民族传统手工艺的基本方法。这是对传统手工艺的族属类别进行鉴别。由于我国政府对少数民族识别工作早已完成并形成权威的官方结论，故广西少数民族传统手工艺根据其所属民族类别进行区分和类型化是比较简单、易于操作的方法。广西是多民族聚居的自治区，世居民族有壮族、汉族、瑶族、苗族、侗族、仫佬族、毛南族、回族、京族、彝族、水族、仡佬族等12个，另有满族、蒙古族、朝鲜族、白族、藏族、黎族、土家族等40多个其他民

族成分。因此，广西少数民族传统手工艺区分为壮族、瑶族、苗族、侗族、仫佬族、毛南族等各少数民族传统手工艺等。但是，到底哪些传统手工艺是某个少数民族独有的或者几个少数民族共有或者几个少数民族与汉族共有，还需要进行具体研究和鉴别。对传统手工艺族属类别的研究，其法律意义和知识产权意义在于，明确权属，确定有关传统手工艺的知识产权权利主体。

（二）根据传统手工艺的历时性版本属性进行区分：最早版本、中间版本与最近版本

传统手工艺的发展都经历了漫长的发展与传承过程，现存每一宗传统手工艺，大致可以划分为"最早""中间（一个或若干个）""最近"三个版本。最早版本、若干中间版本、最近版本，在技术特征方面，具有不同的属性和品质；从形成与问世时间来看，可以区分出比较明显的时段或者时间点[①]。以广西壮锦为例，宋代一位叫达尼妹的壮族姑娘用五光十色的丝线为纬，原色细纱为经，编织了清晨整理棉枝的景色图，是壮锦技艺的最早版本；元、明、清各个时期，壮锦技艺得到进一步发展，"万字菊花锦""万字菱纹锦"等壮锦作品，都是壮锦技艺的中间版本；改革开放以来，毛线和机械纺的丝线棉线逐渐取代了土丝土棉，之后开始广泛使用纤维合成的膨体纱，这些壮锦主要是满足美化人们生活的需要，出现了壁挂、各式口袋等新品种，且主要用于欣赏、装饰，是壮锦技艺的最近版本[②]。对传统手工艺之最近版本与非最近版本的区分具有重要的知识产权意义。当我们对一宗传统手工艺研究其知识产权保护问题时，必须在现时按照现行知识产权法，对处于发展过程中的传统手工艺加以"横截"，然后讨论该静态的"截面"的传统手工艺的知识产权保护问题——即最近版本的传统手工艺的保护问题[③]。

（三）根据传统手工艺受保护的知识产权制度进行区分：受《著作权法》保护的传统手工艺、受《商标法》保护的传统手工艺、受《专利法》

[①] 严永和、高俊山：《南方少数民族传统手工艺资源体系与知识产权法体系：耦合与调适》，载《中南民族大学学报》2017年第5期。

[②] 陈玺伊：《宾阳壮族织锦传统工艺的传承与嬗变》，2008年广西民族大学硕士学位论文，第30—32页。

[③] 严永和、高俊山：《南方少数民族传统手工艺资源体系与知识产权法体系：耦合与调适》，载《中南民族大学学报》2017年第5期。

保护的传统手工艺

现代知识产权是一个庞大的制度体系,著作权发生在文化创作领域,与文化创新、文化产业息息相关;专利权产生于技术应用领域,与科技创新、科技产业紧密相连;商标权则运作于工商经营领域,涉及商品销售、市场竞争等诸多问题①。运用现代知识产权的不同制度审视传统手工艺,可以依据受保护的不同知识产权制度将其区分为受《著作权法》保护的传统手工艺、受《商标法》保护的传统手工艺、受《专利法》保护的传统手工艺。融水县传统手工艺芦笙传承人梁炳光父子在产品上分别刻上了"梁炳光""梁瑞辉"标识,通过"署名"的方式增加了产品的知名度和辨识度。河池市南丹县壮锦艺术传承人朱桂丽5件壮锦刺绣产品样式获得国家专利②。钦州市华夏太极泉坭兴陶艺有限责任公司借助专利技术从传统企业成功转型升级为高新技术企业,现拥有30项国家专利,尤以青花坭兴陶的制备工艺和坭兴陶特色窑变技术两项发明专利出名③。区分保护传统手工艺的不同知识产权制度有助于了解不同保护方式对传统手工艺发展的推动作用,对细化选题研究、提升知识产权保护传统手工艺的水平具有重要意义。

二、少数民族传统工艺知识产权保护的正当性分析

(一)传统手工艺知识产权保护是世界知识产权组织(WIPO)研讨的重要内容

20世纪60年代,国际社会开始关注原住民传统文化资源的产权保护问题,传统手工艺作为其重要的组成部分而被涉及,逐渐引起各国政府、公益机构、民间组织及学术界的关注。1982年世界知识产权组织(WIPO)和联合国教科文组织联合推出的《保护民间文学艺术表达形式防止非法利用和其他损害行为国内法示范条款》所规定的"民间文学艺术有形表达形式",就涵盖了传统手工艺。世界知识产权组织(WIPO)知识产权与遗传资源、传统知识和民间文学艺术政府间委员会将传统手工艺纳入传统知识或传统文化表现形式范围,在历年会议文件草案中,多次强调赋予持有人或保管人维护其与传统知识相关的利益并使用传统知识的权利。2017年6

---

① 吴汉东:《知识产权理论的体系化与中国化问题研究》,载《法制与社会发展》2014年第6期。

② 河池网:《精美手工绣品等你来挑——2014广西南丹·丹文化旅游节系列报道之六》,载河池网,http://news.hcwang.cn/news/2014318/news9194114547.html。

③ 《钦州市首家坭兴陶企业成功转型升级》,载贵阳网 http://www.gywb.cn/content/2015-04/22/content_2913242.htm。

月12日至16日，政府间委员会第三十四届会议讨论的《传统文化表现形式讨论草案》将传统手工艺阐释为以物质表达的传统文化表现形式，这包括艺术的表现形式、手工艺品、仪式用面具或服装、手织毯和建筑等。讨论的《保护传统知识：条款草案》提出："要增进人们对传统知识体系的认识和尊重，对保存、发展并维持这些体系的传统知识持有人的尊严、文化完整性遗产以及智力和精神价值的尊重，对传统知识在保持传统知识持有人的生计和认同方面所做贡献的尊重。"

（二）传统手工艺知识产权保护是国家知识产权战略的重要组成部分

我国传统手工艺的保护历程起始于20世纪初，到目前为止已有百年多的历史。中华人民共和国成立后，党和国家高度重视少数民族传统手工艺的传承、保护和应用。全国陆续建立了具有产研能力的地方性传统手工艺研究机构，同时，涉及传统手工艺的专业院校也相继成立。20世纪80年代，少数民族传统手工艺保护研究工作成果日益丰硕，开展了大量的田野调查和研究。20世纪90年代至今，传统手工艺品的调查研究工作持续性深入，传统手工艺产业快速发展。2004年，我国批准《保护非物质文化遗产公约》。2008年，国家实施知识产权战略，将传统工艺保护列入大的知识产权战略体系中，提出"建立健全传统知识保护制度""加强对传统工艺的保护、开发和利用"，为传统手工艺知识产权保护工作的展开提供了有力的政策支持。2017年中共中央办公厅和国务院办公厅发布的国家《"十三五"促进民族地区和人口较少民族发展规划》和《关于实施中华优秀传统文化传承发展工程的意见》提出了"大力发展少数民族传统手工艺品产业""实施传统工艺振兴计划"等观点和主张，为少数民族传统手工业的传承和保护、相关产业的发展指明了方向、创造了机遇。

（三）加强知识产权保护是少数民族传统手工艺传承和发展的现实需求

由于现代工业化浪潮的冲击，传统手工艺等民族文化的生存与传承面临着极大的挑战。全球化背景下，少数民族传统手工艺面临着巨大冲击，我国少数民族传统手工业的保护现状仍不容乐观。《中国民族地区经济发展报告（2013）》指出，年轻一代在外来文化和思潮的冲击下，对本民族传统文化的认同意识日趋淡薄；少数民族传统手工艺品工匠技师收入偏低，代表性传承人制度不完善、人才青黄不接；我国少数民族传统手工艺品半数品种"生存"堪忧。从广西少数民族传统手工艺存续状态来看，只有绣球、银饰锻造等工艺发展良好，大多数手工艺品生存状态堪忧，发展之路举步维艰，特别如苗族蜡染、毛南族花竹帽等生存状态岌岌可危。在靖西县，三十多岁的人都不愿意从事壮锦编织类传统手工业，按照计件方式领取的每月1000—2000元的工资，很难吸引年轻人。环江县下南乡目前能熟练完成花竹帽编制技艺的从业人员只剩4人。融水县苗族蜡染服饰自治区级非遗传承人梁桂英用几个月的时间完成一件蜡染作品，市场售价仅300—500元。环江县花竹帽传承人谭汝每个月可从手工艺编制获中得收入1000—2000元，主要的生活来源依靠与家人一起经营小型大巴车客运业务。据调查了解，大部分传统手工艺传承人都直接或者间接从事农业生产、牲畜养殖等农牧业劳动，对养老保障、疾病医疗、子女教育就业等存在不同程度的担忧。以政府补贴、培训等行政手段为主导的发展模式，对于传统手工业发展的提升作用局限性日益凸显，依靠现代知识产权制度保护少数民族群众的智力创造成果，成为必然选择。

三、广西少数民族传统工艺法律保护存在的不足及知识产权保护的路径分析

（一）广西少数民族传统工艺法律保护存在的不足

在国家制度层面，少数民族传统手工艺作为非物质文化遗产的重要组成部分可以得到《非物质文化遗产法》的保护。国务院《传统工艺美术保护条例》将行政保护与知识产权保护相结合的方式，可以对少数民族传统手工艺提供一定的保护。但总的来说，国家关于少数民族传统手工艺保护的现有立法以公法保护为主，欠缺私法的保护，大多规定的比较原则性，缺乏可操作性。《非物质文化遗产法》对其知识产权保护问题，只做了衔接性的规定，且内容过于宽泛。《传统工艺美术保护条例》从实用美术的角度，侧重于对传统手工艺的物态进行保护，对知识产权的相关部分只是稍作提及[1]，而且该条例颁布至今已有二十年的时间，相关规定也显得原则性太强，可操作性太弱。

地方制度建设方面，主要包括2006年初施行的《广西壮族自治区民族民间传统文化保护条例》（已失效）和2016年底出台的《广西壮族自治区非物质文化遗产保护条例》。《广西壮族自治区民族民间传统文化保护条

---

[1] 张西昌：《传统手工艺的知识产权保护研究》，2013年西南美术学院博士学位论文，第31—36页。

例》将"民族民间传统生产、制作工艺和其他技艺""集中反映民族民间传统文化的代表性建筑、设施、标识、服饰、器物、工艺制品"纳入保护范围。《广西壮族自治区非物质文化遗产保护条例》从保障措施、法律责任等角度明确了对少数民族传统手工艺的保护内容。这两部地方性法规仍然存在公法保护为主、私法保护较为滞后的问题,与传统手工艺保护、继承、发展的迫切需求相距甚远。

（二）广西少数民族传统工艺知识产权保护路径分析

知识产权制度是为了激励创新创造而设立的对智力劳动成果授予一定权益的法律制度体系,能够为传统手工艺的合理开发、利用和可持续发展提供制度保障路径。传统手工艺集技术元素、艺术元素于一体,又包含独特的图形、外观表达等"标志"。这些传统手工艺与现代机械工艺品,在技术、经济和艺术机理上具有某种内生的契合性,也具有某种新颖性、创造性、实用性和装饰性。从"产品结构与外观"的技术机理与市场逻辑来看,技术元素的知识产权保护,需要《专利法》;艺术元素的知识产权保护,需要《著作权法》;"标志"元素的知识产权保护,需要《商标法》等商业标志法。

一是著作权保护路径。少数民族传统手工艺也体现艺术智慧,其艺术成分与《著作权法》具有某种内在的共通性和契合性。以壮锦编织技艺为例,目前已有20多个品种,50多种花纹图案,这些花纹图案是广西少数民族群众在长期的劳动实践中产生的,反映了他们对生活、大自然和民族文化的深切的热爱和由衷的崇敬之情,是承载民族文化记忆的"活化石"[1]。融水苗族服饰多在领边、袖口镶有苗锦花边或丝线绣花边,这些绣花纹样是苗族文化的承载体,体现了苗族人的价值认同以及民族审美个性[2]。《著作权法》是有条件、有期限地保护人们的智力创作的成果,以激励社会的创新机制,可以为传统手工艺中包含的艺术元素、表达形式元素提供一定的保护。《著作权法》以及《著作权法实施条例》从宏观层面上为我国的民间文化艺术保护构建了一个法律框架。《著作权法》规定了传统手工艺的发表权、署名权、修改权和保护作品完整权等著作人身权,也规定了复制权、发行权、展览权等著作财产权。

---

① 资料来源于靖西县民宗局提供资料。
② 资料来源于靖西县民宗局提供资料。

二是专利权保护路径。少数民族传统手工艺包含较高的技术元素，表现为传统手工艺品的制作或者工艺方法，包括材料选择与加工方法等。例如，壮锦以棉、麻线作地经、地纬平纹交织，用粗而无拈的真丝作彩纬织入起花，在织物正反面形成对称花纹[①]。靖西绣球制作过程包括了打布托、画瓣、绣花、金箔纸包边等8项流程。花竹帽编制过程中的弯拱剖丝环节要在主篾首尾两端梳细割薄之后，用手环拱，借挤压之力将薄丝均匀分出，分出的篾要求细如发丝[②]。我国《专利法》要求所授予的专利技术，具有新颖性、创新性的特征。只要符合专利制度相关要求，传承人是可以通过申请专利的方式对传统手工艺加以保护。传统手工艺在特定范围内是具有封闭性的，在封闭状态中期又是不断发展变化的，可见，其是具有新颖性的；传统手工艺在特定区域传承，需要手工艺人不懈努力，需要适应社会时代不断发展创新，可见，在传统手工艺发展创新的过程中，其便具有了创新性的特征。

三是商标权保护路径。少数民族传统工艺生产者或经营企业在商品经营活动中为了凸显商业形象所使用的具有独特意义和鲜明识别功能的文字及图符，这些"标志"元素的知识产权保护，需要《商标法》等商业标志法。据调查了解，全区39家少数民族传统手工艺品生产企业中，有14家企业注册了企业商标，相关手工艺得以受到商标专用权的保护。《商标法》对于商标的保护和管理主要是针对商标的冒仿行为，从而达到对该商标所代表的商业行为及文化的保护。包括传统手工艺在内的传统知识形态与地理标志具有一定程度的共通性，因而，地理标志制度对于传统知识资源的保护能够起到一定的积极作用。传统手工艺的地域性特征，使得其与地理名称和地域文化具有紧密的关联性，一些具有历史传统的手工艺产业形态，往往与地理名称相关联。

综上所述，传统手工艺与知识产权制度视角下的现代机械工艺品，在技术、经济和艺术机理上具有某种内生的契合性，在"物理"层面，传统手工艺也可以区分为技术成分和艺术成分，专利制度、著作权制度、商标保护制度都可以为我国少数民族传统手工艺提供一定程度各有侧重的保护，但由于少数民族传统手工艺也均存在着不符合这些知识产权制度权利

---

① 资料来源于靖西县民宗局提供资料。

② 《国家级非物质文化遗产毛南族花竹帽编织技艺》，载民族文化宫官方微信，2016年5月31日发布。

构成要件的部分，故存在着制度缺陷。

四、现行知识产权制度下广西少数民族传统工艺知识产权保护的对策建议

（一）进一步寻求知识产权对少数民族传统工艺的保护

已有的知识产权制度，包括著作权、商标权和专利权，可以在某种情况下发挥保护少数民族传统手工艺的作用。通过知识产权的授予，并通过一定经济的报偿，可以为知识的创新者带来精神激励和物质支持，促使其投入到新的知识创新活动中去，从而推动社会科技、文化的发展和经济的繁荣。

一是加强普通商标注册和地理标志注册。广西壮族自治区历史文化资源丰富，少数民族传统手工艺种类繁多，可目前注册了商标的传统手工艺项目却寥寥无几。注册商标可以广泛运用于织锦、蜡染、银饰等几乎所有传统工艺制品的生产和销售之中。另外，传统手工艺的传人对传统手工艺具有重要的文化意义，如果将传人的名字或者姓氏注册为商标，很容易获得市场的认同。与在产品上加盖印鉴的方式相比，注册商标专用权是一种以国家强制力保障的垄断权利，不仅有利于区分产品来源，一旦他人未经许可擅自使用还可以直接追究其法律责任。地理标志是一种特殊的标识，它表明产品的特质与其生产地的地理、自然、人文环境有着密不可分的联系，从而形成独特的优良品质。靖西壮锦早在宋代就被列为中国四大名锦之一，其编织工艺至今已有1000多年历史。靖西绣球被公认为吉祥物，被认定为壮族文化的标识，如在广西壮族自治区举办的国际级、国家级会议的吉祥物，北京人民大会堂中的壮族标识。如果将"靖西壮锦""靖西绣球"作为一种地理标志加以申请，也可以得到比较好的保护效果。

二是加强传统工艺创新，使其符合专利法保护条件。传统工艺并不是一成不变的，与时俱进才能永葆青春。我国《专利法》第5条规定："利用遗传资源，并依赖该遗传资源完成的发明创造，不授予专利权。"传统手工技艺申请发明专利首先需要解决的问题是其与先行技术的关系，需要对传统工艺推陈出新，使得民族手工艺能够符合现代知识产权制度保护的最低标准，从而使得权利主体通过行使垄断权获得经济回报，进一步刺激他们对于传统工艺的发掘和突破，实现传承和发展的目的。将织锦、印染、

扎染等工艺元素应用于工业品的外观，可以获得外观设计专利保护。又如在银饰锻造和加工技术中，银和其他金属的合金配比、熔银工具等都有创新的空间和余地，一旦试验成功，可以及时申请银饰制造方法和银饰产品的专利权保护。

（二）建立和完善少数民族传统工艺知识产权保护的各项配套制度

一是知识产权教育培训制度。调研了解到，无论是当地传统手工艺传承人、村寨居民，还是政府工作人员，对于著作权、商标权、专利权的了解知之甚少。传统手工技艺"芦笙"传承人梁瑞辉希望通过注册商标标识的方式加强传统手工艺品牌知名度，但是不知道注册申请的方式、途径，缺少指导帮助。政府部门工作人员往往将工作内容局限于传统的帮扶、补贴、培训等内容，对知识产权保护的内容掌握不够。要通过加强知识产权培训，唤起少数民族群众、当地政府部门的产权保护意识，提升发展能力。

二是知识产权指导帮扶制度。知识产权制度能够促进社会资源的优化配置，为企业带来巨大经济效益。调查显示，广西区域内传统工艺生产企业在专利技术申请、商标注册使用数量偏低，企业自主创新能力较差。再加之民族地区地理位置偏远、交通不便，信息闭塞，不利于社会组织、民间团体和科研院所等力量参与保护工作。因此，更需要调动区域内外的力量，不断加强对少数民族手工艺企业的知识产权指导，增强企业知识产权创造、管理、运用和保护水平，提高企业自主创新能力，增强企业核心竞争力和国际竞争力。

三是不同传统技艺的分类差别化保护制度。目前，对于少数民族传统手工艺项目的保护采取一刀切的保护方式和保护力度，显然难以取得最佳保护效果。补贴一刀切的做法对于经济效益本来就很好的手工艺生产者而言补贴意义不大，而对于经济效益很差的手工艺生产者而言补贴又太少。因此，针对不同的传统技艺的分类和差别化保护就显得尤为必要。一方面，对于壮族服饰、银饰、芦笙等产量高、市场效益好的项目，要确认其产权归属，用市场的力量实现传承人和生产企业的利益最大化；另一方面，对于花竹帽、傩面制作这些产量低、市场前景差的项目，政府要加大帮扶力度，提高生活保障的标准，用行政的力量维持传承人的基本生活保障。

（三）落实和完善少数民族传统工艺知识产权保护的特别保护政策与制度

少数民族传统手工艺是少数民族群众在漫长的历史岁月中，创造、积淀出的巨大知识财富。传统手工艺既具有技术元素，又具有艺术元素，技术元素适用于《专利法》的制度保护；艺术元素适用于《著作权法》的制度保护。传统手工艺与知识产权制度视角下的现代机械工艺品，在技术、经济和艺术机理上具有某种内生的契合性，在"物理"层面，传统手工艺也可以区分为技术成分和艺术成分，专利制度、著作权制度都可以为我国少数民族传统手工艺提供一定程度各有侧重的保护。

但是，传统手工艺存在着不符合这些知识产权制度权利构成要件的部分，如权利主体的群体性、权利客体的公开性、历史性等。在现行知识产权制度框架下，著作权制度、专利制度在对我国少数民族传统手工艺的保护中都具有保护力度不足的制度缺陷，无法为其提供完善的知识产权保护。因此，要吸取《商标法》《专利法》和《著作权法》的制度营养，结合我国少数民族传统设计的特点，制定少数民族传统手工艺特别权利保护法，构建少数民族传统手工艺特别权利保护制度[1]，为我国少数民族传统手工艺提供较为周全的法律保护，从而实现少数民族传统手工艺的技术价值、经济价值、艺术价值，助力我国民族地区经济、社会和文化发展。

---

[1] 严永和、彭伟：《论我国少数民族传统设计知识产权保护的法律模式》，载《民族研究》2016年第3期。

鄂尔多斯蒙古族非物质文化遗产
法律保护探究

阿茹罕　贺宇星

摘要：鄂尔多斯地区有着古老而悠久的蒙古族历史文化，蒙古族非物质文化遗产作为蒙古族优秀文化的表达，体现了蒙古族人民的智慧和创造力。历经岁月积淀，鄂尔多斯蒙古族人民留下了很多有价值的"非遗"，这对研究民族历史有着重大的意义。但随着全球经济的快速推进，许多"非遗"都遭到了冲击甚至走向了消亡。采用何种方式保护这些独特的民族文化成为现在亟需解决的问题。本文在分析鄂尔多斯蒙古族"非遗"法律保护的现状及存在问题的基础上，为完善鄂尔多斯蒙古族"非遗"保护提出对策，建议以地方立法为主导，社会组织参与补充，各部门协调发挥各自的作用，切实将民族优秀的传统文化继承、发扬下去，为鄂尔多斯弘扬传承具有民族特色的非物质文化遗产作出贡献。

关键词：鄂尔多斯蒙古族非物质文化遗产法律保护

作者简介：阿茹罕（1971—），女，内蒙古呼和浩特市人，内蒙古农业大学人文社会科学学院副教授，硕士研究生导师，法学博士，主要研究方向：少数民族法律文化。

贺宇星（1992—），女，内蒙古鄂尔多斯市人，内蒙古农业大学在读研究生，主要研究方向：民族自治地方政府法治建设。

我国是一个有着悠久历史和灿烂文化的文明古国。少数民族在长期的发展过程中，积淀出了无数的文化，给中华文化增添了绚丽的色彩。"文变染乎世情，兴废系乎时序"，文化发展状况即是民族风貌、时代思潮的集中体现，也是社会的风向标，更模铸着一个民族的精神气象[①]。在一定程度上，文化已经成为了国家的精神内涵，象征着民族的精神素养，代表着社会未来的发展方向。少数民族创造出的非物质文化遗产是民族文化的结晶，是人类宝贵的精神财富。蒙古族非物质文化遗产是蒙古族人民在长

[①] 中华人民共和国中央人民政府：《文化部发布"十二五"时期文化改革发展规划纲要》，载中国政府网，http://www.gov.cn/gzdt/2012-02/16/content_2068848.htm，2017年6月2日访问。

期的游牧生产、生活实践中创造的与其生产和生活方式密切相连的原生态民族文化，具有鲜明的民族性、地域性和丰富的文化内涵；这些珍贵的文化遗产蕴含着蒙古族特有的精神价值、思维方式、想象力和文化意识，是蒙古族历史的重要见证和载体，体现着蒙古族超凡的智慧与创造力，具有重要的价值及当代意义[①]。

社会经济的发展，使蒙古族"非遗"的生存空间受到了严峻考验。本文以鄂尔多斯蒙古族"非遗"为例，试着寻找一条可持续发展的道路，希望能保护鄂尔多斯地区民族特色文化，使之历久弥新、再放异彩，对构建社会主义和谐社会也会起到一定的作用。

一、蒙古族非物质文化遗产概念及特征

笔者认为，蒙古族非物质文化遗产是经过长期的历史积淀，在蒙古族人民生产活动聚居的地区逐渐形成的一种大家普遍认可的民族知识、表演艺术、相关文物的综合物质、文化表现形式。蒙古族"非遗"来源于生活，在一定地域里广为流传，是民族文化的 DNA。

蒙古族"非遗"大体可分成三类：第一类是口头"非遗"，例如大家熟知的蒙古族长调、短调民歌。第二类是形态"非遗"，指以身体、动作等作为表现形式的文化艺术总称，例如蒙古舞蹈查玛，体育活动蒙古族博克等。第三类是手工技艺文化遗产，是指运用民族智慧，通过研究和不断探索创造出的技艺及物品，如蒙古族传统手工技艺、蒙古族服饰等。

蒙古族非物质文化遗产主要具有以下特征：

1. 民族性

民族性是各少数民族在发展过程中，表现出来的具有强烈民族色彩的特性，这是区别于其他民族文化的根本所在，其中最能直观感受的就是民族服饰、语言和舞蹈。比如提起蒙古包、那达慕，人们会自然而然地联想到蒙古族；还有像节奏欢快、热情、有感染力的筷子舞也深深地刻上了蒙古族文化的烙印。

2. 地域性

蒙古族非物质文化遗产在具有相同生活方式和审美心理的一定地域内流传。它通常存在于特定的群体内，受本地区自然环境、生活习惯、历史等因素影响，带有明显的地域性，而地域环境也会对该区域民族文化产生

---

① 刘春玲：《蒙古族非物质文化遗产的文化价值及当代意义》，载《阴山学刊》2004年第6期。

很大影响。如在鄂尔多斯蒙古族民间普遍存在着"苏力德"祭祀，这个从古代就保留下来的祭祀仪式，已深入到每个牧民家庭。这种祭祀尽管有从萨满教到藏传佛教影响的浓重色彩，但它反映了长久以来草原游牧生活所形成的对英雄战功的崇拜和信仰追求，这种习俗与鄂尔多斯蒙古族血脉相连，故而经久不衰，流传至今。

3. 多样性

蒙古族"非遗"的表现方式多种多样，内容丰富多彩，是蒙古族人民智慧的结晶。从蒙古族民间文学祝赞词到传统音乐蒙古族长调，从传统体育竞技蒙古族博克到民间风俗鄂尔多斯婚礼等等，都是其"非遗"多样性的体现。

二、鄂尔多斯蒙古族非物质文化遗产的分类及分布状况

（一）鄂尔多斯概况

鄂尔多斯由蒙古语中的"鄂尔多苏"音译而来的，"鄂尔多"意为"南方、南面"，"苏"则为"盆地"，合起来就是"南盆地"。古时以戈壁沙漠、阴山山脉及黄河为界，分别称为"漠南""漠北""阴山南""阴山北""河南"以及"河北"。鄂尔多斯位于几处交界之南，在历史的不断变迁过程中就把"三南"之地合称为"鄂尔多斯"，三北之地称为"阿若图"①。蒙古北元王朝政权在元灭亡至明中叶这一段时间里极度动荡，对鄂尔多斯地区疏于管理，蒙古族人民度过了非常艰难的时期，直到达延汗重新将蒙古族统一后才使得蒙古部落在河套地区逐渐落户，鄂尔多斯部在此地守护成吉思汗八白室，并祭祀、供奉蒙古族帝王以及家族圣灵、圣物等。鄂尔多斯这一部名逐渐取代了河套一词，而蒙古族也成为了此地的主要居民，创建了一个繁荣昌盛的时代。

自鄂尔多斯部迁至河套地区以来，民族文化的历史打开了新的篇章。鄂尔多斯蒙古族是河套地区最后的游牧民族，也是明朝后在蒙古族中地位较高的一个部落。清代盟旗制将该地分为七个旗，划为旗后各地区文化又产生了一些微小的变化，但整体上仍以成吉思汗祭祀文化为主。2001年4月，伊克昭盟经国务院批准正式更名为鄂尔多斯市。现在的鄂尔多斯无论是在政治、经济还是文化方面都呈现出一片繁荣的景象。

---

① 齐·森布尔：《"鄂尔多斯"一词的含义》，载《鄂尔多斯学研究成果丛书》2012年第5期。

（二）鄂尔多斯蒙古族"非遗"的分类及分布情况

鄂尔多斯包括东胜区、康巴什新区两个区，下辖伊金霍洛旗、乌审旗、杭锦旗、准格尔旗、达拉特旗、鄂托克旗、鄂托克前旗七个旗。笔者在鄂尔多斯地区调研后得出当地非物质文化遗产资源分布情况，如下表：

表1　鄂尔多斯市"非遗"资源的分布

旗区	主要"非遗"资源分布
东胜区	鄂尔多斯短调民歌、嫱湖、琰池民间传说故事、撒花传统手工技艺、灯游会、擀毡传统手工技艺、佳米高拉庙会、那达慕大会等
伊金霍洛旗	查尔给（马头晌板）、蒙古包制作技艺、新庙炒米制作工艺、鄂尔多斯西部蒙古族头饰及制作工艺、诈马宴、成吉思汗哈日苏勒德祭祀、古仁格、吉日格、马头琴制作技艺等
杭锦旗	鄂尔多斯古如歌、鄂尔多斯西部蒙古族头饰及制作工艺、鄂尔多斯马鞍传统制作技艺、章撒传统制作技艺、母驼圣火祭祀、珠拉格、鄂尔多斯秀斯、道格黑木日等
鄂托克旗	德木楚格古如、鄂尔多斯西部蒙古族头饰及制作工艺、鄂尔多斯"乃日"、托雷伊金祭奠、敖瑞因布拉格祭、羊宴、阿拉克苏勒德祭祀、骆驼圣火祭、蒙古文书法、蒙古族熟皮制作技艺等
达拉特旗	窝阔台祭奠、墙围画、达拉特道情等
准格尔旗	漫瀚调、准格尔蒙古族民歌等
乌审旗	筷子舞、乌审蒙古口头诗、乌审旗古如查玛、乌审雅西乐、鄂尔多斯西部蒙古族头饰及制作工艺、萨岗彻辰祭祀、十三阿塔天神祭祀、查干苏勒德祭祀、玛尼颂诗等
鄂托克前旗	鄂托克前旗蒙古族民歌、鄂尔多斯马文化、酪蛋子制作工艺（奶酪）、鄂尔多斯蒙古族博克、马海制作技艺、祝赞词、孟根花、六十颗榆树祭等

表2 鄂尔多斯"非遗"资源的类型

类型	主要非物质文化遗产资源类型
民间文学	赞颂词、蒙古族传说、乌审蒙古族口头诗等
民间音乐	鄂尔多斯古如歌、鄂尔多斯短调民歌、漫瀚调、鄂尔多斯雅托嘎等
民间舞蹈	顶碗舞、筷子舞、珠岚舞、盅子舞、达拉根巴雅尔等
传统戏剧	鄂托克前旗古如查玛、鄂尔多斯古如查玛、乌审旗古如查玛等
民间美术	乌审雅西乐、剪纸、墙围画等
传统体育、游艺与竞技	蒙古鹿棋、蒙古族博克、鄂尔多斯马文化、苏那木道尔吉等
传统手工技艺	鄂尔多斯蒙古族头饰及制作工艺、鄂尔多斯蒙古族服饰及制作工艺、马海制作技艺等
民俗	鄂尔多斯蒙古族祭敖包、祭火节、鄂尔多斯"乃日"等
传统医药	蒙医震胃术、"叨玛那拉嘎"治疗法、赤铜的炮制方法、阿日苏拉乎疗法等

由上面的图表我们可以看出，鄂尔多斯地区的"非遗"资源种类较为丰富，但各类型资源分布不均，主要以民俗类为主；地区间的资源分布也不均匀，乌审旗、伊金霍洛旗和鄂托克旗所占比重较大。下面将对鄂尔多斯代表性"非遗"项目进行简要介绍。

1. 民间文学类

鄂尔多斯民间文学包括祝赞词、乌审蒙古族口头诗等。祝词和赞词，统称为"祝赞词"，它多用于庄重严肃的会场或喜庆的场合，是我国国家级"非遗"，也是蒙古游牧民族传统的民间文学的一种形式。作为一种自由诗，它的语言流畅，讲究韵调，情感豪放，真情意切，能够衬托出场景氛围。

2. 民间音乐和舞蹈类

鄂尔多斯民间音乐历史悠久，丰富多彩，蒙古族传统音乐如蒙古四胡鄂尔多斯传统演奏技法、马头琴鄂尔多斯传统演奏技艺等；蒙古族传统戏曲如鄂尔多斯古如歌、达拉特道情等；蒙古族舞蹈如珠岚舞、顶碗舞、筷子舞等等。

第一，民间音乐鄂尔多斯古如歌。

作为蒙古族民歌精华的"古如歌"，一般以长调的方式进行表演。内容大多是赞颂宗教领袖、传达孝道善良等，曲调连绵悠远，歌词寓意非凡，具有民族特色，被收录到第二批国家级"非遗"名录。目前古如歌仅存有64首，所以国家极为重视对它的保护。

第二，民间舞蹈顶碗舞。

顶碗舞是蒙古族从元代传承下来的民间舞蹈，是在聚会上1人或2人头顶茶杯或碗，里面盛着清水或奶酒，舞者双手各拿两个酒盅在歌声与乐声中翩翩起舞，舞蹈通常即兴发挥，情绪越激昂，动作、舞姿的变化越丰富多彩。顶碗舞流行于内蒙古各地，其中以盛行于鄂尔多斯地区的婚宴和喜庆佳节聚会上的顶碗舞最具代表性。

3. 传统体育、游艺与竞技类

蒙古族鹿棋是传统游艺项目之一。早在5世纪，便在岩画中有确切的记载。蒙古族从狩猎过程中得到启示而创造并传承至今。鹿棋棋盘是由32个等边三角形围成的正方形。一端是"蒙古山"，另一端是"横山"，棋盘包含两种画法，并且每个点都有各自的名称，两个下棋的人分别称为"持鹿者"和"持狗者"。要想保持长期赢的状态，需要经过长时间的练习，随时能够识别对方设下的陷阱，并能采取有效的预防措施。目前多流传于内蒙古河套平原和鄂尔多斯高原地区，是蒙古族生活中不可或缺的一部分。

4. 传统技艺与美术类

马海（蒙古语，即马靴）是蒙古族服饰的重要组成部分。马海制作技艺有着悠久的历史，传统马海采用纯皮制作。现在的马海根据面料可分为布靴、皮靴、毡靴。马海的制作要经过选料、裁剪、粘贴、刺绣、缝补等工序，制成色彩靓丽、工艺精美、极具蒙古族特点的生活必需品，在重大节日庆典上与蒙古袍一起穿着。目前在鄂尔多斯能够作马海的手工艺人已为数不多，急需对他们进行保护。

5. 传统医药类

羊下颌骨刮痧是蒙医传统治疗颈椎病疗法之一，分布在鄂尔多斯市西部。它没有按照家族性质进行传承，而是在民间以经验形式流传。羊下颌骨刮痧治疗颈椎病历史悠久，据史料记载可追溯到16世纪。蒙古民族在治病时由于民俗习惯，用下颌骨骼来避"阿达"邪使用，通过直接接触按摩来除病免灾。随着时代的发展，羊下颌骨刮痧不断充实、丰富，被确认对颈椎"查干胡英"病具有独特的疗效，如今已逐渐形成了蒙医学的一门独立的治疗术。

6. 民俗类

第一，诈马宴。

"诈马"由蒙古语 juum 翻译而来。将牛或羊带皮煺毛后洗净烤熟，把这种全羊或全牛叫"诈马"或"珠马"。为成吉思汗祭祀准备全羊、全牛的职司者为"诈马纳日"（诈马们），是指烤摆全牛或全羊的大型宴席。诈马宴是蒙古国和元朝时期最为隆重的"内廷大宴"，对赴宴者的身份、服饰均有严格规定，赴宴者必须穿质孙服（质孙为蒙古语"吉孙"即颜色的意思），君臣须穿同一颜色服饰，因此诈马宴也称做"质孙宴"。宴会中的娱乐活动一般要持续几天时间，此期间君臣每天穿的衣服需是不同颜色的。

第二，鄂尔多斯祭火节。

蒙古族有一个传统的习俗就是祭灶，也称之为祭火。因为炉灶是生火的地方，所以蒙古人将其看作是火神居住之地，是家族的兴旺之地，同时也不能随便亵渎。蒙古族过年的准备工作从农历腊月二十三开始的，亦是传统的祭火节。在蒙古语中火神就被称之为"斡得罕·噶拉罕·额克即"（最年轻的火皇后），而这一点也和蒙古族由最小的孩子来继承家业这个传统习俗有很大的关系。他们认为，一个家庭如果没有了火，那么就没有了再继续居住下去的意义；而一个家庭如果点着火，就意味着将家庭净化了，同时带上神圣的色彩。

鄂尔多斯蒙古族人同样对于祭火非常重视和崇拜，他们对火神尤为恭敬。在长期的生活中形成了一些约定俗成的风俗习惯，比如不能往火里吐口水，不能用利器刺火，不能在火旁边烤脚等。目前只有居住在乌审旗嘎鲁图镇萨如努图嘎查的嘎尔迪一家和热瓦迪家族将传统的祭火风俗完整的传承下来，他们将整个祭火仪式程序都完整呈现。

第三，成吉思汗祭典。

从1227年成吉思汗病逝到现在，蒙古族每年举行隆重的祭祀活动，这一传统已经持续了近八百年。鄂尔多斯蒙古族及守陵达尔扈特人传承的成吉思汗祭典，完全保留了13世纪的蒙古族帝王祭祀仪式。在内容上主要表达对长生天、祖先、英雄人物的崇拜；在祭奠形式上再现了蒙古民族古老的火祭、奶祭、酒祭、牲祭、歌祭等礼俗；在祭祀用具上，表现了草原民族对大自然和动物的艺术审美属性，由此产生了具有浓郁特色的诸多珍贵的祭器；成吉思汗祭典由以圣主成吉思汗宫帐为核心的八白宫祭奠、苏勒德祭奠和成吉思汗圣物祭奠等组成；除每日举行例行祭奠外，每年还要举行数十次专项祭奠。其祭奠形式独特，内容丰富，规模宏大，显示着古老、神秘的传统文化特点。

三、鄂尔多斯蒙古族非物质文化遗产保护取得的成就

2011年6月1日，《非物质文化遗产法》正式生效。2012年5月《文化部"十二五"时期文化改革发展规划》提出了将"非遗"的传播和弘扬作为新时期的工作重点。2017年5月26日，自治区第十二届人大第三十三次会议通过了《内蒙古自治区非物质文化遗产保护条例》。以上法律法规为"非遗"保护政策的长期实施运行提供了坚实的法律依据，为新时期"非遗"工作指明了方向和目标，赋予了"非遗"事业新机遇和新使命。

2005年，鄂尔多斯市政府颁布了《鄂尔多斯市非物质文化遗产保护工程实施方案》，安排部署了全市的"非遗"保护工作。2007年出台的《关于进一步加快文化发展的决定》中，把"非遗保护工程"列为鄂尔多斯市实施的"十大文化工程"之一予以重视，同时政府下发用于此项工作的专项资金。2008年，在《中共鄂尔多斯市委、鄂尔多斯市人民政府关于加强公共文化服务体系建设的意见》一文中对全市的保护工作作出了更深层次的要求：保护工作在开展过程中一定要将细节考虑周到，构建健全的、系统的以及多种资源库来进行保护工作，旨在使全市的"非遗"能够有一部分被列入我国重点保护和自治区级的保护名单中。鄂尔多斯积极建立市、区两级"非遗"保护中心，设在全市群艺馆以及各个旗区的文化馆中，方便进行分级管理。通过建立专门的工作机构，全面展开了"非遗"保护工作。

截至2017年9月，鄂尔多斯市政府经过全面的调查，最终确立了276个保护项目，以及超过700多项可能的"非遗"。鄂尔多斯市被选入我国国家级"非遗"名录的有6个，分别是：漫瀚调、鄂尔多斯婚礼、短调民歌、古如歌、成吉思汗祭典、查干苏力德祭祀；自治区级"非遗"项目62项，市级"非遗"项目169项。此外还有国家级"非遗"保护名录代表性传承人共4人，自治区级传承人75人，市级"非遗"代表性传承人233人。第五批市级"非遗"代表性项目中祝赞词等10个项目被列为市级"非遗"代表

性项目名录扩展项目，圣火祭祀文化之乡等10个民间文化艺术之乡列为第三批市级民间文化艺术之乡。

鄂尔多斯市政府制定了《鄂尔多斯市非物质文化遗产项目代表性传承人认定与管理办法》和《鄂尔多斯市民间文化艺术之乡评审和命名办法》。2010年，鄂尔多斯市全市被划分成文化生态保护区。鄂尔多斯市文化生态保护工作要建立覆盖市、旗区、苏木乡镇、嘎查村四级的文化生态保护体系，逐步形成一个中心、六个重点、九个保护区、六个蒙医基地、两个非遗展示馆、二十个文化艺术之乡、二十个民俗文化旅游园区、百个传习场所、千名非遗传承人、千支民间文化组织的文化生态保护网络，同时呼吁全市人民积极投入到"非遗"保护的活动当中。2016年11月，鄂尔多斯市印发了《鄂尔多斯市"十三五"时期文化发展规划纲要》。

鄂尔多斯在最近几年经常对"非遗"传承人进行培训。2016年12月，鄂尔多斯举办了全市范围内的"非遗"培训班，同年年底东胜区文化馆开办了东胜区"非遗"保护暨依法开展非物质文化保护工作的培训班。从2016年开始，内蒙古将自治区级"非遗"传承人传习补助经费列入部门预算。内蒙古自治区财政日前下达2016年度自治区级非遗代表性传承人传习补助经费254万元，支持全区508名传承人开展传承工作，其中国家级37人，自治区级471人，对全区国家级和自治区级传承人给予每人每年5000元补贴。鄂尔多斯市也对自治区级、市级"非遗"传承人有每人每年5000元的补助①。以上这些措施都让鄂尔多斯"非遗"传承人得到更有效的保护。

四、鄂尔多斯蒙古族非物质文化遗产法律保护中存在的问题

（一）缺乏非物质文化遗产保护的地方性法规

近年来鄂尔多斯非物质文化遗产的保护取得了很大的成就，但一直是政府主导，没有法规作支撑。由于历史原因我国在改革开放的后期才开始重视对少数民族权利的保护，内蒙古自治区从1988年起开始制定地方性法规，立法起步较晚，内蒙古的7个设区的市包括鄂尔多斯在内2015年底才获批地方立法权，起点时间就更晚，保护的立法层次也比较低，加上本身立法技术水平有限，虽然相继颁布了一些关于非物质文化遗产保护的办法、方案，但都是政府规章，效力、层级不高，鄂尔多斯尽管出台了三部

① 载新华网内蒙古频道，网址：http://nmg.xinhuanet.com/，访问日期：2017年4月25日。

办法，但还未颁布关于蒙古族"非遗"保护的法规。鄂尔多斯因之前没有地方立法权，所以在非遗法律保护方面暂时是空白。在自治区层面上虽然制定了完整意义上的保护条例，使得各地的保护工作有了统一的法律标准，也有可遵循的适合全自治区具体情况的法律条文。但因为该条例颁布时日较短，效力还须检验，鄂尔多斯市未出台保护非遗的法规，这与飞速发展的地方经济不相吻合。也正因为如此关于非物质文化遗产的诉讼很少见，侵害非物质文化遗产传承人的权利，破坏非物质文化遗产的情况每每出现时，司法救济本身的震慑性、有效性并不能很好地运用。

（二）非遗保护机构和人员配备不够

鄂尔多斯市地广人稀，整体发展情况复杂，东胜区非遗保护做得较好，而在基层七个旗、县几乎没有单独的保护"非遗"的机构，专一从事"非遗"保护的人不多，而且他们大多缺乏专业培训，对非遗业务不够熟悉，且身兼数职，事务繁忙，不能对"非遗"工作进行深入的研究。同时，笔者在调研时还发现部分部门员工对"非遗"保护工作认识不足，工作积极性不高。与此相反的是，市级"非遗"传承人，如漫瀚调、鄂尔多斯婚礼等项目的代表，他们大多分布在下面的旗县，所以急需基层"非遗"工作人员进行深入调研、登记。因此，增强法律法规的实施力度，加大基层"非遗"保护组织的经济扶持，是当前鄂尔多斯"非遗"发展必由之路。

（三）"非遗"传承人老龄化严重，后继乏人

根据笔者调查得知，鄂尔多斯市民及身边亲戚、朋友从事"非遗"保护工作的人较少，仅占调查人数的1.54%。通过分析自治区、市级传承人年龄，发现他们的年龄集中分布出生在1942—1965年之间，最年轻也已五十多岁，"非遗"传承人老龄化问题较重。"非遗"项目里有些是依靠口头和形态进行传承的，很多民间艺术属于独门技艺，往往人在艺在。目前，民间艺人为数不多，市级传承人也仅仅二百多位，他们有些或生活困难，或年事已高，导致这些珍贵的"非遗"难以发展下去，甚至面临消亡。

（四）政府财政资金投入不足

就目前来看，鄂尔多斯蒙古族"非遗"保护仍需要政府部门承担主要责任，采取主要的方式主要是资金上的帮助，如给予传承人经济补贴等。自治区每年5000元的补贴对于"非遗"的传承来说还是较少。要传承需要经费培养和挖掘人才，但现在传承人自己的经济状况都不是很好，自然很

难去再做其他事情，也没有教授徒弟。政府将"非遗"的保护经费纳入财政经费中，并加大对传承人的扶持力度成为当前最迫切的需要。一些"非遗"项目由于其发展稳定，并且熟悉市场的运转过程，政府部门与企业更愿意支持这些受欢迎的项目，并且为之投入资金帮助，有些发展缓慢，市场占据的空间较小，缺少影响力，因而政府部门和企业对其帮助就很少。很多蒙古传统手工艺如蒙古服饰、蒙古刀具、蒙古马鞍的制作，由于都是纯手工制作费时费力，从业人员越来越少，学徒数量寥寥无几，产品产量低，未能在市场上形成优势产业，蒙古马具、驼具制作项目已濒临失传，这些非遗项目都面临着后继乏人的人才断裂困境。

五、鄂尔多斯蒙古族非物质文化遗产法律保护的对策建议

（一）完善相关的法律法规体系，加快地方专项立法进程，提供法规保障

十八届三中全会首次把"全面推进依法治国"作为大会的主题。其后不久，又将依法治国置于"四个全面"战略布局中。建设法治国家、法治政府、法治社会，从理念走向实践。相对于其他措施来说，法律更具有保障力和约束力。对于蒙古族濒危的"非遗"来说，法律的支撑更显迫切。《非物质文化遗产法》在2011年推行之后，各少数民族有了对此类遗产保护的法律依据，但该依据仅能应对"普遍的共性"难题，与之配套的地方性法规建设在解决区域性、民族性的问题上则更为贴切。在《立法法》准许的可设区的市具有地方立法权前提下，应在"非遗"成为文化建设重中之重的同时，鄂尔多斯市人大加快对鄂市保护非遗地方性法规的出台，加快出台《鄂尔多斯市非物质文化遗产保护办法》。参照自治区的非遗保护条例，可以在地方性法规中制定关于名录申请、传承人认定、保护机构、法律责任等条款，重点加大对"非遗"传承人的保护力度，赋予传承人相应的权利义务及生活保障。"危机"催生了"文化自觉"，"非遗"最显著的特点就是需要依托人本身而存在，通过动作、语言等方式来传承和发展。"非遗"是依靠人来传承的，它与人的活动息息相关，如果从事"非遗"保护相关工作的人减少，那么该项目就很可能面临失传。所以，以人作为载体的"非遗"传承就显得特别重要，应当加大对传承人的保护力度。有针对性地培养"非遗"专业人才，对他们采取激励政策，鼓励更多的人投入到"非遗"的学习中来。

此外，可以加大对"非遗"传承人的培训力度，让传承人的专业性更强，可以让传承人在学校或者其他场所进行"非遗"培训及传播，这样可以解决培训的师资问题，也能解决一部分传承人的就业问题。

（二）其他完善非物质文化遗产的保护措施

1. 加大非遗保护经费投入力度

"非遗"保护作为一项长期任务，所需投入的人力、财力浩大，而且随着保护工作的进一步拓宽和深入，经费需求将逐步增加，这就要求每一级政府加大对"非遗"保护工作的支持力度，将普查保护专项经费列入财政年度预算。另外，政府在充分发挥主导作用的同时，更要积极吸纳社会资金，拓宽集资方式建立专门的"非遗"保护基金。

2. 发挥非政府组织在非遗保护中的作用

随着对鄂尔多斯蒙古族"非遗"保护工作重视程度不断加深，政府单方面的努力显得较为薄弱。因而在保护过程中，政府之外的组织、民间机构等的加入将成为必然。而且此类非政府性的组织有着显著的优势：第一，相对于政府而言，非政府性的组织有着更强的专业性。非政府的各类组织在专家、学者、科研单位的各种培训、教育之后，以其掌握的极为丰富的专业知识从而能够担当起"非遗"专业化咨询的职能，同时此类组织有着非营利的特殊性，相比政府、企业而言对文化遗产的社会意义、价值更为注重，能够对"非遗"更客观、更中立的予以保护；第二，非政府的各类组织是由志愿者、公益群体所构组而成的，这同"非遗"的民众核心、地域广、渗透强特性十分吻合，能够更好的贴近民众。从众多发达国家的实践中也可获知，"非遗"的保护志愿组织有着不容小觑的巨大能量。

3. 完善"非遗"特色旅游发展模式

有效利用和传承"非遗"，实现旅游开发性保护。"非遗"是一种独特旅游资源，对于非遗与旅游的关系很多学者进行了探讨，多数认为"非遗"保护和旅游开发具有相互促进作用。一方面，"非遗"作为一种独特的人文旅游资源，加深了旅游的内涵；另一方面，旅游开发创新了"非遗"的保护方式，为其营造生存土壤，培育更多受众，并提供资金支持，促进保护和传承的发展。但同时要预防不合理的旅游开发所带来的消极影响，否则会加速"非遗"的消亡速度及文化变异。

由于历史、地理及经济全球化的冲击，诸多因素导致鄂尔多斯的生态环境比较脆弱。可以对全市的"非遗"现状进行普查，全面了解和掌握"非遗"资源的种类、分布、数量、保护现状等。通过普查，筛选出对游客有吸引力、能体现本民族特色、市场前景好的项目有选择的进行开发。开发时以资源的永续利用和可持续发展作为前提，保护好本地的自然环境、人文环境，坚决杜绝盲目性、破坏性的开发，以"非遗"带动实现旅游经济可持续发展。

此外，充分利用鄂尔多斯各类宣传平台，向全市群众宣传展示调查成果。在每年的"'非遗'日"及有关节日，向公众免费开放非物质文化遗产展示场馆等，与传承人进行面对面的交流，加深市民对"非遗"的了解，激发参与的热情、传承的积极性。利用网络等媒体手段，多种渠道宣传代表性项目。开辟蒙古族"非遗"保护栏目，定期播放、刊出有关内容，提高民众对蒙古族民间传统文化、风土人情的认知度，培养年轻人对"非遗"的兴趣。

鄂尔多斯蒙古族文化是我国传统文化中重要的组成部分。翻看五千年的华夏史，它不仅具有鲜明的民族色彩，同时还在世界民族文化中占据重要地位。民族文化的发展可以更好地促进我国社会主义文化发展和繁荣，还能够在某种程度上提升我国的文化软实力。基于此，我们更应注重对"非遗"的保护和传承，从而增强民族文化的自信心，以传统文化为基础来促进我国文化权利法律保障的不断发展。

关于新时代民族宗教事务治理体系和治理能力的调查与思考

武启祥

摘要：民族区域自治制度是中国特色社会主义的基本政治制度，民族宗教事务治理是党和国家治理体系的重要内容，推进民族事务治理体系和治理能力现代化对我国实现治理体系和治理能力现代化至关重要。河南作为全国重要的民族宗教工作大省，更加需要重视民族宗教事务治理。针对其在工作机构、治理主体和管理制度方面存在的问题，可以从完善治理体系、提高治理能力和推进治理能力现代化三方面着手，实现民族宗教事务治理体系和治理能力的现代化。

关键词：民族宗教事务　治理体系　治理能力

作者简介：武启祥，河南省民委民族关系与监督检察处处长。

党的十九大报告提出，新时代中国特色社会主义思想，明确全面深化改革总目标是完善和发展中国特色社会主义制度、推进国家治理体系和治理能力现代化。民族区域自治制度是中国特色社会主义的基本政治制度之一，是党和国家民族政策的源头。民族宗教工作是党和国家的重要工作，民族宗教事务治理是党和国家治理体系的重要内容，推进新时代民族事务治理体系和治理能力现代化，不仅对于民族工作意义重大，对于实现国家治理体系和治理能力现代化也具有非常重要的意义。

一、党的十九大报告关于推进治理体系和治理能力现代化和民族宗教工作的思想

（一）关于治理体系和治理能力。十九大报告在过去五年的工作和历史性变革中指出，中国特色社会主义制度更加完善，国家治理体系和治理能力现代化水平明显提高，全社会发展活力和创新活力明显增强。同时指出国家治理体系和治理能力有待加强。

十九大报告为推进治理体系和治理能力现代化画出了时间表，确定了路线图。十八届三中全会提出，全面深化改革的总目标之一是推进国家治理体系和治理能力现代化。党的十九大报告把全面深化改革总目标是完善和发展中国特色社会主义制度、推进国家治理体系和治理能力现代化作为习近平新时代中国特色社会主义思想"八个明确"的基本内涵之一。在新时代中国特色社会主义"十四个坚持"的基本方略中又强调，坚持全面深化改革，不断推进国家治理体系和治理能力现代化。要求从2020年到2035年基本实现国家治理体系和治理能力现代化，现代社会治理格局基本形成，社会充满活力又和谐有序；到本世纪中叶，实现国家治理体系和治理能力现代化。

此外，十九大报告还对乡村治理体系、社会治理体系、网络综合治理体系、全球治理体系进行了系统阐述。

（二）关于民族宗教工作。十九大报告从经济、政治、文化、社会、生态、党建等各个方面都对民族工作作出了明确部署和要求，明确提及的有二十多处。肯定了民族宗教工作创新推进，把民族工作纳入中国特色社

会主义进入新时代的基本内涵，纳入习近平新时代中国特色社会主义思想，纳入四个伟大的新使命，纳入党的基本方略。十九大报告要求：全面贯彻党的民族政策，深化民族团结进步教育，铸牢中华民族共同体意识，加强各民族交往交流交融，促进各民族像石榴籽一样紧紧抱在一起，共同团结奋斗、共同繁荣发展。十九大报告涉及宗教工作有4处，强调要全面贯彻党的宗教工作基本方针，坚持我国宗教的中国化方向，积极引导宗教与社会主义社会相适应。十九大报告对民族宗教工作的论述都超过了以往，这些都体现了以习近平同志为核心的党中央对民族宗教工作和民族宗教事务的高度重视。

民族事务治理作为国家政治事务与政治管理的一项重要内容，是国家治理体系的重要组成部分。推进民族事务治理体系和治理能力现代化尤其对于我们这样一个统一的多民族国家实现治理体系和治理能力现代化至关重要。

二、治理与管理的联系与区别

治理和管理都离不开权力和权威的运用。但是治理不同于管理，管理的基础是控制，是自上而下的单向控制；治理的基础是协调，强调上下互动。管理的主体是管理者，治理的主体则是多元的；管理是为了解决效率问题，治理则是"最大限度地增进公共利益"。

国家治理能力是国家制度管理社会各方面事务的能力。国家治理体系和治理能力是一个国家制度和制度执行能力的集中体现。要有健全的治理体系，良好的治理机制，高超的治理能力，多元主体的参与，才能实现政府与社会良性互动，达到"善治"。法治、有效、透明性、廉洁、参与、公正、合法性、回应、责任性、稳定是善治的10个基本要素。

三、河南民族宗教事务治理体系和治理能力现状

河南是全国重要的民族宗教工作大省，有少数民族总人口148.9万，是全国散居地区少数民族最多的省份，有3个城市民族区，21个民族乡（镇）。佛教、道教、伊斯兰教、天主教、基督教5大宗教齐全，各级宗教团体418个，信教群众基数大，宗教教职人员和依法登记宗教活动场所数量多。推进民族宗教事务治理体系和治理能力现代化，对于推进该省治理体系和治理能力现代化、实现中原崛起河南振兴具有重要意义。

（一）省委对推进治理体系和治理能力现代化和民族宗教工作的新要求

《中共河南省委关于深入学习贯彻党的十九大精神，决胜全面建成小

康社会，开启新时代河南全面建设社会主义现代化新征程的意见》（豫发〔2017〕26号）对治理体系和治理能力现代化作出安排部署：到2035年治理体系和治理能力现代化基本实现，法治政府、法治社会基本建成，各方面制度更加完善。到本世纪中叶，必须推进全面依法治省，提高治理能力和水平。坚持依法治省和依规治党有机统一，把社会主义核心价值观融入法治建设，促进治理体系和治理能力现代化。对建设乡村治理体系、建立网络综合治理体系、健全食品药品安全治理体系、加强新型社区治理体系、强化环境治理体系提出要求。

豫发〔2017〕26号文件强调，全面贯彻党的民族政策，深化民族团结进步创建"六进"活动，铸牢中华民族共同体意识，加快少数民族和少数民族聚居地区经济发展、民生改善，加强少数民族流动人口服务管理，促进各民族交往交流交融。全面贯彻党的宗教工作基本方针，坚持我国宗教中国化方向，提高宗教工作法治化水平，构建积极健康的宗教关系，引导宗教与社会主义社会相适应。同时强调，广泛开展全民健身活动，发展体育事业，服务、协助办好全国第十一届少数民族传统体育运动会。

（二）河南民族宗教事务治理体系和治理能力现状

1. 健全了民族宗教法律法规体系。《宪法》《民族区域自治法》《全国人民代表大会和地方各级人民代表大会选举法》《城市居民委员会组织法》《村民委员会组织法》和《教育法》等我国现行254件法律中，有120件含有涉及民族宗教方面内容条款。1993年国务院《城市民族工作条例》《民族乡行政工作条例》、1994年《境内外国人宗教活动管理规定》、2017年新修订的《宗教事务条例》等民族宗教方面行政法规和2015年国家民委、公安部《中国公民民族成份登记管理办法》、2005年《宗教活动场所设立审批和登记办法》等部门规章形成了国家层面对民族宗教依法管理的制度体系。在国家出台一系列民族宗教法律法规的基础上，河南省出台了《河南省少数民族权益保障条例》，1997年出台了《河南省清真食品管理办法》，2005年出台了《河南省宗教事务条例》。省委、省政府以及省民委（宗教局）等有关部门根据国家和地方法律法规也制定了《关于加强和改进新形势下民族工作的实施意见》（2015）、《关于加强和改进新形势下宗教工作的实施意见》（2016）、《河南省公民民族成份登记管理实施细则》（2016）、《关于加强少数民族特色村镇保护与发展的实施意见》（2017）等一系列关于少数民族经济社会发展、宗教场所规范化管理、宗教外事和朝觐事务等方面的文件。

2. 完善了民族宗教工作体制。省委成立了统战工作领导小组，省委书记兼任组长，省委常委、统战部长兼任办公室主任。全省自上而下建立了民族宗教工作领导小组，省民族宗教工作领导小组由省委常委、统战部长任组长，相关省直部门为成员单位，统一协调全省的民族宗教工作，各省辖市、直管县（市）和县（市、区）、乡（镇、街道）都按照此模式成立了民族宗教工作领导小组，负责协调本辖区民族宗教工作。根据民族工作涉及部门多、领域广的特点，省委、省政府还建立了省民委委员制度，18个省辖市加强民族宗教工作，成立民族宗教事务委员会，也建立了民委委员制度。

全省县级以上民族宗教工作机构177个，其中省级1个，省辖市级18个，县（市、区）157个。18个省辖市，全部是政府组成部门，全部单独设置，都具有执法主体资格。

3. 打造了多元社会治理主体。据统计，2014年全省民族社团组织19个，截止2017年底，有29个，其中全省性社团组织有5个，河南省少数民族体育协会、河南省民族团结进步发展协会、河南省清真食品行业协会、河南省中原清真食品认证监制服务中心、河南省民族企业协会，省辖市成立有17个，分别是郑州市民族企业协会、郑州市民族书画院，开封市少数民族体育协会、开封市民族学校校长联谊会，洛阳市清真食品协会，平顶山市民族商会，安阳市民族团结进步联谊会，焦作市民族团结进步促进会，濮阳市少数民族体育协会、濮阳市清真食品协会，漯河市少数民族体育协会，周口市少数民族企业协会、周口市少数民族体育协会，驻马店市民族团结进步促进会，南阳市蒙古族研究会，商丘市民族中学理事会，济源市少数民族商会。县级社团有8个：洛阳市瀍河回族区穆斯林画苑，洛宁县少数民族体育协会，平顶山市卫东区清真食品行业商会，安阳市殷都区民族团结进步促进会，安阳市文峰区少数民族联谊会，沁阳市查拳协会、周口市川汇区少数民族商会，固始县清真食品行业协会。全省还有村级民族团结促进会、友好乡村恳谈会和民族团结联谊会约1598个，另外有约30个松散型的西北拉面协会组织。

全省现有宗教团体418个，其中依法登记的宗教团体290个。全省性宗教团体7个，还有一个河南省宗教文化交流协会（2009年），省辖市级宗教团体76个，县级宗教团体335个（详见河南省民族宗教事务治理主体一览表）。

区域 ＼ 治理主体数量	各级民族宗教工作领导小组	各级民族宗教工作部门	民族社团组织	宗教社团组织	民族民调组织
省级	1	1	5	7+1	
市级	18	18	16	76	
县级	157	157	8	335	
乡镇办	2333				
村					1598
合计	2509	176	29	418	1598

4. 建立了民族宗教部门与社会团体的协商机制。省委统战部和省民委（宗教局）都建立了五大宗教团体联席会议制度，定期召开宗教团体负责人会议，沟通情况、解决问题。郑州、开封、平顶山、安阳、新乡、焦作、南阳、信阳、周口、驻马店等省辖市建立了宗教团体联席会议制度，禹州、襄城、宛城、卧龙、方城、桐柏、镇平、唐河、新野、川汇、淮阳等11个县（市、区）也建立了宗教团体联席会议制度。18个省辖市和10个直管县（市）普遍建立了宗教团体例会制度。周口市组织少数民族企业协会每季度召开会长例会，了解情况，主动为企业服务，解决资金、纠纷等方面问题。民族团结促进会、友好乡村恳谈会和民族团结联谊会定期召开少数民族村庄和汉族村庄联谊、对话、恳谈活动，签订《民族团结进步友好协议书》，号召各民族像石榴籽一样紧紧抱在一起，较好促进了群众性民族团结进步活动的开展。

5. 形成了"三位一体"的清真食品管理模式。多年来，河南省各级民族工作部门依据法律法规，在"三严三实"活动和"两学一做"教育活动中，采取有效措施不断加强清真食品管理，以政府管理带动社会监督，以社会监督促进行业自律，以行业自律服务经济发展，形成了"政府管理、行业自律、社会监督"三位一体的管理模式，促进了清真食品经济健康持续发展，保持了清真食品领域和谐稳定的良好局面，受到了国家民委的肯定，并进行专期推广。政府管理是指在党委政府的统一领导下，民族、市场监管、公安、教育、畜牧、城管等有关职能部门齐抓共管。行业自律是指鼓励各地清真食品生产经营企业，建立自律机制、强化自律意识，依法依规开展经营，拒绝"清真不清""假冒清真"和"清真泛化"。社会监督是坚持群众路线，强化群众参与监督，各地聘用了约2000多名监督员，建立完善清真食品群众监督聘任退出机制，形成了覆盖全省的清真食品监督网络。全省18个省辖市有17个成立了清真食品管理办公室，郑州市管城回族区、惠济区、开封市顺河回族区、鼓楼区、尉氏县、杞县、濮阳市南乐县等清真食品管理任务重的20多个县（市、区）成立了清真食品管理办公室。

（三）存在的主要问题

一是工作机构不健全。河南省是民族宗教工作大省，但民族宗教部门普遍存在着编制单列少、工作人员少的问题。全省县级单设民族宗教工作机构仅54个，有103个县级民族宗教工作机构与其他部门合署办公，20多个不具有执法资格。二是治理主体单一。该省民族宗教事务治理主体较少，全省民族类社团虽然从2014年的19个增加到29个，但是部分省辖市、省直管县（市）没有民族类社团，县级民族类社团仅有8个。省辖市级宗教团体已建76个，县（市、区）宗教团体已建335个，个别省辖市和一些县（市、区）还存在信教群众有需求，但尚未建立宗教团体的情况。三是管理制度不规范。部分市、县级民族宗教社团组织未进行登记，或登记后但未开展活动，处于软、瘫、散状态。由于部分民族宗教社团工作不规范，作用发挥不明显，仍以政府民族部门自上而下的运行为主。

四、推进我省民族宗教事务治理体系和治理能力现代化的思考

从党的十八届三中全会提出推进国家治理体系和治理能力现代化是全面深化改革的总目标的新观点、新要求，到党的十九大报告把推进治理体系和治理能力现代化纳入习近平新时代中国特色社会主义思想的基本内涵和基本方略，体现了在我国社会主要矛盾发生了关系全局的历史性变化的关键时刻，我们党的执政理念、执政方式也发生了与时俱进的重大变化，这是我们党对共产党执政规律、社会主义建设规律、人类社会发展规律的认识不断深化的重要表现。按照党的十九大精神，结合省委工作要求，推进该省民族宗教事务治理体系和治理能力现代化，重点做好以下几项工作。

（一）完善治理体系

1. 健全法治体系。法律法规安排是形成治理体系的前提。一是制定《河南省促进民族团结进步条例》，落实十九大关于深化民族团结进步教育，铸牢中华民族共同体意识的决策部署，促进各民族共同繁荣发展，共同团结进步，实现"中华民族一家亲，同心共筑中国梦"的目标任务。二是研究修订《河南省清真食品管理办法》，将中央关于清真食品管理的新要求落到实处。三是启动修订《河南省宗教事务条例》。根据新修订的《宗教

事务条例》，积极推动《河南省宗教事务条例》的修订工作，完善民族宗教事务治理制度体系，增强民族宗教法规的可操作性，用法律来保障民族团结、宗教和谐。

2.加强机构建设。加强民族工作机构建设是推进治理体系的基础。一要完善体制机制。持续推进各级党委统战工作领导小组建设，把加强党对民族宗教工作的领导落到实处。健全县乡村三级民族宗教工作网络和乡（镇、街道）、村（社区）两级责任制，乡镇民族宗教工作专职助理员、村（社区）协管员要配齐配到位。二要解决执法主体资格。针对一些县级民族宗教事务部门没有执法主体资格的现象，我们联合省编办等单位开展调研，以省编办、省委统战部、省民族宗教事务部门和省法制办等部门联合下发《关于进一步加强县级宗教工作机构建设的通知》，促进这一问题的有效解决。三要加强工作力量。"民族宗教无小事"，要采取有效措施，加强民族宗教部门工作力量，把民族宗教工作有关管理岗位纳入政府购买工作计划，采取政府购买社会服务，如购买社会服务、纳入公益岗位等办法，切实解决基层民族宗教部门人员编制少、管理不到位的问题，确保民族宗教工作有人干、有人管。

3.培育多元主体。重点培育民族经济、文化、体育、教育等方面的行业协会商会类、公益慈善类、志愿服务类社会组织，限期完成应建未建的宗教社团组织，积极引导宗教社团参与公益慈善事业。同时，动员各类社会组织参与政府民族宗教事务治理工作，使社团组织成为弥补民族宗教工作力量不足和管理缺位的有效形式、公民有效政治参与的重要载体。

4.坚持依法规范。按照《社会团体登记管理条例》和民族宗教等有关法律法规，对未登记的已建县级社团组织进行依法登记，纳入民政、民族宗教等部门依法管理。对已登记的民族宗教社团进行规范和完善，加强规章制度建设，使社团活动纳入制度化、规范化的轨道，确保有人管事、有章可循，运行有序。组织和引导村级民间协调组织完善工作制度，学习先进经验，充分发挥作用。

（二）提高治理能力

1.坚持依法治理。依法治理民族宗教事务，核心的一条是坚持法律面前人人平等。不论涉及哪个民族，信仰何种宗教，生活在哪个地域，有了矛盾纠纷都要依法依规处理，不允许有超越法律的特权。坚持是什么问题就按什么问题解决，把一般刑事治安案件同暴力恐怖活动区分开来，把公民之间的普通矛盾纠纷同民族宗教问题区分开来，不能把某一民族、某一宗教与极端恐怖主义划等号。对故意操纵利用一般性矛盾纠纷、刑事案件，聚众闹事、敲诈勒索的，要坚决打击、依法严惩。

2. 强化教育培训。加强对社会组织的教育培训，努力达到人人了解治理、关心治理、参与治理的目标。对党政领导干部、民族宗教干部和民族宗教界人士进行教育培训，增加关于治理体系和治理能力的内容，使其深刻领会党的十九大关于治理体系和治理能力的思想，从管理者向与社会组织合作者的平等身份、平等观念转变。加强对民族宗教界和少数民族、信教群众的教育引导，使其积极参与民族宗教事务，充分发挥治理主体作用。明确铸牢中华民族共同体意识，是对包括汉族群众在内的各族群众的要求。

3. 抓好法治宣传。引导帮助各族群众尊法学法守法用法，提高依法理性表达诉求、维护合法权益的意识和能力。着力培育包括信教群众在内的各族群众的民主法治观念、社会责任观念、公共道德观念，做到办事依法、遇事找法、解决问题用法、化解矛盾靠法。同时，强调宗教界要严守宗教不得干预教育和社会公共事务的底线。

（三）推进治理能力现代化

1. 明确治理主体。尊重少数民族和信教群众的主体地位，通过社会团体组织少数民族和信教群众，有序进行政治表达和经济诉求，依法行使民主权利、履行应尽责任、维护自身利益，不断提高各民族和信教群众政治参与的理性程度，约束非理性的情绪型、非制度化参与，使社会组织成为社会稳定的"排气孔"。同时，社会组织在合法前提下，积极开展活动，主动搞好服务，激发内在活力，带领少数民族和信教群众有序参与民族宗教事务，积极表达诉求，主动承担适合由社会组织提供的公共服务和解决的事项，并参与对民族宗教事务和对民族宗教部门的监督。

2. 加强法治建设。民族宗教部门和干部要增强按制度办事、依法办事意识，善于运用法律、制度开展治理活动，提高依法行政能力和服务水平，在法治轨道上推动民族宗教工作。有的地方健全了清真食品管理部门联合执法机制，在推进清真食品管理常态化联合执法、二维码信息监管、清真食品安全联系人制度、清真食品管理职能下沉到乡（镇、街道）食监所等打牢基层基础方面进行了创新性探索。将宗教事务治理纳入社会综合治理，明确财政、税务、审计等部门可以组织对宗教团体、宗教院校和宗教活动场所进行财务、资产检查和审计，有效提升了民族宗教事务治理能力。今年2月，省民委制定下发了《关于处置涉及民族因素案（事）件的指导意见》，指导各地民宗部门在处置涉及民族宗教因素的案事件时，科学站位不越位，依法处理有作为。

3. 推进政社分开。落实国家有关社会团体与党政机关脱钩的政策，确立社团组织在经济、社会等领域独立的"社团法人"地位，在民族宗教事务领域专项资金分配和寺观教堂的审批管理方面，建立健全多元主体协商机制，方便社团发挥监督职能，疏通利益表达渠道，扩大民主参与，促进民族宗教事务领域的公平正义，实现"民主""法治""科学""创新""和谐"治理的目标。

4. 规范治理制度。要改进治理方式，不断完善民族宗教事务区域协调机制、情报信息研判会商机制、少数民族流动人口流出地协作机制，形成有效预防和化解民族宗教领域矛盾体制。完善民委委员制，实现委员单位帮扶工作常态化。健全部门联动机制，实现清真食品管理和突发事件的齐抓共治。推动建立健全政社之间良性互动的社会协商机制，实现省、市、县、乡、村多层级全覆盖。依法规范宗教活动场所管理，做到组织、财务、消防等管理制度规范、场所举办活动规范、教职人员行为规范。通过改进、创新和完善民族宗教行政管理方式和社会治理方式，实现民族宗教事务治理制度化、规范化、程序化，形成保障民族团结、宗教和谐的有效政府治理体制和社会治理机制。

5. 推动民族工作社会化。实现民族工作社会化是提升民族事务治理能力的目标。推进民族宗教事务治理体系和治理能力现代化，不可能是民族宗教部门"一家独唱"，而是要形成党委领导、政府负责，有关部门齐抓共管，社会各方协同配合的社会化格局。要在党委、政府的领导支持下，联合有关部门开展全面正确贯彻落实党的民族政策的监督检查，坚决纠正各类违反民族政策、伤害民族感情的行为，切实尊重少数民族风俗习惯，保障少数民族群众特殊需求，助力少数民族和民族聚居地区的脱贫攻坚等民族工作，确保全面建成小康社会，一个民族也不能少。今年12月，省民委联合省人大民侨外委、省政协民宗委开展了"贯彻党的十九大精神促进民族团结进步"调研检查活动，就是推进民族工作社会化的有益尝试。

6. 凝聚做好宗教工作的合力。继续贯彻全国、全省宗教工作会议精神，明确各级党委政府在宗教工作中的主体责任，党委主要负责人为本地宗教工作第一责任人，明确各级党委统战部门牵头协调、宗教部门依法管理、公安、国安、纪检监察、组织、民政、教育、网信、编制、国土、规划建设等有关部门职责，严守规矩，坚持宗教的中国化方向，以社会主义核心价值观为引领，在宗教思想、宗教制度、宗教礼仪、宗教文化、宗教行为、宗教建筑等方面体现中国特色，做到导之有方，导之有力，导之有效，形成齐抓共管宗教工作的强大合力。今年以来，洛阳市对基督教私设聚会点的治理成效突出，将基督教私设聚会点纳入管理50处，撤并15处，制止非法建设活动6起，就是发挥信息员作用，多部门联动，齐抓共管、依法治理的结果。

7. 形成"善治"格局。围绕加强政府、公民、社会组织三方面的良好合作、良性互动、协调运行，完善党政部门主导、社会组织、企业和人民群众等多元主体参与的治理体系，发挥民主党派、社会团体、企事业单位、志愿者队伍、友好乡村恳谈会、民族团结联谊会、行业协会、新社会组织和新社会阶层人士的积极作用，吸引更多群体和社会力量参与民族宗教工作，形成包括信教群众在内的各民族群众、社会组织等多方联动共治，多元参与民族宗教事务的"善治"格局。发挥宗教团体作用，引导宗教界人士和信教群众不仅要过宗教节日，更要尊重春节、清明、端午、中秋等我国传统节日，体验中华文化传统和习俗。通过政府和社会组织、各民族群众的良好互动，不断铸牢各族群众的中华民族共同体意识，实现"中华民族一家亲，同心共筑中国梦"的目标任务，实现民族宗教事务治理能力现代化。

新时代"枫桥经验"与少数民族地区基层政府治理的内在逻辑及其制度意蕴

摘要："枫桥经验""依靠群众、化解矛盾、维护稳定"的核心内涵在不同历史时期得到了传承、丰富和发展，作为以矛盾纠纷多元化解决为主要内容的基层治理经验通过实践检验，逐步发展成为新时代"枫桥经验"。"枫桥经验"植入少数民族地区的基层政府治理具有实践性、契合性、同质性。应从本地区实际出发，发挥少数民族地区基层政府在地方治理中的自主性，实现政府单一治理向政府主导、多元主体共治，单向度决策向协商民主决策，权力制约向程序控制和效果激励机制并重的转变，对民族地区基层地方治理重点、治理方式、治理机制作出符合现代建设法治政府目标的调整和转向。

关键词： 枫桥经验　少数民族地区　基层政府治理　行政法治

作者简介： 乌兰，女，蒙古族，中南财经政法大学宪法学与行政法学专业博士研究生，内蒙古自治区人民检察院高级检察官。

引 言

2018年是毛泽东同志批示向全国推广"枫桥经验"55周年暨习近平同志指示坚持发展"枫桥经验"15周年。"枫桥经验"自上世纪60年代发端至今，创造了以依靠群众就地化解矛盾纠纷为核心理念的社会治理本土经验。伴随社会治理理念、体制机制的不断发展，传统的"枫桥经验"逐步升级为新时代"枫桥经验"，应当说，"枫桥经验"在不同历史时期都走出了一条既具有自身特色，又符合中国国情的道路，一直引领着基层社会的治理方向①。习近平总书记强调，"社会治理的核心是人，重心在基层，关键是体制机制"，基层社会治理是国家治理体系和治理能力现代

---

① 卢芳霞：《走向"社会治理"的"枫桥经验"》，载《学习时报》2018年1月22日，第004版。

化建设的重要组成部分。少数民族地区由于特殊的文化历史背景、地域生态环境、经济社会发展及实行区域自治的现实情况，始终是社会治理体制机制建设的关键环节。少数民族地区基层政府一般包括县市、区（自治县）和乡镇（民族乡）两级。治理就其字面意义而言是"治国理政"，作为政治学的一个重要新概念，指的是政府组织和（或）民间组织在一个既定范围内运用公共权威管理社会政治事务，维护社会公共秩序，满足公众需要 ①。在我国，无论是少数民族地区还是其他地区，党领导下的政府在社会公共事务治理中始终占据主导地位，政府能否依据现代法治理念和规则行使权力直接决定了政府治理法治化、现代化程度。在我国社会主要矛盾发生变化，经济社会转型的关键历史时期，突出政府在少数民族地区基层社会治理的主导性、实践性似乎更具有现实意义。因应打造共建共治共享的社会治理格局的新时代要求，研究"枫桥经验"这一源自本土的基层社会治理经验与少数民族地区基层政府治理之间的逻辑关系，分析少数民族地区基层政府治理法治化过程中的行政法问题，具有现实性和紧迫性。那么，"枫桥经验"自诞生发展至今，蕴含着什么样的治理理念？将新时代"枫桥经验"植入少数民族地区基层政府治理存在什么样的内在逻辑？打造共建共治共享的社会治理格局，少数民族地区基层政府如何作出符合新时代治理理念的回应或改变？对行政法治改革和实践又隐含着什么意义？

一、新时代"枫桥经验"与少数民族地区基层社会治理之新认识

（一）新时代"枫桥经验"意涵之描述

"枫桥经验"是特定时代背景和历史阶段的产物 ②。上世纪60年代初期，面对当时严峻复杂的国际国内形势，中央决定在全国农村普遍开展社会主义教育运动。当时的浙江省诸暨县枫桥区在社教运动中，通过依靠群众说理斗争制服了有违法行为的四类分子 ③，没有逮捕一个人。1963年10月下旬，毛泽东主席在杭州听取当时的公安部部长谢富治的汇报时说：这叫做矛盾不上交，就地解决。并且指示要好好总结枫桥的经验 ④。从"枫

---

① 俞可平：《中国的治理改革（1978—2018）》，载《武汉大学学报》2018年第3期，第48页。

② 戴大新：《追溯、廓疑与前瞻——新时代坚持和发展"枫桥经验"的若干探讨》，载《公安学刊》2018年第1期，第19页。

③ 四类分子指地主、富农、反革命分子、坏分子。

④ 吕剑光：《枫桥经验的前前后后》，载《人民公安》1997年第19期，第47页。

桥经验"诞生过程来看，传统"枫桥经验"体现出"依靠群众，通过有效发挥人民群众的主体作用有效解决矛盾纠纷"的显著特征。

改革开放后，面对伴随地方经济快速发展而来的社会治安综合治理的新需求，通过打击、防范、教育、管理、建设、改造等途径和手段，推进基层社会治安综合治理[1]，"枫桥经验"逐步深化为新形势下基层化解矛盾、维护社会和谐稳定的经验。枫桥地区的社会治安综合治理基本成为了中国社会治安综合治理的典范[2]。2013年10月9日，在"枫桥经验"诞生50周年前夕，习近平总书记就坚持和发展"枫桥经验"作出重要指示，要求各级党委和政府"发扬优良作风，适应时代要求，创新群众工作方法，善于运用法治思维和法治方式解决涉及群众切身利益的矛盾和问题，把'枫桥经验'坚持好、发展好，把党的群众路线坚持好、贯彻好"。在法治国家、法治政府、法治社会一体建设的新历史时期，"枫桥经验"作为新时期党的群众路线的重要表现形式，继续回应人民群众日益增加的多元化解决纠纷的现实需求，创新工作方式方法，注重运用法治思维和法治方式解决涉及群众切身利益的矛盾和问题。"枫桥经验""依靠群众、化解矛盾、维护稳定"的核心内涵在不同历史时期得到了传承、丰富和发展，作为以矛盾纠纷多元化解决为主要内容的基层治理经验通过实践检验，逐步发展成为新时代"枫桥经验"。

（二）少数民族地区基层社会治理、政府治理现有认识之评析

社会治理概念作为西方学界舶来品约在20世纪90年代中期传入国内[3]。进入新世纪以来，党和政府应对全球化、后工业化时期我国经济社会发展面临的新机遇、新挑战和新问题，提出了一系列推进社会建设的政策目标并推动实施。党的十八大以来，以习近平同志为核心的党中央高度重视社会治理创新，提出了一系列重要的新思想新举措，在中国特色社会主义伟大实践中形成了新时代党的社会治理理论，成为习近平新时代中国特色社会主义思想的重要组成部分[4]。2013年，党的十八届三中全会提出"创新社会治理体制"，并指出全面深化改革的总目标是"完善和发展中国

---

① 吴锦良：《"枫桥经验"演进与基层治理创新》，载《浙江社会科学》2010年第7期，第45页。
② 谌洪果：《"枫桥经验"与中国特色的法治生成模式》，载《法律科学》2009年第1期，第20页。
③ 文丰安：《当前基层社会治理体系与治理能力现代化之理性审视》，载《重庆工商大学学报》2017年第6期，第63页。
④ 张岱：《新时代党的社会治理理论创新发展》，载《中国社会科学报》2017年12月19日，第008版。

特色社会主义制度，推进国家治理体系和治理能力的现代化"。党的十九大报告明确了新时代社会治理理论的重要特征，提出"打造共建共治共享的社会治理格局""加强社会治理制度建设，完善党委领导、政府负责、社会协同、公众参与、法治保障的社会治理体制，提高社会治理社会化、法治化、智能化、专业化水平"。

我国是一个统一的多民族国家。在少数民族中，有44个建立了自治地方，实行区域自治的少数民族人口占少数民族总人口的71%，民族自治地方的面积占全国国土总面积的64%左右，另对一些聚居地域较小、人口较少且分散的少数民族设立了民族乡[①]。少数民族地区的基层社会治理、政府治理问题因其在国家治理体系和治理能力现代化建设中的重要性、关键性也引起了一些研究者的关注。现有研究成果主要集中在民族地区社会治理特殊性、民族地区社会治理理念及模式、民族地区社会治理机制的创新及一些特定区域的社会治理、少数民族地区政府治理等方面。

1. 关于民族地区社会治理的特殊性。周晓丽提出民族地区社会治理的特殊性来源于民族地区民族多样性、社会环境和民众治理能力的差异性[②]。王允武、王杰认为民族自治地方社会治理更应当强调本土性、民族性和"自治性"[③]。吴福环认为加强和创新边疆民族地区的社会治理必须着眼于我国边疆民族地区的基本情况和社会特点[④]。

2. 有关民族地区社会治理理念及模式方面。赵晓荣、王彦斌认为边疆多民族地区社会治理管理应构建政府主导的模式，改革政府机构，促进社会治理结构形成，大力发展各类社会组织，提高公民的参与性[⑤]。吴福环提出加强和创新边疆民族地区的社会治理需加强党委领导，发挥好政府主导作用，坚持社会治理的"法治化"[⑥]。周晓丽认为要坚持民族平等、公民参与、社会正义和以人为本的治理理念，落实民族区域自治制度，提升民族地区公务员治理能力，培养当地公众公民精神以及建立民族地区公共

---

① 国务院新闻办公室2005年2月28日发表的《中国的民族区域自治》白皮书。

② 周晓丽：《基于民族地区特殊性下的社会治理理念及路径》，载《南京社会科学》2014年第11期。

③ 王允武、王杰：《国家治理现代化背景下的民族自治地方社会治理》，载《民族学刊》2015年第1期。

④ 吴福环：《论中国边疆民族地区社会治理创新》，载《新疆师范大学学报》2015年第5期。

⑤ 赵晓荣、王彦斌：《公共性、地方性与多元社会协同——边疆多民族地方的社会管理探析》，载《贵州大学学报》2012年第3期。

⑥ 吴福环：《论中国边疆民族地区社会治理创新》，载《新疆师范大学学报》2015年第5期。

事务政民协商对话机制^①。王允武、王杰认为国家治理的现代化转型对民族自治地方社会治理方式产生影响，体现为民族自治地方社会政策决策的现代化、民族自治地方社会"自治"的现代化和民族自治地方社会矛盾化解的现代化^②。

3. 关于民族地区社会治理机制的创新。李诚、马树勋认为必须以国家社会良性互动关系的构建为核心，从政治、经济、社会和文化四个维度着手，推进边疆民族地区社会治理机制的创新^③。白维军从规避风险化解危机的角度提出，民族地区的社会风险转化为现实，就表现为危机治理风险，国家需推动民族地区经济发展，创新民族地区社会管理，加强民族地区认同教育，优化民族地区治理结构^④。羌洲通过以民众敏感度、经济发展和转变成本为维度的民族地区社会治理体系创新风险测量模型分析，认为当前我国民族地区社会治理存在的风险需要在转变成本可控的基础上进行社会治理体系创新^⑤。

4. 关于特定区域的社会治理。赵刚认为，延边朝鲜族聚居农村社会治理主体不健全、不完善，要集中解决公平正义问题、社会和谐问题、系统治理问题和多元主体治理和谐共生的问题^⑥。刘晓红在分析四省藏区社会治理特殊性的基础上，提出基于人本管理的四省藏区社会治理理念，综合人本管理和社会系统管理观点，认为要从利益、主体、环境和学习等四个维度优化四省藏区社会治理系统^⑦。马敬通过田野调查，提出应当认真对待西北民族地区村规民约在西北民族地区社会治理中的积极作用，认为要规范其形式，充实其内容，加强其权利设定，改变重义务、轻权利的规则配置模式^⑧。贾伟、李臣玲通过对青海海南藏族自治州的田野调查，归纳

---

① 周晓丽：《基于民族地区特殊性下的社会治理理念及路径》，载《南京社会科学》2014年第11期。

② 王允武、王杰：《国家治理现代化背景下的民族自治地方社会治理》，载《民族学刊》2015年第1期。

③ 李诚、马树勋：《边疆民族地区社会治理机制创新的理论思考》，载《中共云南省委党校学报》2017年第3期。

④ 白维军：《民族地区社会风险与公共危机：内涵逻辑、治理》，载《内蒙古社会科学》2013年第4期。

⑤ 羌洲：《我国少数民族地区社会治理体系创新探析：基于社会风险的测度》，载《西北民族研究》2014年第2期。

⑥ 赵刚：《东北边疆朝鲜族聚居农村社会治理的困境与对策——以延边朝鲜族自治》，载《民族研究》2016年第1期。

⑦ 刘晓红：《基于人本管理的四省藏区社会治理研究》，载《民族学刊》2018年第1期。

⑧ 马敬：《村规民约在西北民族地区社会治理中的积极作用》，载《学术交流》2015年第5期

总结了村规民约在藏区基层社会治理中的现状、特点探寻村规民约在基层社会治理中应用之可能 ①。

　　5. 关于少数民族地区政府治理。龙立提出少数民族地方政府作为一个系统，必须通过提高治理能力来应对复杂民族社会环境，认为通过建设服务型政府，合理地划分中央和民族自治地方政府权责、加强法治建设、实现中国共产党组织与人大、政协、一府两院的分工协作制度化，实现执政方式的转变以实现民族地方政府治理现代化 ②。严天亮针对少数民族地区经济发展问题，提出其治理模式是引导型治理、组织化治理、参与化治理，政府职能转变的方向和定位为"孵化型、平台型、合作型"政府职能结构 ③。陈国华、黄竹胜认为法治化是民族地方政府治理体系建设的基本原则，应从政府体制的维度、政府治理过程和治理机制的维度和政府治理能力的维度来推进法治化 ④。朱慧针对少数民族地区政府治理的特殊性，提出从执政理念、服务型政府建设、公共政策执行的制度体制、建设文化制度建设和基层公务员队伍建设方面促进民族地区政府治理水平提升 ⑤。

　　通过对现有研究成果的简要梳理，发现基层民族地区社会治理、政府治理的研究普遍着眼于基层、少数民族地区的实际，注重针对治理中的现实问题分析治理理念、原则、模式及机制的创新，体现出较强的实践性。但目前政治学、行政学、民族学角度的研究占主体地位，一些研究虽注意到了政府在民族地区社会治理的主导性，提出了发挥法律在社会治理中的作用，但缺少从行政法治角度对政府在民族地区基层社会治理中的权责、程序、机制等方面的研究，更缺乏从行政法角度就少数民族地区基层政府治理的回应和改变方面的研究。

---

　　① 贾伟、李臣玲：《村规民约与藏区基层社会治理研究——基于青海海南藏族自治州的田野调查》，载《湖北民族学院学报》2016年第4期。

　　② 龙立：《民族自治地方政府治理现代化的关键——民族区域自治制度的完善和创新》，载《西南民族大学学报》2014年第7期。

　　③ 严天亮：《少数民族地区经济发展的治理模式建构与政府职能转变》，载《中央社会主义学院学报》2016年第6期。

　　④ 陈国华、黄竹胜：《民族地方政府治理体系法治化建设的法理阐释》，载《社会科学家》2017年第10期。

　　⑤ 朱慧：《马克思主义行政管理理论在少数民族地区政府治理中的应用》，载《贵州民族研究》2017年第8期。

二、新时代"枫桥经验"植入少数民族地区基层政府治理之意象

（一）新时代"枫桥经验"植入民族地区的基层政府治理具有实践性

"枫桥经验"是基层实践中创造的中国法治经验[①]。"枫桥经验"产生于基层，并通过不同历史时期的丰富和完善，最终发展为新时代"枫桥经验"，取决于其基层实践特性。

改革开放以来，枫桥镇之所以能够在经济持续快速健康发展的同时保持社会的和谐稳定，与在长期治理实践中始终坚持、不断发展和创新"枫桥经验"密切相关。枫桥镇党委、政府引导群众的民主意识，重视村民自治，全面推行了"三公开两恳谈"制度（党务、村务、财务公开，定期举行镇、村民主恳谈会），及时听取意见、建议，让群众充分参与决策监督和管理；推进预防化解矛盾"四先四早"工作机制（预警在先，苗头问题早消化；教育在先，重点对象早消化；控制在先，敏感问题早防范；调解在先，矛盾纠纷早处理）；对归正人员"三延伸"帮教机制（"事先向监狱延伸、事中向生产生活延伸、事后向巩固提"高延伸"）；顺应小政府、大服务"的要求，建立以服务群众为目标的"一处三室"（管理处、社区警务室、司法工作室、综合调解室）工作平台，推动了干部下沉和服务前移[②]。在"枫桥经验"的形成过程中，枫桥镇党委、政府始终起到了关键性作用，因应了党委领导、政府负责的社会治理体制建设要求，应当说枫桥经验是在治理实践中发端、实践中发展、实践中创新的。

中华人民共和国成立后，特别是改革开放40年来，我国少数民族地区生存和生活环境明显改善，经济快速增长，人民生活水平显著提高，教育文化医疗事业取得长足进步。2003年，中国民族自治地方国内生产总值（GDP）完成10381亿元人民币，首次突破万亿元人民币大关，民族自治地方农村居民家庭平均每人纯收入为1895元人民币，比1994年增加了1.31倍。少数民族的受教育年限显著提高。根据2000年第五次全国人口普查，朝鲜、满、蒙古、哈萨克等14个民族的受教育年限高于全国平均水平。少数民族人口的预期寿命显著提高，其中有13个少数民族高于全国71.40岁的平均水平，有7个少数民族高于汉族73.34岁的水平[③]。但受到自然环境条件恶劣、

[①] 董青梅：《"枫桥经验"中的多元法治图景》，载《山东科技大学学报》2018年第1期，第38页。

[②] 浙江省公安厅、绍兴市委、诸暨市委联合调查组：《看枫桥如何实现矛盾少发展快—关于"枫桥经验"创新与发展的调查》，载《今日浙江》2003第23期，第30—31页。

[③] 中国国务院新闻办公室2005年2月28日发表的《中国的民族区域自治》白皮书。

生态环境脆弱、基础设施相对薄弱、产业结构单一、贫困人口相对较多、经济社会发展不平衡等一些客观因素影响，民族地区基层治理现状、基层政府治理能力、法治化程度仍不容乐观。而新时期对政府治理带来巨大挑战的城镇化、工业化、互联网、大数据、社会风险等因素在民族地区则呈现出比其他地区多元而复杂的特点，对民族地区基层政府治理而言将是一场严峻的考验。

党的十九大报告指出，"我国社会主要矛盾已经转化为人民日益增长的美好生活需要和不平衡不充分的发展之间的矛盾"。依靠群众、化解矛盾始终是"枫桥经验"的核心内涵，而在从传统社会管理走向现代社会治理的转变过程中，"枫桥经验"中的基层社会治理机制也不断发展，从事后解纷到事前预防、从矛盾纠纷的单一解决方式到多元化解纷机制，"枫桥经验"作为生发于本土的基层社会治理经验，对少数民族地区基层社会治理具有重要的指导引领作用和实践应用价值。

（二）新时代"枫桥经验"植入民族地区基层政府治理具有契合性

费孝通先生在《乡土中国》中认为中国基层社会的特性是"乡土性"。村与村之间相对孤立与隔膜的关系决定了乡土社会的地方性。在这样的熟人社会中，形成了以"己"为中心的"差序格局"的社会结构，决定着人与人之间关系的行为规范。"差序格局"的社会是由无数私人关系达成的附着道德要素的网络，社会的秩序维持主要靠礼治，发生了矛盾纠纷主要靠长老、士绅等乡土精英的内生性权威来进行调解[1]。改革开放以来，随着经济的快速发展，农业生产力水平的提高、现代化生活理念、方式的吸引，农村人口尤其是青壮年人口不断外流，传统的乡土社会、熟人社会的特征已然发生了变化。农民就业多元化，收入差距拉大，农民收入一半以上来自村庄以外，传统的相对封闭的村庄结构解体，村庄边界日渐模糊，农村社会多元化，异质性增加[2]。随着传统乡土社会的不断解体，熟人社会的行为逻辑也发生着蜕变，道德、舆论、礼俗已无法承担起规范社会成员的个体行为、调整社会关系的任务。吴重庆将中国农村空心化之后的社会生活描述为"无主体熟人社会"，认为无主体熟人社会相比熟人社会其特征是舆论失灵，"面子"贬值，社会资本流散，熟人社

---

[1] 费孝通：《乡土中国、生育制度、乡土重建》，商务印书馆2011年版，第6—56页。

[2] 贺雪峰：《未来农村社会形态："半熟人社会"》，载《中国社会科学报》2013年4月19日，第A08版。

会特征的周期性呈现 ① 。贺雪峰采用了"半熟人社会"概念来描述行政村逐步替代传统自然村后，拥有相同的行政空间但缺乏共同生活空间的村民之间由熟识变为认识，乡村社会的行为环境与行为方式发生变迁的现实情况 ② 。无论是表述为"无主体熟人社会"还是"半熟人社会"，都体现出从传统走向现代的社会形态变迁过程中，由于村民之间联系逐渐松散、利益诉求多元导致的舆论、道德在乡村社会中的约束力降低，依靠内生力量来维持社会秩序已不再可能。

在基层少数民族地区，也凸显着这种社会形态的变化。土地（草场）承包责任制带来的利益分化，大量农牧民进城务工，生产生活方式变化，交流与沟通的机会减少，加之少数民族地区地域广阔，居住分散，村庄边界本就模糊，传统的依靠德高望重的乡土精英内生性权威的社会治理机制将逐步瓦解，这在社会形态现代性转变过程中将是必然趋势。随着法治化进程的推进，法治将取代礼治，来自国家的强大的外生力量逐渐在基层治理中发挥巨大作用。但从传统走向现代治理不可能一蹴而就，在基层少数民族地区，坚持基层政府在社会治理中的主导作用的同时，既要保障民族群体的自治性，也要关注其基层自治特点。

50 多年前的"枫桥经验"产生于乡镇而非更大的城市，并非偶然，因为只有在乡镇这样相对狭小和熟人社会的空间，才能更好地打破问题从发生到发现再到解决之间的信息区隔 ③ 。但枫桥的治理体制机制一直随着社会治理需求的变化进行着调整，进入社会流动频繁的互联网时代，通过大数据信息整合、群防群治的信息收集构建了信息疏通网络，解决了信息不对称这一基层社会治理中的障碍，延续了"矛盾的就地解决"。

无论是上世纪60年代传统的"枫桥经验"，改革开放初期的发展中"枫桥经验"，还是新时代的"枫桥经验"，其核心内涵始终是"发动群众，依靠群众，化解矛盾、维护稳定"。就地解决矛盾，实现"矛盾不上交"，确保社会和谐稳定，是"枫桥经验"的核心价值所在，也是中国转型过程中最需要解决的难题 ④ 。中国国家与社会的关系从社会管理走向社会治理的发展过程中，社会治理理念、治理手段与治理模式发生着多重变革与转

---

① 吴重庆：《从熟人社会到"无主体熟人社会"》，载《读书》2011年第1期，第21—23页。

② 贺雪峰：《论半熟人社会——理解村委会选举的一个视角》，载《政治学研究》2000年第3期，第64—66页。

③ 叶竹盛：《网络时代需要"新枫桥经验"》，载《光明日报》2017年1月3日，第006版。

④ 卢芳霞：《走向"社会治理"的"枫桥经验"》，载《学习时报》2018年1月22日，第004版。

型^①。在民族地区经济社会结构的重要转型期，面对治理环境变化和新时代的社会治理要求，民族地区政府应及时转变传统管理模式，实现治理理念、治理目标、治理方式、治理能力的转型，通过治理效果来体现国家民族政策和民族区域自治制度优越性。

（三）新时代"枫桥经验"与民族地区的基层政府治理具有同质性

少数民族地区由于实行民族区域自治制度，享有一定的政治、经济、文化方面的自治权，加之历史传统、语言文化、风俗习惯方面的差异性，民族地区社会治理的特殊性就体现在对民族地区差异性导致的民族地区社会治理环境特殊性的认同和回应上。民族地区社会治理环境的特殊性既有纯然天成的地理环境也有近年来特殊的政治环境^②，主要体现为生态条件脆弱、经济发展的不平衡、维护社会稳定成本、历史文化传统的特殊性方面。一些边疆少数民族地区受相对恶劣的自然条件所限，基础设施建设发展相对其他省份较为缓慢。由于一些试图分裂我国的境外政治势力的支持和鼓动，基层民族地区维护社会稳定的治理任务相对较重，为防止境外政治势力利用民族问题、宗教问题在民族地区制造事端，民族地区基层政府在维护稳定方面的治理成本也相对较高。文化的特殊性也成为民族地区社会治理环境特殊性的重要因素。另外，一些经济社会转型期带来的普遍性社会问题在民族地区基层也同样存在，如城镇化带来的失地农民问题、生态环境问题、人口外流、留守老人儿童问题等，有些普遍性社会矛盾发生在民族自治地方，因为其突发性和极端性，往往使人误认为其是民族问题^③。普遍性社会问题又与民族问题交织在一起，影响了基层政府治理决策的及时性和准确性。

民族地区的基层社会治理环境既有基层社会治理中的普遍性问题，也有民族地区的特殊性问题，但从"共建共治共享的社会治理格局"这一治理目标上来说，无论是民族地区，还是其他地区的基层社会治理，并不存在差异性。社会的和谐稳定是国家、社会、民族发展的前提和基础，有效化解矛盾纠纷，提升社会治理的科学性、实效性、法治化程度，新时代"枫

---

① 郁建兴、关爽：《从社会管控到社会治理——当代中国国家与社会关系的新进展》，载《探索与争鸣》2014年第12期，第10页。

② 周晓丽：《基于民族地区特殊性下的社会治理理念及路径》，载《南京社会科学》2014年第11期，第69页。

③ 王允武、王杰：《国家治理现代化背景下的民族自治地方社会治理》，载《民族学刊》2015年第1期，第66页。

桥经验"创造的"多部门联动、多主体参与、多方式开展的纠纷解决模式"①，是具有可复制性、可推广性的一套成熟的基层社会治理经验。因应新时期社会主要矛盾转化，满足人民日益增长的美好生活需要，在今后较长的时间内，新时代"枫桥经验"对民族地区矛盾纠纷多元解决机制的构建，提升政府治理能力的提升都具有现实意义。

三、对少数民族地区基层政府行政法治改革之启示

根据《民族区域自治法》的规定，民族自治地方的自治机关是自治区、自治州和自治县的人民代表大会和人民政府。民族自治地方的人民政府既行使一级地方行政机关的职能，又因其自治机关的特殊性享有一定的行政自治权。但少数民族地区的基层政府，即相应的县、乡一级政府与《民族区域自治法》规定的自治机关并不能一一对应。高一层级的自治区域下辖的低一层级区域并非全部都是自治区域，省级自治地方即自治区下辖既包括行使自治权的自治州，也包括其他非自治地市州，自治州下辖区域暨包括行使自治权的自治县，也包括其他非自治县区，自治县也是如此。自治区、自治州区域内的一些少数民族聚居的乡镇也并非属于自治县管辖。这种自治区域交叉复杂的情况是否意味着自治州下辖的非自治县区、非自治县下辖的乡镇政府，其地方治理中的行政职能行使就不具备自治性和自主性呢？答案是否定的，原因在于：第一，民族区域自治是在统一的中华人民共和国领土内在少数民族聚居区实行区域自治的政治制度和地方制度②。自治区、自治州区域内的县区、乡镇政府，是在中华人民共和国领土内，在中央人民政府的统一领导和上级人民政府的直接领导下，根据区域内各少数民族政治、经济、文化特点和发展需要，依法行使管理本地方公共事务的职责。第二，根据美国人类学家克利福德·格尔茨的地方知识理论，法律和航海、园艺、政治和诗学一样都是地方性的技艺，都凭借地方知识运作③。格尔茨认为法律对社会事实而言具有建构性功能，对于普遍性框架下的特定事物加以处断的规则仿佛就是完全按照这些事件的性

---

① 杭州市中级人民法院课题组：《新时代"枫桥经验"的生机与活力》，载《浙江日报》2018年4月17日，第005版。

② 陈云生：《中国民族区域自治制度对少数民族人权的保护》，载《政治与法律》1999年第1期，第5页。

③ ［美］克利福德·格尔茨：《地方知识——阐释人类学论文集》，杨德睿译，商务印书馆2014年版，第167页。

格、本质自然而然地召唤出的^①。法律能够为特定地方的特定社会现实起到特定的建构意义，这也是少数民族地区基层政府运用法律实施地方治理的合理性基础。第三，随着行政国家、福利国家的兴起，政府行政权能急剧膨胀和扩张，承担了大量公共物品和公共服务的供给职能，民众对政府治理效果的期待也逐渐增多。改进政府公共事务管理的体制机制，推进公共行政改革，必须在对政府行政活动进行规范和控制的同时发挥其灵活性和自主性。这也是发挥少数民族地区政府在地方治理中的自主性的价值基础。

（一）政府单一治理向政府主导、多元主体共治的转变

20世纪后，随着公共服务的兴起，公共服务成为政府主要职责，而日益庞大的公共服务需求决定了由政府直接承担全部公共服务职能已不再可能，国家公共管理职能大量转移，作为国家之外的"第三部门"的公共组织、社会团体出现^②，一些公共服务职能转而由公共组织、社会团体承担。此时传统行政法也从注重对行政权的制约逐步转向制约的同时注重对服务行政的规范，行政法也出现了由消极而转向积极的趋向，即由单纯消极防止公民权利遭受侵害而转向积极促进公共服务的提供^③。行政法的功能也逐渐从防御公民权利免受行政权力的不当侵害转向同时保障和实现公共利益、提高行政效率方面。

绍兴市党委、政府提出了基层社会治理"一张网"，构建了扁平一体、权责清晰、功能集成、运行高效的乡镇（街道）管理体制机制，以优化行政资源配置；在全市行政村（社区）划分网格，以网格为单位，在辖区民警指导下，组织网格员参与社会治安防范和巡查；发挥城乡和村民自治组织的作用，通过实行"邻里互助"，消除安全隐患；建立人民调解组织、司法调解组织、行政调解组织、社会组织和群众组织等多元主体矛盾化解体系^④。新时代"枫桥经验"突出政府在基层治理中的主导地位的同时，注重建立城乡居民、村民、社区、村民自治组织、人民调解组织等多元主体参与治理机制，其治理实践顺应了传统的由政府单一治理向现代多中心

---

① ［美］克利福德·格尔茨：《地方知识——阐释人类学论文集》，杨德睿译，商务印书馆2014年版，第266—267页。

② 戚建刚：《论我国行政法发展的分析模式》，载《现代法学》2005年第2期，第31页。

③ 蔡乐渭：《论公共行政变迁背景下行政法发展的新趋势》，载《国家行政学院学报》2009第1期，第52页。

④ 戴大新：《追溯、廓疑与前瞻——新时代坚持和发展"枫桥经验"的若干探讨》，载《公安学刊》2018年第1期，第22—23页。

治理转变的趋势。互联网时代，网络安全治理问题突出，仅靠政府的单方力量，难以承担纷繁复杂的网络安全治理问题，与互联网企业的合作或将是形成高效治理的良方。"8·14盗号专案"的成功破获就体现了互联网条件下的警企合作、群防群治的优势[①]。政府虽是基层社会治理的主导，但在这种自下而上实现群防群治的模式之中，政府和群众分别是制度实施和社会治理的主体[②]。与内地省市相比，基层少数民族地区强政府、弱社会的特征更加明显。边疆民族地区社会治理的"社会协同，公众参与"两方面都较为落后[③]。民族地区基层政府承担了大量公共服务职能，随着社会的全面转型，这种单向度的公共服务供给模式暴露出越来越多的弊端，不仅导致政府机构臃肿，还造成较为严重的资源浪费、效率低下、服务成本高、服务质量差。另一方面，政府公共服务供给又不能够满足日益增长的社会公共需求。从公共服务和公共物品完全由政府部门提供向由社会自治和半自治组织以及企业向公众提供，公共服务的社会化显得更为必要。

由于历史文化传统的差异，民族地区公众的参与社会治理的意愿和能力都有所欠缺，但在政府治理主导模式下，能否建立一套科学化、法治化程度高的治理机制，在实体和程序上能否为公众参与治理提供必要条件才是决定性因素。互联网时代，少数民族地区基层政府要引导提升社会公众参与意识，并为社会公众参与治理创造条件。民族地区地广人稀，交通不便，基层政府应开发运用各类管理服务软件与系统，使公众可以不受时间、地域、气候等条件的限制，及时向行政机关提出意见建议、表达诉求，反映问题。在政府公共决策的制定、执行及监督过程中都应为公众参与设置相应的程序，通过信息公开、听证、绩效考评中的公众参与，使各民族群体的多元利益诉求能够得到充分表达的渠道，提升民族地区基层政府行政决策、行政过程的科学化、法治化程度。

在加强社会组织参与治理的过程中，民族地区政府在支持和培育社会组织发展的同时，要注意引导和管控。支持和强化基层村民自治组织治理能力

---

① 据报道，阿里巴巴安全部与绍兴警方联手，会同全国二十余省公安机关数万警力，成功破获"8·14盗号专案"，查获近七百万张手机黑卡，抓获各类盗号产业链犯罪嫌疑人240余名，查获盗号软件19个系列326款，涉及全国22个省的盗号团伙一百余个，打赢了一场特大规模的攻坚战。李晓鹏：《信息安全需要新时代的"枫桥经验"》，载《法制日报》2016年11月9日，第007版。

② 杨燮蛟、劳纯丽：《大数据时代发展"枫桥经验"的探索》，载《浙江工业大学学报》2017年第4期，第371页。

③ 吴福环：《论中国边疆民族地区社会治理创新》，载《新疆师范大学学报》2015年第5期，第32页。

建设，并引导和发挥现有社会团体和社会组织在民族地区基层治理中的积极作用，如共青团、妇联、工会社团组织的作用。政府应主导建立政府、社团组织、企业等各方主体沟通协作的平台，充分引导支持行业协会、商会、基金会、合作社以及学会、研究会等民间社团组织及各类企业参与涉及少数民族地区生态保护、环境治理、经济发展、公益事业等方面的公共事务管理和公共服务，形成政府治理、多元主体参与和社会自我调节的良性互动。

（二）单向度决策向协商民主决策转变

民族地区基层政府决策程序要符合民族地区的客观实际，避免自上而下下达任务式的单向度决策方式，真正体现决策的民主化、科学化，应当致力于形成科学的协商民主决策机制。在决策过程中，要为区域内各民族提供表达其利益诉求的渠道和机会，在作出决策时充分考虑各民族的利益诉求。需要强调的是，参与协商的民族群体应当包括所有居住在该区域内的各民族群体，而不仅仅是实行区域自治的民族。协商民主强调的是通过充分的对话、论辩和沟通[①]，在公共行政领域，只有保障多元利益主体平等充分地进行对话、论辩和沟通，使不同的利益主体以公共利益为导向形成有效协商和商谈机制，在协商中加深理解，在商谈中形成共识，才能使原本存在一定利益冲突的各方主体形成一致意见，实现利益趋同和公共利益最大化。以沟通和商谈为核心的协商民主决策机制能够克服传统的政府单向度决策模式的缺陷，有利于引导不同民族群体通过利益诉求的表达、沟通和协商，最终通过政府治理决策实现利益趋同，并对决策的有效实施产生积极影响。

"协商民主"概念由约瑟夫·毕塞特在20世纪80年代出版的《协商民主：共和政府的多数原则》一书中第一次提到，后经罗尔斯、哈贝马斯等西方学者的研究引发了广泛的关注，其中哈贝马斯对协商民主的阐述最为深入。哈贝马斯的协商民主是以交往行为理论基础而建构的一种民主实现形式，哈贝马斯认为理性是人在生活实践中通过学习而获得的能力，实践理性的集中体现就是人们相互间的交往行为，这种交往行为必须以语言作为中介，在交往行为中，每个人都有平等的发言权。凡讨论公众事务时，作出的决定必须为多数人赞同方能有效[②]。按照哈贝马斯的设想，协商民

① 田钒平：《论民族自治地方自治机关协商民主决策机制的完善》，载《民族研究》2010年第4期，第17页。
② 李龙：《论协商民主——从哈贝马斯的"商谈论"说起》，载《中国法学》2007年第1期，第33—34页。

主应采取双轨制模式，即公共领域中非正式意见形成的协商和影响决策的正式民主协商。哈贝马斯所说的公共领域中非正式协商是公民就公共事务自由平等的讨论、对话、协商，并不直接影响法律或公共决策，倾向于一种公共意见或公共舆论的形成。决策机构的正式协商是正式的法律制度、公共决策形成层面的协商民主，规范的形成公共意志的民主程序 ①。

协商民主决策机制契合了"从群众中来、到群众中去"党的群众路线传统，符合正确处理社会转型期不同利益主体的诉求和矛盾需求，强调涉及广大群众利益的行政决策初衷要群众充分了解和理解，充分听取群众的意见表达，在沟通、协商的基础上作出切合实际的决策。基层民族地区从地域空间跨度、人员群体范围上看更有利于开展协商民主，能够将不同群体、不同民族、不同利益代表之间的理性对话、讨论和沟通理性引入决策过程，提升公共决策的民主性、科学性。在有限的地域、人员、行业领域内，理性协商、直接参与更具有可行性。如在民族地区基层政府在作出涉及该地方生态环境资源利用和可持续发展决策时，应由政府、区域内各民族群众、生态环保专家等各方主体进行平等自由的意见表达、交涉和协商，通过各方参与和商谈吸纳各方意见，提升公共决策的合理性和正当性。

（三）从权力制约到程序控制和效果激励机制并重

随着自然灾害、环境污染、生态危机、食品安全等公共事件的频繁发生，风险预防和治理已成为现代政府的一项重要任务。边疆多民族地区的社会治理交织着政治敏感、民族性、宗教性等特殊元素 ②，民族地区自然生态环境的破坏、产业结构转型中产生的地方利益诉求等，都隐含着潜在的政治、经济、社会等各方面风险因素，一旦爆发，就可能引发系列的连锁效应，影响和破坏民族地区的社会秩序和社会稳定。民族地区的高风险因素也相应地增加了政府治理的难度。

面对预防和治理各类公共风险的需求，基于风险规制的行政法的核心内容发生着从行政行为到行政过程的嬗变。在行政过程的视角下，行政法从单纯的对行政权力的制约转向通过对行政机关内部的权力与义务加以科学划分和合理配置，为行政机关的活动提供合法性评价和理解框架，并提

---

① ［德］哈贝马斯：《事实与规范之间》，童世骏译，生活·读书·新知三联书店2011年第2版，第379—381页。

② 曲纵翔：《论边疆多民族地区治理中的网络舆论安全》，载《公共管理与政策评论》2015年第4期，第52页。

供全过程的保障 ① 。针对行政权力滥用风险的最简单直接的技术就是通过行政程序实现对行政权力的控制 ② 。具体到少数民族地区基层政府行政过程的规则而言，应通过公民、社会组织、社会团体对政府行政过程的制度化参与，通过对行政过程事先设置的程序规范对行政权加以约束实现对政府治理决策和过程的内外部规制。政府及其职能部门在作出行政决定过程中，应当充分保障行政相对人的程序权利。作出决定前要向行政相对人表明身份、说明理由，保障相对人了解、要求回避、申辩等权利，作出涉及相对人重大权益的行政处理前保障其听证权。政府在开展信息公开、调查取证、审查回避申请、听证、作出处理、告知等具体程序中也应充分保障相对人的程序权利。现代行政程序制度的设置目标就在于通过相对人对政府行政过程的参与，改变传统单向模式下的不对等性和强制性的行政过程，发挥相对人在行政决定过程中的积极作用，提高行政决定的准确性和可实施性。

　　传统行政法为避免公民权利受到公权力的不当侵害，注重对行政权的制约，相应设置了惩戒机制的规定，以抑制行政主体的行政违法（包括不当）行为，在监督和考核中要受到否定性评价，承担相应的行政法律责任。而对行政主体一方的片面制约不利于激励和发挥相对方的能动性，也容易造成行政主体积极行政的桎梏，因此平衡论者认为，既激励行政主体积极行政、为公众谋求更多的公益，又激励相对方积极实践法定权利、参与行政，以实现私益的递增 ③ 。行政法上的激励机制通过物质、精神等方面手段来正面引导行政主体工作人员、行政相对方积极履行职责，积极参与行政，最终实现社会公正的价值目标，实现社会的持续发展和秩序稳定。虽然行政法在一定程度上可以说是调整公共利益与个人利益关系之法，但行政法从不认为公共利益与个人利益是完全的对立关系。也有学者提出，公共利益和个人利益是互相转化、互相依赖，互相包含的关系，行政法所要保护的目标是公共利益与个人利益一致的关系 ④ 。少数民族地区基层政府应建立治理效果激励机制。对在履职中恪尽职守，尽职尽责，工作成效突出的行政机关的公务员或基层职能部门，应当给予积极评价，从精神和物

---

① 戚建刚：《风险规制的兴起与行政法的新发展》，载《当代法学》2014年第6期，第8页。
② 金白宁：《风险规制与行政法治》，载《法制与社会发展》2012年第4期，第65页。
③ 罗豪才、宋功德：《现代行政法学与制约、激励机制》，载《中国法学》2000年第3期，第77页。
④ 叶必丰：《行政法的人文精神》，北京大学出版社2005年版，第106—114页。

质两方面进行奖励。对那些积极参与社会治理，为促进民族地区经济发展、社会进步作出贡献的社会团体、社会组织，积极建言献策，参与政府决策的公民个人，应当给予行政奖励。从当下共建共治共享的社会治理格局和维护和谐稳定的社会秩序需求上看，无论是通过效果激励引导促进政府、公务员、社会组织和公民致力于积极治理，还是通过对行政权的制约控制政府在治理中的权力滥用，都在形成现代社会治理格局，各民族共同繁荣发展这一目标上实现了利益统一。

结　语

"枫桥经验"作为一种传统社会管理经验，在发展中也曾遭遇挑战，面临困惑和问题 [1]，但由于及时实现了契合新时期社会治理要求的转型，发展成为基层社会治理典范的新时代"枫桥经验"。民族地区的基层政府面对民族地区差异性导致的民族地区特殊社会治理环境，相比其他地区需要克服更多的困难和问题。在法治国家、法治社会、法治政府一体建设命题下，民族地区基层政府应在坚持全局性和特殊性相统一的前提下不断回应现实需求，建立完善政府治理主导模式下的多元主体共治机制，在实体和程序上为公众参与治理创造条件。在决策过程中充分考虑各民族的利益诉求，建立科学的协商民主决策机制。通过行政程序控制行政权力的同时建立治理效果激励机制。实现民族地区经济社会发展、政治发展和历史文化传统相适应的治理体制机制和治理能力建设目标，必须从本地区实际出发，对民族地区地方治理重点、治理方式、治理机制作出符合现代建设法治政府目标的调整和转向。

---

① 卢芳霞：《"枫桥经验"：成效、困惑与转型——基于社会管理现代化的分析视角》，载《浙江社会科学》2013年第11期，第87—89页。

民族地区村庄治理新格局：
"三治融合"模式

——基于鹤峰县基层社会治理的研究

司马俊莲　钱成玉　宋思妮

摘要： 党的十九大报告指出，要加强和创新社会治理，打造共建共治共享的社会治理格局。体现了社会治理的重要性以及党和人民对社会治理的热切关注。伴随着我国社会治理中多种问题的出现，迫切需要政府提供新的服务和社会治理制度创新。基层社会治理作为国家治理体系的重要组成部分，涉及国家治理的根基问题。位于恩施土家族苗族自治州的鹤峰县，近年来围绕基层社会治理进行了有益的探索，提供了社会治理创新经验。

关键词： 社会治理　三治融合　民族区域自治

作者简介： 司马俊莲，女，湖北民族学院法学院教授。主要研究法理学、民族法学。

钱成玉，女，恩施州鹤峰县委政法委书记，主要研究社会治理。宋思妮，女，湖北民族学院法学院助教。主要研究法史学、民族法学。

基层社会治理是涉及国家治理的根基问题，是国家治理体系的重要组成部分。但当代中国社会治理面临着基层乡土性、法律悬浮化、"互联网+"时代等多重挑战，尤其是在农村地区，出现了社区"空心化"和"村庄记忆缺失"问题[①]，传统的熟人半熟人社会开始瓦解，相应的社会规则和社会管理模式已无法适应新的变化。城乡之间、区域之间人口流动加剧，不同群体之间的文化隔阂与利益冲突日益凸显，给社会治理带来新的挑战；另一方面，随着现代化的发展和技术进步，也迫切需要政府提供新的服务和社会治理制度创新。为此，2013年中共十八届三中全会通过了《中共中央关于全面深化改革若干重大问题的决定》，指出要"推进国家治理体系

[①]　人民论坛编：《大国治理》，中国经济出版社2014年版，第175页。

和治理能力现代化"建设。具体要求"改进社会治理方式，坚持系统治理，加强党委领导，发挥政府主导作用，鼓励和支持社会各方面参与，实现政府治理和社会自我调节、居民自治良性互动"。由此，中国形成新的社会治理观，即由过去的"社会管理"观转变为新的"社会治理"观。

2017年6月12日，中共中央、国务院联合印发并实施《关于加强和完善城乡社区治理的意见》（以下简称《意见》）。《意见》指出城乡社区治理事关党和国家大政方针贯彻落实，事关居民群众切身利益，事关城乡基层和谐稳定。要求坚持以基层党组织建设为关键、政府治理为主导、居民需求为导向、改革创新为动力，健全体系、整合资源、增强能力，完善城乡社区治理体制，努力把城乡社区建设成为和谐有序、绿色文明、创新包容、共建共享的幸福家园，为实现"两个一百年"奋斗目标和中华民族伟大复兴的中国梦提供可靠保证。同时在健全完善城乡社区治理体系、不断提升城乡社区治理水平、着力补齐城乡社区治理短板和强化组织保障等方面提出了具体意见和要求。

党的十九大报告指出，要加强和创新社会治理，打造共建共治共享的社会治理格局。要求加强社会治理制度建设，完善党委领导、政府负责、社会协同、公众参与、法治保障的社会治理体制，提高社会治理社会化、法治化、智能化、专业化水平。

位于恩施土家族苗族自治州的鹤峰县，近年来围绕基层社会治理进行了有益的探索，取得了现有的社会效果。为这一社会治理创新经验，2017年7月，湖北民族学院课题组接受鹤峰县政府委托，承担《鹤峰县基层社会治理创新研究》课题。研究团队多批次深入鹤峰县各乡镇，通过座谈、走访、查看卷宗等方式展开了实地调研。在此基础上，形成了此调研报告。

一、问题倒逼，民族山区基层社会治理路在何方

鹤峰县基本县情：鹤峰县，古称拓溪、容米、容阳，曾是容美立司治所，1735年改土归流后先后设置为鹤峰州、鹤峰县，现隶属恩施土家族苗族自治州。人口22.4万，辖5镇4乡1个经济开发区。205个行政村12个社区共22.4万人，其中以土家族为主的少数民族占总人口的74.73%。

鹤峰县历来就属于"老、少、边、穷"的山区地区，先后被定为国家一类老区县、国家扶贫开发重点县。目前该县农村人均纯收入较低，交通等基础设施滞后，是无铁路、无机场、无高速、无国道、无水运的交通"五

无"县。农村道路通达通畅率较低，分别为72%、55%，有58个村不通公路、92个村未完成道路硬化。

囿于山大人稀、交通不便、贫困人口量大面广等多重因素制约，在社会转型和全面推进深化改革的新时期，鹤峰县在基层社会治理中面临许多新问题、新矛盾。

（一）基层社会治理的主体薄弱。随着打工潮的兴起，鹤峰县逐渐成为一个劳务输出大县，全县22.4万人口，农业人口约占总人口的90%，在外务工人员约为4.1万人，占全县总人口的18%左右。乡村留下的是"三留守"人员，山大人稀的生存格局变得更加的原子化和个体化，乡村的社会结构和社会秩序面临着很大的挑战，社会治理在村庄内面临无人可用的"空心化"局面。

随着国家对农村基础设施投入力度的加大以及精准扶贫的全面推进，相当一部分农民群众主动参与基础设施建设等公共事务的积极性不高，不能正确处理和看待当前与长远、个人与集体、局部与整体的利益关系，义务观念缺失，有的对道路交通、人畜饮水等建设项目占山占地漫天要价，有的无理取闹甚至阻工，在移民搬迁、危房改造、产业发展等方面甚至出现干部在干、群众在看，做了好事群众不领情的怪象。另一方面，社会治理面临"五个急需"：大量留守老人、留守妇女、留守儿童急需关爱、特殊人群急需帮扶救助；一些地方农村突出治安问题急需整治；法治建设急需向农村推进、延伸和拓展；基层组织建设和农民群众参与社会治理的主体作用急需加强；干群之间的有效沟通渠道急须要构建。

（二）基层社会治理组织虚化。在基层社会治理传统实践中，政府片面强调维护社会稳定，忽视激发社会活力，基于传统管控思维，将政府和行政力量的触角延伸到社会生活的方方面面，把基层社会中大大小小各种事务统统包办起来或者使它们处于自己的监控之下，"上管天下管地、中间还要管空气"；习惯于从补充行政管理的角度来动员社会和组织公众参与，而不是鼓励具有主体性意识的社会主体充分发育。这种以行政管控为主的基层社会治理方式不仅难以实现基层社会和谐稳定，还容易导致更多的社会矛盾。

（三）基层社会治理的理念滞后。鹤峰县跟其他许多地区一样，面对基层矛盾和纠纷，较为偏好采取行政强制措施等"力治"手段，倡导"强力维稳"，由此容易导致农民"暴力维权"与政府"强力维稳"的对立格局。同时，政府相关职能部门在执法过程中，时常存在"不守法、不遵法、不讲法"的情况，政府往往"依权决策、依威决策、依力治理"，使得法治被边缘化，没有发挥作用的空间，从而导致矛盾纠纷不断扩大。而且往往造成"越维越不稳"的困局，给基层治理带来了极大挑战。

面对这些基层治理之困，倒逼着政府必须转变思路，探求出路。

二、"三治融合"，打造基层社会治理的鹤峰模式

基层治理本质上是国家权力向基层延伸并为社会订立规则的过程，是在现代社会变迁的条件下形成的一种新的社会秩序。从治理的制度结构与规范来看，中国的基层治理正形成一种由国家宪法和法律规范、传统与习俗形成的共生性制度机构与规范，它们的有机融合规范着中国基层治理的实践与探索。鹤峰县在社会治理创新改革实践中，逐步探索出了"法治"为纲，"德治"为领，"自治"为本的"三治融合"的社会治理模式。

（一）强化法治引领，实现治理的现代转型

党的十八届四中全会重点部署"全面推进依法治国"建设之后，国家治理体系和治理能力现代化问题不仅是一项国家战略，也是摆在各级政府面前的一道现实考题。鹤峰县社会治理法治化的探索也由此应运而生。鹤峰县坚持把法治建设融入社会治理的全过程，重点抓住依法行政、公正司法、全民守法三个关键，深化多层次、多领域法治创建活动，营造全社会崇尚法治，运用法治思维、法治方式、法治手段实现社会善治的良好格局，逐渐形成了办事依法、遇事找法、解决问题靠法的浓厚氛围。

1.推进依法行政，凸显共建格局，实现注重依法决策。从组织领导到决策制定、推进实施，都是实行县委、政府集体研究决定。在全县初步形成以基层党组织为核心、参与主体多元、公共服务多样、共驻共建共享的工作格局。初步实现党建、群团、政法、综治、信访资源整合，让基层党建、基层治理、社会治安共同融合落脚到基层，使行政手段、法治手段、管理手段、服务手段、关爱手段协同发力。

在乡镇，通过加强综治维稳信访中心建设，充分整合综治办、公安派出所、司法所、信访办、安办、交安办、防范办、民政办及各村多部门力量，实行矛盾联调、治安联防、工作联动、问题联治、平安联创的"一站式"工作模式。落实"一元化"管理工作格局，做到接访到村、排查到组、

调处到户、包案到人、责任到位，确保"小事不出组、大事不出村、矛盾不上交、难事不出乡"。

2.全面建立法律顾问制度，推进法治社会建设。鹤峰县探索形成了"四级法治网"基层法治模式：即乡有一个法律顾问团，村有一个法务工作联络员，组有一个矛盾纠纷义务调解员，户有一名法律明白人。筑牢法治建设社会基础。

2016年在原有的普遍建立法律顾问制度基础上，进一步深化该项措施，以律师"三进"（进村社区、进接访大厅、进复杂案件）为主要突破口，把法治思维、法治方式、法治精神贯穿信访工作全过程，严格落实复杂信访案件必须有律师出具的法律意见书或者全程参与方案制定和调解机制，实现了律师进复杂案件的制度化、常态化，初步形成了律师进复杂案件破难题、保稳定、促发展的良好局面。

全县通过政府购买公共法律服务的方式，成立了由19名专业律师组成的4个法律顾问团为210个村（社区）提供法律服务。每个乡镇都有法律顾问团。法律顾问的主要任务是三大方面：一是参与村内重大事务决策和重大经济活动，参与起草、审查生产经营合同等法律文书，为村委会提供法律参考和法律依据，提高村委会科学决策水平，从源头减少信访矛盾。二是参与村内信访调解，为矛盾双方答疑解惑，提供可参考的法律意见，引导信访人以理用法反映诉求和解决矛盾纠纷，以有效减少信访矛盾存量，促进乡村和谐。三是开展法治宣传教育和法律知识培训，为村民普及法律政策知识，提供与生产、生活、经营等有关的法律咨询，提高村民依法办事依法维权意识和能力，以控制信访矛盾增量。

3.推进司法改革，保障共享成果。鹤峰县"两院"作为全省司法体制改革试点单位，稳步推进人员分类管理、落实司法责任制、人财物省级统管、建立职业保障四项改革。把落实司法责任制作为保障司法公正高效权威的关键举措，成效明显。一是人财物省级统管，提升了保障能力。二是人员分类管理，优化了司法资源配置。三是落实司法责任制，提升了办案效率，强化了司法公正。四是严格执行《领导干部干预司法活动、插手具体案件处理的记录、通报和责任追究规定》《司法机关内部人员过问案件的记录和责任追究规定》，"两院"明确界定法官、检察官在办案过程中，因过失或故意违法办案导致错案的责任追究情形，同时严格落实法官、检察官依法履职规定，专门开发领导干部插手案件和司法机关内部人员过问案件信息登记系统，落实全面记录、全程留痕、永久留痕，加强干预插手、过问案件信息的记录、汇总、查看、分析和处理的流程和权限，保障法官、检察官依法独立公正行使审判权、检察权。司法公正保障了人民群众的合法权益，使他们得以共享改革成果。

4. 加强普法宣传，推进全民守法。鹤峰县注重创新普法形式，追求普法实效。结合法律"六进"、律师"三进"，创新法治教育、普法宣传、法治创建活动形式和手段，推动全民崇法学法、守法用法向城镇社区、农村、机关单位、企业、学校延伸。广泛开展法治乡村、法治社区、法治企业、法治单位、法治校园等多层次法治创建活动。实施法治创建"五个一"工程（即每个村、社区开设一个德法教育大讲堂、传唱法治文化一台戏，讲授一堂法治培训课、建一个法治文化广场、立一面法治文化墙及标志牌），打造了五里乡杨柳平村新兴法治文化广场、下坪乡周家院子德治基地等，大大提升了法治宣传效果。

（二）强化德治浸润，增强共治认同

在推进法治建设的同时，鹤峰县还十分注重德治建设。大力实施素质提升工程，广泛开展"倡导新风尚、发展新文化、培育新公民、建设新家园"活动，重视优秀传统文化的"浸润"作用，把传统道德、家庭美德、社会公德融入法治建设全过程。

1. 打造"最美"评选活动影响人。自2013年以来，鹤峰连续四年开展"最美家庭、最美乡村、最美鹤峰人"评选，累计评选出12个最美乡村，40户最美家庭，40名最美鹤峰人。以"最美"评选活动为载体，我县积极开展争创最美乡村、争做最美家庭、最美鹤峰人活动，深入推进"平安鹤峰""文明村镇""十星级文明户"创建。

2. 弘扬优秀传统文化塑造人。充分发挥德治文化的"浸润"作用，组织离退休老干部、德艺双馨的老艺人组建老年文艺宣传队，在全县51个重点贫困村，开展"讲诚信、明礼仪、重孝悌、知廉耻、懂感恩、勇担当"为核心内容的文艺演出活动，以群众喜闻乐见的形式，颂扬真善美，贬斥假丑恶。下坪乡岩门村打造以周家院子为代表的家风文化，开展家风家训进千家活动，成为德治文化的一张响亮的品牌。

3. 树立文明新风鼓舞人。在全县205个村普遍建立法德文化讲堂，不定期举办"乡村大讲堂""百姓大课堂",形式多样的文化主题广场,成为老百姓最乐意的好去处。

（三）强化社会自治，构建共建格局

1. 健全村民民主决策机制。贯彻落实《村民委员会组织法》，扎实开展以村民自我管理、自我服务为主要目的的基层民主治理实践，邬阳乡斑竹村、百鸟村，中营镇园井、汤家村等地推行"四议两公开制度"，对涉及群众利益的重大事项，都按照支部提议、"两委"会商议、党员大会审议，村民会议决议的形式，进行过程公开、结果公开。在精准扶贫、产业建设、基础设施建设过程中，他们把建设规划交给群众审，建设事项交给群众定，建设质量交给群众管。"群众自己的事情自己做主"，民事民议、民事民决、民事民办、民事民管得到了充分体现。

2. 建立社会共治机制。一是普遍建立综治联系点制度。从2014年开始，实行县直单位、部门和企业综治结对共建制度，将包括党政机关、事业单位、国有企业在内的97个部门进驻全县205个行政村，有效开展法律宣传、了解民情民意、化解矛盾纠纷、提供便民服务等活动，实行综合治理、系统治理。二是积极支持、鼓励农民专业合作社、行业协会及返乡创业"能人"参与基层社会治理。如邬阳乡依托茶叶龙头企业组建全域有机协会，推动全乡有机茶叶基地建设，效果明显。从该乡走出去创业的优秀企业家陶全清女士，为让更多的父老乡亲学法、懂法、用法，特捐赠20万元，建起邬阳法德教育讲堂。在央视拍摄的反映全恩施州法治建设成果《三张笑脸的故事》专题片中，陶全清成为最灿烂的一张笑脸。

3. 再造基层自治组织。鹤峰县在农村中针对不同层面，建立了"三团""一队""三会"等群众自治组织。"三团"即：法律顾问团、乡贤道德评判团、村民自治议事团；"一队"即"雷锋"志愿服务队；"三会"即：五老协会、红白理事会、全域有机协会。不同的人群在不同的领域发挥不同的作用，做到人尽其力，人尽其才。在精准扶贫、产业建设、基础设施建设过程中，他们把建设规划交给群众审，建设事项交给群众定，建设质量交给群众管。"群众自己的事情自己做主"，民事民议、民事民决、民事民办、民事民管得到了充分体现。

同时，积极支持、鼓励农民专业合作社、行业协会及返乡创业"能人"参与基层社会治理。如邬阳、石龙寨、小园等村"全域有机协会"成立后，农民自发组织，快速推进以茶叶为主的有机农业转换。为了彻底杜绝农药残留，整治环境污染，在"乡贤道德评判团""雷锋志愿服务队"的联合参与下，认真落实河长制、沟长制，实行以山田管户、以户管人的连环责任制，对于乱丢乱弃农药农残、生活垃圾、建筑余料等不良行为的管理，效果明显。"雷锋志愿服务队"参与对七类人员的思想帮扶和物质帮扶，让他们尽早回归社会、开始新的生活。

鹤峰县的各种社会组织的建立，弥补了政府公共服务的不足，解决了过去乡村的"碎片化"治理格局。

（四）推进产业发展，夯实自治基础

人的本质就是社会关系的总和①。人与社会的关系密不可分，社会关系的发展又离不开生产力的发展，因此，生产力的发展是改变人与社会的结构关系，提升人的观念的前提与基础。乡村社会的治理结构是建构在一定经济基础之上的，良好的经济基础和经济发展模式能够为农村治理结构的优化和提升提供丰富的社会资源，能够为乡村社会的转型提供坚实的物质基础。

近年来，鹤峰县以"围绕生态发展产业，围绕产业建设生态"为理念，坚持"全域有机"的发展之路，以建成"中国有机茶第一县"为目标，努力打造全县"全域有机"农业。在产业发展上措施精准、效果突出。如2017年上半年，全县茶叶产量2.1万吨、同比增长25%，产值6.5亿元、同比增长22.6%，创汇604.6万美元、同比增长83.2%，实现了茶企、茶农效益双赢目标；烟叶种植面积4.69万亩，为烟农发放贴息贷款1401万元。规模以上工业增加值稳定增长，拉动GDP增长2.5个百分点。旅游综合收入实现4.44亿元，同比增长29%，完成全年目标任务的55.5%；电子商务进农村稳步推进，"土家购"电子商务平台接到农产品订单总金额4730万元，实现销售额3600万元。主要经济指标中有7项进入全州第一方阵，4项处于全州中等位次。

三、鹤峰县基层社会治理创新的社会效果

鹤峰县在实践中探索出的"三治融合"模式，取得了显著的社会效果。"德治为先导、法治为根本、自治为基础"的全方位、多层次的治理方式开始形成，从而为实现"三个先进县"和"四个鹤峰"建设奠定了坚实的社会基础。

_____

① 《马克思恩格斯全集（第3卷）》，人民出版社1960年版，第5页。

（一）治理体系基本建立

经过近几年的探索，鹤峰县委县政府始终坚持系统治理、依法治理、综合治理、源头治理的理念，初步构建起了以"德治为先导、法治为根本、自治为基础"的基层社会治理体系，为实现"三个先进县"和"四个鹤峰"建设奠定了坚实基础。这一体系具体化为三个体系：即以规立德、以文养德、以评树德的德治建设体系；强化依法行政、公正司法、全民守法的法治建设体系；完善基层民主、群众参与、社会协同的自治建设体系。

（二）治理能力显著提升

1. 政府权责边界得以厘清。通过开展行政机关、执法部门权力清单和责任清单的清理编制工作，明确了权责清单。

2. 执法体制改革深入推进。行政执法与刑事司法"两法衔接"全覆盖，2016年，在原来纳入信息平台单位按要求录入信息的基础上，全县新纳入20家行政执法单位，并建立健全"两法衔接"工作联席会议制度，完成了行政执法证和行政执法监督检查证换证工作。

3. 依法行政的意识不断增强。在县十八届人大一次会议上，新当选的县人大常委会组成人员集体向宪法宣誓。行政机关负责人出庭应诉全面落实，2016年在全部50件行政诉讼案件中，行政机关负责人一审出庭率达100%。

（三）自治基础不断夯实

1. 网格功能开始彰显。按照"规模适度、方便群众、便于管理"的原则，将全县205个村1368个村民小组，按每三个村民小组划分一个网格，共划分557个网格，每个行政村配备一名网格管理员，所有行政村网格划分实现了全覆盖，并实现了县、乡、村三级互联互通。充分发挥掌握社情民意情报信息员、政策法律宣传员、帮扶群众服务员的职责。

2. 人民调解有效防范和化解基层矛盾。全县共成立了各类调解委员会233个，其中乡镇调委会9个，村（社区）调委会214个，企事业单位调委会7个，行业性专业调委会3个，有人民调解员1384人。同时建立了由专职调解员负责的"行政调解网络"，落实了"一个矛盾纠纷，一个调处班子，一个调处责任人，一个调处方案"。及时化解了各类矛盾纠纷，有效防止了辖区内重复访、越级访和集体访的群体性事件发生，维护了社会大局稳定，促进社会公平正义。

3. "跨界联调"实现社会和谐稳定。鹤峰县与毗邻县签订联防联调协议书，联手解决矛盾，避免矛盾激化。截止2017年6月，全县各级人民调解组织受理调处各类社会矛盾纠纷1213件，其中医疗纠纷14件，道路交通纠纷132件，环境污染纠纷14件，调处成功1213件，调处成功率达100%；协议金额1469.59万元；防止民转刑案件20起140人，防止群体性上访27起571人次，防止群体性械斗4起37人次。

（四）法律主治充分彰显

1. 公共法律服务体系基本建立。全县以普遍建立法律顾问制度为平台，通过完善律师信访接待值班制度，推进律师担任各级党委、政府机关和企事业单位法律顾问。同时，充分实施法律援助制度。法律援助中心开通了网络云视频服务，全县村（居）群众只要在所居住村（居）委会，都能与县法律援助中心值班律师实现面对面的互动沟通，实现县乡村法律援助互联互通。

2. 乡村法治建设不断加强。通过"四级法务网"的建立，法治普遍融入乡村的社会生活之中。"四级法务网"服务人员主动走访调查、分析整理并逐步化解各类信访矛盾纠纷，正确对待群众提出的合理诉求，依法依规维护自身合法权益，让农民群众做到自觉守法、遇事找法、解决问题靠法，推动普法向更广领域、更多行业、更深层次延伸，做到"法治进村"全覆盖。

（五）和谐家园初步形成

1. 良好的法治环境成为经济社会发展的"助推器"。运用法治思维破解社会难题成效明显，为产业发展创造了良好的社会氛围。如江坪河水电工程、八峰药化企业均在法院主导下依法破产清算和破产重整，实现了企业的起死回生、重现活力。如今，全县经济社会发展环境不断向好，呈现出稳中有进的良好态势。

2. 基层善治使人民群众的获得感、幸福感明显增强。通过持续的基层社会治理创新之后，如今，在鹤峰县的乡村地区，不少累积的社会矛盾得到化解。整个社会面貌呈现出社会发展、政通人和、邻里互助、安居乐业的良好局面。

四、鹤峰县基层社会治理的进一步优化的进路

鹤峰县的基层社会治理创新，使山区农村的治理方式和治理能力完成了从传统到现代化的转型，为民族地区、偏远山区、贫困地区的社会治理提供了典型样本。

同时，也应客观评价这一举措。毕竟该项创新刚刚开始，在思想观念、

顶层设计、体制机制等方面还有待进一步优化和完善。

（一）转变"管控"思维，突出服务宗旨

坚持发展为了人民、发展依靠人民、发展成果由人民共享是社会主义的内在规定性。实现人的自由全面发展是社会治理现代化的题中之义。因此，政府治理理念要从目前的"管控"思维转变为"服务"思维，真正以人为本，一切从群众的需求出发。提供更多更优的公共服务，不断满足人民群众日益增长的美好生活需要。这既是回应人民对建成小康社会的现实期盼，又是坚持在发展事业中的人民立场，切实提升人民群众的参与感、获得感、幸福感。

（二）构筑治理机制，完善治理体系

构建综治联动机制、治理奖惩机制、多元共治机制、社会自治机制等治理机制，充分发挥人民群众这一基层治理主体的作用，为他们提供更好自我管理平台。为此，要进一步健全村民自治制度、社会组织治理机制、畅通民众利益表达机制等。

（三）紧抓关键少数，提升治理能力

多年来，鹤峰县社会治理取得的喜人成就与鹤峰人自身的努力是密不可分的，同时，也离不开关键少数的重视和治理有方。新时期，面临新的矛盾不断涌现，化解社会矛盾，提升社会治理水平也更凸显了关键少数的重要性。为此，鹤峰县应不断地紧抓干部这个关键少数，努力提升干部的法治思维和治理素养。

（四）搭乘信息快车，创新治理手段

近年来，鹤峰县的信息化建设得到了长足发展，有效推进了乡村治理体系和治理能力的现代化。但全县的信息化还存在一定问题：一是全县各乡镇信息化建设不均衡、投入差距大。二是互联网建设本身的系统化不够。三是对互联网资源的挖掘和应用不够。

为此，还需要强化科技创新与科技运用，实施"网信升级工程"，提升社会治理的信息化、智能化水平。包括高标准建设信息基础设施、大力开展信息化乡村建设、强化互联网在线治理水平等，以实现社会治理的智能化、精准化。

基于个体属性的法律援助
接受行为的特点分析
——来自青海省海北藏族自治州西海镇的田野调查

郑天锋　程　荣

摘要：党的十八届四中全会提出的完善法律援助制度，不仅是对我们法律工作者的要求，也是对法律援助中现存问题的一种回应。2003年《法律援助条例》实施以来，对法律援助实施效果影响因素的研究很多，但基本上都是从提供法律援助方进行分析。然而法律援助的制度效果不仅有赖于法律援助者的努力，也离不开被援助者的配合，此次田野调查从更需法律援助的西部少数民族地区入手。基于被援助者的个体属性分析，在发现影响因素的基础上，才能针对性提供有效法律援助，更好地发挥法律援助的社会效果和法律效果。

关键词：个体属性　法律援助　接受行为

作者简介：郑天锋（1965—），男，西北民族大学法学院教授，主要研究方向：民商法学、民族法学。

程荣（1986—），男，西北民族大学法学院讲师，四川大学法学院中国刑法学专业博士研究生，主要研究方向：中国刑法学、民族法学。

项目来源：本文系西北民族大学学科建设田野调研项目《少数民族欠发达地区法律援助问题实证研究》（项目编号：tydy20160038）的阶段性成果。

引　言

党的十八届四中全会明确提出，"完善法律援助制度，扩大援助范围，健全司法救助体系，保证人民群众在遇到法律问题或者权利受到侵害时获得及时有效法律帮助"。第四次中央民族工作会议也同时提出，"要用法治思维做好民族工作，用法律来保障民族团结，增强各族群众法律意识"[①]。

＊本文在写作过程中得到了侯浩楠等西北民族大学大学生实践创新中心社会调查工作室同学的帮助，特此致谢。

① 人民网《中国更加注重民族团结的"法治思维"》，载 http://politics.people.com.cn/n/2014/1103/c70731-25966561.html，2017年3月27日访问。

以此为背景和出发点，基于少数民族欠发达地区城乡居民的个体属性，本文选择西海镇法律援助对象进行调查，对其法律援助接受行为进行实证分析，希望法律援助更能到位，体现出法律援助的社会意义和法律价值。

一、田野调查的基本情况

（一）样本选取

此次田野调查首先从海北藏族自治州的30个乡镇中选择西海镇作为调研地点；再根据西海镇1.2万的人口，将样本容量设定为210人，可将抽样的误差控制在合理范围以内；最后在西海镇四个社区采用分层抽样的方法计算出每个社区应抽取的相应比例和样本人数，以随机抽样的方法抽取该样本（见表1）。

表1　西海镇4个社区人口样本分配表

社区	社区人数	人数比例	抽取样本人数
城东社区	640	5.45%	11
城南社区	3980	33.87%	71
城西社区	4500	38.30%	81
城北社区	2630	22.38%	47
合计	11750	100%	210

（二）问卷设计

我们在《少数民族欠发达地区法律援助问题实证研究》调查问卷的设计过程中借鉴刘永清和余福茂的测量项目采用了意向（识）影响因素中的行为和态度变量表。问卷内容包括对法律援助内容的了解程度和接受意愿以及接受法律援助的行为和感受两个方面。对法律援助内容的了解程度和接受意愿主要包括对法律援助援助范围、申请条件、申请方法等六个方面内容的了解程度和对民事、刑事、行政案件的处理意愿。其中，B1、B4、B5、B6、B7、B8、C5、C6结果采取自评形式。采用李克特5点计分的评分标准，从"非常清楚/非常愿意/非常满意""比较清楚/比较愿意/比较满意""一般""比较不清楚/比较不愿意/比较不满意""非常不清楚/非常不愿意/非常不满意"依次记5分、4分、3分、2分、1分。得分越高，清楚/愿意/满意程度越高。同时，C1采用3点计分的标准，从"经常宣传""偶尔宣传""从未宣传"依次记3分、2分、1分，分数越高，宣传频率越高（见表2）。

表2　研究模型测量体系量表

变量	测量项目
对法援机构的了解程度	A1地理位置状况
	A2援助范围状况
	A3申请条件状况
	A4申请方法状况
	A5公益属性状况
	A6主要形式状况
接受法律援助	A7接受法律援助的意愿
	A8接受法律援助的宣传教育意愿
民事案件的处理途径意愿	A9忍气吞声
	A10自行解决
	A11调解解决
	A12仲裁解决
	A13诉讼解决（法律援助）
刑事案件的处理途径意愿	A14忍气吞声
	A15自行解决
	A16调解解决
	A17诉讼解决（法律援助）
行政案件的处理途径意愿	A18忍气吞声
	A19自行解决
	A20诉讼解决（法律援助）
法援机构的宣传频率	A21地理位置
	A22援助范围
	A23申请条件
	A24申请方法
	A25公益属性
	A26主要形式
对法援过程的满意度	A27法援结果的满意状况
	A28法援机构工作人员服务的满意状况

（三）样本分析

此次调查共发放问卷210份，回收206份，回收率为98.1%。有效问卷201份，有效率为97.6%。与以往的有关研究相比较，此次调查所使用的数据，调查的调查地点和样本结构的设置更为合理。调查对象的性别比例、城乡比例分布均匀。调查对象的年龄从年轻到年老均有分布，所涉及的职业广泛，其中以商业从业人员和农民/牧民的居民为主。大部分被调查者是汉族和藏族，家庭经济情况都为一般和比较差，没有家境特别好的被调查者。所有调查到的城乡居民文化程度普遍较低，在他们遇到法律纠纷时大多数会寻求110的帮助，他们身边最多的法律纠纷是人身损害赔偿、婚姻家庭纠纷、交通事故纠纷和医疗纠纷（见表3）。

表3　样本人口学特征分布表

	类别	调查人数	比例%
性别	男	120	59.7
	女	81	40.3
民族	汉族	72	35.8
	藏族	78	38.8
	回族	21	10.4
	蒙古族	24	11.9
	土族	6	3.0
政治面貌	共产党员	18	9.0
	共青团员	54	26.9
	群众	126	62.7
	民主党派	3	1.5
受教育程度	小学及以下	48	23.9
	初中	69	34.3
	高中/中专	51	25.4
	大专	15	7.5
	本科	18	9.0
	研究生	0	0
职业	交通运输人员	9	4.5
	医护人员	3	1.5
	银行人员	0	0
	农民/牧民	45	22.4
	商业人员	54	26.9
	教师	6	3.0
	服务业人员	18	9.0
	行政机关人员	3	1.5
	建筑业人员	6	3.0
	学生	57	28.4
接受的法律服务	刑事辩护和刑事代理	6	19.3
	民事诉讼代理	14	45.2
	行政诉讼代理	0	0
	公证证明	3	9.7
	法律咨询、代拟法律文书	8	25.8
	非诉讼法律事务代理	0	0

	类别	调查人数	比例%
年龄	<=20岁	48	23.9
	20—40岁	69	34.3
	40—60岁	69	34.3
	>=60岁	15	7.5
住所	城镇	108	53.7
	乡村	93	46.3
家庭经济情况	非常好	0	0
	比较好	27	13.4
	一般	135	67.2
	比较差	36	17.9
	非常差	3	1.5
寻求帮助的对象	法院	21	10.4
	亲戚朋友	15	7.5
	110	117	58.2
	司法局	21	10.4
	村委会	27	13.4
生活中最多的法律纠纷	人身损害	48	23.9
	工伤事故	27	13.4
	婚姻家庭	36	16.1
	劳动争议	12	6.0
	医疗纠纷	24	11.9
	交通事故	36	17.9
	合同纠纷	12	6.0
	产品质量	3	1.5
	刑事纠纷	3	1.5
	行政纠纷	0	0
接受法援	有过	31	15.4
	没有	170	84.6
接受法援的方式	主动申请	9	29.1
	政府指派	17	54.8
	他人帮助	5	16.1

二、基于个性属性的统计分析

个体属性主要包括性别、民族、学历、年龄、家庭经济情况、政治面貌、职业等七个方面。通过方差分析对比观察显著性水平的系数大小可以明确个体属性对法律援助接受行为的影响程度[①]。

（一）性别

表4　ANOVA方差分析（因子变量＝性别）

变量名称	对法援了解情况	接受法律援助	民事纠纷	刑事纠纷	行政纠纷	法援满意度
男	2.77	4.10	3.10	3.01	3.03	3.62
女	2.41	4.17	2.94	2.79	2.86	3.38
总体	2.62	4.13	3.03	2.92	2.97	3.56
F值	2.428	0.145	0.845	2.438	1.404	0.423
显著性	0.124	0.705	0.361	0.123	0.240	0.525

（注：表中六项变量分别对应表2中的测量内容，此处有缩写）

由表4可知，西海镇居民对法援了解情况、民事纠纷处理途径的意愿、刑事纠纷处理途径的意愿和行政纠纷处理途径的意愿的显著性水平分别为0.124、0.361、0.123、0.240，均低于0.5，说明性别对以上三项有差异性的影响。通过对比数据发现，男性比女性更了解法律援助机构的情况，同时男性在遇到法律纠纷时也更倾向使用法律手段解决纠纷，维护自己的权益。经调查访谈得知，西海镇男性居民较之女性居民，更乐意接受法援知识的宣传教育，也更乐意主动了解相关法援知识。因此，西海镇男性居民更了解法援机构的情况，在遇到法律纠纷时也就会作出正确的处理途径的选择。可进一步推断，对法院机构的了解程度直接影响本人对于法律纠纷处理途径的选择意愿。

（二）民族

表5　ANOVA方差分析（因子变量＝民族）

变量名称	对法援了解情况	接受法律援助	民事纠纷	刑事纠纷	行政纠纷	法援满意度
汉族	2.65	4.08	3.00	2.90	2.96	3.58

[①] 方差分析（Analysis of variance，简称ANOVA）是一种假设检验，它是对全部样本观测值的变动进行分解，将某种控制因素下各组样本观测值之间可能存在的由该因素导致的系统性误差与随机误差加以比较，据以判断各组样本之间是否存在显著差异，若存在显著差异，则说明该因素对各总体的影响是显著的。

（续表）

变量名称	对法援了解情况	接受法律援助	民事纠纷	刑事纠纷	行政纠纷	法援满意度
藏族	2.72	4.10	3.08	2.13	2.96	3.61
回族	3.19	4.14	3.06	2.89	2.95	3.25
蒙古族	1.96	4.25	3.07	2.97	3.13	无
土族	1.75	4.50	2.60	2.99	2.50	无
总体	2.62	4.13	3.03	2.92	2.97	3.56
F值	2.283	0.231	0.247	1.109	0.468	0.246
显著性	0.070	0.920	0.910	0.360	0.759	0.785

（注：表中六项变量分别对应表2中的测量内容，此处有缩写）

表5中，西海镇居民对法律援助机构的了解情况及其选择刑事法律纠纷处理途径意愿显著性水平分别是0.070、0.360，均低于0.5，说明民族对以上两项有差异性的影响。通过对比数据发现，回族对法援机构的了解程度最高（3.19），其次是藏族（2.72）、汉族（2.65），这与受访回族大多居住在城镇地区密不可分。在刑事法律纠纷处理途径的选择意愿上，藏族（2.13）更倾向于私了，这主要受他们民族习惯法的影响。

（三）学历

西海镇居民对法援了解情况、民事纠纷处理途径的意愿、刑事纠纷处理途径的意愿和对法律援助过程满意度的显著性水平分别为0.003、0.428、0.453、0.201，均低于0.5，说明学历对以上三项有差异性的影响。通过对比数据发现：其一，西海镇居民学历在本科及以上的对法援了解程度最高，小学及以下学历对法援了解程度最低，由此可知，学历越高对法援了解程度越高；其二，大专学历的西海镇居民更倾向于选择法律手段解决民事法律纠纷和刑事法律纠纷，在这一点上笔者略感意外，后经调查访谈得知，大专学历的西海镇居民人数少，而且基本上不会遇到法律纠纷，所以导致结果数据偏高。由此可推断，学历越高的西海镇居民更倾向于选择法律手段解决民事法律纠纷和刑事法律纠纷；其三，受援居民对法援过程的满意度表现为，大专学历（4.50）和小学及以下学历（4.00）的人最为满意（见表6）。

表6 ANOVA方差分析（因子变量＝学历）

变量名称	对法援了解情况	接受法律援助	民事纠纷	刑事纠纷	行政纠纷	法援满意度
小学以下	2.09	4.28	2.91	2.84	3.04	4.00
初中	2.17	4.00	3.06	2.99	2.90	3.64

变量名称	对法援了解情况	接受法律援助	民事纠纷	刑事纠纷	行政纠纷	法援满意度
高中	2.50	4.24	2.92	2.75	3.00	3.10
大专	2.93	3.90	3.52	3.15	3.00	4.50
本科以上	3.58	4.08	3.17	3.13	2.89	3.50
总体	2.62	4.13	3.03	2.92	2.97	3.56
F值	4.607	0.611	0.975	0.928	0.185	1.763
显著性	0.003	0.656	0.428	0.453	0.945	0.201

（注：表中六项变量分别对应表2中的测量内容，此处有缩写）

（四）年龄

表7　ANOVA方差分析（因子变量＝年龄）

变量名称	对法援了解情况	接受法律援助	民事纠纷	刑事纠纷	行政纠纷	法援满意度
20岁以下	2.78	4.20	3.03	2.92	2.92	3.00
20—40岁	2.53	4.22	3.10	2.89	2.97	4.00
40—60岁	2.75	4.35	3.09	3.01	2.96	3.35
60岁以上	1.97	3.66	2.48	2.60	3.13	5.00
总体	2.62	4.13	3.03	2.92	2.97	3.56
F值	1.182	3.757	1.278	0.731	0.176	6.721
显著性	0.324	0.015	0.290	0.537	0.912	0.006

（注：表中六项变量分别对应表2中的测量内容，此处有缩写）

由表7可知，西海镇居民对法援了解情况、接受法律援助、民事纠纷处理途径的意愿和对法院过程满意度的显著性水平分别为0.324、0.015、0.290、0.006，均低于0.5，说明年龄对以上四项有差异性的影响。通过对比数据发现：其一，西海镇居民年龄在20岁以下的对法援了解程度最高，60岁以上的对法援了解程度最低，由此可知，20岁以下的西海镇居民乐于接受新事物、新知识，而60岁以上的西海镇居民对于新知识兴趣不足；其二，40岁—60岁的西海镇居民更愿意接受法律援助及其宣传教育，而60岁以上的西海镇居民对其却不感兴趣；其三，20岁—40岁的西海镇居民处理民事法律纠纷时更倾向与选择法律手段，而60岁以上的西海镇居民却更愿意私了；其四，对法援过程满意程度最高的是60岁以上的西海镇居民，主要因为接受过法律援助的60岁以上的西海镇居民数量稀少，所以导致数据偏高。结合笔者调查访谈，西海镇60岁以上的居民由于法律意识淡薄、对待万事以利为先，所以大都不愿接受法律援助及其相关知识宣传教育，也就不了解法院情况，在处理法律纠纷时就更愿意选择私了的方式。

（五）家庭经济情况

表8　ANOVA方差分析（因子变量＝家庭经济情况）

变量名称	对法援了解情况	接受法律援助	民事纠纷	刑事纠纷	行政纠纷	法援满意度
非常差	4.00	5.00	1.60	2.00	2.33	5.00
比较差	2.06	3.96	3.10	3.06	3.11	3.25
一般	2.72	4.21	3.12	2.96	2.97	3.54
比较好	2.74	3.83	2.64	2.64	2.81	3.00
总体	2.62	4.13	3.03	2.92	2.97	3.56
F值	2.517	1.540	3.098	1.994	0.862	2.906
显著性	0.066	0.213	0.033	0.124	0.466	0.075

（注：表中六项变量分别对应表2中的测量内容，此处有缩写）

由表8可知，西海镇居民对法援了解情况、接受法律援助、民事纠纷处理途径的意愿、刑事纠纷处理途径的意愿、行政纠纷处理途径的意愿和对法院过程满意度的显著性水平分别为0.066、0.213、0.033、0.124、0.466、0.075，均低于0.5，说明家庭经济情况对以上六项有差异性的影响。通过对比数据发现：其一，西海镇家庭经济情况非常差的居民对法律援助机构的了解程度最高，更愿意接受法律援助及其宣传教育，也对法律援助的过程更满意；其二，西海镇家庭经济情况一般的居民更愿意选择法律手段解决民事法律纠纷；其三，西海镇家庭经济情况比较差的居民更愿意选择法律手段解决刑事法律纠纷和行政法律纠纷。西海镇家庭经济情况非常差的居民更了解法援机构，也更愿意接受法援及其宣传教育，但是这一群体却并不最想选择法律手段解决法律纠纷，而是更想选择私了的途径解决纠纷。经笔者调查访谈，西海镇家庭经济情况非常差的居民虽然心理上想选择法律手段解决纠纷，但是到现实中往往会因为缺乏勇气、顾虑重重而选择忍气吞声或者私了纠纷。

（六）政治面貌

西海镇居民对法援了解情况、民事纠纷处理途径的意愿和行政纠纷处理途径的意愿的显著性水平分别为0.127、0.070、0.288，均低于0.5，说明政治面貌对以上三项有差异性的影响。通过对比数据发现：身为共产党员的西海镇居民对法律援助机构的了解程度高、更愿意选择法律手段解决民事法律纠纷和行政法律纠纷。据笔者调查访谈，共产党员作为其他人的先锋榜样，会严格要求自己，学习的积极性高，他们对于法援情况的了解程度远远高于一般人，对于法律纠纷解决途径的选择上也更加理智，相信法律的权威和力量（见表9）。

表9　ANOVA方差分析（因子变量＝政治面貌）

变量名称	对法援了解情况	接受法律援助	民事纠纷	刑事纠纷	行政纠纷	法援满意度
共产党员	3.39	4.08	3.40	2.92	3.33	3.50
共青团员	2.63	4.25	3.28	2.96	2.94	3.50
群众	2.54	4.07	2.89	2.90	2.94	3.60
民主党派	1.50	4.50	2.40	3.00	2.33	无
总体	2.62	4.13	3.03	2.92	2.97	3.56
F值	1.971	0.367	2.466	0.051	1.282	0.045
显著性	0.127	0.777	0.070	0.985	0.288	0.956

（注：表中六项变量分别对应表2中的测量内容，此处有缩写）

（七）职业

西海镇居民对法援了解情况、接受法律援助、民事纠纷处理途径的意愿、刑事纠纷处理途径的意愿、行政纠纷处理途径的意愿和对法院过程满意度的显著性水平分别为0.394、0.102、0.016、0.034、0.015、0.063，均低于0.5，说明职业对以上六项有差异性的影响。通过对比数据发现：西海镇行政机关工作人员对法援机构了解程度最高；西海镇交通运输人员、服务人员、建筑业人员更愿意接受法律援助及其宣传教育；西海镇服务人员更愿意选择法律手段解决民事法律纠纷和行政法律纠纷；西海镇交通运输人员更愿意选择法律手段解决刑事法律纠纷；西海镇建筑业人员对法律援助过程最为满意（见表10）。

表10　ANOVA方差分析（因子变量＝职业）

变量名称	对法援了解情况	接受法律援助	民事纠纷	刑事纠纷	行政纠纷	法援满意度
交通运输	3.00	4.50	2.87	3.42	2.78	3.50
医护人员	2.17	3.50	3.20	2.00	3.33	无
农民/牧民	2.59	4.13	3.31	3.17	3.27	3.25
商业人员	2.27	4.36	2.76	2.74	2.59	3.40
教师	3.17	3.25	3.20	3.25	3.33	无
服务人员	3.25	4.50	3.57	3.17	3.44	4.00
行政人员	3.83	4.00	3.00	3.00	3.00	3.00
建筑业	3.00	4.50	1.70	2.13	2.83	5.00

（续表）

变量名称	对法援了解情况	接受法律援助	民事纠纷	刑事纠纷	行政纠纷	法援满意度
学生	2.60	3.82	3.05	2.83	2.91	3.00
总体	2.62	4.13	3.03	2.92	2.97	3.56
F值	1.074	1.767	2.626	2.276	2.653	2.951
显著性	0.394	0.102	0.016	0.034	0.015	0.063

（注：表中六项变量分别对应表2中的测量内容，此处有缩写）

三、个体属性对法律援助接受行为的影响程度

（一）个体属性对西海镇居民法律援助接受行为及意识存在影响

根据上述显著性水平系数可以分别看出：（1）性别在对法援了解情况、民事纠纷处理途径的意愿、刑事纠纷处理途径的意愿和行政纠纷处理途径的意愿这三个方面存在显著影响；（2）民族在对法律援助机构的了解情况及其选择刑事法律纠纷处理途径意愿这两个方面存在影响；（3）学历在对法援了解情况、民事纠纷处理途径的意愿、刑事纠纷处理途径的意愿和对法律援助过程满意度这三个方面存在影响；（4）年龄在对法援了解情况、接受法律援助、民事纠纷处理途径的意愿和对法院过程满意度这四个方面存在影响；（5）家庭经济情况在对法援了解情况、接受法律援助、民事纠纷处理途径的意愿、刑事纠纷处理途径的意愿、行政纠纷处理途径的意愿和对法律援助过程满意度六个方面都存在影响；（6）政治面貌在对法援了解情况、民事纠纷处理途径的意愿和行政纠纷处理途径的意愿这三个方面存在影响；（7）职业对法援了解情况、接受法律援助、民事纠纷处理途径的意愿、刑事纠纷处理途径的意愿、行政纠纷处理途径的意愿和对法律援助过程满意六个方面都存在影响。

（二）个体属性不同接受法律援助的意识和行为也就有所不同

通过对比问卷数据发现，性别、民族、学历、年龄、家庭经济情况、政治面貌、职业这七个方面中在接受法律援助的意识和行为表现最好的分别是男性、回族、大专、20岁—40岁、家庭经济情况一般、共产党员、行政机关工作人员。而这七个方面中在接受法律援助的意识和行为方面表现最差的分别是女、藏族、小学及其以下、60岁及其以上、家庭经济情况比较差、群众、商业人员。就对法律援助接受行为的影响而言，依次是民族是0.920，政治面貌是0.777，性别是0.705，学历是0.656，家庭经济情况是

0.213，职业是0.102，年龄是0.015。

四、基于个体属性的法律援助服务

（一）成立"少数民族双语法律援助工作站"

基于民族对法律援助接受行为的显著影响，应考虑成立具有民族特色的"少数民族双语法律援助工作站"。如此法律援助服务更能获得少数民族的信赖，尤其是法律援助接受行为表现较差的藏族，而且也便于少数民族维护其合法权益，符合便民原则。同时抽调有丰富经验少数民族法律工作者进入工作站工作，并协调律师、公证、基层法律服务机构和人民调解组织共同为少数民族群众服务，可以节约司法资源，提升法律援助效果。另外，少数民族法律援助工作站应建立与法律援助中心的联系，配备通晓少数民族语言和文字的人员，建立情况通报机制，遇到本州少数民族群众求助时及时提供法律援助。同时，在基层和农牧区要培训一批法律援助联络人员，方便少数民族群众及时办理法律援助申请。

（二）设置"弱势群体绿色法律援助工作通道"

前述法律援助接受行为方面表现最差的分别是女、小学及其以下、60岁及其以上、家庭经济情况比较差的样本是在性别、学历、年龄、家庭经济状况方面的弱势群体。对于弱势群体，应根据不同的个体属性降低法律援助服务的条件，在进行社会保障的基础上提供有针对性的有效法律援助服务。例如对女性对象应主要以男女平等、妇女权益、家庭暴力为重点；对于小学及其以下的低学历对象应主要以声音、图像为为主进行宣传教育，既要注重法治意识更要注意提升文化水平；对于60岁及其以上的老人应当上门进行服务，在提供法律援助服务的同时进行养老社会保障服务；对于家庭经济比较差的对象免除经济困难审查；对情况紧急的案件，可先行受理，事后补办手续。总之，加大对弱势群体的法律援助力度，对于弱势群体应重点援助，优先援助，而且应当扩大范围，减少条件限制。

（三）建立"法律援助效果个体属性评价机制"

法律援助服务如同医疗服务，要对症下药，服务效果至关重要，个体属性则是重要影响因素。因此，必须建立法律援助效果个体属性评价机制，在提供法律援助服务的过程中必须考虑被援助者甚至是法律援助潜在对象的个体属性。一方面建立法律援助档案，对于已经完成的法律援助服务进行根据个体属性进行分类归档，以便为同一类法律援助服务提供案例指导；另一方面定期对法律援助对象进行追踪评价，对于已经完成的法律援助服务进行根据个体属性进行分批回访，以检验同一类法律援助服务的最终效果。

结　语

不同的个体属性会导致不同的特征行为。法律援助对象的个体属性不仅会影响法律援助接受行为及其意识，而且会影响法律援助行为的效果，无论是完善法律援助制度还是扩大援助范围都必须考虑法律援助对象的个体属性，少数民族欠发达地区的法律援助工作尤其需要考虑民族、家庭经济情况等个体属性的影响。例如成立"少数民族法律援助中心"，重点对弱势群体进行法律援助，建立"法律援助效果个体属性评价机制"等。如此，才能针对性地提供有效的法律援助服务。

国家安全与语言资源

——从国家通用语言文字与藏汉双语资源在全面推进
我国民族团结教育和国家事业发展方面的重要性谈起

南杰·隆英强

摘要：深入学习习近平总书记系列重要讲话精神和治国理政新思想新战略新举措，贯彻落实习近平总书记关于民族工作的重要讲话和重要指示精神，全面推进我国民族事务治理法治化。在我国民族团结进步事业和民族事务治理法治化过程中，依法开发利用国家通用语言文字与藏汉双语等各民族语言文化资源显得越来越重要，语言文字不仅是一种重要的社会资源，也是一种重要的战略资源，更是在国家安全中发挥重大作用的宝贵资源。在国内外各个领域，语言文字资源的可利用价值随着综合国力的提升显得越来越重要。在全面依法推动国家通用语言文字和有效保护利用少数民族语言文字的基础上，大力推行藏汉双语和区域性方言对推进我国的民族团结教育和国家事业稳定发展发挥了极其重要的作用。国家通用语言文字和少数民族语言文字及藏汉双语和区域性方言具有很高的文化价值、政治价值、经济价值、教育价值、信息价值、生态价值及软实力价值和巧实力价值，因此我们应大力开展国家通用语言文字与少数民族语言文字及区域性方言资源的监测评估工作；尽快开展相关问题的跨学科理论研究和实践工作；启动国家战略性的相关语言文字资源库建设；每年或每两年发布国家通用语言文字与少数民族语言文字及区域性方言相关语言战略性资源监测报告。针对国家安全加强资源规划与普查，多语环境下的语言配套措施、国内外多民族国家语言政策与民族关系、少数民族语言文字和区域性方言的保护对策、中国主体特色藏汉双语等多样性语言政策的发展、文化安全视域下中国领先的世界性"孔子学院"模式跨界民族教育战略等，对促进社会稳定、人民幸福、政治文明、文化繁荣、经济发展、法治昌盛等维护和平发展的中华民族伟大复兴事业方面具有重要的作用和迫切的现实性意义。

关键词：国家安全　语言资源　藏汉双语　民族团结　国家事业发展

作者简介：南杰·隆英强，男，藏族，青海人，教授，中国政法大学法学博士、中国人民大学法学博士后、硕士生导师、江苏师范大学汉藏法律文化与法治战略研究中心主任、江苏师范大学法学院院长助理、江苏师范大学法学院主办的《社会法治研究》编辑部主任兼副主编。

基金项目：本文系国家语委科研规划重大项目"国家安全中的语言战略"研究（ZDA125—20）2017年度子课题"西北地区反恐语言问题研究"、作者主持的2014年度国家社科基金项目"藏族法律文化视域下藏汉双语司法实践与藏区社会稳定问题研究"（14BFX024）、2016年度江苏师范大学引进国内优秀人才项目"汉藏法律文化的当代价值与基层社会治理法治化道路研究"（31920160002）、2017年度江苏师范大学教材建设项目"中国首套藏汉双语法学专业特色法规教材"（JYJC201705）、2018年江苏高校"青蓝工程"优秀青年骨干教师项目、江苏师范大学汉藏法律文化与法治战略研究中心和苏北农村社会治理创新研究基地项目的阶段性成果。

一、加强维护国家安全

加强维护国家安全是一切事业稳步发展的基础，在当代国际政治经济格局中，国家安全的内涵和外延都发生了巨大变化。当今国家安全观一般都是一个国家稳定发展相关联的世界一体化关系中的大安全观，既包括传统的国家安全观，同时也包括各种非传统性的国家安全观；既有各国和各区域内部的安全问题，也有一国或多国等世界范围内的外部安全问题，还涵盖了全球性各领域的大安全问题。

国家安全是中华民族安邦定国的重要基石，维护国家安全是全国各族人民根本利益所在。每个国家想要有效维护各国的国家安全问题，一定要完善或创建各个国家内外部相适应的国家之安全政策与安全战略，坚决维护国家之政治、经济、文化、军事等各领域的安全，依法推进一个国家需要统筹发展的各项安全工作；及时建立健全国家各项事业稳固发展的安全体系，依靠宪法和法律加强国家各项事业健康发展的全局性安全法治保障措施，抵御和提高防范国家的安全风险能力；在事前预防或时刻严密防范的基础上坚决打击违背人类社会的各种暴力恐怖活动、渗透颠覆破坏活动、非法交易活动、民族分裂活动、宗教极端活动；加强国家安全教育，增强全党全国各族人民国家安全意识，推动全社会形成维护国家安全的强大合力①。

（一）历史上古今中外国家安全观

我国自古以来就有民族国家要大一统、居安思危方能长治久安、崇尚和平与注重防御、建立强大的军事力量才能保障国家安全的治国理政思想。

历史上传统国家安全与各种威胁也是随着国家和政权组织的出现而逐渐发展起来的，这些威胁主要是观念和理念上的差异、文化教育等意识形态方面的对立、宗教信仰方面的冲突、民族之间的各种矛盾、领土和主权方面的争端、争夺各种资源纠纷等。世界各国在各领域的矛盾如果不及时处理好，就会导致各国乃至世界范围内政治、经济、文化、外交及军事上的冲突和全面对抗，直至爆发大小不等的武装冲突。世界各国在历史上发生或上演了数场战争，其中大多数是由文化差异、宗教信仰、民族风俗等传统性质的安全问题引起的。

历史上中国先哲们在国家安全问题方面，一直保持忧患意识和防范意识，历朝历代许许多多的帝王将相和先贤英才为此付出了诸多努力。《周易》中便有"安而不忘危，存而不忘亡，治而不忘乱"的箴言。先秦兵书《司马法》也明确指出："天下虽安，忘战必危。"基于这种忧患意识和对国家安全的深刻认识，历代贤明的思想家、政治家、哲学家、军事家、史学家，都格外强调居安思危和谨慎从事的重要性，对各种潜在的威胁进行预防和保持戒备。"思则有备，有备无患""无备，虽众不可恃"。所以《吴子》说：

---

① 刘跃进：《十九大·理论新视野："总体国家安全观"是新时代中国特色国家安全思想》，求是网 http://www.qstheory.cn/wp/2017-10/21/c_1121836434.htm，2017年10月21日访问。

"夫安国家之道，先戒为宝。"由此可见，国家安全得以保障的最好方法是事前预防和戒备。

先秦伟大的哲学家老子还从事物发展的普遍性规律出发，深刻指出：一个国家在战略筹谋和具体治国理政的方略性决策上绝对不能忽视任何细节，全方位布控周密的万全之策才是国家安全得以长治久安的法宝。

历史上中国先哲们总结的传统国家安全方面的智慧经验和丰富的战略思想，是中华民族伟大战略思维的一份宝贵财富，这些宝贵的财富都根源于我国夏商周秦汉至唐宋元明清以来，历史上各个朝代和英明之君王维护大国安全下不断积累巩固发展起来的丰富实践，同时又对古时候历朝历代维护国家安全的实践产生直接的作用和影响，因此，它又是中华民族维护国家安全艰苦奋斗之历史的一个缩影。其中，既蕴含了深邃的理性智慧，也有其不可避免的时代和环境的局限；这种历史资源在实践中的运用，既有成功，也有失败。但无论智慧还是局限，无论失败还是成功，都是先人和历史留给后人的一份宝贵遗产，我们都应当在深入挖掘的同时认真地加以研究和总结。既不夜郎自大，也不讳疾忌医，既从成功中看到经验，也从失败中看到教训，从而不断深化对有关思想的认识和理解，为思考当前和未来的国家安全问题提供正、反两个方面的借鉴和启示①。

（二）当今世界美国为代表的国家安全观

语言作为一个民族、国家发展的重要资源或防御进攻的战略资源给人类提供了广泛的空间。而世界上有些国家，其语言既复杂，又有缺失，还常常与复杂的民族、种族、宗教、政治等关系纠葛在一起，因此其语言问题长期得不到解决或解决不好，语言安全缺乏保障，因语言不安全而引发的国家或社会不稳定、不安全的事件时有发生，如印度、斯里兰卡、比利时、格鲁吉亚，以及非洲的毛里塔尼亚等②。

例如，美国在"9·11事件"发生后，深感语言对国家安全的重要性，因此在美国总统的指导下，教育部部长、国务卿、国防部长以及国家情报局长共同制定了一个国家安全语言计划，旨在大幅度增加学习美国急需语

① 钟少奇：《中国传统国家安全思想的特点》，载《学习时报》2007年12月17日。
② 周庆生主编：《国家、民族与语言》，语文出版社2003年版。周庆生主编：《国外语言政策与语言规划进程》，语文出版社2001年版。黄长著编著：《各国语言手册》，重庆出版社2000年版。[以色列]博纳德·斯波斯基：《语言政策》，[英国]剑桥大学出版社2004年版。详见转引自陈章太：《语言资源与语言问题》，载《云南大学学报》2009年第4期。转引自陈章太：《语言资源与语言问题》，载《云南大学学报》2009年第4期。

言的人数，特别是能够熟练掌握所谓"关键语言"的人数，诸如阿拉伯语、汉语、俄语、印地语、土耳其语、波斯语、日语、韩语等。对此，国家拨出大批经费，供实施该计划使用 [1]。

2017年12月18日下午，特朗普公布任内首份《国家安全战略报告》。这份68页的报告，其中提到中国33次，俄罗斯25次。与此前的预测相同，这份报告将中国定位为美国"战略上的竞争对手"，可谓是对中国极不友好的一份报告。从笔者个人角度来讲，这份报告是令人失望的。首先，这份报告将中国定位为美国的战略竞争者和修正主义国家，这是一个比较严厉的定位。之前美国哈佛大学政府系教授江忆恩认为，中国至少暂时还是维持现状的大国，但现在美国认为中国是挑战美国秩序的大国，这个定位是比较负面的，这也表明中国所做的推动中美建立建设性伙伴关系的巨大努力，美国是不接受的。虽然2017年3月美国国务卿蒂勒森访华时曾表示，美国要和中国建立起建设性关系，还要管未来50年，现在看来，美国的主流意见对中国还是不友好的。其次，这份报告表明，美国的国家安全战略中心又回到了传统的大国地缘政治博弈中。冷战后很长时间，美国认为传统大国关系比较稳定和可控，从小布什到奥巴马时期，都将非传统安全比如气候变化、网络安全、恐怖主义，排到第一位，第二位是流氓国家，第三位才是传统大国竞争。但现在特朗普的这份报告，重新将传统大国竞争排在第一位，他的安全战略有点向冷战时期回归的意味。

公布《国家安全战略报告》是每任美国总统的法定职责，它通常是重申政府现有立场，但可以影响预算和立法，且受到国际社会的密切关注，因此仍被认为十分重要。自从2008年以来，美国《国家安全战略报告》主要针对当年发生军政大事的国家。

（三）中华人民共和国成立以来对国家安全的认识

以习近平同志为核心的新的中央领导集体继承了毛泽东对待中国优秀传统文化"古为今用，推陈出新"的思想，尤其是把非常丰富而深厚的古代治国安邦思想融入总体国家安全观中，用以指导国家安全治理实践。习近平总体国家安全观吸纳、传承了古代治国安邦思想中至今仍具有时代价值的元素，同时加以创新、发展，强调在今天维护国家安全要居安思危、坚守底线，坚持国家安全为了人民、依靠人民，以生态安全、资源

---

[1] "中国语言生活状况报告"课题组：《中国语言生活状况报告（2006）》参考篇《（美国）国家安全语言计划》，商务印书馆，2007年版。

安全为支撑建设美丽中国，汲取中国传统价值观丰富营养，培育和弘扬社会主义核心价值观，使发展与安全、富国与强兵协调并重、互相促进①。

我们讲的"国家安全"一词首次出现在1992年党的十四大时期的全国党代会的报告中。十四大报告中，共有4处提到"安全"一词，其中1处为"国家安全"。此后，全国党代会报告提到"安全"和"国家安全"的次数逐渐增多。1997年十五大报告6次提到"安全"，其中3处为"国家安全"；2002年十六大报告14次提到"安全"，其中3处为"国家安全"；2007年十七大报告23次提到"安全"，其中5处为"国家安全"；2012年十八大报告36次提到"安全"，其中4次是"国家安全"；2017年十九大报告55次提到"安全"，其中18处是"国家安全"。

这一组数字说明，十九大报告比以往任何一次党代会报告都更加关注国家安全，以习近平同志为核心的党中央比以往任何时候都更加重视国家安全。的确，十九大报告对国家安全作了比以往任何党政文件都更加全面、更加系统的论述②。

（四）新时代习以近平同志为核心的党中央领导对国家安全工作的重视

第一，确保新时代中国特色社会主义总体国家安全战略思想要全面落实和加强的重大问题。

十八大以来，特别是2013年11月十八届三中全会决定设立国家安全委员会以来，以习近平同志为核心的党中央在国家安全方面做了一系列战略性布局，其中最主要的是以"国家安全委员会"为标志的国家安全体制机制的健全，以"总体国家安全观"为内容的国家安全思想理论的创新，以新《国家安全法》为基准的国家安全法律体系的形成，以《国家安全战略纲要》为文本的国家安全方略谋划的完善，以"国家安全教育日"为热点的国家安全宣传教育工作的推进。对此，习近平同志在十九大报告中用"国家安全全面加强"一句进行了高度概括。当然，"国家安全全面加强"并不意味着我国国家安全问题得到了彻底解决。正如习近平同志在十九大报告中指出的那样，"国家安全面临新情况"，许多新问题需要积极应对和解决。为此，我们需要一个解决国家安全问题的总体指导思想。习近平在

---

① 廖生智：《习近平总体国家安全观对古代治国安邦思想的传承和创新》，载《山西高等学校社会科学学报》2016年第2期。

② 刘跃进：《十九大·理论新视野"总体国家安全观"是新时代中国特色国家安全思想》，载理论网，http://www.cntheory.com/zydx/2017-10/ccps171022F2CM.html，2017年10月21日访问。

2014年4月15日在中央国家安全委员会第一次会议上提出的"总体国家安全观",就是新时代中国特色国家安全思想,是指导新时代中国特色国家安全工作的重要指南[①]。

第二,在新形势下维护国家安全,必须坚持以总体国家安全观为指导,坚决维护国家核心和重大利益,以人民安全为宗旨,在发展和改革开放中促安全,走新时代习近平中国特色社会主义思想引领下的国家安全发展道路。

把"坚持总体国家安全观"纳入习近平新时代中国特色社会主义思想,是十九大报告关于国家安全论述最突出的亮点。对此,习近平强调指出:"坚持总体国家安全观。统筹发展和安全,增强忧患意识,做到居安思危,是我们党治国理政的一个重大原则。必须坚持国家利益至上,以人民安全为宗旨,以政治安全为根本,统筹外部安全和内部安全、国土安全和国民安全、传统安全和非传统安全、自身安全和共同安全,完善国家安全制度体系,加强国家安全能力建设,坚决维护国家主权、安全、发展利益。"[②] 这一段话十分精炼地说明了中国在新的历史条件下为什么要坚持总体国家安全观,什么是总体国家安全观,以及如何坚持总体国家安全观。第二句话,"统筹发展和安全,增强忧患意识,做到居安思危,是我们党治国理政的一个重大原则",旗帜鲜明地突出了国家安全工作的紧迫性和重要性[③]。

2015年1月习近平主持召开了中共中央政治局会议,审议通过《国家安全战略纲要》,会议认为,制定和实施《国家安全战略纲要》,是有效维护国家安全的迫切需要,是完善中国特色社会主义制度、推进国家治理体系和治理能力现代化的必然要求。在新形势下维护国家安全,必须坚持以总体国家安全观为指导,坚决维护国家核心和重大利益,以人民安全为宗旨,在发展和改革开放中促安全,走中国特色国家安全道路。要做好各领域国家安全工作,大力推进国家安全各种保障能力建设,把法治贯穿于维护国家安全的全过程。

---

① 刘跃进:《十九大·理论新视野"总体国家安全观"是新时代中国特色国家安全思想》,载理论网,http://www.cntheory.com/zydx/2017-10/ccps171022F2CM.html,2017年10月21日访问。

② 刘跃进:《十九大·理论新视野"总体国家安全观"是新时代中国特色国家安全思想》,载理论网,http://www.cntheory.com/zydx/2017-10/ccps171022F2CM.html,2017年10月21日访问。

③ 宋伟:《新时代中国需要坚持总体国家安全观》,载中国网,http://www.china.com.cn/opinion/think/2017-10/24/content_41785115.htm,2017年10月24日访问。

第三，国家安全工作是一个民族、一个国家稳定发展之根本，时刻要高度重视。

正如十九大报告所指出的，尽管和平与发展仍然是当前的时代主题，但是世界面临的不稳定性不确定性突出，世界经济增长动能不足，贫富分化日益严重，地区热点问题此起彼伏，恐怖主义、网络安全、重大传染性疾病、气候变化等非传统安全威胁持续蔓延，人类面临许多共同挑战。事实上，整个党的十九大报告就十分清晰地贯彻了总体国家安全观的思路，在论述经济发展、社会稳定、自然环境保护、人类命运共同体建设等方面，多次提到相应领域的安全问题，并从国家发展的全局角度进行回应。例如，"确保国家粮食安全，把中国人的饭碗牢牢端在自己手中""加快边疆发展，确保边疆巩固、边境安全""实施重要生态系统保护和修复重大工程，优化生态安全屏障体系，构建生态廊道和生物多样性保护网络，提升生态系统质量和稳定性""我们呼吁，各国人民同心协力，构建人类命运共同体，建设持久和平、普遍安全、共同繁荣、开放包容、清洁美丽的世界"。有些地方虽然没有直接提到"安全"的字样，但是本质上也体现出总体国家安全观的综合理念，例如"只有以反腐败永远在路上的坚韧和执着，深化标本兼治，保证干部清正、政府清廉、政治清明，才能跳出历史周期率，确保党和国家长治久安"[①]。

第四，国家安全是安邦定国的重要基石。

必须毫不动摇坚持中国共产党对国家安全工作的绝对领导，坚持集中统一、高效权威的国家安全工作领导体制。要加强国家安全意识教育，努力打造一支高素质的国家安全专业队伍。"安而不忘危，存而不忘亡，治而不忘乱"。在习近平心中，国家安全是国家发展的最重要基石、人民福祉的最根本保障。他在不同场合多次强调，国泰民安是人民群众最基本、最普遍的愿望。实现中华民族伟大复兴的中国梦，保证人民安居乐业，国家安全是头等大事[②]。

二、重视语言安全与语言资源

我们国家的语言资源从分布和构成看，有国语资源、少数民族语言资

---

① 宋伟：《新时代中国需要坚持总体国家安全观》，载中国网，http://www.china.com.cn/opinion/think/2017-10/24/content_41785115.htm，2017年10月24日访问。

② 习近平：《习近平的国家安全观：既重视发展又重视安全》，载人民网—中国共产党新闻网http://cpc.people.com.cn/xuexi/n1/2017/0221/c385474-29096939.html，2018年3月29日访问。

源和方言资源。国语资源是指国家共通语资源，它分布范围最广，开发和利用程度最高、共享性最强。少数民族语言资源是少数民族所专有的语言资源，它有一定的共享性。我国少数民族语言资源非常丰富，种类多，形态复杂，有不少为世界罕有，有广阔的开发和利用空间。方言资源主要指汉语方言资源。我们国家汉语资源丰富，除了普通话资源，方言资源的价值和作用也不可低估。如粤、客、闽方言，在海外也有广泛的分布，尤其是粤方言，不仅具有广泛的分布性和社会共享性，而且在多层次的开发和利用中显示出强大的再生性和可持续性 [①] 。

（一）语言问题与语言安全：当今世界是中国语言学引领的时代

语言问题与语言安全关系密切，而语言安全与国家社会安全之关系也非常密切，值得关注与重视。所谓语言安全，主要是指语言文字及其使用能够满足国家、社会稳定、发展的需要，不出现影响国家、社会安全的语言问题。语言安全的内容相当丰富，涉及方面较广，具体包括语言文字本身状况和语言文字使用与国家社会安全的关系。就语言文字及其使用的状况来说，语言种类、数量、地位、功能、活力、声望、规范化等，还有语言权利保障，民族语言关系协调，通用语言、官方语言作用、推广与维护，母语保持、发展与教学，弱势语言、方言保护，跨境语言对待，双语多语使用与教学，外语设置与教学，外语人才培养与储备，语言信息处理与信息安全，网络语言使用与引导，语言文字使用与社会管理，全民族语文素质提高与社会发展，语言国际传播、交流与国际影响等，都与国家、社会的安全稳定发展有密切的关系。就国家、社会方面来说，要求语言及其使用应当适应国家、社会稳定发展的需要，同时为做好语言安全提供各方面条件，尽力避免因语言问题而影响国家、社会安全的事情发生。而国家、社会对语言安全也可能会有负面影响，如对社会语言问题处理不当，语言关系协调不好，语言权利保障缺失，语言地位确定不妥，对重大语言问题重视不够，语言政策乏力，语言规划不周，对语言安全缺乏敏感性和预见性等，都可能造成语言问题，并对国家、社会安全不利 [②] 。国内目前语言问题与语言安全的主要矛盾集中在广泛使用汉文化汉语言文字的地区与使用少数民族文化语言文字地区之间的差

[①] 范俊军、肖自辉：《语言资源论纲》，载《南京社会科学》2008年第4期。
[②] 陈章太：《语言资源与语言问题》，载《云南师范大学学报》2009年第4期。

异性和不协调，还有少数民族间的语言文化的差异性和不便沟通的问题，加上境内方言土语间的差异和保障缺失等问题，希望引起党和国家相关单位领导、专家们的高度重视。

（二）语言资源

1. 加大力度开发和利用语言资源的价值

语言资源是伴随着人类社会的形成而形成的社会财富，语言的社会功能决定了语言资源的社会价值。语言资源的社会价值包括已有的、正在发挥作用的价值，以及潜在和未来价值。具体来说，语言资源的价值表现为信息价值、经济价值、文化价值、教育价值、政治价值[1]。

从语言使用的性质和范围考虑，语言资源可分为世界语言资源、国家语言资源、地区语言资源、区域语言资源、民族语言资源、群体语言资源、家庭语言资源和个人语言资源等。世界语言资源是指在世界范围或世界一定范围内使用的跨国家、跨区域、跨民族的语言资源；地区语言资源是指国家以下的大小地区所拥有的语言资源；区域语言资源是指跨国家跨民族或跨地区的语言资源。从语言功能、语言活力和语言资源价值考虑，语言资源似可分为：超强价值语言资源，如一些跨国家、跨区域的语言，许多国家、民族、地区的通用语言，像我国的蒙古语、藏语、维吾尔语、哈萨克语、朝鲜语、壮语、彝语等；一般价值语言资源，如许多国家、区域、民族、地区所拥有的语言功能、活力一般的语言资源，像我国多数少数民族语言；弱价值语言资源，如一些国家、区域、民族、地区所拥有的语言功能减弱，语言活力较差的语言，我国一些使用人口较少，使用范围较窄的少数民族语言；超弱价值语言资源，如不少国家、区域、民族、地区拥有的一些语言功能萎缩，语言活力很差，已经濒临消亡的语言，我国一些只在很小范围内很少人使用的濒危语言，如满语、赫哲语、普标语、仙岛语、达让语、格曼语、桑孔语等20多种语言；已消亡但仍有某些价值的语言资源，如中世纪通行于欧洲的古罗马拉丁语、印度的吠陀语、梵语、巴利语，英国的科尼什语、马恩语，印尼的古代爪哇语，我国历史上的于阗语、西夏语、鲜卑语、契丹语、女真语、和田语、焉耆语等语言[2]。

---

① 范俊军、肖自辉：《语言资源论纲》，载《南京社会科学》2008年第4期。
② 陈章太：《语言资源与语言问题》，载《云南师范大学学报（哲学社会科学版）》2009年第4期。

世界各国和不同民族不同地区的土语方言也是不能忽视的重要的一种语言资源。语言是人类特有的资源，也是一种重要的社会资源，更是国家安全中的战略资源。

2.加强语言普查力度，丰富发展语言资源

我国是世界上语言资源最丰富的国家之一。语言及其方言是国家不可再生的、弥足珍贵的非物质文化，是构成文化多样性的前提条件。通过语言普查建立中华语言的语料库，就是建立中华文化的知识库、"基因库"。而且，通过语言普查，还有助于更加科学制定国家的语言政策及相关政策，协调好各种语言之间、语言和方言之间的关系，便于世界华人社区的语言沟通，为构建和谐的语言生活与和谐社会作贡献 ①。

汉语普通话是我国的语言活力超强的超强势语言资源。汉语普通话由于它形成的历史悠久，记录了极其丰富、珍贵的文献资料，现在使用人口众多，应用地域广阔，使用领域广泛，规范程度很高，语言功能完善，语言活力超强，应用效益显著，语言声望很高，语言影响广泛，对国家统一、民族团结、社会进步、经济文化科技发展，以及国际交流等发挥了重大作用。近百年来，它先被定为国语，后被确定为国家通用语言，其地位、作用、贡献和利用效益，都是最为重要、最为显著、最为巨大的，所以可以认为汉语普通话是我国的超强势语言资源。

三、扎实推动国家通用语言文字相关问题

（一）扎实推动国家通用语言文字工作

我国现阶段按照2017年3月14日教育部和国家语委关于印发《国家通用语言文字普及攻坚工程实施方案》的通知，应当加强贯彻落实《国家语言文字事业"十三五"发展规划》，确保"到2020年，在全国范围内基本普及国家通用语言文字"目标的实现，推动"国家通用语言文字普及攻坚工程"有效实施。

第一，充分认识在我国普及国家通用语言文字的重要意义。我国历来是统一的多民族国家，作为一个多语言、多方言、多种文字、多元文化的人口大国，加强国家通用语言文字的推行力度，有利于中华民族历史文化的传承，将对促进多民族和谐发展与维护国家统一，建设富强民主文明法治化的语言文化强国产生重要作用。

---

① 李宇明：《语言资源观及中国语言普查》，载《郑州大学学报（哲学社会科学版）》2008年第1期。

第二，高度重视基本普及国家通用语言文字在国家发展大局中的重要作用。随着我国工业化、城镇化、城乡一体化发展及大中城市建设和新农村建设水平的提高，中西部地区还有很多青壮年农民、牧民无法用普通话和民汉双语进行基本的沟通交流，这已经阻碍个人和西部边疆脱贫致富、影响少数民族地方和偏远山区经济社会发展、严重制约我国全面建成小康社会，甚至影响中国多民族团结和谐的统战事业。我们要重视扶贫首先要发展教育和经济文化建设，大力弘扬扶智，扶智应先通语，通语应当普及和推行国家通用语言文字与少数民族语言文字的广泛使用。

当今世界信息技术发展日新月异，互联网和计算机使掌握语言文字的全球人类结成新的亲密关系。我们要充分利用综合性、竞争性、渗透性、开放性、智能化、电子化、全球化、非群体性、个性化的电脑、手机、"互联网+"、大数据、云计算、微信、微博、慕课等新的信息技术有效普及推动国家通用语言文字，在反恐工作、民族团结进步教育、边疆区域稳定发展、国家长治久安中发挥重大作用。

第三，我国东部地区、中部地区、西部地区加大力度发展好各地方言和少数民族语言文字的同时，应确保到2020年，国家通用语言文字普及率平均达到80%。

（二）我国全面普及国家通用语言文字的意义

第一，全面普及国家通用语言文字可促使中华民族国家通用语言文字在全民经济社会生活发展中更好地发挥作用，进一步推进各民族、各地区政治经济文化等各领域的深入交流，最终能够推动国家通用语言文字和少数民族语言文字及文化教育的协调发展。

第二，全面普及国家通用语言文字的同时能够促进各少数民族语言文字和文化教育的协调发展，这是符合我国文化事业和人才强国战略的先进生产力的发展要求、先进文化的前进方向和最广大人民的根本利益，是实现习近平新时代中国特色社会主义发展道路的总目标，尤其能够加速推动我国决胜全面建成小康社会的前进步伐，在早日夺取习近平新时代中国特色社会主义强国的伟大胜利方面奠定了强有力的基础保障。在习近平新时代中国特色社会主义思想引领下，全国各族人民团结一致要推动国家通用语言文字和少数民族语言文字应用向标准化、规范化发展，这是保证我国经济社会高效运转和加快提升全面实现信息化水平的必要条件，加强开展我国通用语言文字规范化和普及使用方面的评估工作，就是要进一步提升我国丰富的语言资源战略能力和全国普及国家通用语言文字工作的整体水平，加强全国各族人民从每个人、每个家庭、每个单位做起，促使全面规范监督我国各级文化教育主管部门和各类学校在全社会发挥基础性作用和更好的积极影响。

第三，我国在全国范围内普及普通话和语言文字规范化是素质教育的重要内容。充分发挥教育教学的主渠道作用，对从幼儿到老年大学及国际留学生和全世界孔子学院受教育者进行国家通用语言文字教育，使幼儿到老年大学及国际留学生和全世界孔子学院受教育者具备良好的语言表达能力，是造就数以亿计高素质劳动者、数以千万计专门人才和一大批拔尖创新人才及人才强国的需要。开展语言文字规范化评估工作，对于全面推进素质教育和大众教育、提高我国国家通用语言文字者人文素养具有重要意义。

第四，现在我国对国家通用语言文字进行推广普及是新时代中国特色社会主义文化教育发展需要所决定的，这项重要工作推动过程中，也要注意重视和保护我国少数民族同胞的语言文字和各地区的方言土语的健康发展，我们对国家通用语言文字进行推广普及和保护发展少数民族语言文字及方言土语等语言战略资源，才符合习近平新时代中国特色社会主义文化教育强国的发展道路。逐步提高应用规范化语言文字水平的过程，是进行爱国主义教育、优秀文化传统教育、世界人民友好往来教育及坚持在全球发展中保障和改善民生的大善大智教育过程。

（三）全国人民要重视学习《国家通用语言文字法》

1. 重视学习《国家通用语言文字法》及其相关条款

我们在全国范围内要依法全面推广普及《国家通用语言文字法》这一国家通用语言文字领域的第一部专门法律。我们始终以根本法《宪法》为依据，把普通话和规范汉字作为国家通用语言文字，要在全中国推广好、使用好。全方位保证实施规范化、标准化的国家通用语言文字要得到健康发展，促使普通话和规范汉字在我国经济社会生活中更好地发挥作用时，还应保障和兼顾少数民族同胞的语言文字及汉藏双语等民汉双语在我国局部或全国各地使用。现实生活中，作为国家通用语言文字的普通话和规范汉字及少数民族语言文字和全国各地方言土语，同等重要地在国内外不同地区经济文化交流和各民族沟通交往中发挥着重要作用。我国是一个大一统的多元文化并存的国家，多民族交流交融过程中相互离不开，因此，我们应以根本法《宪法》、刑事民事行政等三大诉讼法、《民族区域自治法》、《国家通用语言文字法》为依据，在将作为国家通用语言文字普通话和规范汉字在全国范围内使用好、管理好、监督好的同时，要确保各民族都有使用和发展自己的语言文字的自由，并科学引导全国各族人民在不同环境和不同时期，确保我国公民不但具有学习和使用国家通用语言文字的权利，而且拥有学习和使用少数民族语言文字的权利。

2.《国家通用语言文字法》的条款内容与我国宪法和法律需要协调发展

《国家通用语言文字法》第5条规定："国家通用语言文字的使用应当有利于维护国家主权和民族尊严，有利于国家统一和民族团结，有利于社会主义物质文明建设和精神文明建设。"同样的道理，少数民族语言文字及各地区方言土语的使用，亦应有此作用。

四、依据宪法和相关法律法规开发利用藏汉双语与区域性方言的价值作用

我国是一个多民族、多语言、多文字的国家。在少数民族中，53个少数民族都有自己的语言（回族和满族两个民族通用汉语），其中22个少数民族使用着28种本民族的文字。语言文字作为人们思维活动的符号载体，是人类表达愿望、进行社会交流的重要工具。在人类的历史进程中，语言文字的创造与发展总是被打上深刻的民族烙印，反映着使用该语言文字的民族的历史、文化、地理、生产及生活方式的特点。语言文字不仅成为识别民族种类的一个重要标志，而且具有很强的民族凝聚力，保存和传播着民族的历史和文化。所以，少数民族语言文字是少数民族的一个重要特征，对少数民族语言文字的重视和保护是体现民族特色、促进民族团结、合理处理民族关系的必要之举。然而，目前我国少数民族语言文字的使用现状不容乐观，积极寻求保护少数民族语言文字的对策就显得极为重要[1]。

（一）全面落实我国宪法、法律、法规中有关各民族语言文字使用的规定

我国《宪法》第4条第4款明确规定："各民族都有使用和发展自己的语言文字的自由，都有保持或者改革自己的风俗习惯的自由。"第139条规

---

[1] 李晓丹：《论少数民族语言文字的保护对策》，载《重庆交通大学学报（社会科学版）》2010年第6期。

定："各民族公民都有用本民族语言文字进行诉讼的权利。人民法院和人民检察院对于不通晓当地通用的语言文字的诉讼参与人，应当为他们翻译。在少数民族聚居或者多民族共同居住的地区，应当用当地通用的语言进行审理；起诉书、判决书、布告和其他文书应当根据实际需要使用当地通用的一种或者几种文字。"

我国《刑事诉讼法》《民事诉讼法》《行政诉讼法》等三大诉讼法也明确都规定了各民族人民有使用本民族语言文字进行诉讼的权利。

《民族区域自治法》第10条明确规定："民族自治地方的自治机关保障本地方各民族都有使用和发展自己的语言文字的自由，都有保持或者改革自己的风俗习惯的自由。"第21条规定："民族自治地方的自治机关在执行职务的时候，依照本民族自治地方自治条例的规定，使用当地通用的一种或者几种语言文字；同时使用几种通用的语言文字执行职务的，可以以实行区域自治的民族的语言文字为主。"第47条规定："民族自治地方的人民法院和人民检察院应当用当地通用的语言审理和检察案件，并合理配备通晓当地通用的少数民族语言文字的人员。对于不通晓当地通用的语言文字的诉讼参与人，应当为他们提供翻译。法律文书应当根据实际需要，使用当地通用的一种或者几种文字。保障各民族公民都有使用本民族语言文字进行诉讼的权利。"第49条规定："民族自治地方的自治机关教育和鼓励各民族的干部互相学习语言文字。汉族干部要学习当地少数民族的语言文字，少数民族干部在学习、使用本民族语言文字的同时，也要学习全国通用的普通话和规范汉字。民族自治地方的国家工作人员，能够熟练使用两种以上当地通用的语言文字的，应当予以奖励。"

《教育法》第12条规定："国家通用语言文字为学校及其他教育机构的基本教育教学语言文字，学校及其他教育机构应当使用国家通用语言文字进行教育教学。民族自治地方以少数民族学生为主的学校及其他教育机构，从实际出发，使用国家通用语言文字和本民族或者当地民族通用的语言文字实施双语教育。国家采取措施，为少数民族学生为主的学校及其他教育机构实施双语教育提供条件和支持。"

1989年《幼儿园管理条例》第15条规定："幼儿园应当使用全国通用的普通话。招收少数民族为主的幼儿园，可以使用本民族通用的语言。"

1988年的《扫除文盲工作条例》第6条规定："扫除文盲教学应当使用全国通用的普通话。在少数民族地区可以使用本民族语言文字教学，也可以使用当地各民族通用的语言文字教学。"

总之，在习近平新时代中国特色社会主义思想指引下，为了国家的安全稳定和中华民族经济社会的快速发展，当今中国必须依法重视民族平等和民族团结这个大事，在全国范围内加强监督依照宪法和法律禁止民族歧视和民族压迫，反对大民族主义和地方民族主义。现行《宪法》第4条第1款明确规定："中华人民共和国各民族一律平等。国家保障各少数民族的合法权利和利益，维护和发展各民族的平等团结互助和谐关系。禁止对任何民族的歧视和压迫，禁止破坏民族团结和制造民族分裂的行为。"根据《宪法》，在中华人民共和国境内，凡具有中华人民共和国国籍的中国公民，不分民族、种族、性别、职业、家庭出身、宗教信仰、教育程度、财产状况，居住期限，都一律平等地享有宪法和法律规定的权利，任何人不得有超越宪法和法律的特权。平等不仅表现在社会生活中平等享受权利，而且也包括法律面前、法律适用方面一律平等。民族区域自治法的序言和第9条又对民族平等进行了进一步的强调，禁止民族歧视和压迫。《人民法院组织法》第5条、《刑法》第4条、《刑事诉讼法》第6条、《民事诉讼法》第8条都规定公民在适用法律上一律平等，阐明司法机关在检查、审判案件时，对于一切公民，不分民族、种族在适用法律上一律平等，不允许有任何特权，不能对一部分适用而对另一部分不适用，不能因为是汉族而有所偏袒，也不能因为是少数民族而有所歧视。平等权又被称为免受歧视的权利，是指一切个人享有的权利或受到的待遇均应平等，不得以种族、肤色、性别、语言、宗教、政治或其他见解、民族或社会出身、财产、出生或其他身份或地位等任何不合理的理由予以区别对待。任何基于民族的歧视行为都会腐蚀民族关系，危害社会稳定。因此，《刑法》在分则部分针对禁止歧视和保护少数民族合法权利设置了专门罪名，其中包括第249条的煽动民族仇恨、民族歧视罪和第250条的出版歧视、侮辱少数民族作品罪。这些条款列举了一些在中国的司法实践中常见的主要歧视行为，并对其加以适当的刑事惩罚，从而表示我国法律针对少数民族的歧视行为的零容忍。除了《刑法》以外，我国的其他法律也对民族歧视行为加以禁止。《劳动法》第12条规定，"劳动者就业，不因民族、种族、性别、宗教信仰不同而受歧视"。《就业促进法》第3条第2款规定，"劳动者就业，不因民族、种族、性别、宗教信仰等不同而受歧视"；第28条第1款规定，"各民族劳动者享有平等的劳动权利"。其他的法律法规也强调严禁煽动民族歧视的任何行为和言论。如《商标法》第10条第1款第6项规定，商标不得使用"带有民族歧视性的"文字、图形。《互联网信息服务管理办法》第15条规定，互联网信息服务提供者不得制作、复制、发布、传播含有"煽动民族仇恨、民族歧视，破坏民族团结的"内容。《电信条例》第56条规定，任何组织或者个人不得利用电信网络制作、复制、发布、传播含有"煽动民族仇恨、民族歧视，破坏民族团结的"内容。《电影管理条例》第25条规定，电影片禁止载有"煽动民族仇恨、民族歧视，破坏民族团结，或者侵害民族风俗、习惯的"内容。《出版管理条例》第25规定，任何出版物不得含有"煽动民族仇恨、民族歧视，破坏民族团结，或者侵害民族风俗、习惯的"内容。《音像制品管理条例》第3条规定，音像制品禁止载有"煽动民族仇恨、民族歧视，破坏民族团结，或者侵害民族风俗、习惯的"内容。《治安管理处罚法》第47条规定，"煽动民族仇恨、民族歧视，或者在出版物、计算机信息网络中刊载民族歧视、侮辱内容的，处10日以上15日以下拘留，可以并处1000元以下罚款"。这些条例和法规通过具体的行为规范，限制任何形式的针对少数民族的歧视，保障少数民族在社会生活中免受歧视 [1]。

（二）少数民族语言文字、方言和繁体字以及外国语言文字的学习使用问题

所谓主体性政策，是指《宪法》规定"国家推广全国通用的普通话"，所谓多样性政策，是指《宪法》中规定的"各民族都有使用和发展自己的语言文字的自由"。这两条规定是中国语言政策的总原则。我国从宪法法律方面严肃对待我国的语言政策及语言资源保护工作，依法依规要做到尊重各民族语言文字的发展规律，注重协调好国家通用语言文字与少数民族语言文字、方言、繁体字以及外国语言文字使用方面的多样性的辩证统一关系，在国际国内大环境下发挥好国家通用语言文字主要作用的前提下，依法保障落实好少数民族语言文字、方言、繁体字以及外国语言文字在全国各地最需要的地方学习使用和发挥应有作用的实际问题。

在努力建设中国特色社会主义法治国家和全面深入推进司法为民的大背景下，我国加强落实国家通用语言文字与少数民族语言文字、方言、繁体字以及外国语言文字按照法律规定的要求各得其所、各展所长，始终遵

---

① 古丽阿扎提·吐尔逊：《我国少数民族权利法律保护探析》，《民族研究》2011年第5期。

循科学和法治的基本原则保护发展好各民族语言文字，从而切实保障国家安全与我国政治、经济、文化、社会生活中广泛使用的语言战略资源的健康发展。

少数民族语言文字是我国拥有该少数民族语言人民群众的重要信息和思想交流工具，是该民族独特思维方式以及民族心理的重要体现，承载着该民族特有的民族文化，蕴含着该民族深厚的民族情感，往往是该民族文化遗产和文化精髓的集中体现，也是中华民族优秀文化的重要组成部分，少数民族语言文字的传承与发展意义重大。然而，我国少数民族语言文字传承在迎来难得的历史发展机遇的同时，也正面临着前所未有的挑战。

（三）开发利用藏汉双语和区域性方言资源的社会服务功能

从我国历来的实践经验看，在对待和解决我国少数民族地区的各种社会问题和法律纠纷及民族宗教问题方面，不能采取"拿来主义"，一定要依照宪法法律，在尊重、保护、理解、认同的基础上，兼顾少数民族地区和边疆地区各族群众使用的语言文字、信奉的历史传统和风俗习惯。接受的文化教育程度，比如国家通用语言文字没有普及推广的藏族农牧区，要按照当地老百姓的真实需求，先聘请熟悉当地情况和精通藏汉双语及当地方言的专业人士进行交流沟通，保证民族宗教和统战教育等一切工作能够得到顺利开展。

在少数民族地区用本民族语言文字进行诉讼，是《宪法》赋予我国少数民族群众的基本权利，我国的《宪法》、三大诉讼法、《民族区域自治法》《人民法院组织法》等对此也作了专门规定。在边疆和少数民族地区一系列民族宗教统战工作中，首先要通过语言文字关，熟悉风俗习惯和宗教信仰及历史文化的传统发展规律，这是非常重要的。只有了解当地的传统历史文化、风俗习惯、宗教信仰、伦理道德评判标准等，才容易融入到这个文化圈，才会获得当地人的认可，我们才能引领当地各族群众推动经济社会的快速发展。

我国的《宪法》第139条规定："各民族公民都有用本民族语言文字进行诉讼的权利。人民法院和人民检察院对于不通晓当地通用的语言文字的诉讼参与人，应当为他们翻译。在少数民族聚居或者多民族共同居住的地区，应当用当地通用的语言进行审理；起诉书、判决书、布告和其他文书应当根据实际需要使用当地通用的一种或者几种文字。"依据上述条文的法治精神，在民族地区保障用汉语和藏语等少数民族语言（双语）进行审理。

近年来，随着民族地区经济社会的发展，人民群众通过司法维护权益的意识不断增强，法院受理案件数量大幅增加，社会各界，特别是少数民族地区人民群众要求加快双语法律人才培训工作的愿望和呼声很高，民族地区的人大代表和政协委员也多次在全国、全省两会期间呼吁建立藏汉双语人才培训基地。针对这些情况，最高人民法院院长周强在全国法院队伍建设工作会议上强调，"要加快少数民族法官培训基地建设，加快实施'双语'人才培养规划，不断提高基层法官的业务素质和司法能力"。很快，最高人民法院在甘肃省法官学院甘南分院设立国家法官学院舟曲民族法官培训基地，省委政法委、省人大、省委党校、省检察院、省公安厅、省司法厅、西北民族大学、甘肃民族师范学院等单位相继设立了培训基地及教学实践基地等11个培训机构。学院建设规模逐步扩大、师资力量不断增强、教学质量稳步提高，培训范围从双语法官拓展为双语法律人才，培训范围从甘肃省内拓展到全国。目前，学院已举办各类培训班74期，培训学员9400余人次，参训学员覆盖全国56个民族和全国各省区法院、解放军军事法院、新疆生产建设兵团人民法院。学院的教学培训工作开创了全省政法系统民族法律人才培养专业化先河，逐步成为西部乃至全国民族法律人才培养的重要基地。学院总结了两年来短期培训双语干警方面的经验。为了确保培训质量，紧跟民族地区审判需求实际，针对学员民族语言掌握的程度，创造性地开办了为期6个月的全省少数民族地区政法系统藏汉双语初级培训班、全省政法少数民族地区系统藏汉双语提高培训班，为期2个月的全省少数民族地区政法系统藏汉双语骨干培训班、全省少数民族地区政法系统藏汉双语强化培训班，已培训双语政法干警430人。省法院教育处处长孙伟介绍，通过培训，80%的学员在藏语读、写、拼和法律翻译方面取得较大进步，有61名干警可以用藏汉双语开庭和书写判决书，他们已经成为民族地区司法和普法战线上的骨干力量。通过学习交流，政法干警增强了执法办案能力，增进了对少数民族历史、文化、宗教知识的了解，做基层群众工作的能力进一步得到提高 ①。

---

① 《甘肃省法院加强双语法官培训推进民族地区法制文化建设纪实》，载每日甘肃网，2016年11月4日。

近几年西藏自治区、甘肃、青海、云南、四川等"一区十州两县"全国藏区"党政军企"、学校、法院、检察院、公安、报社、新闻媒体单位借助广播电视和网络媒体等全面展开的藏汉双语与区域性方言的服务功能，是不可替代的，对藏族等民族地区的稳定发展与我国国家安全和长治久安方面作出了自己独有的贡献。

在同德县尕巴松多、曲什安、巴沟等乡镇，由海南军分区藏汉双语宣讲团创作的三句半《十九大精神暖人心》，被当地各族群众广为传诵。该军分区严康林司令员告诉笔者，党的十九大召开后，军分区及时组织藏汉双语宣讲团，深入雪域藏乡宣讲党的富民政策、讲授科技知识、播撒爱民情怀，用实际行动为各族群众传播党的好声音，坚定广大牧民群众听党话跟党走的政治信念，成为了赢得民心民意的"桥头堡"。

该军分区紧跟形势抓教育，始终把宣讲党的十九大报告、党的路线方针、民族宗教政策和各项惠民措施作为一项基础性工程来抓。他们坚持发挥"宣传队"和"播种机"的作用，宣讲党的富民政策从未间断过，每周都要派出双语宣讲团，带着分类整理的"口袋书"，走村入户，深入乡村牧区进行宣传，不断将党的阳光送进千家万户，播撒在牧民群众的心坎上，为藏区全面建成小康社会贡献力量。

为使宣讲能取得实效，该军分区引导双语宣讲团成员针对群众关注的问题、感兴趣的话题、理解上的难题，坚持宣传内容上求"实"、宣传方式上求"活"、宣传语言上求"土"的原则，把深奥的道理讲通俗、把抽象的概念讲具体。围绕与群众息息相关的民生问题，他们收集整理了上百个小故事，从酥油青稞到炒菜馒头看"吃的变化"、从挤住帐篷到砖砌楼房看"住的变化"、从牛驮马载到汽车摩托看"行的变化"等10多个方面，让群众通过亲眼目睹、亲身体会，不断增进对党的信任和爱戴。

在宣传党的十九大精神的同时，该军分区双语宣讲团还坚持为各族群众排忧解难送温暖，深化军民鱼水情。同德县人武部部长李宏永在"帐篷课堂"上得知：巴沟乡下阿格村村民多加，家中突发大火烧光全部家产，4口人挤住在一顶3平米的帐篷里，衣食无着落；尕巴松多镇完科村村民旦正措，半年前查出胃癌，每次化疗费就高达4万多元，对原本就一贫如洗的她来说无疑是雪上加霜，还有尕巴松多镇欧后扎村二社村民更洛加，在山坡上赶羊时不慎摔倒，造成双腿粉碎性骨折，躺在家中无钱医治……面对这8个特困户牧民，李部长看在眼里、急在心里，将情况逐级反映到军

民族事务依法治理研究

分区和同德县扶贫办，协调有关部门从"党政军企"返贫救助基金中提取现金给予救助。

据该军分区政委杨康虎介绍，军分区藏汉双语宣讲团先后为驻地群众发放藏汉双语宣讲资料11500多份，制作宣讲展板20多张，举办科技讲座7期，培训技术人员170多人（次），以实际行动为海南藏族自治州经济社会发展作出了应有贡献。

如西藏自治区藏语委办（编译局）将与西北民族大学合作建设藏汉双语翻译培训教材和网络教育课程。西藏自治区藏语委办（编译局）从2013年开始，"不断加强藏汉双语人才培训，偏重基层干部培训"。至今累计培训近3000人，培训覆盖西藏自治区全区。西藏自治区约有人口312万，其中91.5%以上是藏族和其他少数民族。汉语文、藏语文是各民族交流、交往、交融的重要载体。据悉，今后将以"送出去、请进来"的方式培养西藏藏汉双语翻译人才，每年分两批组织人才到西北民族大学进修，同时邀请西北民族大学的师生来各地市教学交流，"争取区内两次，区外两次"。西北民族大学2015年、2016年连续两年举办培训班，为西藏培养了120余名藏汉双语翻译人才。西北民族大学与西藏自治区藏语委办（编译局）签订了《西北民族大学——西藏自治区藏语委办（编译局）"十三五"期间（2017年至2020年）西藏藏汉双语翻译人才培养合作框架协议》合作协议[1]。为扎实推动培训工作开展，西藏自治区党委组织部及时指导各级党校（行政学院）结合年度村（居）负责人轮训安排，将"双语"培训纳入教学计划，采取灵活多样的教学方法，通过适当的考核措施，促进村（居）干部汉语能力的提高；以近年来从高校毕业生、退伍军人中招录的乡镇公务员、基层事业单位工作人员为重点培训对象，此外，各地市委组织部、人力资源和社会保障局（公务员局）每年还将对本地市干部职工学习"双语"情况进行督查考核。据介绍，今后，西藏自治区将进一步整合资源、统筹推进，落实责任、强化保障，加大培训力度，增强培训的系统性、规范性，力争用3到5年时间培养数万名讲政治、知政策、懂"双语"、会用"双语"做群众工作的基层干部。

语言是思维的载体，也是人际沟通最重要的工具。今年以来，在深入开展第二批党的群众路线教育实践活动中，西藏自治区各地市也纷纷把汉

---

[1] 《西藏加强藏汉双语人才培训将推出翻译教材及网络课程》，载中国新闻网，http://www.chinanews.com/cul/2017/08-30/8318200.shtml，2018年4月22日访问。

族干部学藏文、民族干部学汉文作为活动的有效载体和自选特色动作，掀起了"双语"学习的热潮。拉萨市共结帮学对子6921对，集中授课714场次，参学人数有1.3万余人次，发放学习资料6383份，覆盖率达97%；山南地区县级领导干部带头学习"双语"，窗口单位、服务行业干部职工先学先用，各乡镇、驻村工作队、寺管会利用中小学师资，广泛开展"双语"培训；昌都市11个县、138个乡镇都成立了"双语"培训工作领导小组，把培训作为基层党组织工作绩效考核内容，不断强化工作责任，党校充分发挥主阵地作用，坚持集中培训，定期考核，举办汉语培训班569期、藏语培训班806期，基本掌握"双语"的县乡干部达8000余人。学习藏汉"双语"，已成为各地（市）干部职工和基层民众日常生活的一部分。

为让更多群众感受法治阳光，在中国国家法官学院西藏分院的努力下，常用藏语法律术语得到统一，不仅规范了藏汉法律术语的翻译标准及藏文裁判文书的书写要求，还建立了各级法院的藏文法律翻译队伍，基本能满足基层农牧民对法院藏文工作的需求。目前，全西藏自治区70%法官精通藏汉双语，人数达到799名。

中国国家法官学院西藏分院副院长德琼说，党的十八届四中全会吹响了依法治国的新号角，具有划时代的里程碑意义。中华民族的伟大复兴，离不开法治的保障和支撑。加强藏汉"双语"法官人才培养，不仅保障了少数民族地区民众以本民族语言诉讼的权利，也是依法治藏的具体体现。

据介绍，为加强"双语"法官培训师资队伍，中国国家法官学院西藏分院还选聘了首批兼职教师64名，这些教师以一线优秀法官为主，具有较丰富的审判实践经验，初步形成了西藏法官教育师资库；同时《藏语文法律术语》《藏语文裁判文书制作》等4本专业教材可应用到教学实践中①。

2017年4月20日，在四川省阿坝藏族羌族自治州阿坝州壤塘县南木达镇的每周例会上，一场从常用问候语入手的藏汉双语培训课举行。南木达镇党委书记康术元说，懂藏汉双语，就很容易拉近与当地群众间的距离，"他们有什么困难，有什么心里话都可以直接跟我们交流。""以前因为交流障碍，很多政策不能有效传达给藏族群众，产生了距离，关系疏远了。"康术元说，除了集中培训学习，南木达镇机关干部还通过"党员干部进村入户、结对认亲交朋友"等活动，在与藏族群众拉家常中学说藏汉双语，

---

① 冯骥：《西藏自治区开展干部"双语"培训工作纪实，载《西藏日报》2015年3月12日。

不断消除干群交流障碍，进一步提升服务基层群众的能力。针对部分机关干部不会说藏语，部分村干部不识汉字、不会说汉语，在制定《关于进一步加强基层干部藏汉双语学习培训的实施方案》基础上，2016年5月，阿坝州出台《阿坝州干部藏汉双语培训及考核测试实施方案》，全面启动藏汉双语培训及考核测试工作，广泛组织30753名干部职工学说藏汉双语，做到机关干部学习藏语全覆盖、村（社区）干部学习汉语全覆盖、藏汉双语培训考核测试工作全覆盖，让学、说藏汉双语成为阿坝州每名干部的"必修科目"。目前，阿坝州已组织3929名乡镇干部参加藏语测试，2961名村社区干部参加汉语测试，藏语测试平均合格率76.7%，汉语测试平均合格率97.8%。

四川省阿坝藏族羌族自治州结合本县实际和本片区语系实际，编制本土培训教材，采取普遍轮训、脱产集训、"干部夜校"等方式，集中对机关、乡镇、村干部进行培训，并广泛组织藏汉"双语"培训测试工作，着力提升基层干部的"双语"水平，解决干部与群众交流的"语言关"，为全州全面建成小康社会和"三区一中心"发挥了积极作用。

一是在深入调研论证、广泛征求意见的基础上，制定出台了《关于进一步加强基层干部藏汉双语学习培训的实施方案》《阿坝州干部藏汉双语培训及考核测试实施方案》，明确各成员单位的工作职责，明确目标要求。

二是按照实用管用的原则，把知民俗、懂方言、能情景对话作为重点，州县相关部门组织专家、学者编撰本地区通用、统一、专业的藏汉"双语"培训和法律法规、习总书记讲话精神等学习教材。目前，已印发《安多藏语会话教材》《村干部汉语口语教材》等8种系列的本土教材4.6万余册，供培训班和广大干部群众学习"双语"使用。

三是阿坝州在深入调研、多方协调的基础上，综合考虑州内"双语"培训教育资源配置情况后，抽选189名骨干人员，建立完善州县两级藏汉"双语"培训师资库。并从"藏汉翻译人才库"及"培训教师师资库"中收集到州级部门从事藏语文翻译（副高级以上）和教学的专业人员，初步建立了"州本级藏语优秀培训教师师资库（26名）"及"藏语教学专家库（30名）"。

四是州县各部门、乡镇、村（社区）结合实际制定了"双语"培训规划和实施办法，采取一对一、一对多、多对一的方式，组建"双语教学志愿服务队"，安排懂藏语与不懂藏语、懂汉语与不懂汉语的乡、村干部结成帮扶对子，实行结对帮学、对应考核、适当奖励；整合党校教室、远程教育中心等资源，在县乡村三级开办藏汉双语基层干部夜校，学习藏汉双语、政策法规等知识；各机关单位利用职工大会，组织本部门干部职工集中学习藏汉双语，并安排专人全程跟班管理，严格记录学员出勤等。目前，州县举办各类大型集中培训650场次，培训干部3.25万人次，做到机关、村（社区）干部学习培训"两个全覆盖"。

五是将藏汉"双语"工作纳入基层党建工作考核工作问责内容，让学、说藏汉双语成为阿坝州每名干部的"必修科目"。目前已组织3929名乡镇干部参加藏语测试，2961名村社区干部参加汉语测试，藏语测试平均合格率76.7%，汉语测试平均合格率97.8%。

六是各级机关部门运用"双语"开展法治宣传、业务工作，打通了联系服务群众的"最后一公里"。如根据藏区牧民不识汉字、不会电脑、汉语会话难、考驾合格率低的实际，在牧区县试点推行"藏汉双语"驾考服务，将国家驾考理论题库翻译成藏文，制作藏汉双语驾考教材和藏语纸质考卷，举办牧民驾考培训班，通过图文、视频讲解高原驾驶特点，实行考试进程藏汉双语提示，解决牧民"考驾难"，牧民驾考合格率比试点前提高50%。

为让每个牧民都能听懂宣讲的政策，红原县从全县干部中抽调业务精、又熟悉当地风俗习惯的优秀藏汉双语干部组成法治政策宣讲团，采取藏汉双语宣讲模式，从2007年开始，进村入户下牧点，宣讲党的政策和法律知识。宣讲足迹遍布每个牧民点。红原县是阿坝州唯一以藏族聚居为主的纯牧业县，藏族占人口总数的83.2%。采用当地老百姓听得懂的语言来普法，成为法治政策宣讲团的首要任务。法治政策宣讲团分为藏语小组和汉语小组，分别由县政法委、宣传部、检察院、公安局、司法局、民政局、妇联以及乡镇等部门抽调的50多名精英组成，同时还吸纳了当地有威望的宗教界人士和教育督学加入其中。红原县司法局法宣股股长桑旦秋珍是土生土长的红原人，大学毕业后回到家乡工作，会说流利的藏语，又有法律知识功底，宣讲团成立之初桑旦秋珍便加入其中。"用藏语宣讲，能准确地将法律和政策内涵传递给农牧民群众。"红原县司法局党组书记果理说，双语干部正是保证法治政策宣讲效果的最重要载体 [1]。

藏区从幼儿、小学、中学、高中到设有藏语言文学专业的民族高校，

① 《红原县法制政策宣讲团探索藏汉双语宣讲模式》，载《四川日报》2014年3月17日。

都重视国家通用语言文字和藏族语言文字的学习使用。在藏区各类学校设立数学、物理、化学、医学、计算机等理工科藏汉双语本科、硕士专业，学习使用藏、汉、英、日等多种语言文字；新闻、文秘、法律、宗教、哲学、文学、翻译、行政管理、工商管理等人文社会科学藏汉双语本科、硕士、博士专业，学习使用藏、汉、英、日等多种语言文字。

五、藏汉双语等语言文字对民族团结教育和国家稳定发展方面的重要意义

藏汉双语等我国各民族语言文字的正确合法使用，直接关系到我国的民族宗教统战工作是否成功和国家安全稳定与长治久安的一系列大事业。

第一，民族之间的关系是否融洽，直接影响着民族之间语言文字的交流和少数民族语言文字的发展。现实中，不同民族之间的隔阂不同程度地存在，或多或少地影响着民族关系的良性发展。要促进少数民族语言文字的发展，就需要营造良好的民族关系，需要从两个方面作出努力：一是进一步健全处理民族关系问题的有效机制，及时处理民族纠纷；二是大力培养充实少数民族干部队伍。实践证明，少数民族干部在和谐民族关系中发挥了特有的作用，因为少数民族干部时刻关心本民族、本地区的发展，对民族问题的关心程度和敏感度普遍高于其他人。他们一般都属于文化层次较高的人，受党培养教育多年，同时又精通本民族语言，在维护民族团结和祖国统一、维护法律尊严、化解各类民族纠纷、妥善处理民族交往的突发事件中发挥着不可替代的作用 [1] 。

第二，藏汉双语等我国的语言文字在中华民族连贯发展至今的文明进程中发挥着重要作用，是我们独特的精神标识和文化印记。习近平总书记在庆祝中国共产党成立95周年大会上的讲话中指出："文化自信，是更基础、更广泛、更深厚的自信。"国家通用语言文字是国家重要的文化软实力，学好、使用好国家通用语言文字是增强我们文化自信的基础性工作。要树立语言资源意识，它不仅是国家重要的文化资源，还是重要的经济资源、战略资源，对国家发展战略至关重要 [2] 。要树立强有力的新时代语言资源和语言战略资源意识，不仅要把国家通用语言文字和藏汉双语等我国各民族语言文字提升为国家重要的文化资源，还是要把它提升为重要的经

---

① 李晓丹：《论少数民族语言文字的保护对策》，载《重庆交通大学学报（社会科学版）》2010年第6期。

② 王晨：《进一步贯彻实施好〈国家通用语言文字法〉》，载《中国人大》2016年第19期。

济、政治、军事、法治资源和各种战略资源，这将对国家安全与发展战略发挥重要作用。

贯彻实施《国家通用语言文字法》是我们的重要使命和神圣职责。语言文字工作是一项深具基础性、事关全局性、涉及全社会的重要工作，语言文字事业是国家综合实力的重要支撑力量，事关国民素质提高和人的全面发展，事关国家治理体系和治理能力建设，事关国家统一和民族团结，事关历史文化传承和经济社会发展，在国家发展战略中具有重要地位和作用 ① 。

藏汉双语等我国各民族语言文字和历史文化，在边疆民族地区的和谐发展、国内外合作交流、培养民族国家急需的各类优秀专业人才、中华民族团结稳定与长治久安，以及个人、群体、单位、民族、地区、国家、世界各地各行各业的交流合作与沟通来往中缺一不可。我们要在党的十八大和十八届三中、四中、五中及党的十九大和十九届一中、二中、三中全会精神指引下，深入学习贯彻习近平总书记系列重要讲话精神，在进一步实施和监督好《国家通用语言文字法》的基础上，保护发展各民族语言文字与历史文化，为全面建成小康社会、建设社会主义文化强国、实现中华民族伟大复兴的中国梦作出新的更大的贡献。

第三，依据国内外新形势，以确保国家安全为基础，在全面推动国家民族事业稳定发展和长治久安的前提下，开发利用我国丰富的语言资源，把语言资源提升为重要的战略资源，坚持国家安全和国家利益至上，以人民安全为宗旨的语言文字服务能力。进一步加强国家安全与我国通用语言文字的实施，在有效保护和充分利用藏语言文字等各少数民族语言文字及各种方言的丰富资源情况下，依照我国宪法和法律的相关规定，全国各族人民万众一心，全面推动国家通用语言文字的认同与国家认同、中华民族认同、中华文化认同，同时与有效保护藏汉双语等少数民族语言文字和谐发展的研究事业要协调起来，为保障我们国家统一、民族团结和社会稳定发展事业等方面提供政策支持和专业服务。

第四，从党和国家事业发展的战略角度来看，我国正在推动建设国家语言文字普及与有效保护各民族语言文字工作的新局面，采取了加强组织领导、重视宣传教育、创新工作机制、推进队伍建设、强化科研支撑、保障经费投入等具体的保障措施。大力推进个人、家庭、学校、单位、城市、农村、民族地区、全社会各族人民在国家通用语言文字普及与科学保护各

① 王晨：《进一步贯彻实施好〈国家通用语言文字法〉》，载《中国人大》2016年第19期。

民族语言文字方面的工作，进一步完善我国语言文字信息化、规范化、国际化建设水平。在重视弘扬传播中华优秀语言文化、完善语言文字工作治理体系、加强国家通用语言文字普及攻坚工程等方面，依据法律和政策，全面提高国家语言文字的服务能力和国家战略资源优势。为了进一步强化国家通用语言文字和各民族语言文字在维护国家统一、促进民族团结和社会发展中的重要基础作用，我们要紧密结合中国国情、社情、民情、族情等实际，中央和地方政府各级领导及民众不忘初心，牢记使命，因地制宜、因族制宜、因时制宜地加快实施全国各个省市自治区的国家通用语言文字普及率，要统筹规划引领好各民族语言文字和地方方言在基层社会发展的机遇和空间。国际化战略方面，国家通用语言文字和各民族语言文字及方言积极配合中国特色大国外交战略的实施，适应我国助推的"一带一路"建设、全球防治大气污染与环境保护、全球司法合作、中外人文交流机制等需求，加强与重点国家和民族的语言文化交流与合作，开辟多元化、多层次语言文化交流渠道。大力宣传推动中华优秀语言文化走向世界，打造中国方案和中国智慧的语言文字交流品牌，做好中华多民族思想文化语言文字术语传播工作。继续在世界范围内推广建设孔子学院和孔子课堂，帮助海外传播中国文化和中国语言文字的学校及培训机构加快发展，充分发挥其桥梁纽带作用。拓展中国文化与各民族语言文字在国际组织和国际社会中的使用范围。

第五，民族和国家的语言文字发展事业具有基础性、社会性、区域性、民族性、全局性、国家性和全民性及世界性的诸多特点，加强保护藏汉双语等我国的语言文字安全与语言资源是一个国家迈向强国而逐渐提升综合实力的重要支撑力量，事关国家民族整体素质的提高和全国各族人民的全面发展，事关我国五千年优秀历史文化的传承发扬和经济社会的快速发展，事关多元一体下的多文化多民族语言文字之大国的统一和民族团结进步教育事业，在国家发展战略中具有不可替代的重要价值。

民族地区法治文化建设中的特色主义考量

——以青海省为例

马天山

摘要： 文化是环境的产物，法治文化作为文化的有机组成部分，既是时代文化也是具有浓厚地方性特色的地域文化。法治文化对推进法治建设意义巨大，应当大力加强。决定民族地区特色法治文化建设的基础条件表现在国家法治建设大环境和地方本身具体条件两大方面。民族地区法治文化应当结合地方特色，以青海省为例，就是要在理论和实践上展示法治、发展、团结、稳定、示范等多重价值内涵，走弘扬与创新、挖掘与继承、批判与扬弃之路，坚持好"四个把握"，保障和加强七种正向力量。

关键词： 民族地区　法治文化　特色主义　青海

作者简介： 马天山，国家检察官学院青海分院院长，全国检察业务专家，青海省优秀法学家，兼职教授，硕士导师，法学博士。

党的十九大报告指出，中国特色社会主义进入了新时代。在谈到深化依法治国实践时明确提出"建设社会主义法治文化"[①]。本文拟结合十九大精神，立足当代中国法治建设实际，以青海省为样板，就中国民族地区建设什么样的法治文化、如何建设法治文化等问题，谈一些个人设想。

一、引言：法治与法治文化是互为推进的整体

文化是环境的产物，环境是文化的母体，有什么样的母体，就有什么样的文化酝酿、诞生和延续，一如有什么样的土壤，就会有什么样的果实，二者是产生与被产生的关系。文化又是时代的产物，时代是文化的滋养者，有什么样的滋养，就有什么样的文化"容颜"，一如服饰的演进，其材质、工艺、式样均随时代变化而变化，二者同样是产生与被产生的关系。文化以环境为载体、以时代为滋养而生存和发展、变化和传播，文化离不开环

---

① 《习近平：决胜全面建成小康社会 夺取新时代中国特色社会主义伟大胜利——在中国共产党第十九次全国代表大会上的报告》，载新华社，2017年10月27日。

境与时代的护佑和滋养。文化与地域、与时代"血脉相连",无论什么类型的文化都是特定环境、特定时代的产物,享誉世界的四大文明古国,便是以地域来划分的古代人类文明。世界上没有哪一种文化能离开具体环境和时代而存在,一方水土养一方人,也养一方那个时代的文化。

法治文化是文化的有机组成部分,二者在内容上是整体与局部、包容与被包容的关系,但实质上二者既互为表里又相互推进。在法治文化中,文化是法治的载体,法治是文化的核心。总体上,法治文化是法治建设程度和水平的文化表现,反映全体公民特别是国家机关及其工作人员等社会主体制定及尊学守用法律的基本态度,是法律意识、法治素养等诸方面的综合性体现。法治文化气息愈浓则表明法治建设程度和水平愈高,而法治建设程度和水平愈高则表明法治文化气息愈浓,因此二者呈现的是互为表里又相互推进的辩证关系。如果说法治文化是一种法的社会状态、社会氛围以及民众对法的态度的描述,是法的精神实质的形象化展示,那么法治建设则指向的是一个个具体的法治事项、环节和步骤,是法律制度产生、纸上的法律变为现实的法律的过程的揭示。没有法治文化的滋养,法治建设将会失去优渥的环境影响,而没有法治建设的引领,法治文化就会失去推动的力量而成为一潭死水。党的十九大报告明确提出建设社会主义法治文化,实践证明并将继续证明,深化依法治国实践必须加强法治文化建设,只有加强法治文化建设,才能更加深入地推进法治建设和依法治国实践,使其深入人心、深入灵魂,二者是一项整体的伟大事业的两个方面,不可分割。"文化是一个国家、一个民族的灵魂。文化兴国运兴,文化强民族强。没有高度的文化自信,没有文化的繁荣昌盛,就没有中华民族伟大复兴"①。

地方性法治文化是法治文化的有机组成部分。强调并且应当强调地方特色,是因为法治文化既是时代文化也是地域文化,是具有浓厚地方性因素的地方性知识。因此,研究地方法治文化建设,对继承优秀法治传统,摒弃糟粕,弘扬法治精神,因时因地提升法治建设的效率和质量,坚持全面依法治国意义十分重大。

二、决定特色法治文化建设的基础条件:特点把握

法治文化怎么建设、向什么方向发展、如何更好地体现法治文化的作

---

① 《习近平:决胜全面建成小康社会 夺取新时代中国特色社会主义伟大胜利——在中国共产党第十九次全国代表大会上的报告》,载新华社,2017年10月27日。

用，首先取决于对基础条件的准确认知。决定特色法治文化建设的基础条件表现在两大方面：一是国家法治建设的目的、性质和现状。它孕育法治文化的共性特征。二是地方本身的具体条件。它孕育法治文化的个性特征。法治文化在具有国家共性特征的基础上，还应当具有浓郁的地方特征。

（一）国家法治建设的目的、性质和现状

国家法治建设的目的、性质和现状，事关法治文化怎么建设和向什么方向发展等重大问题，是赋予法治文化核心内容的最重要因素。于此，主要考量两个问题，一是国家法治建设的现实成就。二是国家对于法治建设的未来需求。

2011年3月10日，我国庄严宣布，立足中国国情和实际、适应改革开放和社会主义现代化建设需要、集中体现党和人民意志的，以宪法为统帅，以宪法相关法、民法商法等多个法律部门的法律为主干，由法律、行政法规、地方性法规与自治条例、单行条例等三个层次的法律规范构成的中国特色社会主义法律体系已经形成。这表明中国已在根本上实现了从无法可依到有法可依的历史性转变，各项事业发展步入法治化轨道[1]，从此国家经济建设、政治建设、文化建设、社会建设以及生态文明建设的各个方面，都已实现有法可依。随后国务院新闻办发表《中国特色社会主义法律体系》白皮书，全面介绍了中国特色社会主义法律体系的形成和内涵，展示了我国立法成就。

2014年10月23日，党的十八届四中全会通过了《中共中央关于全面推进依法治国若干重大问题的决定》，指出全面推进依法治国，总目标是建设中国特色社会主义法治体系，建设社会主义法治国家。这就是，在中国共产党领导下，坚持中国特色社会主义制度，贯彻中国特色社会主义法治理论，形成完备的法律规范体系、高效的法治实施体系、严密的法治监督体系、有力的法治保障体系，形成完善的党内法规体系，坚持依法治国、依法执政、依法行政共同推进，坚持法治国家、法治政府、法治社会一体建设，实现科学立法、严格执法、公正司法、全民守法，促进国家治理体系和治理能力现代化[2]。

2017年10月18日，党的十九大对我国法治建设成就作了高度概括，指

---

① 吴邦国：《在十一届全国人民代表大会第四会次上的工作报告》2011年3月10日。
②《中共中央关于全面推进依法治国若干重大问题的决定》（2014年10月23日中国共产党第十八届中央委员会第四次全体会议通过）。

出我国民主法治建设迈出重大步伐。积极发展社会主义民主政治，推进全面依法治国，党的领导、人民当家作主、依法治国有机统一的制度建设全面加强。科学立法、严格执法、公正司法、全民守法深入推进，法治国家、法治政府、法治社会建设相互促进，中国特色社会主义法治体系日益完善，全社会法治观念明显增强。成绩虽然巨大，但我们也面临着社会矛盾和问题交织叠加，全面依法治国任务仍然繁重，国家治理体系和治理能力有待加强的挑战。因此，新时代中国特色社会主义思想明确指出，全面推进依法治国总目标是建设中国特色社会主义法治体系、建设社会主义法治国家①。坚持全面依法治国，成为国家一项基本方略，表明国家对法治建设的需求迫切而巨大。

从一系列关于当前中国时代特点、新形势和新任务、总目标和法治体系、路径和要求等频繁出现的关键词中，可以清晰解读出我们党对中国特点的准确把握和法治建设认识水平的新飞跃，更为重要的是鲜明地表达出了当代中国对法治建设的强烈希求和对未来法治建设方向的深思熟虑。显而易见，我们所要建设的应当是符合新时代中国特色社会主义思想要求的法治文化。

（二）地方本身的具体条件

国家大环境决定法治文化的共性特征，赋予法治文化本质属性和根本追求，使法治文化内涵相同、目标一致，从而构成法治文化宏观统一的核心要素，而法治文化的"细节"则由地方特点决定，构成区别因素。地方性因素构成法治文化的差异特征，在此意义上，法治文化是地方性产品。换言之，不同地方的法治文化应当深刻体现地方特点，因为只有深刻体现地方特点的法治文化，才会具有鲜活的生命力和巨大的推动力。

中国地域广大，民族众多，文化多元，面临着巨大的需求差异，在统一的法律制度下，只有建构起具有地方特点的法治文化，才能从不同的角度满足国家法治建设的需要，亦即我们所要建构的，还应当是符合地方法治建设需要的具有地方特点的社会主义法治文化。符合地方实际的法治文化，才是推动当地法治建设不断前进的巨大力量。

对于民族地区特点的把握，主要体现在自然和社会两大方面，并且应当侧重于具有影响力的"细节上"。可以青海为例说明。青海省建省时间

---

① 《习近平：决胜全面建成小康社会 夺取新时代中国特色社会主义伟大胜利——在中国共产党第十九次全国代表大会上的报告》，载新华社，2017年10月27日。

不长，但有着与其他省份显著不同的特点，特别是自然、社会、宗教等方面的"细节"，构成极为重要的省情特征。

1. 自然方面

面积广大。青海地域广袤，有72万平方千米，为全国第四大省份，面积与土耳其、智利大体相当。

地处高原。青海是"世界屋脊"青藏高原的一部分，平均海拔3500米左右 [1]，属于高海拔地区，地势复杂，宜农、宜居、宜牧的地方不多。

气候多样。青海东部为季风区、西北为干旱区、西部为青藏高寒区，三种气候区汇集一地，全国少有。

资源丰富。青海具有品种丰富、储量巨大的矿产资源、动植物资源、水能资源、太阳能资源等，蕴含着极高的经济价值、社会价值、生态价值和科研价值，对全国乃至全世界都有极为重要的意义。

位置重要。表现在两方面，一方面青海比邻新疆和西藏两大民族自治区，另一方面青海又是东进西出、南来北往的交通要道，起着极为重要的桥梁纽带作用。

2. 社会方面

文化多样。由于开发史与移民史同步 [2]，因此，青海随人口流动逐步形成了汉文化、佛教文化和伊斯兰文化三大文化圈。青海的文化史，实际上就是三种文化相互交流、碰撞、融合、同化和影响的历史。时至今日，三大文化以及其他一些文化均有自己的影响范围，构成了既具有一定地缘内涵，又具有不同传承方式、遵从形式和信仰主体的文化现象。三大文化虽然内涵不同，但并非独立存在，而是相互影响，形成许多亚文化圈，从而使青海的文化你中有我、我中有你，既异常丰富，又极端复杂。这是青海文化的民间形态，是青海法治文化建设必须直面的现状。

民族众多，杂聚相间。汉族、藏族、回族、土族、蒙古族和撒拉族是青海世居民族，其中土族和撒拉族为全国独有。世居少数民族主要是聚居，

---

① 按照国际通行的海拔划分标准，1500—3500米为高海拔。3500—5500米为超高海拔，5500米以上为极高海拔。

② 开发活动一定伴有人员流动。青海的大规模开发史，远自西汉就已开始。公元前61年，后将军赵充国出兵河湟取得胜利，为巩固成果，遂罢骑留守万人屯田。其后，历朝历代都有相应的经略活动。直到今天，不少青海人都认为自己是明朝时来自南京的。这一传说被考古发现和史料证实。中华人民共和国成立后，很多内地人来青海参加建设，使青海人口迅速增加。目前，西宁已经成为青藏高原上最为典型的移民城市。

也杂居，其他少数民族则以杂居为主，构成6个自治州、7个自治县和34个民族乡。这种分布状态，同样也是开发史和移民史造成的。西宁市、海东市和海西州人口以汉族为主，其他各州人口以少数民族为主。少数民族人口比重最高的是玉树州，接近97%。

青海省少数民族人口及比重基本情况（万人）[①]

	西宁	海东市	海北州	海西州	海南州	黄南州	果洛州	玉树州
少数民族人口	58.81	61.8	19.41	16.6	33.19	24.1	17.4	36.67
主要少数民族	回族藏族土族撒拉族等	回族藏族土族撒拉族等	藏族回族蒙古族等	蒙古族藏族回族哈萨克等	藏族回族土族蒙古族等	藏族蒙古族回族土族等	藏族回族	藏族回族
占当地比重	25.93%	44.28%	66.4%	30.79%	75.16%	93.92%	93.43%	96.91%
占全省比重	21.7%	23.4%	6.63%	6.29%	12.56%	9.12%	6.42%	13.88%
总人口/信教人员/宗教从业人员	573.17万/292万，占比52%　4.75万，占比0.8%							

经济发展较慢。青海省经济自1949年中华人民共和国成立后起步，至2016年，国民生产总值达到2572.49亿元，2017年上半年为1204.30亿元，人均地区生产总值为43531元[②]。总体上看，青海省经济有跨越式发展，但目前仍然属于欠发达地区，总量不大，布局不合理，结构单一，缺乏现代支柱型产业。

3. 宗教方面

宗教氛围浓厚。在青海省，藏族、回族、土族、蒙古族和撒拉族等世居少数民族基本全民信教，信教民众的衣食住行、生老病死等日常生活甚至生产活动，均深受宗教影响，而且有些宗教仪式已经演化成了民族习惯。

青海省宗教基本情况 [③]

主要宗教	主要有佛教、伊斯兰教、道教、基督教、天主教、萨满教和苯教等7种宗教传播

---

① 表中所列各地人口数及经济指标数据为最新数据，引自青海省委政策研究室编发的《省情手册——2014年》。

② 数据见青海省统计信息官网，2017年10月7日17∶08浏览。

③ 数据为调研和查阅相关资料所得。

信教人数	佛教	≈167.8万
	伊斯兰教	≈94.1万
	道教	≈9万
	基督教	≈3.5万
	其他	≈30万
寺院数	佛教	718（含汉传佛教寺院24座）
	伊斯兰教	1382
	道教	17
	基督教	9
宗教从业人员	佛教	27323
	伊斯兰教	2168
	道教	77
	基督教	13
宗教学院	藏语系佛学院、伊斯兰教经学院各1所	

信众多，寺院多。据资料显示，2014年青海全省共有信教群众292万人，占总人口的52%，有宗教从业人员4.75万人，占总人口的0.8%，有依法登记的宗教场所2168处[①]，平均每个市州有宗教场所361处，每个县有宗教场所47处，每1347名信教民众有宗教场所1处。从总人口看，青海省平均每2665人拥有宗教场所1处，比例较高。在寺院类别上，有汉传佛教寺院24座，宗教教职人员29名，有藏传佛教寺院694座，宗教教职人员27323名，有伊斯兰教清真寺1382座，宗教教职人员2168名，有基督教堂9座，宗教教职人员13名，有天主教堂4座，宗教教职人员4名，有道观17座，宗教教职人员77名。

启示在于：

第一，从大环境看，加强法治建设是大趋势，如何走、怎么走、走向哪里，国家有明确的顶层设计。这样的大环境，在宏观上对法治文化建设不但有着巨大而坚定的推动力量，而且规定了中国法治文化正确的发展方向、全面的内容建构和科学的实现路径，法治文化建设必须遵从于此。

第二，自然方面的特点，既对当地民众的生产方式、生活方式、居住方式、行为特点、交流联系、血缘纽带、文化传播等起着巨大的决定作用，也对法治文化建设有着巨大的影响。例如，在青藏、青新两大交通线一带，随物资交流形成了非常活跃的文化交流带。在河湟谷地，当地民众以农业为主，不管什么民族，都建有宅院，定居生活。在这样的环境中进行法治

---

① 这一数据多有不同。本处引自青海省委政策研究室编印的《省情手册——2014年》，第51页。

文化建设，具有相对较多的有利条件。牧区各州则以畜牧业为主，不管什么民族，都以牦牛帐篷为主，过着逐水草而居的游牧生活。农牧民被生产和生活资料严重束缚于一定范围内，且生产效率低下，因此寓生产于生活之中，并在有限的范围内交流沟通，成为他们日常行为的主要模式。由此形成的血缘圈子，同时也成了相互影响的文化圈子，两者叠加，将自然因素的巨大力量，深深勒刻于当地社会之中。在这样的环境中进行法治文化建设，对方式、内容、目标乃至语言都会产生许多特殊要求。

第三，社会方面的特点，既构成当地与外地在社会层面上的显著不同点，又构成文化在当地生存、发展、演变的具体社会条件，当地社会的历史与现实、民族与宗教、经济与文化，都能在此找到生动对应。这说明不同地方的社会特点，能准确反应出当地的发展阶段、文化样态、教育状况、经济水平、行政区划，特别是当地社会主体即民众的特殊性，既是准确认识地方特点的重要切入点，更是进行法治文化建设的切入点。

第四，地方传统文化对当地社会主体、社会行为、民众生产生活等诸多方面同样有着巨大的影响。例如，宗教是青海省地域文化中最鲜明、最复杂、最活跃的组成部分，构成影响社会主体思想、行为的重要因素。由于浓郁的宗教传统，在青海，寺院等建筑物的象征作用和实际功能被极度放大，而不仅仅只是被看成供奉神灵和信众活动的场地，它的存在不但强烈冲击着人们的眼球，更为重要的是它深深震撼着人们的心灵。在不同主体的不同视野中，它或者是天堂的路径，或者是精神的家园，或者是力量的象征，或者是文化的载体。在浓厚的宗教氛围之下，大多数人基本上都是"自觉"的信教者，个体的生产、生活与宗教仪轨保持着密切的一致，很大程度上，这些自然人同时也是宗教人。由于很多人对宗教信仰的"虔诚度"往往被盲目的热情所包裹，对宗教信仰的依赖度远远大于对其他文化知识的依赖度，使行为因缺少现代文明的引导而极易受宗教影响，使得社会秩序隐含在极大的不确定性之中。加之宗教的深度浸染，在许多人眼中，民族、宗教、文化三者实际上联结成为一体，不但使生活宗教化、宗教生活化，而且使民族宗教化、宗教民族化、文化宗教化，彼此不加区别，构成形同血缘但又大于血缘的多维度联系纽带，拉力极强且高度敏感，一动百动。

三、应当建设什么样的法治文化：目标选定及内涵赋予

发展中国特色社会主义文化，就是以马克思主义为指导，坚守中华文

化立场，立足当代中国现实，结合当今时代条件，发展面向现代化、面向世界、面向未来的，民族的科学的大众的社会主义文化，推动社会主义物质文明和精神文明协调发展①。

中国正处在全面建成小康社会的决胜阶段，中国特色社会主义进入新时代的关键时期②。在中国特色社会主义理论指引下，应当建设什么样的法治文化，需要用审慎的目光、宽阔的视野、科学的态度、正确的方式去对待。这是一个应当包括发现问题、揭示特点、推测趋势、摸索规律、给出建议等诸多内容的复杂工程。仍然以青海省为例加以说明。

青海省的历史沿革与现实发展表明，这一地区既有古老中华文化的深厚积淀，又深受传入该地的民族宗教的影响。既有多元文化的冲撞融合，又有多种地方政权的频繁更迭，不但是青海省乃至青藏高原社会变迁、文化交流、生产和生活不断改进的典型地区，更是一个可以看到国家发展、民族融合、宗教演进、法治进步大趋势、大潮流的多维度窗口。为此，青海省法治文化建设至少应当包涵以下的价值内涵。

（一）理论内涵

理论是行动的先导，正确的理论来源于正确的方法。当前在地方法治文化建设过程中，可以看到基本理论缺失产生的影响。例如，地方法治文化与国家整体法治建设和法治文化的关系，二者之间有什么样的互动规律；地方法治文化应当包括什么内容、怎么样体现地方特色与维护国家法治的统一；具体的立法、执法、普法、司法、守法行为与法治文化的对应等等。这些既包括国家制度、地区发展、法治建设、法治文化等方面的宏观理论问题，也包括操作层面的方法论等具体理论问题。

法治文化建设本质上是法治环境的营造问题，对于个人、群体、地方、国家而言具有不同的含义，对涉及的基本理论进行研究，有助于在传统理论没有关注或者关注不深的局限性上有所进展。

（二）实践内涵

法治文化建设是实践性极强的话题，一方面大量法治问题、一系列社会需求必须通过实践才能得到及时、公正、合理地解决，另一方面促进社会形成浓厚的法治氛围必须依赖实践。实践是法治文化成长壮大的深厚基

---

① 《习近平：决胜全面建成小康社会 夺取新时代中国特色社会主义伟大胜利——在中国共产党第十九次全国代表大会上的报告》，载新华社，2017年10月27日。

② 《习近平：决胜全面建成小康社会 夺取新时代中国特色社会主义伟大胜利——在中国共产党第十九次全国代表大会上的报告》，载新华社，2017年10月27日。

础和重大推动力量。

国家、社会、时代及民众对法治文化的需要，只有在实践中才能发现，也只有经过实践才能得到锤炼。秉持什么样的原则、制定什么样的制度、采取什么样的手段、达到什么样的效果，构成考量当代法治实践的重要内容。十九大强调深化依法治国实践，必须坚持厉行法治 [1]，就是对法治实践提出的重大要求。长期以来，我们虽然在法治建设上有着丰富的实践活动，但存在的问题仍然不少，各种事件的不断发生、问题的不断出现，严重刺激着维系安宁的纽带，时刻提示着人们必须高度重视法治实践，完善治理体系，提升治理的水平和能力。

基于国家法治建设实际，以上两大内涵可以细化阐述。

1. 法治文化建设中应当突出法律本身的价值，强调法治属性

法治文化建设的手段是多样的，但不突出法律本身价值的建设，不属于法治建设的范畴，无法取得任何持久而稳定的效果。就青海省来说，围绕法律本身价值推进法治文化建设，回答国家立法、地方立法以及立法的价值取向，回答推进法治建设的必要性、可行性。更为重要的是传导符合时代要求的法治理念，告诉地方治理者法律意识高于其他治理意识，告诉所有民众尊崇法律是基本义务和责任。在现代化的背景下，达成治理体系、治理能力和治理水平的高度统一，实现国家意识、法律意识、地方意识、民族意识和宗教意识的有机融合，从而深度促进并巩固发展、稳定、团结、繁荣、进步和平等的局面。这才是青海省法治文化建设的核心内容，是当前法治建设亟待解决的重大问题。

2. 法治文化建设中应当突出发展的理念，强调进步

社会治理既是现实问题，又是和发展一样漫长，一定会延及未来的重大问题。从目前情形看，在青海省许多地区，一些人甚至一些基层组织对发展的理解存在偏颇，一是不知道如何发展，二是不知道发展什么。没有均衡、充分、全面和科学的发展，很多问题就难以有效解决。对青海省来说，法治文化建设的重要目标就是为了促进发展。在渴望发展的迫切心态下，以宗教发展推动旅游、以资源开发提高收入的方式存在不足。在青海省法治文化建设中，贯彻、推进、维护均衡、充分、全面和科学发展，就

---

[1] 《习近平：决胜全面建成小康社会 夺取新时代中国特色社会主义伟大胜利——在中国共产党第十九次全国代表大会上的报告》，载新华社，2017年10月27日。

是指人、自然、社会、国家、宗教等元素的协调发展，而不是指将兴趣点、财富和人力集中于寺院的宗教式发展。社会稳定、民族团结、经济发展、文化繁荣等，才是泽被后世的科学的发展。

3. 法治文化建设中应当突出团结的理念，强调统一

祖国是一个大家庭，家和万事兴。团结是社会稳定、民族和谐、国家繁荣富强的基石。这必须也应该是一种共识。在青海省法治文化建设中，突出团结意义非常重大。一部地方历史，应该就是一部团结史。一部地方发展史，更是一部团结发展史。历史的辉煌、现实的壮丽、未来的美好，没有能离得开团结的，团结意味着繁荣发展。

在地方法治文化建设中突出法治理念，就是要用法治手段，关注地方文化建设中团结的价值的挖掘，对团结的全面性、广泛性做深入的文化植入，有利于实现持久和牢固的团结。

4. 法治文化建设中应当突出稳定的理念，强调和谐和秩序

稳定是发展的基石，和谐是秩序的前提。在青海这一类欠发达地区，社会稳定的基础较内地脆弱，引发社会矛盾的因素也较多。因此，在地方法治文化建设中注入维护稳定的因素，是筑牢社会稳定基础、减少不稳定诱因的重要举措。从本质上看，稳定表明社会秩序运行良好、社会主体关系和睦、社会利益分配合理、人们内心安宁踏实。在这个意义上，稳定是带有根本性、全局性、战略性的价值目标，是法治文化建设中的核心元素之一。

5. 法治文化建设中应当突出文化的广泛价值，强调协调一致

文化的法治和法治的文化是完全不同的两个概念，揭示的是法治和文化之间的不同关系，其精妙之处在于，前者表达的是文化视野中的法治，重点是文化中具有多少法治属性。后者表达的是法治视野中的文化，重点是法治中具有多少文化属性。建设法治文化，一方面要在文化的视野中纳入法治因素，另一方面要在法治的视野中纳入文化的因素，使法治和文化不再陌生、不再分离，达到以文化育法治思想、法治意识，以法治保护健康文化，促共同发展的目的。

值得一提的是青海省的宗教文化。青海省虽然具有浓郁的地方性宗教文化，但现代科学文化的浸润程度远远不够。一边是林立的寺院，在岁月轮转中传承着宗教，也传承着医药、历算等传统文化，一边却是现代科学文化发展窘境不断、困难重重，难以形成有效的影响力。强调地方法治文化建设，既是规范社会秩序，优化社会治理的过程，也是播撒当代文明，

特别是法治文明的过程。在浓郁的宗教文化土壤中，应当诞生出具有无限生命力的法律文化、法律精神，二者并不矛盾。在此，应当注意几点：

（1）文化是宗教的载体，宗教是文化的重要内容，宗教一定是文化，但文化不全是宗教，文化应当具有丰富的内涵和表现形式。宗教几乎成为某些地方文化的全部内容，实际上反应出当地文化多元性、时代性的不足。特别是把对传统文化的发掘，演变成对传统宗教文化的发掘时，宗教认同很可能会侵蚀、替代真正性质的文化认同。当宗教认同从民间弥漫到地方决策层的时候，势必对文化发展产生不利影响。

（2）宗教是重要的社会构成部分，但社会问题绝对不全是宗教问题。宗教是一种以超世信仰为核心而形成的综合的社会文化体系[①]，把宗教当成文化，从文化和社会的角度看待，容易使认识回归理性而不为神性或者狂热迷惑。文化眼中的宗教，是一种历史记忆和彼岸猜想，可以记载、描绘、传颂、建造，包含着叙述的智慧、论证的技巧和思维的深度与艺术。社会眼中的宗教，是理性和狂热的交织，是寺院的辉煌、信众的虔诚、仪式的神秘、活动的繁多和教律的森严。从文化的视野关注宗教，能从漫长的历史进程中，挖掘出宗教与社会、与人类特别是与信教群众之间无法分离的精神关系，从而由表及里，探求出宗教的诸多文化品格。从社会的角度阐述宗教问题本身，能全面探究宗教在社会中的地位，使宗教的神圣性闪耀出社会化的光泽，使宗教问题的社会内涵得到更为准确的揭示。如果脱离文化整体，机械或者孤立看待宗教问题，容易架空宗教，人为割断宗教与文化、与社会之间的天然联系。

（3）在宗教氛围浓郁的地区加强法治文化建设，实际上是在与宗教意识争夺人的社会行为的主导权，依法而行还是依宗教而行，虽然在导人向善方面存在一致性，但宗教意识支配下的行为与法治文化支配下的行为还是有着本质区别。法治文化支配下的行为，一定是积极的、健康的、向上的，符合国家利益和各民族利益，而宗教意识支配下的行为，很大程度上只符合本宗教、本地区、本民族或者个人利益，且很难保持足够理智，并存在与法律冲突的可能。

6. 法治文化建设中应当突出示范的理念，强调榜样作用

探讨法治文化建设，既是对特殊问题的认真思考，也包含着对共性问题的深刻认知。青海虽然有着特殊的自然和社会环境，但作为地方政府，

[①] 牟钟鉴：《中国社会评论者对宗教认识的新高度》，《中国宗教》2010年第7期。

它所面临的政治制度、法律制度、文化制度、经济制度又是全国统一的，这就使得特殊问题有了可资借鉴的共性基础，亦即问题是青海的，答案却可以共享。

当前我国很多地方面临着法治文化建设的难题。鉴于青海省情的复杂性、典型性和特殊性，如果能准确分析历史脉络、良好解决现实问题，那这一方式应该是一种模式或者范本，对如何看待当代法治文化问题、如何寻找症结、如何加以解决等方面无疑具有一定的参考意义。其价值在于，一是提供思路上的示范，二是提供方法上的借鉴，推而广之，可以对全国其他地方同类问题的分析、认识和解决起到帮助作用，这同时也是一种理念创新的示范和法律价值的示范。

法治文化建设，只有在准确体现社会主义核心价值观，遵从法治文化建设一般规律的基础上，揉合进地方特色，才能植根于中国大地而茁壮成长，与国家和地方的法治建设相得益彰。离开社会主义核心价值观，离开具体环境这块沃野，法治文化建设将成为无源之水，无本之木，不会产生任何功效。

四、如何建设富有地方特色的法治文化：路径选择

在中国法治的大发展时期 [①]，建设富有地方特色的法治文化，用只有六十多年法治建设和文化建设的成就去解决数千年形成的问题，任务极其繁重。因此，一方面必须坚持文化自信原则，另一方面必须注重路径选择。以下三条路径应当一并考虑：

一是弘扬与创新之路。即弘扬社会主义法治文化，创新弘扬的内容和方式，既坚持正确方向，又不固步自封，墨守成规。

二是挖掘与继承之路。即对丰富多彩的传统法文化和相关文化进行挖掘整理，审慎鉴别，优秀部分为我所用，部分合理的加以改造。

三是批判与扬弃之路。多元文化之地，文化纷繁复杂，必须秉持理性和科学态度，以当代的法治思维正确对待。特别是对习惯法、民族法等历史上的法律文化，应当进行全面的比较和分析，认真区分哪些是可以挖掘的，哪些是必须弘扬的，哪些是应当批判的。

为此，需要做好以下几方面的工作。

---

① 之所以将现在定义为法治建设的大发展时期，有两方面的理由，其一，法律体系的建立等基础性工作已经完成。其二，法治时代的真正来临，应当是科学立法、严格执法、公正司法、全民守法的全面实现，公民的法治意识、法治能力基本养成。进行法治建设和建成法治社会，是两个不同的概念，需要付出艰辛努力通过法治的大发展而实现。

（一）需要"四个把握"

第一，把握大趋势。坚持中国特色社会主义理论指引，不断深化依法治国实践是大趋势。把法治化治理当作有效方式加以运用，不只是治理手段规范化的问题，更为重要的是国家发展和强大需要秩序，尽管各地法治发展的水平不同、历史传承不同，运用法治的能力可能千差万别，但法治化的总体趋势无法改变。因此，法治文化建设不是一时一地之事业。

第二，把握基本原则。即地方法治文化建设必须坚持社会主义方向、坚持党的领导、坚持维护国家法律统一、坚持正确导向，坚持文化自信，反对、剔除、抵制一切腐朽、落后、愚昧文化的侵蚀，弘扬主旋律、释放正能量。

第三，把握重点环节。有三个重点：一是地方特点。地方的法治文化建设一定要体现当地特色。二是责任主体，即全体公民对法治文化建设承担公民责任，所有国家机关和各类机构承担与职责相应的责任。不能把法治文化建设仅仅视为某些机关、某些人的事情，法治文化建设中没有责任的例外者。三是相关环节，即在立法、执法、普法、守法等环节融合进法治文化建设的任务，使文化建设有支撑点和着力点。法治建设需要与社会整体的文化构建同步进行，每个主体、每个环节都做好了，一定会促成社会法治意识的整体提升，地方法治的发展必然水到渠成。

需要特别强调的是，在当代社会中，现代传媒具有迅速、广泛而独特的影响力，构成法治文化建设的又一重点环节。毫无疑问，大众传媒扮演着一个为社会里的成员提供集体经验的角色①。经验教训表明，做好法治文化建设工作，一方面必须特别注重媒体作用的发挥，另一方面又要特别强调对媒体，特别是网络类自媒体的规范和引导，不得歪曲、攻击、谩骂、诽谤、挑拨，使其在享受权利的同时，承担相应的责任和义务。

第四，把握时代特点。时代发生变化，一定会促使社会主体的思想、行为发生变化，而变化了的社会，会以新方式产生影响，这意味着不同的时代需要有不同的法治来治理，需要不同的法治文化作支撑。文化的生命力就在于文化与时代的适应上。依时代变化创新法治文化的内容体系、规范法治文化的传播行为、扩大法治文化的影响范围，是法治文化建设之树常青的重要方面。

① ［美］理查德·谢弗：《社会学与生活》（Sociology and Life），刘鹤群、房智慧译，世界图书出版公司2013年版，第180页。

（二）应当以加强推动社会前进的正向力量为导向

加强法治文化建设，应当以加强推动社会前进的正向力量为导向，以便为法治建设打造"文化脊梁"。

第一，充分保障国家强制力。强制性是国家机器的根本属性之一，而国家强制性是通过法治得以实现的。国家强制力应该存在于每一个地区、每一个人、每一件应当由国家治理的事情之中，不能有法外之地、法外之人、法外之事。国家强制力既体现在打击上，更体现在保护上，二者不能有任何偏废。以法治文化之功效保障国家强制力充分实现，目的就是使各项合法权益得到真实而有效的保护，各种非法活动受到坚决打击。国家强制力的充分实现，是各项国家功能实现的基本前提。

第二，充分保障经济推动力。经济是基础，一个地方是否发展，很大程度上取决于当地有多大的经济推动力。因此，建设雄厚的经济基础，应当成为地方法治文化建设的重要责任。经济能否顺利、快速发展，取决于法治提供了多大程度的保障，就青海而言，以法治文化建设的方式保障经济推动力，要点有三：一是要确定经济的地位，发展经济还是发展别的什么，必须在文化引导战略上作出选择，而且选择应当清晰、明确，不能以此之名行彼之实。二是要确保并引导劳动力、社会财富等优势资源集中于经济领域，创造更多有利于国家、社会和个人的财富，为地方发展搭建经济台阶。三是要确保地方经济发展策略的正确和连贯，既不能违背国家政策，还要符合当地自然和社会状况，量力而行、科学发展。

第三，充分保障文化凝聚力。重视经济推动力但不能迷信经济，还要确保发挥文化的凝聚力。文化是中华民族、中国历史中最值得重视的传统。青海省有巨大的文化资源，但良莠并杂，通过地方法治文化建设，要清晰传达出倡导、保护、鼓舞、发展先进文化和优秀文化，打击、摒弃文化糟粕的理念，使之与社会主义核心价值观相适应。在青海省，充分保障文化凝聚力，其实质就是使社会主义核心价值观成为不同宗教、所有信众的共同认同标准。当理想、道德、情操、纪律、法治等主流价值观在法治文化中得以充分体现，优秀文化占据地方意识形态高地则为必然，形成凝聚力亦为必然。

第四，充分保障科学引领力。科学总是和宗教、迷信、愚昧、落后相对立，没有科学光芒普照的地方、没有科学知识武装的人们，一定摆脱不了精神的贫瘠。在青海许多地方，一个显而易见的事实是，对不了解科学的人们来说，宗教一定是他们全部的宇宙观，他们以宗教来观察、理解国家和社会，对神灵世界倾注着巨大的热情。通过法治文化建设整体树立重视科学的社会风尚，充分保障现代科学知识的引领力，无疑会促进地方科学知识水平的提升，在这种大趋势下，公民个人科学知识水平的提升则为必然。充分保障科学引领力，其实质就是使每一个公民都应当具有正确的鉴别力、判断力以及是非标准和选择能力，能用科学的眼光看待宗教、世界、自己以及命运。某种意义上，在当下青海一些地方，倡导科学就是实行"第二次解放"，即解放信众的思想、解放信众的灵魂。

第五，充分保障民族向心力。在地方法治文化建设中强调保障民族向心力，一方面是要给出团结的内涵，提出团结的要求，树立确保团结的强大信心，为团结提供强力手段。另一方面是给民族树立一个更为真实、更能带来幸福的依靠目标，这个目标就是国家、就是中华民族互依互靠。以国家为向心之点，以法律为保障手段，则各民族、各宗教都能在根本利益一致的基础上紧密团结起来。

第六，充分保障时代感召力。就青海省实际而言，有两大差距不能不正视，其一，历史形成的"代差"。1949年前青海省处在半封建半农奴制时代，之后才步入社会主义阶段。其二，当代发展所形成的综合性差距，主要表现在经济、文化、卫生、教育等方面。不同的时代有不同的感召力，摆脱落后局面，必须紧跟时代前进。当前，中国正处在大变革、大发展的新的历史阶段，通过地方法治文化建设保障紧跟时代步伐，就是要在正确认识地方差距、正视国家发展现实的基础上，充分把握当代中国发展的机遇期，乘势而上，谋自身稳定与发展。地方法治文化如果不对时代特点进行准确把握，则所倡导之内容必与时代脱节，"代差"与综合性差距将会进一步拉大。

第七，充分保障共同奋斗力。青海省是多民族、多宗教地区，如何确保心往一处想、劲往一处使，直接关系到稳定和发展大局。从这些年青海省发生的群体性事件来看，要么破坏社会治安，要么影响民族团结，危害极大。在地方法治文化建设中确定各民族、各宗教的共同奋斗目标，不但能够有效地同心聚力谋发展、求幸福，更为重要的是能将各族民众紧密团结在一起，克服各种矛盾，共同营造和谐稳定的政治局面，共同创造政治文明、物质文明、精神文明和生态文明，共同书写灿烂辉煌的当代青海省发展史。只有共同奋斗，才能共创未来，因此，能不能激发、倡导、保护共同奋斗，是地方法治文化有没有生命力，能不能保持号召力的重要衡量指标。

法治文化的活力及未来，取决于我们对自然、社会等环境因素的适应，越是有特色的文化，越是有实际影响力的文化。

在当代社会中，良好的地方法律文化环境的建构，对一个地方公民法治素养的提升，是极大的环境熏染、大众推进和社会监督，更是文化自信的重要表现。文化因环境而生，但却是人类创造的产物，因此，人的创造性因素，是催生、延续和创新文化的直接动力。文化以什么面目诞生、朝什么方向发展、如何发展，取决于人的创造力。以法治文化化育人心，以人心向往促进法治文化，则法治建设必将大踏步前进。

新疆民族团结法治建构透视

张建江

摘要： 对我国这样的统一的多民族国家而言，民族团结具有重要的基础性作用。民族团结不是自然生成的，团结关系的制度性安排必须作为有关国家利益的问题进行有意识地建构。本文以新疆民族团结建设历程为视角，分析了新疆民族团结模式的特点，指出我国民族团结建设应在民族平等原则的指导下，加快民族团结建设由政策主导向法律建制的转向，实现民族团结建设的恒常化、法治化。同时，应注意积极运用法律手段加强公民教育，以实现国家认同下的多民族的新型社会团结。

关键词： 新疆　民族团结　团结模式　公民教育

作者简介： 张建江，新疆大学法学院副教授，法学博士。研究方向：宪法、民族法治。

项目来源： 本论文系新疆法学会2017年法学研究课题"新疆民族团结法治保障研究"（XF2017B01），新疆大学校级课题："新疆地区社会团结法制建设研究"阶段性研究成果。

一、民族团结是多民族国家社会团结的重要基础

民族团结是指各族人民以中国共产党的领导为核心，以社会主义制度和祖国统一为基础，基于共同的利益，所建立的互尊互信、齐心协力的社会主义新型民族关系。① "团结"作为一个常识概念，在通常的意义上，是指相互认同，即一种各方对共同建立某种一致关系的认同。本质上，团结属于人们相处的社会伦理准则，但在我国，民族团结却被作为了一项法律制度进行专门性建构。《宪法》在序言中首先明确了民族团结与统一的多民族国家之间的关系："中华人民共和国是全国各族人民共同缔造的统一的多民族国家。平等团结互助和谐的社会主义民族关系已经确立，并将继续加强。"接着在第4条第1款中确立了民族团结建设的总的指导原则和具体建制路径："国家保障各少数民族的合法的权利和利益，维护和发展各民族的平等团结互助和谐关系。禁止对任何民族的歧视和压迫，禁止破坏民族团结和制造民族分裂的行为。"民族团结这种宪法性建构的法理基础是什么，其制度建构的现状及特点是什么，该制度建设还将如何进一步发展和完善？这些是本文的写作缘起，也是本文要试图回答的问题。

在一个多民族国家，各民族之间的团结和谐所呈现的样态就是社会的整体团结，表现为社会团体、个人对国家高度认同，彼此间既是包容的，又是凝聚的。涂尔干认为社会团结是与社会失范对应的一种社会状态，在他的理论中，社会团结是指人与人、群体与群体之间的协调、一致、结合的关系②。涂尔干认为不同的社会结构产生不同类型的社会团结，传统社会里产生的是机械团结，现代社会里则产生有机团结。所谓的机械团结是指建立在个人之间相同性与相似性特质基础上的社会联系。由于传统社会中人与人没有分化，因而社会保持高度的一致性，人与人之间保持着相同性和相似性，也就使得个人的行动总是自发的、不假思索的和集体的；而有机团结则主要表现为发达社会的团结，是指建立在社会分工和个人异质性基础上的一种社会联系。其主要特征表现为：社会上个人与群体之间存在显着差异，并且差异不断发展；社会分工错综复杂，专门化分工发展导致相互依赖性的增长，社会的基本任务以各种曲折的方式由人们共同完成③。

就中国而言，费孝通先生所说的"乡土社会"里中国人伦的亲近远疏

---

① 吴宗金主编：《中国民族区域自治法学》，法律出版社2016年版，第108页。

② 宋林飞：《西方社会学理论》，南京大学出版社1999年版，第31页。

③ ［法］埃米尔·涂尔干：《社会分工论》，渠东译，生活·读书·新知三联书店2000年版，第68页，第89—92页。

的"差序格局"里的社会联系就属于机械团结①。一个地方，以自己特有的社（如诗社、书社等）、会（如庙会、同乡会等）、族（如家族、宗族、民族）凝聚在一起。人们在小地方、小共同体内，因意识的高度同质性凝聚在一起，从而形成大社会中一个个内聚性很强的环节。这种乡土团结具有滕尼斯意义上的共同体的特征②，但是依据涂尔干的社会进化和个人人格发展的观念来衡量，这种机械团结则具有从国家范围来看地方性太强、从个人角度来看自由度不足的特性。时至今日，中国随着改革开放的不断深入，社会的工业化水平越来越高，社会的流动越来越快，个人的身份日趋多元化。今天的中国公民可以有更多的机会和条件脱离自己的"小地方""小共同体"，建立、参与不同的组织，形成不同的社会"次级群体"，并通过这些"次级群体"主动创造机会建立横向的社会联系，通过合作实现自己的目的③。社会各个层次的组成部分的合作和依赖感由此不断加强，这一切导致了中国社会结合方式的质的变化，以机械团结为主导的社会联结模式开始逐渐为有机团结的模式所取代。

但目前这种有机团结作为一种人与人、群体与群体、组织与组织之间的联结方式在当今中国社会中的实际分布是不均匀、不平衡的。这是因为我国是一个社会发展不均衡的多民族国家，各地区、各民族之间经济发展水平差异很大，作为主体民族的汉族主要生活在经济文化发展相对成熟发达的地区，而大多数少数民族则生活在经济文化欠发达的边疆地区。改革开放虽然带来了工业化的进一步发展，但也加剧了社会资源和人口发展之间的激烈冲突，贫富分化日益明显，少数民族"边缘化"问题因而变得突出起来④。这种经济发展的不均衡性与社会群体的多民族性对社会团结的负外部性影响突出表现为以下两方面：一是少数民族由于经济发展、语言等因素，难以融入主流社会中去，"集体意识相似性"导致少数民族的族属意识增强；二是少数民族因为感觉处于"弱势"，容易产生排外心理，汉族和少数民族间的隔阂由此会加深，彼此之间的团结被破坏的可能性就会增加从而导致社会失范的风险增大。

按照涂尔干的说法，次级群体是构成我们社会结构的基本要素，"如

① 费孝通：《乡土中国》，生活·读书·新知三联书店1947年版，第1—7页。
② ［德］滕尼斯：《共同体与社会》，林荣远译，商务印书馆1999年版。
③ 在涂尔干那里，他的"次级群体"主要是指"法人团体"和"职业群体"，他认为在"个人、次级群体与国家"的结构中，次级群体是社会有机团结最主要的承载者。
④ 这方面比较有代表性的著作有陈衍德等著：《全球化进程中的东南亚民族问题研究——以少数民族的边缘化和分离主义运动为中心》，厦门大学出版社2008年版。

果在政府与个人之间没有一系列次级群体的存在，那么国家也就不可能存在下去。如果这些次级群体与个人的联系非常紧密，那么它们就会强劲地把个人吸收进群体活动里，并以此把个人纳入社会生活的主流之中"①。因此，次级群体是把原子个体和权力国家进行连接的道德中介，它们对于将个人凝结为相互信任、相互认同的道德共同体是相当关键的。在涂尔干那里，"次级群体"主要指的是"法人群体"和"职业群体"。同质化较高的社会中，这些次级群体表现为一种公民身份上的团结。但在像我国这样的多民族国家中，尤其是在多民族聚居的地区，社会构成却是以民族群体为主要形式的，个体间因民族身份所带来的认同意识的差异，各民族内部凝聚在各自的"民族认同"之下，民族间的隔阂不同程度地存在着。这种情形下，如果个体基于族属身份彼此之间不能够包容，达不成基本的认同，那么进一步的社会合作很难实现。当社会构成的基本元素——国民（公民），其本身又被分属于不同"族群"时②，族属身份的存在使多民族国家的社会联系变得相当复杂③。由是之故，我们需要把社会的团结在非常重要的层次上归结为各民族间的团结，民族团结关系的制度性安排必须作为有关国家利益的问题而进行有意识地建构，正如毛泽东在《关于正确处理人民内部矛盾的问题》的重要报告中所强调指出的那样："国家的统一，人民的团结，国内各民族的团结，这是我们的事业必定要胜利的基本保证。"

二、各民族共同缔造的统一的多民族国家是民族团结建设的历史法理

（一）中华民族的"多元一体性"是民族团结法治化的历史和现实基础

在中国，"'民族'一词从偶尔使用到最终成为一个概念，从一个陌生的搭配到一句响亮的口号，无疑与19世纪末叶救亡的呼声以及西方民族主义思潮传入中国分不开"。从现代意义上较早使用民族一词，并创造中华民族一词，通说认为非梁启超莫属。1899年梁启超在《东籍月旦》一文中使用"民族"一词。1903年，其将德国政治学家伯伦知理的民族概念引

---

① 〔法〕埃米尔·涂尔干：《社会分工论》，生活·读书·新知三联书店2000年版，第40页。

② "民族"一词的用法是多样的，笔者在此适用的"族群"一词是指中国国内的各民族，以体现国内各民族与"中华民族"（国族）之间的层次之别。

③ 在一个多民族国家中，身份是一个极其复杂的问题，当代许多的政治和社会争端都与有着不同身份认同的不同群体所提出的相互对立的要求有关。在西方学术界，族性被认为是一个相当大的人民群体（group of people）的自我意识的存在，他们享有共同的语言，遵循共同的政治、法律和宗教信仰，传递源远流长的历史故事。它被视为民族认同和民族一致性形成的基础，同时它也是制造和引发民族冲突、民族暴乱的有效动员工具之一。爱德华·莫迪默，罗伯特·法恩主编：《人民·民族·国家——族性与民族主义的含义》，刘泓，黄海慧译，中央民族大学出版社2009年版，第30页。

入中国 ①。1901年以后，梁启超在《中国史叙论》中开始使用"中国民族"一词，梁启超曰"中国自古称诸夏，称华夏，夏者以夏禹之朝代而得名者也。中国民族之整然成一社会，成一国家，实自大禹以后"②，1905年他写《历史上中国民族之观察》时同时使用"中华民族"和"中国民族"，并认为："中华民族自始本非一族，实由多数民族混合而成。"③ 同为立宪主义的杨度，进一步吸纳了中国传统的华夏文明的判断标准"夷狄入中国则中国之"，认为"中华民族"既是族类或血缘意义上多族混合基础上形成的民族共同体，更是以共同文化为标志与纽带的文化族体。其在著名的《金铁主义》一文中曰："中国向来虽无民族二字之名词，实有何等民族之称号。今人必目中国最旧之民族曰汉民族，其实汉为刘家天子时代之朝号，而非其民族之名也。中国自古有一文化较高、人数较多之民族在其国中，自命其国曰中国，自命其民族曰中华。即此义以求之，则一国家与一国家之别，别于地域，中国云者，以中外别地域远近也。一民族与一民族之别，别于文化，中华云者，以华夷别文化之高下也。即此以言，则中华之名词，不仅非一地域之国名，亦且非一血统之种名，乃为一文化之族名。故《春秋》之义，无论同姓之鲁、卫，异姓之齐、宋，非种之楚、越，中国可以退为夷狄，夷狄可以进为中国，专以礼教为标准，而无亲疏之别。其后经数千年混杂数千百人种，而称中华如故。以此推之，华之所以为华，以文化言，不以血统言，可决知也。故欲知中华民族为何等民族，则于其民族命名之顷，而已含定义于其中。与西人学说拟之，实采合于文化说，而背于血统说。"④

梁启超和立宪派们最终用中华民族指称不断发展的未来民族共同体的名称。这使得中华民族的现代概念和意识逐渐定型。费孝通先生则进一步总结道："中华民族作为一个自觉的民族实体，是在近百年来中国和列强的对抗中出现的，但作为一个自在的民族实体，则是几千年的历史过程所形成的。"⑤ "中华民族、汉族和少数民族分属于不同层次的认同体，尽管我们在语言中都用'民族'这同一个名词，但它可以指不同层次的实体。汉族和55个少数民族同属于一个层次，他们互相结合而成中华民族。中华

① 梁启超：《政治学大家伯伦知理之学说》，载《饮冰室合集》，中华书局1989年版，第75页。
② 梁启超：《中国史叙论》，《梁启超全集》（第1册），北京出版社1999年版，第448页。
③ 黄兴涛：《现代"中华民族"观念形成的历史考察》，载《浙江社会科学》2002年第1期。
④ 刘晴波编：《杨度集》，湖南人民出版社1986年版，第373—374页。
⑤ 费孝通：《中华民族多元一体格局》，中央民族大学出版社1999年版，第3页。

民族是56个民族的多元形成的一体，是高一层次认同的民族实体。"① 这一论述概括了中国自清末以来开始的以不同族类复合成"中国人种"为基础的具有凝聚力的新国家建构历程。作为地理的中国，她从《尚书·禹贡》里所描述的古老中国的核心区域—"九州"的范围，随着各民族的不断汇集形成今天主权中国之版图；作为文化的中国，她是一个文明的漩涡，对周边的族群有着很强的吸引力，很多族裔纷纷进入中国的中心地区，与中国融为一体。中国也因此像雪球般越滚越大，形成了我们的"大一统"，在历史的长河中绵亘不绝、起起伏伏却不曾中断。漫长的中国历史就是一部民族团结合作的发展史。

（二）民族团结是"边疆国家"维护统一、保障安定的必要条件

拉铁摩尔认为古代的中国是一个边疆国家。他说："事实上，在中国的历史中，可以看出一个显著的'边疆形态'：或者是一个王朝建立在边疆以外或边疆之上，然后向内地推进，建立其对中国的统治；或者是在中国以内建立王朝，然后向内推进，建立其对边疆及边疆以外的统治。"② 虽然拉铁摩尔将中国界定为内中国、外中国的观点不值得认同，但是其对中国社会中心与边缘的差异性的分析是深刻而正确的。中国内陆和边疆的差异性来源于中国的多民族构成，以及少数民族大多聚居于边疆地区的特点，中心与边缘的互动导致了古代中国的边疆是动态变化的，它的边缘并不确定。"边疆形态的公理是，它可以对任何时期做正面及反面说明。当边疆或边疆的任何一部分在脱离中国时，它企图使中国分裂，阻止统一，但它同时却投入于草原的某种统一活动。另一方面，当边疆倾向于中国时，它大概会对中国的统一有所贡献，并使草原部落或部落的一部分脱离草原范畴，加入中国"③ 。

拉铁摩尔指出，虽然古代之中国，固定边疆是不可能的，但"沿着蒙古草原的边疆，……这里，人们大体上倾向于中国（内中国）。"④ 这是因为生活在中国这块土地上的汉族和少数民族原本就渊源深厚，拉铁摩尔认为，汉族与北方少数民族的早期分化源自于精耕农业从广泛分布的、原始的、尚未分工的文化中建立起来，精耕农业所造成的社会团结产生了汉族，而那些拒

---

① 费孝通：《简述我的民族研究经历与思考》，载《北京大学学报（哲学社会科学版）》1997年第2期。

② ［美］拉铁摩尔：《中国的亚洲内陆边疆》，唐晓峰译，江苏人民出版社2010年版，第281页。

③ ［美］拉铁摩尔：《中国的亚洲内陆边疆》，唐晓峰译，江苏人民出版社2010年版，第424页。

④ ［美］拉铁摩尔：《中国的亚洲内陆边疆》，唐晓峰译，江苏人民出版社2010年版，第331页。

绝或逃避新生活的就成了"蛮族"。中国的内涵和范围就随着长城内外农业社会与草原社会的中汉族与少数民族的相互影响和相互争斗而不断发展巩固。因为"一个确定而稳固的边疆的想法，在中国的整个结构中是内在的"①。

随着现代民族国家在世界范围的遍地开花，古老的中国也进入到这一进程中。但中华人民共和国的民族国家形式并没有消除中心与边疆的差异性，因此，中国边疆政治的主要目标依然是"使草原边疆的人们在不能完全符合汉族规范时，至少应该不出中国规范的范围"②。在一个法治国家内部，保障边疆稳定和国家统一的重要方法就是通过制度性建设促进各民族团结、互助、和谐。以多民族聚居的新疆为例，习近平总书记考察新疆时曾指出："新疆最大的群众工作就是民族团结和宗教和谐。"自第一次中央新疆工作座谈会以来，新疆维吾尔自治区党委、政府积极面对进入新世纪以来新疆民族关系中出现的错综复杂态势，始终把加强民族团结作为长治久安的根本保障，通过促进性和保障性的立法规范，政策引导，鼓励社会各方面广泛参与等方式进行民族团结建设，使民族团结进步已成为新疆不可撼动的主流力量，为新疆实现社会稳定和长治久安打下了坚实基础。

三、新疆地区以民族团结为基础的社会团结建设历程回望

（一）中华人民共和国初期的民族团结建构

坚持民族平等、民族团结既是马克思主义民族理论的基本原则，也是中国共产党关于民族问题的基本观点和民族政策的重要内容。中华人民共和国成立伊始，党和政府就采取了一系列重大举措，积极建设和维护各民族的大团结。起临时宪法作用的《中国人民政治协商会议共同纲领》（以下简称《共同纲领》）明确把实行民族区域自治作为我国解决民族问题的基本制度，确定了民族平等原则和民族团结的法律制度，这标志着民族团结制度法治化建构的开始③。在《共同纲领》的指导下，中华人民共和国的民族团结制度建设快速发展。1951年5月，中央人民政府政务院颁发了《关于处理带有歧视或侮辱少数民族性质的称谓、地名、碑碣、匾联的指示》，这一规定的实施有效地消除了民族歧视的有形痕迹，促进了民族关系的改善；1952年8月，国家颁布了《中华人民共和国民族区域自治实施

① ［美］拉铁摩尔：《中国的亚洲内陆边疆》，唐晓峰译，江苏人民出版社2010年版，第332页。
② ［美］拉铁摩尔：《中国的亚洲内陆边疆》，唐晓峰译，江苏人民出版社2010年版，第340页。
③ 《中国人民政治协商会议共同纲领》第50条规定：中华人民共和国境内各民族一律平等，实行团结互助，反对帝国主义和各民族内部的人民公敌，使中华人民共和国成为民族友爱合作的大家庭。反对大民族主义和狭隘民族主义，禁止民族间歧视、压迫和分裂各民族团结的行为。

纲要》，明确规定各民族自治机关有进行民族团结教育和引导的义务[①]。除此之外，国家还采取了派出代表团、筹办民族学院、培养少数民族干部等重大举措[②]。这些举措为促进我国的各民族团结夯实了基础。

1954年，中华人民共和国第一届全国人民代表大会第一次会议通过的《宪法》第三条规定："中华人民共和国是统一的多民族的国家。各民族一律平等。禁止对任何民族的歧视和压迫，禁止破坏各民族团结的行为。各民族都有使用和发展自己的语言文字的自由，都有保持或者改革自己的风俗习惯的自由。各少数民族聚居的地方实行区域自治。各民族自治地方都是中华人民共和国不可分离的部分。"由此，宪法将民族团结确认为中华人民共和国社会团结的重要基础，并将此作为构建各民族对统一国家的政治认同的重要手段。

（二）新疆民族团结建设发展历程

1949年9月25日，新疆获得和平解放。中华人民共和国成立初期的新疆主要有13个民族共约430万人，信教人口占总人口的93%以上。鉴于此，党中央认为宗教问题是新疆整个民族问题基石，要团结新疆的各族群众，在新疆获得各族人民的支持，首先要坚持信教自由[③]。同时坚持各民族一律平等，加大培养新疆少数民族领导干部的力度[④]。总体上看，中华人民共和国成立初期新疆的民族团结建设主要以政策指导为主，从宗教政策入手，在各民族平等的原则指导下，以团结新疆各民族群众为目标，通过大力培养各少数民族干部、承认和保护、各少数民族的风俗习惯等举措使新疆少数民族深刻感受到了他们是祖国大家庭中的一员，极大促进了各民族之间的团结

[①] 《中华人民共和国民族区域自治实施纲要》第二十九条规定：各民族自治区自治机关须教育和引导自治区内人民与全国各民族实行团结互助，爱护各民族友爱合作的大家庭——中华人民共和国。

[②] 为了尽快消除民族之间特别是汉族和少数民族之间在历史上形成的深重的民族隔阂，中央人民政府先后于1950年6月、1950年8月、1951年6月、1952年7月派出4个访问团，对民族地区进行访问。中央和地方都派出了大批工作队、民族贸易队、医疗卫生队等，到民族地区进行慰问，宣传党的民族政策，为少数民族做好事，解决他们生产生活上的困难。访问团的足迹几乎遍及全国各少数民族地区，受到了各族人民的欢迎和赞扬。1950年11月24日，政务院第60次政务会议批准《培养少数民族干部试行方案》和《筹办中央民族学院试行方案》。

[③] 1950年6月10日，中共中央转发乌兰夫、刘格平《对新疆少数民族宗教问题的意见》，指出："对于少数民族宗教问题的态度应该十分慎审，切忌急躁。必须毫不动摇地坚持信教自由政策。在少数民族广大群众的觉悟未提高前，不要轻言改革。"

[④] 1950年1月，中央人民政府政务院第十四次政务会议批准《中华人民共和国新疆省人民政府委员会目前施政方针》，强调新疆境内各民族一律平等，要实行团结互助，必须反对大汉族主义，大力培养新疆少数民族领导干部。1954年，国家在中央党校成立了新疆班，专门培训新疆的少数民族领导干部，提高他们的马克思主义理论水平和管理才能。到1955年10月1日新疆维吾尔自治区成立时，全区少数民族干部由中华人民共和国成立初期的3000多人发展到46000多人。

和睦。但遗憾的是，自上世纪60年代中期开始，党和国家的民族政策在某些方面开始出现偏差，比如无视少数民族的宗教信仰，禁止了大部分宗教活动，关闭所有经文学校。对某些少数民族的文字进行不现实的改革①。

十一届三中全会后，党和政府对于"极左"的民族政策和宗教政策进行了检讨②。新疆的民族团结建设开始从文化领域起步，逐步扩展至宗教、教育等领域的地方立法建制。1982年5月6日，新疆维吾尔自治区发出了《关于在全区进行贯彻党的民族政策、增强民族团结与教育的通知》，自1983年起，新疆开始把每年五月定为民族团结教育月，创建了民族团结建设的一个制度惯例。1982年9月13日，新疆维吾尔自治区第五届人大常委会第十七次会议通过了《全面使用维吾尔、哈萨克老文字的报告》，宣布全面恢复使用维吾尔族和哈萨克族老文字，并使老文字与汉语并列，成为新疆自治区的官方语言文字。1993年《新疆维吾尔自治区语言文字工作条例》出台，更进一步从立法上保障了少数民族使用本民族语言文字的权利。1994年，新疆出台《新疆维吾尔自治区宗教事务管理条例》。1997年《新疆维吾尔自治区创建民族团结进步模范单位、争当民族团结进步模范个人活动管理办法》颁布。2009年12月29日，新疆维吾尔自治区第十一届人民代表大会常务委员会第十六次会议通过了中国第一部有关民族团结教育的地方性法规《新疆维吾尔自治区民族团结教育条例》。

这一时期的民族团结建设表现出从政策指导为主转向法律建构、政策实施并重的特点。从五四宪法到八二宪法再到《民族区域自治法》，我国已经初步建立起了一个促进各民族平等互助、团结友爱、和睦共处的较完备的法律法规体系，即以《宪法》为基础，以《民族区域自治法》为依托，以各项具体的法律、法规为补充的法律框架。我国《宪法》中民族团结的概念内容也包括了从国家到民族再到个人，即从中华人民共和国到中华民族再到中国公民这样三个依次发生的过程。"民族团结"概念的这种宪法性制度要求，最终转化为各民族公民个人的一种美德，一种意识，一种态

---

① 1959年12月17日，新疆维吾尔自治区人民委员会第八次委员会议通过《维吾尔、哈萨克新文字方案（草案）的决议》，1964年3月26日，新疆维吾尔自治区第三届人民代表大会第一次会议通过了《关于改革维吾尔、哈萨克文字的决议》。1979年12月8日新疆维吾尔自治区人民政府发布《新疆维吾尔自治区人民政府关于继续推行维吾尔、哈萨克新文字和同时使用维吾尔、哈萨克老文字的决定》。

② 1982年《宪法》再次强调了"中华人民共和国是全国各族人民共同缔造的统一的多民族国家"、"中华人民共和国各民族一律平等"。这为新时期民族政策的制定指明了方向。1982年9月，党的十二大在民族关系建设方面强调指出："进一步发展各民族之间平等、团结、互助的社会主义民族关系是我国社会主义民主建设的一项重要内容。"

度，一种爱国主义思想，从而建构起统一的多民族国家中的公民认同 [①] 。

（三）新疆地区社会团结模式的发展特点

1. 计划经济体制下，政治手段成为新疆联结和整合的主要形式

民族团结是促进新疆各民族安居乐业、社会发展以及边疆治理的政治条件。自中华人民共和国成立初到改革开放初期这段时间，党和国家以帮助新疆地区社会和经济发展为目的，主要通过政治手段来促进新疆各族人民的交往和融合。中央治疆措施除了表现在尊重少数民族的宗教信仰、消除民族歧视，大力培养少数民族干部之外，为了促进各民族间的更近一步交融，国家加大了对新疆的移民力度，1949年12月5日，毛泽东发出《关于一九五零年军队参加生产建设工作的指示》，提出人民解放军在取得全国基本胜利后，应当担负一部分生产任务，以加速新民主主义经济建设 [②] 。1954年10月7日中国人民解放军新疆军区生产建设兵团成立。为进一步满足新疆政治、经济和社会发展的需要，国家还号召大批内地的复转军人、知识青年、干部、农民来到新疆工作。1949年—1961年间，新疆净迁移人口就达187.72万人，其中绝大多数是汉族人口 [③] 。

祖国各地对新疆的积极支援，虽然总体上促进了新疆各少数民族对中华人民共和国的认同。但就各民族之间的充分交流和互动来看，这种交融实际上是很有限的。这是因为，在新疆，除了汉族、满族和回族人口的空间分布格局呈现较为分散的分布特点外，其他民族均有自己相对集中的分布区域，民族间区域分布明显。虽然为发展新疆建立了生产建设兵团，但党中央提出兵团建设的原则是"不与地方争夺地"，兵团战士按照毛泽东关于"你们到新疆去的主要任务是为各族人民多办好事"的教导，奋战在天山南北的戈壁大漠，开荒造田，建设新疆。但他们在居住上和经济上都形成了一个相对封闭的"圈子"，难以和各少数民族进行广泛的交融。因而，新疆各民族传统上的居住格局并未被打破。在各民族相对集中的聚居区域内，民族间的交流几乎没有可能。再加之计划经济封闭性的特点，整个新疆社会市场化水平较低，不仅新疆各民族间基于利益需求的民间流动程度较低，新疆的各少数民族与内地民众的交流更是少得可怜。总而言之，计划经济体制下，整个新疆各民族分布结构呈"板块式"组合，各民族之间经济社会发展

---

① 德全英：《民族法制的中国经验及其贡献》，载《新疆大学学报（社会科学版）》，2002年第2期。
② 房艺杰：《论兵团》，新疆青少年出版社1994年版，第12页。
③ 第四次人口普查资料。

程度参差不齐，文化差异明显，整体上缺乏内在统一性，社会整合程度较低。

2. 改革开放促进新疆社会整合模式趋向理性，社会团结建设趋向法律建制

改革开放促进了市场经济的发展，新疆各民族之间的利益互动增强。资本的无边界使得新疆各民族之间的族际交流开始冲出以往的空间和时间的界限，突破了行政的藩篱，各民族之间在经济、文化等方面的交往较之从前更加密切、更加深入、更加广泛了。同时，市场经济也加速了新疆各民族的人口流动，新疆传统的社会结构逐渐发生了根本变化。新疆各民族的人口分布进一步趋向于扩散和均匀分布，民族间的杂居和融合得到了强化。但与此同时，基于利益分配的不同诉求，各民族在广泛而又频繁的接触中，民族间的利益冲突日益凸现，文化摩擦也日益增多，"边缘化"的少数民族的民族认同意识有所增强 [1]。

市场化的发展使得新疆民族关系由过去的互助关系转变为现在的既竞争又互助的关系。民族间交流的频繁意味着各民族彼此交融的加深，但同时民族冲突也会增多。互助又竞争的民族关系使得新疆各族人民意识到，各民族必须跳出各自的狭隘的"族属"意识中，在中国大家庭观念下审视和思考族群关系，调整社会的整合方式，建设多元共享的社会团结模式。如上文所述，改革开放后，新疆地区在民族平等原则的指导下，在充分尊重少数民族文化权利的基础上，进行了促进不同民族之间交流和融合的法律共同体建设。新型的社会团结模式的建设是在承认和尊重民族差异基础上的团结模式，是建立在多元和分工基础上的团结模式，它不同于由于彼此相近或者相同而形成的机械团结，它是一种有机团结，体现的是一种功能上的相互联系和依赖。这种团结模式的建立还需要更进一步改变过去那种以行政调节为主、法律和社会调节为辅的社会整合方式，转向以法律调节为主、行政和社会调节并用的多面向的民族团结的法治化机制 [2]。

四、新疆地区社会团结法治化的路径思考

法律是维护社会团结的重要力量。法律调节具有刚性的效力，它有助于实现新疆各民族社会成员民族团结的思想观念的恒常化，并能促进各民族将民族团结内化为各民族公民的言行指导和行为准则，引领各民族公民

---

① 费孝通：《中华民族多元一体格局》（修订本），中央民族大学出版社2003年版，第9—10页。
② 新时期，国家逐步加快了民族法治工作，不仅修改了《民族区域自治法》，而且还颁行了一系列的相关法规，比如《民族乡行政工作条例》和《城市民族工作条例》等规范，来积极落实法律赋予少数民族的各项权利，进一步促进民族团结制度化的发展。

自觉履行、维护和发展良好民族关系的义务。

（一）以法律手段促进"多民族祖国大家庭统一"的制度建设

20世纪80年代末90年代初，"三股势力"成为影响新疆稳定和祖国统一的主要威胁。党和政府开始从社会稳定和民族发展的角度把握民族团结建设。党的十九大报告指出，我国社会主要矛盾已转化为人民日益增长的美好生活需要和不平衡不充分的发展之间的矛盾，并就此提出了新疆跨越式发展的策略。鉴于此，通过法律保障各民族和谐共处，让各民族认同"祖国大家庭统一"原则，这对新疆跨越式发展的战略目标的实现意义重大。当前应当加强促进各民族之间交流与沟通的国家层面与地方层面的立法，尽快打破民族间的人为区分，积极促进各民族之间充分、深入的交往。

具体而言，可以考虑首先通过立法的形式促进"民族间的语言学习与交流"。语言是沟通的平台，民族关系和谐的国家都比较重视语言方面的立法。例如，新加坡将马来语、华语、泰米尔语和英语定位地位平等的四种官方语言。笔者认为，除了国家法律明确规定中国公民必须将国语（普通话）作为其必须学习的一门语言外，同时也应当积极促进各民族之间的语言学习与交流；其次，应当进一步扩大民汉合校制度的实施范围。这样做不仅有助于促进教育平等，而且有助于国家多元教育目标的实现。在我国这样的多民族国家，教育的目标不能仅仅立足于提供知识、技能、价值给学习者，最重要的目标应当是消除不同族群间的歧视，增强族群共同经验，增进各族人民的统一中国的认同。

（二）充分利用民族地方特殊立法权为新疆营造和谐、团结、发展的法治环境

首先，新疆作为边疆地区，一直是民族分离势力觊觎之地，古今中外的历史告诉我们，民族分裂只会带来动荡甚至战乱，不符合民族和个人的利益。柏拉图在《理想国》中说："对于一个国家来说，还有什么比闹分裂化一为多更恶的吗？还有什么比讲团结化多为一更善的吗？"[1] 由于受"三股势力"的影响，新疆的暴力恐怖犯罪较为突出，笔者认为，应当通过立法加大对危害国家安全的恐怖主义犯罪的惩治力度。新疆可以结合实际，运用法律赋予自治地方的变通权，制定相应的地方性条例，目前我国已通过了《反恐怖主义法》，新疆地区可以针对特殊区情对以危害国家安全、分裂国家为目的的恐怖主义犯罪，通过法律变通权以地方性立法的形

---

① ［古希腊］柏拉图：《理想国》，郭斌和、张竹明译，商务印书馆2002年版，第197页。

民族事务依法治理与民族民间规范

210

式作出特别规范，予以严厉打击。

其次，在法律适用方面，少数民族通常会遇到基于历史的原因和现实的需要，国家在政策上和法律上对少数民族在政治、经济、文化上的有所区别（优惠政策）的问题。国家对少数民族在某些方面的优惠是少数民族集体权利具体化的一种政策体现，需要指出的是这种政策是不能适用于某个少数民族公民的违法、犯罪方面。在刑事领域如果允许考虑公民的族属身份而有所区别对待的话，不仅会纵容少数民族中的犯罪分子，严重破坏法律的公平和社会的正义，使法治的统一遭到破坏，而且更可能的严重后果是为民族分离主义势力所利用，导致更深的民族隔阂的产生。2010年2月1日，中央宣传部、中央统战部、国家民委三部门联合发布《关于进一步开展民族团结进步创建活动的意见》，提出："要严格区分和把握不同性质的矛盾，坚持具体问题具体分析，是什么问题就按什么问题处理，不能把与民族关系无关的问题归入民族问题。坚持法律面前人人平等。凡属违法犯罪的，不论涉及哪个民族，都要坚决依法处理。"这是在1984年"两少一宽"的政策后，中央部委文件中首次提出各民族在法律面前一律平等。

（三）加强公民教育，建构多民族国家的新型社会团结的国家认同

国家是政治联合体的基本的历史形式，是民主国家的大部分人的文化、观念和利益的结合。对多民族国家来说，作为"统一国家"的集体性认同（爱国主义）的建立只有在超出单一民族的民族主义观念的前提下通过法律才能建构。中国在现代民族国家的建构过程中，自成一体的地理单元造就了各民族大杂居、小聚居的格局，大一统的政治格局和理念让中国自秦汉开始就建构了多民族统一的国家格局。各民族在冲突与融合的交往关系中，通过在习俗、礼制、信仰、文字、服饰、婚姻等的交往而逐步建立各民族文化间的相互承认，逐步形成了"你中有我，我中有你"的中国文化多元一体格局 [1]。这一切成为中国各族人民团结统一的多重牢固纽带。

该如何找到一个一劳永逸的途径和纽带，来避免"化一为多"的"分裂"，而实现"化多为一"的"团结"，从而达到人们在社会生活中的"苦乐同感、息息相关"呢？ [2] 马克思指出，"要使各民族真正团结起来，他们就必须有共同的利益"。只有将各民族凝聚在中华民族的国家认同上，才有助于国家的稳定和统一。国家认同并不是认同一个虚幻的国家概念，

---

[1] 费孝通：《中华民族多元一体格局》（修订本），中央民族大学出版社1999年版。
[2] ［古希腊］柏拉图：《理想国》，郭斌和、张竹明译，商务印书馆2002年版，第200页。

只有建立在实在利益、切身感受和共同未来之上，认同才真诚、持久，才有打破阻隔、穿越风雨的力量。当前，需要通过立法加强公民教育来完成各民族从族属认同到国家认同的跨越。因为，"在人类某些共同体里，我们互相分配的首要的善是成员资格。我们在成员资格方面所做的一切建构着我们所有其他的分配选择"①。公民身份表明了人们在社会结构中的位置以及人们之间的相互关系，确立了社会成员关于"我是谁"与"我们是谁"的观念。这种身份观念有助于维系社会规则、协调社会关系、凝聚社会价值与实现社会控制，从而将具有差异、分歧甚至是冲突的个人整合为社会共同体的成员。

结　语

中国的历史是一部丰富的民族关系史。"汉族离不开少数民族，少数民族离不开汉族，少数民族之间互相离不开"的描述既是民族团结关系的理论，也是真实的民族历史关系写照。当前，民族地区的各种问题都与贫困相联系。新疆的贫困人口大多是少数民族，而且多集中在南疆少数民族聚居区。同时，少数民族就业率低又更进一步加剧了少数民族的贫困。这些问题如果长期得不到解决，一是很容易引发少数民族干部群众心理上的不平衡；二是会被国内外敌对势力和分裂分子利用。对此，必须站在国家统一的高度看待民族团结建设问题。涂尔干认为，社会团结本身是一种整体上的道德现象，是非物质性的，但它并非只具有一种纯粹的潜在状态，而是通过一种可感的形式表现出来。社会团结一旦得到加强，它就会使人们之间的吸引力增强，使人们接触的频率增加，使适合于人们结成相互关系的方式和机会增多②。

"民族团结"作为中国宪法概念，事实上是对我们民族关系的积极评价，也是民族关系发展的一种积极结果。在中国历史上，中国共产党第一次真正高举起民族团结的大旗，提出了各民族在平等的基础上团结起来反帝反封建、共求解放幸福的革命纲领，从"中华人民共和国各民族团结起来"的伟大号召，到推动民族区域自治走上法治化轨道；从把民族自身的发展引入民族问题的内涵，到各民族"共同团结奋斗、共同繁荣发展""促进民族团结、实现共同进步"等，中国共产党在引导各民族共同走上社会

---

① ［美］迈克尔·沃尔泽：《正义诸领域》，褚松燕译，译林出版社2002年版，第38页。
② ［法］涂尔干：《社会分工论》，渠东译，生活·读书·新知三联书店2000年版，第27—28页。

主义道路之后，团结带领各族人民致力于建设现代化强国。

习近平总书记在第二次新疆工作座谈会上要求我们坚定不移地贯彻党的民族政策，坚持民族区域自治制度不动摇。要高举各民族大团结的旗帜，在各民族中牢固树立国家意识、公民意识、中华民族共同体意识，各民族要相互了解、相互尊重、相互包容、相互欣赏、相互学习、相互帮助，像石榴籽那样紧紧抱在一起。在实现新疆社会稳定和长治久安的伟大进程中，求发展、谋富裕、思稳定、盼和谐已成为新疆的主旋律。随着中央一系列重大政策的效应不断显现，新疆进入了史无前例的大建设大开放大发展时期，同时影响民族关系的大背景不断向好，新疆民族关系向稳向好不断发展，并开始进入一个新的黄金发展期，新疆的民族团结进步的基础更加牢固。

清季民国康藏地区的法律治理

杜文忠

摘要：从清初直至民国时期，中央政府对康藏地区的治理皆以"内地化"为导向。清初表现在承认"土俗"调整民间细故的效力之同时，扩大了国家权力对康区的介入，即实行所谓"王化"。到了清季民国中国法律近代化时期，中央力图以西方式法律系统治理康区，但仍无法消除"土俗"的强大影响；并且因为近代化与内地化的叠加，形成了一些新问题。

关键词：清季民国　康藏　法律治理　内地化　习惯法

作者简介：杜文忠，男，西南民族大学法学院教授、博士生导师。

对于清代的边疆治理而言，邻近四川的藏人聚居区——康区是西藏与内地的毗邻区域，处于进入西藏的交通咽喉地带。这一带有众多的寺庙，有清朝政府册封的土司，是清政府治理的藏区中，最有可能实行"内地化"改革的地域。

在被称为打箭炉的地方，明朝时就已为土司所属，地高寒，因山为城，西通理塘、巴塘，达西藏，康熙三十八年（1699年）四川提督唐希顺击败和硕特部营官后，"以其地为番夷互市，通贡汇总，入藏驿路所经，因定界中渡"①。1700年时清朝政府将其归入四川省并派军驻守。1701年横跨大渡河两岸的铁索桥——泸定桥建成，沟通了打箭炉到成都的交通，这为清朝政府治理这一区域提供了便利。由于属川藏毗邻地方，相对于藏区的其他地方，在清朝时就已属于较为内地化的藏区了。经过乾隆时期大小金川之战后，康区社会的局势也基本稳定。此时，对于这一地方土司的法律治理是稳定康区的关键。

一、清朝前期强化康区土司案件的司法处理

首先，清政府将康区与西藏在行政管辖上进行了分治，将康区划归作为内地省份的四川，由四川行省直接管辖。按照乾隆时期的划分，"口外至西藏一切事务，向归驻藏大臣管理。其巴塘迤东土司地方，归川省将军督提衙门就近管理。至江卡、乍丫、察木多并移驻后藏各营汛台站，统归驻藏大臣总理。"②

其巴塘、理塘安设塘汛官兵，就近归阜和协副将兼辖。打箭炉出口以至西藏，于文职内委派州、县、丞、倅，武职内拣派游击、都司、守备、千总分驻办理，均三年一次更换③。

所谓"巴塘迤东土司地方"正是进入西藏的交通咽喉地带。在清朝的文献中，这些地方的土司被称为"四川沿边土司"，他们同其他地方的土司一样，都有官职、品级。

四川边外各土司，所戴帽顶，自应照阿桂等所奏，各按品级戴用④。

乾隆四十一年，朝廷对于在征剿两金川叛乱过程中有功劳的土司均加恩赏戴，以示优奖。

所有伊等官阶，仍照原品级外，著加恩均赏戴二品红顶，并令子孙承袭后，一体戴用。至随来之土舍头人，向有于本职上越级带用帽顶者，亦著加恩仍旧赏戴，以示优奖⑤。

其次，要求速决土司私仇互控案件，尤其是那些延阁多年的案件，及时化解其内部矛盾以稳定康区。

① ［清］王之春：《赵春晨点校》，载《清朝柔远记（卷3）》，中华书局1989年版，第49页。
② ［清］张其勤，吴丰培自辑：《清代藏事辑要（卷3）》，西藏人民出版社1983年版，第24页。
③ ［清］张其勤，吴丰培自辑：《清代藏事辑要（卷3）》，西藏人民出版社1983年版，第241页。
④ ［清］张其勤，吴丰培自辑：《清代藏事辑要（卷3）》，西藏人民出版社1983年版，第196页。
⑤ ［清］张其勤，吴丰培自辑：《清代藏事辑要（卷3）》，西藏人民出版社1983年版，第196页。

比如"四川土司沙金龙弟兄争控案"，该案从乾隆四年到乾隆四十六年，一直持续了四十多年都"延阁未结"；又如"会理州知州徐士勋于土司抢劫牛羊谷石之案"也是"复延玩二年不办"。因此，乾隆四十六年十二月才经皇帝降旨，"将案犯解京，令军机大臣会同刑部，反复研鞫，讯得实情，按律定拟"。

针对上述案件不能及时处理的问题，乾隆皇帝于乾隆四十六年十二月丁酉，专门谕军机大臣等，对于"土司以私仇互控，地方官置之不问"的现象，批评藏区历任总督，不及时督促下属早行审结，指责地方官员"竟不以事为事"，"安知不酿成事端"。要求对于土司争控之案，必须"即时秉公审断，迅速办理"。同时，还将藏区这一土司案件的处理情况，传谕各督抚严饬所属，留心体访，要求对各省苗疆及番夷地方的土司案件也要做到"一有此等控案，一面奏闻，一面秉公办理"[①]。

在平定两金川后，清政府对该处降番就近安插，对于该处降番生活区域发生的钱粮命盗案件均交由地方行政官员处理，并不再让军事官员越俎干预。在乾隆四十八年十一月，军机大臣批准成都将军特成额的奏折中，就规定了对于大、小金川地方钱粮命盗案件的处理，必须交给美诺地方同知（土官）办理[②]。

上面强调的需要强化处置的案件只是针对土司争控案件，因为这关系到康区政治大局的稳定。为进一步理解清朝法制与藏区"土司"旧法之间的关系，这里特别对清季到民国法制"转型"时期康区地方适用"土司"旧法的情况作一研究。

二、清季民国康区地方适用的土司旧法

在土司治理时代，康区的一般案件则由地方头人、土司自行处理。这里我们以白玉、炉霍、德格为例，可见其一斑。

白玉地处德格和巴安交通要冲，近邻甘孜、瞻化县，明时为甘朵思，雍正六年内附于清朝设置的打箭炉厅。白玉从雍正六年至清末赵尔丰改土归流之前，一切均由土司管理，其辖区内土目官员又分内官和外官，由叫做"六戈""翁乍"的土员进行分治。此外，汉官对于白玉地方的治理只是限于在巴安设置了粮道，但是由于相距太远，权力也有限，与当地人民

---

① ［清］张其勤，吴丰培自辑：《清代藏事辑要（卷3）》，西藏人民出版社1983年版，第204页。
② ［清］张其勤，吴丰培自辑：《清代藏事辑要（卷3）》，西藏人民出版社1983年版，第205页。

之间毫无关系①。

在几乎整个清代，白玉地方都属于"土目管理时代"，其民间诉讼亦由土司及其所属的"六戈""翁乍"等地方头人自行处理，没有流官干预。宣统二年的清末改土归流后才设治，至于民国二年正式治县，"设治以后，始由官府处理，头人干预词讼，即悬为例禁"②。民国七年地方失治，白玉县地方的一切事务逐渐又恢复昔日之旧。民国时期白玉地方实际上同时存在两套司法系统，一是民国县府；二是德格土司。民国县府有监狱一所（囚粮由犯人自备），有民国官方法律，有部颁的统一制式的诉讼状纸以及明确规定的诉讼费；德格土司则有自己的一套"村保"系统，有自己的诉讼程式以及的习惯法适用。由于政府的控制能力有限以及地方人民的习惯，直到1941年时由地方保村受理案件，仍被人们视为当然，"小事诉诸村保，大事则诉诸德格土目"，当地人民很少到县政府提出诉讼，根据当时的调查，每个月仅一二案而已。

民间诉讼案件，在土目管理时代，纯由地方头人自行处理。设治以后，始由官府处理，头人干预词讼，即悬为例禁。然自民七失治，地方一切，渐已恢复昔日之旧。驯至今日，村保受理诉讼，则视为当然，人民至县府起诉者，月仅一二案而已③。

当地司法基本上是依其土俗。所谓"土俗"，不过是依据过去德格土司自定的民刑法"十三条"，亦称为"德格土目自定之民刑法十三条"。所谓的"十三条"规定的诉讼程序，即是一般先由村保进行判决，判决后发给判牌，双方画押，如果有一方不满意，可以向德格土司上诉，德格土司对之进行判决后，双方必须遵行。

即传集双方对审，根据地方习惯，及此项法律为之判决，判决有判牌，双方并须具结，以资信守。若系村保判决之案，一方认为不满意时，则可至德格土目处上诉，一经彼处判决，无论公平与否，双方则须绝对服从也④。

---

① 傅真元：《三十年来之白玉》，载赵心愚，秦和平：《康区藏族社会历史调查资料辑要》，四川民族出版社2004年版，第92页。

② 傅真元：《三十年来之白玉》，载赵心愚，秦和平：《康区藏族社会历史调查资料辑要》，四川民族出版社2004年版，第99页。

③ 傅真元：《三十年来之白玉》，载赵心愚，秦和平：《康区藏族社会历史调查资料辑要》，四川民族出版社2004年版，第99页。

④ 傅真元：《三十年来之白玉》，载赵心愚，秦和平：《康区藏族社会历史调查资料辑要》，四川民族出版社2004年版，第99页。

至于实体法律适用方面，其刑事犯罪仍然依其"土俗"。如由土司系统进行的判决，对于劫杀、偷盗案件的就没有死刑，仍然适用其"赔命价"旧俗，可以采用赔款来了结，依据被劫杀、被偷盗之人的身份而定赔偿价格，具体如下：

如果属于劫杀案件，被害者如果是一般百姓，则照原物赔进行三倍赔偿；如果被害者是头人，则照原物赔六倍进行赔偿；如果是被害者是公务人员，则增至九倍进行赔偿。如果是因偷盗的案件，同样按命价进行赔偿，也是以被害人的身份为准。其所定之命价，一般是从五百元起价，以至于一千元为止。如果属于普通案件，则同样多以罚款来进行处理，罚款的一般价格分为九元、六元、四元等，而额外罚款不包括在内。

劫杀案件，旧俗无死罪，可以赔款了息。劫案则视被劫人之身份，而定赔偿。如所劫为人民，则照原物赔三倍，头人为六倍，公务员则增至九倍矣，盗案亦然。命价亦以被害人之身份为准，由五百元起，至一千元为止。而普通事件亦多以罚款行之。普通罚款，分为九元、六元、四元等。而额外罚款，不在此列[1]。

如果属于徒刑案件，按照"土俗"之法来处理，却没有无期徒刑和有期徒刑之分，而只有拘役之刑，一般是少则数日，多则三年。其刑罚有皮鞭、脚镣、悬吊之属。

无无期徒刑，有期徒刑亦只拘押，少至数日，多至三年。刑有皮鞭、脚镣、悬吊之属[2]。

如果属于疑难案件且又不能依据"土俗"法理来解决，则双方互相邀往寺庙，在佛像面前进行诅咒裁判以求解决。藏人历来崇信佛教，视此为最严重，非至万不得已时，不诉诸诅咒裁判。此外，寺庙也受理藏人之间的诉讼，但是只对其所辖佃民行之。

疑难之案，若非法理所能解决时，双方则邀往寺庙诅咒，以求解决。盖康人视此为最严重，非至万不得已时，不如此也。此外，寺庙亦受理诉讼，惟对其所辖佃民行之[3]。

无论何种地方，司法总是"官"与"民"之间社会法律关系的中介。

① 傅真元：《三十年来之白玉》，载赵心愚，秦和平：《康区藏族社会历史调查资料辑要》，四川民族出版社2004年版，第99—100页。

② 傅真元：《三十年来之白玉》，载赵心愚，秦和平：《康区藏族社会历史调查资料辑要》，四川民族出版社2004年版，第100页。

③ 傅真元：《三十年来之白玉》，载赵心愚，秦和平：《康区藏族社会历史调查资料辑要》，四川民族出版社2004年版，第100页。

康区藏人社会从清末改流以至于民国时期，一直存在着两个司法系统、两种法律适用，且基本上是以土司、喇嘛的司法系统和"土俗"适用为主。因此，民国时期作为已经在体制上内属了的藏人地区，其司法状况的确有特别之处。

不仅白玉如此，炉霍县及其他康区地方亦然。根据民国时期尹子文在《炉霍概况》（1945）一文中的记载 [1]，民国时炉霍县同整个康区一样，有由县长兼理、间由秘书代审、一所监狱、士兵办理的管押室组成的地方政府司法系统，同样其地汉民甚少且人民基本不知晓国家法律。因此，遇有诉讼纠纷，人们仍然习惯于诉之于喇嘛寺及头人按照"土俗"处理。

县府管理诉讼，无论民事刑事，均以现行法令参酌地方习惯处理，如完全反其习惯，则困难之处必多。一切诉讼事宜，由县长兼理，间由秘书代审。地方案件极少，每月至多一二次。有监所一，管押室一，禁、释时均由县府收发室派士兵办理 [2]。

这里有"如完全反其习惯，则困难之处必多"一句，说明即使是县府处理民刑案件时，如果依据现行国家法令，亦难以平息。不仅如此，根据尹子文的记载，当时炉霍县的处理办法是"无论民事刑事，均以现行法令参酌地方习惯处理"。这显然是不得已而又十分明智的做法。这里的"参酌"二字不十分具体，如何"参酌"，以什么标准来"参酌"，则只能是"因地制宜""因俗制宜"的意思。

在二元司法系统并存的实际格局下，藏民之所以不到县政府进行诉讼，一则是习惯使然，二则是碍于有头人"重重积威"，虽土司、头人判决不公，也不敢径行向政府申诉。在文阶发表于1940年的《德格写真》中，就描述了在民国时期，康区藏人诉讼畏惧土司、头人的这一情况。

喇嘛土人等之讼事，概由土司头人处理，虽经迭次严禁，而人民等在土头重重积威之下，不敢径行向政府申诉 [3]。

对于土司、头人来说，受理诉讼不仅是传统权力的象征，还是一笔不少的额外收入。

土司受理案件，由其属下之二三大头人办理，其程序先由原告以口头

---

[1] 尹子文：《炉霍概况》，载赵心愚，秦和平：《康区藏族社会历史调查资料辑要》，四川民族出版社2004年版。

[2] 尹子文：《炉霍概况》，载赵心愚，秦和平：《康区藏族社会历史调查资料辑要》，四川民族出版社2004年版，第139—140页。

[3] 文阶：《德格写真》，载赵心愚，秦和平：《康区藏族社会历史调查资料辑要》，四川民族出版社2004年版，第163页。

或书面之陈述，向土司起诉。经批准后，即派差拘传被告对质，由办理之大头人，讯明判结，发给断牌，以案情之大小，征收讼案费，数元数十元或数百元不等。原被两造，有平均负担者，有以曲直情形，分高低成分担任者[①]。

由于碍于有头人"重重积威"，当事人一般先到头人处控告。然而当遇有办案头人处置不公平的情况时，尽管当事人不服，非万不得已，绝不敢到县府提出上诉，因此县政府作为头人、土司司法的上诉机构的情况十分少见。如果有县政府受理此种上诉案件，县政府也只是转而特饬办案头人另行秉公判结并报府备案而已。

间有办案头人，判结失平，当事人不服，而向县府上诉者，但为数极少，非万不得已，不敢出此。县府受理上诉后，或提案审讯，或饬该土司特饬办理头人，另行秉公判结，报府备查[②]。

梳理这段文字，可以见德格县司法之大概：（1）统由县府监理案件：县长任审判长，临时指派县府科秘担任书记或检查等任务，法警即由政警兼充。但是"人民等在头人重重积威之下，不敢径行向政府申诉"。（2）土司受理案件：喇嘛士人等之讼事，概由土司头人处理。土司受理案件，由其下属之二三大头人办理。（3）县府受理上诉案件：偶尔有办案头人的判结失平，所以当事人不服而向县府上诉，县府受理上诉后，会责令土司指示办理该案的头人另外秉公判结，并报县府备查。但此类情况为数极少，非万不得已，当事人绝不敢这样做。

从上述分析看，当时德格县土司的"余威"尚存。习惯了土司时代的法律统治，人们不敢冒然向官府控诉。那么可以肯定的是，至少在1940年以前，当地绝大多数案件是属于由土司受理案件。

我们再来分析一下德格土司受理案件的程序。其程序如下：（1）先由原告以口头或书面之陈述，向土司起诉；（2）土司批准后，再派差拘传被告对质；（3）土司指派办理案件的大头人来进行审判，得出判决结果，发给断牌（判决书）；（4）以案情之大小，收诉讼费。诉讼费有平均负担的，也有以依照胜诉或败诉讼情况而按高低进行分担的。

上述分析中，我们可以清晰地看见民国时期，在国家（县府）司法权

---

① 文阶：《德格写真》，载赵心愚，秦和平：《康区藏族社会历史调查资料辑要》，四川民族出版社2004年版，第163页。

② 文阶：《德格写真》，载赵心愚，秦和平：《康区藏族社会历史调查资料辑要》，四川民族出版社2004年版，第163页。

力之外，土司司法权仍然十分强大，绝大多数案件仍然由土司掌控。尽管国家司法已经深入到了县府一级，但是康区人民的法律生活显然没有发生根本性的"变革"。那么，土司司法的公正性又是怎样的呢？

从上述程序看，德格土司在整个案件审理判决过程中，居于主动地位，主要有以下表现：（1）土司拥有传统的力量和传统合法性，以至于诉之县府的案件极少，因为人们畏惧土司已成为习惯；（2）土司并不直接审理判决案件，而是由头人负责审理并作出判决；（3）即使是发生当事人向县府上诉的情况，土司也不承担对案件审理判决的责任。

虽然康区藏民根本不谙官方法律、人民很少到官府进行诉讼、基本上仍是由当地喇嘛寺庙及头人自行处理案件，但是在民国时期，康区由县府监理诉讼的国家司法体制已经得以确立，在法律适用方面开始适用国家制订法，与清朝宣统二年改土归流之前相比，这些都是近代化的表现。

从上述清朝乃至民国的康区司法情况来看，作为在行政体制上已经内地化了的康区，清政府在康区实行的改土归流实际上是与清末的法律改革是一致的。因此无论是清末对康区实行的改土归流，还是民国在这些地方适用的民国新法，这些都属于中国边疆法律治理近代化的一个组成部分，都属于从传统的"总督式"法治和向近代国家法治转型的内容，在同时也是地方藏人习惯法与国家法之间的一个调适过程。

三、作为"内地化"的康区存在的司法问题

有了近代化的司法体制，不等于就有了"法治"。民国时期康藏地区存在的司法问题主要是治理司法腐败、摸索法律适用及解决司法中汉藏语言翻译这三个问题。

（一）司法中汉藏语翻译问题

民国时期藏区的司法还存在语言上的障碍，由于汉藏文字不一，康区又是汉藏交汇之地，但凡遇有诉讼，其语言交流上的难题有二：一是由于改土归流，多用汉族官员，法庭调查审判，语言不通；二是若是涉及汉藏之间的纠纷，其交涉、文字翻译和法庭辩论困难。揆此二者，语言因此成为康区司法的障碍。要实现国家法真正在康区的贯彻，必须要有效解决康区司法面临的这一问题。

从现有历史资料看，根据朱增鋆的《川边政屑》，在治理康区的过程中，语言障碍是造成康区案件审理中，出现搁置或积案的重要因素①。任乃强在其《民国川边游踪之〈西康札记〉》中言西康从清代到民国时期，都存在"通译"诈索的现象，其记云：

"盖夷人与汉官对面不能达情，通译当面诈索，毫无障碍。夷人见汉官只知要钱，故呼为'汉叫花子'。其实官吏亦有贤者不要钱，通事尽藉官要钱耳。"②

朱增鋆在其《川边政屑》中对于当时司法中发生的语言障碍问题有这样的描述和评价：

据知事审查，蛮民性格，愚陋可哂，而朴实却可钦。地方官因语言未晓，文字难通，则于所呈讼词案件，搁置不理。夷人望之俨然，未敢催问。而即如我家被彼家盗去牛马，此村被彼村支过站头，或有保正通兵等估要支差，扣食脚价等弊，居官者全部理料，而民心由热而冷，公事由成而败也。知事窥悉此中艰苦，故语通事中，除准一名由粮税开支外，雇用四名，而又防伊等隔绝民膜，乃时向大堂上下巡视。遇有呼冤者，当即堂讯，随指通事一名，督令照翻，理曲者斥之使去，理直者随下朱单追究。蛮民最敬服官，亦最爱惜钱。若果随讯随断，无论不准索贿，为伊等所感激，即免其牵缠，少在城中花消银钱，耗用面粑，已觉感戴不忘。知事素性无欺，精力颇健，且又以大府厚望勉旃之褒语，更应仰体鸿慈，勉尽职守，无负裁成。所有呈报夷民逃走暨拟办招抚及地方庶政各缘由，理合具文呈请，云云③。

分析朱增鋆的这段话，我们可以了解当时司法因为语言障碍而存在问题，具体可归纳如下：（1）地方官因语言未晓，文字难通，则于所呈讼词案件，搁置不理；（2）由于搁置不理，加之当地藏民朴实却可钦，因此只是望之俨然，不敢催问；（3）如此以往，民心由热而冷，公事由成而败也。

这就不仅是司法问题，而是影响到民心了。当地知事显然为此十分苦恼，可能是因为翻译人手不齐，如果雇更多的翻译人员，又还需经济上的开销。为此，知事应对的办法是：除准一名由粮税开支外，又多雇用四名通事，这可能多是应急的办法。由于通事人多了，知事不能亲历案件，且又恐责任分散，因此还需要防止这些通事"隔绝民膜"，擅自枉法。因此

---

① 朱增鋆：《川边政屑》，载赵心愚等：《康区藏族社会珍稀资料辑要》，巴蜀书社2006年版，第121页。

② 任乃强：《民国川边游踪之〈西康札记〉》，中国藏学出版社2010年版，第26页。

③ 朱增鋆：《川边政屑》，载赵心愚等：《康区藏族社会珍稀资料辑要》，巴蜀书社2006年版，第121—122页。

知事不时向大堂上下巡视，遇到呼冤者，随指通事一名（以免有私），督令照翻，随讯随断。其结果是提高了效率，减少了藏民因打官司而滞留在城中的银钱花销以及耗用面粑。

在这里我们似乎看到的是一位身处汉藏杂居之地，努力排除语言困难，勉尽职守，廉洁高效的好法官形象。增加四名通事（翻译）的目的，不仅仅是为了提高效率，因为在处理完过去的积案后，康区的案件同中国的其他边疆地方一样比较少，因此至少这里增加通事员额的目的是为了"公正"，是为了防止这些通事"隔绝民膜"、擅自枉法。

同样，许多关于这一时期康区法律的记载，都提到了司法中翻译的问题，看来即使是民国时期，这个问题仍然存在，因为当时的汉语言教育仍然无法与今日相比。

翻译还涉及诉讼当事人的成本问题。当时诉讼翻译费的规定在许多康区文献记载中都大同小异。据尹子文的《炉霍概况》一文记载，"诉讼手续，汉文呈状不征费，藏文呈状收翻译费藏洋三元。"[1] 由此看到，炉霍县的做法是用汉文书写的诉状，不收翻译费。用藏文书写的诉状，则收藏洋三元。看来这是一项具有普遍性的规定，因为在其他地方我们同样看到类似的记载。吕国璋在《道孚公牍》中的记载了道孚县当时处理案件的"计开"规定，即"民刑诉讼应守规则十二条"[2]。具体内容如下：（1）凡收发处收呈词一张，由诉讼人给与挂号钱二百四十文；（2）凡正副队长传达呈词一张，由诉讼人给与传达钱二百四十文；（3）凡汉夷民民事诉讼案件，缉勇执票传唤两造，先由原告给予传脚钱每名二百文，按日推算。如格外需索，指控查究；（4）凡夷民民事诉讼案件，照汉民规定之数，发给此项传脚，但应归通事执票传唤；（5）凡夷民呈词，传到公署，翻译汉文，每张由诉讼人给翻译费藏洋一元；（6）凡民事诉讼，履勘田地，每造每日各给缉勇口食钱三百文；（7）民事诉讼，无论汉夷人等，应先呈缴讼费藏洋八元，交收发处暂存，俟判决后，由败诉人担任，以备缉捕之需；（8）凡民事诉讼，无论汉夷民等，应先缴格式纸张费藏洋一元；（9）民事诉讼，无论汉夷民等诉讼，一经准理送审，均先缴开单纸张费二百四十文；（10）民事诉讼，无论汉夷民等，一经审结，两造各缴结状钱二百四十文；（11）刑事案件，如

① 尹子文：《炉霍概况》，载赵心愚等：《康区藏族社会历史调查资料辑要》，四川民族出版社2004年版，第140页。

② 吕国璋：《道学公牍》，载赵心愚等：《康区藏族社会珍稀资料辑要（上）》，巴蜀书社2006年版，第246—247页。

系夷民，应缴翻译汉文笔墨费藏洋一元。汉民自书呈递者，不缴；（12）凡汉夷民等，遇有抢劫刃伤案件，来署喊冤，一概免费，以示体恤。

在该"民刑诉讼应守规则十二条"中详细规定了诉讼费用的收取。其中第（4）条、第（5）条、第（11）条、第（12）条均涉及如何收取翻译人员和翻译费用。

"民刑诉讼应守规则十二条"第（4）条、第（5）条的规定是针对民事诉讼案件的。第（4）条规定："凡夷民民事诉讼案件，照汉民规定之数，发给此项传脚，但应归通事执票传唤。"第（5）条规定："凡夷民呈词，传到公署，翻译汉文，每张由诉讼人给翻译费藏洋一元。"这里所谓的"传脚"是指给"缉勇"的"传脚钱"，相当于原告给"缉勇"的跑路费之类，其费用是"每名二百文"。这在第（3）条中有明确规定："凡汉夷民民事诉讼案件，缉勇执票传唤两造，先由原告给予传脚钱每名二百文。"第（4）条中的"应归通事执票传唤"，是说凡涉及藏民的民事诉讼案件，其传唤原被告仍需要经过通事，而不仅仅是缉勇执票传唤。这表明在传唤过程中，仍然需要"通事"的参与，而且这显然也是通事在诉讼中的一项权利。"通事"收取的诉状翻译费是"藏洋一元"，这同在刑事案件中的价格是一样的。按照"民刑诉讼应守规则十二条"中第（11）条的规定："刑事案件，如系夷民，应缴翻译汉文笔墨费藏洋一元。汉民自书呈递者，不缴。"这与上述尹子文的《炉霍概况》记载的炉霍县的做法是一样的，即如果是藏民呈递的文状，收翻译成汉文的笔墨费为藏洋一元，而汉族人提交的"自书呈状"，则不用缴翻译费。而另在其第（12）条中也有变通的规定："凡汉夷民等，遇有抢劫刃伤案件，来署喊冤，一概免费，以示体恤。"根据该条，无论是汉民还是藏民，如果属于遇到强人而被"抢劫刃伤"的情况，一概免收费用。

在过去的土司时代，藏区的司法权控制在土司手中，因此在司法过程中，即使是涉及汉藏之间的纠纷，司法翻译问题也并不十分严重，因为"县汉民甚少"[①]，土司"法官"懂藏语，至少熟悉当地情况。"改土归流"后这一问题已然突出，国家派遣的"县知事"，往往都不懂藏语，如果涉及藏民，司法过程中就完全依赖"通事"进行翻译，于是因为翻译过程中的舞弊，出现信息不对称的现象，就可能影响"知事"判决的公正性。

---

① 尹子文：《炉霍概况》，载赵心愚等：《康区藏族社会历史调查资料辑要》，四川民族出版社2004年版，第139页。

（二）棍徒和衙蠹及国家司法力量的弱势

民国时期康区的司法存在的另一个问题是司法部门缺乏财政供养，又兼有棍徒和衙蠹扰乱枉法，"案前则讹诈百端，案后则索酬不已"，造成"差役之腹未果，为民家之产已倾"，影响了司法活动的正常运行。

道孚县的司法"计开"由"民刑诉讼应守规则十二条"进行规定，该"计开"规定具体、实用而有变通性。只是这些规定中收取的费用过于繁杂，甚至很不合理。这里稍加计算可知：（1）挂号钱二百四十文收发处收呈词；（2）传达钱二百四十文正副队长传达呈词；（3）传脚钱每人二百文缉勇执票传唤；（4）翻译费藏洋一元（民刑）公署（夷民呈词）；（5）缉勇口食钱三百文（每天）履勘田地（田地纠纷）；（6）讼费藏洋八元（败诉人支付）以备缉捕之用；（7）格式纸张费藏洋一元公署；（8）开单纸张费二百四十文一经送审；（9）两造各缴结状钱二百四十文一经审结。

这些项目给人以十分浩繁的感觉，不得不让人怀疑这些规定之于上级机关是否具有合法性。它不像是我们理解的诉讼程序，倒像一本行政与司法合一的敛财价目表，否则就是这些缉勇、通事都缺乏财政供养，甚至整个公署也尚未有足够的财政收入①。此外，该"民刑诉讼应守规则十二条"是道孚县官员自订的，还是当时省级政府规定的？如果我们再看晓喻告示，就可以明白许多。

"照得为政之道，首在剔弊除奸；保民之原，尤重扶良安善。视小民为鱼肉，固多出自棍徒；藉朋比为狼贪，亦半由乎衙蠹。所谓荆榛不去，无以茂其芝兰；害马不除，奚能安其良骥。此本知事外则对于奸宄，内则对于蠹役，不惜尽力设法，冀决根株。原以保民生而端政本也。查县属一般人民，其安分自爱，各安生业者，固不乏人。而平日专以包揽词讼，勾串衙役，蹂躏平民者，亦复不鲜。……既有为虎作伥之人，遂肆乘骥探珠之手，凡民间一事到官，案前则讹诈百端，案后则索酬不已。大抵差役之腹未果，而民家之产已倾。甚或良懦者无事安居，因其肥而罗织其罪。黠滑者满盈恶贯，受其托而反饰其奸。或包庇赌博洋烟，按月收费；或容隐小偷盗窃，暗地分赃。凡此惨无天日，淆乱是非，在浅者见，以为奸民蠹役之所为；而卓识者，实则身膺民社之放弃责任矣。昔汉廷立法，凡官吏诈赃，至匹绢以上者，弃市。是官吏贪墨，尚且按法行诛，而况在公人役，大肆贪婪。若不预为设法，痛绝弊端，则国家设官为民，直反以害民耳。

———————————
① 赵心愚等：《康区藏族社会珍稀资料辑要》，巴蜀书社2006年版，第311页。

本知事做宰是邦，亟应力除其弊，合行示谕。为此示，仰军民人等知悉，倘有本署人役，以及外间痞棍，敢于勾串连结，妨害治安，如有以上包庇烟赌，藉案（搕）索各情事，无论军民人等，果具有真知灼见，准其指明证据，来署投诉。本知事讯系确凿，定予按照军法，从严惩治，绝不稍涉徇纵。惟尔人民，断不可存公门如海之心，惧城狐社鼠之势，宁可含冤负屈，弗肯蹈虎涉冰，则又未视本知事为俗吏矣，其各遵照特示 [1] 。"

　　这份告示用道孚县知事自己的语气发布，让人想起秦简之《语书》和东汉会稽太守第五伦之晓喻，这一告示显然是为了达到威慑的效果，亦反映当时社会的积弊。这里知事强调了两个问题：一是"视小民为鱼肉，固多出自棍徒"；二是"藉朋比为狼贪，亦半乎衙蠹"。一个是棍徒为霸，另一个是衙蠹为贪。棍徒视小民为鱼肉，衙蠹朋比为狼贪，则所谓"奸民蠹役"。告示中描述的情况与清朝衙蠹当道、包揽词讼、勾串衙役的现象很像，给人以社会法制状况很糟糕的感觉。衙蠹"平日专以包揽词讼，勾串衙役，蹂躏平民者，亦复不鲜"的行为，造成的结果是"凡民间一事到官，案前则讹诈百端，案后则索酬不已"。当差役的可能因为经济困难，则利用职权，致使"民家之产已倾。甚或良懦者无事安居，因其肥而罗织其罪。黠滑者满盈恶贯，受其托而反饰其奸。或包庇赌博洋烟，按月收费；或容隐小偷盗窃，暗地分赃"。"凡此惨无天日，淆乱是非"。由此可见，当时司法中的枉法现象已十分严重。

　　从该告示表达的道孚县知事的认识来看，这不仅仅是奸民蠹役之所为，更是"实则身膺民社之放弃责任矣。"该告示列举汉朝惩治官吏贪墨的法律，强调要"预为设法"，以法治官、以法治吏。具体应对办法一是鼓励人民指明证据，前来投诉；二是讯系确凿后，定予按照军法，从严惩治。在告示的最后，该县知事再次强调了自己"做宰是邦，亟应力除其弊"的决心，号召人们不要"含冤负屈""蹈虎涉冰"，有冤必诉，更不可"视本知事为俗吏"。

　　这里提到"大抵差役之腹未果，为民家之产已倾。甚或良懦者无事安居，因其肥而罗织其罪"。联系上述道孚县的司法"计开"之"民刑诉讼应守规则十二条"，有可能确实存在"差役之腹未果"的情况。相应的，弱财政现象和弱司法现象也是司法腐败的原因。然而对于康区这样一个汉

---

① 吕国璋：《道孚公牍》，载赵心愚等：《康区藏族社会珍稀资料辑要》，巴蜀书社2006年版，第228—229页。

民族事务依法治理研究

藏、新旧混杂的地方来讲，弱财政现象和弱司法现象在那个国事蜩螗的时代是难以一时改变的。一如吕国璋于《道孚公牍》中所说："窃维财物为国家命脉，庶政赖以敷施，报销为整理权舆，计政凭以审定。川边自前清末极具规模。旋乘改革，元二等年……而军费、收支又复牵混，边地财政，遂至纷如乱丝。"①

道孚县知事在告示中的语气和思维方式，并不像一个从晚清以来学习"西法"，实行法律改革后的法官。倒像一个旧式法律体系下从事司法活动的"县太爷"，他需要用很多形容词来表达他对"恶"的愤怒，需要用威慑性的语气来斥责司法的腐败。这一切显然表明在他的手中没有健全而理性的法律，有的只是"军法""定予按照军法，从严惩治"。在他的背后也没有足够的政府财政支撑，甚至一份开单纸张，也要收取二百四十文钱。因此，他需要一份像"民刑诉讼应守规则十二条"这样的价目表来收取费用，以维持"公署"的运转，保证司法活动能够顺利进行。在这样的条件下，他在告示中强硬的语气，只能说明他因缺乏制度保障和财政的支撑而底气不足。

上述知事所面临的问题，正是在民国以后，国家司法在藏区通常会面临的问题。

首先，民国时期，康区财政混乱、司法腐败、财政拮据，社会快速变化，这一切都聚焦于康区的法律转型，表现出社会法律生活的新旧混杂，也反映出当时"民族"关系缓慢发生着变化。据民国时期的调查，康区社会的贫富分化和纠纷本没有想像的那么复杂，如任乃强1929年至1930年对西康边地风俗的调查札记中言其系类似西周"均田之制"，且无土地兼并之事，任乃强说："汉以后儒者穿凿附会，实未得周礼真解。今日西康夷户，殆真行此制者也。其法田地不准买卖分割，传之长子，或赘一婿承受，余子不得受田也。土司如古之国王，彼有汤役田、打役田、乌拉田，由当差者耕之，此即公田也。故夷贵富之差甚微，无田连阡陌之事。"②

任乃强又言其"税赋徭役"与殷周无异："夷民之税，有米粟之征，有力役之征，一切与殷周无异。"③

康区受五百余年土司之统治，民国时期其民仍极敬土司而避汉官，土民把对土司的役供仍视为当然的义务。"又闻土司与人涉讼，无论何所为，

① 吕国璋：《道孚公牍》，载赵心愚等：《康区藏族社会珍稀资料辑要》，巴蜀书社2006年版，第249页。

② 任乃强：《民国川边游踪之〈西康札记〉》，中国藏学出版社2010年版，第9—10页。

③ 任乃强：《民国川边游踪之〈西康札记〉》，中国藏学出版社2010年版，第11页。

讼费皆部民担之。其土木与丧葬、婚娶事，皆役部民，不给一钱"①。

民国元年改制，改土司为土保，根雀为副总保，当时政府任命前来改制者系"设治委员"，康区土民闻之大骇，于是有"三土司之乱"，乱定之后，政府仍不敢严惩土司，只是处以罚金而已②。

民国在康区设治，进行司法管辖，在实体法和程序法上，力图奉行晚清法律改革以来的"西法"原则，实现康区社会法律治理的转型，但是地方政府的"新法"介入又多引发新的矛盾。

在实体法方面，即使是对恶性命案，民国在康区的地方知事也基本上认同其"命价"的习惯，不仅如此，有时还会因为不了解命价计算方法而纠缠不清，导致抗拒官府的现象。如民国时，曾有大盖喇嘛寺凶杀三人性命，并掳其财产拘其家属一案。此案经县署张知事派员处断，放出其家属缴还其财产，同时按康区习惯，赔三人命价3000元藏洋，县署外罚100秤。但是该喇嘛寺并不遵从此判决，认为"命价赔到一千元一人，瞻对向来没这规矩。"③ 此后该案的处理越来越复杂，是言"瞻对娃之蛮横，大抵如此"④。

民国时期并没有彻底完成这样的转型，呈现出"强势的政府告示和弱势的司法力量"，没有健全而理性的法律、没有足够的政府财政支撑、名目繁多的诉讼费用、没有律师参与的旧式诉讼模式，这一切造成了案件稀少，司法水平低下，人员很不专业。文阶撰写的《德格写真》（1940年）中就记录了当时司法人员和案件数量的情况："司法情形，引录县府答覆司法调查专员印润深之答案，以见一斑。（一）甲、本县司法，统由县府兼理，无一定之组织。乙、本县情形特殊，民刑案件极少，司法事务，未设专人办理，遇有案件时，由县长任审判长，临时指派县府科秘担任书记，或检查等任务，法警即由政警兼充"⑤。

这里没有讲述"民刑案件极少"的原因何在，总是说"本县情形特殊"。由于"民刑案件极少"，德格县就没有专门的司法人员。而且，同样的情况在康区其他地方并不鲜见。上述道孚县同样是由"知事"担任"法官"，这里德格县由县长任审判长也是自然。由此可见，在清末民初之时，康区地方的国家司法财政力量十分薄弱，导致行政与司法合一未设专门的

① 任乃强：《民国川边游踪之〈西康札记〉》，中国藏学出版社2010年版，第12页。
② 任乃强：《民国川边游踪之〈西康札记〉》，中国藏学出版社2010年版，第12页。
③ 任乃强：《民国川边游踪之〈西康札记〉》，中国藏学出版社2010年版，第59页。
④ 任乃强：《民国川边游踪之〈西康札记〉》，中国藏学出版社2010年版，第60页。
⑤ 文阶：《德格写真》，载赵心愚，秦和平：《康区藏族社会历史调查资料辑要》，四川民族出版社2004年版，第163页。

法院。而法院往往又没有专业的司法人员和监督机制。在这种情况下很难说法治之中没有"人治"。

此外，民国改制以来，诉讼状况相比于清朝没有发生根本变化，一般土民有案，决于土司，依其向例，很少诉于官府。因此县知事处理的案件基本上是土司与头人之间的案件，以及涉及汉人的案件。土司、头人、汉人多是有钱人，争讼中不免形成以贿官求胜的局面，这加剧了边吏操纵司法的腐败现象。

"每有讼案，向例皆以贿官求胜。官吏以番家有无讼案，定官运好否。关外各县，几成通病不仅丹巴然。汉人好讼者多，负讼，则换官家复告，能饱吏欲，无塞官囊者。"[1]

因此，民国时民间有"不愿为边地官，愿为边地吏"[2]之说，而政府所派亲民之官，不谙民情，深居高拱，且不顾及区化之道，徒以饱填宦囊为事，又因土民不通汉语，情不能达于官府，一切由番绅包办，"故官自为官，民自为民，令教隔阂"[3]，其法治、教化皆无由见也。

---

① 任乃强：《民国川边游踪之〈西康札记〉》，中国藏学出版社2010年版，第92页。
② 任乃强：《民国川边游踪之〈西康札记〉》，中国藏学出版社2010年版，第92页。
③ 任乃强：《民国川边游踪之〈西康札记〉》，中国藏学出版社2010年版，第76页。

民族民间习惯法研究

MINZU MINJIAN XIGUANFA YANJIU

法律多元理论下中国少数民族习惯法与国家法的逻辑融合

曲艳红

摘要： 法律多元理论是法的社会科学研究的核心命题。不同学科以其特有的学科视角和研究方法，对法律多元展开了论证。综合看来，尽管法律多元论仍存在一些理论困境，但社会科学路径（指人类学与社会学）的经验研究方法及其基本结论"法律多元指非国家法体系与国家法体系的互动"，对于法学研究具有打破学科藩篱、探寻法的实质理性的意义。当今中国社会处于传统礼法已经或正在消失、现代法治尚未建立的阶段。尤其在少数民族地区，习惯法与国家法共存，在法律多元理论框架下考察少数民族习惯法作用于社会秩序的方式、探索少数民族习惯法与国家法共生互动的模式，既是对法律多元理论的丰富和验证，也对少数民族区域自治具有实践价值。

关键词： 法律多元　少数民族习惯法　国家法　逻辑融合

作者简介： 曲艳红，内蒙古大学民族学与社会学学院在读博士生，牡丹江师范学院应用英语学院副教授。

法律多元理论是西方法律人类学与法社会学的核心概念，其形成于西方殖民时期，被人类学家用于描绘殖民地地区"本土法"与"西方移植法"的竞争、共存状态。后随着时代的发展及学者研究的深入，从20世纪70年代开始，法律多元理论也被用来解释西方社会主权国家中"非国家法"与"国家法"的博弈关系及对国家法的规避行为。时至今日，"法律多元"除了在上述语境下使用，学者们也将研究触角延伸到全球化过程中出现的人员的跨国移动和文化的交流、传播所导致的法律多元状况，从研究传统来说，是法人类学、法社会学学者开辟和引领了法律多元的思潮，并最终进入法学理论界视野，产生了各相关学科之间的对话与关于"什么是法""非国家法定位""非国家法与国家法关系"等问题的论辩。

中国自古以来就是一个多民族国家。在统一多民族的古代中国，经过经济、政治、文化等多方面的推动，形成了多元一体的中华法文化[①]。中国学者对法律多元理论研究开始于20世纪末，其主要关涉以下几个领域：（1）"官方法"与"民间法"、"少数民族习惯法"与"国家制定法"的关系及整合；（2）法治建设中对"本土资源"的合理利用；（3）对中国古代"国家法"与"习惯法"的搜集与研究；（4）法律多元基本问题探析及全球化背景下的法律多元理论，等等[②]。概言之，中国的法律多元研究在法人类学、法社会学、法律史学、法理学等均有涉及并渐成气候。在我国少数民族地区，习惯法（文化）内容丰富、异彩纷呈，其对本民族（尤其农村地区）良好社会秩序的形成及纠纷的解决起到举足轻重的作用。本文即欲在法律多元理论观照下，探讨中国少数民族习惯法于当代民族自治地方法治建设的作用与意义。

一、法律多元理论探究

（一）"法律多元"的理论源头

前文已经述及，"法律多元"来源于法人类学对殖民地、后殖民地"法秩序"的观察和研究，后来法社会学、法理学参与到讨论中，但总的来说是法的社会科学研究主导了这一理论的产生和发展。18、19世纪的法典化运动的抵制者——萨维尼（F. C. V. Savigny）对法的"民族精神"的图腾

① 张晋藩：《多元一体法文化：中华法系凝结少数民族的法律智慧》，载《民族研究》2011年第5期。

② 代表性学者及论著包括（但不限于）：

第一方面：谢晖：《论当代中国官方与民间的法律沟通》，载《学习与探索》2000年第1期；张晓辉：《法文化探论主持者言》，载《思想战线》2004年第6期；官波：《少数民族习惯法与国家法的依存和冲突——少数民族地区法律多元个案透视》，载《思想战线》2004年第6期；刘建刚：《法律多元视野下的村规民约实证研究——以贵州省雷山县西江千户苗寨为例》，中央民族大学博士学位论文，2013年。

第二方面：苏力：《法律规避和法律多元》，载《中外法学》1993年第6期；苏力：《法治及其本土资源》，中国政法大学出版社1996年版；苏力：《文化多元与法律多元：人类学研究对法学研究的启发》，载周星、王铭铭执行主编：《社会文化人类学讲演集》，天津人民出版社1997年版；赵旭东：《权利与公正——乡土社会的纠纷解决与权威多元》，天津古籍出版社2003年版。

第三方面：梁治平：《清代习惯法：社会与国家》，中国政法大学出版社1996年版；《中国法律史上的民间法——兼论中国古代法律的多元格局》，载《中国文化》1997年第15、16期；王志强：《法律多元视角下的清代国家法》，北京大学出版社2003年版；白京兰：《一体与多元：清代新疆法律研究（1759—1911年）》，中国政法大学博士学位论文，2011年。

第四方面：李理：《千叶正士的法律多元观及中国的法律多元问题》，载《贵州师范大学学报（社会科学版）》2005年第2期；张钧：《法律多元理论及其在中国的新发展》，载《法学评论》2010年第4期；张德淼：《法律多元主义及其中国语境：规范多元化》，载《政法论丛》2013年第5期；杨静哲：《法律多元论：轨迹、困境与出路》，载《法律科学（西北政法大学学报）》2013年第2期；徐爱国：《法理念的文化冲突与中国法律的多元属性》，载《社会科学研究》2014年第6期；周晓虹：《透视全球化背景下的法律多元论》，吉林大学博士学位论文，2006年。

式的崇拜和埃利希（E. Ehrlich）对"活法"的发掘，被视为这一传统（指法律多元：作者注）的奠基者[①]。在作者看来，指出法与国体政体、地理环境、宗教风俗等方面联系的"法的精神"的孟德斯鸠传世之作《论法的精神》，及至20世纪的人类学代表人物马林诺夫斯基与霍贝尔对土著部落形态各异的"法"的描述、阐释人类学家格尔茨作出的界定"法为地方性知识"等众多经典论断，都暗含着"法律多元"之精神，即各时代、各国家、各地区的法律（规则）绝非一种形式、一个体系。晚近一般法理学的代表人物塔玛纳哈（Tamanaha）及退宁（Twining），不再囿于对法的本质的探究、主张连通法律与社会、"不排斥借鉴社会科学的洞见"[②]，使得对于"法律多元"的研究不仅进一步拓展到主权国家社会中"非国家法"与"国家法"并存的"二元"面向，而且社会学的经验研究与法学的规范研究的结合，使法律多元理论更好地规避了两个学科在该方面研究的不足，理论更为丰富与完善。

（二）法律多元的含义辨析

任何一个理论和思潮产生之后，研究者们都会展开对基本概念的剖析，法律多元理论的研究也不例外。但对同一概念，不同学科从其特有的研究视角和研究惯式出发，可能得出内涵、外延不同的结论。

胡克（M.B.Hooker）在其著作《法律多元》中以殖民统治为社会背景，指出"同一情形下有两个以上的法律相互作用的情况"为法律多元[③]。范德林登（Vanderlinden）认为社会中不止存在国家法（regulatory order）一种法律秩序，作为社会成员的权利主体受制于多种法律秩序的制约，其尤其强调了地方法（dialectical process）的调控作用[④]。梅丽（Merry）以波士斯皮尔、格里菲斯等学者的观点为基础，认为同一社会存在两种以上法律体系（legal system）的状况为法律多元[⑤]。可见以上三位学者尽管侧重

---

① 周晓虹：《透视全球化背景下的法律多元论》，吉林大学博士学位论文，2006年，第4—5页。

② B. Tamanaha, What is "General" Jurisprudence? A Critique of Universalistic Claims by Philosophical Concepts of Law[J].《TransnationalLegal Theory》（2012）.available at:http://ssrn.com/abstract=2018283. 转引自杨静哲：《法律多元论：轨迹、困境与出路》，载《法律科学（西北政法大学学报）》2013年第2期。

③ [日]千叶正士：《法律多元——从日本法律文化迈向一般理论》，强世功等译，中国政法大学出版社1997年版，第1页。

④ Jacques Vanderlinden, "Return to Legal Pluralism: Twenty Years Later", 28 J. Legal Pluralism & Unofficial Law, 1989, PP.151,152.

⑤ Sally Engle Merry, "Legal Pluralism", Law and Society Review, Volume22, Number5, 1988, P.870.

点不同，但都是从社会学实证分析的角度切入，界定法律多元的本质是同一时空内共存多种法律制度。内德（Nader）认为社会群体的多样性必然导致法律结构的多样性，并指出这些结构之间"相互独立、相互依赖、相互渗透或者三者共存"[①]。格里菲斯（Griffiths）强调法律多元应该从社会学的角度来探讨，而非从思想形态、法学或法律体系来研究，法律多元伴随着社会多元而生，其产生于多样的、相互重叠的、半自治的社会领域[②]。这两位学者都注意到了引起法律多元的原因是社会结构／层面的多元，并指出了多元的法律结构／秩序的能动性。桑托斯（Santos）提出"居间法制"（inter—legality）的概念，指出由非正式、非官方的修辞性法律所形成的法治与国家官方法律体系构成的法律秩序多元性为法律多元[③]。千叶正士对法律的多元结构进行了剖析，其将法律解析为三层——相对的对立结构，即"官方法对非官方法、法律规则对法律原理、固有法对移植法"，被学者称为"法律的三重二分法"[④]。以上两位学者都对"法律多元"进行了解构，使法律多元的内容更为明确而层次化，尤其千叶正士的剖析使得法律多元理论内容具体丰满，使后来的学者关注到了具体的二元对立情形。

中国学者对"法律多元"的界定，可以从以下角度切入：一是将中国古代朝代更替、地域广博、民族众多背景下的法制历史描述为"朝廷法"与"民间法"并存的"多元一体"法（文化）[⑤]。二是在现代社会背景之下，将"官方法"与"民间法"、"制定法"与"习惯法"、"本土法"与"移植法"等多种法律秩序并存、互动、竞争的局面称为"法律多元"。苏力指出，中国法律的多元存在多个层次，包括：外国法律观念、体系与传统法律制度、行为模式、法律观（其中包括有地方特点、民族特点的传统少数

---

① Laura Nader, "The Ethnography of Law", American Anthropologist, New Series, Volume 67, Issue 6, 1965, P.26.

② John Griffiths, "What Is Legal Pluralism", Journal of Legal Pluralism and unofficial Law,nr.24,1986, P.12, P.38.

③ B. de Sousa Santos, The Law of the Oppressed: The Construction and Reproduction of Legality in Pasargadae[J]. 12 Law & Society Review, 5—126, 1977.

④ ［日］千叶正士：《法律多元——从日本法律文化迈向一般理论》，强世功等译，中国政法大学出版社1997年版，第183—193页。

⑤ 梁治平：《清代习惯法：社会与国家》，中国政法大学出版社1996年版；梁治平：《中国法律史上的民间法——兼论中国古代法律的多元格局》，载《中国文化》1997年第15、16期；张晋藩：《多元一体法文化：中华法系凝结少数民族的法律智慧》，载《民族研究》2011年第5期；高其才：《中国少数民族习惯法研究》，清华大学出版社2003年版。

民族法律制度与文化）；与计划经济相适应的法律制度及与市场经济相适应的法律制度。在其看来，"最根本的问题是所谓的中国社会传统法律——表现为民间法律——和现代国家法律的冲突问题"①。肖光辉认为，"法律多元意味着法律应该有多种中心、多个层次，在一定的条件下存在着两个或两个以上可供人们适用的法律规范，而不能仅仅只有一个法律规范"②。三是有学者指出将法律多元理解为法的概念、功能和渊源的多元性③；有的指政治权力本身的分割与制衡④；有的则在社会多元基础上，将其理解为我国法律渊源的主要特点。

综上可以看出，中西方学者对法律多元含义的理解存在诸多差异，但在笔者看来，这些界定的不同，不能简单定位对错或偏颇与否，其归根结底来源于不同学者基于不同学科对同一主题研究的视角和具体应用场景上的差异。本文是以法律多元为理论基础探讨我国少数民族习惯法在当代社会法治秩序建设中的空间及意义，因而拟从格里菲斯的视角理解法律多元：一是基于法社会学立场，承认除国家法外，另有其他非国家法律制度（秩序），否认"国家法一元"；二是这种习惯法与国家制定法并存、竞争、互动。

（三）法律多元的研究路径

学者杨静哲将法律多元的研究路径分为四种：哲学路径、政治理论与传统公法理论的路径、法学路径、社会科学路径（以社会学、人类学为代表），并认为从研究贡献来说，法学及社会科学路径是法律多元理论的主导研究路径⑤。

从西方及我国法律多元研究的历史及成果来说，笔者同意杨静哲的分析，法学路径及社会科学路径的确主导了法律多元理论的研究，并且尤以社会科学路径为主，因为在法学研究框架之内，与国家毫无关联的所谓的"民间法""习惯法"始终无法纳入规范分析法学的"法"概念之中，而这些规则／规范（活法）却又确实地以相似于国家法治理社会的模式，发挥着调整社会秩序的作用。因而笔者认为"法律多元"应是在社会科学及后现代法学讨论框架内的理论，只有如此，才不会遭遇"民间法""习惯法"

① 苏力：《法律规避和法律多元》，载《中外法学》1993年第6期。
② 肖光辉：《法律多元与法律多元主义问题探析》，载《学术论坛》2007年第4期。
③ 史彤彪：《论斯蒂格·乔根森的多元论法学》，载《中国法学》1993年第3期。
④ 周振想主编：《法学大辞典》，团结出版社1994年版，第920页。
⑤ 杨静哲：《法律多元论：轨迹、困境与出路》，载《法律科学（西北政法大学学报）》2013年第2期。

根本不是法的困境。

（四）法律多元理论的成就及困惑

法律多元理论产生于殖民统治的背景下，后又辐射于现代社会中国家法不能或不及的领域。在笔者看来，法律多元理论研究具有如下作用及意义：

1. "法律多元"是法人类学、法社会学的核心精神，因而该理论的产生和发展打通了法学与其他社会学科的联系，学者们开始对传统法学进行反思并对法的现代性进行思考，此为法律多元研究的理论意义。

2. 对于绝大多数以移植西方法律制度为法治现代化主要手段的发展中国家来说，通过对法律多元的研究，学者们考查移植法的实效并思考了本土资源（苏力语）对于本国法治建设的意义，此为法律多元研究的实践价值；

3. 法律多元理论质疑国家法一元的地位，关注非国家法的作用，因而对中国民间法研究、法的全球化研究兼具理论与实践双重意义。

然而，时至今日，法律多元论仍有一些困惑及不足。有学者认为"晚近法律多元论繁荣发展的背后暗藏着三重困境：即关于法律本身两种属性（指事实之维与规范之维：笔者注）的'整合'问题、关于国家秩序／体系的'定位'问题以及关于研究领域的'划界'问题（指法律多元论是法学相关学科的分支还是独立研究领域：笔者注）"①。在作者看来，除上述困境，法律多元论的研究仍存在以下困惑：

首先，作为法律多元论主导研究路径且偏重于事实描述与分析的社会学研究方法在对法律现象的研究上，是否或者怎样才能做到由个别到一般，从描述具体事实再落实到规范的制定与有效实施上（尤其在有成文法传统的中国）？笔者从法学学者的立场出发，认为此为法律多元研究中最核心的问题。

其次，对于"什么是法"的解答，在规范法学的视野中，法必须由国家产生或承认，因而我们所说的"非国家法"其实根本不是法，这一直是法律多元研究中的困境，正如梅丽的感慨："为什么为非国家法寻找一个词是如此之难？……称所有这些形式的秩序为法律有用吗？在关于法律多

---

① 杨静哲：《法律多元论：轨迹、困境与出路》，载《法律科学（西北政法大学学报）》2013年第2期。

元的写作中，我发现一旦法律中心主义被打破，往往用法律这一术语来指称那些不属于国家法的秩序形式就会混淆了分析。"[1] 而格里菲斯也明确指出，所谓"法律多元"实际应理解为"社会规范多元"[2]，同时笔者在阅读我国一些学者的习惯法著作时，经常会有"书里面记载的民俗习惯是法吗"的疑惑[3]。那么在法律多元的研究范畴内，"法"与"非法"的界限如何划分？

再次，众多中西方学者对"法律多元"进行了界定，其共同点是均认为法律应有多种形式，但该"多元"是否限定在某一具体事件、一个社会、一个国家抑或一特定时空内进行描述[4]？

最后，是否应关注、强调具体的"二元对立"法秩序情形？在法律多元的研究中，有学者注意到了社会中存在多种法秩序，进而引出了法律多元的论断。但也有一些学者不仅注意到了多种法秩序的存在，而且强调了具体的二元对立情形（如千叶正士的三重二分法及我国学者对国家法——民间法、本土法——移植法、国内法——国际法等论题的讨论），那么微观的"二元对立"法秩序的研究是否应该是未来法律多元研究的主导趋势？

上文介绍了法律多元理论研究的概况，本文之用意并非在于对该理论进行深究及拓展，而在于在该理论范式之下，思考少数民族习惯法对于社会治理的积极意义。因而下文作者拟将少数民族习惯法与国家法相对照，探讨其作用于社会秩序的方式以及与国家法之间的可能融合路径。

二、少数民族习惯法的存在样态兼与国家法关系

因少数民族习惯法固有的民族性、区域性、自发性、传承性特点[5]，

---

[1] Sally Engle Merry, "Legal Pluralism", Law and Society Review, 1988, Volume22, Number5. 转引自洪涵：《法律人类学视野下的法律多元》，载《云南大学学报（法学版）》2012年第4期。

[2] John Griffiths, "What Is Legal Pluralism", Journal of Legal Pluralism and unofficial Law,nr.24,1986, P.39.

[3] 这种情况在我国学者的少数民族习惯法著作中多有涉及。如高其才：《中国少数民族习惯法研究》，清华大学出版社2003年版；雷明光：《中国少数民族婚姻家庭法律制度研究》，中央民族大学出版社2009年版等。

[4] 见前文"法律多元的含义辨析"部分。

[5] 在此，有必要明确一下"习惯法"的归属，有部分学者主张习惯法属于国家法的范畴（高其才：《当代中国法律对习惯的认可研究》，法律出版社2013年版）；也有学者主张习惯法独立于国家制定法（梁治平：《清代习惯法：社会与国家》，中国政法大学出版社1999年版）。二者皆具有一定代表性。在笔者看来，上述观点的分歧，其实仍根源于对法律一元与法律多元的认识的差异，将"法"与国家强制力挂钩的一元论者不愿意赋予未被有权机关认可、但却真实承担民间社会定纷止争、行为准则之作用的习惯规范以"法"的称谓。笔者同意在法的社会科学研究的范畴内讨论习惯，将其理解为独立于国家制定之外的、具有一定强制性的准法规范。

如果说少数民族习惯法参与了少数民族（地区）社会秩序的构成，应该不存异议，如黔东南苗族有这样的《议榔词》[1]："为粮食满仓而议榔，为酒肉满缸而议榔，在羊子踩庄稼的地方而议榔，在猴子坏庄稼的地方议榔，议榔庄稼才有收成，议榔寨子才有吃穿"[2]。再如在当今瑶族地区仍有被发现不正当男女关系的人向他人支付"挂红费"的挂红习惯法[3]。在笔者看来，习惯法至今仍在部分少数民族地区发挥重要作用，原因一为民族心理因素（历史）、原因二为司法资源不足（现实）、原因三为法律成本估算（经济）[4]，三者在少数民族习惯法适用的具体案件中可单独作用，也可同时出现。在少数民族习惯法发展变化的过程中，有部分习惯法经由当地自治机关行使立法自治权以法律变通或补充规定的形式进入国家法领域。因而这部分习惯法的身份也转变为国家法，故不在本文讨论的范围内。除此之外，少数民族习惯法主要从以下几方面调整社会秩序。

1. 两种情况最为常见

少数民族习惯法来源于少数民族生活，由相关民族创造、实践并传承，其具有相当的权威性与稳定性，同时少数民族习惯法作为民族文化的一部分，自然与其他文化内容一样，会由于自然环境或社会环境的变迁而引起变化。特别是在中华人民共和国成立近70年后，严重违背相关法律精神／原则的少数民族习惯法已大部分被淘汰或被改良，仍在发挥社会调整作用的习惯法大多属于以下两类：一为适应当地生产生活水平且传习已久并得到普遍接受的；二为经改良后符合社会进步、公平正义观念的。上述两种类型习惯法在众多国家法覆盖不及的少数民族地区悄无声息地调整着社会秩序，对当地居民来说，这才是他们心中的法。

2. 虽与相关法律精神／原则相悖，但国家法对少数民族习惯法的存在持宽容态度

这种情况虽不常见，但仍然存在。如在西藏的部分偏远地区至今仍存在"一夫多妻、一妻多夫"的违背《婚姻法》"一夫一妻"基本原则的婚

---

[1] "议榔"是苗族先民在聚会中制定的共同遵守的公约誓词、规章制度等，也称《榔规》，《议榔词》就是阐明制定公约宗旨的说明词。载 http://xuewen.cnki.net/R2006060900001502.html，2017年8月11日访问。

[2] 高其才：《当代中国法律对习惯的认可研究》，法律出版社2013年版，第23页。

[3] 高其才：《习惯法的当代传承与弘扬——来自广西金秀的田野考察报告》，中国人民大学出版社2015年版，第130—151页。

[4] 刘娟：《国家法与习惯法的取舍》，载《云南法学》2000年第3期。

姻形式。前文提到的当今瑶族地区向发生不正当男女关系的人索要"挂红费"的挂红习惯法，其客观表现与《刑法》中的敲诈勒索罪相似（当然挂红费金额不一定达到犯罪标准），但仍然存在且被国家法宽容。上述民族习惯法存在的原因，既有历史传承因素，也有当地民众心理因素，更有经济考虑因素。其存在并未对社会造成恶劣影响，甚至有提高当地生产力、稳定社会秩序的作用，如果国家强行干预禁止，不仅无益于相关法律在该地区的贯彻运行，相反可能会影响地区稳定。因而这些习惯法内容虽然违法，但国家法也不以违法论，对其持宽容态度。

3. 少数民族习惯法与国家法进行博弈

此种情况指民族地区的特定习惯法内容与国家法规定相冲突，在具体情况下，国家法与习惯法进行博弈而产生的法律选择与法律规避现象。此种情况比比皆是，原因一为现代国家法律具有高度概括性与稳定性，而对于少数民族地区（尤其生产力落后、现代文明不发达、国家法治普及不足或长期适用当地习惯法的偏远地区），国家制定法存在不被当地人接受或适用社会效果不好的情况；原因二在于国家法虽被民族地区人民知悉，但当事人在考虑解决纠纷的成本与社会收益、经济收益之后，可能自动选择以习惯法"私了"，而产生对国家法的规避。在上述情况中，当事人最终选择国家法或习惯法是不确定的，其结果取决于纠纷性质、当地法治状态、习惯法的固有程度等，影响因素比较复杂。

众所周知，我国少数民族从总人口基数来看，人口数不多[①]，但少数民族分布广泛，五个民族自治区占国家总面积的45%[②]，而且在这些民族聚居区域，"边穷"地区又占多数[③]，因而研究少数民族习惯法并将其合理利用于社会治理具有极大的现实意义。

三、少数民族习惯法与国家法共生、互动的模式

在法律多元的理论框架下，"法律多元"是与"国家法一元"相对的，学者们已无数次地表明，无论古今中外，作为社会调整规则的法律从来都

[①] 据2011年第六次全国人口普查主要数据发布，全国总人口为1339724852人，其中少数民族人口占8.49%。

[②] 此为以我国陆地面积930万平方公里及领海面积30万平方公里之和为基数计算得来的数据。如果单纯以陆地面积为基数计算，五个民族自治区占去国家总陆地面积的54%多。另外还没有将少数民族聚居的云南、四川、福建等地计算在内。

[③] 少数民族地区大约93.5%的面积位于我国第一阶梯和第二阶梯上，全国绝大多数的少数民族集中居住在山地。管彦波：《中国民族地理分布及其特点》，载《民族论坛》1996年第3期。

不是一元的。但在"国家法"与"非国家法"关系上，法的社会科学研究者们也明示或暗含了"国家法去中心化"的意旨。在笔者看来，认同法律多元，并非要否认国家法的中心地位。因为在现代化的国家治理中，只有掌握暴力机器的国家有能力成为最终与最重要的立法、司法、执法主体，承认"法律多元"是对社会多种治理手段的理性接受，承认"国家法中心主义"是避免社会无序及建设法治社会的必需。正如"法律国家中心主义并不完全排斥法律的多元性，它可能承认国家法律的多层次性以及在一定领域内乃至超越一定边界法律秩序共生的多样性"①。学者张冠梓指出，"国家法与非国家法的并存与互动，不管是国家法对非国家法的强化和消解，还是非国家法对国家法的渗透和弱化，始终处于一种互动补充、不断发展的过程"②。承认"法律多元"与坚持"国家法中心主义"是处理少数民族习惯法与国家法关系的基本原则。在此前提下，少数民族习惯法与国家法共生、互动的模式主要有以下几种。

1. 少数民族习惯法与国家法处于不同法律层次，共同调节社会秩序

以下例说明：2002年7月，M县F乡的几位佤族到N镇J村赶街，由于发生口角，F乡的一位佤族被打死在J村，按照国家法律的相关规定处理案件后，矛盾并没有平息，J村的傣族头人认为外村人死在本村不吉利，破坏了该村的禁忌，死者家属必须按照传统习俗"做礼"，即赔偿一头牛，一头下过仔的母猪和6000元。为了不使矛盾激化，村干部按照传统习俗进行调处，死者家属赔偿了一头牛，一头下过仔的母猪和2000元。纠纷得以平息③。

本案中，作为受害人的死者家属却要进行赔偿，这于法理和我国制定法都说不通，然而在该地的习惯法看来却理所当然。因而在该案中国家制定法与少数民族习惯法分别解决了不同部分的责任，真正做到"案息事了"。根据波士斯皮尔（Pospisil Leopold）的"法律层次"论（Legal Level），"一切社会都是整齐的等级的次群体的总和，每个次群体都有其自己的法律体系，它是由该次群体的权威所作的法律裁决的原则之总体所构

---

① Hanne petersen, Henrik, zahle. Legal polycentricity. Aldershot: Darmouth publish,1995:18.

② 张冠梓：《略论中国的法律多元与文化多元》，载张冠梓主编：《文化多元与法律多元》，知识产权出版社2012年版，第14页。

③ 官波：《少数民族习惯法与国家法的依存和冲突——少数民族地区法律多元个案透视》，载《思想战线》2004年第6期。

成的"。^① 本案中的佤族及傣族当事人可以认为处于一个"次群体",其有自己的被广泛接受的习惯法法律体系,因而国家法与少数民族习惯法在同一案件中于不同层次上处理了不同矛盾,共同维护了社会秩序稳定。

2. 少数民族习惯法受国家法影响,从而引起少数民族习惯法的变化

此种情况的发生潜移默化、非一朝一夕完成。因部分少数民族习惯法本身固有的迷信、非合理性等特征,故而在国家法的威权化、强势渗透性、合理性等因素的作用下,许多少数民族习惯法发生了倾向于国家制定法的转化或蜕变。这可以是具体情形下当事人依据习惯法对国家法的规避行为,也可以在少数民族日常生活中,由于国家法的强势介入及其客观合理、公平正义及稳定易操作等特性引起的少数民族自发修改习惯法的选择。前者如苏力教授在其讨论"法治本土化资源"及"法律规避"的多个著作中指出的,在具体的法律规避案例中,看似国家法被当事人主动屏蔽掉了,但事实是正是由于国家法权威的存在,才会有当事人之间的"私了"和"讨价还价",在依据民间法私了的过程中,国家法的相关规定一直以参照物的形式存在,由双方当事人参考反复衡量私了的得失,因而这是一个辩证的过程,即看似国家法被想方设法规避掉,但这一私了过程,却是国家法影响民间法作出改变的途径和形式。后者如信仰伊斯兰教的维吾尔族地区,其早期婚姻习惯法为通过宗教人士——阿訇"念尼卡"(穆斯林宗教习俗,是伊斯兰教规定的一种结婚仪式),即承认男女双方婚姻关系。但我国《婚姻法》规定领取结婚证为婚姻缔结和婚姻权利得到保障的必要条件,所以现在的维吾尔族结婚必须依次经过按照《婚姻法》登记领取结婚证,依习惯法念尼卡和举行结婚仪式,该婚姻的效力才会得到承认。再如贵州雷山县苗族村寨根据《森林法》《森林保护条例》等法律的规定,制定了有关保护森林的规约;根据《婚姻法》制定了按规定年龄结婚,不准买卖婚姻,不准抢婚、逼婚,"彩礼钱"不准超过50元等规范;根据《治安管理处罚法》制定了偷牛偷羊、打人打架等应罚款多少的规约^②。

3. 经由少数民族地方变通或补充立法,少数民族习惯法进入国家法领域

我国《宪法》《民族区域自治法》《立法法》等均赋予民族自治地方可

① [美]E·A·霍贝尔:《初民的法律——法的动态比较研究》,周勇译,中国社会科学出版社1993年版,第8页。
② 高其才:《中国少数民族习惯法研究》,清华大学出版社2003年版,第251页。

以依照当地民族的特点、以自治条例和单行条例的形式，对法律和行政法规的规定作出变通规定的权力 [1] 。据不完全统计，截止到2006年，我国155个民族区域自治地方共制定自治条例137件，单行条例409件，针对法律制定的变通规定、补充规定74件。其中，变通规定30个，补充规定44个 [2] 。在民族自治地方的立法变通中，对《婚姻法》的变通最多，此外《继承法》《选举法》《土地管理法》《森林法》等众多法律法规均有涉及。通过民族自治地方的变通立法，许多在该民族流传久远、得到广泛接受且不严重违背现代法律精神的少数民族习惯法规定得以进入国家法范畴，进而在实践中维持了当地社会稳定、理论上传承了民族文化并丰富了法律渊源。

4. 少数民族习惯法的司法适用

在未实行立法变通的情况下，我国区别对待的民族政策体现在司法上，主要就是个案中少数民族习惯法在民事司法和刑事司法中的适用。如"凉山州司法机关，根据彝族继承的习俗，在遗产分配上一般主要照顾子女中最小者的利益，而不是平均分配" [3] 。再如藏族"赔命价""赔血价"习惯法 [4] 在故意伤害、故意杀人等案件中，法官会参考双方达成的赔偿协议，对被告人酌情从轻处罚。少数民族地区审判机关对习惯法的承认，一般存在三种情形：一为在刑事案件中将相关习惯法作为对犯罪嫌疑人量刑的参考依据；二为在民事、行政案件中将该地区群众普遍接受的习惯法作为影响判决或裁定的公序良俗、民风习惯；三为在审判或调解中请当地德高望重的寨老、头领等运用习惯法规范调处纠纷。尽管有人认为少数民族习惯法在司法上的适用，在某种程度上破坏了国家法律的统一性及权威性，但不能否认的是该种适用在克服国家制定法的僵化及偏远地区司法资源不足等缺陷、节约司法成本、稳定社会秩序及追求最佳法律效果与社会效果的统一等方面发挥了重要作用。因而司法实践中需要做的是如何使少数民族习惯法的司法适用尽量更客观、更规范、更稳定。

---

[1] 少数民族习惯法进入国家法在国际上也并不偶见。在各大洲的众多国家均存在将少数民族习惯法（或土著法）编入国家法或明文对其予以承认的情形。

[2] 孙丽君：《法律变通问题研究》，吉林大学博士学位论文，2009年，第83页。

[3] 胡启忠：《论民族地区的法律变通》，载《西南民族学院学报（哲学社会科学版）》，2002年第7期。

[4] 指发生人身伤害案件后，受伤害的一方向侵害一方提出的伤害钱财赔偿。这两种做法广泛存在于我国藏、羌、彝等少数民族地区，是一种长期以来形成的解决杀人、伤害纠纷事件的习俗、习惯方法。"赔命价"习惯法在我国少数民族地区历史悠久、存在普遍，虽然该做法在中华人民共和国成立后一度被认为破坏了国家法律统一性及权威性，但在进入新世纪以来，其渐与刑事和解与社区矫正结合，成为少数民族习惯法在刑事司法上的适用。

5. 少数民族习惯法的执法适用

其既可以是民族自治地方行使行政管理自治权时灵活应用习惯法执法的情形，也可以是民族乡、村民委员会等村民自治组织运用习惯法调解村民纠纷、规范社会秩序的行为 ①。我国民族分布呈现"大杂居、小聚居"的特点，而各少数民族又有着独特的民族文化，因而少数民族地区的行政执法相较于民族单一、语言统一、法治普及的汉族城市地区复杂得多。"任何执法活动的检验标准永远只能是社会实践，没有一项执法的正义能脱离社会接受度来衡量，而民族风俗习惯则是法律精神向社会实际生活渗透的最主要的联结层" ②。所以少数民族习惯法的规制作用实际贯穿于少数民族地区的行政执法过程中。在2014年9月23日由广西民族大学"民族法文化与社区治理"协同创新中心举办的"民族法文化与地方社会治理"主题座谈会上，与会的金秀县司法局代表用一例交通事故赔偿款追索纠纷说明了石牌制度对当地的影响，多次调解无果后，司法人员利用村中族老的影响力和石牌制度在当地人心中的地位，最后使得当事人在芭蕉树前上香宣誓，签订协议，成功化解该纠纷 ③。再如在贵州省雷山县苗族聚居的陶尧片区，其村规民约处理偷鸡事件的办法是"偷鸡者应先罚100元，赔偿被盗者一只鸡，并按照鸡的价值再罚10—15倍的钱款，罚得款项一般分为三个部分：一份归村委会，一份归检举人，一份归被盗人" ④。上述两例的处理办法于法（国家法）均无合法依据，但都是综合考虑到社会效果与法律效果，而在行政执法过程中对当地通行的少数民族习惯法的适用。

结　语

萨维尼认为："一切法律均缘起于行为方式，在行为方式中，用习常使用但却并非十分准确的语言来说，习惯法渐次形成；就是说，法律

---

① 这种情形其实并非行政执法，但其却正是法律服务和救济系统欠缺的经济落后的基层乡土社会调整社会秩序的主要方式。正如梁治平先生在其"乡土社会中的法律与秩序"一文中指出的，"在这样一个没有陌生人的社会，法律是用不上的，社会秩序主要靠老人的权威、教化以及乡民对于社区中规矩的熟悉和他们服膺于传统的习惯来保证"。

② 陈卯轩：《论加强民族区域自治制度执法》，载《西南民族学院学报（哲学社会科学版）》2002年第7期。

③ 谢叶帆：《百家争鸣谈古今 共筑民族法治梦——记"民族法文化与地方社会治理"主题座谈会》，载 http://law.gxun.edu.cn/info/1069/2403.htm，2017年9月12日访问。

④ 李剑：《民族法律文化视角下当代中国的"法律多元"》，载张冠梓主编：《文化多元与法律多元》，知识产权出版社2012年版，第63页。

首先产生于习俗和人民的信仰，其次乃假手于法学一职是之故，法律完全是由沉潜于内、默无言声而孜孜矻矻的伟力，而非法律制定者的专断意志所孕就的。"①　卢梭说："唯有服从人们自己为自己规定的法律，才是自由。"②

我们必须承认部分少数民族习惯法欠缺实体上的规范性、程序上的确定性，部分少数民族习惯法有不完整、不科学的缺点，但在某些相对封闭的民族地区，其以本民族人民深植心底的认可为前提、以当地村民自治组织或社会权威的保障实施为后盾，代替国家法分配权利义务、调整矛盾冲突；其以生动、灵活、贴近实际的优点很好地弥补了国家法的僵化、宏观缺陷；在处理复杂的民族问题时，无论司法还是行政领域，其都单独或与国家法一起定纷止争、息事宁人。这些不可替代的优势，是相关习惯法起到重要作用的民族地区的历史与现实需求使然。满足下列条件是少数民族习惯法与国家法有效互动融合的前提：人类基本需求的一致、法律终极目标的统一是其本质前提；始终坚持国家法的中心主导地位是其核心理念；相关民族地区经济生活水平的提高是其经济基础；国家法给少数民族习惯法留以运行空间为其现实基础；国家立法机关与民族地区自治机关的积极作为、合理分工是其长效保障。如此，与国家法互动融合后的少数民族习惯法对于满足相关民族民众的权利需求及其地区的稳定发展将发挥更大的作用。

本文对法律多元的理论要点进行了展示和剖析，并在该理论的视域内讨论了少数民族习惯法与国家法的逻辑融合路径。应该说无论是法律多元理论本身还是少数民族习惯法相关研究，其理论深度都是深奥的、切入角度都是多样的。本文的意图在于在法律多元理论的观照下，正视少数民族习惯法对维护当代少数民族地区社会秩序的作用，进一步探索少数民族习惯法与国家法互动的模式，对少数民族习惯法的地位进行理性思考，进而有益于我国的法治建设。

---

①　［德］萨维尼：《论立法与法学的当代使命》，许章润译，中国法制出版社2007年版，第8页。

②　［法］卢梭：《社会契约论（中译本）》，何兆武译，商务印书馆2011年版，第26页。

论民族自治地方立法中的民间法资源

苏 洁

摘要： 国家法与民间规范作为维护共同体秩序的一种序造规则，其在逻辑基点上具有共同的法源基础。在民族自治地方立法中，吸纳民间规范参与地方立法，有利于将民间规范的内在规定性上升到国家法律的一般规定性，实现法律的逻辑秩序与社会实践秩序的一体。而民间规范在实践逻辑上又可以为民族自治权的落实、民族传统文化的传承保护等地方立法目标的实现提供支持，并为其提供价值认同、实践操作、社群保障等基础。民族自治地方立法中，通过民间规范漏洞补充、成本节约、规范援引等功能的发挥，亦有可能为地方立法提供很好的本土资源借鉴。

关键词： 民间规范　地方立法　资源　途径

作者简介： 苏洁（1980—），女，中南大学法学院在读博士后，重庆交通大学教授。研究方向：法律史，法律文化。

千百年来，在传统中国的乡土社会，朴实的中国乡民延续着血缘家族、宗法伦理的精神要义，在国家法律权威难以荫庇的偏远之地，尤其是文明程度相对滞后的民族自治地方，人们秉承着内心对天地、宗亲的信仰，自觉遵循着一套自发而约定俗成的人伦规则，守候着一方水土，维护着日常生活秩序的安宁与稳定。随着商品经济对小农经济的冲击，社会秩序被整合重组，乡土民间自发而产生的规则已不能完全满足民众的交往诉求，这就要求共同体及其成员共同遵守被国家法和民间规范所共同认可的若干生活、生存准则，从而维护乡村社会的日常秩序。因此，这就需要各民族自治地方，在国家法允许的框架下，通过地方立法，设立符合民族地方发展实际的规范体系，将国家法律以变通的方式与人们的日常交往秩序加以整合。而民族地方各种民间规范是人们在长期的生活过程中被实践所认可的，是为了维护社会秩序而约定俗成的行为规则，而地方立法的终极目标也是在对个体行为进行规范的基础上构建社群共同体。因此，无论是地方立法还是民间规范，其能够有效成立的一个共有前提是构建一种人们可接受的规则体系。

一、从事实到规范：民间法进入国家法视野的路径选择

长久以来，民间法 ① 没有被置于规范的视域，而是仅仅被视作一种文化现象，各种民间规范也被看成是一种道德约束，难以进入司法裁判的场域。无论是重视民间法的独立价值者，还是国家法一元论者，都倾向于把二者置于对立的世界。但事实上，无论是来自乡土中国的民间法，还是政治精英理性建构的国家法律，都是为了规范人们的交往秩序，其订立的过程必定是经由生活世界向制度规则的转换，在这一转换过程中，对人们生活事实的考量、审视、批判与承袭就成为必然前提。相比严肃而正统的国家法，民间法由于是人们长久积累经验的总结，与日常生活和主体交往事实更加贴近。

（一）民间规范与国家法的渊源流变与秩序架构

1. 逻辑基点：生活事实构筑基本法源

法律是社会秩序的建构者，但同时其产生和完善又取决于社会交往秩序的内在规定性。正如恩格斯所说，"决不是国家制约和决定市民社会，而是市民社会制约和决定国家"。法律在任何时候都不可能脱离一定的社会结构和人们的日常生活现实，它实际是人们运用实践智慧为应对生于斯长于斯的自然环境和社会环境所作的一种调适。这种调适，最初所依赖的是社会自发产生的一种调节方式和秩序规则。依照哈耶克"社会秩序规则二元观"，人们总在遵循着两种秩序规则，一种是内生的自发遵循的规则，一种是外在的规则。"一个社会中的所有个人都会遵循某些规则，其原因是他们的环境以相同的方式展示于他们，他们也会自发遵循一些规则，这是因为这些规则构成了他们共同的文化传统的一部分；但是人们还会被迫遵守另外一些规则，因为，尽管无视这样的规则可能会符合每个个人的利益，然而只有在这些规则为人们普遍遵守的时候，他们的行动得以成功所须依凭的整体秩序才会得以产生。" ② 被迫遵守的外在规则，某种意义上即本文所言的国家法律，而自发的构成共同文化传统的内生规则，与生长于乡里民间的规范相当。

---

① 民间法具有多种形态，包括家法族规、会馆条例、各种行规、宗教法规、乡规民约、民族习惯法等民间规范。

② 邓正来：《哈耶克法律哲学的研究》，法律出版社2002年版，第31—32页。

很显然，任何严格意义上的法律都与特定的社会文化背景紧密联系。法治不是制度的产物，而是经由社会生活实践总结出维护社会秩序的经验，将这种经验进行理性梳理、升华，从而形成相应的规范，以约束人们的行为，达到调整社会关系的目的。民间规范是制定法天生的渊源，维护社会秩序的法在最初的意义上就不是来自国家权威自上而下的制度设计，而是由各种道德、习俗、惯例等非规范性社会规则组成的地方性知识。"制度的源起并不在于构设或设计，而在于成功且存续下来的实践"①"任何法律叙事，倘若逃离人们的日常生活关系，执着于既定的僵死规范，保守于官方法的定制，那么，法律不但不是既定社会秩序的守护者，反而是既定社会秩序的破坏者和解构者"②。

2. 秩序架构：共同构成共同体的秩序力量

美国人类学家吉尔兹认为一切法律都是地方性知识，代表着国家权威的法律既然源生并滋长于社会，那么民间规范作为人们生活实践的经验总结，自然应得到相应的尊重，这一点已经得到了学者们的普遍认可。但问题是，作为普适性知识的国家法律和地方性知识的民间规范虽然具有逻辑上的同构，即法律制度是由人根据生活经验不断积淀、思考总结而形成，人们根据生活事实的理性经验对其加以修整、规范与重构，以更好地维护社会秩序，但这并不意味着二者毫无冲突。事实是，很多时候由于驾驭社会秩序的方式出现偏差，代表国家大传统的法律和代表地方性小传统的民间规范会因话语的控制权而产生矛盾或者对抗，就好比高速公路上行走的汽车因为方向一致，自然不会出现拥堵，但是当匝道变化时，便会因为方向的差异出现拥堵现象，而这时谁先走，谁排后的秩序问题就成了必须协调的因素。

因此，在大小传统问题上，我们需要关注的不是谁更需要被尊重，而是如何促成代表小传统的民间规范与代表大传统的国家法律实现共同重构社会规则的功能契合，构建法律官方叙事与民间叙事共同体。这个共同体，即意味着不是以一方取代另一方为代价，而是要在保留各自独立性的同时，构筑起共同的秩序力量，让作为生活经验事实的民间规范与有着严肃立法程序的法律加强互动，在国家立法的刚性和民间规则的柔性之间寻找

---

① [英] 弗里德里希·冯·哈耶克：《自由秩序原理（上册）》，邓正来译，生活·读书·新知三联书店1997版，第61页。

② 谢晖：《民间法的视野》，法律出版社2016年版，第87页。

二者的共性，开辟新的社会交往秩序调整路径，以便更有效地发挥法律调整社会秩序的功能。

（二）民间规范进入国家法视野的路径

面对真实而多变的社会秩序，仅仅依靠法律体系的运作与执行，很难有效地对社会秩序进行规制。脱离了生活秩序的法律秩序，即便是合法，但也会因丧失合理性而失去根基，随时可能被各种民间秩序冲突所消解。但是民间规范毕竟只是自发而产生的民间契约，要想进入到合法的程序，真正发挥其调整人们社会交往秩序的作用，还需要国家出面，给予其确定的身份，而这种身份的确定主要通过地方立法和司法适用两个途径。

1. 地方立法

随着现代化进程的加速，民族自治地方的各种民间规范也出现困境。这种困境表现在如下几方面：一方面，传统传承方式的变迁影响了民间规范的表达及其制序逻辑。在过去，由于民族地区文化程度有限，各种习惯规约除了部分以碑刻、族谱等形式记载在案以外，多数是通过歌谣、唱戏、祭祀仪式等方式进行口耳相传的传播，随着经济的发展，人们生活方式发生变化，与外界交流加强，传统的传承方式在大部分民族地区已经发生改变。笔者在贵阳乌当新堡布依族自治乡调研时了解到，当地曾经被村民们视作神圣盛典的火羊节祭祀活动，曾经有着完整丰富的祭祀仪式，祭祀过程有着严密的禁忌规则，约束着人们的行为，讲述着天人之间的和谐共生关系，而今这样的活动已经沦为一种节日庆祝的形式，渗透于其间的规范意识已经淡化。村民日常行为的规范更主要是依靠有村委会加入制定的村规民约。另一方面，传统的民间规范由于其自发性，相对比较粗略，只是对村民行为进行导向性规定，具体的禁止规约、条款措施相对较少，随着社会生活的多元化发展，乡土社会关系也变得越发复杂，人们迫切需要更为细致具体的条款规约来规范各种社会行为，调整社会关系的方方面面，维护乡村社会的日常秩序，这就需要更为科学合理的成文法规的制定。因此，在民族自治地方，民间规范通过地方立法的方式进入国家法视野，就成为一种首要选择。

2. 司法适用

法律制度在对人之生活样式及共同体秩序序造中，除了立法发挥分配正义的价值诉求，将个体交往过程中的利益诉求和合作秩序通过立法程序及相应的文本，用权利（包含权力）、义务的话语进行明晰并告示外，也包括司法发挥矫正正义的作用，通过对人之交往过程中产生的纠纷矛盾进行定纷止争，恢复立法所原初设置的遭破坏的秩序设置。因此，民间规范进入国家法视野，除了有立法这一通道以外，司法亦是一个重要的路径。此种渠道一方面在国家法律存在漏洞或者模糊的地方，通过司法机关及其操作人员的智识努力，根据特定社区风土人情及公序良俗，援引相应的民间规范，进而达到补充漏洞、规范秩序的目的。另一方面，在案件事实不清的情况下，司法操作人员关注民间规则及民间规则产生作用的特定场域中行动者的行动逻辑，进而理顺交往事实与法律规定的内生关系，发现并显构案件事实，最终化解社群纠纷，维护交往秩序。同时，在特定情况下，司法裁判援引已有的立法文本可能非但不能对社群纠纷或特定场域中的矛盾化解达致立法原初的设置目的，相反，可能会引致更大的纷争和问题，司法人员通过司法解释和指导意见等方式，实现民间规范与国家立法的沟通平衡，进而确立民间规则在特定案件中的规范位序。

（三）通过地方立法提升民间规范的价值

来自乡里民间的规范虽然在一定程度上符合人们的生活与交往需要，但是随着现代社会的发展，不可避免地会出现一些局限，在面对现代文明发展秩序的理性需求时会陷入困境。民间规范虽然具有法的性质和符号，却没有国家法的尊严和地位。同时由于没有进入成文法的体系，也不能以法律的名义直接进入司法审判领域，地方立法或者通过援引，或者进行正面调适，或者对民间规范发生作用的条件因素进行调整，对民间规范进行适度改良和创新，既完善了地方立法，又提高了民间规范的价值。

1. 内容更理性

法律原则分为基本法律原则和具体法律原则。"基本法律原则是指体现法的根本价值的法律原则，它是整个法律活动的指导思想和出发点，构成法律体系的神经中枢"[①]。传统民间规范形式简单，内容相对也比较粗略，特别是在民族自治地区，由于乡土社会的村民们文化水平的有限，法律信仰相对缺失，而传统民间规范由于其自发性和原生性，因而在制定和执行过程中存在一定的不公正性，尤其是一些传统的村规民约是在村寨权威的主导下制定，沿袭着中国几千年的家族伦理、尊卑观念，尤其在男女

---

① 张文显：《法理学》，北京大学出版社2003年版，第182页。

身份权，子女继承权等方面与现代法治人人平等、人权保护的宗旨不符。如传统少数民族刑事习惯法中就有抄家、肉刑、革除族籍、死刑等残酷的刑罚，其惩罚主要以羞辱为目的，同时处罚会考虑"骨头软硬"等等级因素，处罚中的等级特权严重。民间规范经过地方立法能够保留有利于公序良俗的内容，去除陋习，将契约关系所内涵的自由、平等、自律等原则，经过国家认可，以法的形式确定下来，使村民个体的权力和价值得到合法的保护，更能够符合现代法治精神。

2. 形式更规范

民族地区的民间规范是由人们长久共同生活而形成的习惯、习俗组成，多以民谣、歌曲、戏词、碑刻、口述等非规范形式呈现，依靠人们日积月累形成的习惯以及内心对这种习惯的自觉遵守，从而沉淀为一种得到普遍认可的民间规范。法律是一套严格、严肃的逻辑规范体系，自发自生的民间规则，相对法律而言比较零散而无序。让民间规范参与地方立法的过程，实质是立足于共同的价值追求，对民间规范进行语义分析和逻辑分析，寻求其与正式制度逻辑构造形式的异同，将法律的逻辑秩序和日常交往的实践秩序相结合，将人们交往行为的社会事实改造为制度性事实，实现民间规范内在规定性向外在规范的转化，从而为民间规范确立其合法性和正义性。

3. 程序更合法

地方立法能够促进民间规范在制定和实施的程序上更加合法。首先，由地方立法机构与基层自治组织通过民意调查，结合当地风土人情和地方发展实际，根据《宪法》《民族区域自治法》和《立法法》规定，在民族自治地方的自治条例和单行条例制定过程中，充分征询民意和村寨长老等地方权威的意见，按照法治统一和意思自治原则，审慎制定、全面审查，做到既不违背国家法律，又体现民情。其次，按照国家立法法等法律规定，由专业人员起草方案。再次，将制定方案通过相关程序进行表决通过，然后公布实施。地方立法的过程就是需要借助官方法律，让民间规范更加具备程序的合理合法化。

总体而言，通过地方立法，立足民间秩序构造的事实基础，以官方的话语体系和描述模式对民间生活场景和社会交往秩序进行理论解释，有利于提升民间法的逻辑合理性和价值规范性。

二、民间规范在民族自治地方立法中的可能贡献

民族自治地方立法，其目标旨在寻求国家法律与民间规范的制度耦合，在公共交往秩序的生存空间中促成国家正式制度与非正式制度的互补与合作，而产生于民众自发秩序的民间规范，将为这种国家正式秩序的变通构造过程做出可能贡献。

（一）民间规范可以为民族自治地方立法目标的实现提供支持

1. 有利于自治权的落实

民族地方自治的重点是主体自治，此主体包括本地区民族自治机关、基层社会组织与民族自治地方人民群众的自治。民族地方自治既需要社会自治，更需要规范自治，也即是说主体的自治必须受到规范的制约。在民族自治地方治理过程中，现代化法治体系的完善和法治能力的提高是必要环节和重要支撑。此法治体系的内容并非只有官方法律，事实上，真正恢复乡土社会的既有交往秩序，更多依靠的是属于地方性秩序规则的民间规范，因为来自乡土社会自发产生的秩序规则更能被人们内心所认同和接受。

地方立法是民族自治地方实现主体自治（主体自治既是指个体的自治，也是指组织的自治）的重要载体，其宗旨便是通过国家法与民间规范的有机融合，制定一套适合民族自治地方的特定规范。"国家法在被引入乡土社会之初，就含有浓厚的改造民间的冲动"①。地方立法沟通民间生活事实的内在规定性与国家法律的外在强制性，将法律官方叙事的严肃与民间叙事的柔性相结合，同时注入民族地方的地域特性，将地方因素吸纳入立法程序，形成具有普遍共识意义的大传统内容，使国家权威与乡土社会的关联与沟通有了规范性保障。如此，以大传统为主的国家正式秩序和以小传统为主的民间非正式秩序便有机地整合到合法的渠道，共同地调整着人们的日常生活和公共交往秩序。国家权威因人们的需要而理性地存在，乡土社会因人们的现实需要而自治地运行。

因此，地方立法在制定过程中，首先要遵循国家宪法和各种法律法规的基本底线，不与之相抵触，同时要充分考虑当地各种民风民俗、民间惯例规约。1979年7月，第五届全国人民代表大会第二次会议通过的《地方各级人民代表大会和各级人民政府组织法》第35条便把保障少数民族的权利和尊重少数民族的风俗习惯列为县级以上各级人民政府的职权之一；

---

① 赵晓力：《中国近代农村土地交易中的契约、习惯和国家法》，载《北大法律评论》，北京大学出版社1998年版，第1卷第2辑。

1979年我国第一部《刑法》第147条规定："国家工作人员非法剥夺公民正当宗教信仰自由和侵犯少数民族风俗习惯，情节严重的，处二年以下有期徒刑或拘役。""政府仅仅掌握了强大的技术手段，还不足以构成对社会全方位的控制能力，只有同时获得自治主体的自由选择和支持，才能获得全面控制社会的道义力量"①。民族自治地方通过地方立法，借助国家法治力量，将合理的民间法资源整合到国家法律调整的范畴，以程序的正义来调节社会关系，在保留民族地区地方性知识的个性化前提下，实现国家法律与民间规范的良性互动，使各种民族习俗惯例以更加规范而理性的方式实现民族地方的社会自我管理，让民族自治权的落实得到合法而科学的保护。

2. 有利于文化的传承与延续

规则来自于文化，文化是人们寻求规范和创造有序生活的基础，广大的中国乡土社会，人们交往秩序的各种规范其实就是经过长年累月而形成的传统文化符号的表述。民族习惯法承载了少数民族历史悠久的文化传统和丰富的历史内涵。不同民族、不同地域之所以出现"十里不同风，百里不同俗"的现象，就是因为不同的文化理念与文化底蕴决定着人们社会交往行为的差异。人们将文化的因子经过总结、提炼，设法制定为大众所接受的普遍行为规范，并不断地改善和复制，形成一套社会交往秩序的规则体系来建构和规范人们的生活方式。尤其是聚族而居的少数民族偏远地区，以家庭和血缘来理解人伦道德和诠释社会秩序，因其对民间权威的特殊信任而发自内心地遵守着各种自发产生的规则制度，维护着社会秩序的稳定。因此，地方政府因地制宜，通过地方立法，寻求人们日常生活经验和文化传统中的内在规定性，将民间规范中含括人伦秩序与天人和谐的理性成分有序地纳入法律的调整范围，成为制定法的组成部分，这是一种传统文化规范化和价值提升的过程。

在地方立法援引民间规范的过程中，来自乡土民间的秩序交往规则得到了加工提升，甚至在此基础上创造了新的规范，实现了文化的规范性再造，这在一定意义上保持了传统文化的延续性，起到了文化传承与保护的作用。因为人们在以官方认同的形式遵守规范的同时，实际上也就把民族文化的内涵与意蕴充分地表达和传承下去，前后相继、发扬光大。这对于当前多元文化冲突的语境下，充分挖掘中国人的文化自信与自觉，构建新

---

① 谢晖：《民间法的视野》，法律出版社2016年版，第127页。

的文化自主性体系，维护我国文化主权，有着重要的时代意义。

3. 有利于个体权利的保护

梅因在《古代法》中指出，"一切形式的身份都起源于古代属于'家族'所有的权力和特权……所有进步运动，到此为止，是一个从身份到契约的运动"①。在血缘伦理勾连着人与人之间交往关系的社会中，"身份"成为确定人们权利能力和行为能力的基本标准，每一个权利主体都不能自由为自己创设权利和义务，而只能听由家庭和族群的束缚，随着现代文明的发展，身份社会逐渐向契约社会转变，也就是约束人们行为和调整彼此社会关系的基准变为了个人自由订立的契约。在这一过程中，个体的权利不断走向自由和独立，个体对权利保障的诉求也与日俱增。

众所周知，人权并非是空洞的说教，马克思主义人权观告诉我们，人权首先表现为生存权和发展权。人权也不是抽象的存在，具有民族性、社会性，它与一定的社会基础、文化历史背景紧密相关，任何国家、任何民族、任何地区的人权因其具体的文化内涵不同，都有不同的人权表现形式，脱离社会实际的人权是不存在的。民族自治地方的人权保障，首先是满足少数民族民众的生存权和发展权，而这种发展权能够实现的基本前提便是个体拥有自主选择的便利和幸福。这种选择既包括人们对生产生活方式的自主选择，也包括人们对社会交往过程中权利义务分配方式的自主选择。民族地方的民间规范，源自于人们的社会生活实践，是人们在非正式的社会交往中，根据其本心的愿望，对权利和义务的自愿分配与表达，代表着乡土民间的民众对自由秩序的善意期待。在其中，也许有的表达形式与得到"普遍共识"的人权观念有所违背，但只要它在不违背国家法律基本原则的前提下，符合一定生活场域中人们对良善秩序的理解，便也可视作对其人权的合法保护。诸如有关藏族丧葬仪式，由于藏传佛教对于死后升天认为是最高荣誉，在藏民看来，逝者后人对尸体的这种处理方式是为亲人灵魂寻求最好的归宿，也是后人对逝者最大的虔诚与尊重。这种民间规则看似与常理不符，但却代表着特殊宗教文化滋养下的人们对幸福和自由的特殊理解。

地方立法既然是为了满足民族地区社会的特殊需求，那么就应该重心下移，从人们的日常生活方式出发，尊重各种源自民间的权利义务规范方式，在民间规范中寻求公共交往的自在形式和内在规定，从而获得

---

① 梅因：《古代法》，商务印书馆1996年版，第97页。

人们内心对权利规范的内在支持，制定符合民族地方社会生活实际的秩序规则和权力义务规则体系，赋以民间规范在人权保障中的一席之地，如此才能真正满足主体对权利之需，实现民族自治地方的人权保护。如果地方立法对当地民众日常交往中的规则形式不加追问，不能够在民众生活的日常经验和交往习惯中梳理其内在规定性，从生活事实内部去构筑人权保护的法律屏障，而是用精英的人权理念去构筑规则，那么个体的人权将形同虚设。

（二）民间规范可以为地方立法提供坚实的社会基础

1.民间规范为地方立法提供价值认同和实践操作支持

任何时候，法律的终极目标都不是为了树立高高在上的权威，而是为了解决人们社会交往过程中出现的纠纷和矛盾，调整人与人之间的关系，实现人际平衡，社会稳定。民间规范所蕴含的社会治理价值与地方立法对区域社会秩序的治理目标在一定程度上具有一致性。比如各民族习惯法所包含的对自然资源环境的敬畏与保护，对邻里关系的重视等等，这与地方立法维护基层社会的稳定，区域社会环境的和谐发展具有相同的价值关怀。换言之，无论是法律，还是民间规范，其基本的社会功能都在于构建良好的社会秩序，化解社会冲突。不同的是，法律是一种人为的主动构建，即运用人类的理性与智慧主动制定相应的制度以避免或解决冲突与矛盾，而民间规范是在生活实践基础上的一种自发产生的地方性知识，但是两者之间又不可能泾渭分明地截然分开。地方立法作为国家法的重要补充，不可能不关注来自乡土民间的自然秩序，不可能脱离不同民族区域的社会心理特征和本土因子，其所要做的正是在程序正义的前提之下，更关注法律的实质合理性，而民间规范正是将法律的程序合理与日常生活的事实合理相连接与契合的纽带。

同时，在民族地方的偏远乡村，人们的生活秩序并非主要依靠法律条文的约束，而是按照人们内心所遵循的准则去引导和规范着社会交往秩序。民族地方存在大量以保护山林、保护水土、和谐邻里等为目的的民间规范，这些规范具有广泛的民意基础，是来自基层民众的意思表示与诉求，这与地方立法在国家制定法基础上，针对民族地方的自有特色进行变通，以程序的规范来诠释日常生活秩序从而加强地方社会治理的宗旨不谋而合。随着现代文明的发展，国家与社会的依存关系越发多元化，民间规范也在自发地寻求和国家法的接轨，为了让民间规则能够以更具普遍性的共识形象为人们所接受，民族地方也在立足于人们生活经验的基础之上运用、遵守甚至是服从法律官方叙事的原则和范本。

2. 民间规范可以为地方立法提供社会治理功能的契合

在当前中国少数民族聚集的广大乡村社会，基本仍延续着中国传统的血缘、家族、宗族伦理关系模式，其基本的治理结构仍然是遵循一套以地方权威为核心的村社价值认同体系，"在长期的共同生活中，民族地区的成员基于地缘、人缘优势形成了生产、生活方式的同质性，在相互交往中所形成的信仰及价值观基本一致，在世代相传中他们的信仰已经融入其血液之中，表现在日常言行举止之中"①。人们依据自有的诚信、道德、生态价值标准来对村民行为和社会关系进行约束与调整。各种民间规范成为这种价值标准的制度形式。当人们发生了邻里、族内纠纷以后，其纠纷解决的途径首先是诉诸地方权威，依据本区域长期以来形成的惯例进行纠纷调解。根据笔者在黔东南地区锦屏苗族侗族自治县文斗村的调查得知，当地寨老作为村民所信任的地方权威，对村民之间普通民事纠纷的调解成功率达到80%以上。当寨老无法有效调解民间纠纷时，村民的诉求对象是村民委员会这样的地方自治机构而不是司法机构。村民委员会的调解程序是派出一名由村民自愿选举产生的调解委员和村委会成员中推选的治保主任同时进行调解，调解委员担任调解职能，治保主任起到监督和最终决策的作用，调解员的调解过程也是按照村委会制定的村规民约进行。很显然，无论是来自乡村权威的寨老调解还是来自地方自治机构的村委会调解，都具有着民间自我管理、自我约束的因素，两种权威在纠纷调解过程中出现了结构的现实契合。

3. 民间规范可以为地方立法提供社区基础

"在现实生活中，人们的交往行为可能依据法律进行，但更大的可能则是依据作为社区共识的习惯进行"②。在民族地方，民间规范发生作用的基础主要是社区成员通过广泛参与和协商达成一致共识，全体成员在通常议事的地点或场合（诸如苗族的寨老议事长廊，布依族的火羊节），对涉及自身利益的大事件进行集体商议，制定出村规民约等各种行为规范，这些规范制定以后往往以碑刻或纸质的形式公布于众，为公众所知晓并遵

---

① 杨平、李乐：《社会治理视阈下的民族习惯法》，载《兰州交通大学学报》2014年第5期。
② 王林敏：《民间习惯的司法识别》，中国政法大学出版社2011年版，第63页。

守。这种公开制定并传播的方式，使民间规范在村民心中得到充分信任，更由于其涉及村民的整体公共利益，因而被自觉维护并遵守，并以乡村权威强制力量进行监督实施，在一定程度上也就有了基层法律治理的价值取向。地方立法的目的正是要在大小传统之间寻求一条相对合理的路径，将国家法这一制度事实置于社会事实中，考察立法社会基础的合法性和正当性，对正式制度进行变通和补正，以提高国家法在民族地方的可接受性和实施的有效性。

（三）民间规范可以为民族自治地方立法提供本土资源

1. 民间规范可以为地方立法提供丰富的素材

民族地方立法既然是对国家法进行酌情变通，针对民族地区制定更贴切实际的法律制度以实现基层治理的有效性。那么立法过程就需要多元参与，这种多元参与既有规则制定参与者的多元化，又包括规则来源的多元化，即吸纳多种社会规范资源进入到地方立法中。民间法中不违公序良俗的惯常行为规范所体现出的道德秩序为地方立法提供了丰富的立法素材。铂尔曼认为，法律的制定"既是从整个社会的结构和习惯自下而上发展而来，又是从社会中的统治者的政策和价值中自上而下移动"①。

2. 民间规范可以为民族自治地方立法提供漏洞补充

国家法由于其立法程序的严肃与繁琐，往往具有相对滞后性，无法同步于不断变化着的现实生活秩序。尤其是随着经济社会发展，在社会转型的重要时期，大量新型社会关系出现，各种矛盾和问题需要法律规范加以调整，但国家法的滞后性使其不能及时实现基层民众的现实生活需求。而各种民间规范是在人们社会生活实践中总结形成，与社会生活秩序有着同步性，与社会秩序相融共生。同时，民间规范涉及社会秩序的方方面面，调整着人们的日常生活。国家法由于其宏观性，导致调整对象、作用范围和作用领域极其有限，往往是对某一社会领域进行行为规制，因而也就留下了许多国家法无法介入的真空地带。当国家正式法律出现了制度漏洞，在某些环节缺少对人们交往行为进行规制的明确规定时，单纯依靠国家统一法律已经难以合法规范和调整人们的社会交往秩序。

目前，当国家法无法介入矛盾、解决纠纷，或者介入失败时，法院常

---

① ［美］哈罗德·J·伯尔曼：《法律与革命——西方法律传统的形成》，贺卫方等译，中国大百科全书出版社1993年版，第665页。

常借助或直接援引民间规范进行司法审判。但这种方式的缺陷是，因为没有明确的制度规定，法官在司法过程中对民间法的吸纳和借鉴有赖于法官对风土民情的了解程度，对民间规范进行利用的技术和实践智慧，这其中不确定因素太多。倘若立法者通过对民间规范的搜集整理，提炼总结，在国家法允许的框架内，形成一套自有特色的交往规则和行为规范，来补充法律的不足，弥补其漏洞，这将不失为一种更为有效和规范化的法律漏洞补充方式。因此，民族自治地区通过地方立法，将民间规范作为补充性法源，将少数民族地区相对分散的、多元化的社会交往秩序统一到相对规范、严肃的制定法体系中，单独设定各种适宜于民族地方社会关系调节的法律规章，将灵活多变的民间交往秩序置于地方法律所预设的规则体系中，以弥补国家法律的漏洞，组织和构建新的社会交往秩序，从而满足民族区域人们特殊的生活需求。

3. 民间规范可以节约地方立法成本

民间规范来自于乡土民间，是人们社会生产生活经验的总结，是人们遵循内心的信仰，依照传统的血缘伦理和家族观念，以及天人合一等一系列的内生性因素而形成，它的成立并生效是民间协商一致所达成的共识，是族群认同自然形成的产物，它与国家制定法严格的立法程序相比省去了大量人力、物力成本。国家法的制定并实施，需要大量立法机关、执法机关、司法机关工作人员共同负责法律的订立以及保障法律的实施。而民间规范却以一种简约的方式，维持了远离国家政治中心的偏远地区民众社会关系的有效运转以及日常生活秩序的稳定。在民族地方立法过程中，引入这些民间规范作为立法的实证依据和本土资源，会大大降低立法成本。否则的话，一旦国家法律因与乡村习俗大相径庭而难以实行时，除去有形的货币财富和人力资源的浪费外，更有无形的社会心理成本负债。那么人们就会将国家法律视作虚设，法律条文即便再是严密规范，也会因其无效或者低效而形同空洞的城堡，没有了任何实际的社会价值。

三、民间规范进入民族自治地方立法的路径与限度

体现地方特色是地方立法的灵魂和生命，也是衡量地方立法质量和价值的一个基本标准，是避免地方立法中出现趋同性的重要因素。当前，我国民族自治地方立法质量不高、实施不力的根本原因就是忽视了民间法的秩序力量，在立法过程中，没有深入民族聚居区域进行实地调查，没有充分了解少数民族居民所生存的自然、社会环境及其习俗惯例，更没有设身

处地了解偏远地区的村民日常生活秩序得以正常维持的基础，机械地执行国家法律法规。国家法律法规常因远离民族地区居民生活现实，成为一纸空文，难以得到真正的执行。

（一）民间规范进入民族自治地方立法的方式

在民族自治地方，国家法对区域自治的规定相对宽泛，主要依靠村民自我约束、自我管理，这就使得民族基层自治陷入无序状态。如何有效实现区域自治，如何以更加科学合理的方式对村民的社会生活进行规范，这就需要对民族自治地方中的民间法习惯进行调查梳理，将民间规范中各种有利因素进行整理，将国家法的严肃与地方知识的灵活柔性相结合，在国家法允许的范围内对各种民间规范合理运用，弥补国家立法的不足，推动民族自治地方法治现代化进程。民间法进入民族自治地方立法的方式主要有以下两种：

第一种是将部分民间规范直接立法成文。对民族习惯法中的合理内容，通过地方立法的方式予以有效吸收和整合。民族习惯法中，有大量保护自然环境，尊老携幼等符合现代法治精神的规定，在民间纠纷解决方面，民间规范注重息讼和调解，采取更加人性化的方式化解民间矛盾，这与现代和谐司法的理念不谋而合。地方立法具备规范民间习俗惯例等各种自发规范的技术、物质和组织力量。根据国家法的具体规定和总体精神，在不违背国家立法基本原则的前提下，通过制定民族自治地区的自治条例和单行条例，对国家法的规定进行细化或转化，以适合民族自治地方的具体实际，促进民族地区社会秩序的稳定。

第二种是在立法内容和程序中变通运用，有效吸纳借鉴民间规范中的有利因素。在民族自治地方立法中，根据各民族地域文化特色，吸纳各种被人们所普遍接受的民间规则，对国家法律进行合理的变通。比如我国《婚姻法》规定："民族自治地方的人民代表大会有权结合当地民族婚姻家庭具体情况，制定变通规定。"运用地方立法的方式，对民间规范中的合理内容进行借鉴与转化，赋予其法的尊严，授予法的地位，有利于国家法与民间规范有机整合，构建良性互动的二元关系。

（二）民间规范进入民族自治地方立法的限度

首先，保持法治文明的统一是进入的底线伦理。卢梭在《社会契约论》中指出，"一旦法律丧失了力量，一切就都告绝望了；只要法律不再有力量，一切合法的东西也都不会再有力量"①。在援引民间规范于地方立法的过程中，要坚持一个基本立场，那就是保持法治文明的统一是民间法进入地方立法的底线伦理。首先，并非在所有领域，民间规范都可以进入地方立法。在涉及国家法律绝对控制的领域，应由国家法律制定实施。在民事行为的规范领域，可以尽可能地吸收民间规范的理性因素，但如果在刑事行为的约束领域，特别是公权力治理的领域，则不能吸收民间规范，只能保持国家法律制度的一统性。其次，地方立法一方面可以适度发挥积极性和创造性，根据各地实际情况和社会需求，合理地引入民间规范对人们的行为进行规制，但另一方面需要遵守的底线就是，不与宪法、法律和行政法规相抵触，坚持法治一体化的前提下形成法律主导、多种社会规范相互配合的多元化共同治理格局，加快民族自治地方的法治化进程。

其次，需要对民间法资源进行筛选甄别。民族地方各种民间规范是人们经过对长久以来的乡土生活总结、积淀并传承下来的行为标准和规则。这些规范符合人们的价值标准和心理需求，多数是有利于良善公序的，适度援引到地方立法中，有利于完善地方立法。但是也有一部分习俗惯例与社会主义国家法治思想和现代化进程相违背，不符合现代文明的发展需求，具有一定的历史局限性。诸如藏族的赔命价，在一定程度上是为了安抚受害者家属，从经济上、精神上给予补偿，有其人性化的一面；但与此同时，过重的经济惩罚也许会使被告者及其家庭背负沉重的负担，给被告及其家人的生活带来难以摆脱的困窘，甚至会因此而造成两个家族更深层次的矛盾。还有一些民族认可的一妻多夫、一夫多妻制度，则违背了我国婚姻制度的基本要义，造成男女身份地位的极其不平等以及婚姻关系的混乱。因此，地方立法在吸收民间规范的过程中要构建科学、民主、正规的甄别机制，对民间规范进行理性地鉴别。

一方面，能够进入地方立法的民间规范应该具有现实价值，而非仅仅是历史文化的层面。在民族自治地区有很多民间规范，依然存留于人们日常生活和社会交往中，规范着人们的行为，调整着社会关系，在乡土社会依然有着其内在的约束力，因此，对这一类规范的援用是有价值的。但与此同时，另有一些规范已经变成了历史的记忆，仅仅存在于人们的传唱之间，成为一种民间文化符号而已，这类规范已经不再具备当下的规范价值，

---

① ［法］让·雅克·卢梭：《社会契约论》，何兆武译，商务印书馆第1980年版，第168页。

因而不可能再成为立法的民间资源。

另一方面，在将各种民间规范纳入立法时，需要确保其正义性、合理性。既要符合百姓日常生活的价值需求，满足一般民众所普遍接受的常理、常情；又要遵循符合社会发展需要的科学常识，顺应时代潮流，避免封建、愚昧和落后，诸如有些地方在进行纠纷解决时所借助的捞油锅等损害当事人身心的做法，是万万不可取的。对于体现中华民族传统美德且与现代法治社会没有冲突的民间规范可以大胆地确认，反之则不能沿用。唯有如此，在面对各种民间纠纷解决时，方能维护法律的权威和正义。

第三，关注制度的耦合机制和支撑体系。任何制度序造并不是单一的逻辑构成，它需要在整个制度架构及支撑机制的耦合关联下实现其应有的原初设置。因此，民间规范进入民族自治地方立法，除了要遵循保持法治文明的统一这一底线伦理和对规范表达进行必要的甄别选择外，在整个法律序造的制度架构中，通过结构——功能的变量关系，并付诸于制度得以运行支撑体系的考量亦显得尤为重要。这一逻辑的展开，需要考虑民间规范进入地方立法的生态关联和口径设置，亦要关注其他制度类型对它可能提供的支持。

因此，民间规范进入地方立法要注意同其他地方立法文本及精义的契合，并找寻他们之间的耦合机制和支撑关系。在民族地方，由于历史、社会、地理的特殊因素而形成了乡村自治状态，民间规范便成为民族乡村社会的自我约束的内生性制度，维护着村民群体内部的各种社会关系；地方立法作为国家制定法的重要组成部分，是国家法律用以调节基层社会成员各种社会行为以及社会关系的一种变通性的具体的规范体系，包括各种单行条例等，是民族地方实现自治权的重要保障。因此，地方立法其实是民族地方因应乡村社会长久以来的习俗惯例和社会实践规则而制定的一套规范体系，具有内生性民族文化特质，是民间规范赖以生存的制度基础。

民间规范在进入地方立法时，需要对其进行应有的评估，分析其与其他立法规范的关系，在排除重复、剔除矛盾、吸收合理及创制文本等一系列作业中使其达到耦合，共同发挥制度序造的价值。现有地方立法中对村规民约制定权的保留成为民族地区民间法理性融入国家法的重要支撑。2018年施行的《村民委员会组织法》第二十七条规定："村民会议可以制定和修改村民自治章程、村规民约，并报乡、民族乡、镇的人民政府备案。

村民自治章程、村规民约以及村民会议或者村民代表会议的决定不得与宪法、法律、法规和国家的政策相抵触，不得有侵犯村民的人身权利、民主权利和合法财产权利的内容。村民自治章程、村规民约以及村民会议或者村民代表会议的决定违反前款规定的，由乡、民族乡、镇的人民政府责令改正。"因此，地方立法中允许村规民约的制定，在一定意义上是对民间规范进行筛选，从乡土社会代代相传的传统惯例和行为规范中，有鉴别性地保留适应新时代秩序观念的传统成分，从而为民间规范提供必要的生存空间。诸如贵州省贵阳市新堡布衣族自治乡马头村发现一块民国时期的禁止乡约碑，主要针对山林保护制定各种惩处规则，而该乡各村委会根据民族地方特色，制定了乡规民约；这些村规民约很显然既有行政干预、组织管理的特征，也同时保有民族地区民间规范的特色，是地方立法在控制乡村社会秩序，实现乡村自治层面上，为民间规范提供生存空间。

综上所述，在民族自治地方立法中，合理援引民间规范参与立法过程，有助于完善法律精神，消解法律规范与社会规则的冲突，增强立法的社会认同与主体接受性，推动法治一体化进程，完善社会主义法治建设。同时，促进民间规范与地方立法的制度耦合，也有利于理顺民族地方立法与社会事实之间的关系，推动民族地方实现主体自治、规则自治，有助于民族区域自治实现新的突破，从而提高多民族国家治理体系和治理能力现代化水平。

寻找习惯法的文化基因

——基于法律人类学视角

赵博文

摘要：习惯法是构成传统文化的重要组成部分，传统文化也同样渗透于习惯法之中。如果把两者割裂，仅从习惯法的内容和适用对其进行解读不免会落入片面和武断的窘境。习惯法本身嵌入了各种文化的特质，与其他方面共同作用构成不同社区相对有序的社会结构。本文主要通过法律人类学的视角，透过个别典型的少数民族地区习惯法的存在和适用情况，探究习惯法的特性、现实空间、文化基因以及对我国今后法治建设的启示。

关键词：习惯法　文化基因　法律人类学

作者简介：赵博文（1981—），女，河北承德人，中央民族大学法学院博士研究生；河北民族师范学院教务处，讲师，主要从事民族法学研究。

从法律人类学的角度来看，习惯法只是文化的一个因素，其表现为不同社区或族群通过运用某种有组织的社会力量或权威来调整、规范、约束、矫正其内部特定的社会关系。霍贝尔在《原始人的法》当中引用克拉克洪和本尼迪克特的说法，指出人类行为思想的无限的多样性，每个社会都要在可能性中选择有限的行为，以适应其文化；选择不是偶然的，一种文化用来衡量事物本质的尺度就是公规、价值或"文化主题"；社会成员通常将这些基本主张视之为不证自明的真理，依此进行推理[1]。

一、习惯法的产生

习惯法是独立于国家制定法之外，依靠特定的社会组织或者传统权威，在特定地域和特定人群中实际发生效力的法的形式。随着城乡差别、地域限制的缩小，统一的国家法作用的增强，很多地方性的文化（包括习惯法）在现代化的语境下互相学习，彼此借鉴，呈现出交流甚至交融的态势，但是在一些族群界限相对明确的地区，在特定族群的意识形态中，一些习惯法在纠纷解决、公序良俗的建立、社区关系的维护等方面仍然发挥着重要的作用，不同少数民族的习惯法都有其民族文化和民族信仰的烙印。

少数民族习惯法自产生之日就受到了禁忌的影响，德国学者伍恩特认为，禁忌是人类最古老的无形法律，它的存在通常被认为远比神的观念和任何宗教信仰的产生还要早。究其本质来说，禁忌是对掩藏于某一事物中魔鬼力量的信仰，它的起因仅仅是避免激怒魔鬼[2]。少数民族地区大多处于自然条件恶劣，生产力水平较落后的地区，对自然和外界的认知能力受到很大局限，当无法摆脱对这种自然力量所施加的伤害和恐惧时，便产生了神灵崇拜等迷信思想，进而会对人的行为加以规范。这些规范渗透于人

① ［美］霍贝尔：《原始人的法——法律的动态比较研究》，严存生等译，法律出版社2012年版。
② ［美］弗洛伊德：《图腾与禁忌》，杨庸一译，中国民间文艺出版社1986年版，第38—39页，转引自吴大华等：《中国少数民族习惯法通论》，知识产权出版社2014年版，第25页。

们日常的生产生活之中，久而久之成为一系列行为禁忌。随着社会的进步和发展，这些原始的禁忌有些逐渐被淘汰，有些被保留了下来并逐渐演化为习惯和习俗。原始禁忌逐渐发展演变成生产和生活的习惯，婚丧嫁娶的习俗，社会交往的规则，保护自然的约定等，从法人类学的视角看，这些习惯经过少数民族数代人的传承发展，已经内化为在特定社区和特定人群中一体遵行的行为模式和道德准则，故习惯法由此而来。

二、习惯法的特性

法学研究中多从国家法立场和角度出发，更多是研究习惯法规范的法理解释以及是否与现行国家法律体系相适配，能否被纳入进来等目的性很明确的问题，一般很少关注习惯法背后的文化基因。在国家法强势影响下，很多习惯法是不被纳入法学研究者的研究视野的。而法律人类学对习惯法的关注更多侧重其背后的文化因素，一般都是通过人类学的田野调查方法走近和描述少数民族地区仍然发挥效力的习惯法或乡规民约。

（一）习惯法的历时性

习惯法产生于特定地域和特定族群之中，在族群繁衍发展的历史过程中作为各民族传统文化的组成部分逐渐形成并固定下来，成为特定群体维护和治理本民族本地区的社会规则。从文化起源的角度来看，习惯法伴随着族群的产生而产生，随着族群的发展而发展。"原始人（初民）远非卢梭想像中的那样，是自由自在而又无拘无束的生灵。相反，他的一切都处于其所在群体的习俗的禁锢之中……他生活的方方面面都被束缚在历史悠久的古老的传统锁链上"[1]。

我国自古以来是多民族国家，在历朝历代的统治过程中，对少数民族地区多采用因俗而治的统治方式，这也使得很多习惯法得以保存流传至今。清朝初年推行的卫所制度，乾隆时期中央政府在专门掌管民族事务的理藩院下设了典属清吏司，专门负责藏区的司法事务，在藏族或和藏区相近的地方设府、县、厅等机构，安排流官治理。对"有捍卫之劳，无悖逆之事"的各土司、僧纲仍予以封赏[2]。现在很多少数民族地区，习惯法仍然发挥着很重要的作用，比如前面提到的藏族赔命价，是历史上血亲复仇、氏族复仇等原始权利救济形式的演变。作为一种与现行法律规定不同的特

---

① 转引自［英］马林诺夫斯基：《原始社会的犯罪与习俗》，原江译，云南人民出版社2002年版，第4页。

② 杨雅妮：《少数民族权利救济机制研究》，中国社会科学出版社2013年版，第107页。

殊赔偿制度，赔命价在藏族地区和人民中发挥着一种和解、慰藉和补偿的作用，"它温和了活着的人们的欲念，消除怨冤，比国家法奉行的'杀人者死'原始本能逻辑更进步"。但也应注意的是，历史上的赔命价会因男女性别、社会等级或官职大小而体现出明显的封建特权思想，但现在对其适用则不存在这些因素影响。

（二）习惯法的共时性

习惯法不是一成不变的，它随着历史的发展和社会的变迁而不断适应调整，扬弃嬗变，与现时社会的法律规则和制度相融共存，彼此借鉴吸收，这也是其至今仍具有顽强生命力的原因。伴随着历代王朝更迭，政策演变，外来文化的冲击等各种外在因素的影响，少数民族地区的习惯法也不断经历着一次次的文化洗礼，有一部分因为失去了文化支撑而自然消亡，但还有很多在实践中传承并重构，形成了新的地方性法文化传统。"我们自身也生产传统，因为我们理解、参与传统的演化，因而我们本身进一步确定了传统"。

比如，凉山彝族习惯法源起于母系氏族社会时期，后经过父系氏族社会和封建王朝统治时期，在此过程中逐渐形成了家支力量。在这种家支格局支配下的凉山腹心地带，不管是中央王朝还是地方土官的行政约束都发挥不出相应的作用。"木牛节威"（习惯法）几乎成为调整这个地区法律生活的全部规则，这些规则历经几千年的沉淀和嬗变，终于达致体系最完备、内容最丰富的鼎盛时期，从中我们既可以寻找到彝族先民母系氏族社会的遗迹，看见古老的宗教禁忌和婚丧习俗，也可以发现晚至明清才逐渐形成的土地交易和商业贸易规则。彝族习惯法非一朝一夕所形成，而是经历了漫长的历史演进和社会变迁不断适应发展成熟起来的。但值得注意的是，不管它如何变革，都带有浓厚的彝族文化特征，因为它仍深深植根于彝族文化的土壤之中。由此可见，在当代社会环境下，伴随着少数民族地区外部的经济、政治、社会、文化等环境的改变，习惯法仍然能够保持生命力的根源在于它的适应性和韧性，这使得其在现实空间中仍占有一席之地。

三、习惯法的现实空间

我国已经进入现代化发展的历史新阶段，从传统的农业社会向现代工业社会转变是历史发展的必然结果，随着各地方城镇化步伐的加快推进，很多少数民族群众走出了传统的聚居地，涌向了各大中小城市，特别是东南沿海经济发达地区，是流动人口的主要输入地。由此，全球化和现代化进程中，许多地方都涌现出了一定数量的少数民族群众，他们成为流动人口的重要组成部分。当前有很多关于城市少数民族以及流动少数民族的社会研究，但是更应该关注的是这些群体在融入城市生活中时，他们的习惯法文化背景与国家法律之间能否和谐互补的问题。

（一）习惯法的漂移

这里提一个比较科幻的词语"时空转换"，这一词多存在于科幻小说特定场景的描写之中，带有一种后现代的不确定性。正如鲍曼所认为的那样，如果现代性由于追求固定的结构和以稳定性为标志而被称为固体的话，那么后现代则可称为流体。因为后现代的基本特点就是流动和不稳定性，没有可以用来一劳永逸地指称的性质与特点，到处充满了矛盾、断裂、出其不意的更新，生活在差异之中没有什么再是新的，我们每天都要面对差异，并被强迫接受差异的永久性。只有新奇是后现代唯一审美的标志，传统僵死的结构及停滞的步伐都在后现代不断更新的英勇无畏的洪流中清扫净尽。由此可以看出，他认为现代生活和现代背景有一个比较明显的特征即差异产生差异，这一特征来自于时间和空间的变动。时间是历史上的承载记忆，空间是当下的方位覆盖，人类在不同的时空中生存发展乃至死亡。人口的流动体现了人们从一个空间转换到另一个空间，这种转换必然产生能够反映特定群体与城市空间和其他人群的新的社会关系。因此，适用于传统封闭社区中特定族群的习惯法在新的城市空间下能否生存，与新的社区规则和国家法律如何协调以及是否能够像原来一样发生效力确实是值得深入思考的问题。

（二）习惯法的追踪

费孝通先生曾以"乡土中国"来描绘传统中国的社会状态，因为那时的社会格局是固定的、不流动的。随着现代化的发展，传统的以农业为主的生产生活方式已经发生了巨大变革，越来越多的少数民族群众不再受土地和农业的束缚，转而以群体的形式外出务工或者寻求其他的谋生方式。在新的时间和空间交织的社会结构中，流动少数民族群体的融入与一般的流动人口有着明显的区别，比如，他们在新环境下的民族认同感更加强烈，需要适应异文化空间中的生存方式，文化冲突下的思想变化以及他们在城市中生育的子女对自己民族的归属感等。正如列斐伏尔形容的"空间里弥漫着社会关系；它不仅被社会关系支持，也生产社会关系和被社会关系所生产"。在城市的异质空间中出现的文化冲突，恰恰体现了民族文化的跨时空价值。要想更好地诠释习惯法流变的全部过程，恐怕就要从三个场景分别进行调查研究，法律人类学所采用的田野调查方法将会对这些图景的描绘起到至关重要的作用。

其一，传统社区中的习惯法田野调查。这种调查是在一个有着严格定义的空间和时间的范围内，体验当地人的日常生活、社会关系、行为规范等。通过记录他们在处理日常纠纷以及维护乡村治理等方面的做法，来展示特定文化背景下，特定族群的习惯法是如何满足人们对社会秩序的基本需求和社会结构构成等，这也是习惯法最原始的应然图景。目前，我国仍有很多少数民族处于地理位置偏僻，交通闭塞，信息网络不发达的地区，受现代文化冲击和侵蚀较少，这些传统社区仍保留着相对完整的习惯法，从某种程度上来说这些习惯法自成体系，其对社区成员的约束力要强于国家法。一些少数民族村寨都有自己的村规族约，对于村子里不守规矩的村民，有权将其逐出村外，村民对这种惩罚的恐惧要强于对国家法的恐惧，因为这是被族胞的孤立和隔绝。

其二，流动到异文化空间的习惯法田野调查。这种调查需要把调查的时空转换到少数民族流动群体在都市中的落脚处或聚集点，随着调查对象的流动而流动。虽然在新的环境中，传统社区田野调查中所采用的参与观察、访谈等方法仍然发挥着重要的作用，但这里还应该考虑到流入地的社会结构、族群融合、新的经济方式，以及文化差异等多种因素对这一群体产生的影响以及引发的社会问题。可以说在这样一个二元空间内调查的难度提高了，不仅要记录原生状态下的习惯法，还要描述这些习惯法与当地社区文化，国家法律之间的冲突、妥协或其他方面的情况。不同文化之间的交流和融合需要长期的时间积淀，少数民族流动群体的权利保护问题一直受到广泛的关注。在异文化空间中，把国家法和少数民族习惯法更好地融合，需要相关部门和当地群众共同的努力和包容，既要尊重少数民族群体的文化背景和民族自尊心，又要促进习惯法与城市社区秩序的和谐共融。

其三，返回到传统社区中的融入了外部文化的习惯法田野调查。这种调查需要持续追踪这一群体的动态流动过程才能得到更为完整准确的信息，因为涉及调查群体思想观念的变化，不同文化间的交错、适应、融合，经济结构的改变，社会成员关系的变革，传统与现代的碰撞等诸多问题，也唯有对这一过程的连贯记述才能给人们呈现出一幅完整的习惯法流动变迁图像。随着年青一代外出务工人数的增多，很多少数民族群众逐渐适应并习惯了外面的文化和生活，当其返乡后会与原有的文化产生隔阂或不适，文化的落差，信仰的动摇，会在当地社区产生一定或积极或消极的影响。从积极方面看，这些务工人员带回来了新的思想、新的文化、新的信息、新的技术等，有利于促进这些传统社区的现代化进程。从消极方面看，这种现代文化会对当地少数民族的传统文化造成冲击和侵蚀，现在很多优秀的非物质文化遗产的消失便是很好的例证。

四、习惯法的文化之基

以现代法律精神和理念看待民族地区的习惯法是极为不妥的，因为这会忽略一个非常重要的因素即习惯法背后的文化基因，而恰恰是因为不同民族的不同文化才使得习惯法在现代化语境下仍然焕发着生机活力。

（一）习惯法的文化基因

习惯法的隐性文化基因。就法人类学家所关注的中心来看，文化作为一种对自身和日常经验积累的产物，在日经月累的历史长河中反映出特定的文化观念，贯穿于人们生活的多个领域，比如，经济、政治、社会、家庭，当然也包括法律。这些看似无关的领域恰恰是被一种无形的、隐性的文化观念所贯穿，对于生活在其中的社会成员来说，这种共同的经验不仅符合逻辑而且是显而易见和非常自然的。人们都期待稳定的社会秩序，这种自发的有序感就会在观念层面发生作用进而对一定范围内的社会结构和社会关系产生作用。习惯法不仅仅是对传统社区内部争议的处理、纠纷的解决，还是对社区中人们行为的一种界定，它不仅界定哪种行为是合理的，而且界定其合理之处所在。在这样一种界定的框架内，习惯法所定义的乃是一种关涉人类行为和意义的重要的文化力量，它赋予了人们行为的模式、价值、目标和方向。在长久的共同生产生活中，少数民族的传统文化始终是习惯法的重要背景和建构性要素，当人们的思维方式与其他社会现象相结合时，使得人们的行为及其意义摆脱困境并恢复原状。

习惯法的显性文化基因。习惯法的显性文化基因主要指，人们通过某一习惯法的表述和形式就可以判断出它属于哪一民族或地区。当前，我国很多少数民族都有带有自己习惯法性质的乡规民约，从某种程度上说，这种习惯法也属于地方性知识，是少数民族传统文化的组成部分。从本文第一部分介绍的几种不同文化信仰下的习惯法来看，提到巫蛊就会想到湘西地区的少数民族，提到赔命价就首先会想到藏族地区的刑罚适用，提到萨满教就会想到北方地区的少数民族等。这些习惯法的表现形式、规范适用、价值取向都带有鲜明的民族特征和地域色彩，是伴随着各民族的形成发展而逐渐形成发展的，这种相沿成习外化为习惯法的显性民族文化特征。历史学派法学家萨维尼也曾指出，法律深深根植于一个民族的历史当中，而且其真正的渊源乃是普遍的信念、习惯和民族共同意识，就像一个民族的语言、构成和举止一样，法律也是首先由一个民族的特征，亦即"民族精神"决定的[①]。少数民族习惯法的显性文化基因是其区别于其他民族习惯法的主要标志，也是特定民族传统文化的外在表征。

（二）文化传承的习惯法保障

少数民族传统文化的传承和保护，在内在形式上也多依赖于习惯法的保护。在我国黔东南地区，苗族蜡染、苗族服饰这两种传统文化载体，是通过苗族地区所特有的，依附于社会习俗的女性行为评价体系和才智体系作为调控手段的习惯法模式加以保护的。"这种模式具有明显功利性特点，它巧妙地利用人们对女性德才评价的指标体系和女性行为评价体系的'社会承认'以及'社会谴责'方式调整社会成员的行为规范，从而达到维系这两项传统知识的传承和创新、继承和发展的目的"[②]。少数民族习惯法，是伴随着少数民族的产生而产生，少数民族的发展而发展的，是民族文化的历史积淀和结晶。它既是调节人们行为的规范指南，也是一种客观存在的文化事实，它除了具有一般意义上法律的社会控制功能之外，还通过为特定族群或社区成员提供某种行为模式，在其共同的社会生活中自觉或不自觉地传承了民族传统文化。

五、启示

法律是国家文化的重要组成部分，同样，文化也是法律不可或缺的构成要素。习惯法的背后是文化的力量，而文化的传承需要带有其基因的习惯法保护，这是任何社会都必须考虑的因素。"我们需要为法律寻找到文化的根基，同时也有必要去捍卫这个法律的根基，那样，许多看起来难于理解的纠纷解决就变得容易了许多"[③]。当然，在少数民族习惯法中既有积

① ［美］E·博登海默：《法理学：法律哲学与法律方法》，邓正来译，中国政法大学出版社2004年版，第88页。

② 田艳：《少数民族非物质文化遗产传承人法律保护研究》，中央民族大学出版社2017年版，第223页。

③ 赵旭东：《族群互动中的法律多元与纠纷解决》，载《社会科学》2011年第4期。

极的、进步的内容，又有中性的甚至有害的内容，这就需要对这些习惯法进行深入细致地调查和研究，鉴别真伪，甄别好坏。法人类学研究关注的恰好是习惯法的文化属性和基因传承，填补了国家法研究的空白，为国家法与习惯法的互补包容打通了文化之道。因此，在追求法治统一的过程中既不能忽略习惯法的存在，也不能急于用国家法压倒性的强势来否定习惯法，毕竟在维护少数民族地区长期的社会稳定和社会关系等方面，习惯法仍然并将持续地发挥着重要的作用。

说理的艺术：
民俗习惯在民事判决中的修辞介入

摘要： 人民法院在适用民俗习惯解决民事纠纷的过程中产生了以下非预期的后果：建构法律事实论述不当、证成法律问题说理不清、融合伦理道德说理遁形。造成上述问题的原因主要包括以下方面：民俗习惯的性质造成其适用过程较难把握、法官适用民俗习惯的积极性不高、裁判文书以自我为中心的说理本位。解决上述问题需要善于援引民俗习惯情理交融的修辞资源去建构法律事实、证成法律问题、融合伦理道德，从而使得民事判决说理清晰、听众信服。

关键词： 民俗习惯　伦理道德　民事判决

作者简介： 许威，男，法学硕士，2009年7月于武汉大学法学院国际法学专业毕业，南宁市中级人民法院研究室副主任，一级法官，曾获得全国法院第二十二、二十四届学术讨论会征文二等奖，全国法院第二十三届学术讨论会征文优秀奖。

梁鹏飞，男，法学学士，2012年6月在中央司法警官学院法学专业毕业，现在南宁市中级人民法院任法官助理，曾获得全国法院第二十六届学术讨论会征文三等奖。

前　言

　　"民俗习惯是某个地区的人们在长期生活中日渐形成并获得普遍认可的，规定利益冲突机制的社会行为规范"①。因为民俗习惯的本质属性是行为规范，具有消极修辞的一面，即具有以严格的逻辑语言说服听众的特性；另外民俗习惯具有积极修辞的一面，即以各种修辞表达手法获得听众的认可②。《民法总则》第十条规定："处理民事纠纷，应当依照法律；法律没有规定的，可以适用习惯，但是不得违背公序良俗。"那么法官在适用民俗习惯去建构法律事实、证成法律问题、融合伦理道德问题有没有发挥其修辞作用？还面临着哪些问题？是什么原因导致了这些问题？今后应该如何进行提升？对于上述疑问，法学理论界研究的不多③，实务部门也疏于反思，本文以修辞为视角，在实证的基础上，力图探索民俗习惯在民事判决中说理的改革路径，实现裁判的"文以载道"。

　　一、现状透视：民俗习惯运行中存在的修辞困境

　　国家制定法是人民法院作出裁判的重要依据，但是民俗习惯对于民事裁判的影响也非常重要，主要表征为：建构法律事实、证成法律问题与融合伦理道德说理。司法实践中，法官利用民俗习惯建构法律事实是否恰当，证成法律问题是否有效，协调伦理道德是否兼容，这些问题是影响民俗习惯能否发挥修辞作用的重要因素。

　　（一）恰当性缺位：建构法律事实论述不当

　　"事实有自然事实和法律事实之分。自然事实是按照自身发展而客观存在的，法律事实是法律规定的、被法律职业群体依照法律程序还原的自然事实"④。罗马学者昆提立安认为："通过确定的事实证明不确定的事实是各种论辩的本质。"⑤按照司法三段论的运用方法，恰当的建构法律事实的过程应该是将案件的自然事实涵摄于社会规范抽象出的事实之下，并

---

　　① 广东省高级人民法院民一庭、中山大学法学院课题组：《民俗习惯在我国审判中运用的调查报告》，载《法律适用》2008年第5期，第17页。
　　② 积极修辞与消极修辞是陈望道对修辞作的分类：消极修辞是运用严格的逻辑语言去精准的描述事物，以理服人；积极修辞是通过文学中的各种修辞手法来实现最优的表达效果，以情感人。陈望道：《修辞学发凡》，复旦大学出版社2010年版，第37—41页。
　　③ 杨长泉：《习惯法之为裁判文书积极修辞资源研究》，载《法学杂志》2012年第9期，第131—140页。
　　④ 杨建军《法律事实的概念》，载《法律科学（西北政法学院学报）》2004年第22期，第43页。
　　⑤ 朱文雁：《论言辞性法律修辞在法官判决书中的运用场域》，载《山东省青年管理干部学院学报》2010年9月第5期，第100页。

发挥挑选、剪接、比喻等修辞手法功能。但是实际情况如表1所示，部分法官在运用"彩礼赠与"与"借款习惯"等民俗习惯建构法律事实时，没有挖掘出民俗积极或消极的修辞资源并将该资源作为价值判断的依据，而是简单的引用习惯就认定了相关的法律事实，导致听众没有看到法官对引用的民俗习惯的真实性、合法性展开认证。听众无法理解从民俗习惯所抽象出的事实是什么，也无法感受到法官在具体案件中运用修辞的主观能动性。在听众不理解作为大前提的民俗习惯的情形下，法官强行把自然事实涵摄于民俗习惯抽象出的自然事实之下，虽然体现了司法效率，但无法充分发挥其习惯具备的积极修辞的感化作用与消极修辞的逻辑论证作用，比如，对于婚约中送见面礼与农村习惯有何关系，借款是否已经给付、是否为定期、是否还清等事实与民俗习惯的关系，从而可能使得听众怀疑法官建构法律事实的恰当性。

表1　引用民俗习惯建构法律事实的案例

案号	案由	法律事实	相关论述
（2009）上民一初字第489号	婚约财产纠纷	彩礼是否给付	不送见面礼与农村习惯明显不符，被告辩解没有收到男方见面礼，即与农村习惯不符，又缺乏相关证据
（2010）台椒商初字第143号	民间借贷纠纷	借款是否已经实际交付	结合当地借款习惯，借款金额不是特别巨大，现金交付的，一般为借款人出具借条时，款项已经交付
（2011）怀鹤民一初字第488号	民间借贷纠纷	还款期限的约定	从借条上"到期本息一起还清"的表述来看，应属民间语言习惯，理解为不定期
（2011）西民一初字第894号	民间借贷纠纷	借款是否偿还	被告的主张符合债务人在还清借款以后，债权人将借款凭证交换债务人，双方结清债权债务关系的民间借贷结算习惯

（二）有效性缺失：证成法律问题说理不清

"'法律问题'是法官对已经认定的事实按照法律规范应该如何作出评价。区分'事实问题'与'法律问题'的一般规律可以理解为：可上告＝法律问题，不可上告＝事实问题"[①] "如果把司法判决表述为法律产品的生产，那么判决的修辞就是法律产品的促销手段，只有经过修辞的判决才能更好为公众所接受"[②]。修辞的说理方式与以三段论为代表的逻辑论证大不一样。逻辑论证可纳入消极修辞论证范畴，其大前提必须是

---

① 陈杭平：《论"事实问题"与"法律问题"区分》，载《中外法学》2011年第2期，第322页。
② 洪浩、陈虎：《论判决的修辞》，载《北大法律评论》2003年第2辑，第425页。

确凿无疑的；但是积极修辞论证可以建立在推理前提不确定甚至是两个前提相互矛盾的情况下，以情感唤起的手法去赢得听众在情感、经验与法律层面的认同。

从表2情况看，当事人普遍提出了要适用民俗习惯去证成法律问题，但是法官对民俗习惯的释明回应普遍偏低。法官对于民俗习惯回应的太过概括与抽象，导致听众没有在相关的论证前焕发情感与法律层面的认同。比如法官证成关于离婚纠纷中夫妻共同财产归属等法律问题时，在推理前提及夫妻共同财产处理标准处于模糊状态时，未运用到民俗习惯中关于房屋的处理习惯，也未以此为前提说明法官裁判的合法性与合理性。听众对婚约财产纠纷中被告是否适格，吊唁金是否属于遗产，子女抚养权处理等民间规范不了解的情况下，强行得出裁判结果，难以让民俗习惯起到弥补法律僵化性以及填补法律漏洞的作用。

表2　引用民俗习惯证成法律问题的案例

案号	案由	法律事实	相关论述
（2017）鲁14民终435号	婚约财产纠纷	被告是否适格	根据民俗习惯，接受彩礼一方一般为女方及其父母，因此列女方及其父母为被告是适格的
（2015）昌民初字第5569号	法定继承纠纷	继承权转让是否无偿	根据民俗习惯和通常理解，找某方的继承权转让为无偿较为合适
2014年裕民一初字第01613号	共有权纠纷	吊唁金法律性质	两位被继承人去世后，按照当地风俗收取各自亲朋所送的吊唁金，不是两位被继承人所留财产，不属于遗产范围
（2009）商民初字第236号	离婚纠纷	共有财产的分割	按照当地风俗，共有房屋应归男方所有，男方应给女方4万元补偿
（2011）隆法民一初字第291号	离婚纠纷	子女抚养权归属	婚生小孩抚养权归属要考虑原被告意向以及当地农村的风俗习惯，宜由原告（女方）抚养女儿刘大某，被告（男方）抚养儿子刘小某

（三）兼容性不足：融合伦理道德说理遁形

"纯粹法学认为法律与道德应该分离，在强调了社会规范的强制性之余，却忽略了社会规范与伦理道德结合的论证力量"[①]。实际上现代逻辑推理与人们价值判断不可划分。"法律修辞为法律论证提供新的方法和理论。一种通过价值判断的或然性推理，法律修辞不但未削弱反而增强了法律论

---

① 黄现清：《语言游戏·法律修辞·裁判文书》，载贺荣编：《司法体制改革与民商事适用问题研究》，人民法院出版社2015年版，第447页。

证的理性特征"①。因此,法官在运用现代逻辑推理的过程中,融合民俗习惯与伦理道德进行说理,实现司法判决的情、理、法互相交融。

部分法官受到了纯粹法学的影响,对民俗习惯情理交融的修辞资源与伦理道德结合不紧密,割裂了运用习惯进行逻辑推理与价值判断的联系。在表3的案例中,法官对于丧葬等民俗习惯的释明不充分,导致听众对于"墓碑上刻生母名字符合风俗与道德"等的民俗与伦理了解不充分。当事人对于回应不足的裁判采取有限接受的态度。当法官的自由心证不公开,判决结果得不到听众的认可,那么不管是运用民俗习惯与伦理道德的内容还是目的,都已经走样了。

表3　民俗习惯融合伦理道德说理的案例

案号	案由	法律事实	相关论述
（2007）卢民一（民）初字第2261号	祭奠权纠纷	祭奠权的分配应符合现实伦理	两原告与死者有最亲近的血缘关系,考虑到我国的传统道德与善良风俗,由两原告保存死者骨灰较为合适
（2004）牧民一初字第346号	祭奠权纠纷	祭奠权应受到民俗习惯与伦理道德保护	原告要求墓碑上应刻其生母姓名,符合我国的伦理道德与传统风俗
（2011）沪民二一（民）终字第1778号	祭奠权纠纷	入土为安的风俗与社会道德	死者骨灰客观上已经安葬,将其迁移原墓地重新安葬违背公序良俗与社会道德
（2011）沪民一（民）终字第1778	祭奠权纠纷	"二奶"继承与伦理道德	"民事行为违反法律和社会公共利益的无效",因此,遗赠人黄某的遗赠行为,应属无效民事行为

二、多维反思:关于民俗习惯修辞困境的多重审问

从应然上讲,法官都想在适用民俗习惯之时将消极修辞论证与积极修辞论证无缝对接,以使得自己的法治理念和价值观念为听众所接受。但目前法官在判决中适用民俗习惯时没有得到上述效果,其原因值得审问。笔者认为,主要是以下几个维度的问题没有处理好,导致了民俗习惯的修辞困境。

(一)客体维度:民俗习惯性质决定其适用过程较难把握

1. 从内容上看,民俗习惯具有特定性,独立性与传承性。民俗习惯是由同一个国家或者地区聚居的民众共同创造、遵守、传承的社会规范,主要调整人们的婚姻家庭、财产与生产资料关系。民俗习惯的特定性是指其适用地域以及所规范的对象都是特定的,独立性是指其与其他社会规范相

---

① 葛洪义:《法律学教程》,中国政法大学出版社2004年版,第232页。

互区别，传承性是指其产生、发展均经历了较长的时间。从内容来看，其启动、举证和认证程序较为困难，往往需要借助宗族长老对习惯内容进行认定，同时更多的是需要法官依据本身的司法经验对其真实程度与合法性进行自由裁量。

2. 从本质上看，民俗习惯具备"规范性"。民俗习惯能把民间制约权利义务冲突解决机制的行为规范简练的表达出来，同时传递被高度压缩的具有普遍性的抽象事实。但是由于民俗习惯的特定性、独立性与传承性，所以用来作为大前提的民俗规范对于缺乏相关司法经验的法官来说较为神秘。笔者对85位法官对于运用民俗习惯的修辞资源的态度进行了解读。从表4看，法官们对于民俗习惯修辞资源持肯定态度，大部分法官认为"能解决疑难案件的定性""为保护权利人的合法权益提供规范"等，这反映出发掘民俗习惯的修辞资源必要性。但是，调查也反映出法官对于如何适用民俗习惯去建构法律事实、证成法律问题存在困惑，甚至有部分法官认为国家制定法已经相对完善，没有必要适用民俗习惯。究其原因，是民俗习惯的性质决定其适用过程较难把握。

表4　关于"民俗习惯在民事判决中修辞作用"主要观点一览表（N=85）

人数	比例	主要观点
18	21%	能解决较多实际问题，比如对疑难案件的定性
6	7%	为保护当事人合法权益提供制定法以外的规范，希望能用好
25	29%	虽然简单普遍的民俗习惯可以直接适用，但是复杂的需要民俗专家进行界定，以体现其专业性与规范性
12	14%	能发挥民间规范的效应，较好地说服听众
10	12%	程序上难以启动、举证和认证，实体上容易先入为主，存在一定的局限性。
9	11%	加重了法官自由裁量权，有利于弥补制度法的滞后性
5	6%	制定法已经比较完备，直接用法律去裁判就好了

（二）主体维度：法官适用民俗习惯的积极性不高

1. 法经济学视野下法官的无奈。案多人少并且要结案率不下降，那只会导致个案质量的下降。具体到适用民俗习惯进行民事判决来讲，就是法官没有时间和精力对民俗习惯的修辞资源进行充分的挖掘，只能保障在案件不出现程序性错误的情况下结案了事，至于运用修辞资源去书写类似于古代的"诗判"或"妙判"，则是艰难的。另外，社会资源也对发挥民俗习惯在裁判中的修辞作用造成制约。当法官自身无法对民俗习惯进行自由裁量时，社会也没有那么多的民俗专家来帮助法官认定民俗习惯的真实性与关联性。更大的社会资源缺失是司法权威的不足，社会大众习惯性质疑法官适用民俗习惯说理的正当性。如表5所示，尽管有大部分法官期待适用民俗习惯情理交融的修辞资源，但是大部分法官适用民俗习惯的积极性不高，更不用说请民俗宗族专家去辅助适用民俗作为裁判依据。

表5　关于法官适用民俗习惯修辞资源的情况调查表（N=100）

类别	法官		
	是	否	无所谓
你是否在判决中适用过民俗习惯的修辞资源进行说理	10%	90%	0
你是否聘请民俗专家协助发掘民俗习惯的修辞资源	2%	98%	0
你是否期待运用民俗习惯的修辞资源进行说理	71%	22%	7%

2. 传统司法文化背景下法官的选择。传统司法文化背景下，法官追求"实质正义"，注重判决结果的正确性，却忽视裁判文书的程序合理与修辞说理。并且成文法的推行要求法官"以事实为依据，以法律为准绳"，法官进行判决的时候总是千方百计地寻找法律上的依据。一般来说，法官在执业之前也没有受到关于民俗习惯适用的业务培训。受此影响，法官对于判决中发挥民俗习惯之情理交融作用的重视程度不够。另外，法官（特别是年轻法官），也担心引用民俗习惯进行析法析理时，遭到上级法院的合法性审查、当事人的刁难、程序的瑕疵与舆论的压力。正如朱苏力所指出的那样，"由于判决书所表达的，基本上都是上得了台面的理由。因此法官在撰写判决书时，更加不坦诚，怕惹出是非"[①]。在上述因素面前，法官宁愿在判决中运用冷冰冰、硬邦邦的法言法语，也不愿意适用情理交融的民俗习惯与伦理道德来书写判决。而对于民俗习惯积极修辞与消极修辞因素的把握，往往是法官凭借职业道德、司法经验、生活阅历等方面进行自由裁量。如图1所示，随着法官年龄的增长，法官愿意适用民俗习惯修辞

---

① 朱苏力：《谨慎，但不是拒绝——对判决书全部上网的一个显然保守分析》，载《法律适用》2010年第1期，第50页。

因素的意愿呈现依次递增趋势。

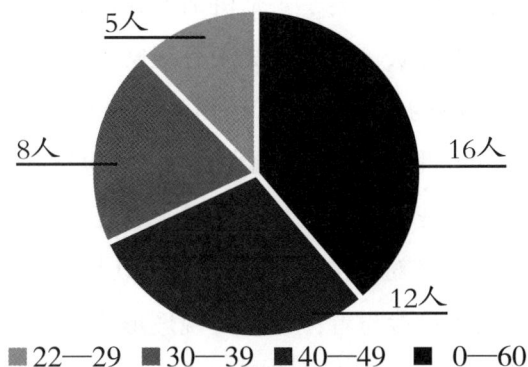

图1：法官的年龄与适用民俗习惯的意愿关系

（三）听众维度：裁判文书说理定位不准确

1. 以自我为中心的说理定位。实践中，部分法官运用民俗习惯说理时采取的是以自我为中心的说理本位，表现为裁判中缺乏对作为裁判依据的民俗习惯进行释明，不顾听众能否接受论辩的命题。"十里不同俗，百里不同风"。民俗习惯在表现形式上存在各种形态，其内容并不一定符合法律规定与公序良俗，而且当事人及其代理人对其存在不同程度的理解和认识。听众在不了解裁判依据的情况下无法接受裁判的逻辑论证与情感唤起。如图2，笔者调查了60个当事人，42%的受访当事人对民俗习惯并不明白，了解但是不太明白的当事人占52%，仅有6%的人听说过民俗习惯的修辞作用。

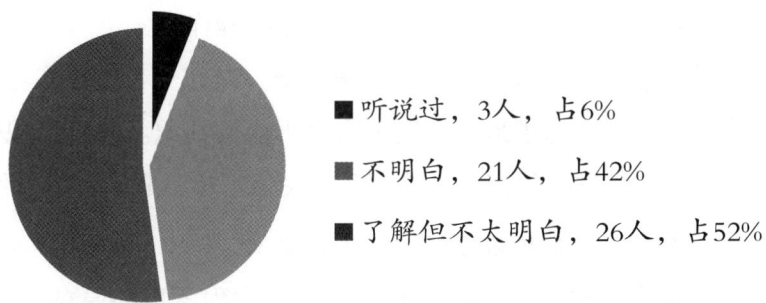

- 听说过，3人，占6%
- 不明白，21人，占42%
- 了解但不太明白，26人，占52%

图2：当事人对民俗习惯情况的反映

2. 未确立自我与听众互动的说理定位。佩雷尔曼认为，"新修辞学旨在推动听众接受命题，而且使得论辩发展"[1] "听众的关切就是修辞考虑

---

① 彭中礼：《司法判决说服性的修辞学审视》，载《法制与社会发展》2011年第1期，第96页。

的中心"①。因此判决书的修辞要确立听众本位的理念。以听众为中心，需要了解佩雷尔曼对于听众的分类：一是讲话人自己，把自己当做听众与自己对话的人；二是普通听众，即全人类中有正常理性的成年人；三是特殊听众，即与讲话人对话的单一听众。在司法判决中，依据新修辞学的观点，听众主要分为以下几种：一是讲话人自己，包括法官、合议庭成员、庭院长与上级法院；二是普通听众，即世界上有正常理性的成年人；三是特殊听众，主要指与法官对话的案件当事人及其代理人。"听众不但是说理的旁观者，也是说理的参与者，可以对说理形成修正性民意。修辞的全部工作是说服，很大程度上，正义规则的成功运用在于听众在情感上的认同"②。法官适用民俗习惯进行就事伦理以及情感唤起的时候，需要从以自我为中心转向以自我与听众的互动为中心。法官既要将自己适用民俗习惯的自由心证传达给读听者，与听众进行情谊交流，也要充分考虑到其他听众对于裁判的反映最好是坚持而不是简单的接受。为此，法官可在询问案情、查明事实的基础上，运用排比、比喻、推理等修辞策略，对听众进行劝说、协调，最后达成说服听众的目的。

由于部分法官缺乏自我与听众互动的说理定位，在多起网络舆情的案件中，听众对裁判文书的说理进行评价，觉得法官对民俗习惯与伦理道德说理不清。如婚约财产纠纷案中，听众不了解为何要将女方父母作为共同被告。而民俗习惯的修辞介入能在普通听众的大众思维与法官的专业思维之间搭建联通的桥梁。

三、技术面向：民俗习惯在民事判决中的修辞操作

提升裁判的可接受性关键在于能够说服听众。在充分考虑民俗习惯的客观运用困难的基础上，为了最大程度上凝聚听众的共识。法官要积极适用民俗习惯的修辞作用进行说理，让裁判适用民俗习惯从随意走向规制。

（一）回归本原：善用民俗习惯建构法律事实

法官要善用民俗习惯去建构法律事实，以最大程度地还原自然事实。"权利和义务构建成法律逻辑的规范体系，一切的权利和义务，进而一切的法律规范都可以还原成事实问题"③。上述观点认为法律规范与建构法律

---

① 孙光宁：《判决书写作中的消极修辞与积极修辞》，载《法制与社会发展》2011年第3期，第64页。

② 彭中礼：《司法判决说服性的修辞学审视》，载《法制与社会发展》2011年第1期，第100页。

③ 谢晖：《论法律事实》，载《湖南社会科学》2003年版，第5页。

事实关系密切。案件的当事人或者代理人为了赢得诉讼，会用大量琐碎以及繁杂的证据去论证自己的诉请，同时论证的过程往往是非专业性的法言法语。因而，在建构法律事实过程中需要注意适用法律规范的说理以及妥当的修辞，以提升听众对裁判的接受度。

1. 运用民俗习惯增加具体法律命题的可接受性。"命题是对事物情况进行断定的语句，该语句真假不定，不涉及事物的客观情况以及认识主体"①。各方当事人提出的诉讼请求即法律命题，都希望获得听众认可，特别是法官认可。比如在周甲诉周乙法定继承纠纷一案中，被告主张自己尽了赡养义务。法官在查明案件事实的基础上，解释我国关于尽善行孝的民俗习惯，进而引用"百善孝为先"的孝道理念对听众进行情感唤起，获取听众对裁判的认同。

范例一：尽善行孝既是我国的优良习俗，又是子女的行为规范。被告在父母生前为他们端茶送饭，嘘寒问暖，照料生活，已给予父母物质上支持与精神上照顾②。

实践中法官很难用逻辑论证被告尽了赡养老人义务的法律事实。但是法官首先确立了尽善行孝的民俗习惯属于子女的行为规范，并以此作为大前提；然后以"端茶送饭，嘘寒问暖，照料生活"的排比句形式指出被告为父母尽孝事实，并以此作为小前提，将尽孝事实涵摄在尽孝规范当中。尽孝事实中的"端茶送饭"属于物质上照顾，"嘘寒问暖"属于精神上慰问，最后以照料生活作为总结，得出被告已经尽了赡养老人的义务，起到了修辞论证的深层次说服作用。这种结合"尽善行孝"的民俗习惯去建构法律事实的手法，提升了听众对于被告已经尽了相应的赡养义务的事实认可，从而为后面遗产份额的合理分配打下基础。

2. 运用民俗习惯进行就事论理，进而说服听众。佩雷尔曼指出，"论证是以听众为核心的交流，不管是逻辑论证还是言语修辞论证，都是旨在促进人们在思想上接受言说者提出并争取他们同意的命题"③。查明案情的过程是运用逻辑论证与修辞论证建构法律事实的过程。该过程需要注重凝聚言说者与听众的最大共识。在某些涉及重大利益之争的案件中，建构法律事实的过程难以达成共识，特别是价值判断难以得到证成。此时，民俗

---

① 雍琦：《法律逻辑学》，法律出版社2004年版，第72页。
② 上海市第二中级人民法院〔2010〕沪二中民一（民）终第2149号民事判决书。
③ 沈宗灵：《佩雷尔曼"新修辞学"法律思想》，载《法学研究》1983年第5期，第86页。

习惯为就事说理达成共识提供了丰富的修辞资源。例如在我国的多数地区仍然存在着彩礼的习俗：男方在订立婚约与结婚时需要给女方一定数额的金钱作为聘礼。彩礼习惯在婚约财产纠纷案件的实体方面能帮助法官确定彩礼是否给付。范例二中，冯某主张农历八月十四从银行取出8万元，并于农历八月十五给付陈某作为彩礼。陈某主张没有收到对方彩礼。

范例二：双方对于农历八月十五是订婚日子没有争议。在农村的民俗习惯中，订婚之时男方给予女方一定数额的彩礼以示"结秦晋之好"，属于较为普遍的现象。而且男方有取款单并有同行的宗族长老作证，因此女方主张没有收到彩礼，本院不予采信①。

法官根据职业道德和生活经验，引用了我国彩礼习惯作为参考依据，指出在订婚之时男方给女方彩礼较为普遍，可以作为社会规范加以参考，并引用了"结秦晋之好"的历史典故唤起了听众对于彩礼的情感认同。最后彩礼习惯作为大前提，以订婚时间、取款单与证人证言作为小前提，认定男方确实已将彩礼给了女方。

（二）回应关切：活用民俗习惯证成法律问题

活用民俗习惯的修辞解决疑难案件。法官需要在理性推理的基础上对于案件进行分析，并充分发挥说服听众的艺术去解决疑难法律问题，使得听众感到法官对于法律的适用充满说服力。法官对待疑难案件的态度即是对待法律和听众的态度。因此，法官在面对涉及民俗习惯的疑难案件时，如果只是不愿正面地去解释该民俗习惯的司法适用或者只是模糊地处理法律问题，那么听众（特别是非法律职业群体的听众）必定会提出质疑。对于疑难案件的定义，德沃金的观点是，"没有明确的规则认定用哪类方法对这些案件进行判决。现代法治社会，疑难案件产生的原因不是规则里没有对该争议的规范，而是该规范内容以一个不确定的声音发出"②。在运用民俗习惯证成疑难案件中的法律问题时，法官需要根据自己的职业道德和司法经验进行自由裁量。比如，就餐时心理卫生风俗在相邻关系纠纷的运用一案中，原告认为：被告将楼下餐厅顶上的餐厅改造成卫生间，其行为超过了原告"合理容忍"的限度，于是起诉要求被告拆除违规装修。被告认为：装修房子是行使自己对房屋的使用权，不构成侵

---

① 浙江省绍兴市中级人民法院〔2010〕浙绍民终字第1168号。
② Ronald Dwork in. A Matter of Principle[M].Cambridge Mass:Harvard University Press,1985,P13.

权。法官根据人们进餐时心理卫生风俗对被告的侵权行为进行认定。

范例三：住房布局中，餐厅与厕所会有一定的物理隔离，且就餐时大都忌讳与上厕所有关的话题，这是我国就餐时普遍的心理卫生习俗。如果原告用餐时听到被告卫生间的水流声，必然会联想到被告在大小便。尽管原告面对美味佳肴，食之也索然无味，甚至难以下咽。使得原告的生活受到影响[①]。

基于同样的证据，原被告对民俗习惯进行不同的解读，导致了不同的理解与请求。《民法总则》第八条规定："民事主体从事民事活动，不得违反法律，不得违背公序良俗。"范例三中当事人从事的民事活动是否违反公序良俗这个法律问题，需要借助民俗习惯去加以证成。被告的行为不属于法律明确规定禁止的情形，需要引用民俗习惯证成是否超越了"合理容忍"的限度这个法律问题。我国就餐时的心理卫生习俗是忌讳谈论与上厕所相关的问题。人们基于这个习惯前提，哪怕是用餐期间需要上厕所也会委婉的说成出去方便一下。被告的厕所位于原告餐厅上方，两者的物理隔离不够，导致原告就餐时无法回避与厕所相关的问题。法谚有云：权利的边界达到他人的利益处为止。因此被告改建厕所的行为给原告造成了利益损害。法官根据公序良俗的原则以及就餐时的民俗习惯对被告的侵权行为进行认定，还多处适用"如果""尽管""甚至"等修辞手法，全面回应听众的关切，精确解答法律疑问，最后证成了被告的改装行为超过了原告"合理容忍"限度的法律问题，因此被告应该排除妨碍。

（三）协调联动：融合民俗习惯与伦理道德进行说理

现代法典的构成主要分为两部分：一是一定行为的构成要件，二是一定的法律后果。因此在现代法典的要求下，判决文书有严格的说理过程。法官的判决过程一般是以寻找法律规则作为大前提，同时将案件中的法律事实涵摄于法律规则之下，经过在法律规则与案件事实之间的往返流连，最后得出法律结论。但是随着社会生活的不断发展，加上法律本身的滞后性，司法实践中的越来越多的疑难案件并不一定依靠司法三段论就能够加以解决。民俗习惯作为一种特殊的社会规范，有助于强化法律的理性和弥补法律的漏洞，伦理道德的价值判断能弥补形式逻辑推理的机械性，两者结合可以有效引导人们追求公平、正义等价值，推动法官在疑难案件中实

---

① 上海市第一中级人民法院〔2008〕沪一中民二（民）终字第1830号民事判决书。

现自由裁量，从而实现逻辑推理与价值判断的统一。因此，法官在综合案件的实际情况和充分考察法律规定的基础上，融合民俗习惯与伦理道德对当事人的行为进行价值判断，以最有力的论证、最透彻的说理、最充沛的抒情作出最有说服力的判决。刘勰在《文心雕龙》里面强调：明罚峻法，则言辞有秋霜之烈。仅仅依靠明罚峻法，那么言辞就有如秋天霜冻一样，给人极为寒冷的感觉。这句话强调的是在规则的基础上结合伦理道德去进行评判，能够避免规则的僵化性，同时唤起听众对于判决的认可。比如原告与被告系姐妹关系，尽管原告已经将该房屋租赁人变更至其名下，但是法官经过情理交融的论证后，对原告要求被告移出家中父母的骨灰的诉请不予支持。

范例四：按照当地农村民俗习惯，人死后要在其生前居住的房屋停灵三天，以表示叶落归根，并设置灵堂，供人凭吊，寄托哀思。"羊知跪乳之恩、鸦有反哺之孝"，原告作为死者的女儿，生前没有尽到赡养义务，居然要求移出父母的骨灰，有违社会的伦理道德要求，实属不该 [1]。

法官指出当地农村人死亡后要设置灵堂并做"五七"，这属于当地民俗，对父母孝敬也是我国基本的伦理道德。法官将民俗与道德作为说理的大前提，指出原告生前没有对父母尽到孝顺的义务，反而在父母死后要求从其家中移除父母骨灰，违反了当地的民俗与我国的伦理道德。该案件的判决结果让人信服。

结　语

"国法、天理、人情俱在其中"是中国古代法官对判决的最高追求。虽然现在我们的法治建设远远超过了古代，但是古代法官对于判决说理的追求仍值得我们借鉴。民俗习惯融合天理与人情，具有当地认同度高、民间适用率高、对纠纷双方当事人约束力强的特点，使得判决，尤其是疑难案件的判决"以理服人、以情感人"。在民事判决中善用民俗习惯的修辞资源与听众保持良好的互动，需要法官素质的养成，也需要听众保持宽容、大度、体谅的心态去看待其中不规范的现象。笔者相信，在各方的共同努力下，必定能使得民俗习惯的规则治理与情感唤起的价值理念相互融合，法官判决的法律思维与非法律职业群体大众思维交织，法律逻辑与修辞论证相互统一，从而提升民事判决的可接受性。

---

[1]　上海市浦东新区人民法院〔2016〕浦民一（民）初字第17162号民事判决书。

青藏高原藏族"放生"习俗的
生态法学思考

淡乐蓉

摘要：青藏高原藏族放生"习俗"近年来逐渐恢复，其根源于藏传佛教的"众生为母"和"因果报应"理论，农牧民通过放生部分家畜，以祛病免灾，求得延年益寿。由于缺乏生态科学知识和规律认知，放生乱象丛生。藏区宗教和法律两者关系难以清晰区分，放生习俗在藏传佛教教义和传统习惯法中相互交织，难分难解。为解决放生问题，需要运用生态法律人类学的相关理论，探究藏族放生习俗和背后的宗教、习惯法内涵，走出人类中心主义的藩篱，建立相应的立法和执法体系。

关键词：放生　藏传佛教　习惯法　生态法学

作者简介：淡乐蓉，女，法学博士，青海民族大学法律系教授。研究方向：法理学、民族法学。

近年来藏区，源于佛教戒杀念佛行仪而衍生的藏传佛教传统信仰实践活动——放生习俗逐渐恢复，并大量发生，但囿于缺乏相应的生态环境科学知识和规律认知，致使放生乱象丛生，反而残害生灵，不仅与放生的救生和护生目的相悖，而且还打破了生态系统的平衡，有害于生态环境和谐发展。早在春秋战国时期 [①]，我国古人就已经认识到了治理放生乱象的重要性。青藏高原地区藏民族几乎全民信奉藏传佛教，放生仪轨和习俗也是其戒杀护生的重要信仰的实践活动，有许多学者都曾撰文表示藏族传统的生命伦理观和藏传佛教的生态环境观对处理青藏高原人与自然、人与动物、人与"一切有情"众生关系有重要的作用和意义，但深究藏族"放生"习俗，其与生态法学和生态人类学的发展趋势和方向有相悖之处。本文尝试对青藏高原藏族"放生"习俗追根溯源，运用生态法律人类学的相关理

[①] 《列子·说符篇》载："正旦放生，示有恩也"，客曰："民知君之欲放之，竞而捕之，死者众矣君如欲生之，不若禁民勿捕，捕而放之，恩过不相补矣。"简子曰："善！"

论和方法，探究藏族"放生"习俗的仪轨和相关习惯法规定，并分析其与生态法学的相悖之处，为藏区消除放生乱象提供些许法理思考。

一、青藏高原藏族"放生"习俗及其文化溯源

放生，是由佛教戒杀衍生的佛教传统信仰活动之一，彰显着众生平等的理念和大慈大悲的情怀，是实践信仰的修行方式，历来备受社会尊重与赞扬。《梵网经》说："若佛子以慈心故，行放生业，一切男子是我父，一切女子是我母，我生生无不从之受业，故六道众生，皆是我父母，而杀而食者，即杀我父母，亦杀我故身，一切地水是我先身，一切火风是我本体，故常行放生，生生受生，常住之法，教人放生。若见世人杀畜生时，应方便救护，解其苦难。"明末高僧憨山大师亦作《放生偈》云："人既爱其寿，生物爱其命。放生合天心，放生顺佛令，放生免三灾，放生离九横，放生寿命长，放生官禄盛，放生子孙昌，放生家门庆，放生无忧恼，放生少疾病，放生解冤结，放生罪垢净。放生观音慈，放生普贤行，放生与杀生，果报明如镜。放生又念佛，万修万人证。"

"放生"在藏语为"ཚེ་ཐར་གཏོང་བ།"，"ཚེ"在藏文中意为"生命、寿命"，"ཐར"意为"解脱，脱离束缚。业和烦恼系缚轮回，永断此二"，"གཏོང་བ"意为"发放布施"，通过藏文构词法的分析可见，放生习俗是一种布施方式，通过布施者的善行，积累宗教功德，最终获得个人业力、命运的改变和轮回的脱离和解脱。牛、羊家畜，尽管对于生存在青藏高原极端严酷恶劣的环境中的藏族农牧民来讲是不可或缺的食物来源和生产的农牧业产品，但由于高原时常疾病流行，医疗条件相对较差，人们平均寿命相对较低，皈依藏传佛教的农牧民依据佛经教义，相信放生能够消除厄运，求得延年益寿。尤其是当家庭成员患有严重的疾病，一般农牧民都会放生部分家畜，以驱病免灾。放生习俗的仪轨是：将决定放生的牛、羊牵至藏传佛教喇嘛跟前请求赐予放生；喇嘛应允后，对着牲畜念颂救主无量寿佛《陀罗尼咒》，并作吉祥祝词；最后赐给用红布条或羊毛做的"长寿线"，畜主将该线系挂在放受生畜的耳朵上。从此以后，放生的牲畜定要好生对待；放生的若为驮畜，则在其年老时不再用于驮运。

"放生"习俗并非藏区本土文化之内生现象。其来源与印度佛教传入藏地有关，与藏传佛教的产生和发展关系极为密切。在公元七世纪以前，藏族社会主要的文化是苯波教文化。苯波教最初崇拜天、地、日、月、星

辰、雷电、山川等自然宗教，后来发展为一个拥有众多富于哲理的经文以及系统化的教规仪礼的人为宗教。它的历史演变或形成发展过程，大致可分为三个阶段，即多苯、恰苯和居苯时期。在初期多苯时期（约公元前四世纪至公元前二世纪），苯波教信奉"万物有灵论"并以鬼神崇拜为主要特点，其教义思想"是在原始宗教的思想基础上产生的，认为有五大神祇、地方神、家神、战神、舅神等各种不同的神灵，要宰牛、羊、鹿等牲畜祭祀它们，并认为人死以后转生为鬼或神，而神鬼死后也转生为人，因而承认有前世和后世"[1]。苯教大师夏察·扎西坚赞在其所著的《苯波教源流嘉言库》中指出："藏区神鬼奉苯行事，苯波教供神为主，降服妖魔，一切从师言，苯波教鬼神灵验之原因变于此。苯波教徒以果木、火钵、御酒为供器，颂咒驱魔，聆听辛氏教诫。……诸贤供养上神，奉为怙主，诵经招福，牲畜兴旺，赎身替罪，神鬼安宁，广行善事，饶益众生，诵经祷告，酬补护神，平息战争，解除痛苦，法术治疗，断除烦恼，占卜算卦，了知往事，祈送奉福，预知吉凶，回向祭品，身往他方，降服魔妖，除害安民，苯神护王摄政，苯教卦卜征战。"[2] 但同时藏文典籍中又指出："不过当时的苯波教，只有下方作征服鬼怪，上方作祭祀天神，中间作兴旺人家的法术而已，并没有出现苯波教见地方面的说法。"[3] 可见，当时苯波教仅作为一种以外显的献祭、祈福、禳解仪轨而行之于世的原始宗教，尚未形成理论体系，更多带有原始巫术的性质。中期恰苯时期（约在公元前二世纪至公元七世纪），苯波教吸收和引进了当时印度等周边地区外来先进的宗教文化思想，剔除了多苯时期的教义和仪轨中不适应当时社会发展需求的文化糟粕，使苯波教的仲苯和德乌苯得以产生，而且通过各个教派的研究和创新，从而成为有一定理论体系的宗教。其教义也发生了相应的变化：从根本否定了前生后世之说，但依旧保持了对天神或神灵的崇拜，认为神在人存活时保护其生命，而鬼不仅在人生存时主宰人的生命，且在人死后把灵魂带走，它同时还能给死者的家庭和后代继续带来危害，因此不仅要供奉救护人的神，而且要消除危害人的鬼，还将国王当作半人半神的特殊人物来对待[4]。 东嘎·洛桑赤列指出："按照《空行母益西措杰传》的记载，这

---

① 东嘎·洛桑赤列：《论西藏政教合一制度》，郭冠忠等译，西藏人民出版社1985年版，第5页。
② 转引自尕藏加：《藏传佛教与青藏高原》，江苏教育出版社、西藏人民出版社2004年版，第30页。
③ 土观·罗桑却季尼玛：《土观宗派源流》汉译本，西藏人民出版社1986年版，第194页。转引自尕藏加：《藏传佛教与青藏高原》，江苏教育出版社、西藏人民出版社2004年版，第30页。
④ 东嘎·洛桑赤列：《论西藏政教合一制度》，转引自尕藏加：《雪域的宗教（上）》，宗教文化出版社2003年版，第55页。

种宗教每年秋天要举行'苯教神祭',将牦牛、绵羊、山羊等公畜各三千头宰死,将牦牛、绵羊、山羊等母畜各一千头活活肢解,以血肉献祭。春天要举行'肢解母鹿祭',将四只母鹿四蹄折断,以血肉献祭。在夏天要举行'苯波教祖师祭',以各种树木和粮食'烧烟'祭祀。在人有病痛时要施舍赎命,视各人经济情况从最多宰公畜母畜各三千到最少杀公畜母畜各一头献祭神祇。人死后为制服鬼魂,也要像上述那样杀牲祭祀。此外还有祈福、禳解、赎替、测算、圆光占卜预测生死等仪式。"① 这种献祭的本质和目的,被费尔巴哈尖锐地揭示道:"宗教的整个本质表现并集中在献祭之中。献祭的根源就是依赖感——恐惧、怀疑、对后果对未来的无把握、对于所犯罪行的良心上的咎责,而献祭的结果,目的则是自我感——自信、满意、对后果的有把握、自由和幸福。"② 说明当时的藏族民众在苯波教祭司的引导下意图通过血肉献祭以取悦神灵,换取生活和生产的富足和平安,这在大多数宗教中都存在着同样的表现形式,但血肉祭本身的残酷性和对社会资源的极大浪费却是以松赞干布为首的希冀加强王权以削弱苯波教教权的王室成员利用印度佛教对其进行否定和改造的主要导因。吐蕃时期(公元七世纪始),佛教从印度传入西藏③,虽然它的传入和推广屡遭苯波教的抵制与阻扰,但佛教最终在西藏以及广大的藏区站稳了脚跟,得到弘扬,而藏族"放生"习俗正是在这一时期开始产生并逐渐形成的。也就是说,如果没有佛教导入的杀生禁忌观念,从藏地本土的苯波教中根本不可能获得产生和激发"放生"习俗萌芽和生成的基础法律理念。从苯教祭祀仪轨来看,多苯和恰苯时期吐蕃都通行着人殉和人祭的原始巫术和习俗④。吐蕃人殉的情形,不仅限于国王赞普死后,而且在贵族死后

---

① 东噶·洛桑赤烈:《论西藏政教合一制度》,转引自尕藏加:《藏传佛教与青藏高原》,江苏教育出版社、西藏人民出版社2004年版,第54页。

② [德]路德维希·费尔巴哈:《费尔巴哈哲学著作选集(下卷)》,荣震华等译,商务印书馆1984年版,第462页。转引自尕藏加:《藏传佛教与青藏高原》,江苏教育出版社、西藏人民出版社2004年版,第54页。

③ 应该说,吐蕃时期佛教从印度和唐朝两个方向向吐蕃传播,唐代我国汉文化中儒学也存在着被佛学影响的巨大变化。

④ 旧唐书吐蕃传中记载:"吐蕃其赞普死,以人殉葬。"新唐书吐蕃传中也有类似的记载:"吐蕃其君臣自为友。五六人曰'共命'。君死皆自杀以殉。"册府元龟外臣部关于殉葬有详细的描写。转引自牙含章:"附录六",载《西藏史研究论文集》,西藏人民出版社1984年版,第57—59页。《新唐书》称:吐蕃"其俗重鬼,右巫,事羱羝为大神,……习咒诅。"转引自黄奋生:《藏族史略》,民族出版社1989年版,第73页。

也流行着①。此外，吐蕃在会盟中也有人祭的宗教仪轨②。新唐书吐蕃传上记载"（赞普）与其臣，岁一小盟，用羊、犬、猴为牲。三岁一大盟，夜肴诸坛，用人、马、牛、间（驴）为牲。凡牲必折足裂肠陈于前，使巫告神曰：'渝盟者，有如牲'。"唐代杜佑所编通典和马端临通考中也有同样记载③。自佛教传入藏区后，其宗教道德规范和戒律首先在僧人中确立下来，并严格遵守，同时也极大地影响了众多藏族教徒的道德规范。其中佛教本着强调慈爱和怜悯的教旨，禁止伤害从人类到最小的昆虫，禁止杀伤任何一切生灵，无论是杀伤最高层的生灵，还是杀伤最低层的生灵。"不杀生"的戒律，不仅使藏族人民传统的生命价值观与生活习俗发生了变化，而且逐步形成了新的生命价值观与生活方式，进而影响到藏民族的法律行为方式及其调控规则的重大转变。这方面的变化与进步与松赞干布、赤德祖赞以及赤松德赞的努力不可分割。松赞干布在位期间不仅创造了藏文字，而且先后颁布了佛教十善法原则下的《清净十六法》④和《法律二十条》⑤，将佛教的道德劝喻作为臣民的行为准则，还从东西两个方向迎娶了两个信奉佛教的妃子，但他的目的更多是基于通过寻找新的思想和文化工具，一方面与把持苯波教教权并执掌政权的贵族势力之间进行斗争，实现王权的实际在握和顺应周围地区的政治、经济和文化的同步发展和进步；另一方

---

① 新唐书记载说："（唐中宗）嗣圣十六年（694），钦陵自杀。左右殉死者百余人。"旧唐书同传作"钦陵未战而溃，遂自杀。其亲信左右同日自杀者百余人。"转引自牙含章："附录六"，载《西藏史研究论文集》，西藏人民出版社1984年版，第58页。

② 唐代杜佑所编通典也有同样记载："与其臣，一年一小盟，用羊、马、弥猴。三年一大盟，用人马牛驴。"（卷一九〇，边防典六）以后马端临通考此句全同，作"与其臣下，一年一小盟，用羊狗弥猴。三年一大盟，用人马牛驴。"（卷三三四，四裔考十一）三书都记载吐蕃君臣大盟用人祭的宗教仪式的习尚。转引自牙含章："附录六"，载《西藏史研究论文集》，西藏人民出版社1984年版，第59页。

③ 牙含章："附录六"，载《西藏史研究论文集》，西藏人民出版社1984年版，第59页。

④ "1.敬信三宝，不生动摇；2.奉行佛法，努力修行；3.学习圣业和教法；4.报父母之恩；5.尊重智者和长辈；6.和睦亲友，品格正直；7.不受人之托不干预别人的事；8.帮助乡亲和邻里；9.心地诚实，胸怀广阔；10.行为处世追随上等人，不生反悔；11.对大恩之人，定要报答；12.按时还债付息，升斗称量无欺；13.平等待人，不生争竞之心；14.不听妇人之言，办事持重；15.办事有节制，宽以待人；16.对人不记仇恨，以慈悲护持。"见尕藏加：《雪域的宗教》（上册），宗教文化出版社2003年版，第52页。

⑤ 《法律二十条》的主要内容为："1.杀人者偿命，斗争者罚金；2.偷盗者除追还原物外，加罚八倍；3.奸淫者断肢，并流放异地；4.谎言者割舌或发誓；5.要虔信佛、法、僧三宝；6.要孝顺父母，报父母恩；7.要尊敬高德，不与贤俊善良人及贵族斗争；8.敦睦亲族，敬事长上；9.要帮助邻里；10.要出言忠信；11.要作事谨慎，未受委托，不应干涉；12.要行笃厚，信因果，忍耐痛苦，顺应不幸；13.要钱财知足，使用食物与货物务期适当；14.要如约还债；15.要酬德报恩；16.要斗秤公平，不用伪度量衡；17.要不生嫉妒，与众和谐；18.要不听妇言，自有主张；19.要审慎言语，说话温雅，讲究技巧；20.要处世正直，是非难判断时，对神发誓。"黄奋生：《藏族史略》，民族出版社1985年版，第71—72页。

面应对和缓和吐蕃社会内部领主和农奴之间日益尖锐的阶级对立和矛盾，保证其政权的长治久安①。松赞干布之后的四代国王由于处在恰苯中兴时期，把持王朝政权的力量主要是信奉苯波教的贵族家族势力，而且王朝的主要精力放在武力扩张上，加之纠缠于国内统治阶级内部和外部矛盾的乱麻中，因而并没有形成对苯波教的改造力量。公元八世纪中期，赤松德赞当政，力主发展佛教，开始了对苯波教进行革命的第二次冲锋。其目的"一方面固然是为了王室集中权力，削弱贵族和地方势力；另一个重要的方面是当时吐蕃社会中奴隶反抗奴隶主的阶级斗争激化"②。为了实现"扶佛抑苯"的目的，他延请佛教师和苯教师在桑耶寺斗法。"藏王让他们把苯教教义写入经典文字，还让苯教大师举行宗教仪式。他们宰了鹿作为主要的牺牲，也宰了许多牛羊，佛教大师乃向藏王提出抗议，说：'大规模屠杀不合佛教仪轨，苯教完全反对佛教，两种大师不能共处一教，就像两名国王不能共处一国，我们也不能与苯教罪犯共事。我们请求陛下遣我们回国。'"③ 而藏王则希望两教共同传教，于是佛教大师遂沉默无言并拒绝讲道。公元759年，赤松德赞"使佛教与苯教辩论，以苯教理趣浅陋，遂将苯教教法或藏于札玛等处，或投掷于河中，然此时亦仅能暂时排除违缘而已"④。苯教波与佛教的斗法，以失败结束，于是苯波教的地位下降了。"流血牺牲再不允许，可是印的图样，可以代替真的祭品，许多苯波教徒被驱逐至上部西藏，至杰玛雍中、杂迷等地方，甚至蒙古的司普瑞五腊尖。从那以后，任何杀生的人，都被看作是职业屠夫，被认为是社会遗弃者。"⑤同时，赤松德赞还设计将支持苯波教的大臣玛香骗入墓穴，封闭洞门，剪除了苯波教的政治后盾⑥。由此可见，苯波教自始并非没有禁忌体系，只是在其发展之初并未将杀生归入其禁忌体系中去而已，随着佛教在藏地逐渐与苯波教融合，佛教中的禁止杀生禁忌也就归入了藏传佛教的禁忌体系中来了。

在藏区，"放生"习俗主要是禁止对已经施行了放生仪轨后被放生的

---

① 王静茹：《关于吐蕃国家时期的社会性质问题》，载《西藏史研究论文选》，西藏人民出版社1984年版，第41—42页。

② 王辅仁编著：《西藏佛教史略》，青海人民出版社2005版，第23页。

③ 李安宅：《藏族宗教史之实地研究》，上海人民出版社2005年版，第30页。

④ 萨迦·索南坚赞：《西藏王统记》，刘立千译注，民族出版社2002年版，第121页。转引自转引自祖藏加：《藏传佛教与青藏高原》，江苏教育出版社、西藏人民出版社2004年版，第53页。

⑤ 李安宅：《藏族宗教史之实地研究》，上海人民出版社2005年版，第30页。

⑥ 萨迦·索南坚赞：《西藏王统记》，刘立千译注，民族出版社2002年版，第55页。转引自转引自祖藏加：《藏传佛教与青藏高原》，江苏教育出版社、西藏人民出版社2004年版，第55页。

动物的役使和食用。也就是说，被放生的动物已经与其他未被放生的动物区分开来，成为了圣物。涂尔干曾指出："确切地说，圣物就是被分离出来的事物。圣物之所以是神圣的，是因为神圣事物与凡俗事物之间有条不可逾越的鸿沟。通常说来，圣物超脱于其他事物之外。而且，有一整套仪式可以用来实现这种根本上的分离状态。既然膜拜仪式的功能，就在于防止这两个领域不恰当地混同，从而保证它们彼此之间互不侵扰，那么只要让它们相互回避或者消极从事就可以了。所以，我们把由这类专门仪式所构成的膜拜体系称为消极膜拜。这种膜拜不需要规定某些特定的信仰行为，而只限于禁止某些特定的行为方式；因此，它们全部采用了禁忌的形式，或者按照民族志学家的说法，即塔布（taboo）的形式。在波利尼西亚语中，塔布一词用来指称一种制度，借此可以取消对某些事物的寻常使用，同时这个词也可以作为形容词，用来表达此类事物的非同寻常的特征。"[1] "吃东西的时候很容易导致直接的接触，于是，禁止食用某些神圣动物或神圣植物，尤其是图腾动物或植物的禁忌就产生了。食用这类动植物的行为是严重亵渎神圣的行为，甚至连成年人都要禁止，或者应该说至少对绝大多数的成年人是这样的；只有那些拥有足够宗教尊荣的老人才有可能逃脱这条禁忌的约束。有人根据神话催用人和他的同名动物之间的亲属关系来解释这种禁忌，以为假如动物变成了亲属，就会使人对动物产生同情心，从而使这些动物受到保护。然而事实上，原始人相信，如果他吃了禁止食用的肉，就会自然而然地生病或死掉；这表明，这种禁忌的是简单的家庭关系关系所产生的感情。真正起作用的是另一种力，这种力不仅为各种宗教所共有，而且被认为会对亵渎作出反应"[2]。藏族的杀生的禁忌也属这类消极膜拜的形式，它有重要的功能和作用。"迄今为止，消极膜拜对我们来说还仅仅呈现为一种禁忌的体系。因此，表面看来，它只能起到阻止行动的作用，而不是激励或修正行动的作用。然而，作为这种约束作用的无意后果，人们发现，它对于培养个体的宗教性和道德性却具有最为重要的积极作用。事实上，正因为存在着将神圣事物与凡俗事物分离开来的界限，所以，一个人倘若不去掉自己所有的凡俗的东西，就不能同神圣事物建立起亲密的关系。如果他没有或多或少地从凡俗生活摆脱出来，他就没有一

---

① ［法］爱弥尔·涂尔干：《宗教生活的基本形式》，渠东、汲喆译，上海人民出版社2006年版，第286页。

② ［法］爱弥尔·涂尔干：《宗教生活的基本形式》，渠东、汲喆译，上海人民出版社2006年版，第288页。

点可能过上宗教生活。因而，从某种意义来说，消极膜拜只不过是实现目标的一种手段：它是达到积极膜拜的条件。消极膜拜并不仅限于确保神圣事物免遭世俗的东西的接触，它还能对崇拜者本人产生影响，积极改善他的状况。如果某人能够服从消极膜拜所规定的禁忌，那么他和以前就会大不一样。此前，由于他是个普通人，所以只能对各种宗教力量敬而远之。但此后，他与这些力量可以站在比较平等的地位上，他通过摆脱凡俗世界的活动，逐步接近了神圣世界；他抛弃了那些贬低其本性的卑贱琐碎的事务，使自己得到了纯化和圣化。所以说，消极仪式和积极仪式都能够产生强劲的力量；前者像后者一样，也可以提升个体的宗教品质。根据可靠记载，所有能够参加重要的宗教仪典的人，都必须首先参加基本的初入仪式，借此将其逐步引入神圣的世界。涂油礼、净身礼、感恩礼或所有本质上具有积极性质的行为都可以为上述目的服务；而如果通过禁食、守夜、静修、缄默等形式，换言之，如果通过与某些禁忌并无区别的节制仪式，也可以获得同样的效果。"[①] 消极膜拜转化为积极膜拜的重要方式就是"放生"。因此，严格遵守藏族的杀生禁忌的消极膜拜方式，并通过"放生"的积极膜拜方式，使教徒深信自己超脱了凡俗，与神性有了重要的关联，提升了自我的宗教品质。

藏族"放生"习俗的产生，根本源于藏传佛教两个非常重要的佛教理论观点：一是"众生为母"论，二是"因果报应"论。"众生为母"论认为，世间的生命大致有天、非天、人、畜生、饿鬼、地狱等六种形式，不同形式的生命之间可以互相转换，而且一种生命形式有可能转换成任何一种形式，这种转换情况被称为六道轮回。基于这样的认识得出结论，众生之间互为父母子女，众生皆为母。因此，应将所有动物视为母亲，要倍加保护，不应猎杀。"因果报应"论则认为，万物均有因果关系，凡事互为因果，有因必有果。生命有高级、低级之分，一种生命死亡之后到底转换为哪一种形式，根据"因果报应"理论，取决于其前世的行为，若前世行善则来世会转生为高级生命形式，否则就会转生为低级生命形式。世间恶业莫过于杀害生命，因此，不可猎杀动物。在藏族社会，这种观念可以说深入人心，根深蒂固，从而在藏族人民之中普遍形成一种保护动物的自觉意识。但藏族在社会生活实践中也出现了与其"众生为母"和"因果报应"

---

① ［法］爱弥尔·涂尔干：《宗教生活的基本形式》，渠东、汲喆译，上海人民出版社2006年版，第292—293页。

理论相反的违背"戒杀"和"护生"的行为。"在藏区藏族并非对所有动物一律保护，对个别动物不但不予保护，反而坚决打杀，比如，对待狼就是这样。在藏族社会，无论男女，只要看见狼，都想立即消灭。近代，以狼皮为证，通过各种形式奖励打狼的人员；以前，杀死狼的人员则进行'灭狼化缘'。在牧区，当有人打死一只狼后，他便手举狼皮到部落化缘。此时每户都要给他相当数量的酥油、奶渣等物，以示对他灭狼行为的奖赏，此即所谓的'灭狼化缘'。如果有的人家不给化缘者任何东西，那么化缘者就要进行所谓的'触狼鼻'，即将狼皮在这一家羊圈附近的石头上碰一下而离去，其意思是愿当全年的狼害全部落在这家的牲畜头上。对狼的这种态度，不能认为是藏族对动物保护的一种例外，它更加表明其保护动物的定性——为保护更多的动物不受伤害，坚决清除个别动物。"[①] 涂尔干曾指出，"从某种意义上说，禁忌体系的来源必然蕴涵在神圣的观念之中。所有神圣事物都是尊崇的对象；而所有尊崇的情感，都通过某些抑制作用在尊崇者的内心中转达出来。事实上，被尊崇者也总是通过表现才表达在意识中的，这种表现由于它所激发的感情而具有较高程度的心理能量，这样，它便通过这种方式被武装起来，能够将任何全部或部分地否认其存在的其他表现排斥在外。神圣世界和凡俗世界总是相互对峙着。与其相应的两种生活方式之间也是水火不容，或者至少可以说，人们不能同时以同样的程度过这两种生活"[②] "一方面，受到了一个承继而来的'累积的传统'的激励和制约，另一方面，也受到了他自己的对这个传统之意义的理解以及对一种超越真理的领悟的鼓舞；因而他意识领悟到了某种新的东西，并向随后继续发展着的这种传统传递了一种有关这种私人性的洞见或领悟的客观的、公开的表现或表述形式"[③]。

二、藏区"放生"习俗的宗教教义表述与习惯法中的规范表达

藏区宗教与法律有着密不可分的关联。正如伯尔曼认为，"通过强调法律与宗教的相互作用，我们可能逐渐认识到，它们不只是两种相互间有些关联的社会制度，而是人类社会生活中两个辩证地相互依赖的方面——也许是两个主要方面。单独地看，一个如此宽泛的概念可能会抹杀特定历

---

① 何峰主编：《藏族生态文化》，中国藏学出版社2006年版，第453页。

② ［法］爱弥尔·涂尔干：《宗教生活的基本形式》，渠东、汲喆译，上海人民出版社2006年版，第299页。

③ ［加］威尔弗雷德·坎特韦尔·史密斯：《宗教的意义与终结》，董江阳译，中国人民大学出版社2005年版，第337页。

史情境中法律与宗教之间的紧张。自然，——它倾向于把文化视为一个完整、和谐的整体。有些论述宗教问题的人类学家实际是把他们正在论述的文化中的一切都当作宗教来看待；同样，有些研究法律的人类学家实际是把他们讨论的文化中的一切都看作是法律。尽管有这种危险，我相信，我们必须以人类学观察法律和宗教的立场开始，即注意到这样的事实：在所有已知文化当中，都存在着法律价值与宗教价值的相互作用。在某种意义上，一切都是宗教；在某种意义上，一切又都是法律——恰如一切皆为时间和一切都是空间一样。人类随时随地都要面对未知的未来，为此，他需要对超越其自身的真理的信仰，否则，社会将式微，将衰朽，将永劫不返。同样，人类处处、永远面对着社会冲突，为此，他需要法律制度，否则，社会将解体，将分崩离析。生活的这两方面处于紧张之中，然而，若没有另一方，则任何一方都不能够完满。没有信仰的法律将退化成为僵死的法条；而没有法律的信仰将蜕变成为狂信"[1]。藏族"放生"习俗也是被包裹在藏传佛教和藏区地方传统习惯法中的教义和规范混杂的集合体。

藏传佛教依据十善法中的不杀生教义在藏族传统习惯法也作了相应的规定。公元14世纪中叶至17世纪下半叶，是藏族历史上地方立法方面取得巨大成就的时期。先后制定颁行了绛曲坚赞《十五法》、噶玛·丹炯旺布的《十六法》、第五世达赖喇嘛时期的《十三法》等重要法典，其中完整地流传至今的《十六法》《十三法》都有禁山封水的规定。"五个节日月份要封山禁水"[2]，在有宗教节日的藏历正月等五个月份内，禁止人们到山上砍柴、打猎，禁止人们到河流、湖泊捕捞，保证山间、森林和水中的动物不致遭受伤害。在两部法典之中，这部分内容都安排在主要规定地方官吏义务的"地方官吏律"条款中，作为各级官员的一项职责予以明文确定下来，可见成文习惯法对保护水陆各种野生动植物的重视程度。藏族社会的法律由约定俗成的习惯和政府颁行的成文法两个系统组成，其中习惯法尤其为民众所熟知、认可和遵守，发挥十分重要的作用。可以说，民主改革前几乎在政权地方化和碎盘化的藏区，所有的习惯法中都有保护野生动物的规定。习惯法对野生动物的保护，主要是通过禁止狩猎以及对违禁狩猎者进行处罚来实现。禁止狩猎有两种形式：一是普遍禁猎，一是局部禁猎。所谓普遍禁猎，就是禁止在全年的任何时间，本部落范围内的任何地

① ［美］伯尔曼：《法律与宗教》，梁治平译，中国政法大学出版社2003年版，第38页。
② 恰贝·次旦平措：《西藏历代法规选编》，西藏人民出版社1989年版，第108页、第157页。

方狩猎，违者将受到处罚，比如，青海省玉树地区的囊谦千户部落，禁止狩猎，若发现狩猎者，没收猎获物、枪支，然后鞭笞或罚款。四川省理塘地区毛垭土司规定，部落内不许打猎，如果违反规定打死野生动物按以下标准罚款：一只公鹿罚一百元，一只母鹿罚五十元，一只旱獭或岩羊罚十元，一只獐子或狐狸罚三十元，一只水獭罚二十元。甘肃省甘南地区甘加思柔部落禁止在甘加草原上捕捉旱獭，如发现外部落成员捕捉旱獭，罚取十至十五元不等的银元。对待部落内部的偷猎行为，有一套独特的处理办法：每至年终，郭哇罗头人挨家挨户查问，在年内是否捉了旱獭，如果说没捉则令其咒发誓，若能吃咒则确认该家庭遵守了部落规定；如果不敢吃咒，则认为对方做了违规狩猎之事，就罚取青稞三十小升（每升约五斤）。

所谓局部禁猎就是在一定的时段和地段禁止狩猎。一些地区在夏、秋两季禁猎，因为这一时段是不少动物生育繁殖的季节，这时的狩猎行为给动物界带来加倍伤害，故禁猎。川西北一些部落会开展不定期的搜山活动，届时部落的年轻人骑骏马、扛长枪，有组织地到山上林中搜寻，主要任务是侦察有无偷猎者。若发现偷猎者，根据有关规定予以严厉惩罚，偷猎者如果是外部落成员，还有可能引起部落间的纠纷。慑于搜山，因此禁猎期内各地很少有狩猎者。藏族群众大多有宗教信仰，宗教上认为农历每月的初一、初十五、三十等是吉日，同时，有些月份的特殊日子也被规定为宗教节日。在这些日子禁止宰宰牲畜，狩猎行为也自然被严格禁止。一定时段内的禁猎，有效地保护了野生动物。就地段而言，禁止狩猎的地方一般是神山、魂山以及寺院周围的一些区域。藏族宗教属于多神论，认为有多个神灵系统。藏民族认为，神灵大多在天界生活，但它们的活动范围常常延伸到人间。有些神灵还在人间定居，它们往往选择那些巍峨雄伟的山岳作为根据地。藏族把他们认为神灵所在的山岳视为神山。如青海省果藏族自治州境内的阿尼玛卿雪山，就是藏族所公认的神山，等等。这种观念进一步被强化，一些神山成为神的化身，演变为神灵。藏族还认为，凡生命都有灵魂，与躯体相比灵魂更重要。甚至认为，人类所依托的村落乃至国家等一些组织也有灵魂，灵魂是这些组织得以兴旺发达的关键。藏族还认为，有的物体有多个灵魂，有的灵魂在其躯体之内，有的灵魂往往被寄存于山林湖泊之中，它们就是魂山、魂林、魂湖、魂泊。神山上的神，往往以各种动物的形象出现；魂山中的魂，常常借助各种动物的形体存在。如果在神山、魂山等处狩猎，就有触怒神灵、伤害个人和集体灵魂的可能。

根据宗教学说，寺院是它们聚集活动的场所，极其神圣，不能有任何亵渎，更不能狩猎。所以，藏区禁止在这些地区狩猎，违者将受到严厉处罚。川西北杂曲卡、色达等地规定，凡是各魂山、神山、各寺院周围以及禁山，其大小兽类一概不许猎取。假如有人偷猎，该部落成员立即追踪，没收其猎获物、枪支、马匹等物，作为本部落牛月初四祈神节的费用。如果偷猎是外部落的集体行为，将由寺院出面调解，罚取猎获物、两枝枪、马匹等物，假若不服从调停，就会引起部落间的重大纠纷。如果有人屡屡违反禁猎规定，则加重处罚。

在藏区，由于牧业生产和生活的需要，衍生出较多的对自然生态保护的习惯法制度。首先是轮牧制度。为了遵守草场牧草生长规律，不致造成牲畜超载、过载，毁坏牧场，使牧场得以休牧恢复植被，一般将草场按季节分为夏秋草场和冬春草场两部分，在夏秋季节白昼较长，气候凉爽，牧民主要在地势较高、比较偏远的地方放牧；冬春季节白昼较短、气候寒冷，牧民则在地势较低、向阳少雪的地方就近放牧。按季轮牧，在藏族地区民间习惯法中有非常严格的规定。如今甘肃省甘南藏族自治州夏河境内的甘加思柔部落规定，"搬迁牧场，重新落帐，都要统一行动，不允许早搬或迟搬。甘加部落共同搬住六次；每年农历四月底由日桑哇搬色庆；第二次农历六月剪毛后搬大力加山；第三次在农历七月底搬当可卡；第四次八月底搬尼麻浪；第五次九月底搬日桑哇；第六次十月至十一月底搬甘加滩，正月初一至初四月中间，各部落自行寻找有草避风的处所，无规矩限制"①。如果违反轮牧制度，就要依据习惯法予以处罚。如青海省果洛藏族自治州境内的部落习惯法规定："囊青本地区是每一季全部落统一分配牧场，搬迁时间也要头人按规定，否则，先于头人规定的日期搬迁罚牛一头，不按期拖后搬迁的也是如此。搬迁后又回到原来牧场拆锅台、拾牛粪，也罚牛一头。"②诸如此类的规定，亦可视为对牧场草原采取的放生措施，可以限制过度放牧，有效地调节畜草矛盾，从而起到了保护草原和植物的作用。

其次，禁止乱采滥挖。草原上生长有各种名贵药材，但藏区各地禁止乱采滥挖，并依习惯法予以保障。如民国时期西北学者考察青海玉树藏区后说，"番地出知母、贝母、冬春草，华商多货焉，以故采掘者多。番酋

---

① 张济民主编：《青海藏区部落习惯法资料集》，青海人民出版社1993年版，第169页。

② 青海省编辑组：《青海省藏族蒙古族社会历史调查》，青海人民出版社1985年版，第106页。

不便也，或值疠疫，牛羊物故者多，辄云据高僧推算，掘药断地脉之故，其迷信多类此"①。四川理塘的木拉藏区规定，"禁止人们挖药材，不论挖多少，或是否挖到，也不管在自己的地里或他人的地里挖，都要罚款。一人挖药材罚三十元，两人挖药材罚六十元，依次类推"②。藏区禁止采挖药材，也可从其宗教文化传统理论中获得解释。同时，受泛神论思想影响，藏族还认为，大地是山神的躯体，植物是山神的器官，挖药材等于在伤害山神，必然遭到其惩罚。贝母是一种药用价值很高的名贵药材，但在藏区传说着，挖贝母就等于挖山神的心，藏族不敢去挖③。这种禁俗，不仅保护了该植物本身，而且由于植被免遭破坏，在客观上还保护了更多的植物。

最后，组织队伍保护森林。不少地区定期组织当地的年轻人，骑马扛枪，到所封山区、林区巡逻，专门检查有无违反封山禁令者，一旦发现违禁者，就依习惯法予以严惩，此项活动称为"搜山"。一般情况下，森林定期向本地属民开放，开放期间，对可以采伐的树木的大小、种类等方面有严格规定，违者要受到处罚。如果有人在非开放期内进入林区，同样要受到处罚。比如，甘肃省甘南藏区夏河境内中华人民共和国成立前有这样的规定：平日"在树林里拾烧柴，如果被管理森林者发现，没收斧头、绳子等砍柴工具。经调解后，拾柴者要拿出2—3元钱赎回被没收的斧头、绳子等物"④。

在藏区，受社会发育程度和文化发展阶段等因素所限，宗教和法律两者的关系难以清晰明了地予以区分。因而有关藏区"放生"习俗在藏传佛教教义与藏区地方传统习惯法中相互交织，处于难分难解的状态和程度。

三、藏族"放生"习俗分析及解决"放生"乱象的思考

生态人类学认为："纵观人类文化演进史，每一个民族在其萌生之初，总是针对特定的自然生态系统去建构该民族的文化。其后随着时间的推移和文化的不断调适，该民族对所处的自然生态系统就越来越熟悉，改造和利用所处生态系统的水平也越来越高，以至于该民族会转而依赖于其所处

---

① 周希武：《玉树调查记》，青海人民出版社1986年版，第84页。
② 张济民主编：《渊源流近——藏族部落习惯法规及案例辑录》，青海人民出版社2002年版，第84页。
③ 因为贝母的外形酷似人的心脏，由于它生长在高山之上，故历来被视为山神的心脏。挖贝母触怒山神，轻则伤人损畜，重则家破人亡。在牧区还神乎其神地传说人们由于挖贝母而遭山神惩罚的故事。梁钦：《江源藏俗录》，华艺出版社1993年版，第365页。
④ 张济民主编：《渊源流近——藏族部落习惯法规及案例辑录》，青海人民出版社2002年版，第149页。

的自然生态系统，该民族文化对所处生态系统达到了高度的适应。"① 藏族"放生"习俗中包含了藏区民众对所处的自然生态系统的丰富知识的认识和利用，但藏区自然生态系统的认识并未达到相当的高度，这个过程也是一个永恒的探究的过程，所以各种"放生"乱象的出现应归结于人类对自然生态系统的认识和利用尚处在不完整的阶段性和局限性当中。藏区"放生"习俗中对不同动物的不同放生或杀生态度和行为，仍然表现出了传统的绝对人类中心主义的观点和主张。如果说法律表达了一种技术性的规定，那么宗教则表达了一种神圣性的规定，两者在规范的世界中相互联系、不可或缺，但两者又都面临着与时俱进的问题。当下表现在"放生"乱象中的，既有传统的宗教文化与传统习惯法之间的紧张关系，还有传统的藏族习惯法与现代的生态文明应然法之间的紧张关系，其中也表现出了法律、宗教与生态法学科学的紧张关系，也就是说法律与宗教、宗教与科技、科技与法律之间的都存在在不可忽视的紧张关系。

伯尔曼指出，"法律不只是一整套规则，它是人们进行立法、裁判、执法和谈判的活动。它是分配权利与义务、并据以解决纷争、创造合作关系的活生生的程序。宗教也不只是一套信条和仪式；它是人们表明对终极意义和生活目的的一种集体关切——它是一种对于超验价值的共同直觉与献身"② "即便是在那些严格区分法律与宗教的社会，它们也是相辅相成的——法律赋予宗教以其社会性，宗教则给予法律以其精神、方向和法律获得尊敬所需要的神圣性。在法律与宗教彼此分离的地方，法律很容易退化成僵死的教条，宗教则易于变为狂信"③ 。在几乎全民信教的藏区，运用民众笃信的宗教教义推广法律规定并辅之以实现和遵守，无疑具有事半功倍的效果，但如果对宗教教义和法律规定所作出的地方性知识的解释，有选择和例外，尤其是在人类中心主义观点下，进行教义和法律的实施，也可能发生与教义和律文相悖之事端，造成对教义和律文之背离的结果。因此，藏区"放生"乱象的治理，必须做到以下几点。

（一）藏族"放生"习俗应走出人类中心主义的藩篱

人类中心主义的世界观和生态观的实质，通过学者的研究被揭示为：人类把自身的生命和理性视为世界上最高贵的、最有价值的存在，认为它

---

① 杨庭硕：《生态人类学导论》，民族出版社2007年版，第113页。
② ［美］伯尔曼：《法律与宗教》，梁治平译，中国政法大学出版社2003年版，第11页。
③ ［美］伯尔曼：《法律与宗教》，梁治平译，中国政法大学出版社2003年版，第13页。

们本身就是人类的内在价值，拥有它们的人类理应成为万物活动的目的和中心，拥有利用、统治、支配、奴役自然万物的天然权利，自然万物则只有服务人类、满足人类需要的义务的认识是人类求生存的极度自私的欲望支配下所创立理论，表现了其反逻辑性和虚妄性 ①。人类中心主义是导致生态危机的思想根源，因此对"放生"习俗予以生态批评极有现实意义。人类并不是宇宙万物之主，因而无权为万物立法。藏传佛教教义根据人类社会的状况架构起了神灵系统，并赋予人类对自然生态系统中物质需要的选择位序，这与自然生态系统的固有客观规律是相互悖逆的，是人类中心主义的思维定式所致。绝对人类中心主义导致了人与自然生态系统的对立，使人类沙文主义泛滥，在西部大开发建设中，继续延续着先破坏后治理的传统生产经营方式，给西部地区特别是青藏高原生态环境脆弱地区造成极大的不可逆转的生态灾难。藏族"放生"习俗也表现出这种思维定式的特点，以致于"放生"乱象频发。要治理"放生"乱象，就必须走出人类中心主义的藩篱，尊重自然生态系统自身固有的规律，更新宗教和法律的规定，使其与自然生态系统的规律相一致，这样才可以达到放生和护生的目的。如青海省果洛藏族自治州2005年至2009年建设招鹰架6150架，目的是通过生态系统中鹰捕食老鼠来保护草场；还有学者探讨铺设在草原上网围栏时应开设动物通道，防止动物迁徙过程中的伤害。又如近几年来冬虫夏草的采挖季节，对草原环境的破坏也较大。如不采取有效的随挖随填措施，每采挖一根冬虫夏草，至少会破坏30平方厘米的草皮。因此现在的采挖者都在改变自己的行为，注重保护生态环境。

（二）治理"放生"乱象应建立相应的立法和执法体系

近几年来，已经有一些学者对"仿生"乱象进行了相关的研究，如放生前对放生地和区域进行调查分析，若放生可能致放生地生态环境被破坏，则不予批准；为防止外来生物入侵导致生态环境被破坏，应加强生物入境检验检疫；放生导致的人身和财产损失应由放生组织和个人承担相应的法律责任，赔偿相应的损失；在立法方面也应作出应对，同时还应有相关的环境执法队伍和人员，依法执行相关措施。

---

① 王苏：《人类中心主义的实质分析及其评价》，载《社会科学家》2008年第5期。

与时俱进与维系自治：
民族地区村规民约的变与不变

——以贵州省锦屏县魁胆村为对象

高其才

摘要： 考察贵州省锦屏县平秋镇魁胆村1992年到2014年的村规民约，可以发现在数量、名称、结构、目的、规范、后果、责任、处理、数额等方面发生变化，呈现出与时俱进的发展态势。同时，村规民约在议定程序、基本立场、主要内容、体现地方特点、执行组织、调解收费等方面总体不变。就整体而言，民族地区村规民约维系村民自治，没有离开办理公共事务、建设公益设施、维护社会治安、解决民间纠纷、保障村民权益这一中心目标。民族地区村规民约变化的为表面性的部分，而实质性内容没有发生变化，作为村民自治的保障工具没有变化。

关键词： 村规民约　与时俱进　延续目标

作者简介： 高其才，清华大学法学院教授。

　　贵州省黔东南苗族侗族自治州锦屏县平秋镇魁胆村是一个民俗民风浓厚的北侗民族村寨[①]，据1963年调查时本寨人回忆，侗族祖先迁入魁胆开山拓繁衍生息，已历22代，约五六百年。在长期的社会发展中，魁胆地区的侗族逐渐形成了适应生产、生活需要的社会习惯法即侗款[②]。魁胆村历史上就通过款约这一侗族习惯法进行社会治理，如清光绪二十六年

---

　　* 感谢王必玖、王宗勋等的支持和帮助。文中的部分人名进行了化名处理，特此说明。

　　① 魁胆村辖魁胆、便大两个自然寨。位于锦屏县西北境，距县城16公里，距平秋镇政府地7.5公里。锦彦公路通过村东南境，魁孟公路通过村西北境，水库至便大公路通过寨中心。村城东邻平翁村，南界高岑、小岸村，西接桥向、更魁胆村，北底孟寨和三江镇翁寨村，总面积14平方公里。现有耕地面积594亩，其中田面积410亩，旱地熟地面积184亩，森林面积11850.5亩。全村共10个村民小组270户1152人。

　　② 本文从非国家法意义上理解习惯法，习惯法为独立于国家制定法之外，依据某种社会权威和社会组织，具有一定的强制性的行为规范的总和。高其才：《中国习惯法论（修订版）》，中国法制出版社2008年版，第3页。

（1900年），魁胆就订立了《魁胆十六甲禁约》[①]。中华人民共和国成立以后，特别是第六届全国人民代表大会常务委员会第二十三次会议于1987年11月24日通过、1988年6月1日起实施《村民委员会组织法（试行）》后[②]，魁胆村积极议定村规民约，通过村规民约进行自我管理、自我规范、自我教育、自我服务，实行民主选举、民主决策、民主管理、民主监督。

就我们调查了解所知，魁胆村先后议定实施的综合性的村规民约有1992年9月15日的《归（魁）胆村村规民约》[③]、1999年8月5日的《魁胆村村规民约》、2004年1月26日的《魁胆村村规民约》、2005年4月20日的《村规民约》[④]、2008年1月1日的《魁胆村村规民约》、2008年2月6日的《魁胆村村规民约》、2008年3月15日的《魁胆村村规民约》、2014年12月19日的《魁胆村村民自治合约》，现行有效的为《魁胆村村民自治合约》。此外，魁胆村还议定实施了一些单项性的村规民约。

从1992年到2014年，魁胆村村规民约经过了23年的发展。这23年中，魁胆村随着中国社会经济、文化、法治的发展而日新月异，相应的魁胆村村规民约从名称到规范也发生了一定的变化，但仍然坚持和传承许多理念和规范。本文谨以魁胆村为对象，在分析村规民约文本的基础上，对民族地区村规民约的变与不变进行探讨，思考我国民族地区村规民约与时俱进的发展和完善，讨论民族地区村规民约中心目标的延续和弘扬，以求教于大方之家。

一、从名称到规范：村规民约之变

考察魁胆村的村规民约，我们可以发现我国社会在变，魁胆村的村规

[①] 《魁胆十六甲禁约》："尝思国有法家有规，吾魁胆十六甲各寨，近来地方紊乱，多滋雀角，民怨载道。为靖地方，各寨首人公议，新定八条禁约，仰共同遵守，毋致违犯。

一禁延误公家粮款。违者，送官治罪。

一禁勾外烂里。违者，行见家一块柴古规，逐其家人出寨。

一禁偷牛盗马滥伐他人林木。违者，罚银十两入众聚款。

一禁犯火。焚毁他人房屋、林木者，赔偿损失；故意纵火者，丢入火场。

一禁私留面生歹人祸害地方。违者，送官治治。

一禁不孝。违者，罚交族处治。

一禁乱古礼。男婚女嫁须凭媒妁，违者交族处治。坏伦者，行坠崖古规。

一禁寨内外行歌坐月、女子夜行。违者，交族按坏俗处治。

大清光绪二十六庚子年孟春月穀旦立。"

原立有碑在魁胆村内，"文化大革命"中被毁，碑文抄自魁胆村民委员会。

[②] 第九届全国人民代表大会常务委员会第五次会议于1998年11月4日通过并实施了《村民委员会组织法》，2018年12月29日第十三届全国人民代表大会常务委员会第七次会议进行了修正。

[③] 1992年9月15日的《归（魁）胆村村规民约》序言部分有"我们原定的民约还有些不完整之处"的表述，可知魁胆村应有更早的村规民约。但是我们调查时没有发现，有待进一步搜集。

[④] 在调查时，我们了解到魁胆村有2005年4月20日的《村规民约》，但是还没有搜集到全文。

民约也在不断的发展和变化，如从单一的综合性村规民约到综合性村规民约与单项性村规民约并存的村规民约系列，从"罚款"到"违约金"，从金额100元到金额5000元。数量在变，名称在变，规范在变，处理在变，魁胆村村规民约的变化是明显的。

1. 数量之变

1992年9月15日时，魁胆村仅有《归（魁）胆村村规民约》这一份村规民约；而2017年3月1日时，魁胆村则有2014年12月19日议定的《魁胆村村民自治合约》、2003年8月1日议定的《魁胆村人饮工程管护制度》、2011年2月15日议定的《魁胆村森林防火公约》、2015年农历12月16日议定的《魁胆村酒席操办公约》等村规民约，魁胆村的村规民约就数量而言已大大增加。

魁胆村的村规民约，已经从起初的单一的综合性村规民约发展为综合性村规民约与单项性村规民约并存的村规民约系列，村规民约的调整对象进一步的明确，规范也更加具体化。

与此相适应，魁胆村与相邻村寨签订《村寨睦邻友好公约》，以类似村规民约的形式规范相邻关系。同时，魁胆村还制定了与村规民约配套的《村民议事制度》（1999年8月）、《十户联防包保制度》、《魁胆村治安防控体系工作实施方案》（2016年3月5日）、《治安调解工作规范》（2005年5月15日）、《治保会的性质》（2008年5月15日）、《治安联防队工作职责及管理制度》、《治保会的工作职权》、《治保会的主要任务》、《治保工作例会制度》等规章制度，具体落实村规民约的规范，保障村规民约的实施。

2. 名称之变

从魁胆村8部综合性的村规民约看，第一部为1992年9月15日议定的《归（魁）胆村村规民约》，名称为"村规民约"，之后一直到的2008年3月15日议定的6部均称"村规民约"，而2014年12月19日议定的《魁胆村村民自治合约》，名称变为"村民自治合约"。相比"村规民约"，"村民自治合约"更突出"自治"和"合约"性质，更体现村民民主色彩，更强调村民的合意、共识和约定。

3. 结构之变

魁胆村8部综合性的村规民约都包括序言和正文，但正文的结构不一，存在一定的变化。1992年9月15日的《归（魁）胆村村规民约》包括维护社会治安、婚姻家庭、农业山林土地和水电交通、防火安全、集体提留、财务管理、民事纠纷、附则等8章28条，2008年3月15日的《魁胆村村规民约》包括总则、维护社会治安、婚姻家庭计划生育、农业土地山林水电交通、财务管理、履行职责与义务、树立社会主义道德风尚、民间纠纷、附则等9章41条。这两部村规民约以章、条、款形式表达。

而其他几部村规民约的结构则与此不同，没有设章，直接以条、款形式进行表达。如1999年8月5日的《魁胆村村规民约》为9条、2004年1月26日的《魁胆村村规民约》为8条、2008年1月1日的《魁胆村村规民约》为21条、2008年2月6日的《魁胆村村规民约》为13条、2014年12月19日的《魁胆村村民自治合约》为20条。

4. 目的之变

考察魁胆村的村规民约，可以发现在序言和正文部分所体现的村规民约的目的、任务有所不同，反映了不同时代的特点。如1992年9月15日的《归（魁）胆村村规民约》"序言"中强调的是"为了更好地管理我村事务"而修改村规民约，较为简单。而1999年8月5日和2004年1月26日的《魁胆村村规民约》则都是"为确保社会长期稳定，促进我村两个文明建设，推动我村各项事业的正常发展"而修改村规民约，"社会稳定""两个文明建设""发展"成为村规民约的功能。在2008年1月1日的《魁胆村村规民约》的序言部分则指出制定目的为"提高全体村民自我管理、自我教育、自我约束的能力"和"促进全村的安定团结和三个文明建设"，与之前的村规民约的表述有所不同，出现了有关村民自我管理、自我教育、自我约束的自治方面的内容。而2008年3月15日的《魁胆村村规民约》序言规定："为了维护我村社会秩序，即农、林、牧、渔生产秩序，妥善处理民事纠纷，保障公民的人身权利、财产权利和其他权利，根据《宪法》第二十四条和《村民委员会组织法》第十六条的有关规定，特制定本《村规民约》（以下简称《民约》）。"这突出了"维护秩序""保障权利""依法"等三方面内容。同时，该村规民约第1条要求全村村民必须坚持"一个中心，两个基本点"的基本路线，认真贯彻执行宪法、法律、法规和国家政策，自觉履行公民义务；第2条又强调全村必须加强"两个文明"建设，提倡"五讲四美""三热爱"党和政府的号召，服从村组干的领导和指挥，积极履行"一事一议"的村民议事制度，遵守学习劳动纪律，努力钻研科学技术，种好、管理好自己责任田土，完成上级交办的各项任务。这较明显地反映了村规民约与国家法律、政策的关系。

现行有效的2014年12月19日的《魁胆村村民自治合约》规定的制定目的更为全面，也更体现了时代特点。该村规民约序言规定："为了推进我村民主法制建设，维护社会稳定，树立良好的民风、村风，创造安居乐业的社会环境，促进经济发展，建设文明卫生新农村，经全体村民讨论通过，制定本村村民自治合约，村民共同遵守。"而《魁胆村村民自治合约》第1条更鲜明地反映了村规民约的政治色彩，该条规定："每个村民都要学法、知法、守法，自觉地维护法律的权威和威严，同一切违法犯罪行为、邪教组织作斗争，做到爱国、守法、明礼，诚信、团结、友善、勤俭、自强、敬业、奉献精神。"这条将遵守国家法律作为对村民的要求，将社会主义核心价值观的基本内容作为对村民的要求，反映了村规民约与国家法律之间的关系，反映了村民自治组织与国家、政府、执政党之间的关系。

5. 规范之变

从1992年到2014年经历了23年的发展，魁胆村的村规民约规范也随时代而变，因时代而异，具有一定的时代特点。如1992年9月15日的《归（魁）胆村村规民约》第1条第8项为"抗交国家各种税费和集体提留者，罚款5—10元"。该村规民约的第五章为"集体提留"，用专章规定了各种收取集体提留的情况，如"在我村境内收购木材，按每立方米提留10元的管理费，非法收购者，作没收处理""出售旧房料的按总得金额提留5%""砍伐寿木，每根提留5元的管理费""凡承包集体农田，每亩提留5元的承包费"等。1999年8月5日的《魁胆村村规民约》第8条也规定"林场和村民申请砍伐商品材、民用材归房料每立方米提存5%，在我村境内经营木材生意的按每立方米取5元管理费，无证砍伐的处一至三倍的罚款"。2008年3月15日的《魁胆村村规民约》第27条第1款规定对"不积极按时完成国家的税收任务和集体的各种管理费，唆使他人拖延国家、集体下达的各种任务者"，除给予批评教育外，并处以罚款50—100元。

农村提留款是指向农民收取的"三提一统"，即公积金、公益金、管理费提留和五项乡镇统筹（教育附加、计划生育费、民兵训练费、民政优抚费、民办交通费），在2002年全国农村税费改革时，就已经取消了提留款。农业税是国家对一切从事农业生产、有农业收入的单位和个人征收的一种税，俗称"公粮"；从2006年1月1日起我国废止《农业税条例》，全面取消农业税。魁胆村2008年的村规民约却仍然有这方面的条款，自与国家法律相抵触。不过，魁胆村之后的村规民约都没有有关集体提留和农业税的规范了。

同时，后来的村规民约出现了不少之前的村规民约所没有规定的规范，如2008年1月1日的《魁胆村村规民约》第15条规定"积极推行殡葬改革，服从殡葬管理"，殡葬改革为新出现的现象。2008年2月6日的《魁胆村村规民约》第11条规定的"杜绝交通事故，严禁农用车载人，发现违者，每次罚款100元"、第12条规定的"严禁吸毒及邪教传播，发现违者坚决打击并罚款500元"。交通事故、吸毒行为、邪教传播等都是以前所没有的行为。2008年3月15日的《魁胆村村规民约》第7条第9款规定对吸毒者和参与贩毒者处以50—200元的经济处罚并扭送公安机关处理。贩毒是新出现的社会现象。2014年12月19日的《魁胆村村民自治合约》第14条规定："加强对村寨古物的保护，损坏古井、古树、古碑、寨门、亭阁等公共财产，除承担修复费用外，自愿承担违约金100—300元。"这是从非物质文化遗产保护、传统村落保护角度进行的规定，为以前的村规民约所未见。

6. 后果之变

村规民约作为一种规范，其后果包括肯定式后果和否定式后果[1]，魁胆村的村规民约以往仅规定了否定式后果，多为给予经济处罚，没有规定肯定式后果。但是2014年12月19日的《魁胆村村民自治合约》就与之前的村规民约不同，不仅规定了否定式后果，也规定了肯定式后果。《魁胆村村民自治合约》第19条规定了"本村每年进行守约先进户评选10户，按每年每户100元发放奖励及光荣榜并向村民公示"。这一规定表现了村规民约对村民行为的保护、许可或奖励，反映了魁胆村村规民约在后果方面的变化。这样，魁胆村的村规民约关于后果的规范更加全面，鼓励与禁止并重能更好的体现村规民约的价值，有利于村规民约的实施。

7. 责任之变

魁胆村的村规民约要求村民承担违反村规民约的责任承担方式有一个

---

[1] 肯定式后果，又称合约后果，是村规民约中规定人们按照行为模式的要求行为而在法上予以肯定的后果，它表现为村规民约对人们行为的保护、许可或奖励。否定式后果，又称违约后果，是村规民约中规定人们不按照行为模式的要求行为而在法上予以否定的后果，它表现为村规民约对人们行为的制裁、不予保护、撤消、停止，或要求恢复、补偿等。高其才：《法理学（第三版）》，清华大学出版社2015年版，第53—54页。

增多的过程。1992年9月15日的《归（魁）胆村村规民约》规定的责任承担方式除退还原物外，主要为赔偿损失、罚款，还有退回其责任田由集体转包、集体收回承包的土地另行承包、没收所砍伐的树木等。1999年8月5日的《魁胆村村规民约》和2004年1月26日的《魁胆村村规民约》规定的责任承担方式仅为罚款。

2008年1月1日的《魁胆村村规民约》规定的责任承担方式则较前增多，包括：（1）予以批评教育；（2）写出悔过书，用村广播进行通报；（3）责令其恢复原状或作价赔偿；（4）视情况给予经济处罚；（5）取消享受或者暂缓享受村里的优惠待遇，涉及财产、名誉等方面的责任形式。"批评教育""写出悔过书"均为新出现的方式。2008年2月6日的《魁胆村村规民约》，在责任承担方式方面除了罚款、照价赔偿、退回财物以外，还规定了针对失火烧毁山林的负责营造成林、针对发生火警的敲锣喊寨一个月、针对滥伐木材和无证运输及收购木材的没收、针对破坏公路水利电力学校等公共设施的令其修复、针对无故谩骂侮辱他人的写出检查和向受害人赔礼道歉。"修复""赔礼道歉"为新出现的责任承担方式。

除经济处罚、赔偿损失、退还原物之外，2008年3月15日的《魁胆村村规民约》在责任承担方式方面还规定了"批评教育""书面检讨""没收捕鱼工具""采取措施令其纠正错误行为（针对违反土地管理规定行为）""处罚猪肉133斤，按户数每户一斤酒、一斤大米吃款（针对违反森林管理规定行为）""处罚猪肉133斤，按户数每户一斤酒、一斤大米吃款（针对违反森林管理规定行为）"为魁胆地区固有的责任承担方式，实为罚教育餐，这在村规民约中则为第一次明确予以规定。

关于违反村规民约的责任承担方式，2014年12月19日的《魁胆村村民自治合约》规定较为全面，具体包括予以批评教育、自愿承担违约金、写出悔过书用村广播进行通报或公示栏张贴公示、修复人饮消防基础设施和寨门亭阁等公共财产、收缴电鱼毒鱼炸鱼者的电鱼机等工具、及时打扫清理、取消享受或者暂缓享受村里的优惠待遇等。特别需要指出的是，《魁胆村村民自治合约》第10条还规定了"按本地风俗习惯处罚"："发生火警者自愿承担违约金200—500元并处罚承担本村鸣锣喊寨员1个月，同时按本地风俗习惯处罚。"这在以前的魁胆村规民约中还没有见到过。

随着社会的变化，魁胆村的村规民约还根据需要规定了新的责任承担方式，如2015年农历12月16日议定并施行的《魁胆村酒席操办公约》第

3条"监督和惩罚措施"第2款规定:"本公约禁止举办的酒席,主人不听劝阻强行操办的,不准房族、亲友前往送礼捧场,由移风易俗委员会组织村民去白吃,并处罚500元。"这里规定的"不准房族、亲友前往送礼捧场""组织村民去白吃"等责任承担方式为新的类型的责任承担方式,是根据实际情况而设定的。

8. 处理之变

魁胆村的村规民约较为明显的变化为将对违反村规民约行为的处理由"罚款"修改为"违约金"。如1992年9月15日的《归(魁)胆村村规民约》第1条第7项为"盗窃他人财物行为者,除退还原物外,罚款30—50元",明确表示对盗窃行为进行"罚款"。之后的几部也都规定对各种违约行为予以罚款。而现行的2014年12月19日的《魁胆村村民自治合约》第8条则规定"严禁偷盗。发生偷盗行为,金额在300元以下,偷盗人负责赔偿失主损失外,自愿承担违约金50—100元,同时写出悔过书,张榜向村民公示;达成违法犯罪的移交上级处理"。

《魁胆村村民自治合约》将"罚款"变为"违约金",表明魁胆村村民的国家法律意识在增强。在议定《魁胆村村民自治合约》时,村民已经意识到罚款权属于国家行政权范围,作为自治组织的村民委员会没有罚款权;以前村规民约规定"罚款"事实上是违反国家法律规定的、缺乏法律根据。村规民约对违约行为处理的这一变化,显示出村民正在接受现代法治观念,农村社会正在迈向依法治国的时代。其实,魁胆村《村民议事制度》(1999年8月)第1条早就指出了这一点:"自治是国家法律和政策范围内的自治。"

9. 数额之变

由于经济的发展,魁胆村的村规民约在对违约行为进行处理时,"罚款""违约金"的数额有了变化,金额不断在提高,最低金额从5元提高到了30元,最高金额从100元提高到了5000元又降到了2000元。如1992年9月15日的《归(魁)胆村村规民约》第1条第5项规定:"参加各种形势(式)赌博或提供赌博工具场所者,罚款5—10元。"1999年8月5日的《魁胆村村规民约》第6条规定:"对用火不慎、不讲究卫生、无安全措施,发生火警的",罚款50—100元。而2004年1月26日的《魁胆村村规民约》第2条已经出现了500元:"盗窃他人财物、木材,除退还原物外处罚100—500元。"

金额最高的5000元出现在2008年1月1日的《魁胆村村规民约》，其第20条规定："村民对发生的山火和寨火有主动扑救的义务，对发生火警肇事者处罚100—500元，对火灾面积达100至300亩处罚1000—5000元并送司法机关处理。"

而现行有效的2014年12月19日的《魁胆村村民自治合约》第9条规定了最高金额2000元："凡未经村民委同意，随意炼山、烧田埂等野外用火，引起山林火警、火灾，违者自愿承担违约金500—2000元；触犯法律者，移交司法机关处理。"最低金额30元则在第15条、第16条，如第15条规定，"凡随意在学校操场、公路、街道、村道、凉亭、车站、消防池等公共场所倾倒垃圾，私自占用、存放杂物，除及时打扫清理外"，自愿承担违约金30元。

二、从议定到精神：村规民约之不变

在与时俱进、适应新的农村社会需要而变化、发展的同时，魁胆村的村规民约也表现出固守传统、前后一致的特点，从议定程序、主要内容到基本精神呈现出村规民约的不变，反映了村规民约的连续性、同一性。

1. 议定程序不变

在村规民约的议定、修改方面，魁胆村根据《村民委员会组织法》的有关规定，按照民主方式进行，由村民会议或村民代表会议讨论通过。这几十年一直如此，没有发生改变。

1992年、1998年、2014年的三部村规民约都体现了这一点。1992年9月15日的《归（魁）胆村村规民约》第28条规定，本《民约》于1992年9月15日经村民会议讨论通过，报镇人民政府备案，由村民委员会监督执行。而2008年3月15日的《魁胆村村规民约》第38条也为类似规定："本《民约》公布实施后，根据实际情况需要修改、补充的，必须经过村民会议或村民代表会议讨论决定。"同样的规定还有2014年12月19日的《魁胆村村民自治合约》第20条："本《村民自治合约》于2014年12月19日由村民大会表决通过，由户主签字认可，自签约之日起执行。未尽事宜，由村民代表大会讨论修改执行。"

与此相适应，对违反村规民约的行为也按照民主程序进行处理。如2008年1月1日的《魁胆村村规民约》第17条就明确规定："凡是违反本村规民约要进行处理的，必须要调查核实后，经村民委员会（或村民代表会议）集体讨论、决定，不得擅自处理。"

村规民约为农村村民自治、农村基层民主的体现，为村民依法办理自己的事情的主要方式，魁胆村始终坚持这一点不变。为此，魁胆村还于1999年8月制定、实施了《村民议事制度》，进一步保障农村基层民主制度的施行。

2. 基本立场不变

在制定、修订村规民约时，魁胆村都长期坚持依法进行自治的基本立场，根据国家法律法规进行村民的自我管理、自我教育、自我服务，依法实行民主选举、民主决策、民主管理、民主监督。

魁胆村的每一部村规民约都以国家的宪法、法律、法规政策为根据制定和修订，在国家法律规定的范围内实行自治。如1992年9月15日的《归（魁）胆村村规民约》第2条涉及按《婚姻法》处理、第5条要求严格遵守《森林法》、第6条要求严格执行《土地管理法》，这些规范都突出村规民约依法制定、规范与国家法律相一致，维护国家法律的尊严和权威。2008年1月1日的《魁胆村村规民约》第19条更明确指出，本村规民约有与国家法律、法规、政策相抵触的，按国家规定执行。

关于依法制定、实施村规民约，2008年3月15日的《魁胆村村规民约》的规定更为全面。在该村规民约的"序言"部分就明确指出："根据《宪法》第二十四条和《村民委员会组织法》第十六条的有关规定，特制定本《村规民约》。"在正文部分，第10条涉及按照《婚姻法》处理、第10条涉及按《计划生育法》执行、第13条要求严格执行《土地管理法》、第14条要求严格遵守《森林法》、第16条要求严格遵守《消防法》、第27条要求认真履行《义务教育法》。这些规范都强调村规民约的合法性，不违反国家法律法规的规定，不与国家的宪法、法律、法规和政策相抵触。

同时，魁胆村的村规民约还要求村民服从政府管理，维护国家管理秩序。如1999年8月5日的《魁胆村村规民约》第1条就规定，对"故意扰乱各级机关工作秩序"的行为罚款50—100元，2004年1月26日的《魁胆村村规民约》也有类似规定。2008年3月15日的《魁胆村村规民约》第1条第4款也规定："造谣惑众、煽动闹事、故意扰乱各级机关工作秩序者，罚款10—20元。"

3. 主要内容不变

从乡村实际出发，《魁胆村村规民约》的内容主要包括办理公共事务和公益事业、调解民间纠纷和维护社会治安等方面，这方面一直没有什么变化。

以1992年9月15日的《归（魁）胆村村规民约》为例，该村规民约包括维护社会治安、婚姻家庭、农业山林土地和水电交通、防火安全、集体提留、财务管理、民事纠纷、附则等8章28条。与此类似，2008年3月15日的《魁胆村村规民约》也包括总则、维护社会治安、婚姻家庭计划生育、农业土地山林水电交通、财务管理、履行职责与义务、树立社会主义道德风尚、民间纠纷、附则等9章41条，两者没有实质性不同。

其他几部不设章的村规民约的内容也大同小异。如仅8条的2004年1月26日的《魁胆村村规民约》，第1条关于打架斗殴、酗酒闹事、侮辱妇女、故意破坏公共财物等行为，第2条关于盗窃，第3条关于赌博，第4条关于婚姻家庭和计划生育，第5条关于侵占公共场所、破坏水利、公路等，第6条关于消防，第7条关于会计、出纳等履职，第8条关于纠纷调解。这些规范涉及社会治安、消防、纠纷解决、公共设施、婚姻家庭等方面，与村民的切身利益紧密相关。

4. 传承传统不变

魁胆村村规民约广泛的传承了魁胆侗族固有习惯法的观念和规范[①]，村规民约传承的传统规范包括敬老爱幼、团结互助、热心公益、吃款处理、喊寨处罚等。同时，村规民约也确认族长的地位，传承传统权威的现代价值。

魁胆村的村规民约都规定敬老爱幼。如2008年3月15日的《魁胆村村规民约》第29条强调"敬老爱幼，是我们中华民族的美德""辱骂老人，虐待家庭成员，嘲讽残疾人者""不抚养子女，抛丢女婴或不执行《义务教育法》者"，分别给予罚款50—100元的处理。

村规民约强调村民之间的团结互助。如2014年12月19日的《魁胆村村民自治合约》第2条规定："村民之间应团结友爱，和睦相处，不打架斗殴，不酗酒滋事，严禁侮辱、诽谤他人，严禁造谣惑众、搬弄是非。邻里间发生纠纷，能自行调解的自行调解处理，不能自行处理的要依靠组织解决，不能仗势欺人，强加他人。"

---

① 清光绪二十六年（1900年）魁胆款内各寨头人聚集魁胆进行"议款"，结合当时官府的律令，将先辈遗传下来不成文的款约进行整理，形成明文的《魁胆十六甲禁约》，并刊刻成碑，立于各寨，通晓村民。

各部村规民约都要求村民热心公益。如2008年3月15日的《魁胆村村规民约》第28条第1款就规定："对公益事业不热心、不支持、甚至阻碍者"，处以40—150元罚款。

在传承传统方面，2014年12月19日的《魁胆村村民自治合约》第6条规定："各姓氏设立族长，各姓族长由各族推荐品德优良、为人公正、热心调处的老人担任，负责组织协调处理族内纠纷，协助村、组理治地方。"这明确地确认了一直存在的族长的地位，肯定了族长在村组事务处理中的作用。《魁胆村村民自治合约》第10条还规定了"发生火警者自愿承担违约金200—500元并处罚承担本村鸣锣喊寨员1个月，同时按本地风俗习惯处罚。"

值得注意的是，魁胆村的村规民约限制、否定固有习惯法中如"见家一块柴"、"丢入火场"烧死、"坠崖"处死等与现代法治精神相背离的内容，扬弃不适应现代农村发展的传统规范。如2008年3月15日的《魁胆村村规民约》第10条对"未到婚龄结婚或未登记结婚者"予以处罚、2014年12月19日的《魁胆村村民自治合约》第9条规定了不准随意炼山以免引起山林火警、火灾等。这些规范是对固有的早婚习惯法、生产习惯法的限制和否定，以适应新的社会发展、符合国家法治建设要求。

5. 体现地方特点不变

魁胆村为一山区村寨，山林面积大，森林覆盖率高。同时，传统民居建筑多用木材等材料，村民住房容易发生火灾；由于村民居住集中，一旦失火其他各家就会受到影响，如没有及时发现就会造成严重损失。因此，魁胆村的村规民约一直都把预防失火、杜绝山火寨火发生作为重点内容，鲜明地体现了地方特点，并且数十年不变。如1992年9月15日的《归（魁）胆村村规民约》第四章专章为"防火安全"，提出要搞好防火安全，防止坏人的破坏和捣乱，杜绝山火寨火的发生；对发生寨火警的肇事者，罚款30—50元。1999年8月5日的《魁胆村村规民约》第6条规定，对用火不慎、不讲究卫生、无安全措施，发生火警的罚款50—100元。2004年1月26日的《魁胆村村规民约》第6条规定与此一致："对用火不慎、不讲究卫生、无消防安全和安全生产措施，发生火警的罚款50—100元（野外火警罚50元，村寨火警罚款100元）。"2008年2月6日的《魁胆村村规民约》第2条也提醒村民严防寨火的发生；发生火警者，每次罚款100元，并敲锣喊寨一个月。

而2008年3月15日的《魁胆村村规民约》第16条的规定更为全面："严

格遵守《消防法》，搞好消防安全工作，履行消防安全制度，凡违反下列行为之一者，罚款100—5000元，并赔偿损失：（1）用火不慎，失火烧山，烧毁集体、个体的山林者；（2）用火不慎，发生寨火或火警者；（3）用电线路老化，不听消防安全检查人员安排进行整改发生火警者；（4）炉灶烟囱设置不符合防火安全要求，发生火灾、火警者；（5）房屋内外乱堆易燃易爆物品，如稻草、杉叶、杂物等，发生火灾、火警者；（6）对小孩管理不严玩火发生火灾，火警的，由监护人承担相关条款的处罚；（7）故意纵火发生火灾、火警者。"

现行的2014年12月19日的《魁胆村村民自治合约》第9条、第10条也是防火安全条款："凡未经村民委同意，随意炼山、烧田埂等野外用火，引起山林火警、火灾，违者自愿承担违约金500—2000元；触犯法律者，移交司法机关处理""凡有易燃物（稻草等）进寨进家存放和乱搭乱接电线，存在消防隐患的住户，经检查仍未整改者，除限时整改外，自愿承担违约金50元。发生火警者自愿承担违约金200—500元并处罚承担本村鸣锣喊寨员1个月，同时按本地风俗习惯处罚①，计划生育基层群众自治按国家有关政策落实到位。"

与此同时，从地方特点出发，魁胆村的村规民约规定村民有救火的义务。如2008年1月1日的《魁胆村村规民约》第20条就规定村民对发生的山火和寨火有主动扑救的义务，强调村民之间的团结互助。

6. 执行组织不变

村规民约的效力需要一定的执行机制予以保障。魁胆村的村规民约一直重视村规民约的执行，设立村规民约护约队、合约执行小组等组织保障村规民约的实施。如1992年9月15日的《归（魁）胆村村规民约》第26条规定成立村规民约护约队，队员可享受兑现民约所得金额的60%，40%留给集体。而23年后的2014年12月19日议定的《魁胆村村民自治合约》第18条也有类似规定："在村'两委'的领导下，建立'合约执行小组'，负责合约的执行惩罚工作；建立'监督小组'，负责监督'合约执行小组'开

---

① 根据在魁胆村出生、成长现为锦屏县史志办主任的王宗勋介绍，此处的"本地风俗习惯"包括"推寨"和"驱逐"等规范。"推寨"即"烧寨"，由发生火灾的家庭出钱，请先生公挨家挨户进行宗教仪式以推走火星、推走火神，实有消防安全大检查之功能。2002年魁胆村就曾做一次"推寨"。"驱逐"即将发生火灾的家庭驱逐出寨，不准在寨内居住和生活。如1975年11月，一户王姓人家起火致使八家房屋被烧毁，村民便按照习惯不准该户王姓人家在寨内居住。他家只得在离村寨一公里左右的地方居住。十多年后村民逐渐谅解了他家才搬回寨内居住。王宗勋访谈录，2017年5月6日。

展工作。"村规民约护约队与"合约执行小组"一脉相承，执行村规民约，维护社会治安秩序，保障村民的利益。

7. 收费调解不变

考察魁胆村的村规民约，从1992年到2014年都规定村民要求村组调解纠纷时须交调解金、调处费、管理费等。如1992年9月15日的《归（魁）胆村村规民约》第20条规定："凡需组织出面调解的纠纷，双方当事人要先交调解金30元给村委会后，方可调解。"1999年8月5日的《魁胆村村规民约》第9条也要求发生纠纷需村调解的交管理费50—100元。

魁胆村的村规民约也规定调解后退回有理方的调解费。如2008年3月15日的《魁胆村村规民约》第32条明确规定："凡需要组织出面调解的纠纷，双方当事人要先交调解费（村民组30元，村委会50元），上级组织方可调解，有理方予以退回调解费，无理方不予退。"2014年12月19日的《魁胆村村民自治合约》第7条也为类似规定：凡交村级调解的民事、山林权属等纠纷，每起双方分别收取调处费50—100元，调解后退回有理方调处费。

同时，魁胆村的村规民约一直强调调解金、调处费、管理费等的合理使用。如1992年9月15日的《归（魁）胆村村规民约》第23条规定，各级调解组织收的调解费、罚金，必须交集体使用，耽误工天按误工报酬予以补贴。2008年3月15日的《魁胆村村规民约》第36条也明确规定："各级调解组织的调解费、罚金，必须专门立账作为支付误工费、办公费用或用于社会治安综合治理组织建设，不能挪作他用。"

调解前要求双方当事人先交调解金、调解后退回有理方调解金，这有利于减少纠纷的发生、预防无理乱诉，也从某一方面惩罚了纠纷中的无理方。调解金专款专用则增加了村组调解的公信力。村规民约的这一内容适应村民的经济状况、符合村民的心理期待，因而效果极佳且延续不变。

结　语

考察贵州省锦屏县平秋镇魁胆村1992年到2014年的村规民约，可以发现在数量、名称、结构、目的、规范、后果、责任、处理、数额等方面发生变化，呈现出与时俱进的发展态势。同时，村规民约在议定程序、基本立场、主要内容、体现地方特点、执行组织、调解收费等方面总体不变。就整体而言，村规民约维系自治，没有离开办理公共事务、建设公益设施、维护社会治安、解决民间纠纷、保障村民权益这一中心目标。村规民约变

民族民间习惯法研究

化的为表面性的部分，而实质性内容没有发生变化，作为村民自治的保障工具没有变化。

民族地区村规民约的变化与不变取决于政治、经济、历史、社会、法治、文化等因素，各地情况颇不一致。魁胆村自治的历史传统、重约守信的文化、村干族老寨老的共识、村规民约的严格实施、国家法治建设的推进、乡镇政府的认识等因素影响着魁胆村村规民约的变化与不变。值得注意的是，最近几年国家在村规民约修订和实施方面的影响力明显加大，乡镇政府和县市政府的民政等部门通过各种方式致使村规民约发生一定的变化。

当然，民族地区村规民约的变化与不变是相对的，没有十分清晰的界限。我们不能机械地理解村规民约发展，需要实事求是地对待。村规民约的变化不一定是坏事，村规民约的不变也不一定是好事。关键是要看村规民约的这种变与不变是否与村民自治制度实现、乡村基层民主发展、村民权利保障、农民生活质量提高相一致。乡村社会秩序有赖通过村规民约的维系，依法治国也包括乡村的法治社会建设。因此，应当保持村规民约维系自治、保障权利、体现民主的主旨，改变村规民约侵犯村民利益的内容，协调、消除村规民约与国家法律的矛盾、冲突。

民族习惯法在乡村善治中的地位和功能

彭 振

摘 要：以田野调查为基础，对广西金秀瑶族自治县六巷乡门头村花篮瑶习惯法进行分析，从而探究民族习惯法在乡村善治中的地位变迁和理论重构，研究民族习惯法在乡村软治理和硬治理中的不同功能，分析其在现代乡村善治中的价值。认为当代中国的民族习惯法仍然发挥着重要的作用。

关键词：民族习惯法 乡村善治 法人类学

作者简介：彭振，广西民族大学民族学院与社会学院民族学博士研究生，研究方向：民族学。

一、问题的提出

总结关于民族习惯法地位及功能的研究，可以看出国内外学者已经从社会学、法学、人类学、民族学等不同方面进行了研究：1926年，法人类学研究的开创者马林诺夫斯基在《原始社会的犯罪与习俗》（Crime and Custom in Savage Society）一书中创造性地使用功能观点来探讨初民社会法律的运作："双向的义务制度迫使渔民无论何里收到他的内陆伙伴的礼物都必须予以相应的回报，反之亦然。双方实现自己权利的武器是：互惠（reciprocity）"，并得出"法是互助合作的相互性规范"的观点①。费孝通在1947年出版的《乡土中国》一书中，分析了中国乡村社会"礼治""无讼"等现象。苏力则提出："本土的东西并不一定就是不好的、落后的，相反，在历史的长河中这些传统资源却发挥着重要的作用。在国家制定法和民间法发生冲突时，不能公式化的强调以国家制定法来同化民间法，而是应当寻求国家制定法和民间法的相互妥协和合作。"②梁治平则认为："中国的'法'与'Law'不同，因为在这些概念背后所隐含的中西有关社会秩序的观念和价值观完全不同。"③高其才归纳了中国各少数民族的习惯法，提出"应当充分利用习惯法作为社会权力推动的善治系统的积极价值"④。陈金全归纳了凉山彝族在民事、刑事、程序上的习惯法，提出"习惯法并不代表着落后和已经死亡的过去"⑤。周世中研究了瑶族习惯法及其在和谐社会建设中的作用，提出"既要坚持国家法制的一致性又兼顾民族地区的特殊性，做到对传统资源的现代整合"⑥。吕志祥研究了藏族习惯法的内容及转型分析⑦。谢尚果采用经济学理论对民族习惯法与国家法之间的关系进行新的阐述，以探索国家法与民族习惯法之间关系的均衡路径⑧。戴小明认为："为了切实增强国家法对少数民族地区社会关系的调整能力，协调并整合国家法与习惯法是必要的"⑨。王杰、王允武则提出民族习惯法司法适用

---

① 马林诺夫斯基：《原始社会的犯罪与习俗》，原江译，云南人民出版社2002年版，第11—43页。
② 苏力：《法治及其本土资源》，北京大学出版社2015年版，第230页。
③ 梁治平：《法辩：中国法的过去、现在与未来》，贵州人民出版社1992年版，第10—230页。
④ 高其才等：《当代中国法律对习惯的认可研究》，法律出版社2013版，第38页。
⑤ 陈金全，巴且日伙：《凉山彝族习惯法田野调查报告》，人民出版社2008年版。
⑥ 周世中等：《广西瑶族习惯法和瑶族聚居地和谐社会的建设》，广西师范大学出版社2013年版，第84页。
⑦ 吕志祥：《藏族习惯法及其转型研究》，中央民族大学出版社2014年版。
⑧ 谢尚果，杨勇：《民族习惯法与国家法的均衡路径探析》，载《广西民族研究》2016年第5期。
⑨ 戴小明，谭万霞：《论民族习惯法与国家法的冲突及整合》，载《广西民族大学学报（哲学社会科学版）》2006年第6期。

的制度设计 ①。随着经济的发展和城镇化的不断推进，乡村社会中的各种矛盾和纠纷也不断增加，给社会稳定带来了新的隐患。在依法治国背景下，有效地化解基层矛盾、维护乡村平安、完善乡村治理体系，不仅需要国家的介入，也应当发挥乡村的自我"调节"功能，构建全方位的现代乡村善治体系。那么，民族习惯法在乡村善治中究竟处于何种地位？它发挥了哪些具体的治理作用？这对乡村善治和民族事务治理法治化又有哪些启示？

二、调查点概况、选取因素及其调查的开展

（一）调查点概况

笔者经过事先对民族习惯法的收集与分析，选取了广西金秀瑶族自治县六巷乡门头村作为调查点。门头瑶寨是地处大瑶山主山脉的一个花篮瑶山村，村庄坐北朝南，背山面水，半坡聚落，依山而建，村内房屋错落有序。全村共47户280多人，自花篮瑶祖先迁移到此地已有近400年的历史。村民多以种植经济林木，出售采摘的八角、茶叶、野生菌及蜂蜜作为主要经济来源。这里曾经是费孝通先生调研过的地方。

（二）选取因素

笔者之所以选择门头村作为田野调查的地点，主要基于两个方面的考虑：一是这里仍然保存并传承着非常典型的瑶族习惯法，极具代表性。二是这里古树参天、山清水秀、人与自然的关系非常和谐，并且民风淳朴、生活富裕，村民们遵纪守法、社会安定和谐，是乡村善治的典范。

（三）调查的开展

本次调查中，笔者共走访了20户。其中年龄最大的95岁，年龄最小的15岁，男性12人，女性8人，文化最高的为大学本科，最低的是文盲，其中瑶族19人，汉族1人。笔者根据调查了解到，乡村治理中村民关心较多的是山林土地资源分配、基础设施建设、脱贫致富、民族文化传承、赡养老人、邻里关系、追讨欠款等问题，而近三分之一的受访者希望通过习惯法来解决这些问题。

三、民族习惯法在乡村善治中的地位

（一）民族习惯法在乡村善治中地位的变迁

在中国古代社会里，民族习惯法在乡村善治中处于核心地位，这是因为：一是大多数的少数民族都居住在偏远地区，交通十分不便，统治者往

---

① 王杰，王允武：《少数民族习惯法司法适用研究》，载《甘肃政法学院学报》2014年第1期。

往鞭长莫及。二是封建法制不健全，导致乡村社会中的许多纠纷得不到解决，再加上诉讼成本过高、官府贪赃枉法等现象时有发生，地处偏远地区的少数民族不愿意跋山涉水到官府告状。在这种相对封闭的社会里，习惯法在一定程度上代替了国家法，涉及乡村治理的各个方面，形成了一套完善的乡村治理体系。

个案1：六巷门头村花篮瑶 D 女，95岁，一直生活在门头村。走进门头村，首先看到的是村头的两块清代光绪年间所立的石牌，石牌上的字迹依然清晰可见。石牌前是一块平地，两边树木茂盛，这里曾经是瑶族召开石牌会议的场所。"中华人民共和国成立前我们这里就有'石牌大过天'的说法，各乡、各村都有石牌，瑶寨的为'小石牌'，'大石牌'则由多个小石牌组成，总石牌设在金秀，村民们都按照石牌来办事，如果有人犯事，就按照石牌的规定来处置，石牌用来维护本村的秩序和治安。"老人用瑶话介绍到，"如果村内发生了什么纠纷，一般会诉之于石牌，并请当地的石牌头人到家里解决纠纷。石牌头人会大事化小，小事化了，尽量公平处理矛盾，如果问题解决了，输了的一方就要宰猪招待众人。"

中国是一个重视"礼"的国家，礼治在中国古代社会善治中占据了重要地位。譬如，孔子就提倡"克己复礼"，荀子则主张"隆礼重法"，到了唐代则有"制礼以崇敬"的说法。在中国的少数民族地区，习惯法是"礼治"的重要表现形式。民族习惯法是从本民族形成之初就生成了的法的观念和法的意识，并通过口传、身教等方式，代代相传至今。它是非国家性的社会性规范，生成于各少数民族地区，而非政权统治机构的内部，它的合法性主要来源于中下层社会大众的认同，而非上层统治者的赋予。但并不是所有的民族风尚和习俗都具有习惯法的功能，因为"普通习惯只是生活的常规化，行为的模式化，而习惯法特别关系权利和义务的分配，关系彼此冲突利益的调整"[①]。无论是民族习惯法还是国家制定法，都是为经济基础服务的上层建筑，其本质是相同的，但两者的产生和实施方式、表现形式、调整范围和地位、功能、作用都存在差异。正如卢梭所说："它每天都在获得新的力量；当其他的法律衰老或者消亡的时候，它可以复活那些法律或代替那些法律。"[②] 在古代社会，民族习惯法在乡村治理中的地位甚至大过国家对乡村的治理，在村民的心中是不可替代的。习惯法不

---

① 梁治平：《清代习惯法》，广西师范大学出版社2015年版。

② 卢梭：《社会契约论》，商务印书馆2006年版，第70页。

仅能解决一些如婚姻、继承、土地等方面的普通民事纠纷，还可以介入偷盗、伤害、杀人等刑事案件。因此，当时的习惯法是少数民族进行乡村善治的重要武器，也是维护乡村秩序的有力保障。

随着社会的发展，民族习惯法在乡村善治中的地位也随之变化。中华人民共和国成立后，民族习惯法也曾经被当作"四旧"而遭到破坏。改革开放以后，依法治国的理念逐渐深入人心，主张通过法律移植来改革中国法律制度的呼声越来越多，习惯法逐渐淡出了人们的视野。尽管如此，我们仍应当看到，民族习惯法作为一种特殊的民族文化和民族基因，是伴随着民族的发展而发展的，它并不因为某一个历史事件或者政治环境的变化而灭亡，虽然在表现形式、社会地位和功能上会发生或多或少的变化，但仍不能否认它的存在。这只是民族习惯法在社会发展过程中的一种自我进化而已。"法律制度并不是一种自足的功能系统，因为它还在根本上受着某种由看法、态度、观念、意识、价值等构成的'文化类型'的支配"[1]。从20世纪90年代开始，强调中国的法律发展应当依靠本土资源为特色的呼声越来越高，民族习惯法在乡村善治中的地位和作用也再次被人们所重视。

个案2：Z某，24岁，门头村走出去的大学生。在门头村，不仅留存有清代的石牌，也有当代的新石牌。这块新的石牌立于2006年，将村规民约以石牌的方式展现在人们面前，石牌对当前村内的交通设施建设、自然环境保护、历史文化传承等内容进行了规定。"在以前我们有老石牌，新时期我们使用新的石牌，虽然社会已经发生了巨大的变化，但新旧两块石牌的宗旨都一样，都是为了维护乡村的稳定和秩序、让我们的生活变得更加美好。"Z某激动地说。

（二）民族习惯法在乡村善治中地位的理论重构

随着中国全面推进依法治国战略的实施，"法治"成为了社会善治的主旋律，伴随着这一变化，我们有必要重新定位民族习惯法在乡村善理中的地位。

1. 少数民族地区乡村社会公认的行为规范。"乡土社会是一种不分秦汉，代代如是的环境，是安土重迁的，生于斯、长于斯、死于斯的社会，不但人口流动很小，而且人们所取给资源的土地也很少变动。"[2] 在少数民族村落，对于普通村民来说，习惯法与国家法都约束着他们的日常行为，

---

① 邓正来：《中国法学向何处去》，商务印书馆2008年版，第179页。
② 费孝通：《乡土中国生育制度》，北京大学出版社2008年版，第50—51页。

都是必须遵守的行为规范。不同的是，国家法依靠国家强制力得以保证实施，而习惯法则不需要通过国家机器来维持，而是通过民族传统和村民内心的崇拜和敬畏来加以维持。

个案3：门头村 A 某，56岁，曾任村长。门头村民多种植八角、生姜等农作物，是一个以农业、林业为主的传统村落。虽然以农业、林业为主要经济来源，但这里古树参天，百年以上的老树有一百多株，最老的树有500多年的树龄，形成了村中有林，林在村中的奇特景观。村民们都不愿意卖掉古树，否则便会被认为是"败家仔"，也没有任何人偷盗或者私自砍伐过树木，人与自然的关系十分和谐。许多少数民族地区都有对生态环境保护的习惯法，他们对古树心生崇敬，自觉形成了不随意破坏自然环境的习惯。加上一些村落以村规民约的形式将保护自然环境加以确定，这种生态文化就自然而然根植于村民心中，成为他们的日常行为规范。

2. 少数民族乡村社会法治建设的基石。在法治社会，诉讼在纠纷解决中有着特殊的地位，成为了维护公平正义的最后一道防线。但是，在乡村社会中，法治建设并不能仅仅依靠诉讼制度，国家法应当只对那些冲击秩序、挑战秩序的人进行处理，而对于秩序内的矛盾和纠纷，则应当由乡村内部的自身机制消化，民族习惯法正是扮演了这样一个角色。只要秩序内的矛盾和纠纷得到解决，整个乡村社会就会变得稳定、和谐，乡村治理的效果也会更容易实现。

个案4：在门头村调研时，笔者发现，每户人家房屋旁边都有一个架空而建、六面封闭的瑶族特有建筑——吊脚谷仓，这是用来存放粮食的地方，但这些谷仓却从来没有被偷过。根据瑶族习惯法，对于偷盗行为要进行一定的处罚，如罚"米、酒、肉"，请全村吃饭等。因此，这里发生小偷小摸的行为是十分少见的，村民们都相互信任，大多数人家白天都不关门，村民们所养的猪、狗、鸡等牲畜及所种的八角、生姜、稻谷等农作物，也都从来没有被偷过。不仅如此，门头村村民中也没有因盗窃等犯罪而被判刑的情况。习惯法使乡村法治变得更加容易，因为习惯法对小偷小摸等"小恶"防治得越好，对大偷大盗的"大恶"的防治就会更好。

3. 少数民族地区乡村社会"自治"的保障。中国各民族是"大杂居、小聚居"的现状，是多元一体、和而不同的统一整体，国家制定法不可能也没有必要调整所有的社会关系。但这些地方却容易出现国家善治的"真空地带"，如何实现对这里的有效治理，打通国家治理的最后一公里，则需要用习惯法这样的方式来进行调整。一方面，民族习惯法弥补了国家治理中的不足之处，丰富了善治手段、增加了治理的效果；另一方面，它能渗透到国家在乡村治理中的"边缘地带"，对治理的真空地带进行有效地填补。

个案5：门头瑶寨的另一个奇特之处，在于整个村子的人口数量一直都在280人左右，之所以几百年来都保持着稳定的人口数量，源于他们在生育上的习惯，每家每户都只生育2个小孩，并且不论男女都一视同仁，如果是男孩，将来娶媳妇进门。如果是女孩，则可以要一个入赘的女婿。因此，几百年来，整个村子的人口都没有增长和减少，男女比例均衡，劳动力十分稳定。而在六巷村附近的汉族、壮族地区，违反计划生育管理工作的情况却时有发生，治理起来有一定难度。瑶族的这一习惯法，弥补了国家治理的不足，成为执法中十分有效的补救手段。

四、民族习惯法在乡村善治中的功能

现代乡村社会的善治，既需要软治理，也需要硬治理。软治理是指对村民在道德、信仰及文化传承等意识形态方面的引导和教育，而硬治理则是对乡村社会秩序、公共环境和矛盾纠纷等方面的管理。现代乡村善治，不能只实行硬治理，也不能只有软治理，只有将两者相互结合，双管齐下，才能达到最佳效果。民族习惯法在乡村社会的软治理和硬治理中都发挥着重要的作用。

（一）乡村社会软治理功能

民族习惯法是民族意识、民族心理和民族文化的沿袭，对维护乡村社会的和谐、稳定、团结、发展都有着重要的作用。

1.教育和引导作用。对于生活在瑶寨的村民来说，从出生起就生活在各种习惯法之中，习惯法对他们的教育和影响已经根植于内心，这种习惯指引着民族成员的行为，让他们认识到哪些是可以做的，哪些是禁止的。习惯法还为本民族成员衡量其他成员的行为是否合理、合法提供了标准。在习惯法的实施过程中，那些对其他民族成员进行奖励、处罚和制裁的情形，也会起到一定的教育和震慑作用，对村民的行为产生较大的影响。

2.促进民族成员"自律"。通过民族习惯法，民族成员了解了应当怎样行为和不应当怎样行为，认识到了社会认同或者否定的行为类别，从而强化他们的社会角色意识，在他们心中形成了以"法律＋道德＋习惯法"

为主的三重自律标准，而这种自律的维持不是依靠国家的强制力，而是源于他们的内心。

个案6：门头村的村头是一个放满了石凳的小广场，这里是举行"成人礼"的重要场所。每当村里有年满15岁的人时，就要在这里举行"成人礼"。成人礼是瑶族青年最重要的仪式，当天，参加仪式的人要身穿瑶族服装，到石牌坪接受长者的教导。长者首先讲述祖先进入大瑶山开荒创业、建村建寨的故事，之后就是祭拜祖宗和背诵古训。"我瑶门头，四十二家，大大小小，对天讲过，村边四方，划作众山，种树护村，做善积福。"通过成人礼，将习惯法中敬畏自然、做善积福的理念传递给下一代，这种不定期的宣讲活动，让民族成员不断地受到教育和引导，为乡村社会善治提供了有力的道德指引和思想保障。

3. **传承民族文化。** 民族习惯法是各民族的"百科全书"，内容包罗万象，涉及政治、经济、文化等的各个方面。民族文化需要一代一代人不断总结、积累、继承和创新，是靠言传身教、文字记载等方式不断传承的，而习惯法是民族文化的集大成者和传承的主要形式，习惯法世代相传的过程，就是民族文化保存、继承和发扬的过程，民族文化传承是乡村善治的重要内容，只有传承好文化这一民族的"基因"，各民族才能不断繁荣和发展。

个案7：H某，65岁，瑶族山歌传唱人。晚饭过后，H唱起了瑶族山歌。H在唱歌的时候不用看歌词和曲谱，一口气唱了半个小时，中间没有停顿。歌曲的内容包含了祖先的故事、民族文化的内容和习惯法等。笔者听完后感到十分惊讶，一个65岁的老人居然能记住这么长的歌词。老人笑道："这些歌都是从小听大人们唱，我们长大之后也一直都在唱，它们是我们民族的历史，告诉了我们从哪里来，也教会了我们如何做人。歌词已经成为我生命中的一部分，所以记得非常清楚，我们的民族文化也是这样一代一代传下来的。"

（二）乡村社会硬治理功能

民族习惯法不仅在乡村意识形态等软治理方面有重要作用，在维护乡村秩序、完善乡村基础建设、解决基层纠纷等硬治理方面也发挥了不可代替的功效。

1. **维护乡村社会秩序的有力保障。** 社会秩序的维护是乡村善治中的重点，良好的社会秩序是保持乡村社会稳定的基础，而习惯法对维护乡村社会的生产、生活和社会交往秩序都有重要的作用，尤其是在保护生产和私有财产、保护婚姻家庭、维护民族利益、保护乡村基础设施及自然环境等方面。

个案8：B某，26岁，门头村村民，以种植水稻为生。在瑶族村落流行着一种叫"打毛标"的习惯法，即在先占物上系上毛草、稻草等标志物，以表明此物已经被"先占"，他人不得随意拿走。这一制度可视为物权制度的起源，也是保护私有财产的重要习惯法之一。"有时候我从山上砍的柴比较多，一个人拿不完，就在路边摘一根稻草系在柴火上，过几天再去拿，别人看见这个稻草，就知道柴火是有主人的，就不会随便去拿了。"

2. 乡村规划和建设的良好依据。乡村的治理不但需要对村民的思想和行为进行引导和管理，也需要对乡村的整体规划、基础建设、环境保护等方面进行统筹。笔者在调研时发现，门头村通过习惯法，解决了很多乡村规划和建设的问题。譬如，在没有自来水的情况下如何解决饮水问题，乡村的垃圾如何处理，乡村道路如何规划等等，这些问题的解决使得整个村寨非常整齐、干净。

个案9：B某，男性，48岁，平时经常帮助其他村民修建房屋。笔者调查时发现，门头村的房屋具有浓厚的瑶族特色，全村的房屋错落有致，整齐美观，这归功于当地对村寨建设的习惯法。"以前我们村的房屋都是统一的瑶族黄泥屋，现在生活好了，大家都新盖了楼房，如果有人修建房屋，村民们都会去帮忙。每家的楼房结构、外观、楼层基本都是一样的，我们村处于半山坡，住在前面的人家不会把楼层修得过高，以免挡住后面邻居的视线，影响邻里关系。现在我们村的建筑都非常有瑶族特色，乡村旅游业慢慢发展起来，人们的收入也逐渐提高了。"

3. 基层社会多元化纠纷解决机制的重要组成部分。民族习惯法是构建乡村多元化纠结解决机制的关键因素，许多习惯法都发挥着调解社会矛盾的作用。随着司法改革的不断推进，诉讼中的立案审核变成了立案登记，尽管国家鼓励民众在发生纠结后通过司法程序来解决，但司法资源毕竟是有限的，随着经济和社会的发展，相关的纠纷却在不断增加，这一矛盾的解决不仅需要司法系统加强自身建设，不断提高审判效率，也需要推进多元化的纠纷解决机制的建设，化解一些可以不通过司法机关就能解决的纠纷和矛盾。而民族习惯法则是这一机制的重要组成。通过习惯法，可以化解大部分的乡村社会矛盾，避免了浪费司法资源。

个案10：P某，65岁，瑶族头人。作为头人，P某曾经调解过许多纠纷，而其中的一些案件是通过瑶族"神判"解决的。神判是基于人们对神的信仰而产生的一种习惯法，是在遇到纠纷而证据不足时，一方通过烧香拜神的方式，请求神作出判决，并对另一方进行一定处罚的纠纷处理方式。P某说："5年前，本村村民李某发现放在柜子里的5000元不见了，但屋子里的门和窗都是完好无损的，因此，李某怀疑是另一个曾来家里吃饭的亲戚所拿，但亲戚并不承认拿了钱，后来双方一同到我这里来争论，我问了很久仍然问不出结果，于是，我就对他的亲戚大声说，既然大家不能确定是谁拿的钱，那我就去村口的大树烧香，让老天来处罚那个人吧！过了不久，他们亲戚就承认是因为没钱治病而拿了钱，在我的调解之下，双方也和解了。"

神判习惯虽然是一种迷信活动，但我们却不能否定它在调处一些社会纠纷时的作用，由于纠纷双方当事人都十分相信神判的力量，并惧怕神的处罚，他们会从心理上主动将一些纠结化解，从而达到解决矛盾和维护乡村安定的最终目的。这一案件中，虽然神判带有一定的迷信色彩，但因为神判使得案件得以调解，既维护了村民之间的和谐，也节约了纠纷解决的成本。"作为一种固有习惯法的遗存，当今瑶山的神判习惯法有其一定的历史、社会、心理基础，对神判行为和神判观念，需要全面的认识，不能简单地视之为迷信、愚昧、落后而无视其存在，我们应当认真分析神判现象存在的社会文化基础，思考神判习惯法在当代存在的效力根源"[1]。

通过上文分析我们可以看到，维护民族习惯法的力量并不在国家，而在民族成员的内心。民族习惯法在乡村社会善治中仍然发挥着重要的作用，这种作用并不是一成不变的，而是随着社会的发展不断"进化"。但并不是所有的民族习惯法都对乡村善治有作用，有些地方的习惯法仍然存在一些问题和缺陷，譬如，在广西三江侗族曾发生过有人夜间偷树，群众发现后趁夜间看不清偷盗者，以乱棍毒打偷盗者致死的情况，群众认为"打死强盗的人无罪"，加之是群众集殴，无法找出真正凶手，结果不了了之。这也暴露出民族习惯规范的原始、不科学弊端[2]。我们应当看到，少数民族地区的乡村治理不仅需要发挥国家法律法规的作用，也需要习惯法的介入。在乡村治理中，国家的管理不可能像民族习惯法一样渗透到人们的衣

---

① 高其才：《当今瑶山的神判习惯法》，载《法制与社会发展》2016年第1期。
② 吴大华，黄孝慧：《侗族地区生态文化的法人类学解释》，载《广西民族大学学报（哲学社会科学版）》2016年第4期。

食住行，而习惯法也不可能管理所有的乡村事务。

如今，民族习惯法在不断向国家法靠拢，使国家善治更加亲民，更容易被民族成员所接受，而国家也认可了那些符合主流思想、对社会发展有利的民族习惯法。2016年，《最高人民法院关于人民法院深化多元化纠纷解决机制改革意见》提出，要推动多元化纠纷解决机制的国际化发展，充分尊重中外当事人法律文化的多元性，支持其自愿选择调解、仲裁等非诉讼方式解决纠纷。2017年通过的《民法总则》明确规定："处理民事纠纷，应当依照法律；法律没有规定的，可以适用习惯，但是不得违背公序良俗。"可见，民族习惯法并没有被社会所遗忘，它的地位和作用正逐渐被认可和接受。依法治国背景下的少数民族地区乡村善治，不仅仅要推进民族事务善治法治化，也要充分发挥民族习惯法的作用，只有不断培养人们的法治信仰、规则意识，不断提高道德修养水平，引导人们自觉履行法定义务、社会责任、家庭责任，才能营造更加安全、稳定、和谐的乡村环境，使中国的乡村治理真正走向"善治"。

黔东南月亮山区"埋岩议榔"规范与苗族地方事务治理实例研究

徐晓光

摘要： 历史上"埋岩议榔"是黔东南苗族地区普遍使用的订立盟约、设立规矩的活动，但至今这一传统的形式只有月亮山区榕江、从江两县个别苗族聚居的地方还有保留。2009年3月、11月和2010年3月在榕江县的八开南部地区加两苗寨、摆垭山地区和从江县的能秋先后按照传统的做法举行了"埋岩议榔"，笔者组织对这三次活动进行了调查。"埋岩议榔"均是苗族自发的民俗改革活动，针对苗族地域社会面临的相同问题订立了"榔规"，内容涉及苗族日常生产生活的方方面面，研究这几次"埋岩议榔"活动的内容、性质、效果和影响及其民族传统法文化与现代的关系具有理论和现实意义。

关键词：榕江　从江　苗族　风俗改革　"埋岩议榔"

作者简介：徐晓光（1958—），男，辽宁盘锦人，贵州师范大学教授，副校长、法学博士，博导，贵州省核心专家。

前　言

黔东南雷公山、月亮山地区是中国苗族聚居最为集中的地方，通过议榔形式确定的习惯法规范在历史上是该地区苗族习惯法的基本渊源之一，很多村寨将"议榔"这种"民间立法"传统保留到现在。月亮山位于贵州省从江县、榕江县、荔波县和广西融水县交汇地带，区域内居住着苗族、壮族与水族，而以苗族最多，是黔东南南部苗族的主要聚居区，苗族人口比例在98%以上。发源于月亮山主峰的污牛河由南向北注入都柳江，全长121公里，沿途流经从江县光辉乡、加鸠乡、榕江县计划乡、从江县东朗乡、停洞镇、下江镇。主要支流还分布在从江县的加勉乡、宰便镇等地。流域内高山陡峭，河谷深切。山顶是茂密的森林，半山以下常有许多雄伟壮观的梯田。村寨大多悬挂在半山以上。

"议榔"在苗族文化研究中已经成了约定俗成的概念，是汉语中的"议"和苗语中"榔"的组合词。"议榔"在各地苗语中有多种发音，1965年调查的《台江县反排苗族社会历史调查资料》直译为"勾夯"[1]，与"勾榔"的发音相似，汉文记述用的字不同，如"榔榔"等。1958年国家组织的民族调查，1962年整理的《雷山县掌披苗族社会历史调查资料》中称为"议榔"[2]，被多数研究者广泛采用。各种称呼的含义都是一样的，就是大家聚居在一起通过举行带有宗教意义的仪式，齐心协力做某事，"制定规则"是这种议事的主要内容之一。但据我们调查研究的结果，"栽岩"是议榔的重要仪式，但不是每个地区都有。以地域划分，议榔有"栽岩"（也称"埋岩"）、"不栽岩"两种，月亮山区苗寨在议榔活动中要举行"栽岩"仪式[3]，而雷公山区的苗寨议榔不一定"栽岩"。苗族在古代没有文字，月亮山区苗族的"民间立法"也是以议榔形式进行，"议榔"时把相关村寨的寨老聚集在一起，召开议榔大会，通过宰牛祭神，以"栽岩"（jenl vib，也称"埋岩"，在地上埋一块石头）盟约的形式，用口头宣布榔规。"栽岩"

---

① 贵州省编辑组编：《苗族社会历史调查（一）》，贵州民族出版社1986年版，第160页。
② 贵州省编辑组编：《苗族社会历史调查（二）》，贵州民族出版社1987年版，第222页。
③ 笔者认为：议榔栽岩合一是月亮山苗族地区鲜明的特点，另外"栽岩立约"可能是无文字状态下的民族初始"立法"比较普遍的活动。加翁、孔明、宋罗宋等八个分岩。

表示"榔约"稳如磐石，谁也不得随意更改和推翻。大凡重大事件都要通过集体讨论，以"栽岩"为凭，如"栽岩议榔""栽岩为界"等等。这是月亮山地区苗族为了本地区的安定团结，防止偷牛盗马，拐婚骗婚等不良事件的发生，把同一支系或语言相通、服饰相同、习俗相似的十几寨或几十寨的住户召集在一起，共同制定榔规（乡规民约）。"议榔"时由榔头（主持人）念颂先辈传承下来的"榔规"和新制定的"榔规"来约束大家，使其共同遵守。

在黔东南月亮山区以"能秋栽岩"历史最为悠久、最有名。能秋在加瑞、高台、加学三寨之间，位于污牛河和乌秋河汇合处，面积不过四五百平方米。由于地势平缓、位置适中、山清水秀、风景宜人，此处是栽岩活动的最佳场所。"能秋栽岩"，岩身呈柱状，上端弯向东方。高出地面20公分，宽10公分。此岩被当地群众视为神物，历代都倍加保护，至今完好保存。栽岩背后枫树茂密，其中最高一棵30余米，干粗3围，据当地苗民说枫树和岩是同时栽下的，说明该岩年代久远。据说苗族先民们在"能秋栽岩"之后，各村在寨老的主持下，按能秋做法纷纷栽岩立约，于是就有了总岩（能秋）和分岩（各寨）之分，如加鸠、加瑞、加勉、加牙、加叶、加翁、孔明、宋罗宋等八个分岩[①]。近几年，从江、榕江的"埋岩议榔"与这一历史渊源有很大关系。

一、"议榔"活动与立碑

（一）"加两议榔"

计划乡位于榕江县南部，地处月亮山腹地，幅员面积262.9平方公里；全乡14个行政村、89个村民小组、96个自然寨，12698人，苗族人口占93.6%。2008年全乡农民人均纯收入1380元，是国家级的极贫乡。

2009年3月21日，榕江县计划乡所在地的加两苗寨举行了一次议榔活动，来自该县计划、八开、定威、兴华、三江、两汪、平江7个乡50多个苗寨、400多名苗族男女参加议榔大会。当地苗族祭师按传统的议榔方式栽岩立碑、唱祭词，议榔大会代表一致决定废除部分长期以来严重支配和影响人们思想和行为的陈规陋习。在议榔仪式中，计划乡的领导和榕江县人大副主任、县苗学会会长陈德科讲了话。议榔内容涉及婚姻、嫁娶、丧葬、贺礼、鼓藏节、文化传承、子女教育、环境卫生等。在废除原来5个

---

① 岑秀文：《从江县加鸠区"能秋"栽岩活动的调查报告》，载《贵州民族调查》之六。

旧议榔部分榔规，即所谓的"耶摆叶格引利（vib bail vil gil venx lit）""耶九堆格松干（vib jux deib gil dlongs ghangt）""耶旮航格贾孬（vib ghangl hangl gil jax bieet）""耶引醒格摆挞（vib venx xend gil bail ghob）"和"耶贾果格贾这（vib jad gox gil jax zet）"等栽岩榔规的基础上，新订的榔规规定要执行婚姻法规定的结婚年龄，禁止违背男女任何一方意愿的抢婚、包办婚姻。对嫁娶、丧葬、贺新房、鼓藏节等节日典庆活动，要根据各家的条件从简办理，量力而行，节约更多的资源用于子女的教育等。议榔过程中以苗族传统的"栽岩"形式，树立了"八开南部地区苗族习俗改革简介碑"，内容如下：

八开南部地区苗族习俗改革，以国家《宪法》《民族区域自治法》和《黔东南苗族侗族民族自治州自治条例》为依据，为适应现代文明发展的需要，促进本支系苗族村寨的和谐与发展，决定废除旧的栽岩榔规，制定新的榔规。新的榔规涉及婚育、丧葬、贺新屋、婴儿满月、鼓脏节、文化教育、卫生等方面的习俗改革，共10章53条。

参与这次习俗改革的村寨有：计划乡的加两村、加去村、计划村、污略村、加化村、摆底村、计怀村、摆拉村、摆王村、加宜村、八开乡的摆赖村、高雅村、党秧村、亚类村、分懂村、摆奶村、摆柳村；定威乡的计水寨、公挑寨、大摆头寨；兴华乡的摆乔村；水尾乡的下拉力寨等18村50余寨。

2009年3月21日，参与习俗改革的各苗族村寨派出代表，在计划乡所在地加两村召开习俗改革议榔大会，表决通过《榔规改革规程》。

八开乡南部地区《苗族习俗榔规改革规程》已呈送榕江县苗学会、民政局、档案局、民宗局和八开乡、计划乡、水尾乡、兴华乡、定威乡人民政府和参与习俗改革的各村寨。

（二）"摆垭山议榔"

1989年10月，"锥引虾丢引计"（zeib hvenx dliab dut hvenx jid 摆垭山一带传统地域范围）在摆垭山（dangx bail lias，活动场地称"飞山庙"，习惯上也称"飞山庙地区"）举行了苗族习俗改革榔规栽岩议事，至今有的部分仍不适应社会发展的需要，根据这一地区苗族人民的迫切要求，以原摆垭山习俗改革为基础，完善和充实习俗改革榔规的内容。2009年11月18日（农历十月初二）经摆垭山议榔大会表决通过。这次习俗改革范围：八开乡高同村、高随村、高晒（寨）、格陇村、常寨村、摆水村；定威乡摆引寨；

古州镇高文村、高武村；平江乡计底寨、计洞寨、计摆寨，共七个村和五个苗族寨子语言、服饰、习俗相同的苗族人民。《摆垭山地区苗族习俗改革榔规》适用于参加习俗改革的传统地域称谓上的"锥引虾丢引计"地区。议榔过程中同样采用苗族传统的"埋岩"形式，树立了《摆垭山地区苗族习俗改革议榔碑文简介》，内容如下：

摆垭山地区苗族习俗改革议榔，以国家《宪法》《民族区域自治法》和《黔东南苗族侗族自治州自治条例》为依据，为适应社会发展的需要，促进本支系苗族各村寨和谐进步，完善和充实原《榔规》内容，制定新的榔规。新榔规涉及婚育、丧葬、贺新屋、婴儿满月、鼓藏节、民族文化与教育、人才培养、卫生和村容寨貌等方面的习俗改革，共十章六十条。

（上述议榔范围寨名从略，作者注）

公元2009年11月18日（农历十月初二），各苗族村寨派出代表，在摆垭山召开习俗改革栽岩议榔并表决通过《新榔规规程》。

摆垭山地区《苗族习俗改革榔规规程》，已分存于榕江县民政局、档案局、民宗局和古州、八开、平江、定威等乡镇人民政府、县苗学会以及参与习俗改革的各村寨。

（三）"能秋议榔"

2010年3月26日（农历二月十一），月亮山污牛河流域88个村寨的苗族群众在能秋举行了盛大的苗族习俗改革大会，宣布了榔规改革条款。在乡镇干部的倡议下，榔规组委会在继承传统习俗中优良因素的同时，对一些不合时宜的规矩进行废除或修改，并把草案分发到各村讨论，充分吸纳群众的反馈意见，四易其稿才最终通过。最后定下的榔规共有15章79条[1]。能秋总岩所管辖的88个村每村派出一员代表参加榔规组委会，一般是村支书或村长。此外有8个村未正式进入本榔规，可以参照执行，但也派了代表参加[2]。如前所述，由于该地有一块广大区域范围内苗民敬仰的"能秋总岩"，所以这次议榔没有像榕江加两和摆垭山议榔那样专门树立新碑。

---

[1] 龙泽江、张和平：《石头法的现代传承——月亮山苗族榔规改革纪实》，载《原生态民族文化学刊》2010年第2期。在凯里学院原生态研究中心的安排下，2010年3月26日该文的两位作者亲身参加了"能秋议榔"活动，本文是这一活动的调查报告。

[2] 龙泽江、张和平：《石头法的现代传承——月亮山苗族榔规改革纪实》，载《原生态民族文化学刊》2010年第2期。该文的两位作者亲身参加了"能秋议榔"活动。

二、"议榔"的原因和"榔规"内容

从《八开地区苗族习俗改革议榔改革情况说明》《摆垭山地区苗族习俗改革榔规情况说明》[①] 等文件中可以看出，风俗改革的原因基于以下问题。

（一）关于婚姻习俗改革

1. 由于本支系苗族男女青年当前尚未达到国家规定的婚龄结婚和近亲结婚、抢婚、早婚早育相当多，导致人们身体素质、文化素质、智力等相对低下。主要表现为个子越来越矮小，身体越来越虚弱，智力越来越低下。还有不执行计划生育政策，超生、抢生、早生、逃生的现象尤为严重。这些愚昧的习俗只有改革，坚决执行国家的法律，达到婚龄结婚，有计划地生育，方能达到优生优育，提高苗族人口素质，为国家培养更多有用的人才的目的。

2. 近几年来，这地区的部分村寨抢亲特别严重，导致一方不情愿，强制生米煮成熟饭。在父母的逼迫之下，虽然勉强结婚，但终身抱怨，思想情绪包袱重，不能安心生产和治理家业，造成家庭生活等各个方面长期处于低（等）生活水平。抢婚属违法行为，要坚决予以取缔和打击。取缔后，使男女青年自由恋爱结婚，方能舒心，也才合法。婚姻习俗改革给男女青年提供一个恋爱选择空间和平台，以促进本支系苗族事业全面发展。

3. 结婚、丧葬、贺新屋、办满月酒或过牯脏节[②]，目前攀比十分突出。每办堂酒席，至少宰6—8头猪、一头或两头牛不等，甚至超过10头以上，浪费相当严重。如果取消礼菜、牛钱和还礼后，就大大降低成本。改革之后只需要三头大猪就可以解决一堂喜事。就能节约一至两倍的资金和物资。对于生产、生活以及培养子女读书大有益处。

4. 现在男女结婚，彩礼越来越高，有的地方已达到4—5万元，而且姑娘家父母全部拿去购买陪嫁物，甚至还超过男方家拿去的彩礼钱，所购的陪嫁物品大部分是一些水货，适用性不大，一两年后就被女婿遗弃楼顶，造成很大的浪费；有的为了要面子，只能向亲戚朋友借款或向信用社贷款

---

① 徐晓光：《黔东南榕江县月亮山区苗族"加两议榔"评介》，载《山东大学学报》2010年第2期。由于榕江县摆垭山地区和八开地区苗族习俗改革倡议者、程序设计者是同一位本地"精英"人物，且两地苗族的习俗又很相同，所以两个"议榔说明"的内容大体一致。文中资料基本是文件的原文，文中错别字用括号列于其后。

② 关于"牯脏节"，详见杨元龙：《远古遗风——月亮山地区加两苗族吃鼓藏田野个案调查鼓藏牛》，载《原生态民族文化学刊》2009年第1期。

娶亲，造成结婚债务累累。改革后，结婚彩礼只拿6000元，女方父母只陪送被子一床、箱子1—2个、糯禾一挑、饭尤和吊颈鸡（鸭）各一个。所有家具由男方筹资购买，这样既适用又节约，轻松办喜事。结婚后通过劳动创造的财富来创办企业和发展家庭经济，培养子女读书，这样，我们苗族同胞才能兴旺发达。

5. 办一堂结婚酒。全寨子男人走空，新郎家热热闹闹，新娘父母家冷冷清清。又影响生产，还存在乘车的安全隐患。改革后，新郎家安排车来搬运陪嫁物，姑娘家只安排5—7人将新娘送到新郎家，这样既节约时间和劳动力，又安全。娘家嫁姑娘实行请酒，也同样热闹和乐在其中，有利于生产发展和人身安全。

农村离婚案件较多，村干部的精力大多花在婚姻纠纷上。改革之后，离婚由婚姻登记机关或法院来调解裁决，方能符合法律手续，村级组织无权判决离婚。

（二）关于丧葬习俗改革

1. 现在父母去世安葬，全靠男孩承担一切安葬费用，姑娘没有多大责任，有的抬一头猪，不论大小就完事了。这不利于兄弟姐妹团结，也不适合新形势的发展需要，更不利于计划生育工作的开展。改革后，安葬父母的丧事，姑娘也应尽一分孝心，才有利于计划生育工作的开展，既合情又合理。

2. 当前对于父母亲去世后，仍然给姑娘家或舅家人一腿带尾巴的猪肉。这表明父母亲虽然去世了，但兄弟姐妹或舅家还有人，永远保持亲戚之情常在，不出现人死茶凉的现象，所以，要送一腿带尾巴的猪肉给姑娘家或舅家人。一腿肉它代表姑娘父母以及舅的姐或妹已去世了，以示告知众人。但猪尾巴代表双方兄弟姐妹或表兄弟、表姐妹感情存在，今后要常来常往，不能断亲戚路，所以要继续保留这种亲戚关系才留尾巴。

3. 母亲去世了，有个别舅家人提出安葬时，必须宰牛，要举行隆重的葬礼仪式，达不到舅家人要求的，不能安葬等等。改革后要量体裁衣，条件不能苛刻，人死了以落（入）土为安，能过得去和尽到孝心就行了。

4. 当前对非正常死亡的，遇到春夏秋季、禾谷在田间的不准火化。火化了禾苗生虫。这是没有科学依据的，榕江街上不论哪个季节都实行火化，大城市死人了天天在火化。改革之后，对非正常死亡的，不能干涉死者家属火化，忌讳是没有科学依据。但死者家属拿（运）到不影响环境卫生，没有人居住的避静地方火化就可以了。

（三）"贺新屋"和"满月酒"的改革

1. 以前贺新屋，亲朋来贺，都是送吊颈鸡或鸭、三卡糯禾的礼性，实际是打平伙表现。农村起新屋，最缺少的就是钱。改革后，取消送以上的食物，提倡送一些礼金，起到帮主家一点忙的作用。

2. 贺新屋和办满月酒，凡是来吃酒的，每人打一挂肉、一包糯米饭，造成很大的负担和麻烦，这种习惯是要不得的。改革后，贺新屋一律不安排礼菜和包糯米饭，办满月酒除给婆家人一腿猪肉（背带肉）带回外，其余客亲同样一律不安排打礼菜和包糯米饭带回，应减少双方客亲不必要的麻烦。

3. 当前农村起房造屋，乱砍古树、乱占公共场所或民族娱乐场所的现象十分突出。改革后，若有违背的除限期撤除外并予以重罚。情节严重，构成犯罪的，报送司法机关追究刑事责任。

（四）"鼓藏节"习俗改革

1. 过去过一次鼓藏节，寨子大则宰上百头牛，几百头猪，寨子小也得宰几十头牛，上百头猪。辛辛苦苦劳动十多年，好不容易积蓄了一点钱，不用来培养子女上学和发展家庭经济，而用来买牛、买猪过鼓藏节。这种做法，不利于民族进步，也是国家所不提倡的。改革之后，我们苗族要算细账，要觉醒，不提倡吃鼓藏。有钱拿来培养子女上学，发展生产、购置生产生活用具，不能拿来搞铺张浪费，浪费是可耻的。

2. 如果不觉得浪费，不以为耻，反以为荣，非要吃鼓藏的，不得向姑爹索要牛或牛礼钱。宰牛时就根据客人送礼大小分肉，不得截留大量肉食，原则是分完肉为止。

3. 吃鼓藏以禾谷送礼太麻烦又笨重，又不值几个钱。改革之后，要取消以糯禾送礼，只送现金或红妆（布）类，利于管理和帮助其吃鼓藏人恢复生产。

（五）文化教育、卫生习俗改革

1. 目前，我们苗族不重视文化教育工作，不愿送子女入学，以致子女早早就辍学打工重男轻女现象十分突出，男孩送去学校，女孩就留在家做家务；只强调困难，不知没有文化的害处，有钱不送子女入学，也不想办法找钱送子女入学，导致族人素质低下。改革之后，若不送子女入学，重男轻女，致使适龄生不完成国家义务教育规定年限的父母，要受处罚。只有这样才能达到个个进学堂，人人有文化，从而提高苗族人民文化素质，为国家培养有用人才，为苗族争气，为民族争光。

2. 由于自然条件限制，大部分苗族人民居住在高山上，水源缺乏，室内外卫生和个人卫生较差，影响广大苗族人民的身体健康。现在改革开放，基本上村村有自来水，主要是历史上形成的观念尚未改变而已。改革后，要改变人居环境，要搭建专门的厨房，不要拿堂屋当厨房用，烟飞满屋，影响室内卫生。改革后，要搞好环境和个人卫生，使人们有良好的居住环境，促进身体健康。

3. 农村有楼上住人楼下养畜的习惯，楼下乱堆杂草的现象十分突出。改革后，楼脚禁止乱堆杂草，是从防火安全的角度考虑，安全防火必须警钟长鸣。

4. 保护古树、大树，爱护寨头、寨脚（尾）、寨边和道路两旁的古树、大树，是人与自然的和谐相处之道。改革后，若有违反，除报司法机关追究法律责任外，还要按榔规予以重罚。

（六）关于处罚的规定

1. 从总的条文规定看，处罚是比较轻的，虽说要以教育为主，但不处罚也不行，只有处罚才能使榔规得到遵守和执行，谁违背就得处罚谁，逼起（迫使）本支系苗族人民去遵守，去发奋，去努力；只有这样才能促进本支系苗族的振兴与发展。不处罚很难达到目的，表面上是苗族习俗改革，实际上就是本支系苗族的自我革命，只有革命才有创新和进步，否则就会永远落后。

2. 处罚的现金和物资，一部分用来补助执行榔规人员的误工费，这有利于发挥执行榔规人员的积极性；其余大部分作为村寨集体积累，主要用来奖励培养子女有功人员和资助贫困生上学，做到取之于民，用之于民。

三地的习俗改革都是根据苗族地区目前面临的相同问题而开展的，涉及月亮山苗族日常生产生活的方方面面，榔规条数分别是53条（加两）、60条（摆垭山）和79条（能秋）。下面以"能秋榔规"为基础，就习俗改革内容归纳如下：

关于婚姻与家庭改革：主要规定在男方聘礼、女方嫁妆、姑舅之间的彩礼、嫁娶迎送之间相赠的礼物等方面要降低标准，以及保护妇女、儿童和老人在家庭中的合法权益。如"能秋榔规"第8条规定，男方聘礼不得超过10000元（含实物按当年物价折算的金额）；女方陪嫁应以生产生活用具或永久耐用品为嫁妆，不再以大量粮食、生猪（不超过2头）作为陪嫁礼物，违者罚款1000元。婚俗改革有多个条款沿用了传统习惯法中罚"3个100"的做法[①]。如第9条规定，结婚时客亲送礼，主家回赠的礼肉一律不得超过2斤。第10条规定，舅家或姑家儿女结婚时，姑家不准牵牛给舅家，或舅家不准抬猪给姑家。"能秋椰规"第11条规定："禁止客亲以一腿猪肉回赠一床棉被或一床毛毯的习俗"。违者均罚猪肉100斤、米酒100斤、大米100斤。在保护妇女儿童权益方面，第20条规定，禁止虐待家庭成员，禁止家庭暴力，禁止溺婴、弃婴和其他残害婴儿的行为，禁止有配偶者与他人同居。违者按椰规处以200—800元罚款。"能秋议椰"第23条规定，禁止歧视、虐待生育女婴的妇女和不育的妇女。禁止歧视、虐待、遗弃女婴。违者罚款1000元。第27条规定，子女应当尊重父母的婚姻权利，不得干涉父母再婚及婚后的生活。子女对父母的赡养义务不因父母的婚姻关系变化而终止，违者罚款500元。

关于丧葬、新居落成、节日送礼、婴儿满月及鼓藏节习俗改革：丧葬改革规定，父母去世，一切从简，禁止大操大办；亲朋送礼，孝家一律不回赠礼肉；姑母、姐妹、女儿去世，舅家人不得清退生前舅家陪嫁的金银首饰等物品，除非时间不长，且尚未生育者可以双方协商。新居落成庆典不提倡大操大办，并沿用了罚"3个100"的习俗，一是亲朋送礼，主家回赠礼肉一律不得超过2斤，二是舅家或姑家来贺，禁止牵牛或拉猪相送，违者均按椰规处罚猪肉100斤、米酒100斤、大米100斤。"加两椰规"第44条规定：违反第10、第17、第21、25条规定的（一律不安排打礼菜，也不包糯米饭），处罚100斤猪肉，100斤大米，100斤米酒。节日送礼习俗规定，男方家春节送糯粑、端午节送粽粑、新米节送酒肉给女方父母，要有一定限额，均不得超过50个或5斤，女方父母亦不准破费购物回赠，违者按椰规处以200元罚款。婴儿满月酒，亲朋好友来吃喜酒，一般应以妇孺为主。回娘家或娘家回送，人数不超过5人，违者罚款300元。主家不安排礼肉回赠亲朋好友，违者罚款200元。不提倡舅家抬猪来贺，以免造成不应有的经济负担。鼓藏节由于要宰猪宰牛，浪费太大，一般不予提倡。若需举办，原则上必须从俭。不准姑爹、女婿牵牛送给舅爷或舅爷抬猪给姑爹或女婿。

① 苗族地区普遍存在罚"3个100"或"3个120"的惩罚方式。徐晓光：《从苗族"罚3个100"等看习惯法在村寨社会的功能》，载《山东大学学报》2005年第3期。

原则上以送钱物帮衬为宜，但不得超过1000元，违者罚款800元。客亲送礼不论轻重，杜绝猪腿牛腿相赠，回赠礼肉一律不得超过5斤，违者罚款1000元。

关于文化教育改革：主要包括学习现代科学文化知识和传承传统文化两个方面。一方面，妇女要高度重视对子女的文化教育，所有适龄儿童都要进校读书，完成国家义务教育，违者处以600元罚款。另一方面，对于传统工艺文化，既可传男也可传女，不得保守或失传，违者罚款300元。提倡男青年人人会吹芦笙，女青年人人会跳芦笙舞。提倡男女青年勤学古歌，代代传承。保护开秧节、粽粑节、吃新节、苗年节、鼓藏节等优秀传统节日，但要节俭，反对铺张浪费。

关于消防、环保与社会治安改革。苗族大多居住木质吊脚楼，且村寨房屋密集，一家失火，往往焕及全寨。因而防火安全特别重要。这次消防安全改革继承了传统罚"3个120"的习俗，即发生火灾，对肇事者处罚猪肉120斤、米酒120斤、大米120斤，发生火警则减半处罚。另外，对防火和救火更加重视，如救火不积极，临阵脱逃者将被处以1000元罚款。村寨50户以上要开设防火线，村民不得在防火线内建房造屋，违者罚款1000元。已在防火线内建房造屋的要自觉拆除。强行在防火线内建房造屋的加倍处罚，并强行拆除（"能秋榔规"）。环保立法主要有以下几方面：一是对破坏村寨风水古树的处罚120斤肉，并责令毁1栽5，保证存活；二是保护月亮山等国有森林资源，违者处罚1000元；三是禁止毒鱼、炸鱼、电鱼，违者处罚1000元（"能秋榔规"）。治安方面，一是禁止村寨之间打群架，违者处罚1000元；二是禁止在公共场所聚众赌博，违者处罚1000元；三是禁止吸毒贩毒和种植毒品，违者处罚1000元（"能秋榔规"）；四是禁止偷盗，对偷盗畜禽禾谷竹木金银者，均有一定的处罚额度。

关于榔规的执行：在能秋改革的指导机构是榔规组委会。组委会主任由加鸠乡人大主席担任，总岩管辖范围内的其他7个乡镇的人大主席担任副主任。组委会成员由88个村，每村派出一名代表组成，一般是村长或支书。各村创办执规协会，负责榔规的执行。执规协会成员由各村寨群众推荐或选举产生，成员人数根据各村寨实际情况酌定，一般由10—20人组成，设会长1人，副会长1—3人。执规协会设置会计负责财务管理，各项开支必须经过执规协会会员全体会议通过。做到账目公开，使用合理①。"摆垭山榔规"第9章即罚金的管理第57条规定："罚款所得主要作为村（寨）集体积累。处罚猪肉的，用于发宰审肉到各家各户。"第58条规定："罚金除用来补助执规人员在执规中的误工补贴外，其余的主要用来奖励培养人才有功的家庭和贫困生入学。""加两榔规"第49条规定："对执规人员知情不报或不予以处罚的，执规人与违规当事人要受到同等额的罚金。执规人员带头违规的要加倍和从重处罚。不按规定乱罚款和将处罚款物据为己有的，处罚当事人（罚金所得）一倍以上的罚款。"第50条规定："对条款的未尽事宜，只能提出修改意见和建议，不得无故不执行，如有违者处罚500元至1000元的罚款。"第51条规定："对欠有他人礼菜（猪、牛腿肉）的，从此榔规通过之日起一笔勾销，不再偿还。"

三、"榔规"的实施情况

（一）总规与分规

前述，在月亮山苗族"埋岩议榔"有"总岩"与"分岩"之分。总岩是一个较大区域内的立法，一般是土地和财产权方面"定分止争"的规定以及惩治"贼盗"的规定，如古时的"能秋栽岩"就针对这些重要问题，可以看作这一区域内的"大法"②。分岩则是单个或数个村寨针对某一方面习俗或规范制定的实施细则，如"婚姻岩""偷盗岩""生产岩"等。就拿"加两议榔"来说，它是7个乡50多个苗寨的总议榔，在加两苗寨议定的榔规是总榔规，在实施的过程中，参加议榔的各苗寨可根据具体的情况做出补充意见。2009年10月11日八开乡摆列、高雅、党秧、亚类四村共同制定了"关于对加两总榔规的补充意见"，内容如下："自加两榔规实施半年以

---

① 龙泽江、张和平：《石头法的现代传承——月亮山苗族榔规改革纪实》，载《原生态民族文化学刊》2010年第2期。

② 当时的"议榔词"说："众乡亲静听，无古不有今。规约老人订，违反莫留情。柴火莫乱砍，田地各有份。屋基莫强占，水田要分匀。瓜菜莫乱讨，手脚要干净。若有偷牛马，开仓或撬门。轻的罚银两，重的宰猪分，勾外扰内的，捆绑活埋他。鼓不敲不响，理不讲不明。立岩订规约，教子又脚孙。"1985年原初始埋岩的地域范围内群众自发组织重申栽岩活动，地域范围非常广，"有加鸠的加鸠、加瑞、加勉、加牙、孔明等乡苗族群众；有宰便区的寨平、宰和、二友、新华等地的苗族群众；还有停洞区的东郎、加民、加哨等乡的苗族群众；有下江区的党九、摆亥、下江镇的苗族群众，有榕江八开区的腊友、加宜、计划等乡的苗族群众，总之，影响面约有数万苗族群众，方园百余华里"（这一地区行政区划上世纪90年代有较大的变化。笔者注）。这次重申栽岩活动是由加学、加牙两村的寨老发起，事前他们与各村寨商妥，定于8月8日举行（详见岑秀文：《从江县加鸠区"能秋"栽岩活动的调查报告》，载《贵州民族调查》之六）。从"能秋栽岩"的规模和内容上可以推知它是月亮山苗族地区惩治"贼盗"方面的"总岩"，而且是关于这次重申栽岩的目的，笔者也认为：可能就是针对上世纪80年代苗族地区社会支系比较乱，盗窃案件频发而发起或处理一起严重案件而进行的。

来，在贯彻落实国家的政策和法律法规、促进民族地区经济发展、社会进步、民族团结，移风易俗，减轻群众负担等方面得到正确的执行，促进当地的精神文明建设，深受当地苗族群众的欢迎和拥护。但是，榔规部分条款规定得还不够细致，在执行中不便于操作。为了更好地将以计划乡为中心的八开片区南部苗族《榔规》落实，并抓出成效，结合我们四个村的实际，经四村全体执规人员磋商，特制定以下补充意见：

第一条　老人去世后，孝家可以停放2至3天（一般不超过3天）。未安葬前，孝家要及时通知其亲朋好友前来奔丧葬礼。如孝家不通知或通知不按时来的，安葬落土后，不准任何人再来孝家重复奔丧。若有违背者，第一，孝家不要接待；第二，村组执规人员要对来者进行说服，直至批评；不听劝告或态度不好的，视其情节，每人处以30至50元的罚金。

老人病逝，孝家亲子女（孝子）可以祭，提倡家族和长辈不祭肉、不祭菜。

第二条　吃满月酒，要等候婴儿父母允许和通知后再去送礼吃酒，不允许今天这个村（寨）去几个，明天那个村（寨）去几个，给婴儿父母及亲属带来不应的经济负担和影响农业生产。对未经允许而不请自来送礼者，婴儿父母要从简接待，不准宰猪宰羊招待。若有违者，执规小组对婴儿父母要处300至600元的罚金。吃婴儿满月酒，不允许给舅家送猪腿肉，也不允许舅家抬活猪仔送姑爷，违者罚款300至600元。

第三条　青年男女通过接触和交往，若女青年为了更多地了解男青年家情况而到男青年家走访的，属男女双方相互了解阶段，不属于结婚。在此期间，不允许其他男女青年放鞭炮贺喜。待男女双方到婚姻登记机关办领结婚手续后再贺。不听公告和态度恶劣的，对放炮人不得设宴招待，并每人处30至60元的罚金。

第四条　不论结亲嫁女、起屋造房、人员去世、婴儿满月酒和姑娘来走爹娘舅爷等，一律不准再以捆糯禾作为嫁物送礼，违者收送双方各处50至100元罚金。

第五条　不教育子女或家人未按规定用火，引起山寨火灾的，纵火者（放火人）要以自己的最大经济能力、物力人力对受损失者进行赔偿，对逃避者要加重处罚。

第六条　对造谣、传谣和唆使他人吵架、打架，制造矛盾、影响团结和生产生活的，处300至500元罚金。

第七条　男女双方属于在婚或一方属于在婚，但男女双方自愿发生不正当的两性关系，被一方家属捉拿的，男女双方均要受到同等的处罚。可处以400至600元的罚金（受害方和执规小组对罚金实行五五分成）。

第八条　已婚男女养成惯性，经常与人通奸，破坏他（她）人家庭者，按第7条规定加倍处罚。

第九条　村与村执规小组成员要相互监督，可以交叉处理违规人员。对处理所得罚金，归前去处理的执规小组集体所得。

第十条　执规小组及成员对本村（寨）人违规达到2次以上，不敢依照总榔规以及本补充意见处理的，对执规小组成员，每人处300至500元的罚金。

第十一条　各村组执规人员和村组干部不带头执行总榔规和补充意见，带头违犯和对违犯榔规及本意见知情不报、不制止、不处理者，要受到同等或加重处罚。

第十二条　以上补充意见于2009年10月11日高雅四村代表会议通过之日起执行。

（二）补充意见

2010年4月9日，八开乡南部苗族22村四寨派代表100多人聚集计划乡加两村议榔现场，召开议榔一周年座谈会。与会的全体代表对榔规实施一周年来的执行情况和存在的问题进行了认真的分析和总结，并对榔规条文提出以下的修改和补充意见：

第一条　议榔祭典活动：每年的农历二月二十五日为八开乡南部21村四寨苗族"议榔"祭典活动（即：议榔节或祭碑节），由加两、加去、加化三村共同负责主办和通知，其他村和寨要积极组织相关人员参与祭典活动。

第二条　活动内容：总结榔规实施情况、祭碑、吹芦笙、踩歌堂、古歌对唱、斗牛、篮球友谊赛等等活动。

第三条　活动方式及经费来源：活动方式：主要以民间活动和自愿参与为主。经费来源：届时八开、计划、定威、兴华、水尾五个乡应给予一定经费的支持，各村对违规人员处罚的金额中提留10%—15%支持主办方组织祭典活动。

第四条　榔规祭典活动实行年年祭典的规定，促使这些地区苗族人民重视、遵守和执行榔规，把它成为这些地区苗族的一个民间节日和自觉遵守榔规的行动。

第五条　榔规规定嫁姑娘不准安排男性送亲，大家认为工作难并一时难改。现经大家讨论，修改为"嫁姑娘时，可以安排十人以内的男女送亲"。即背马刀一人、扛被窝一人、抬箱子一人、挑新郎禾一人、挑敬祖饭一人、挑接亲人禾（饭）一人、送亲婆一人、伴嫁姑娘二人、其他一人；但还是提倡轻车从简，不影响生产和避免出现安全隐患，积极支持不安排男性送亲为好。

第六条　明确规定了送亲人的"走路钱"。即：背马刀、送亲婆、伴嫁姑娘每人8元，其余的每人6元，由新郎家支付。

第七条　送亲人数如果违反第4条规定，超出10人以上的，每超1人按每人每天50元计罚，由新娘父母所在地的村组执规小组进行处罚；如果村组执规小组对违规人（户）实行隐瞒不报或时间超过一个月以上不处罚的，乡执规队对违规户和知情不报不处罚的执规人员进行双重处罚，违规的村组执规人员每人50—100元进行处罚，违规户每超一人按100元进行处罚。

第八条　与从江县接边的村寨，如果与从江结亲的可以实行"一村两制"，即：嫁姑娘可以送一头生猪或参照从江的习俗办理。如果是在本县结亲嫁女和其他喜事的，必须按照2009年2月25日（农历）举行通过的加两榔规、高雅补充意见和本次补充意见执行，违者坚决按照榔规的有关责任条款规定实行处罚。

第九条　未到法定婚龄，但男女双方情投意合，相拐来家的，双方父母、哥兄老弟和执规小组要对双方说服教育，劝其各在各家居住（非要同居的必须采取避孕措施），待双方达到法定婚龄，办结婚证和举行结婚仪式后再同居过夫妻生活，否则，造成计划外怀孕或生育的，必须按照国家《人口与计划生育法》处理，若强行生育的，除政府按计划生育政策征收社会抚养费外，村组执规小组还要按榔规第四十一条规定处以500—800元的罚款，坚决杜绝计划外生育和早婚早育现象，确保本支系苗族优生优育，提高苗族后代人口素质。

第十条　通过自由恋爱并达到法定婚龄的，男女双方相拐来家，愿意结为夫妻。男方派人去向女方家人报信，可以拿480—1000元的现金向女方家赔礼道歉，不准女方家派众人到男方家以领回姑娘为由猪打牙祭；不允许男女双方父母及家人干涉男女青年自由婚姻；也不准男方家抬生猪、大米、水酒去姑娘家作为赔礼道歉物，待结婚办酒时再送。违者，处罚男女双方各400—600元的罚金。

第十一条　别人家办喜事，有意干涉他人执行榔规或唆使他人违规以及污蔑、谩骂执规人员，不听劝告，无故不执行榔规和以身试规的，处以600—800元的罚金。

第十二条　同意计划乡九秋村、加退村、加早村、摆王村加入八开南部（加两）苗族习俗榔规改革行列。

第十三条　22村四寨榔规实施一周年座谈会全体代表共同修订。

从这个补充意见看，有以下特点：一是规定了每年的祭典仪式和活动范围。二是县际的婚姻可以实行"一村两制"和对一时难改的习俗做了"变通规定"。如与从江结亲的，嫁姑娘时可以送一头生猪或参照从江的习俗办理；榔规规定嫁姑娘不准安排男性送亲，大家认为工作难做，一时难改。现经大家讨论，修改为"嫁姑娘时，可以安排十人以内的男女送亲"。三是公布了10个乡干部的姓名和举报电话，进一步强调嫁娶、丧葬、贺新房、鼓藏节等节日典庆活动，要根据各家的条件从简办理，量力而行。禁止违背男女任何一方意愿的抢婚、包办婚姻和彩礼超标，如有违反，知情人可以举报，由乡干部出面追究。

"议榔"效果的好与坏主要看苗族群众对它的态度和"榔规"的执行力度，执行的力度在于人们的支持程度，如果人们真正从心里承认它、遵守它、支持它，这次"议榔"便是一次成功的"民间立法"活动。对于三地榔规的实施效果，由于能秋、摆垭山议榔的时间不是很长，效果还未显现，而"加两议榔"已经一年多了，效果也有所体现。据陈德科主任介绍："加两议榔"一年来，榔规实施的效果较好，大大降低了婚礼、葬礼、"满月酒"的成本，三项费用均比改革前降低50%—60%左右，仅摆水一个村就节约费用21万多，证明改革是有利于人民群众的，并得到群众的支持。一年中发生违反榔规的情况20余起，对比较严重的依照榔规处罚10余次，并没有出现严重抵触的语言和行为，说明苗族群众对这次风俗改革整体上是认可的 [①]。

结　语

梁治平先生指出："现代法律运动既不简单是外在地强加给中国社会的，也不是由中国社会之外的其他人来主导和推行的，所有这些'改造'、

---

① 2010年7月3日对陈德科的调查笔录。

'改变''塑造'和'建立'的任务都主要是由中国人自己、为了自己的利益去进行和完成的。"① 对月亮山地区苗族三次民俗改革，笔者有以下三点认识：（1）"埋岩议榔"是该地区传统民族法文化资源，在广大群众乐意的情况下，可以以这种传统的方式订立"民间规则"，这样苗族群众容易接受，有利于实施。（2）风俗改革中民族社会上层的力量作用很大，而来自社会基层的力量的作用较为微弱，特别是以本民族精英为主体而形成以民族利益和社会利益面貌出现的社会上层的力量一直倡导、领导着改革，改革很大程度上往往成为了当时政治精英和文化精英的一种理想制度设计的蓝图和主流意识形态的具体体现，更可能受领导者个人主观愿望、政治热情等因素影响；而且倡导者、领导者本身就是本民族中的一员。（3）月亮山地区苗族三次民俗改革是必要的、进步的，符合国家法律指明的方向和时代的进步趋向。从总体上说，在苗族自发的一次民俗改革活动中，当地广大苗族群众一定会在传统与现代、落后与进步中作出自己的选择和调整。正是在这些因素和良好的愿望的作用下，将引导社会的规则自觉地或不自觉进入"议榔规约"中。

挑战与应对：
傣族刑事习惯法与国家法的整合

王雪冬

摘　要：目前我国的傣族内部尚存在许多具有效力的刑事习惯法。这些傣族刑事习惯法与国家法或存在积极冲突，或存在消极冲突，但无论是何种冲突表现形式都会给国家法秩序和民众法感情带来严重的损害。目前化解两者间的冲突主要采取的方法，即一方面通过国家法自上而下地对傣族刑事习惯法进行改造以应对二者之间的积极冲突，另一方面则是由傣族刑事习惯法自下而上地与国家法进行交流以化解二者间的消极冲突。但

---

① 梁治平：《在边缘处思考》，法律出版社2003年版，第129页。

是，从目前的实际效果来看，这两种方法都存在着或多或少的不足。为了弥补这些缺陷，在国家法对傣族刑事习惯法的改造方面需要加强立法用语的规范化、促进司法行为的理性化以及防止行政处罚的刑罚化；在傣族刑事习惯法与国家法的交流方面则需要进一步提高变通立法的积极性，增强司法行为的公正性并保证行政行为的合理性。

关键词： 傣族　刑事习惯法　国家法　法律多元主义　现代化整合

作者简介： 王雪冬（1993—），男，汉族，河北省保定市人，中南民族大学法学院民族法学硕士研究生。

引　言

对于法律是否先于国家而产生这一问题存在着各种各样的观点，马克思主义法学学者一般认为"法律出自于国家""国家的存在是法律存在的前提条件"①，这同时也是较为传统的法律一元论者（或法律实证主义者）的普遍观点。但也有学者认为法律是先于国家产生的社会现象，只是表现形式各有不同罢了，这就给尚未经国家认可的习惯法（民间法、非国家法）留下了存在的空间。我国西南地区的少数民族由于各种原因，在其历史发展过程中形成并保持着具有民族特性的刑事习惯法，而且其中不乏对当今仍有影响者。对此，学者提出了在立法层面加快促进少数民族刑事习惯法转型、加强民族自治地方对《刑法》进行变通立法和变通适用②；在司法上更加注重能动司法，将少数民族刑事习惯法融入既有的国家法之中加以适用③；在法治现代化的进程中更加注重将少数民族刑事习惯法作为一种可资借鉴的资源并将其有意识地为国家制定法所考虑④。尽管如此，就目前来讲，在傣族具体的刑事习惯法与国家法的整合方面，仍然欠缺相关的探讨。为此，本文将在梳理现有的傣族刑事习惯法与国家法之间存在的冲

---

① 高其才：《法理学》，清华大学出版社2015年版，第16—17页。

② 史炜：《少数民族刑事和解习惯法的现代思考》，载《贵州民族研究》2017年第5期；车剑锋：《破解民族习惯法规范效力的悖论——以罪刑法定原则的自我限制为视角》，载《中共杭州市委党校学报》2016年第2期；韩宏伟：《困境与出路：少数民族刑事习惯法的现代转型》，载《云南社会科学》2010年第4期；郑鹤瑜：《论我国少数民族习惯法与刑法的冲突及其解决》，载《中州学刊》2007年第2期。

③ 张殿军：《民族自治地方能动司法与法律变通》，载《北方民族大学学报（哲学社会科学版）》2011年第3期；邱福军：《民族地区刑事和解的本土资源优势研究》，载《贵州民族研究》2016年第37卷第5期；杨逊：《论我国少数民族习惯法与刑法的冲突及对策》，载《前沿》2011年第2期。

④ 苏永生：《国家刑事制定法对少数民族刑事习惯法的渗透与整合——以藏族"赔命价"习惯法为视角》，载《法学研究》2007年第6期；苏方元：《少数民族刑事习惯法发展的困境与出路》，载《河南财经政法大学学报》2016年第2期；韩宏伟：《历史与超越：少数民族习惯法与刑事司法实践间的整合》，载《广西青年干部学院学报》2008年第3期。

突的基础上，对调适傣族刑事习惯法和国家法之间冲突的既有方式进行反思并探究可以化解既有方式不足的新的整合方法，以期达到一方面弱化国家法对于傣族刑事习惯法的过度干预，另一方面尽量拉近国家法与傣族刑事习惯法之间的距离，既做到程序合法，又可以在实体效果上发挥"最大公约"的作用。

一、挑战：傣族刑事习惯法与国家法的冲突

由于傣族刑事习惯法与国家法的"冲突"内涵很广，两者之间的不一致都可谓"冲突"。这就使得在对傣族刑事习惯法与国家法间的冲突的具体表现进行梳理的基础上，根据一定的分类标准对之进行类型化，成为寻找化解两者间冲突具体路径的必要条件。本文认为，依据是否与（刑）法学的基本价值追求（即人权保障或法益保护[①]）相抵触，可将傣族刑事习惯法与国家法的冲突分为"积极冲突"与"消极冲突"两类。

（一）积极冲突

积极冲突，是指傣族刑事习惯法在"入罪"和"出罪"这两个方面的价值判断与国家法及其基本价值追求相悖的情况。可见积极的冲突是傣族刑事习惯法与国家法之间较为激烈的冲突形式。详言之，如果某一行为依照国家法及其所体现的人权保障理念不以犯罪论处，但傣族刑事习惯法却对之采取否定性的评价就是典型的积极冲突。反之亦然。具体来说，这种积极冲突在现如今存在以下三种具体表现。

首先，称他人为"琵琶鬼"并加以处罚是傣族最为严重的刑事习惯法。在历史上，由于傣族居住的地区曾出现过疟疾流行的事件，但以当时人们的医疗条件并不能对这种流行病进行确诊和治疗，加之疟疾的致死率很高，这就形成了傣族居民将这种灾祸转嫁到其他人身上的契机[②]。虽然现如今的傣族村寨已经不再具备这一刑事习惯存在的原始动因，但是每遇其他难以克服的灾祸便寻找"琵琶鬼"并施以严厉的惩罚，如烧毁被诬陷为"琵琶鬼"的村民的财产、伤害其人身或将其驱逐出村寨，依然成为延续至今的刑事习惯法。例如，1998年西双版纳曼村邻村居民认为，该村一位

---

① 我国《宪法》第33条第3款明确规定："国家尊重和保障人权。"该条款作为现行《宪法》的核心章节（即公民的基本权利与义务）的第1条，对"公民的基本权利与义务"的解读具有重要价值。《刑法》作为宪法价值观的延伸，亦应当将公民权利的保障为《刑法》的核心，这不仅体现在《刑法》第2条中，更应当将这一理念贯彻于具体个案之中。［日］平野龙一：《刑法的基础》，黎宏译，中国政法大学出版社2016年版，第79页。

② 赵桅：《傣族文化分类下的"琵琶鬼"现象解读——以西双版纳傣族为例》，载《中央民族大学学报》2011年第2期。

村民的死亡是因为曼村的一个寡居妇女作为"琵琶鬼"放鬼害人所致，遂打伤该妇女，并砸毁了她的房屋①。即便在进入21世纪之后的2006年，西双版纳自治州仍然发生了"诽谤"他人为"琵琶鬼"，并损害其财产的案件②。这种基于主观臆断对他人实施暴力行为的习惯法，显然与国家法之间存在激烈的积极冲突。

其次，处罚通奸行为是另一种比较常见的傣族的刑事习惯法。我国《刑法》并不直接处罚通奸行为，但是由于受宗教和傣族传统文化的影响，"非婚性关系历来被视作为神所不容的行为"③。例如西双版纳傣族自治州曼刚寨村委会通过的《村规民约》便规定："通奸的，先对双方进行教育，并各处以50元的罚款。"④一般认为，法是伦理的最低限度，通奸具有伦理上的不法性，只是鉴于《刑法》的属性，其"处罚必须限定在必要的最小限度之内……它是以法和伦理的一致性为前提的法的自我克制，其中含有法和伦理的差别不分明的缺陷"⑤。因此，如果行为人的行为没有损害他人的利益，《刑法》亦不应加以干预。因此，这种处罚通奸行为的习惯法与国家法之间存在着积极冲突。

最后，作为傣族刑事习惯法集中的现代表现——傣族村寨的村规民约，其中也可能存在处罚某种行为的条款。例如，西双版纳傣族自治州和景洪市相关部门分别组织曼达等村委会制定的《村民小组禁毒村规民约》中就规定，村民吸毒的"第一次被发现将由民兵罚款2000元，第二次吸食的将由民兵抓送公安机关处理，回来后还要再交3000至5000元的罚款。如交不出罚款的，由其父母或子女代交，父母或子女也交不出罚款的，民兵可将其本人的土地暂扣出租抵交罚款，如果本人没有土地的就暂扣其父母或子女的土地出租抵交罚款""对本村吸毒人员和贩毒人员，如果村民小

---

① 王启梁：《宗教作为社会控制与村落秩序及法律运作的关联——云南省西双版纳曼村的个案》，载肖唐镖主编：《农村宗族与地方治理报告：跨学科的研究与对话》，学林出版社2010年版，第244页。

② 洪涵：《巫蛊信仰与社会控制》，载《云南大学学报（法学版）》2009年第5期。

③ 朱和双：《训诫与征罚：论傣族习惯法对非婚性关系的社会控制》，载《贵州民族研究》2004年第1期。

④ 张晓辉：《云南民族村寨调查——勐海勐遮乡曼刚寨》，云南大学出版社2001年版，第134页。值得说明的是，可能有学者会认为，对行为人的这些惩罚方式在现代看来并没有达到刑罚所具有的严厉性，所以很难作为一种刑事习惯法加以对待。但本文难以赞同这种看法，因为对于刑罚是否严厉的解释需要以一个社会群体的文化背景、社会发展程度等方面进行综合性的评价。傣族村寨与一般的乡村社会类似，是"没有陌生人的社会"，其较低的人口流动率使人们的生活"富于地方性"。因此，在现代陌生人社会看来不具有惩罚效果的处罚方式——名誉刑——在傣族村寨内仍然具有严厉性。

⑤ ［日］平野龙一：《刑法的基础》，黎宏译，中国政法大学出版社2016年版，第89页。

组长和民兵在一年内没有发现，或者发现后不敢抓、不敢管、也不敢罚的，失职的村民小组长和民兵将被处以2000至5000元的罚款。如果不愿交罚款，村小组长和民兵将被免职"。这种主观归罪或绝对责任的做法同样与国家法之间存在积极冲突。

（二）消极冲突

消极的冲突，是指尽管傣族刑事习惯法与国家（刑事）法及其所体现的基本价值追求对于某一行为的评价都是持否定的态度，但是在具体的否定性评价的方法上存在相互抵触的情形。

其一，与其他南方少数民族一样，傣族有着很多独具民族特色的习惯。早婚就是其中之一[①]。傣族社会中可以肯定不满14周岁的幼女经过一定的仪式或程序与他人结婚。那么，当已婚的夫妻之间发生性关系时，当然也不会因为这一行为侵犯了幼女的身心健康或者性的自主决定权而加以处罚。例如，2001年，何某与被害人马某（1988年9月3日出生）居住的山村就有早婚的习俗，何某以恋爱为由与马某同居并多次发生性关系，为此，金平苗族瑶族傣族自治县人民检察院于2001年就曾指控何某犯强奸幼女罪。最终人民法院认为，何某已构成强奸幼女罪，但犯罪情节轻微，免于刑事处罚[②]。鉴于此，西双版纳傣族自治州、孟连傣族拉祜族佤族自治县等自治地方已经通过变通规定将结婚年龄变通为小于《婚姻法》规定的年龄，这就表明，对于早婚行为，国家法秩序作出了让步，从而化解了两者间的消极冲突。但更多的傣族习惯法与国家法间的消极冲突并没有通过变通规定的形式加以化解。例如，根据傣族小乘佛教的要求，男童年满6—7岁就要被父母送入佛寺中作为预备和尚"科永"，开始学习傣文字母和南传上座部佛教礼仪，接受出家修行前的教育，此后便开始了3—5年的出家修行的生活。这种传统的佛寺教育在现如今的西双版纳傣族自治州依旧受到重视，以至于每年开学前当地教育部门都要通过宣传《义务教育法》的方式保证小学的入学率，有的地方甚至直接采取"不入学就

① 刘之雄：《我国刑法在民族地区的施行现状——以西部民族地区为中心的考察》，载《中南民族大学学报（人文社会科学版）》2012年第5期。

② 杜宇：《重拾一种被放逐的知识传统：刑法视域中"习惯法"的初步考察》，北京大学出版社2005年版，第100页。其他相似案例另参见马绍红《国家法律、民族习俗与婚姻家庭刑事纠纷的解决》，载方慧主编：《少数民族地区习俗与法律的调适：以云南省金平苗族瑶族自治县为中心的案例研究》，中国社会科学出版社2006年版，第323—324页。

罚款"的方式督促适龄儿童接受义务教育 ①。就此而言，傣族的习惯与国家机关工作人员涉嫌非法剥夺公民宗教信仰自由的强行干预行为间亦存在消极冲突。

其二，傣族村寨的村规民约也可能存在处罚某种行为的条款与国家法之间存在消极冲突。例如，2003年曼刚村党小组、村民小组共同制定的《曼刚村小组村规民约》规定，对于情节严重的盗窃行为不仅处以500—1000元的罚款，还可能将其逐出村寨。显然，盗窃行为是《刑法》所规制的行为，但是附加除了罚金刑之外的"逐出村寨"的处罚方式亦存在与国家法的消极冲突。

其三，傣医是国家所承认的四大少数民族医药之一，傣医的处方大多是"'摩雅'、僧侣和民间艺人的传抄口授传承下来，或是专门性的'药典''医经'，或是家传的"②。这一方面与我国目前的医疗制度中的准入制度不同，即便没有经过医师执业资格考试或者通过其他途径取得乡村医生资格的，都可以为他人治病，只要病人愿意相信对方有治疗疾病的能力。另一方面与我国的药品管理制度也存在差异，国家药品管理制度要求药品必须经过国务院药品监督管理部门的审批并发放批准文号，但在实践中依然存在尚未经过《中华人民共和国药典》以及各省药品标准等公权力部门认证的处方和制剂③。使用这些未取得批准文号的传统傣医药材和药品，依照傣族刑事习惯法同样不被认为是值得科处刑罚的行为。从这个角度来看，傣医习惯与国家医疗制度和药品管理制度都是为了救助病人，只是在具体的行政规范上存在不同，因此，这同样属于消极冲突的一种。

将傣族刑事习惯法与国家制定法间的冲突划分为积极冲突和消极冲突的意义在于，积极冲突与消极冲突表现出的傣族刑事习惯法与国家法之间的紧张程度不同，由此对于二者间冲突的处理方法也应当进行不同地选择。详言之，对于积极冲突的处理需要通过寻求傣族刑事习惯法与国家法之间的平衡，这就需要首先进行价值选择（判断）；而两者间的消极冲突则并不是根本性上的冲突，在基本的价值选择层面并不存在冲突，只是在处理的方式上需要根据现代法治的原则进行调整，避免不适正的处罚方法。

---

① 郑毅：《同一主体的基本权利冲突：傣族佛寺教育与义务教育关系研究》，法律出版社2014年版，第31—32页，第47页。

② 赵世林、伍琼华：《傣族文化志》，云南民族出版社1997年版，第72页。

③ 钱蓓：《给2500岁傣药材"上户口"》，载《文汇报》2012年7月23日第001版。

需要我们正视的是，傣族刑事习惯法中确实存在着与人权保障等现代法治理念相悖的内容，对这些内容国家法需要及时作出回应。目前我国已经开始注重通过立法、司法、基层村寨的村委会等方面共同对难以适应现代法治理念的傣族刑事习惯法进行改造。但是这些既有方式或多或少地存在一些缺陷，本文主要从以下三个方面应对傣族刑事习惯法的改造方法上存在的不足。

（一）加强立法用语的规范化

自治地方的立法机关通过行使民族自治地方立法权对一些傣族刑事习惯法进行了改造，但是就其规范本身尚存在一些缺陷。例如，为了改造暴力处罚"琵琶鬼"行为，《云南省西双版纳傣族自治州自治条例》（以下简称《自治条例》）第7条第2款规定："自治州的自治机关加强社会治安综合治理，建立健全社会治安防控体系，依法惩处各种违法犯罪行为，禁止诽谤他人为'琵琶鬼'等危害人民的违法行为。"但这一规定的用词却是颇堪玩味的。

第一，《自治条例》第7条第2款规定"诽谤"他人为"琵琶鬼"属于危害人民的违法行为。这里所用的"诽谤"一词通常的含义即通过口头或书面等形式向公众或第三人散布捏造的事实，贬损被害人人格尊严和名誉行为。由此从立法用语方面看，立法者并没有直接否定"琵琶鬼"的存在，而是通过间接否定的方式，规定称他人是"琵琶鬼"的行为是违法行为。从中可以看出该条文在保护傣族的宗教信仰自由与改造傣族刑事习惯法之间的平衡。但是需要注意的是，判断是否是捏造事实的诽谤行为首先需要明确的是"事实"究竟是怎样的，而由于《自治条例》的立法倾向性地认为确实存在"琵琶鬼"，在发生了声称他人是"琵琶鬼"的案件中究竟最后由哪个机关或者个人来证实其并非"琵琶鬼"则是十分困难的。因此，尽管该条文考虑到了宗教信仰与改造傣族刑事习惯法之间的平衡，但这仍然难以解决实践中存在的问题。第二，《自治条例》第7条第2款规定诽谤他人为"琵琶鬼"属于"危害人民"的违法行为。根据《刑法》的一般原理，对于"危害人民"可以理解成对公共安全等公法益的危害。但是诽谤他人是"琵琶鬼"的行为究竟是否侵害了公法益（或集体法益）则是需要我们深入思考的。当然，如果认为这种行为造成了村寨的社会秩序的混乱，必然侵害了村寨内的公共安全。但是从既有的案例中很难发现同一村寨内的其他村民受到了严重现实危害或者潜在危险。第三,《自治条例》第7条第2款规定诽谤他人为"琵琶鬼"属于危害人民的"违法行为"。违法行为与犯罪行为在法学理论中有明显的区别,择其要者即对于国家法秩序的损害程度不同。但由于诽谤他人为"琵琶鬼"造成的严重法益侵害难以通过《治安管理处罚法》等行政法律加以救济,那么,就不应当将其仅仅作为违法行为来对待。

为此,本文认为,《自治条例》中关于"琵琶鬼"的规范需要在宗教信仰和人身、财产权利的保障中作出明确地选择。其一,不宜采用"诽谤"的表述方法,而应当采用"侮辱"一词。因为一般认为侮辱,是指通过口头、书面甚至暴力的方式,公然使得他人的社会评价降低的行为。"琵琶鬼"在傣族信奉的小乘佛教中显然是不祥之物,因此公然称他人是"琵琶鬼"与公然辱骂他人并没有差异。而且采用"侮辱"一词也可以避免采取"诽谤"一词带来的对于是否属于"捏造事实"的争议。其二,与其说诽谤他人为"琵琶鬼""危害人民",不如直接承认诽谤他人为"琵琶鬼""危害公民个人人身和财产"。因为即便是以保护公法益作为暴力惩罚"琵琶鬼"的理由,仍需要该公法益可以被还原成为个人的法益才能成立,况且公共安全并未有明显的损害,因而将"公民个人人身和财产"直接作为规范的保护内容更加合适。其三,尽管西双版纳傣族自治州并没有权力针对现行《刑法》制定变通或补充规定,但《自治条例》第7条第2款是对现行《刑法》关于侵犯财产犯罪、侵害人身权利犯罪的注意规定,而没有进行变通或补充,因此与其采用"违法行为"的表述不如直接明确其为"犯罪行为"。通过这样的规范用语可以更加有效地处理暴力处罚"琵琶鬼"行为。

(二)促进司法行为的理性化

如前所述,司法不同于立法,其直接面对着公民个人,公正合理的司法裁判对于公民的教育作用远大于直接进行的立法宣传教育。但就目前的傣族自治地方而言,在司法上,国家法对于傣族刑事习惯法的妥协也使得傣族刑事习惯法不能被有效地改造。

首先,在暴力惩罚"琵琶鬼"的案件中,如果换一个角度来看,司法机关对于实施毁损财物或者故意伤害的行为人,一般并不判处刑罚,而是通过案外和解等方式结案处理,除非行为人的行为造成他人死亡[①]。在类

---

① 杜宇:《重拾一种被放逐的知识传统:刑法视域中"习惯法"的初步考察》,北京大学出版社2005年版,第105—106页。

似的案例中也体现出了国家法在傣族刑事习惯法面前的让步。可是这种单纯为了化解民间纠纷的做法不仅有违《自治条例》中关于该行为违法性的规定，而且也不利于通过发挥司法的教育作用从最基层化解暴力惩罚"琵琶鬼"的行为与国家法之间的冲突。其次，众所周知，在我国大陆地区通奸行为最多只违反道德伦理原则，双方都未结婚甚至也不曾有损于道德原则，但依照傣族对于通奸行为需要进行教育和罚款。如果司法机关对于这种村寨内的组织发起的对通奸行为的双方当事人进行的处理不加以规制，就会给延续当地村民的朴素的法感情，而这无助于化解国家法与其之间的冲突。当然，对此会有反对的学者认为，通奸行为是否成罪在各国刑法理论和实践中都存在着很大的争议。因此，就算保留傣族这一刑事习惯法亦不会背离现代的法治精神。但是，通奸在傣族刑事习惯法中是一个很广义的概念，其不仅包括已婚男女与已婚或者未婚的男女之间的通奸行为，即便是在未婚男女之间发生性行为同样被视为通奸行为，要给予上述的处罚。而对于后者仍然存在扩大了处罚范围的嫌疑，实施教育的村寨组织成员的行为如果造成严重的后果依旧可能构成侮辱罪。由此可见，在对傣族刑事习惯法的分离和改造的过程中，司法机关（包括公安机关以及审判机关）大多都持消极被动的态度。也正是这种处理方式不仅放大了国家法意志在"远国家"地区的失效，也在一定程度上损害了民众的朴素的法感情。

本文认为，在司法实践中，司法机关对于违反国家法的行为进行处理时同样需要以人权保障作为选择处理方式的出发点，不能一味地被其他非理性因素所影响。一方面，既然在立法上对于暴力惩罚"琵琶鬼"的行为已经做出了否定性的评价，那么就不应当在司法实践中以行为人的行为是基于傣族刑事习惯法作出的而淡化其违法性。由此而言，无论是否造成被称为"琵琶鬼"的村民死亡，都应当按照国家制定法以正当程序进行处理。当然，不迁就非理性因素不等于不考虑非理性因素，在对行为人的量刑方面仍然可以有所体现。另一方面，对于处罚通奸行为的刑事习惯法则比较复杂，其不仅关涉到傣族刑事习惯法与国家法之间的冲突，还关涉到违反道德原则的制裁的问题。因此，完全按照现行《刑法》或是既有的傣族刑事习惯法进行处理都难以取得最好的效果。这样在人权保障原则的引领之下分情况讨论就成了必要。其一，对已婚男女与已婚或者未婚的男女之间的通奸行为的情形，由于行为人的行为客观上破坏了婚姻家庭的和睦，而且傣族刑事习惯法对之进行的处罚也以名誉刑为主，基本上可以做到罪责相适应。其二，对未婚男女之间发生性行为的情况而言，人权保障就应当作为优位的利益，因为这种行为并没有侵害任何值得保护的利益。对此，公安机关和检察机关可以进行主动地干预，通过对当地村寨内的权力组织的成员进行法治教育的方法逐步将村寨内的道德标准现代化；审判机关虽然不能主动介入，但如果由于村寨内的组织对其进行批评教育的程度过于激烈，由此造成行为人出现自杀等严重后果的，也可以通过接收涉嫌侮辱罪的自诉案件保护公民个人的权利。只有通过理性的司法行为才能将侵犯他人人权（或法益）的傣族刑事习惯法有效地分离出去，因为伦理规范只能通过立法行为转换为法律后，才能限制公民的基本权利。

（三）防止行政处罚的刑罚化

众所周知，根据罪刑法定主义的要求，行政立法不能直接规定罪刑条款，只能通过《刑法》中的空白条款间接发挥作用。在傣族刑事习惯法与国家法的紧张关系中，行政立法意志也存在通过少数民族刑事习惯法发挥《刑法》功能的嫌疑，前述《村民小组禁毒村规民约》的相关规定就是最好的例证。

我国现行《刑法》并不处罚单纯地吸毒行为，而《治安管理处罚法》第72条对吸毒行为规定了最高行政拘留15日并处2000元罚款的行政处罚。而《村民小组禁毒村规民约》就有通过村寨的村规民约这一傣族习惯法发挥《刑法》功能之嫌。

在法律依据方面，根据《村民委员会组织法》第27条的规定，村民会议有权制定村规民约，但是不得与宪法、法律、法规和国家的政策相抵触，不得有侵犯村民的人身权利、民主权利和合法财产权利的内容。在处罚力度方面，对吸毒者罚款2000—5000元的严厉程度显然已经超出了普通的行政处罚的严厉程度而与刑罚无异。因为《治安管理处罚法》第72条也只规定了"可以并处2000元以下罚款"。在处罚对象方面，若吸毒者不能负担罚款由其父母或子女承担，若其父母或子女亦不承担则以其土地出租款抵扣罚款。这显然违反了现代刑事法治所坚持的个人责任原则，同时也是封建刑法"恣意性"的复活①。在监督责任方面，赋予了村民小组长和民兵不恰当的作为义务（罚款2000—5000元或免职），亦有不妥。这不仅是使得"一年内没有发现吸毒者"以及"发现后不敢管"的监督义务过于严苛，

① 苏方元：《少数民族刑事习惯法发展的困境与出路》，载《河南财经政法大学学报》2016年第2期。

更为重要的是，吸毒行为一般都在家中或是其他隐蔽的处所进行，如果赋予了当地村民小组长和民兵监督的义务，就有可能导致他们为尽监督职责而过多干涉其他村民的隐私。

本文认为，这主要涉及的问题就是行政处罚通过村规民约渗透了《刑法》处罚的性质。近代以来，《刑法》理论确立了"刑法是犯罪人的大宪章"的观念，这导致国家在发动刑罚权时在实体和程序方面都十分谨慎。然而村规民约的这种"入罪"却带有明显的任意性和主观归罪的嫌疑。第一，需要说明的是，之所以认为《村民小组禁毒村规民约》的内容属于行政方面的内容，主要是因为该村规民约是在西双版纳傣族自治州和景洪市政府部门的带领之下制定的，因此，尽管形式上对于吸毒的处罚内容属于村规民约的内容，但从实质上看却难以承认这些内容属于村民自治的范围。第二，对村规民约内容是否合法的监督机关是乡、民族乡、镇的人民政府，而《村民小组禁毒村规民约》是在乡镇政府的上级机关的领导之下制定的，这就造成《村委会组织法》中规定的监督关系呈现出错位的现象。可以理解的是，由于西双版纳傣族自治州的特殊地理位置，当地每年发生的吸毒、贩毒案件确实比其他地区要多，但这不是行政处罚刑罚化的理由。西双版纳傣族自治州和景洪市政府部门以及相关村寨的村民会议应当以人权保障为基准，纠正这类错误。

总而言之，以分离的方式对傣族刑事习惯法与国家法之间的冲突进行规范主要是为了化解二者间的积极冲突。因此，需要以国家法为中心对不符合其所体现的现代法治理念的傣族刑事习惯法加以改造[①]，从而化解二者间的矛盾冲突给国家法秩序带来的挑战。

三、融合：傣族刑事习惯法与国家法的交流

化解傣族刑事习惯法对国家法带来的挑战的分离方法中存在的不足与应对方法已如上所述，然而如果完全不考虑傣族刑事习惯法而均通过国家法的话语体系对之进行统合显然难以取得良好的社会效果，也不利于对傣族（刑事）习惯法中的有益成分加以利用[②]。因此，就需要开辟傣族刑事习惯法与国家法的交流渠道以解决二者间的消极冲突。但从目前的实践来看，这种交流的渠道亦需要通过以下几个方面的努力加以完善。

---

① 薛梦寒：《少数民族刑事习惯法与刑法的冲突与化解》，载《贵州民族研究》2017年第1期。
② 南杰·隆英强：《中国刑事法治建设的本土化路径——以藏族"赔命价"习惯法之积极贡献为视角》，载《政法论坛》2011年第6期。

（一）提高变通立法的积极性

变通立法包括依据《立法法》第75条赋予民族自治地方的立法权制定的变通立法以及根据《刑法》第90条特别赋予省级人民代表大会的权力制定的变通立法[1]。就目前的实际情况来看，尚没有省级人民代表大会根据《刑法》第90条制定授权立法，而且依据《立法法》第75条制定的变通立法也主要集中在自然资源的开发利用、人民代表大会选举、人口与计划生育以及婚姻家庭等方面。但需要通过变通立法（授权立法）作为桥梁来化解傣族习惯法与国家法之间的消极冲突所产生的刑事责任的情形远不止这些。

前述佛寺教育与义务教育的冲突就是亟待通过变通立法解决的问题。因为《刑法》第251条规定了非法剥夺公民宗教信仰自由罪，而现行《宪法》第46条规定公民有受教育的义务。如果地方教育部门的工作人员通过宣传《义务教育法》甚至以直接进行罚款的方式制止适龄男童参加佛寺教育可能构成非法剥夺公民宗教信仰自由罪，因为"佛寺教育除了教授佛教经典和傣文之外，学的最多的就是傣族的传统文化"[2]，但就目前的司法实践来看，非法剥夺公民宗教信仰自由罪并没有在实践中得到适用[3]。但本文并不想鼓励司法机关激活非法剥夺公民宗教信仰自由罪，因为要从根本上化解两者间的消极冲突，最有效的手段还是通过行使变通立法来化解。申言之，一方面对现有的佛寺教育的教育内容加以改造，使之更多地容纳义务教育的内容；另一方面对既有的义务教育概念进行扩大解释，使之不仅包括传统的教育体系，将民族宗教组织所进行的教育也纳入其中。这样，使义务教育阶段中的两种不同的教育方式之间得以平等交流，相互补充，最终达致化解消极冲突的目标。这样，地方教育部门当然也就不会为保证小学的入学率而采取不合理的行政行为。

除此之外，提高根据《刑法》第90条制定授权立法的积极性也是有必要的。一方面，这种变通并不会对法律秩序造成损害，因为在适用这些变通的规范时需要采取"'属地主义＋属人主义'的管辖原则"[4]，因此

---

① 关于《刑法》第90条的性质存在诸多争议，本文采用特别授权说。田钒平：《〈刑法〉授权省及自治区人大制定变通规定的法律内涵及合宪性辨析》，载《民族研究》2014年第1期。

② 郑毅：《同一主体的基本权利冲突：傣族佛寺教育与义务教育关系研究》，法律出版社2014年版，第53页。

③ 通过北大法宝、无讼案例对非法剥夺公民宗教信仰自由罪进行检索并未发现直接依据《刑法》第251条作出判决的案例。

④ 苏永生：《刑法与民族习惯法的互动关系研究》，科学出版社2012年版，第121页。

在具体案件中不会出现适用于本不受傣族刑事习惯法约束的行为人。另一方面，这种授权立法对于增强如后所述的司法行为的合理性有着重要的指导作用。

（二）增强司法行为的公正性

司法的任务是将纸面上的法变为活着的法，将具有普遍性的法律正义体现于个案判决中。但就目前的情况来看，立法上的消极主义导致司法裁判的不公正性也是成为需要注意的重要问题。例如，对盗窃行为人来说不仅需要承担村规民约中的责任，如果被害人同时选择通过国家司法程序处理或者当地公安机关查明了案件事实而主动介入，行为人就面临着双重处罚的危险。

消除这种双重处罚的危险从理论上讲存在两种路径，一是通过国家法自上而下的强势输入，将傣族刑事习惯法中的对某些行为的处罚权收归国家机关；二是在一定程度上承认傣族刑事习惯法，将"已依照傣族刑事习惯法处理并接受处罚的"作为可以免除或者减轻处罚事由。本文认为，第二种方法既能体现司法的公正性，更能很好地化解此间的消极冲突。

其一，虽然以社会契约论为基础的现代刑法理论认为将刑罚权交由国家行使有助于防止刑罚权的滥用，但傣族刑事习惯法与擅用私刑不同，因为少数民族的风俗习惯只要不与人权保障理念相悖也是《刑法》所保护的法益之一。而对于盗窃这类自然犯来讲，只要村寨组织的处罚不是残虐的、不适正的刑罚亦应遵从其风俗习惯。其二，《刑法》第10条规定，"在外国已经受过刑罚处罚的犯罪人可以免除或者减轻处罚"，那么，对于已依照傣族刑事习惯法处理并接受处罚的也可以类推适用这一法定情节。由于类推适用的是"可以免除或减轻的情节"，也并不违反罪刑法定原则的要求。即便认为傣族刑事习惯法对盗窃行为的处罚方式与现行《刑法》存在不同之处，但外国刑法对盗窃行为的处罚必然也与中国现行《刑法》的规定不相同。既然对于后者可以作为"可以免除或减轻的情节"，那么，前者也应当相同处理。其三，基于傣族民众的朴素的法感情及其对法院判决的可接受性的考虑也应当采取第二种方式进行处理。对于此类傣族刑事习惯法与国家法之间的消极冲突的解决方式并不需要像解决积极冲突一样，通过强化国家的话语分量加以解决，因为二者之间并没有在价值理念上存在根本性的冲突。更为重要的是，作为刑法谦抑性内容之一的刑法的补充性要求，"只有在其他手段如习惯道德上的制裁、地域社会中的非正式的控制或民事上的控制不充分的时候，才能使用刑法"①。

需要注意的是，对于司法公正的追求不能仅仅停留于上述实质的公正方面，在形式上的公正性也需要引起注意。详言之，在司法中对于傣族刑事习惯法的考虑要表现在判决书等法律文书中，使傣族刑事习惯法的运用不仅可以"做的"，也要可以"说的"。使得"习惯法经由能动司法向变通立法的过渡，从而使法律'获得普遍的服从'"②。

（三）保证行政行为的合理性

现代国家行政权力的不断膨胀，使得行政行为涉及人们日常的方方面面。加之，现行《刑法》中的行政刑罚的数量日渐增多，这就造成如果行政立法不合理，同样不利于处理傣族刑事习惯法与国家法之间的消极冲突。

根据《执业医师法》和《医师资格考试暂行办法》的规定，傣医属于中医类别，只有通过了医师资格考试获得医师资格证书后经过法定程序才能取得执业资格。从理论上讲，组织傣医的医师资格考试对于化解傣医的行医资质与国家医疗卫生制度之间的冲突有很大的作用。但是由于上述法律和规章没有对考试的组织次数作出安排，就造成了自2013年至今的医师资格考试都没有组织中医类别傣医专业考试③。但是，云南中医学院和滇西应用技术大学傣医药学院等医学院都开设了傣医专业且正常招生。如果国家连续多年不举办傣医医师资格考试，就会造成傣医专业的学生或通过其他类别的医师资格考试，而放弃学习和应用傣医；或学习傣医专业的学生没有参加医师资格考试就去从事医疗行为，当这种行为情节严重或严重损害就诊人身体健康时当然会构成非法行医罪。此外，在对于傣医药材方面的标准化与生产、销售假药罪和生产、销售劣药罪之间的关系也存在类似的情况。总而言之，这些现实情况说明傣族（刑事）习惯法与国家法的消极冲突，并没有通过充分的交流而得以化解。

---

① ［日］平野龙一：《刑法的基础》，黎宏译，中国政法大学出版社2016年版，第90页。
② 张殿军：《民族自治地方能动司法与法律变通》，载《北方民族大学学报（哲学社会科学版）》2011年第3期。
③《国家卫生和计划生育委员会医师资格考试委员会公告》（2018年第01号）、《国家卫生和计划生育委员会医师资格考试委员会公告》（2017年第01号）、《国家卫生和计划生育委员会医师资格考试委员会公告》（2016年第01号）、《国家卫生和计划生育委员会医师资格考试委员会公告》（2015年第01号）、《国家卫生计生委医师资格考试委员会关于确定2014年医师资格考试医学综合笔试合格分数线的通知》（国卫医考委发〔2014〕8号）。从《国家卫生计生委医师资格考试委员会关于确定2013年医师资格考试医学综合笔试合格分数线的通知》（国卫医考委发〔2013〕1号）中可以看出，最近的一次傣医医师资格考试在2013年举办。

对此，本文认为，需要通过行政立法手段将民族类医师资格考试的举办时间加以确定，即便当年只有很少的学生报名参考，但仍然需要在制度上保证傣医有足够方便的条件取得国家行政机关认可的资格证书。同理，对于傣医药材的标准化也需要地方行政机关给予重视。只有做到行政立法合理化，才能从根本上化解行政立法给傣族刑事习惯法压力，使二者可以平等交流。

综上所述，在保证行政行为的合理性方面最重要的就是要制定合理的行政立法，这是具体行政行为合理性的保证。此外，对于实践中出现的违反法律的具体行政行为，行政相对人也应当积极地通过提起复议维护权利，检察机关亦应以提起公诉等方式进行监督。

布依族生态习惯法的传承方式和内容

刘　涛　惠富平

摘要：布依族生态习惯法在历史上对布依族地区的生态环境起到了潜移默化的重要作用，在当代社会中仍然发挥着独特作用。布依族生态习惯法通过歌诗传承、习俗传承、碑刻传承、经书传承、规约传承五种方式传承至今。其中，碑刻传承、规约传承和经书传承的主要是成文法，歌诗传承和习俗传承的是不成文法。布依族生态习惯法内容广泛，涵盖了生产和生活的各个方面，包括农事节律、生物防治、居住选址、房屋设计、保护林木、卫生保健、生育生长和丧葬习俗等。

关键词：布依族生态习惯法传承方式内容

作者简介：刘涛（1976—），男（汉族），河南卫辉人，南京农业大学人文社会科学学院博士生，铜仁学院马克思主义院副教授。研究方向:生态习惯法。

惠富平（1963—），男（汉族），陕西富平人，南京农业大学人文社会科学学院教授，博士生导师，博士。研究方向:生态史、科技史。

勤劳、勇敢而伟大的布依族先民在漫长的历史进程中，逐步形成了本民族独特的文化。布依族主要分布于黔西南和黔南地区，历史上的该地区山清水秀、树木苍翠、生态优良。基于对大自然的敬畏，自然崇拜观念深深根植于布依族的民族精神，由此衍生出大量的生态习惯法。

一、布依族生态习惯法的传承形式

内容丰富的布依族生态习惯法主要以五种方式传承至今：歌诗传承、习俗传承、碑刻传承、经书传承、规约传承。

1. 歌诗传承

布依族是一个擅歌的优秀民族，歌谣渗透在布依族生活的方方面面。大量古歌、叙事诗、情歌、礼俗歌流传至今。布依族是一个拥有本民族语言和文字的古老民族，但布依族古文字已经失传，现代布依文是在中华人民共和国成立重新建立的以拉丁字母为基础的拼音文字。因此，布依族的民族地方性知识主要通过布依语而不是布依文传承至今。中华人民共和国成立后，国家大力保护、挖掘少数民族文化，大量的布依语传承的民族地方性知识用现代布依文或汉字记载下来呈现在世人面前。作为民族地方性知识一部分的布依族生态习惯法主要通过口传的古歌、叙事诗、谚语、民间传说、民间故事等形式流传至今，它们记载了数量庞大、历史悠久、影响深远的布依族生态习惯法，为我们提供了研究所需的第一手材料。如歌谣《十二月农事歌》《造稻谷》《撒麻歌》《盘烟歌》《下种与收获歌》《杂花歌·起书房》《劳动山歌》《敬酒歌》等，叙事长诗《六月六》《姚平介与囊荷斑》等，民间故事《阿甲栽秧》等。这些歌谣、长诗、民间故事主要反映出布依族在农业生产等方面的生态习惯和生态智慧，成为布依族生态习惯法的重要渊源。

2. 习俗传承

布依族崇拜自然，相信"万物有灵"。他们认为，山有山神，树有树神，河有河神，湖有湖神，山是山神的居所，树是树神的居所，河是河神的居所，湖是河神的居所。基于对神的敬畏，便要保护神的居所，否则神就要降罪于人，使人的生产生活遭受巨大损失。因此，保护山川树木河湖便成为布依族人日常生产生活的首要任务，大量的生态习惯便应运而生，渗透到布依族生产生活的方方面面。这些生态习惯就伴随着布依族的生产生活，口耳相传，代代相传，最终深入布依族人的精神，成为民族性格的一部分。大量的生态习惯法也就通过民族习俗的方式传承至今。如在布依族的生育习俗、节日习俗、居住习俗、种稻习俗、灌溉习俗、卫生习俗、丧葬习俗中，都能看到布依族生态习惯法的身影，反映出布依族人保护环境、尊重生命、顺应自然、利用自然、感恩自然的生态智慧和生态伦理。包含在布依族习俗中的生态习惯属于布依族生态习惯法的不成文法部分。

3. 碑刻传承

明清时期，伴随着汉族人口大量涌入贵州，汉族和布依族的文化交流融合日益加强，很多布依族人学习汉文化，参加科举考试。在布依族地区，这个时期还出现了大量的多种形式的汉文碑刻和少量的古布依文碑刻。石碑质地坚硬，抗风化能力强，能够保存数百年之久。石碑多立于寨口、路口、古树旁、古墓边、山脚下等处，古树旁、山脚下的石碑多是告诫人们要保护古树、大山的，对人们起到警示作用，立于寨口、路口的石碑多是乡规民约，起到公告、见证和警示作用。这些碑刻从不同方面反映了布依族地区的历史事件、乡规民约、晓谕公告等。特别是在乡规民约中，有很多告诫人们要保护山林，禁止盗伐，否则予以严重惩戒的条文。如雅水满杠"山今示"碑、长安简约关"州正堂示"碑、羡塘杉木寨"永垂后世"碑、"公同万古"碑、绿荫"永垂不朽"碑、长贡护林碑、阿能寨谨白碑、必克"众议坟山禁砍树木"碑、必克"众议坟山禁砍树木"碑、阿能寨公议碑、秧佑乡规碑、梁子背晓谕碑、阿红晓谕碑、八达三楞碑、者冲"立碑安民"碑等。这些碑文是现代意义上的生态习惯法，构成了布依族生态习惯法的成文法部分。

4. 经书传承

布依族生态习惯法还通过《摩经》传承至今。《摩经》是布依族的传统宗教经典。唐朝以后，在汉文化的影响下，布依族人创造性地将汉字音韵和偏旁部首结合起来，记录布依族传统宗教原有的《经词》，以此作为祭师"布摩"先生在主持宗教仪式时唱诵的经本，从而传承了布依族的历史和文化，这些转录的经书被统称为《摩经》。《摩经》集中反映了布依族先民古代氏族、先祖神圣、江河湖海、天地山川、日月星辰的观念与社会生活实践，既具有宗教学史料意义，也对历史学、语言学、伦理学、人类学、民族学、民族哲学、民族科技、文学艺术等学科具有极高的学术价值。特别是《摩经》记载的山水文化、大竹文化、树文化、鸟文化、舟文化、青铜文化等反映出布依族先民生态保护的悠久传统，投射出布依族先民浓厚的生态意识。因此，《摩经》成为布依族生态习惯法的重要渊源。

5. 规约传承

中华人民共和国成立后，布依族人民获得了新生。布依族人民从本民族习俗出发制定了大量乡规民约，很多内容涉及生态环保。如果说歌诗、习俗、碑刻、经书是布依族生态习惯法的古代传承方式，那么乡规民约便是其现代传承方式。

二、布依族生态习惯法的主要内容

布依族生态习惯法的内容丰富，涵盖了从农事节律到生物防治，从居住选址到房屋设计，从保护林木到卫生保健，从人生之初到人生之终，几乎包括了生产和生活的各个方面。

1. 农事节律生态习惯法

据《弥勒州志》载："种家亦作仲家。"《布依族简史》载："布依族多喜河谷平地傍水而居，早事农耕，善种水稻，人们根据其经济生活的特征，呼之为'种家'。这也是客观事实。"由此可知，布依族先民自古以来就善于农业耕作，还因此被人们赞誉为"稻耕民族""水稻民族"。布依族善于农业耕作的特点首先表现在对农事节律的把握上，由此形成大量农事节律生态习惯法。农事节律生态习惯法主要通过歌谣、叙事诗、谚语的形式流传至今，仍然在指导着布依族地区的农业生产。

很多古歌记载了多种农作物的全年整体农事节律。如布依族传统劳动歌《下种与收获歌》记述了多种农作物的播种与收获："正月撒烟种下地，正月撒烟种下土，却收了年粑进家，却收了猪腿进屋。二月撒荞籽下地，二月撒荞种下土，却收了椿菜回家，却收了椿菜进屋。三月撒蓝靛下地，三月撒靛种下土，却收了糯花回家，却收了糯花进屋。四月撒米种下田，四月撒谷种下土，却收了香叶回家，却收了香叶进屋。五月撒豆种下地，五月撒豆种下土，却收了麦子回家，却收了麦子进屋。六月来了龙晒衣，六月到了龙晒稻，衣服谷子拿来晒，到了傍晚收进屋。七月撒荞籽下地，七月撒荞种下土，却收了包谷回家，却收了豆子进屋。八月撒白菜籽下地，七月撒白菜种下土，却收了粘谷回家，却收了粘谷进屋。九月撒油菜籽下地，九月撒油菜种下土，却收了糯谷回家，却收了糯谷进屋。十月撒麦子下地，十月撒麦种下土，却收了荞子回家，却收了荞子进屋。冬月撒洋芋下地，九月撒洋芋下土，却收了枯子回家，却收了枯子进屋。月月撒种子下地，月月撒种子下土。月月收庄稼回家月月有东西进屋。只有腊月不撒种，只有腊月不收庄稼进屋。腊月里天寒地冻，在家里打粑宰猪，好好过个热闹年，到了正月好做活路"。歌谣涉及的农作物有十七种之多，记载了每种农作物的播种和收获时间。正是在口传歌谣的指导下，布依族农业生产的技术和诀窍才能传承至今，布依族先民才得以游刃有余地从事农业生产。在农事节律生态习惯法的指导下，大量农作物和不同农事按照时间先后顺序合理安排在不同地块，表现出明显的律动性，布依族的农业可称之为"律动农业"。身体的律动能带来健康的体魄，农业的律动的当然能带来稳定的收成。

更多的古歌则是记载了单一农作物的农事节律。如蓝靛是布依族最重要的染布颜料，布依族古歌《造万物》中就有使用蓝靛草染布匹的记载："……山上有种草，名字叫蓝靛。叶子匹匹大，根根也发青。草倒水凼里，水变蓝茵茵……水变绿色，就拿染布匹……"说明布依族先民很早就掌握了种植蓝靛和用蓝靛染布的技术。后世对种植蓝靛的技术不断完善，形成了《栽靛歌》："高山阳雀叫了，春雷轰隆轰隆响了，照我们布依人的习惯，该去栽靛苗了。坡坡岭岭，山山坳坳，锄头碰得叮当叮当响，人人都在栽靛苗。秧苗栽下了，砍刺来围好，围了三层，拦了三道，野猪就拱坏不了地，野鸡就糟踏不了靛苗。三月过去了，四月又来到，靛苗发嫩芽，绿油油长得好。靛苗长得好，扛起锄头去薅草，把杂草薅丢，把野蒿铲掉。五月雨水好，六月靛苗比人高，七月天气热，蓝靛成熟了。到了八月间，挑着竹篮收蓝靛，收来沤在木桶中，沤烂了再泡在石缸里，蓝靛泡了三天三夜，满缸蓝靛绿茵茵，绿得象龙潭里的水，走到缸边照见人影。赶集天去买石灰，石灰块块堆成堆，成块的石灰烧不透，最好的还是石灰粉。买来石灰粉，放在靛缸里，蓝靛更绿了，开缸染新衣。新衣柒得蓝茵茵，无云的蓝天也难比，人人穿新衣，心里真高兴。公公穿着新衣去赶集，婆婆穿着新衣去走寨，后生穿着新衣去浪哨，姑娘穿着新衣去谈情。"透过这些古歌，我们还能依稀可见布依族先民按照季节规律栽靛、围栏、薅草、收靛、沤靛、泡靛、染衣的过程，也能想象得到布依族先民穿上自家染好的新衣喜气洋洋、其乐融融的场景。这些纯天然的染料带给人们的不仅仅是欢乐和谐，更多的是生态环保和健康，其生态环保的功效和养生的效果岂是现代化工染料能够比拟的？有些布依族地区，在染衣的过程中还加入了枫香叶，使布依族服装在绚丽多彩的同时更增加了沁人心脾的香味。这项工艺瑰宝流传至今已经成为"国家非物质文化遗产"。

2. 生物防治生态习惯法

作为"稻作民族"的布依族先民特别擅长稻作农业，在长期的稻作农业生产实践中，他们观察到很多动物喜食稻田中的害虫，他们就利用这一现象，在稻田中引入天敌动物捕食害虫。布依族民间叙事长诗《六月六》就描述了利用燕子、蜘蛛、蛤蟆防治蝗虫的场景。《六月六》描述道："……一阵狂风吹山林，突然麻抓飞来多如云，只听一片沙沙响，几坝秧子吃干净。……麻抓一年比一年凶，飞起来就像乌云随大风。……得茂、阿菊受大家重托去找在去找太阳月亮寻找治虫之道，在路上，遇到了燕子、蜘蛛和蛤蟆，它们答应帮忙治虫。他们又叉死九头猛虎，射死九头饿狼，到了月亮滩，找到太阳公公，太阳公公送给他们龙莽竹，告诉他们：此竹原是万年生，栽下一夜发千根。拿去插在田地边，枯黄的庄稼会转青。拿起此竹打飞蛾，飞蛾一着就丧身。得茂、阿菊回到家乡，教大家种龙莽竹，并约好燕子、蜘蛛、蛤蟆和其他雀鸟，一起扑灭了害虫"①。长诗《六月六》表明出布依族先民很早就懂得利用天敌动物即燕子、雀鸟、蜘蛛和蛤蟆防治蝗虫的技术，这些歌谣流传到今天便成为布依族生物防治生态习惯法。

3. 居住选址生态习惯法

布依族村寨选址非常重视坐山朝向，开门放水。布依族村寨或选址于平坝，或选址于河谷，或选址于依山傍水之处，基本特征是"依山傍水"，鲜有远离江河溪流之处，故有"布依水乡"之美誉。以"中华布依第一寨"贵定县音寨村为例，它坐东向西，背靠观音山，面临音寨河，四季温和、冬无严寒、夏无酷暑、雨量充沛。寨中树木植被保存完好，寨头的银杏树高大苍翠，古柏树郁郁葱葱，被称为"护寨树"。音寨河流经音寨村，河面宽阔，水质优良，水流舒缓充沛。河中的鸳鸯岛小巧玲珑，岛上有参天树木十几棵，生态环境优美，被称为"风景林"。河流绕道而过，成为"天然游泳池"。音寨村山地建筑特征明显，其选址充分结合山地条件，根据山地坡度和地貌特点来组织空间。布依族村寨选址一般都符合"依山傍水"，有"护寨树"，有"风景林"，村寨朝向有一定讲究等特征。这些特征传承至今实际上就成为布依族的居住选址生态习惯法，现代布依族人在村寨选址时，仍然会优先在符合上述特征的地方定居。"依山傍水"的选

---

① 布依族文学史编写组：《布依族文学史》，贵州民族出版社1992年版，第236—238页。

址智慧能够保证布依村寨生态良好、环境优美、生产顺利、生活顺心。时至今日，很多布依村寨不仅是养生胜地，更是养心天堂，这主要得益于布依族人自觉遵循的不成文的居住选址生态习惯法。

4. 房屋设计生态习惯法

布依族的房屋设计风格表现为"干阑式"。《北史·南僚传》对僚人的建筑描述为"依树积木，以居其上，名曰干阑"。这种早期的干阑式建筑适合于布依族地区的森林茂密、野兽众多的自然环境，能够在夜间有效躲避野兽侵袭，是布依族先民因地制宜的创造性设计。随着农业和家庭饲养的发展，布依族先民的农具增多，家畜增多，从宋代开始，布依族先民便将干阑式建筑的底层围起来，放置农具，饲养家畜，形成"上以自处，下居鸡豚"[①] 的格局。到了明代，在布依族地区这种"上居人，下居畜"的干阑式建筑更加普遍。明清时期，汉族人口大量迁徙至贵州，促进了布依族和汉族的文化交流与融合，布依族吸收了汉族的房屋设计元素，创造出"吊脚楼"，"吊脚楼"仍然属于"干阑式"建筑。这种"吊脚楼"一般分为三层，下层放置农具，饲养家畜，中层住人，上层储粮。近代以来，布依族地区出现了平房，将农具和家畜移至在平房侧另建的小屋。但不管是干阑式还是平房，在住人的一层，房间格局大致相同，正中一间是堂屋，堂屋的后面是神龛放置祖先牌位，房屋的后半间是卧室，两头的开间是客房和厨房。布依族的房屋尺寸有严格的规定。一般为七柱或九柱落脚的木楼瓦房，高"一丈九顶八"或"一丈七顶八"，即1.98丈或1.78丈，开间为单数，三、五、七间，每间为一丈或一丈一尺。布依族建筑房顶多用石板，这样的房子被称为"石板房"。石板房不仅冬暖夏凉，而且低碳、绿色、环保、节约。上述"干阑式"三层布局、房屋尺寸有严格规定、石板做顶便形成布依族的房屋设计生态习惯法。

5. 保护林木生态习惯法

布依族崇拜自然，布依族地区的很多地方都有神山、神树、神林，每个村寨都有"风水林""风景林""护寨树""护寨林"。"风水林"通常位于村寨的后山，后山又被称为"风水山"。"风景林"通常位于村寨前或河岸上。"护寨树"和"护寨林"通常位于村寨左右，以种植银杏、松柏、金竹为主。布依族因崇拜自然而保护自然，保护林木成为布依族人生活的一

---

① 黄义仁，韦廉舟：《布依族民俗志》，贵州人民出版社1985年版，第151页。

部分。碑刻传承和规约传承的以保护林木为内容生态习惯法是布依族生态习惯法的最主要部分。大量碑刻和现代乡规民约反映出布依族悠久的保护林木生态习惯法。

碑刻如梁子背晓谕碑，立于清道光五年（1825年），位于兴义县城南十五公里的安章村梁子背水塘边。碑文载："……惟邑埂埋有众姓坟塚，历系牧牛公山，断令二比均不得开挖栽种树木等项，让给黄姓祖坟前后左右四十弓，伊妻坟墓二十弓，二比遵结，饬令立石定界在案……为此，示仰安章梁子背居民人等知之，勿得放出牛马践踏禾苗，不准乱砍别人山林树木；勿得隐行别人地内乱摘小菜……嗣后尔等邑埂处牧牛官山，只准葬坟，不准开垦，尚（倘）有违禁，即许禀究……"[1] 阿能寨公议碑，立于清道光二十六年（1846年），位于安龙县布依族聚居的阿能寨。碑文载"禁放鸭之人，不许拣禾苗。禁窝赃贼道者即报。禁山林不准乱砍。禁有口角细故，要经头人不可枉控。道光二十六年六月十五日几寨人等同立。"[2] 长贡护林碑，立于清咸丰七年（1857年），位于贞丰县城布依族族聚居的长贡乡内。碑文载："龙之砂木，原赖子孙逢节洒扫，栽蓄树木以培风水，光前代兴裕后人……如有妄砍树木，挖伤坟墓者，严拿赴公治罪，莫怪言之不先……"[3] 秧佑乡规碑，立于清同治六年（1867年），在册亨县布依族聚居的秧佑寨中。碑文载："……不准纵火烧林，违者议该罚钱一吊二……"[4] 龙里龙家坡防火碑，立于清宣统二年（1910年），位于龙里县龙家坡半山腰山王庙的路中间。碑文载："时值冬令，万木发荣。虫物蜇动，同系生灵。放火烧山，忍付一烬。出示禁止，违拿责惩……"[5] 限于篇幅，不能将所有的碑刻一一列举。这些碑文主要规定要保护林木，不准乱砍，不准烧山，违者惩罚。

现代乡规民约如"中华布依第一寨"贵定县音寨村制定了村规民约[6]10条，其中有4条直接和保护林木有关。如第1条规定："我村范围内

---

① 黔西南布依族苗族自治州志地方志编纂委员会：《黔西南布依族苗族自治州文物志》，贵州民族出版社1987年版，第117—118页。

② 黔西南布依族苗族自治州志地方志编纂委员会：《黔西南布依族苗族自治州文物志》，贵州民族出版社1987年版，第98—99页。

③ 黔西南布依族苗族自治州志地方志编纂委员会：《黔西南布依族苗族自治州文物志》，贵州民族出版社1987年版，第101—102页。

④ 黔西南布依族苗族自治州志地方志编纂委员会：《黔西南布依族苗族自治州文物志》，贵州民族出版社1987年版，第105—106页。

⑤ 黔南布依族苗族自治州史志编纂委员会：《黔南布依族苗族自治州志（第三卷）》，贵州民族出版社1989年版，第94页。

⑥ 宋才发：《音寨村调查》，中国经济出版社2009年版，第194—195页。

的山林、风景林、自留地树木、河岸花草竹木，严禁任何人毁损。违者视情节轻重罚款100—1000元。"第2条规定："我村绿化带内、风景区内严禁牛、马、猪入内"。第3条规定："我村山林、风景区、村寨内防火防盗，人人有责。"第4条规定："保护音寨名木古树，民族文物。"这些规约展示在村里的公告栏内，同时在村委会备份。

6. 卫生保健生态习惯法

布依族的卫生保健生态习惯法包括定期扫寨和暴晒衣被的习俗。每年农历三月初三（各个布依族地区时间稍有不同，有的是二月，有的是九月），布依族村寨各家各户都要一起打扫寨子，而且要在上午10点半以前完成。同时，在村寨各路口醒目位置插上禁入标志，外人不得进寨，要保持村寨安宁肃静，然后举行宗教祭祀仪式，祈求来年四季平安、风调雨顺。在每年的农历六月初六，如果是晴天，布依族村寨各家各户都要暴晒衣被。布依族民间长诗《六月六》记载："……今天六月六，……岁岁此时晒衣服，晒死毒虫穿在身，布依家家衣食足。"[1] 很显然，定期扫寨和暴晒衣被对保持良好的人居环境，促进身心健康是极为有利的。

7. 生育成长生态习惯法

布依人的出生离不开竹子。布依族的生育文化反映了布依族的竹图腾崇拜。布依族人认为"人由竹而生，送竹即送子"。为早得贵子，就需要举行多种宗教仪式[2]，主要包括竹神送子"保福""搭花桥"和"竹船送子"和"祭竹神栽竹护子"。竹神送子"保福"宗教仪式，布依语称之为"戈都雅"（音译），通常在妻子怀头胎的临产当月或前两月举行。在堂屋设坛祭祖后，由舅家两名年长男性送来两棵高约两米的金竹，寓意"送竹即送子"，"两棵"表示夫妻双方互相恩爱。金竹竹节大小相配，竹尖留有竹叶表示生命力旺盛。"布摩"先生将"双竹"做成门框状，在此"双竹"门前诵《摩经》祈祷祖宗保佑。诵完《摩经》后将此双竹门放到孕妇卧室门上或床头上方，意为子孙昌盛。该妇女超过生育年龄后才能取下"双竹"，之前绝对不能取下。。"搭花桥"宗教仪式，适宜于久婚不孕者。先用一节大竹做个"花竹筒"，再由"布摩"先生在主人家堂屋设坛，坛上放置"花竹筒"，竹筒里放置很多纸花。"布摩"先生手拿一根木棒，木棒前端布条，

---

① 布依族文学史编写组：《布依族文学史》，贵州民族出版社1992年版，第236—238页。

② 伍文义：《云南布依族传统宗教经典〈摩经〉译注与研究》，暨南大学出版社2012年版，第556—557页。

唱《摩经·引花经》）的同时用布条去粘纸花，粘上就代表能够"得子"。"竹船送子"宗教仪式，有的布依族村寨若遇久婚不孕者，便请"布摩"先生用新鲜大竹做成船，船内放置竹编小人，称为"竹船送子"。将此竹船置于水缸脚或堂屋中柱前，便认为能香火兴旺，子孙成群。"祭竹神栽竹护子"宗教仪式。若独子之家害怕独子难以长成人，就请"布摩"先生祭祀竹神后栽上大金竹或大水竹一蓬。独子成年之前，任何人不得砍伐，独子成年后，祭祀后由该独子砍第一棵竹子，然后其他人才能砍。

布依族的生育成长生态习惯法虽根植于竹图腾崇拜，行之于宗教仪式，但其客观效果则是布依族人通过种竹、护竹和合理用竹，进而保护了生态环境。布依族的聚居区到处是"青青翠竹"的"世外桃源"。

8. 丧葬习俗生态习惯法

布依人的死亡也离不开竹子。布依族的观念中，竹子是生命的源头，也是生命的归宿。在丧葬仪式上，布依族人通过竹子表达对祖先神灵的崇拜和美好祝愿。《摩经·用牛祭祖词》记载了七位孝婿在岳父死后急赶岳父家，按礼建立"大竹神位"的过程。《摩经·用牛祭祖词》第一卷《女婿砍龙竹，立"大竹神位"》说："哪里有龙竹？那方有大龙竹？哪个沟里栽龙竹？那里有龙竹呵，姑爷。那边有大龙竹。哪条沟栽有龙竹。别人穿路去竹林，姑爷你也穿路去竹林。别人穿路去要龙竹。姑爷你也穿路去要龙竹。要龙竹来做神位大竹竿，也成神位大竹竿。要做圆柱形吊龙幡，也成圆柱形吊龙幡。"[1] 由此可见，布依族人生死皆离不开竹子，对竹子崇拜和眷恋的前提基础是布依族村寨要有一定规模的竹林存在，这只有通过种竹和护竹才能获得。因此布依族的丧葬习俗客观上保护了布依族地区的竹林，保护了生态环境。

布依族生态习惯法是布依族人在长期的社会生产和生活中约定俗成的生态准则规范，对于维护社会秩序，促进生产发展，保护生态环境，促进身心健康一直在发挥着积极作用。因为它具有民主性、灵活性等优点，同时还是本民族的传统文化，因此更容易被群众接受。一直到现在，布依族的生态习惯法仍然在发挥着重要作用，对于保护布依族地区优良的生态环境等具有重大意义。

① 伍文义：《云南布依族传统宗教经典〈摩经〉译注与研究》，暨南大学出版社2012年版，第560页。

我国西部基层法院审判窘困的
民族习惯法因素分析

——以彝族地区案例与电影资料为分析样本

李　毅　徐晓光

摘要：我国西部地区基层法院审判活动中，国家制定法具有普适性作用，但民族习惯法在矛盾纠纷化解中仍然扮演着重要角色。在全面推进依法治国背景下，需要正确认识西部地区基层法院在审判活动中对民族习惯法的法律适用困窘，把握其实质是基层法院审判中如何处理国家制定法与民族习惯法之间的关系问题，解构其产生根源，并采取因应之策，为破解当下审判活动中存在的"二元审判""能说能做不能写""定分而不止争"等审判执行难题以及法院自身建设的困难提供路径参照，实现法院"依法审判"与民族群众"意思自治"的良性互动，提高法院在民族群众中的司法公信力，推动西部地区社会法治建设。

关键词：西部　基层法院　审判困窘　民族习惯法

作者简介：李毅（1981—），男，湖北利川人，贵州民族大学2017级博士研究生。研究方向：中国法制史、民族民间法。

徐晓光（1958—），男，辽宁盘锦人，法学博士，贵州师范大学教授、副校长，博士生导师，贵州省核心专家。研究方向：民族民间法、中国法制史。

习近平总书记指出："坚持依法治国，增强各族群众法律意识，提高运用法治思维和法治方式解决民族问题的能力，是实现民族团结的重要保障。"长期以来，由于我国西部地区在地域、政治、经济、文化等方面的异质性，形成了独特的法律文化——民族习惯法传统，为调节、化解民族地区的社会矛盾纠纷，规范构建稳定和谐的社会秩序发挥着重要作用。作为承担绝大部分民事、刑事、行政案件纠纷的基层人民法院，在审判实务中往往会遇到更为复杂的困难和挑战——民族习惯法对法院审判积极抑或消极的影响。因此，在新时代全面推进依法治国背景下，需要正确认识和精准解构民族习惯法对基层法院审判活动的制约因素，调适弥合长期以来法院在审判活动中对民族习惯法的"能说能做不能写"的尴尬局面，提高法院在民族群众中的司法公信力，为推动西部地区经济社会发展提供坚强法治保障。

一、现实检视：西部地区基层法院审判困窘现象

法律制定者如果对那些会促成非正式合作的社会条件缺乏眼力，他们就可能造就一个法律更多但秩序更少的世界[①]。彝族谚语云"汉区是官吏管事，彝区是德古管事，藏区是喇嘛管事"。在西部彝族地区独特的政治、经济、文化背景下，习惯法一直在彝族地区化解社会矛盾纠纷方面发挥主导作用。随着现代法治体系的建立，作为担负着化解彝族地区社会矛盾绝大部分任务的基层法院，仍然面临着多重审判压力。在这些地区中，由于民族习惯法往往随地域的差异、族群的不同、时段的流变而呈现出不同的特质，这使得在现实中很难通过搜集整理判例等方式形成案例指导抑或具有普遍适用效力的"法源"。而现代社会的治理手段模式或调控功能又很难起到立竿见影的效果，因此为法院的审判带来诸多困窘与不适。

电影《马背上的法庭》就是对人民法院审判活动中国家制定法与民族习惯法博弈的现实写照，影片选取了在地理偏僻、交通闭塞、经济落后的云南某偏远山区，以法官老冯为核心的法庭工作人员一行，到彝族习惯法传统文化浓郁的三个村落里巡回审理几起普通而又在村（寨）地区经常发生的民间纠纷的故事。虽然该影片也运用一定的艺术手法来表达思想，但同时也深刻地反映了彝族地区基层法院日常的立案、审判、执行等工作环节，揭示了西部地区基层法院在乡土司法中面临的法律适用之困，也为本文的研究解构提供了样本参照。

（一）"坎上法庭"与"坎下法庭"二元纠纷解决范式的冲突

在彝族地区话语体系中，彝语将"坎上"称之为"地各列托"，而"坎下"则称之为"地各列勿"，在调解纠纷时，人们大多选择在背风向阳的地坎上或者地坎下围坐进行，故"坎上""坎下"也成为纠纷调解场域的代名词[②]。在当代的凉山彝族地区，人们将人民法院称为彝区的"坎上法庭"，

---

① ［美］罗伯特·C.艾克里森：《无需法律的秩序——邻人如何解决纠纷》，苏力译，中国政法大学出版社2003年版，第354页。

② 李剑：《凉山彝族纠纷解决方式研究》，民族出版社2011年版，第224页。

同时将民间调解称为"坎下法庭",这是纠纷解决的两种不同方式 ①。而这两种不同的称谓分别代表着"官方＋民间"两类解决纠纷的不同范式,所谓"坎上调解",亦即"官方调解",主要是指以法官主体的代表人民法院牵头或主导下的司法调解,调解主要依据国家制定的成文法规范,其效力为国家法律所认可并由国家强制力保障实施;而所谓的"坎下调解",亦即"民间调解",主要是指由家支组织会议,在德古、苏易等威权人物的主持下进行的纠纷解决活动,遵守与否由双方当事人决定。

案例1:

2000年,牛牛坝某乡一名黑彝S家的人到同村白彝L家做宗教法事的现场去玩。由于他酒德不好,醉酒后胡言,结果被L家的人打了一顿,36天后死亡。S家到L家兴师问罪,当时按4锭白银、1头猪和4只鸡的习惯法赔偿,L家宰了10头牛、20只羊赔礼道歉,同时赔偿现金8000元。事后,L家支有1人在县上工作,遂将此事起诉到法院。结果,调解该起纠纷的德古被公安局拘留,死者的哥哥也以敲诈勒索罪被判刑 ②。

从本案来看,案情本身并不复杂,法律关系清楚,只是"坎下法庭"的处理结果突破了国家制定法的"红线",即在发生重大刑事案件后,必须由国家制定法来规范调整的法律排他性规定,而德古仍然按照"赔命金""赎命价"的民族习惯法来处理,与国家法明显冲突,既不为法律所认可,甚至还会受到法律的惩罚。"坎下法庭"与"坎上法庭"之间的关系,实质上是民族习惯法与国家制定法在民族地区解决矛盾纠纷种的两种不同路径,二者相互并存,而又相互博弈甚至冲突。

在《马背上的法庭》中,法院审理"'过界宰羊'不当得利纠纷"一案也凸显了两套纠纷解决程序的博弈和冲突。法庭书记员阿洛的岳父姚葛(某村村长)所在的村通过"民主形式"制定的"村民公约"明确规定:"过界牛羊一律宰。"并将邻村过界的羊予以宰宴客。当邻村村民前来"讨羊"时,姚葛认为这是全村村民协商一致后作出的规定,是村民意思自治的体现,也是一直以来的传统惯例。法官老冯和阿洛均指出此项"公约"已侵犯他人合法财产权益,构成不当得利,属于明显违法行为时,其姚葛无法理解缘何在自己村里面以民主方式做出的村规民约违法了?还认为村民公

---

① 巴且日火:《"坎上法庭"与"坎下法庭"—凉山彝族的国家法律权益与习惯法保护》,载《凉山民族研究》(内刊),2005年刊。

② 蔡富莲:《凉山彝族习惯法》,载韦安多主编:《凉山彝族文化艺术研究》,四川民族出版社2004年版,第215页。

约规定的事项并不以村民自身的"积极主动作为"为前置要件，而是由于相对方自身的行为过错"触犯"了本村的规定，本村将过界的羊进行处置属于"消极被动应对"，无法理解法院的法官缘何认定自己"违法"，他认为阿洛等人是"胳膊肘往外拐"，以致作出不嫁女儿的决定。这些画面构成了在少数民族地区国家制定法与民族习惯法之间的张力与博弈，也凸显了"坎上法庭"与"坎下法庭"的在针对同一事实的不同认知甚至对立，而这种二元化的纠纷解决模式，也成为人民法院开展司法调解等审判活动的重要掣肘。

（二）法院审判中"只做不写"的习惯法适用"潜规则"

从法系渊源来看，我国属于典型的大陆法系国家，成文法为其主要表征。因此，人民法院作为国家司法裁判机关，作出的裁判依据必须严格按照国家机关根据法定程序制定发布的具体系统的法律规定进行。民族习惯法作为一种非正式的法的渊源，自然不能作为法院裁判的依据准则。在法院审判实践中，法官往往为了及时化解矛盾纠纷，促进案结事了，也不会囿于法律规定，会参考借鉴或沿用习惯法规则进行调解，尤其在民事调解、刑事附带民事赔偿等纠纷案件中，形成了民族习惯法"能说能做不能写"的尴尬局面。在当下法官办案终身负责制、改判或发回重审案件直接与法官绩效挂钩等现实考评机制情形下，只要在不违反法律禁止性规定的前提下，在案件审理中援引习惯法已经成为法院审判的"潜规则"。

案例2：

2008年12月，宁蒗县5个彝族青年共同打死了一个摩梭青年A，公安机关依法将5人逮捕，检察院以故意伤害罪提起公诉。但法院受理案件之后，即遇到一个难题——被害人的家属和被告人的家支均竭力要求以赔偿的方式解决，被告人家支对赔偿又非常积极，而被害人家庭非常困难，也很想得到赔偿。双方经过私下商议，被告人家支愿意支付11万元的"命金"给被害人家庭，而被害人家属不仅不希望法庭对犯罪嫌疑人从严处置，反而请求从宽处理。法院非常熟悉他们所面临的情况——当事人在庭外以"赔命金"的方式调解纠纷，但重大刑事案件又不可能承认这一民间"私了"方式。然而，在本案中，如果严格按照法定刑处罚被告人，则被告人的家族将不愿兑现"人命金"，势必造成事态的扩大。最终，鉴于被告5人有自首情节，法庭决定减轻处罚，基于"人命金"赔偿、当事人和解等综合因素考虑，减轻的幅度较大，5名被告人以故意伤害罪各判了3年有期徒刑，双方对此结果表示满意 ①。

从上述案件处理来看，法院在处理涉少数民族民间习俗类纠纷案件时，注重把握国家法律和民族习惯法之间的共通性特征，灵活运用法律，既尊重民族地区的习惯习俗，又能依法裁判，取得良好的法律效果和社会效果。从整个法院的审判过程来看其中有默许或认可当地习惯法方式解决矛盾的做法，但从裁判结果来看，又丝毫体现不出其中的习惯法对审判的影响。

《马背上的法庭》有这样一个情节，法庭在审理"猪拱'罐罐山'"侵权纠纷一案中，原告声称，被告张龙家的猪把原告的"罐罐山"（也就是俗称的坟山）拱坏了，这意味着抄了他家的全部历史，坏了"风水"，就会诸事不顺，所以请求法庭判决张龙赔两头猪、做一场"法事"。法官老冯依法对双方进行了调解，并初步达成"被告赔偿原告方一头猪，做一场法事"的调解协议。然而，由于做"法事"这项协议具有明显的宗教或封建迷信思想色彩内容，不属于法律认可、保护和调整的范围，法庭不能予以支持。而原告对法庭的"仅赔一头猪"的提议又不同意，认为"不做法事老祖宗就不答应"。当法官老冯说到："法院不支持做法事，你就不认识喇嘛的庙门？"言下之意为，即使得不到法律的支持，但是可以沿袭通过私力方式解决，有效回避了法庭作出的职权行为必须具有法律依据和产生法律效力的"刚性"要求。最终，案件得以圆满解决。

（三）法院审判定"分"而不止"争"现象

"法者，所以兴功惧暴也；律者，所以定分止争也；令者，所以令人知事也"。管仲认为，法律的作用就是在于确定"名分、权属、职分"，解决制止"纠纷、争议"，从法律的角度对定分止争的内涵进行了阐释。法院的重要司法职能之一就是定分止争，促进矛盾纠纷的实质化解，实现案结事了，维护社会和谐稳定。然而，在各种社会矛盾纠纷相互交织的社会转型时期，法院裁判结果往往定"分"而未止"争"，这在习惯法浓厚的西部民族聚居地区亦较为突出，矛盾纠纷在法院后审判后往往无法得到解决，有的甚至需要再次运用传统习惯法的纠纷解决模式才得以最终解决。

案例3：

2001年，马海都五用刀将海来依服刺伤。事发后，公安机关将其逮捕。

---

① 李剑：《凉山彝族纠纷解决方式研究》，民族出版社2011年版，第251—252页。

而后法院认定马海是因为自卫才将海来刺伤，故将其无罪释放。但海来家并不服气，他们认为既然法院"不管"，那么他们就要自己动手将马海刺成相同的伤情，以示报复。两家闹得不可开交时，马拉则德古介入了纠纷，并未使用老规矩来裁定是"黑案"还是"花案"，而是教育海来家说："法院既然这样处理，自然有他的道理。"何况是海来先欲伤人，故其有很大的责任。马拉则德古最终显然说服了海来家，因为他们同意马海家只需象征性地赔一坛酒和一只羊，便了解此案永不翻案 ①。

本案中，法院根据案件事实依法作出裁判，从司法上来看，对案件的性质已然"盖棺定论"，但"官方虽定'分'而民间未止'争'"。虽然这类纠纷并非依靠法律就能单向调整，也非法院一家之力能够化解，但也实实在在地突显了法律的局限性和民族习惯法在化解矛盾纠纷方面的补充性。

在前述"猪拱'罐罐山'"一案中，法庭对双方的权利义务关系进行了明确后，"名分"虽定，但"争执"仍在：被告坚决不让原告把猪牵走，原因是按照彝族寨子的习俗，此类事情必须由寨子里德高望重的"老爷爷"（德古或寨老）负责执行，而由于"老爷爷生气回家了"，所以坚决不让原告一方将猪牵走。依据我国现行法律规定，如果被告拒不履行人民法院生效裁判文书确定的义务，原告可以依法向人民法院书面申请强制执行。执行过程中，如果被执行人仍不履行义务，人民法院可以依法采取拘留、罚款等强制执行措施，情节严重的，依法追究刑事责任。如果按照法律正常程序进行的话，原告方还需要到县法院立案庭去提交书面申请，再由法院的执行部门到这个山旮旯来强制执行被告的一头猪。法官老冯没有拘泥于现有法律规定，而是按照寨子里"猪需要德高望重的老人牵走才行"的习俗，借助自身年龄、个人威望及法院公信等优势，主动承担起"牵猪"的责任，一个人将猪从被告家中牵至原告家中。至此，一起原本需要经过复杂执行程序、甚至执行过程中可能引发更大矛盾纠纷的案件，就这样被老冯妥善化解，取得了良好的社会效果。

（四）法律效果和社会效果之间的选择困惑

如果从功能主义视角分析，法院的司法功能主要体现为两种范式，一是法律本身所致力或追求的法律效果，二是司法裁判结果所带来的社会影

---

① 陈金全，巴且日伙：《凉山彝族习惯法田野调查报告》，人民出版社2008年版，第297—298页。

响、反应。具体来讲，就是法院的立案、审判、裁定、执行等司法行为对社会所产生的作用、影响，是否达到了法律本身蕴含的价值目标，而这个目标除了满足法条主义或者程序正义的法律效果以外，还需要满足现实主义或者实质正义的社会效果。当然，二者在多数情况下是统一的，但不得不承认在某些具体案件中两者会发生冲突，甚至是"非此即彼""只能择一而生"的矛盾境地。这也会让法官在审判中常常陷入"合法不合情理""合情理不合法"的艰难选择。

案例4：

2005年的一天，B 与 A 发生争执，将 A 刺伤，A 被刺后伤重不治而亡。A、B 两家未将此事报给公安机关，而是请来德古调解。经调解，德古让 B 家（B 家支）赔偿2万元的人命金给 A 家，并宰生打酒赔礼。纠纷平息后，公安机关知悉后介入此案，强令 A 家将2万元人命金退还给 B 家，并将 B 逮捕归案。经凉山州中级人民法院审判，B 被判处无期徒刑，并附带民事赔偿2万元。但是，该2万元法院始终无法执行兑现，同时 A 家也十分不满，为此聚集多人与 B 家对峙。后美姑县政法干警等迅速介入协调，并且一起凑了2万多块钱给 A 家，该起群体性事件才得以平息。①

本案中，法院以及公安、检察等国家部门各司其职，依法履行法定职责，从法律层面来看，上述机关的行为都合乎法律规定，并无僭越违法之处。如果在其他地区，法院判处的刑事附带民事2万元赔偿款能否执行到位，仅属于法院"执行难"或者"执行不能"，为申请执行人（受害人家属）与法院执行力之间的张力与调适。然而，由于本案发生在民族习惯法浓郁的西部彝族地区，司法部门在依法履行职责中，未能有效考虑到民族地区实际情况和案件本身的特殊性，仍然以一般的法律规定行使审判职责，自然不为社会所认可，最终还得"自掏腰包"为其"买单"，这也揭示了民族地区司法人员在履行职责中的诸多困难与无奈。

在《马背上的法庭》中的"兄弟分家"财产分配一案，两兄弟分家，而两妯娌之间仅仅因为一个泡菜坛子相持不下，甚至"对簿公堂"。法庭书记员杨阿姨苦口婆心地劝说，双方却始终各不相让，无法进行和解，案件进入僵局。最终法官老冯以"快刀斩乱麻"的方式将泡菜坛子摔坏后，自掏腰包给双方当事人每人2.5元，让各自买新坛子才得以解决。或许在现在大多数人看来，这是一个微不足道的案子，甚至认为这只不过是电影制

---

① 李剑：《凉山彝族纠纷解决方式研究》，民族出版社2011年版，第226—227页。

作者"小题大做"的拍摄手法而已。其实，在西部广大少数民族地区，这类案件在当下仍然有相当数量的存在。因为，这类案件一旦进入司法程序，往往不仅仅是案件的本身，而是为了"争一口气"，稍有处理不慎，极易引发更深层次的矛盾纠纷。

二、缘由解构：我国西部地区基层法院审判困窘生成诸因素

（一）法律文化观念的认同差异

法律文化作为文化的重要组成部分，尽管目前法学界尚未对此内涵形成普遍共识，但总体来说体现在"人们对待法和法律制度的态度、信仰、评价、思想和期待"等几个方面[①]，其形成、固化与传承特质也必然具有明显的区域差异性。由于受经济发展水平、自然地理环境以及独特的社会历史文化等因素的影响，传统的习惯法观念仍然根植于西部民族地区的群众之中，无论在心理、精神或者观念上仍然具有天然的亲和力和认同感。当出现矛盾纠纷时，会"本能"地沿袭传统村寨的争议解决模式。在当代的凉山彝族地区，人们将人民法院称为彝区的"坎上法庭"，同时将民间调解称为"坎下法庭"，这是纠纷解决的两种不同方式[②]。在彝族地区，正式的司法程序与民间的调解制度交织存在，一个代表国家强制力，一个代表乡规民约、地方习俗、民族意识，两套纠纷解决程序必然存在冲突[③]。而这两种范式也是西部地区基层司法实践中对国家法和民族习惯法适用的重要表征，也往往存在差异和背离。比如，在关于民事婚姻家庭纠纷方面，国家法律明确规定，夫妻关系解除时，应当对双方在婚姻关系存续期间的共同财产依法进行分割。而彝族习惯法对离婚财产的分割方面实行的是，无故提出离婚的一方将"从头赔到脚，披金戴银；从脚赔到头，脚戴响铃铛"，即必须把所有财产给予对方并给予赔偿。如果纯粹地从国家法的效力位阶维度来分析，这项习惯法显然既违反了婚姻法中有关夫妻关系解除时财产处置的规定，也与现代法治精神相背离。但倘若从该项规定背后所蕴涵的"加大提出离婚一方的成本代价、维持族群婚姻稳定"的民族特质来分析，也不能盖然就认为是糟粕而加以否定批判。

---

① ［日］千叶正士：《法律多元——从日本法律文化迈向一般理论》，强世功等译，中国政法大学出版社1997年版，第35页。

② 巴且日火：《"坎上法庭"与"坎下法庭"—凉山彝族的国家法律权益与习惯法保护》，载《凉山民族研究》（内刊），2005年刊。

③ 张邦铺：《冲突与整合——彝族民间调解在现代社会的困境》，载《民间法》第十三卷，第276页。

法律文化观念的差异性往往成为法院审判的重要掣肘。比如影片中的彝族书记员阿洛，在经过正规法学教育的"洗礼"后，浸润于其大脑的乃是对国家制定的成文法的适用，而对于具有深厚民族习惯法传统的少数民族村寨的矛盾纠纷解决方式不认同，以致于对法官老冯的办案理念方法提出了强烈质疑、排斥，甚至对老冯的行为嗤之以鼻，说："牵着一头猪满大街跑，你的脸面不值钱，衣服上的天平也不值钱？"认为其有损法院公平公正的司法形象，无助于维护法律的尊严。与此同时，当民族群众认为自己的"规矩"受到破坏后，也不会认为法院的行为就是正确的。比如当姚葛拒绝将女儿嫁给阿洛，而阿洛携妻"私奔"后，直接导致原本要向法院起诉的邻村村民直接放弃诉讼权利，并说"你们法院的人不应该是这样坏了我们彝族的规矩，不把姚葛姑娘送回来，我们就不打官司"。这些法律文化观念的差异性，也给法院在审判活动中的事实认定、裁判作出及生效后的认可与执行带来重大影响。

（二）法院审判"双重效果"的竞相交织

在基层法院审判活动中，任何一项裁判都以追求法律效果和社会效果的统一为最高标准，也就是既要坚持为人民司法，也要做到为大局服务，而这往往是最难企及的要求，在习惯法传统深厚的西部民族地区的基层法院审判中显得尤为突出。其中一个显著的特征在于国家制定法与民族习惯法针对同一事项（民事、刑事或者行政纠纷）的处理或者因应之策不相一致甚至相互对立，在裁判中无法径行适用某一规则而排斥其他因素的考量。因为即使法院严格依据法定程序、公正地作出了裁判，对民族地区的当事人而言，除国家刑罚制裁而不得不服从外，对于民事及其他非诉案件的判决、裁定是否服判息诉、执行是否到位等都是一个亟待检验的问题。因为案件双方当事人并不仅仅为各自独立的实体，其背后往往都有一个庞大复杂的家支（家族），家支的另一个职能就是"大刑用甲兵"，对冲突的另一方施以最严厉的惩罚，并且这种"冤家械斗"不仅在不同的家支之间，甚至在家支内部也可能随时发生并长期持续，正如彝族格言所云："不维护一户，全家支保不住；不维护家支，一片被抢光。"[1] 这也使得法院在审理此类案件时，往往会在依法履行审判职能和注重社会大局稳定方面统筹兼顾，而非简单一句"严格执法、公正司法"。

---

① 李剑：《凉山彝族纠纷解决方式研究》，民族出版社2011年版，第90页。

（三）民族习惯法的独特属性在法官裁判中处于微妙地位

对民族地区基层法院法官来说，民族习惯法在具体案件中的司法适用，一直以来是一个异常敏感又不得不审慎应对的话题，总体来说处于"能做能说不能写"的微妙地位。一是由于在民族地区的许多案件都涉及少数民族当事人的利益，出于对民族地区的传统理念及其宗教信仰的尊重，一般在司法调解中可以适用当地习俗、民间风俗、习惯传统等习惯法，双方就纠纷争议事项达成一致的解决方案，法官在裁判文书中只会一笔带过，不会详细说明具体过程，或者根本不提及，只要案件审理结果能够达到预期效果，实现"案结事了"即可。二是出于对维护国家法治统一和国家民族政策的考虑，出于对民族习惯法干预"司法案件"、影响"审判独立"的顾忌，使得直接"严格依法审判"的法律风险远远低于"适用少数民族习惯法"[①]。因为单纯从司法原则上而言，"以事实为根据，以法律为准绳"是法官审判的根本原则，但是在司法实践中，法官及法院又并非单一的"依葫芦画瓢"式的办案，往往需要对一些社会矛盾纠纷按照法律之外的标准和方式来处理。这种看似相互背离而又相互依赖的裁判因素，使得法官在审判中往往采取"工具化""技术化"的手段处理。可以看见的是，在制作的裁判文书中几乎找不到习惯法的影子，更遑论直接以习惯性规范作为裁判依据，这样可以有效避免由此带来的诸多不便，故而有的学者将此称之为"伪饰裁判"。因此，在具体审判活动中，不同的法官对待民族习惯法的不同态度，也一定程度上影响到法院的裁判结果及其带来的不同社会效果。

（四）法院"人案矛盾"等因素掣肘民众司法认同

近年来，随着改革进入深水区和攻坚期，经济社会的发展面临转型升级阶段，各类矛盾纠纷开始凸显，加之人民群众法律维权意识的提高，各类案件逐年呈大幅上升之势。同时，自2015年全面施行立案登记制改革以来，法院收案数逐年大幅增加，而现在又处于法官员额改革后审判人员大量减少的过渡期[②]，案多人少矛盾突出，审判周期延长，审判压力异常巨大。在关系胜诉债权人合法权益兑现"最后一公里"的执行工作方面，围

---

① 杨雅妮：《少数民族权利救济机制研究》，中国社会科学出版社2014年版，第202页。

② 2015年5月实施立案登记制以来，2015年5月至2016年4月，全国法院收案1890.9万件，较立案登记制前增加25.3%；2016年5月至2017年4月，共收案2089.5万件，较上一年度增加10.5%。实行法官员额制后，法官人数由原来的211990人减少为120138人，减少了43.33%。最高人民法院关于人民法院全面深化司法改革情况的报告参阅资料。

于被执行人难找、财产难寻、履行兑现率不高等"执行难"问题等等，这些多重因素的叠加使得法院的司法公信力一直未能令人满意。尤其是近几年来，民族地区大量人员外出务工，有的人员甚至多年不回，也无法联系，给法院审判执行工作带来诸多不便和压力。同时从有关调查问卷来看，西南少数民族认为法院在解决纠纷时存在诉讼延迟、效率低下、费用偏高、程序复杂、太讲关系、公正性不足等问题[①]。民族群众认为到法院诉讼的成本太高，尽管法院自身收取的诉讼费用较低，但是案件审理程序繁琐，耗时较长并且不一定能达到预期效果，而与此相关联费用比如律师费、交通费等也较高，大大增加了当事人的诉讼成本。相比之下，当事人更愿意选择程序简单、方式灵活、费用低廉、易于兑现等优势的习惯法解决矛盾纠纷。社会实践中，甚至还出现了一些原本通过法院解决纠纷的案件，最后还得再次"返工"，不得不通过民间私力救济方式解决。据统计，在四川凉山彝族地区，彝族民间纠纷通过"德古"调解的数量远大于法院诉讼受理的案件数量，甚至有些已经经过法院裁判的案件最终还需要由"德古"再次调解才能兑现[②]。

（五）法官职业化建设中的"双语型"人才缺失

推进法院人员职业化建设，建设一支高素质的法院队伍，是司法体制改革的重要内容，也是全面推进依法治国的内在要求。然而，在广大西部地区基层法院，由于受外部地区经济社会发展水平相对滞后、内部法院人员职业保障相对不足等因素的掣肘，长期以来无法有效吸引到优秀人才，特别是既熟悉国家法律法规，又精通民族习惯法的"双语型"人才缺失。即使进入到法院的青年干警，有能力的要么想方设法地调往地方党政部门或者遴选至上级法院，要么干脆辞职"下海"，而那些想从事法律职业的人员，又囿于学历、年龄等因素，不符合司法人员职业化建设要求而无以为继，导致司法职业人才引不进、沉不下、留不住，从而在"承继"方面面临"断档"的尴尬局面[③]。比如影片中的法官老冯、提前退休的书记员杨阿姨、彝族大学生阿诺三人的角色和命运正是这种

---

① 胡兴东：《西南民族地区纠纷解决机制研究》，社会科学文献出版社2013年版，第132页。

② 张邦铺：《"法官＋德古""国家法＋习惯法"调解模式——彝族多元化纠纷解决机制的创新与实践》，载《中国审判》2015年第128期。

③ 2017年9月，笔者曾到西部某省国家级贫困县（该县人口近120万人，同时为该省会城市"1小时经济圈"重点城市）调研时，发现在该县法院新遴选的29名员额法官中，仍有4人具有大专学历，占全体员额法官总数的13.79%。

尴尬局面的折射。与此同时，在全国"一盘棋"思维下所推进法官职业化建设过程中，一个常常被忽略的事实是，民族地区对法官人才的素质能力其实具有更高要求——除了需具有一般法律业务技能外，还需要具备通晓当地语言、熟悉地方传统习俗等综合素质。否则，在参与当地社会矛盾纠纷化解中，不能了解到双方当事人的真实诉求，找准争讼焦点，做到国家法律与地方风俗习惯的互相融合，而且始终会被当地民众群众视为"局外人"而无法融入其中，裁判结果也不为当地民族群众所认可，不能做到"服判息诉"，也自然无法承担起化解矛盾纠纷、实现"定分止争"的法律效果和社会效果。

三、进路优化：构建契合西部地区民族特质的基层法院审判机制

西部地区基层法院审判中，要破解习惯法对法院审判的干扰，发挥法院在化解社会矛盾纠纷、促进社会和谐稳定、维护社会公平正义的司法职能，应进一步加强国家制定法与民族习惯法的二元建构及其对接，激活内生动力，实现现代法治精神与传统习惯法资源的良性互动与优势互补，推进西部民族地区法治建设。

（一）兼容并蓄：坚持法律原则与习惯法规则的融合

约翰·奥斯丁认为"在立法机关或法官赋予某一习惯惯例以法律效力以前，它应当被认为是一种实在的道德规则（a rule of positive morality）"[①]。并且，尽管这些习惯在当今文明社会中作为法律渊源的作用已日益减小，然而，这并不意味着传统习惯所具有的法律效果已经消失殆尽了。我们会发现，职业或商业习惯，甚或更为一般性的习惯，仍在非诉讼的情形中调整着人们的行为，而且这类习惯还在法庭审判活动中起着某种作用[②]。作为统一的多民族国家，我国各民族聚居、杂居、散居的样态决定了我国社会多元化的格局，要调整多元化的社会关系，必然需要多元化的法律体系，使得多层次、多元化样态的民族法在统一的大格局下存在[③]。坚持宪法和法律的普适性，维护国家法治统一，是处理国家制定法与民族习惯法关系的前置性要件和根本性准则。在现代化中国的社会秩序之建构的进程中，

---

① Austin：The Province of Jurisprudence Determined,ed.H.L.A.Hart（London,1954）,pp.30—33,163—164.

② ［美］E·博登海默：《法理学——法律哲学与法律方法》，邓正来译，中国政法大学出版社2004年版，第497—498页．

③ 徐晓光等：《我国法律在少数民族地区实现途径研究》，民族出版社2017年版，第51页。

人们逐渐发现，其实民间法或习惯法并不当然是现代化的阻碍力量，而相反，很可能是现代化的共生力量[①]。实践中那种忽视或枉顾少数民族法律传统的存在，甚至试图通过立法等外部力量来改造、摧毁、同化习惯法传统的做法是不正确的，因为"在中国社会转型的法制建设中，从总体上看，国家制定法和民间法之间必须尽力沟通、理解、在此基础上相互妥协、合作。这样可以避免更大的伤害，获得更大的收益。而不是按照一种思辨的理想型法制模式（无论是强调国家制定法还是强调民间法的模式）来构建当代中国的法制"[②]。

由于"少数民族风俗习惯具有深厚的民族性、广泛的群众性、相对的稳定性、历史的继承性、极大的敏感性"[③]，西部地区基层法院在审判活动中，当国家制定法与习惯法发生冲突时，在坚持国家制定法为原则的前提下，应当立足案件的争议焦点，积极探寻国家法与习惯法之间的共同点或平衡点，尽量寻求一种折中的方案，从而达到化解矛盾纠纷的目的。据此，审判实务中，人民法院应当根据少数民族地区实际情况，以化解矛盾纠纷为着力点，适当参照民族习惯法中的积极内容，发挥少数民族习惯法的"补充性"作用[④]。因为在习惯法传统早已根深蒂固的民族地区，原有的一整套国家法运行机制往往不能像在其他地区那样得以正常运作。此时，如若简单机械地加以强制推行，可能不仅不能实现法律所追求的"正义秩序"的建立，也无法取得良好的法律效果与社会效果。就民族习惯法而言，无论是事前的警戒抑或是事后的惩处，也是为了达到规范人们行为、调整社会生活、维护民族秩序、促进各民族地区的社会和谐稳定的目的，这与法律制度设计的初衷也是高度契合的。

（二）能动司法：完善司法保障下的民间多元纠纷解决机制

日本学者棚濑孝雄指出："尽管审判外纠纷处理与审判一样关系到每一个人的权利实现问题，但到目前为止法律实际工作者却有一种只是把视线集中在审判制度上的倾向。在这样的背景下，更有必要强调分析审判外

[①] 魏敦友：《民间法的话语逻辑——对当代中国法学建构民间法的三种理论样式的初步探讨》，载《山东大学学报（哲学社会科学版）》2008年第6期，第3页。

[②] 苏力：《法治及其本土资源》，北京大学出版社2001年版，第63页。

[③] 吴大华：《民族习惯法的历史作用与现实意义》，吴宗金主编：《中国民族法学》，法律出版社1997年版。

[④] 也有学者认为，法院对习惯的处置方式可以通过禁习入审、援习入调、以知参审、援习入释以及援习入判五种方式解决。高其才等：《当代中国法律对习惯的认可研究》，法律出版社2013年版，第46—48页。

纠纷处理机关的实际功能、探索其发挥更大的有效途径这一课题的重要意义。"① 诚然，诉讼解纷可满足冲突主体对于司法救济的规范需求，非诉解纷可发挥特定解纷方式的程序自主性，做出符合"乡土情理"的、最适于制约冲突的自我调解，体现法律多元化基础上实现解纷模式多元化的价值功能。社会主体在纠纷产生后可根据需要选择不同纠纷解决机制解决自己的纠纷，而不是仅限于某一单一的机制②。然而传统的民间纠纷解决机制也有其自身无法克服的缺陷，比如调解人员的法律素养参差不齐、调解结果不具有公法上的强制执行力（除非通过司法确认等方式予以明确）等，调解结果甚至可能与国家法之间存在冲突和背离。因而如果单纯地依靠这些机制来解决矛盾纠纷，从形式上而言，就会难以实现国家制定法所追求的"公平与正义"。而法院的审判活动过程规范严谨，司法裁判结果对双方当事人具有普遍约束力，因此法院的司法行为在解决矛盾纠纷方面具有其独特优势。

在此背景下，就需要人民法院积极发挥人民法庭巡回审判优势，开展"马背上的法庭""火塘法庭""溜索法庭"等巡回审判工作，发展将国家法治深入到最基层，切实减轻民族地区群众"讼累"的"大众化司法"③。积极参与地方综合治理工作，加强对民族村（寨）制定的村规民约、团结公约、乡约、"明白书"④等自律性规范的指导，将法院的司法为民工作前移到基层社会治理一线，将纠纷化解在诉讼前，矛盾解决在基层。立足人民法院司法裁决的公权性、终局性和执行力优势，建立起与人民调解、行政调解、行业调解、民间团体及其他社会组织等的常态沟通联系机制，及时参与指导民间调解，运用好"司法确认"这一制度性优势，对人民调解委员会各类组织的民间调解结果，积极引导，进行司法确认，在严格进行程序审查的同时，提高审判效率，优质高效地作出确认裁决，使调解结果可以快速得到司法认可，当事人一方不履行调解所确定的义务时，权利人一方可以依法向人民法院申请强制执行，及时获得司法救济。在法院开展的审判活动中，还可以聘请优秀的"德古""寨老""阿妈"等"头人"作为特邀人民陪审员、民事调解员、刑事和解员（比如轻微刑事自诉案

① ［日］棚濑孝雄：《纠纷的解决与审判制度》，王亚新译，中国政法大学出版社1994年版，第78页。

② 沈恒斌：《多元化纠纷解决机制原理与实务》，厦门大学出版社2005年版，第35页。

③ 侯欣一：《陕甘宁边区司法制度的大众化特点》，载《法学研究》2007年第4期。

④ 徐晓光等：《"明白书"现象的法社会学思考——以贵州省雷山县、丹寨县苗族基层社会治理创意为看点》，载《贵州民族研究》2016年第5期。

件、刑事附带民事部分赔偿等）、行政协调员等，参与法院司法调解、审判、执行等审执业务工作。一方面，可以借助其在群众中的威望，熟悉民族习惯法规则，积极协助开展诸如劳资纠纷、邻里纠纷、婚姻家庭纠纷、交通事故纠纷等纠纷化解工作，力争将矛盾消解在基层，消除在萌芽；另一方面，可以借此对他们进行法治教育，及时宣传普及法律知识，提高全村（寨）民族群众的法律意识，规范社会治理，维护社会和谐稳定。以四川喜德法院为例，该院注重将"德古"推选为特邀陪审员、颁发聘任证书、纳入规范化管理，并对其开展相关法律法规培训，努力引导"德古"调解转变为依法、规范的人民调解。2014年，该县由民间"德古"参与调解的各类民事案件497件，调解成功率100%。如峨边创新"大调解"工作方式方法，将彝族民间"德古"纳入"大调解"工作体系，推行德古调解法，"德古"成为解决彝区矛盾纠纷重要的"调解员"①。

（三）内生动力：加强西部地区法院民族法官人才队伍建设

苏力认为，"诚然，乡民们依据他／她们所熟悉并信仰的习惯性规则意识认同和分享是另一个重要条件。法官对民间风俗习惯的下意识认同和分享是另一个重要条件"②。要提高西部地区基层法院在审判中处理好民族习惯法的困窘，一个重要的标尺就是要提高法院的司法能力水平，而加强民族法官人才队伍建设则是其中的核心要义。当前，以司法责任制、司法人员分类管理、司法人员职业保障、省以下法院检察院人财物统一管理四项工作为重点的司法体制改革正在稳妥有序推进，也取得了阶段性成效。西部地区基层法院在推动司法人员分类管理以及职业保障等改革过程中，在坚持抓好"规定动作"的同时，还应当注意结合民族地区特质。比如在改革方案设计中，应当力图避免简单提高职业准入"门槛"（如学历层次、工作年限、年龄要求等），应当注重结合民族地区经济社会发展情况、司法人员素质结构等特质，避免唯学历、唯资历、唯办案数量等具有普适性的"一刀切"改革模式，加大对少数民族法官的培养选拔力度，让那些既深谙国家制定法律，又熟悉民族习惯法的"双语型"优秀法官快速成长，探索构建一条契合少数民族地区特质的渐进式司法人员职业化建设之路③。同时，

---

① 《峨边：创新"德古＋亲情"工作法树文明治标治本治病根》，载四川新闻网，http://scnews.newssc.org/system/20161111/000721963.htm，2017年12月10日访问。

② 苏力：《送法下乡——中国基层司法制度研究》，中国政法大学出版社2000年版，第255页。

③ 比如，《云南省红河哈尼族彝族自治州自治条例》第23条第3款规定："自治州中级人民法院和人民检察院的领导成员和工作人员中，应当以哈尼族、彝族和其他少数民族的人员。"

应当加大法院人员职业保障力度，而且这种力度应当以看得见的形式实现，切实增强职业尊荣感，让西部民族地区司法人才能够"引得进、沉得下、留得住"，真正成为推动民族地区法治建设的中坚力量。

结　语

"国家法与民间法，实乃互动之存在"[①]。法律作为社会的产物，既是一种社会制度，也是一种社会规范。任何社会的法律都是为了维护并巩固其社会制度和社会秩序而制定的，只有充分了解产生某一种法律的社会背景，才能了解这些法律的意义和作用[②]。西部地区基层法院审判活动中，应当坚持国家基本法律的普适性与民族习惯法的特殊性相结合，以维护公平正义、化解矛盾纠纷、实现定分止争为裁判旨归，注重司法裁判法律效果和社会效果的统一。同时，更加注重契合民族特质的基层法院自身建设，使其以优质的司法能力、高效的司法效能、良好的司法公信服务保障西部地区社会法治建设。

黔东南雷山县涉及苗族敬桥习惯法司法判例研究

周相卿　李　榛　杨家佳

摘要：祭祀桥神制度是黔东南雷公山地区苗族聚居地方民间信仰受到当地习惯法保障的原始宗教制度。如雷山县西江镇某村的两户村民因为祭祀桥和重新架桥问题引起纠纷。因为当地寨老根据习惯法规范作出的调解意见不能得到执行，纠纷的一方起诉到法院。本文作者针对此案例进行了田野调查，认为通过此案可以看出国家法实施的强化导致了部分习惯法内容的变迁，从微观上体现出了国家法与习惯法互动过程中的关系。

关键词：敬桥制度　敬桥权纠纷　田野调查　苗族习惯法　国家法

---

① 谢晖：《〈民间法〉年刊总序》，载《民间法（第五卷）》，山东人民出版社2006年版，第2页。
② 瞿同祖：《中国法律与中国社会》，商务印书馆2016年版，第12页。

作者简介：周相卿（1962—），内蒙宁城人，男，法律人类学博士，贵州民族大学二级教授，博士研究生导师。

李榛（1978—），男，贵州民族大学2015级法社会学博士研究生。

杨家佳（1994—），女，贵州省剑河县人，贵州民族大学2016级民族法学硕士研究生。

本文中的习惯法是指，"存在于少数民族社会中，通过多种途径产生但非国家制定或认可的，有社会公认的公共外部强制力或其他强制力保证实施，与国家法多元并存的社会规范体系"[①]。掌握国家法的规范内容容易。但民间习惯法规范在调查过程中不可能找到完备的供调查者使用的文字材料。很多少数民族地区没有自己的文字，少数民族习惯法规范大多都是不成文的，案例调查非常重要。根据案例，可以清楚规范的具体内容，判断规范的有效性。除了各种习惯法案例以外，各种关于习惯法问题的国家司法判例对研究习惯法变迁也有重要意义。为了全面了解雷山县一个关于桥崇拜问题司法判例的具体情况和影响案例的各种文化因素，本文作者于2017年12月专门到事件发生的自然寨进行了调查，下面分析这一案例体现出的习惯法变迁问题。

一、案件基本情况及分析

（一）案件发生的地点位于贵州境内少数民族习惯法传承最好的雷公山地区苗族聚居地方

贵州少数民族文化传承比较好的地方主要是黔东南雷公山地区、月亮山地区苗族聚居的地方和都柳江流域侗族聚居的地方，分布于黔西南、黔西和黔南的北盘江流域和涟江、蒙江流域的布依族聚居地方。相比之下，雷公山地区由于山高谷深，交通极为不便，苗族进入后形成非常大的规模。历史上无论是内部之间还是与外部其他民族之间极难进行交流，除了清代雍正六年以后国家军屯的地方之外，其他的少数民族基本上没有进入，是中国境内苗族聚居范围最大、人数最多的地方，也是贵州少数民族聚居最为集中、原始文化传承最好的地方。

贵州民族文化传承比较好的少数民族聚居地方中，有的少数民族历史

---

① 周相卿：《中西方关于习惯法含义的基本观点》，载《贵州大学学报》2007年6期。

上受到汉族文化的影响非常小，人们习惯上称之为"生苗"[①]。雷山县位于雷公山地区的最核心部位，案件的发生地点——雷山县西江镇，位于雷公山的腹地，是典型的生苗地方。从文献资料记载的情况看，雷山县周围的各个县在清朝雍正六年以前，部分地区在历史上都有过被清朝征服或者被土司控制过的历史。在整个雷山县境内，雍正六年以前都是处于原始社会阶段，没有经过土司统治或者其他形式控制的"飞地"。清代只是在这里设置屯军防止当地的百姓造反，费用由国家承担，乾隆元年至清朝灭亡都不在这里征税。

中华人民共和国成立以前的雷山县域内是贵州境内少数民族原始文化保留最好的地区之一，由于雷公山地区核心地带的雷山县和台江县少数民族占到95%以上，而且基本都是苗族。中华人民共和国成立以后，当地由于自然条件的原因与外部的联系少，国家工作人员主要也是当地的少数民族，1990年代以前官方的文化对当地的苗族文化的影响比较小。原始文化包括习惯法文化保留得非常好。但是近年来，由于经济、交通、大众传媒、人员流动等多种因素的影响，当地文化迅速变迁。桥信仰制度是当地原始宗教信仰制度的组成部分，文中案例体现国家法与当地苗族习惯法的互动导致部分习惯法规范内容失效。

（二）法院认定的基本案情及裁决情况

原告李××是雷山县西江镇某村的村民，中华人民共和国成立前其祖上在西江镇开觉村"也益"（地名）自然寨的寨脚小河沟上架设一座木制小桥，作为保家桥神，从其祖父时期到案发时，每年全家都在特定时间去祭祀桥神，因长期未维修导致损坏。这座桥从该村的村民罗××家承包的责任田的田坎跨至被告家承包的责任田的田坎上。该桥损毁后，原告在每年的农历二月初二都在罗××家承包的责任田的田坎边桥墩上烧香烧纸祭祀桥神。在2015年农历二月初二（即3月21日）的祭桥节时，原告使用三根杉原木重新恢复了这座桥。第二天，被告擅自将原告家已修建好的木桥损毁，并将架设桥的木料撬下河沟后劈烂烧毁。

原告认为，被告的行为给自己造成了财物损失，并在精神上给其很大的打击。要求法院判决：①被告赔偿杉木损失费、请人修桥劳务费、购买生猪

[①] 历史上对"生苗"的称呼有多种含义。乾隆《镇远府志》中讲到生苗的三种情况：第一，是指清朝雍正六年改土归流以前中央王朝的势力没有渗入其中的贵州以及贵州和湖南交界处等少数民族地方。第二，根据受儒家文化的影响程度划分，"生苗"是指没有受到儒家文化影响的苗族，"熟苗"是指被儒家文化同化的苗族。第三，纳粮当差能懂汉语者谓之"熟苗"，不纳粮当差不懂汉语者谓"生苗"。

祭祀桥神费，共计7020元；②被告赔偿精神损失，并在黔东南日报公开赔礼道歉；③罚被告120斤酒、120斤肉、120斤米，用于原告寨子里的人会餐。

被告对原告从七组跑到九组他家的田埂上来修建木桥不满，辩称原告在这里修建的木桥不是为了方便群众通行，目的是为进行封建迷信活动，大搞牛鬼蛇神。

原告和被告的纠纷在起诉到法院之前，经过村民委员会的调解。由于被告不执行村民委员会的调解结果，最终被起诉到雷山县人民法院。

法院认为，原告的架桥行为是当地少数民族的一种普遍信仰的习俗。原告从罗××承包的责任田田坎上架设的木桥跨过一条小河沟至被告家承包的责任田的田坎上供行人通行，对被告家承包的责任田和房屋均未有任何的影响和损害，被告的损桥行为依法应当承担民事赔偿责任。法院判决：①被告赔偿原告的三棵杉木价值600元。根据该地少数民族习俗，修建这类桥是由原告请其房族兄弟帮忙修建，由建桥人负责承担来帮忙修建的人员的伙食，不存在支付报酬的习惯，对原告请求被告赔偿其房族兄弟帮忙修建木桥的误工费损失不予支持。②因原告未提供相应证据证明被告行为造成其精神损害，属举证不能，不支持精神赔偿。③原告要求按照村规民约赔偿"3个120"因没有国家法依据，法院不支持。

二、雷公山地区的苗族桥神崇拜制度 ①

在整个雷公山地区的苗族聚居地方，普遍存在着系统而完整的桥崇拜制度。雷山县与台江县位于雷公山地区的核心地带，当地的桥信仰制度具有代表性。并且各个自然寨的桥崇拜制度具有高度的一致性，几乎没有差别。不了解当地的桥崇拜制度也就很难理解这个案例中的文化现象。

（一）敬桥节

桥崇拜是整个雷公山地区苗族民众的原始宗教信仰内容之一。当地普遍将农历二月初二作为专门的敬桥节，是苗族最重要的节日。当地人认为，敬桥对于传宗接代和儿童具有重要意义。在这种节日期间，当地苗族同胞都要穿戴平时不穿的民族盛装举行各种敬桥仪式。由于人们认为此种节日对儿童的意义大，各家更是让儿童穿戴一新。祭祀桥神仪式过后，青年男女往往要进行多种形式的游方 ② 活动。许多村寨都举行群众性的娱乐活动，如斗牛、芦笙舞或者木鼓舞等。平时也有祭祀桥神的，但都有特定的目的，

---

① 此部分内容详见周相卿：《雷公山地区苗族习惯法研究》，法律出版社2016年版，第149页以下。
② "游方"是当地苗语的音译，是具有当地特色的青年男女谈恋爱活动。

如久婚不孕、儿童容易生病等。

（二）桥的种类

根据敬桥权的所属对桥进行分类，可划分为三种：第一类是全寨所有的桥，一般是按照历史传统，整个寨子的人都可以敬的桥。包括全寨集资修建的桥和在寨子的地域内国家修建或者资助修建的桥。第二类是多个家庭组成的家族所共有的桥。这种桥开始都是以家庭为单位的，架桥的原因有些是方便生活，也可能是完全出于宗教目的，如妇女婚后不育、期望生男孩或者保佑儿童健康成长等。祖先架桥，子孙不断繁衍，原先一个家庭的桥，就逐渐演变为家族共有形式。第三类是单个家庭所有的桥。现实中这种桥主要是分布在人行小道、田头或者小水沟上的小桥。架桥的原因与上一种一样。这三种划分主要是依据敬桥的权利所属，并不一定是指物质意义上的所有权。

根据修建桥的方式以及用材进行分类，可以分为使用钢筋混凝土修建的桥、使用石质材料修建的桥、使用木质材料修建的桥和桥体使用钢筋混凝土而上面使用木质的风雨桥。木质的又可分为简单的原木桥和复杂的风雨桥。现在复杂的风雨桥一般都是桥体使用钢筋混凝土而上面使用一些木质材料。国家修建或者国家资助修建的钢筋混凝土桥也被人们所崇拜。简易的木质桥，是用单数的原木排放在一起制作而成，在当地的苗族村寨中，1990年代以前，简易的木质桥是木质桥中最多的。高级形式风雨桥是经过木工精心制作的木质桥或者桥体使用钢筋混凝土制作，桥两边的护拦及桥上面屋顶使用木材和砖瓦制成，人们平时在桥上聊天、乘凉及讨论问题。还有一种木质"桥"仅仅具有象征意义。有些人家需要架桥，但是有世俗使用功能需要架桥的地方都被别人架起了桥。需要桥的人家只能在路中间或者自家房子的门内"架桥"，具体做法是在地上挖坑，把几根二尺多长、几寸宽的杉木铺嵌在坑内就算是制作了桥。

（三）桥的作用

当地苗族聚居地方的桥一般都有双重意义，从神圣的意义上讲，人们认为各种桥都是可以保佑人们的神，但是神圣的功能只有通过祭祀的中介才能体现出来，谁祭祀就保佑谁。特别是求助桥神保佑多子多福和护佑儿童健康成长，使家庭、家族或者寨子里人丁兴旺。从世俗的意义上讲，是指方便人通行。贵州省内多山，苗族在迁入贵州时地理位置相对好的多山平坝地方已经有人居住，苗族只能在还无人居住的沟谷纵横、地形复杂、相对高差悬殊特别大的高山地区发展。无论是在居住地方的日常生活，还是从事农业生产，桥都是必不可少的。除了极少数仅有象征意义的"桥"以外，绝大多数的桥都有物质性的实用价值。

（四）敬桥一般禁忌

在台江县的反排寨调查时，村民们说敬桥节期间，人们不能带年龄不满5岁的儿童和怀孕的妇女随意通过敬桥权属于他人的桥。人们认为不遵守这样的禁忌，本来到自己家的小孩会投胎到别人家去。这实际上是具有禁忌性质的习惯法规则。举行宗教仪式架桥以后的3年时间内，每年都要在特定的时间祭祀桥，而且一旦架桥就不能拆去。认为如果不尊重桥神，可能会遇到麻烦。

（五）敬桥的习惯法规则

习惯法对祭祀桥的权利有非常明确的规定。现在举行祭祀桥神的仪式一般是以家庭为单位举行，任何一家人都不能随意去乱敬某一座桥。祭祀桥的权利是属于全寨村民的，一般情况下寨内的每一户人家都可以去敬，也有特殊的情况。在台江县南部位于雷公山腹地的记刀寨，就有一个不同于周围寨子的特殊祭祀规则。这个寨子中属于全寨共有的四座桥必须是举行全寨性的祭祀仪式进行祭祀，只有在经过寨老商议后敬桥节期间不举行公共祭祀活动的情况下，各家才可以单独去祭祀全寨性的桥，否则各家没有单独祭祀的权利。祖先架设的桥，其后世子孙都有祭祀的权利，由于人口的繁衍，就形成家族共有桥，外人没有祭祀的权利。某一户人家新建的桥，只有这户人家才有祭祀权。

三、对案件中几个问题的说明

（一）村规民约中的"3个120"问题

当地苗族习惯法处罚制度中流传下来的一般处罚方式主要是财产方面的处罚。传统上的财产处罚或赔偿制度是罚有过错的人出米、酒、肉，请全寨的人或某一个家族的人吃饭。对责任人而言，这是一种惩罚，但对于被请吃饭的人而言，则是一种补偿。一般情况下，采用这种处罚制度是因为责任人的行为败坏了村寨的风气，也侵犯了公共利益。吃饭时有过错的人还要自己承认错误。这样既教育了当事人，又教育了他人。请吃饭的范围有时是一个家族，有严重的过错时是全寨。有过错的人承担这种责任的花费是非常大的。传统上这种处罚是强制性的，被人们普遍认可，是当地习惯法存在的重要标志。

当代这种处罚制度在当地也被称为罚"3个120"，即罚有过错的人出120斤米、120斤肉、120斤酒，请一定范围的人吃饭。当地的苗族民众对12这个数字运用的比较多，比如说，1.2元、12元、120元等，这是一种当地人对自己认可的吉利数字的使用，有一种说法是一年有12个月，使用12这个数字代表月月红。罚"3个120"是传统形式的变迁形态，也就是处罚的数量固定了，现在很多情况下处罚的方式虽然有明确规定是罚"3个120"，但实际执行过程中根据情况的不同是有所变化的，也就是按照传统上的做法请特定范围的人吃饭时，吃够肉、喝足酒、吃饱饭就可以了。一般情况下，当地的传统文化能够使社会秩序维持在人们认可的状态下，很少有采用这种严厉的处罚方法的案例。

（二）按照习惯法被告的行为应该受到处罚

实地调查的资料证明法院认定的事实是准确的，实证调查的材料还可以对法院认定的内容进行补充说明。在我们实地调查的过程中了解到，事发地有一条小河自北向南流，西面现在是村级道路，东面是被告家现在的承包地，同时这块地的东面山脚下是被告家的房子，从河边到房子处有20多米的距离。村里的长辈寨老介绍说，河的东面原来有一个磨坊，过去的河水比较大，有动力带动磨坊，人们到磨坊磨米需要过桥才行。后来山上的植被破坏比较严重，河水变得越来越小，水力带动的磨坊也就不能用了。在土改以前，东面这块地是原告这一家的，原告家的祖先架有一座通往磨坊的桥。土改以后，所有的土地都收归集体了，1980年代开始土地承包制以后，河东面这块田变成了被告家的承包地。虽然原告家祖先架的桥已经年久失修毁掉了，但是几十年来原告家一直都坚持在原桥墩处举行祭祀活动。案发那一年，原告家把桥重新建了起来，结果被告就把这座桥破坏了，这几个寨老告诉我们，原告的敬桥和架桥行为符合当地的习惯法规范。被告家破坏桥违反了当地的习惯法规范。按照当地的敬桥制度，当事人敬祖先敬的桥不管在住处附近，还是以前祖先居住的地方，都是符合敬桥习惯法规范的。有一些人虽然搬离祖先居住的地方很远，还是在敬桥节回到祖上敬桥的地点举行祭祀仪式。不仅仅是祭祀桥，当地村民祭祀"岩妈"①、祭祀神树等都可能是到祖先祭祀的地方，不一定是自己居住的寨子附近。不管是中华人民共和

---

① 作为神灵进行祭祀的石头。详细情况可参见周相卿：《雷公山地区苗族习惯法研究》，法律出版社2016年版，第135页。

国成立前的土地买卖还是现在农村土地承包导致的土地使用权的变化都不能改变这种敬桥规矩。原告请求罚被告"3个120"符合当地的习惯法规范，按照当地的习惯法被告还应该赔偿原告的建桥财产损失。此案由于有律师参与，提出精神赔偿费和在黔东南日报公开赔礼道歉是现代国家法的赔偿方式，按照传统罚"3个120"就包含了精神赔偿和公开赔礼道歉的内容。

（三）寨老与村民委员会联合调解纠纷问题

寨老指苗寨中人们公认的德高望重的长者。各个自然寨对外相对独立，自然寨的内部也很难形成特权阶层，人与人之间的关系基本上是平等的。在中华人民共和国成立前都普遍存在着寨老，既不是官府任命的，也不是世袭或选举的，人数不定，不脱离劳动生产，不享有特权。这种制度的残余影响在一些地方一直延续到现在。这里的村民委员会调解实际上是指村党支部、村委会和村委会的扩展组织村民调解委员会与寨老一起进行的联合调解。调解的人员主要是村党支部书记、村民委员会主任和村民调解委员会主任。通俗一点说，就是主要的村干部与寨老联合调解纠纷。当地的村民委员会的调解制度可以看作是国家的村民自治制度与当地苗族地方传统上的寨老制度相结合的产物。从形式上看，村干部是选举产生的，但是在村民心里，这些村干部与历史上的寨老一样都适用当地的民间习惯法规范解决民间纠纷。

四、案件说明相应习惯法内容发生了变迁

在1990年代以前，一方有重大过错，被寨老和村民委员会联合调解罚"3个120"是必须执行的。当事人如果不执行，可能面临以下强制执行措施：（1）寨老或者村干部组织全寨的青壮年到被处罚者家中逼迫其接受处罚，如果被处罚者拒不执行，众人动手强行拿走其家中的米、酒、家畜等到公共场所群体会餐。（2）对被处罚人进行孤立。在雷公山地区苗族聚居地方存在着一种法律责任，由于苗语没有相应的词汇，这一法律责任也被称为开除出寨。但这一法律责任实际上并不是要求责任人离开村寨，而是要求寨子中的其他人与责任人断绝交往。一般是不准责任者接近同寨的人，同时也要求同寨的人不同责任者来往。（3）在中华人民共和国成立以前，对不遵守习惯法的行为有更加严厉的惩罚措施。严重的一个家族都可能面临生存威胁。这一案件中，由于这个自然寨由多个部分组成，总共有500多户，2000多人，不是由一个家族组成，包括几十个家族，寨老或者村干部无法组织力量实施这种仅仅涉及极小范围家族利益的违反习惯法的仲裁结果。

按照传统的习惯法规范，寨老调解的结果如果得不到执行，也可能引起原告家组织家族势力强制执行，这种方式是被公众认可的。严重的可能引起严重的群体性暴力冲突事件。但是现在这种执行方法与国家法严重冲突，可能会引起国家法上的严重后果。调查过程中得知，原告家有国家公职人员，因此知道采用传统上的暴力方法后果不利于自己，可能会得不偿失，村委会按照传统习惯法进行的仲裁已经无法执行了，当事人的一方被迫选择靠国家法解决，起诉到法院。这种做法说明相关原始习惯法内容的强制力消失。由于习惯法与国家法冲突，最终习惯法无法得到实施，人们只能依靠国家法来解决问题。从法律多元角度看，由于国家法的影响力加大，相应的习惯法规范失去了保证实施的强制力，原本同敬桥有关的一些习惯法与国家法二元并存的现象变成了国家法一元存在的现实。

我们这里需要说明的是，敬桥的一些习惯法规范发生了变迁，并不能否定其他习惯法规范还在发挥作用。在这个苗族大寨，很多传统的习惯法规范还在发挥作用。这次调查过程中发现，这里还存在着比较严格的活路头制度，按照这种制度，哪一天开始插秧必须由活路头确定并举行祭祀仪式，活路头开始插秧后其他人才能进行。在2016年，有一个年轻人违反这一规定提前插秧。当地人认为，任何人违反活路头制度不经过祭祀仪式擅自插秧，会导致整个寨子里主管粮食生产的神的不满意，出现粮食减产、自然灾害等。此种做法被认为损害了全寨人的利益。寨老们经过商议后找这个年轻人说你这样做不行，要接受处罚。后来这个违反活路头制度的年轻人买了一只公鸭 [1]、一篮糯米粑、一壶酒、一大块肉，请活路头、老年协会的人和村干部到场，举行祭祀仪式，请这些人吃饭赔礼。关于敬桥习惯法的调解结果无法执行，但是违反活路头制度的行为受到了处罚。原因是敬桥案中敬桥、架桥权受到侵害的只是涉及一个小的家族，而违反活路头制度涉及的是整个自然寨两千多口人。还有，如果敬桥案中敬桥、架桥权受到侵害的家族采用暴力方式虽然被当地民众认可，但是严重违反国家法的规定，必然引起相应的国家法后果，当事人权衡利弊不采取非理性的方式。

---

① 用公鸭子祭祀主管粮食生产的神。

结　语

马林诺斯夫基认为，文化"直接或间接满足人类的需要"[①]，习惯法的存在就是为了满足人们对秩序的需求。"人是生而自由的，却无往不在枷锁之中"[②]。社会中的人更是无时无刻都需要在规范的约束之下，才能形成人类生存所需要的秩序。古希腊的伊壁鸠鲁认为，法是人们"不伤害别人，也不受别人的伤害"[③] 的一种相互承诺，目的是为了避免因私利而互相伤害。失去了这一意义，相应的规范就可能会失效。在没有国家法或者当国家法无法满足人们需要的秩序需求时，社会必然自发或者自觉形成必要的习惯法规范，人们也会努力保证其实施。当地之所以在中华人民共和国成立以后长时期存在与国家法并存的习惯法体系，主要是由于语言、地理条件以及历史文化传统差异等原因，政府无法提供完善的法律服务。上个世纪80年代以前，在雷山境内的一些偏远地方，县政府的人员到一些村寨要走七八个小时的山路，政府的财政又非常困难。国家仅仅是负责一些重大问题的处理，无力解决所有关系民间秩序的法律问题。此案例中，一些习惯法的内容得不到执行，在一定程度上损害了习惯法确认的秩序。村寨中与此案无直接关系的人认为由于国家能维护相应的社会秩序，习惯法确认的部分敬桥制度内容被破坏对整个村寨的秩序不构成威胁，也就自然没有群体执行的"动力"。

---

① ［英］马林诺斯夫基：《文化论》，费孝通等译，中国民间文艺出版社1987年版，第14页。

② ［法］卢梭：《社会契约论》，何兆武译，商务印书馆2005年版，第4页。

③ ［古希腊］伊壁鸠鲁等：《自然与快乐——伊壁鸠鲁的哲学》，包利民等译，中国社会科学出版社2000年版，第41页。

权力控驭与乡镇设置：
清代贵州苗疆的寨款与乡约、保甲、团练

程泽时

摘要：清代苗疆土司或府县衙门，基于施治"内地化"的倾向，皇权试图向下伸探，在寨款基础之上先后敷陈乡约和保甲制度，但乡约并未起到有效的教化作用，编联保甲多是虚应故事。惟有道光末年至咸同两朝，苗疆的营兵、屯军、土司等国家暴力机器，无力应付之时，寨款的自卫传统借助团练之名而复活、膨胀，兵燹之后，团款俨然成为一级地方政权，为民国的乡镇设置奠定了基础。

关键词：寨款　乡约　保甲　团练　乡镇设置

作者简介：程泽时（1975— ），男，湖北大冶人，法学博士，贵州师范大学法学院副教授。

一、寨款

寨款是苗疆的一种古老的族群自治制度。它有组织形态，包括原生的和次生的，还有规范形态，包括口承形态与文字形态。苗疆进入王朝国家时代后，国家意志需要传递和贯彻到千千万万的苗户，并从各苗户手中征收、汇解走皇粮国税以及地方官府的杂税，寨款不再保持其原生的组织形态。

侗族的"合款"[①]、苗族的"议榔"[②]，均是属于这种古老的族群自治制度。虽然"侗款"和"议榔"已经分别成为侗族文化、苗族文化研究中约定俗定的概念，但是为了整体、宏观的历史研究，需要一个统摄二者的上位概念，笔者创设了"寨款"的统合概念，并无丝毫民族歧视的意味。因为"榔"在汉文中，并无丝毫的、与政治法律关联的意思，而"款"则有多重意思与法律相关。"款"字有内心之真意欲求、结交等基本意项，是达成"组织""联盟""自治"之必要条件。且侗语中的"Kuant"，含义

---

① 关于"合款"参见邓敏文、吴浩：《没有国王的王国——侗款研究》，中国社会科学出版社1995年版，第25—86页；石开忠：《侗族款组织及其变迁研究》，民族出版社2009年版，第46—47页；徐晓光：《款约法：黔东南侗族习惯法的历史人类学考察》，厦门大学出版社2012年版，第38—54页；吴大华等：《侗族习惯法研究》，北京大学出版社2012年版，第1—67页。

② 关于"议榔"可参见徐晓光、吴大华：《苗族习惯法研究》，华夏文化艺术出版社2000年版，第49—56页；周相卿：《黔东南雷公山地区苗族习惯法与国家法关系研究》，民族出版社2014年版，第85—90页。

是连片的、联盟的、有血缘联系的 ①。

（一）款规的汉字成文化

康熙十一年（1672年），贵州下江厅的高增寨、增冲寨几乎同时（前后相差一天）刊刻两块款碑，内容均是禁止偷盗、砍伐树木、内勾外引、男女拐带、失火等 ②。这是贵州境内迄今为止发现的较早的汉字款约碑之一。

（二）寨款以里甲制度基础、并补保甲之不足而复活

咸丰元年，黎平府推行保甲团练，登记保甲团练清册，"大款户口或数百数千不等，小款亦有二三十户或百余户" ③。

三穗县八弓镇杉木村香炉组收藏一份光绪十九年刻板印刷的"合款"，即邛水上里各洞合款各条：

"一、捕盗之款。来自邛水多盗，无过近年，偷牛盗马，偷米盗谷，以及家财，间及妇女，各寨受害，实属不堪枚举。揆厥由来，皆系乡多游民，习为内痞，又以内痞勾结外痞，相互恣肆，或佩马刀，或佩双刀，或佩洋炮，各乡横行，不服盘诘，伺使举事，可估者估，可抢者抢。不估不抢，必出于偷，拿定被获，不过送究，送究不过责押，所以贼盗如此充斥。想我上里各洞，俱迩苗疆，而究不如苗疆之安静者，实由近蛮地而不能学蛮法，故益无忌惮，使唤奈何。今我等既经合款，凡遇捕盗，有敢拒捕者，照例格杀勿论。即或跟踪追获赃真犯实者，鸣知大款，公同照苗疆水火二法，或沉塘或烹死。不使一盗偷生，则盗风自无不靖。抄窝家亦准此议。倘盗有尸亲，大款逗（斗）钱抵控，更好追抵党与（羽），斩草除根。

一、合御痞之款。痞之所恃者，同类人多，又有凶器，又更有值价之说，所以放肆。今我等既合大款，一家之事，各洞共之，以各洞人抵数十痞，何难之有。现在行有保甲，凡甘服保甲约束者，非痞；不服保甲约束者，即痞也。各洞各先驱逐，倘有不服驱逐者，再鸣大款议处。

一、合逗（斗）之款。今既公议捕盗禁痞之条，必需经费。又不能预定多少，兹不计多少，而计逗派，各洞皆以额粮为准，按亩均摊任。现问各洞总甲、里长、洞长等，归数每亩应派多少，临时大款酌量，另有知单。其余小条，各洞各议，大款不暇琐及。

---

① 石开忠：《侗族款组织及其变迁研究》，民族出版社2009年版，第46—47页。

② 张子刚：《从江石刻资料汇编》，政协从江县文史学习委员会、从江县文化体育广播电视局2007年内部印发，第39—40页和第44—45页。

③ ［清］胡林翼：《胡林翼集·书牍批札家书诗文联（二）》，胡渐逵等校点，岳麓书社1999年版，第55页。

这里，邛水是镇远的分县，否认自己为"苗疆"，这是一种话语策略而已。其实，邛水相比于剑河、台江等较早地纳入中央王朝而已，先王化的地区仍称后王化的地区（比如清江厅，即剑河县）为"苗疆"。其实，这里自明初至清雍乾年间就属于邛水十五洞蛮夷长官司管辖，隶属镇远府。雍正十年，才设邛水县丞。这就一定程度可以理解一般的里甲制度中并不常见的"洞长"的由来了。

这份合款是刻板印刷的，不同于一般的毛笔书写，也不同于刻碑，可以推断其传播范围较为广泛。

该合款是在里甲、保甲制度之上建立的，试图通过寨款的历史传统的力量，维护和强化保甲制度的效力。它提出"凡甘服保甲约束者，非痞；不服保甲约束者，即痞"。甘心服从保甲约束的，具有合款的正当性、合法，否则就不具有合款的历史合法性。其实，就苗疆而言，寨款的历史要早于保甲的历史，寨款是一项内生的基层政治制度，而保甲是一项外来移植的基层政治制度。光绪朝中期，保甲制度在邛水境内，可能不足以起到捕盗御痞的社会效果，使当地人们想起寨款、合款这种传统组织经验，历史又复活了。同时，合款的经费摊派，必须依仗里甲制度的税收征收功能，各户的田亩和额粮，只有里长、洞长清楚了。

（三）寨款（齐榔）因流官衙门的不作为、乱作为而被利用和复活

联款、合款、齐榔，是苗疆族群自治的历史传统。当流官衙门软弱无力，施治不得民心时，部分苗人的上层就会利用它，对抗流官衙门，甚至试图推翻它。咸丰二年四月，瓮安刘瞎么等十余人，倡议以齐榔为名，敛钱建庙，担心民众不从。刘瞎么等四处宣传，历年来瓮安知县衙门的"不作为"，不及时审理告官的词讼，不审究被控官的盗贼，还不如按苗例苗俗，由榔作主裁断，在乡寨私埋、沉河，以处罚盗贼，节省诉讼费用，并不准以后进城告官。各寨齐榔之后，一切钱粮改由榔作主，减少粮赋数额，不再服从官府的征缴和管辖。相信此宣传而服从的，畏惧刘瞎么等人而服从的，约各占十分之一。刘瞎么等在六里中的各村寨，选取素不安分、武断乡曲的人，充当头目，大者管领数千百户，小者管领百数十户。咸丰三年，摊派银钱并建成了庙。刘瞎么等又以榔的名义按户派造鸟枪，共造大

---

① 贵州省档案局编：《贵州清水江文书·三穗卷》第1辑第2册，贵州人民出版社2016年版，第115页。

炮。不愿入伙的，就被毁房屋、抢财产。刘瞎么等人的"榔"，俨然成为瓮安知县衙门，接受词讼，派差拘拿，捆杀多命，整个瓮安县百姓畏惧、信服和附和的，占有十之八九。咸丰三年八月三十日，胡林翼亲率黎平练勇二百五十名、镇远练勇七十名，驰抵瓮安镇压，并生擒了刘瞎么[①]。胡林翼采取剿抚结合的策略，对于投诚的百余寨，逐一登明村寨户口，清查粮册，接办保甲。"昔日之榔，匪为政；异日之保甲，官为政"[②]。瓮安县政何以至此呢？一是捕役不尽心尽力。"捕利盗之源，则匿之惟恐不深"；二是民承担不起缉盗送官的成本。"送盗需费，官不即理，苛求细故，问拟擅杀、擅伤、制缚诸法"；三是"民惧盗诬攀，事后报复，则惟有忍气吞声而已矣"[③]。知县衙门不提供公共安全的服务，而"齐榔"本有捕盗自卫的传统功能，经刘瞎么等人的倡导，苗人自然地信榔而不信官。

何以"齐榔"民间社会组织，能够成为取代瓮安知县衙门的"第二政府"呢？

其一，瓮安知县给当地苗人的印象是不理词讼，不究盗贼。清代苗疆厅县衙门，一般都设立较高的受理词讼的"门槛"，很多纠纷被拒之门外，苗人不得不寻求民间社会组织的帮助。锦屏县翁寨村收录一份应是清代黎平府的准予受理词讼的标准：

"一、以赦前及远年□□之事，牵砌妄告者，不准；

一、不遵用状式，无代书戳记者，不准；

一、绅衿及老幼并妇女无□告者，不准；

一、被告五名以上、干证三名以上，违者，不准；

一、厅县所属民苗不赴厅县控理，及不候审断赴府越告者，不准；

一、不将厅县词批粘呈，混称冤屈，赴府捏告者，不准；

一、告诈赃，无过付证据及告奸拐，无地方、月日者，不准；

一、告争田房不粘呈契据、婚姻无庚帖者，不准；

一、投状不载明原批及原告、月日者，不准；

一、生监乡保，假托公事，连个具呈者，除不准外定行重究。"[④]

其二，即使受理了词讼，也是遭遇官府衙役的勒索。地方官府差役不

① ［清］胡林翼：《胡林翼集·书牍批札家书诗文联（二）》，胡渐逵等校点，岳麓书社1999年版，第105页。

② ［清］胡林翼：《胡林翼集·书牍批札家书诗文联（二）》，胡渐逵等校点，岳麓书社1999年版，第103页。

③ ［清］梅英杰：《清胡文忠公林翼年谱》，台湾地区商务印书馆1978年版，第44页。

④ 张应强、王宗勋主编：《清水江文书》第3辑第3册，广西师范大学出版社2011年版，第458页。

会放过任何一个接触苗民的机会，借端索要钱财。光绪十三年八月，黎平知府在一份要求"各地捐办义谷以备荒歉"的札中，清楚地刻印上"此次由局发给工食，雇请民间白役，送札前来，以免差役扰累，如遇天晚，准留一宿两餐。此外不许送给分文，特此谕知，切切。"①

（四）寨款常常因遭逢乱世而复活

遭逢乱世，中央政权或地方官府缺乏权威，常常导致盗贼横行，叛乱时有。1915年9月15日乌山寨款约："窃以时逢乱世，约我款而同心，约之不齐，由禁之不严也。""兹约乡邻同心一议，当知父戒其子，兄勉其弟，如有犯者，大则报款以经官；小则论刑而议罚。"②

二、乡约

乡约制度在清代贵州苗疆的推行应在乾隆年间，最早的证据有三：

一是乾隆四十五年九月二十日，署黎平府龙里长官司正堂杨光玉（次年正式继袭），给委任姜佐章为加池寨乡约③。与平鳌山水相连的加池寨，则的确在乾隆朝后期推行过乡约制度。杨土司认为，加池寨路通河道，公事繁多，需要为人诚实、办事公平的乡耆来办理，但其委任执照并未强调乡约的教化职责，强调的是事务性的公务职责。

二是康熙三十六年《平鳌附籍碑》。据载，康熙三十五年六月平鳌寨附籍，纳入大清版图；康熙三十六年五月十五日，黎平知府宋敏学应平鳌寨寨民姜明楼等要求，出示确认平鳌寨的输纳烟火银的规例，并要求"每逢朔望，宜传圣谕，则孝弟日生，礼法稍知矣"④。这里的每逢朔望宣传圣谕，就是清代乡约制度一项重要任务。不过，这只能表明宋知府有让平鳌推行乡约的意愿而已。

三是嘉庆元年四月平鳌寨姜氏合族公议订立的《平鳌四甲条规》。据载，"议：合族上下四甲，除乡公保长外，每甲公举四名甲首，凡遇公值年，甲首向前，其余甲首随后"。该条规尾部，列举了17位甲首的姓名。出名事务中人是新化所的黄白玉、潘廷选，江右（即江西省）的邹继先和湖广（即湖南湖北省）的杨廷祺。江西人邹继先还是代笔人。中人和代笔人均是外乡人。这里的基层组织单位的领导，依次有：甲首→保长→乡公。

① 张应强、王宗勋主编：《清水江文书》第1辑第2册，广西师范大学出版社2011年版，第298页。
② 张应强、王宗勋主编：《清水江文书》第3辑第7册，广西师范大学出版社2011年版，第473—474页。另外该册第476页亦有相同的一份款约。
③ 张应强、王宗勋主编：《清水江文书》第1辑第10册，广西师范大学出版社2007年版，第6页。
④ 锦屏县地方志编纂委员会编：《锦屏县志：1991—2009》，方志出版社2011年版，第1509页。

这里的"乡公",笔者以为应指"乡约"。理由有三：其一，保长、乡约，应为官府委任，无需"公举"。其二，条规之一规定"议：乡规各其始守，守望相助，不得少凌长短，倚强欺弱，如有不遵者，是则败坏规条，必驱逐出境"。这里的"守望相助"，原出自《孟子·滕文公上》的"乡田同井，出入相友，守望相助，疾病相扶持"。其三，条规之一规定"议：人生士农工商，贵执一业，若游手好闲，不士、不农、不工、不商者，定必楚（处）罚"，这颇有吕氏乡约的"德业相劝，过失相规"的意味①。如果以上论证成立，则在嘉庆元年之前，平鳌寨已经有了官府委任的乡约和保长。因此，平鳌寨推行乡约制度也应在乾隆年间。

但是，苗疆的汉文教育普及程度不高，会影响到乡约的教化功能的发挥。

三、保甲

清代王朝并没有在雷公山地区等"新辟苗疆"推行保甲制度，直到咸同起义前，主要采取屯军制度防止少数民族的反抗，并继续利用原有寨款组织来管理②。

道光末年咸丰初年，苗疆推行保甲制的历史背景主要有二：一是清道光年间国家承平太久，自鸦片战争事起，道光皇帝尤其畏惧疆臣再生事，"各省大吏承风旨，惟务安静，乱机牙□，寇盗潜踪岭峤以南，骆越滇黔诸山中，奸宄、亡命勾结，兵役四出劫掠，官吏重发难，益相与粉饰，颠顶无敢擒治"③。二是道光初年，湖广恶匪"草上飞"（杨定龙）等数十人，占据贵州清水江流域的平略、张化、南包地方，"串拴沿河一带地棍，掳掠妇女，霸斫杉木，强放木排，劫寨拱屋，捆人索价，偷牛盗马"④。

（一）咸同兵燹前的保甲

迄至清道光中期，清水江两岸保甲制度应未被推行。其证据有二：一是道光十三年一月十七日的文斗、平鳌、岩湾、加池四寨所签订的"为

① 陈俊民辑校：《蓝田吕氏遗著辑校》，中华书局1993年版，第563页。明正统六年，礼部取《农桑撮要》《蓝田吕氏乡约》，附以《国朝训典》为一书，刊印颁行，使人知勤，则民生厚而礼义兴。《英宗实录》卷86。

② 周相卿：《黔东南雷公山地区苗族习惯法与国家法关系研究》，民族出版社2014年版，第72—73页。

③ ［清］梅英杰：《清胡文忠公林翼年谱》，台湾地区商务印书馆1978年版，第42—43页。

④ 锦屏县地方志编纂委员会编：《锦屏县志：1991—2009》，方志出版社2011年版，第1546页。

安靖地方，以保身家事"的抗御匪徒合同字①。二是直到道光末年胡林翼到任镇远知府时，才边剿匪边编保甲的记载。道光二十七年十一月至道光二十九年三月，胡林翼委署安顺知府。道光二十九年四月至道光三十年八月，委署镇远知府四个月。道光三十年九月至咸丰元年六月，委署思南知府八个月；道光三十年十二月，补授黎平知府，至咸丰元年七月才到任，至咸丰二年十月交卸黎平篆②。道光三十年正月，胡林翼率兵围剿台拱的革夷寨，生擒匪首二百九十八名，阵斩顽抗者多名，于是苗民震慑，先期自首的六十寨苗头带领生苗三千八百余人，诣军门请自今剃发摘环，编入保甲，听约束，如众人再有蠢动，自愿缚献。胡林翼令地方官编造册籍，给予腰牌，以贷其死罪。遣撤兵练，仍酌留委员，清查户口，安抚良苗③。

（二）咸同兵燹期间的保甲

胡林翼曾讲："保甲之法，实团练之根本，行之于贼匪已退，是亡羊补牢；行之于贼匪将至，是未雨绸缪。"咸丰元年，胡林翼在黎平府各寨清查户口，但尚多漏户。"或以早日犯窃，以及习惯为盗，不安本分之人，乡正、团长多不能与之同款。或以族戚之故，容隐不忍逐出"。胡林翼再次责成乡正、团长，逐一再查，不准遗漏一户。让那些有劣迹前科之人，出具甘结，并在印簿中注明，或写"自新"，或写"察看"，或写"游惰"。如果一二年真能无犯，则去之。如果有添新丁或病故的，亦须注明。大户余丁，多遗漏不载，也应一一清查，开列册内④。由于担心连坐而漏报较多，故保甲推行得比较艰难。

当时，保甲是和团练一起推行。咸丰二年，胡林翼《申谕保甲团练章程》规定：咸丰元年"行保甲团练，乡正、团长，按户量力派捐，存于各乡各寨，以备公用"。咸丰二年，"责成乡正、团长，除穷民免议外，均按户量力派捐，或谷或钱，交本寨殷实乡正、团长公管，存具备用。违抗者禀官究治，侵蚀者加倍议罚"⑤。

① 程泽时：《互动与共享：清代苗疆社会转型之理讼调适》，中国法制出版社2017年版，第54—55页。
② ［清］梅英杰：《清胡文忠公林翼年谱》，台湾地区商务印书馆1978年版，第42—66页。
③ ［清］梅英杰：《清胡文忠公林翼年谱》，台湾地区商务印书馆1978年版，第52页。
④ ［清］胡林翼：《胡林翼集·书牍批札家书诗文联（二）》，胡渐逵等校点，岳麓书社1999年版，第55页。
⑤ ［清］胡林翼：《胡林翼集电·书牍批札家书诗文联（二）》，胡渐逵等校点，岳麓书社1999年版，第55页。

（三）咸同兵燹后的保甲

咸同兵燹期间，基层组织建设重点在团练，而非保甲。因为战火纷飞，悬挂于门首的纸质门牌很难幸存。躲避战乱，相当数量的失踪、失联的人口也不易统计。即使咸同兵燹后、光绪初年的相当长一段时间内，也无法编联保甲。下引一份光绪十七年的天柱县在文斗下寨张贴的关于《保甲条规》告示晓谕，就是反证。

"钦加同知衔·特授镇远府天柱县正堂·加三级记录十次曾为：

编联保甲、以靖地方事。照得柱邑为黔楚交界之区，管辖插花之地，向系五溪十峒，八达四通，极为辽阔，虽地方瘠苦，而民风顽梗，民情刁悍，素称难治，本县在省闻之熟矣。及莅任后，稽查积年旧案，大者淫掳烧杀，小者刁拐奸情以及敲磕窝盗等件，层见叠出，殊堪痛恨。若不教之於前，徒为惩之於后，是谓不教而诛。本县当不若是之，忍也。教之不法，尽又科条。其最切便者，莫如编联保甲，设立门牌，俾各村之中，甲长得以约束牌长，牌长得以约束花户，务令安分守己，各谋生业，毋许再蹈前愆，自投法网。倘有不法之徒，不遵约束，有犯条教，许牌甲等投明团保，指名具禀来辕，本县即提案惩办，决不姑宽。该牌甲与团保等，既不得徇情阿比，反是为非，亦不得挟嫌虚诬、指鹿为马。本县另有访闻，一经查出，亦必治以虚诬反坐之罪。合行出示，剀切晓谕。为此示仰阖邑绅粮军民人等一体遵照，须知此举原为保护地方，安抚善良起见，尔绅民人等，各宜仰体至意，实力奉行。倘有劣生刁棍，从中阻抗，任意把持，许该地团保等禀请签提，照例惩办。本县言出法随，慎毋悔之晚矣。切切凛遵特示。

今将保甲条规开列于左：

一、钱粮国课所关，宜早完纳，不准拖欠。违者，治以应得之罪；

一、团内不得以下犯上、以少凌长。违者，送县严究。

一、编联保甲之法，十甲（家）为一牌，十牌为一甲，所有各里团绅，均由本县择贤札委，以专责成。至於牌长、甲首，即由该团绅择优举充。

一、保甲原古人守望相助之义，每甲置小锣一面，无分昼夜远近，凡遇有命盗劫抢重案，该处牌长立即鸣锣，齐众捉解县，倘凶犯持械拒捕，格杀勿论，如坐视不理，致彼逃逸，罪坐牌长、邻右、家长。

一、各寨如遇邻近诸寨有事，立即鸣锣往救。如赴援不力或坐视不理，惟该寨团首牌长是问。

一、门牌团册，今年乃系本县捐廉自办，不取分文。该团保等挨户填好，务将男妇丁口姓名、岁数及工人仆妇邻右，并作何营生、田亩丁粮，如系佃业交租若干，一并注明门牌，裱悬门首，以便稽查。

一、绅衿富户尤为盗贼所窥觇，寺院更易招引匪类，保甲所以安善良而除奸宄，寺庙一律编查。

一、深山穷谷，多有零星小户，原以便於耕田，但僻远单村，善良既□□□□□，易于藏奸。嗣后团保牌甲等，於此等户口，须认真编联，使零户附於大寨，易於保护，亦易於稽查。

一、盗贼生发必有窝户客留，保甲查察尤重于窝户。而弭盗之法，必须互相稽查，你查我家，我查你家，小民不敢窝留，盗贼自必潜消，如一户为窝，九户能举报者，分别轻重有赏。不举报者连坐，与窝户一体同罚，决不轻纵。

一、客商旅店最易藏奸，店主须自立号簿一本，每日将所寓客商姓名、籍贯、作何营生、来往何处、一行几人，填注簿内，每日牌甲等往查一次，该团保等亦随时前往稽查，并本县因公下乡，以便调查。如滥留面生歹人，准该团保等禀官重究。

一、各寨子弟尤宜严加管束，勿使游手好闲，摇钱赌博，违者，惟该寨甲长家长是问。

一、□龙船，假充虎匠以及高大强汉，无友而作乞丐者，不许入寨，立即驱逐出境，倘敢倚强估抗，准该团保等捆送来县，从严惩办。

一、不准佩戴刀剑枪炮，如违，惟该家长、甲长、牌长等是问。

一、以上各犯，已犯者务宜改过自新，未犯者亦宜愈加警省，一年之内无有前项不法等事，皆由该团保甲牌等办理妥善，本县另有褒奖，以示鼓励。

右谕通知

光绪十七年八月二十三日

告示　　　　　　　　　实贴文斗晓谕 [①] ”

该告示希望文斗下寨编联保甲，保境安民，是否得到落实，没有直接证据验证。下引一份光绪二十四年的发给文斗下寨保正姜登泮的札，要求认真整顿保甲。可见此前，文斗下寨已经编联过保甲，且有了保正。

“札

钦加同知衔·特授镇远府天柱县正堂·加五级记录七次杨为：

札饬遵照事。照得为政之道，首在安民，安民必先除暴诘奸。县属界连

---

① 张应强、王宗勋主编：《清水江文书》第3辑第7册，广西师范大学出版社2011年版，第121页。

楚境，□与黎平、清江、镇远、台拱各属，在在接壤，五方杂处，良莠不齐，本县前下车，后当□严饬各乡编联保甲，稽查匪类在案，乃□日访闻各里地方，竟有不法之事，游手好闲，强乞估讨，或成群结党，游遍乡村，日以乞食为名，踩明路径，夜则肆意偷窃孤烟独户，受害实深。凡遇嫁娶丧葬，若辈则聚家滋闹，必饱其欲而后已，甚至用药迷拐妇女，持械拦夺客商，种种不法，实为地方大害。若不认真拿办，其何以靖闾阎，除饬差札团查拿解究，并示禁外，合行札饬。为此札仰该团首等遵照查到，速即编联保甲，遇有面生可疑之人，即得驱逐出境，如有强乞恶讨，聚家滋闹者，即将为首之人拿解来辕惩究，以儆刁风，倘有持械拦夺，用药迷拐匪徒，立即严拿解案，以凭尽法惩治，用警凶顽而安善良，尤宜密查窝留分肥之家，如有确实证据，许指名密禀提究，决不稍事姑宽，以清盗源。该首等务须实力奉行，不得虚应故事，更不得挟嫌妄拿妄禀，并干查咎，各宜凛遵，毋违特札。

右札仰循礼里上保正姜登泮准此

光绪二十四年十月十一日札"

此札上有批字："现在奉宪三百里飞札，饬认真整顿保甲，兹□刷甲册簿□□，速将该生草簿造成，每十甲（家）设牌首一人，百家设甲长一人，二百家以上设保正一人，均由该生派公正殷实之人充当，限二十日呈辕，以凭核夺，另册誊清。"[1]

该批字揭露一些关键性的历史细节，文斗下寨为了应付天柱知县呈交甲册簿的要求，要求迅速编造"草簿"，然后誊成清册。且其时保甲组织结构（家→牌首→甲长→乡正），比光绪十七年的《保甲条规》所规定的组织结构（家→牌长→甲首）多了一个层级。

同样时间、内容的一份札，也保存了下来，只是行文的对象稍有不同，变成了"右札仰循礼里上 保正 甲长 姜恩成、刘荣邦、龙露森、姜登泮、姜超贵 准此"[2]。即早在光绪二十四年之前，还推举了保正姜登泮以外的四名甲长。估计文斗下寨约四百户左右。

有时上交官府的保甲册簿是一回事，而各户的门牌是否如实、准确填写则会是另一回事。文斗下寨收藏了一份光绪二十四年十一月二十九日姜世官的门牌，填写信息十分细致，并注明"本牌内有抢劫凶犯，烧会赌

① 张应强、王宗勋主编：《清水江文书》第3辑第7册，广西师范大学出版社2011年版，第128页。
② 张应强、王宗勋主编：《清水江文书》第3辑第7册，广西师范大学出版社2011年版，第356页。

博，窝户不即时举报，一家有犯，九家连坐"①。文斗下寨为天柱县在黎平府境内的瓯脱之地，在整顿保甲的札下发之后，认真填写了各户门牌信息。

但下引一份收藏在今锦屏县林星寨的刻板印刷的黎平府的门牌单，只填写了"白岩塘"的寨名信息，其余信息皆是空白，就连男女丁口的信息都是空白。

"   门 牌
                    本名刊发不取分文

府正堂万 为发给门牌事。照得编联保甲，预备团丁，原以稽内奸而御外侮，法善意良，亟应认真办理，仰该团长等按户照式填给，并严饬各户裱挂门首，以便清查，须至门牌者计开

路   团 白岩塘 寨第   牌第   户
团丁   年 岁   为业共男   丁
                    女   口

                              牌内什长
                              牌内军装
              光绪二十八年十月   日给"②

不过，它清晰地反映了咸丰元年由胡林翼所创立的严密的团练保甲组织形式，依次是路→团→寨→牌（什长）→户→团丁。十个团丁内设一个什长。因到光绪末年匪乱已经平定，故团练的军事防卫功能弱化谈化了。

保甲制度在民国北京政府时期，继续得到延续。下引一则1923年的贵州省锦屏县公署的门牌，就是例证。

"   门 牌

贵州省锦屏县公署为发给门牌事，令据一区□保二甲四牌长呈称本牌花户 实系良民等语，合行发给门牌，以便稽查，须至牌者
计开
户主 王吉林 职业
男   丁
女   口
雇工   人

① 潘志成、吴大华编著：《土地关系及其他事务文书》，贵州民族出版社2011年版，第178页。
② 张应强、王宗勋主编：《清水江文书》第2辑第4册，广西师范大学出版社2009年版，第328页。

寄居　魁胆　人

牌长　王有宁

中华民国十二年七月九日"①

民国南京政府时期，保甲制度更加得到重视，由县长委任甲长，下引1930年的委任令就是例证。

"　　　　　委任令

锦屏县政府委任令

委任姜志春充平鳌寨甲长，此令。

县长　王槐熙（印证）

中华民国十九年四月十四日"②

四、团练

团练是地方官府为了有效地应对咸丰同治年间的地方叛乱，复活寨款所具防卫功能的历史传统，而建立起来的地方民兵组织。贵州苗疆的团练，当创办在道光二十九年之前。因为"道光二十九年十二月晦日，率师讨苗匪，用兵千七百人，……用革夷附近之团练万七千人，环而集之，捣其巢穴"③。能集结团练一万七千人，固然有寨款"款军"的历史传统，但应是官府严密组织训练之功。咸丰元年下半年，黎平府推行团练，"获盗三百余人，办团一千五百余寨，设卡栅四百五十余座，每卡派民夫四名至二十名，分班轮守，督委员耆者按月巡视，互相稽核，周而复始"④。

道光二十九年，胡林翼所总结并制定的《镇远团练章程》⑤，是最为典型的清代苗疆团练的模本，也是在黎平、镇远等黔东道地区施行并卓有成效的团练制度。其共有八个条目，依次为：（1）内盗宜清；（2）外盗宜捕；（3）赏罚宜明；（4）守望宜严；（5）私派宜禁；（6）私仇宜禁；（7）路径宜清；（8）防范宜周。

（一）组建团练的必要性

1. 苗疆驻军兵力十分空虚，战斗力不强。一则屯军逃亡。贵州屯军员额"九千余名，布置各堡，本极周密；然虚籍徒存，实政无补，数十年之

---

① 张应强、王宗勋主编：《清水江文书》第2辑第10册，广西师范大学出版社2009年版，第80页。

② 锦屏县档案馆藏文书，编号：JPWS-JP-0193-姜承奎-1302，来源锦屏县平略镇平敖村。

③ ［清］胡林翼：《胡林翼集·书牍批札家书诗文联（二）》，胡渐逵等校点，岳麓书社1999年版，第107页。

④ ［清］梅英杰：《清胡文忠公林翼年谱》，台湾地区商务印书馆1978年版，第58页。

⑤ ［清］胡林翼：《胡林翼集.书牍批札家书诗文联（二）》，胡渐逵等校点，岳麓书社1999年版，第15—17页。

积弊，不能一旦挽回。今日之食屯田者，半是刁生劣监，一旦绳之以法，则捏造黑白，勾煽愚苗，其祸且益速"①；二则存在严重的武官吃空饷的现象。"瓮安额兵四十八名，实在不过八名，其四十人仅饱贪弁。若瓮安果有四十五十之兵，何至人情惊恐，动辄欺官耶！"②三则兵营内部，任人唯亲，消解战力。"每兵百名，侵蚀空旷，殆将及半。其半在伍者，皆城中稿房队目之姻娅、仆妾之党耳；否则革兵、老兵、死兵之子孙耳；否则将弁、仆妾、侍妇之子若孙，及婿及姻亲耳"③。因此，"古州营兵，习气独深，怯于公战，勇于私斗"④。

2. 招募民兵团练的比较优势。一则"召远方之惰民以充练，不如即本境之农民以自守，耳目习而地形之险要熟"。二则"性惰朴而自保身家之念切"。三则"在官兵役，视国帑为应得之物，受恩而不知感；小民勤劳，得微利而感激，出于至诚；武弁文吏，身列仕途，恩极则滥，即自以为应得之物；而士民之稍异庸流者，望顶戴官职如登天，驾驭而用之，破格以优之，其力自倍"⑤。

3. 苗疆的特殊地理地形不宜官军的大规模进剿。"其地林密箐深，高山尤孤峭，势难仰攻，苗人翻山越涧，矫健如飞，或分或合，忽聚忽止……官甫出而盗先逃，官甫归而盗乃聚"⑥。故胡林翼认为："惟有以民卫民而使贼无可入，以盗捕盗而使盗自相疑，尤不失为中策。"⑦

（二）团练的内部组织

团练的内部组织结构，依次是知府→知县→总团乡正→团总（二人）→头人（牌长）→户。依赖原有的寨款组织，组建团练，有时一个大寨为一团，有时合款的数寨为一团，官府监督和控制。《镇远团练章程》规定："乡村堡寨，周围二三十里，作为一团。一团之中，公举正派绅耆二人，作为团总；公举强干晓事八人，作为头人（苗寨中苗民，亦照此例办理），

① ［清］胡林翼：《胡林翼集·书牍批札家书诗文联（二）》，胡渐逵等校点，岳麓书社1999年版，第118页。
② ［清］胡林翼：《胡林翼集·书牍批札家书诗文联（二）》，胡渐逵等校点，岳麓书社1999年版，第123页。
③ ［清］胡林翼：《胡林翼集·书牍批札家书诗文联（二）》，胡渐逵等校点，岳麓书社1999年版，第106页。
④ ［清］胡林翼：《胡林翼集·书牍批札家书诗文联（二）》，胡渐逵等校点，岳麓书社1999年版，第49页。
⑤ ［清］胡林翼：《胡林翼集·书牍批札家书诗文联（二）》，胡渐逵等校点，岳麓书社1999年版，第46—47页。
⑥ ［清］梅英杰：《清胡文忠公林翼年谱》，台湾地区商务印书馆1978年初版，第49页。
⑦ ［清］梅英杰：《清胡文忠公林翼年谱》，台湾地区商务印书馆1978年初版，第50页。

民族民间习惯法研究

397

董司捕务。其团总、头人及各户姓名，均注明印簿。如一团中有窝户引线，及交结匪类，平日为盗之人，该团长、头人，即先捆送到官。送官之后，审系真正盗犯，必当尽法惩治，有死无生，以免报复尔等之患。如或诬攀，尔等送盗之人，一概不究。即使尔等从前胁从为盗，只要此时能将盗匪捆送，本府亦不追究，以免攀累尔等之苦。经此次晓谕之后，如尔等再为包庇隐容，事发，即以窝盗论。"[①] 咸丰三年，胡林翼《凯里绅士团练谕》又提出："发去印册，将某寨若干户，十户一牌，立一牌长。一寨一团，立一团长。数团之中，设为总团，立一乡正。印册一本缴府，一本存乡，交乡正手"[②]。咸丰三年，胡林翼曾命令开泰县魏知县"立即持带本府团练总册，按团按款，传集守御，并酌带总局银两，将劳苗民"[③]。

据姜海闻所著的《三营记》载，咸丰元年，在黎平知府胡林翼的支持下，瑶光、河口、塘东、格翁、井宗、苗吼、韶霭、培亮、甘塘、文斗上寨、文斗下寨、平鳌、岩湾、加池、中仰、张化、鸠佑、南路、岩寨、八洋、寨藻、甘乌、扒洞、平略、归故、新寨、大坪，共计27寨，举办了团练，并坚持到光绪十二年兵燹结束。其中，文斗上寨的姜通戴、文斗下寨的姜国珍、姜世扬、平鳌寨的姜国轩、姜东盛、岩湾寨的范本清，是乡正[④]。由此推断，其中至少有4个总团的团练组织。

团练组织的最高首领乡正，一般由官府委任。下引一份收藏在锦屏县乌山寨的光绪十四年的乡正委牌，就是例证。

"   委　牌

□□□□□□正堂加三级纪录五次□　为

委□乡正统率公干事。照得本司查□该寨原先乡正病故，一切□□统率不前，故以人心散荡，凡遇公，多则推诿，崀特本司实查得该寨之吴天祖，为人诚实，办公勤能，足堪可充乡正事，是以准给委当乡正。为此合行委给乡正吴天祖遵照，自受委充当之后，倘有往来大小公事，各宜踊跃当先，统率团长、牌甲、寨头人等勤快认真办理，不得推延怠玩，自干未

————————

　　① ［清］胡林翼:《胡林翼集·书牍批札家书诗文联（二）》，胡渐逵等校点，岳麓书社1999年版，第15—16页。

　　② ［清］胡林翼:《胡林翼集·书牍批札家书诗文联（二）》，胡渐逵等校点，岳麓书社1999年版，第133页。

　　③ ［清］胡林翼:《胡林翼集·书牍批札家书诗文联（二）》，胡渐逵等校点，岳麓书社1999年版，第131页。

　　④ 锦屏县地方志编纂委员会编:《锦屏县志：1991—2009》，方志出版社2011年版，第1545—1556页。

便。懔之慎之，须至委牌者。

右仰乡正吴天祖准此

光绪十四年十二月初三日

□满日销缴"①

司

（三）官府对团练的赏罚

官府拥有赏罚权力，以保证对团练组织的监督和控制，相邻的团练存在连坐责任。《镇远团练章程》规定："团练之寨，每寨每季，官为捐牛一只，酒五十斤，由官亲自巡阅给发，以作犒赏。能生擒强盗一名者，官赏银二十两；格杀一名者，官赏银一十两。当官给发，决不食言，决不迟延。其勇往杀贼，致被贼匪伤者，当众验明伤痕轻重，官为赏银医治；医治不效者，官赏银五十两，以恤其家。至强盗入寨，一家有事，而团中不肯尽力相助；或失事后并不追赶者，一经报案，照印簿所载户口，按户提究；并将本团罚牛一只，邻四团罚酒八十斤，以示惩警。"②《凯里绅士团练谕》加大了杀死盗贼的奖赏力度，每名赏银百两或五百两不等③。

官府还必须限制这些民兵组织的暴力的非正当行使，比如用于私仇械斗和强制摊派。

（四）官府承担必要奖赏、抚恤和赔偿的费用

咸同年间，黎平府的经费捉襟见肘。胡林翼在黎平组建团练，防堵缉捕，开始时"尚有私囊"（私人钱财）；"私囊甫竭"时，得到上级官府两次拨给"八千金"，交地方"绅士专管"，"官府不私一文"。后有胡子和等倡议捐款接济，超过二万两。咸丰二年冬至咸丰三年，防堵剿捕经费超过了二万五千两④。除奖赏之外，还包括抚恤练勇的死亡疾病；赔偿练勇所必需损毁的民房，胡林翼承诺"或用火攻，所烧毁之民房，本府出银百两修补"⑤。

（五）官府招募练勇

官府一般不给团练工食，只给牛酒奖赏。但胡林翼为了组建一支精

---

① 张应强、王宗勋主编：《清水江文书》第3辑第7册，广西师范大学出版社2011年版，第356页。

② ［清］胡林翼：《胡林翼集·书牍批札家书诗文联（二）》，胡渐逵等校点，岳麓书社1999年版，第16页。

③ ［清］胡林翼：《胡林翼集·书牍批札家书诗文联（二）》，胡渐逵等校点，岳麓书社1999年版，第134页。

④ ［清］胡林翼：《胡林翼集·书牍批札家书诗文联（二）》，胡渐逵等校点，岳麓书社1999年版，第125页。

⑤ ［清］胡林翼：《胡林翼集·书牍批札家书诗文联（二）》，胡渐逵等校点，岳麓书社1999年版，第133页。

干二三百人的练勇队伍，向苗疆三厅（古州、剑河、台拱）等地招募壮勇。胡林翼许诺"各寨如有实在敢死、有武艺之苗民，本府招为练勇，另给工食"①。"每月工食四千为准，其头目则五千六千"，为此，其世交好友但文恭"助钱五百千"②。

（六）民户承担团练的经费

团练的经费由民户承担，筹集方式有三：一是民户捐款；二是民户卖木见十抽一③。下营总理姚廷桢，"或出乡抽木"④；三是民户田谷见十抽三，即所谓的"抽田制"。⑤ 抽田制，各款各寨略有差异。

1. 有的"抽田制"区分战乱时期和和平时期

"立分合同字人塘东、河口、加池、岩湾、文斗上下两寨、平鳌、中仰、韶霭、干塘、大坪界上款内众等，因逆匪逼近款地，众等公议设立，将各地方有田者三七均派，业主占七股，出战用力者占叁股。众境有无得力同心，如翌日匪徒一战尽殄，复转屯所业，现有田者受四股，出力战斗者受六股。其有富户米粮见丁除八石，余存办粮，地方得以安靖，国家赖以平康。今闻众等公议，一则曰永清四海，再则曰国秦民安。恐后无凭，人心不古。立此合同字永远存照。

塘东姜朝魁、姜沛霖，河口姚廷桢、姚廷煊，加池姜世明、姜沛清，岩湾范本清、范玄祖，文斗姜含英、姜钟英，平鳌姜文清、姜国矸，中仰陆景嵩、潘国乾，韶霭李国梁、龙家琼，大平干塘孙鱼龙、黄世刚、吴绍春

咸丰六年十二月初九日 众等公立"⑥

以上分关合同字中的"款地"，表明塘东等十一寨属于传统的"寨款"组织。在战乱期间，"有田者"把自己的十分之三的田，抽出交给"出战用力者"占有、使用和收益。在和平时期，已经抽出的田业则转变为类似于军屯的田业，仍由"出战用力者"及其亲属耕种、管业，但其收益的十分之四要归原来所抽出的"有田者"。

---

① ［清］胡林翼：《胡林翼集·书牍批札家书诗文联（二）》，胡渐逵等校点，岳麓书社1999年版，第134页。

② ［清］胡林翼：《胡林翼集·书牍批札家书诗文联（二）》，胡渐逵等校点，岳麓书社1999年版，第128页。

③ 锦屏县地方志编纂委员会编：《锦屏县志：1991—2009》，方志出版社2011年版，第1546页。

④ 锦屏县地方志编纂委员会编：《锦屏县志：1991—2009》，方志出版社2011年版，第1550页。

⑤ 锦屏县地方志编纂委员会编：《锦屏县志：1991—2009》，方志出版社2011年版，第1548页。

⑥ 王宗勋：《清水江历史文化探微》，云南美术出版社2013年版，第35页。

2. 有的"抽田制"不区分战乱时期和和平时期

"立捐田字人本寨姜明经，为因贼匪入境，扰乱地方，今弟兄打贼匪退去，今众等商议，将本名捐出见十抽三，毫无异论，凭中捐出与姜兆、大荣、兆清、开周、开望、开庆、开廷、龙文明众等，承捐为业，地名党周从松卯田一坵，谷担半；又顾上世太大田一坵，坎下大小三坵，谷八担；老根下坎一坵，谷一担；又大田一坵，捐田四担半，共捐出田十八担，自捐之后，任凭受主管业，并无异言，恐后无凭，立此捐田字为业。

凭中　高老伍　姜世元

明经亲笔

外此大田四担半明经占

咸丰七年正月廿八日"①

加池寨的姜明经的捐田字中的"见十抽三"，其实就是抽田制，不同的是明确了哪一坵田归"出战用力者"中的哪一个人永远管业，从此成为他人田业，与原来田主无关。接受捐田的一方，还常常出立"领捐田字"。②不过，不论名义是"捐田"或"抽田"，其实质是一个以公益为目的附条件的赠与行为，如果接受赠与一方，不听从调遣，奋勇抗匪，则各款各寨可以收回田业，并驱逐出款地界外，不能受到团款的庇护，下引为证。

"立抽田字人姜东仪、之玕、上锦、国干、启先、姜卓、东吕、东滨、德清等，为因贼匪作乱，扰害地方，富者出资，贫者出力。无如地方穷苦，无资所出，富户情愿将田叁柒抽给，出田者占柒股，受田者占叁股。除上田在外，余者照谷石出叁，与众抵贼。自抽之后，任凭受田子孙管业。所有贼匪临境、官府提调，随传随到，不得躲闪委靡退缩。如有此情，将田退出充公，逐出境外。凡开仗有损伤者抚恤俱在叁股田之内。今欲有凭，立此抽田字为据。

凭中乡正　文清、国干

存字人则相、国望、文光、东佐　代笔姜子清

咸丰柒年柒月初五日　姜作弼笔立"③

不过，抽田制推行得并不顺利，有田者未必都乐意爽快地答应，尤其"捐给"外寨的，于是就演变成团丁依靠暴力，要田要地，发生纠葛④。

---

① 张应强、王宗勋主编：《清水江文书》第1辑第9册，广西师范大学出版社2007年版，第267页。
② 张应强、王宗勋主编：《清水江文书》第1辑第9册，广西师范大学出版社2007年版，第220页。
③ 王宗勋：《清水江历史文化探微》，云南美术出版社2013年版，第35—36页。
④ 程泽时：《互动与共享：清代苗疆社会转型之理讼调适》，中国法制出版社2017年版，第49—52页。

（七）团练的民兵武装力量若得不到官府的控制和信任，就会被认为不具合法性

团练的民兵武装力量，是一把双刃剑，由官府控制，并相互信任，会发挥建设性作用。如果不被官府控制，不被官府信任，则其存在就被官府认为不具合法性。1911年武昌起义，贵州于1911年11月宣布独立，成立大汉贵州军政府。11月10日，古州士绅傅良弼等公推时任贵州兵备道的吴嘉瑞和古州镇总兵的谢凤笙为镇远军政分府正、副都督，治所设在古州（今榕江），由傅良弼署理。黎平府、开泰县的前清官员逃亡，百姓无主，土匪四起。1912年正月，姜登泮等联络东、南、北三路团练，设立互卫总局，并任总董，以御土匪，以保公安。先后向军政分府要求：一是由互卫总局征收府县钱粮，自解正供①。二是互卫总局在"北路一带地方，每石谷田抽钱十五文，以作各处团丁军饷并阵亡之恤赏。"② 傅良弼只答应了后一请求，且所拟抽之钱尚未缴到互卫总局开销，但随即诱捕了姜登泮，指控罪名有二：一是私收丁粮肥己，阻碍各处花户完纳府县丁粮，即所谓"收粮致防国课"；二是擅杀，即所谓"设局扰害民生"③，由开泰县令英龙审讯。④ 姜登泮被羁押期间，兴和团、致和团、中营七寨团、龙里款、清平款、四知款、附忠款、地方耆绅纷纷上禀，要求释放，但姜登泮还是被刑杀。

本族的姜德相、杰相、发相、圳相、炳相致祭礼，其祭文曰：

"大清末世，盗出如林，抢掳劫夺，民不聊生，府县通禀，上台发兵，统领李姓，率军游巡，亲蹈各地，礼接乡练，拿斩多匪，饬联大团，关切梓里，兄独热心，劝人遵办，团务整新，众志既翕，盗贼潜形。未几独立，省省同行，吾黎平党，恢复心殷，守旧一派，视若仇人，官思弹压，札调三营，派兵急往，以保安宁。域人误会，衅从此生。我虽不校，彼则猜嫌，清官畏葸，挂印夜行，黎开无主，大势将倾，地方推举，逼进省城，兄不辞劳，直向筑垣，请委府县，以奠人心，政府批委□书杨君，署理府篆，管辖黎民，城绅争利，其衅愈深，南路匪起，烧杀乡村，渐逼邻境，到处心惊，北路一带十余大团，共结团体，保家保身，局设鳌市，互保为名，互相保卫，义正词明，剿盗拿贼，排难解纷，乡民便利，衙役无权，

---

① 潘志成、吴大华编著：《土地关系及其他事务文书》，贵州民族出版社2011年版，第206页。
② 潘志成、吴大华编著：《土地关系及其他事务文书》，贵州民族出版社2011年版，第210页。
③ 潘志成、吴大华编著：《土地关系及其他事务文书》，贵州民族出版社2011年版，第214页。
④ 潘志成、吴大华编著：《土地关系及其他事务文书》，贵州民族出版社2011年版，第208页。

物议之来，此其甚焉。众议开会，壬子初春，四乡代表，来者成群，公举总董，投票为凭，最得多票，惟有我兄，总董局务，日夜惟勤，东乡绅士张石廖陈，到局拜苦，包胥同情，连接官札，饬往救援，兄见不忍，催兵起程……"①

按祭文所述，姜登泮的确禀明了大汉贵州军政府，要求尽快委任黎平府、开泰县的官员，尽快使地方脱离无地方政府权力的真空状态。姜登泮的儿子（应为过继子）姜元赓、姜登泮的弟弟姜登熙、登奎及侄儿元良等所致的堂祭文，详曰：

"祸于去年反正，四境动摇，黎平府县札调三营团丁，进城保护，乃于九月尾，下王寨借款，晋进庆贺，革命党则急于恢复，守旧则视若寇仇，误会民国，疑为暴动，有不相投之机，即见不相容之势，各乡不服，公举吾父进省，乃于十月十二日，同杨、吴各君起程，一禀地方情形，一清委署府县，至十二月二十，方转回家，途中往返，受尽艰辛，路遇贤愚，遭多惊恐。明受辛苦者不足惜，暗受人恨者已无穷矣。本年正初，接各团之信，定开会之期，乃于初八日，由格翁而过上营，越二日，由边沙以往鳌市，至期各代表到者数十人矣。十三日开会，且投票选举执事人员，吾父得票最多，推为互卫局总董，局中一切，尚未就绪，越日而东南路，绅士陈世杰、张西堂等，到局求救，不异于包胥之哭。黎平、开泰县，亦飞札调援，吾父见同胞之受害，不啻自己之受害，各同事见吾父之许可，亦同声皆为许可，遂传各团于二十日出兵，廿一而后，率团丁千余，由潭溪平茶、兴隆至特祠。廿五日团丁在乍团，与贼接仗得胜，杀贼四人，获马一匹。廿九至岑管，次日贼对敌得胜，我军毙命三人。二月初二日，在牙口交战。初三在南江交锋，俱皆得胜，只毙一人。初七在控洞大战，杀贼以数十计，我军伤毙者二十人，两军各退，贼从此畏惧，退回广西矣。此后不来侵我界，曾受我军之大挫也。黎平府城之安危、古州镇道之得功，皆由我父统军剿灭所致。及团众撤回，月饷需银，恤赏需银，约团绅进郡，请府筹款，请县筹款，磋商抽项，以开团丁，官乃出示，每挑田出钱十五文，以作恤赏饷项之用。回局调查，飞传催缴，信虽发而钱未收，绅已疑而官已忌。岳飞战胜，为桧所谋；韩信功高，为君所恨。接梁县发来书信，说传道仰其声名，请急来城，面商要务，吾父信以为实，同事不以为欺，公然上道，

① 张应强，王宗勋主编：《清水江文书》第3辑第7册，广西师范大学出版社2011年版，第133—134页。

路至新屯，乃遇传官，胁拥而上，及进城，即交梁贼，乃堂讯而用非明，横暴如此，文明奚在，诬以重罪，幽之禁中，可怜白面书生，竟在楚囚对泣，欲将北路团绅一网打尽，幸得吾父担过，不致牵连，各款邀恩，公呈递者十余纸，多绅求见面晤，言者数十人，都以好言相诓，实则居心谋害，吹毛求疵，追三营缴其借款，东挪西借，害百姓尽张罗，银已缴而命难全，天理何在？……太平本是将军定，不许将军见太平，古来向如此，于今又何怪……"①

　　姜登泮究竟依据何种法律依据被处死，无从可考。有学者提出，姜登泮事件反映了士绅阶层与地方官府之间互相依赖又互相独立的复杂关系。士绅和地方官府都在争夺控制地方社会的权力。② 笔者以为，姜登泮的擅兴团练，违反了"天下有道，则礼乐征伐自天子出"的中央集权原则。制礼作乐的立法权、出兵征伐的军权，由中央掌握。孙中山早已说过：权之分配，不当以中央或地方为对象，而当以权之性质为对象。权宜属于中央者，属之中央可也；权宜属于地方者，属之地方可也。例如军事外交，宜统一不宜分歧，此权宜属于中央也。③ 军权的中央集中掌握是一贯的原则。团练是民间武装力量，其目的只能是补充国家武装力量的不足，并时刻接受中央的委托和控制。咸丰初年，黎平知府胡林翼就通过奖惩措施控制地方团练。地方自治权力是受到上级知府的监督的。

　　五、寨款、乡约、保甲和团练的关系

　　（一）寨款传统是团练产生的前提和基础

　　贵州苗疆在纳入王朝帝国版图之前，普遍存在寨款组织。寨款的功能有二：一是抵御外侮；二是管理地方。三营团练产生之前，这里原来存在青山界四十八苗寨大款，大款下分有若干小款，小款下有各村寨④。

　　（二）乡约是和平时期流官衙门沟通和驾驭寨款的桥梁

　　乡约既要在寨款中有一定威信，且家道殷实，又要代表流官衙门，传达官府政令。流官衙门不会给乡约薪俸工食，但会赋予乡约的一定足以抵抗寨款的某种王朝身份和外来性的权威。

---

① 张应强，王宗勋主编：《清水江文书》第3辑第7册，广西师范大学出版社2011年版，第221页。
② 潘志成，吴大华编著：《土地关系及其他事务文书》，贵州民族出版社2011年版，第219页。
③ 陈之迈：《中国政府》，上海人民出版社2012年版，第566页。
④ 王宗勋：《清水江历史文化探微》，云南美术出版社2013年版，第37—38页。

（三）保甲是团练得以建立并有效运作的必要条件

"攘外必先安内"。胡林翼认为"欲清内匪莫如保甲，欲御外寇莫如团练"。"以保甲册籍为团练张本"[1]。通过编联保甲，摸清苗户丁口男女等基本情况，为挑选团丁提供准备工作。

（四）团练在和平时期事实上演变成为县级政权下的又一准基层政权组织

有学者提出，辛亥革命所引发的清水江地区战争结束后，三营团练演变成地方基层自治组织。其职责是排解民事纠纷，缉拿盗贼，维护社会治安，替官府催派赋役徭役[2]。还有学者研究清代九寨联款地区的保甲团练档案文书，认为侗族社会已经从自治社会进入国家社会，侗族传统社会的自治组织"款"已经被政府委任的乡团所取代，新兴的保甲团练首领成为基层权力核心[3]。这两种观点中"自治"的涵义是不一样的。前者的"自治"是辅助"官治"之不足，而与"官治"相倚相存的"自治"；后者的"自治"是不受王朝官府管辖之意。笔者以为，团练组织事实上演变成一个准基层政权组织，类似于后来的乡镇、区等基层政权，也为后世的乡镇设置打下了历史基础。清末的团练组织，拥有缉拿甚至就地格杀盗匪的权力，具有审结抢劫、偷盗等刑事案件的权力，具有征缴官府钱粮以外的抽提田谷、木价的征税权力。当然，团练还在一定程度上维护了地方经济利益，与官府讨价还价，官府也尊重团练的意见，下引一则札为证。

"钦赐花翎即补清军府署镇远府天柱县正堂金为：

札饬督催赶办事。案据该绅首等以再恳酌减等情公禀到县，除原禀叙入告示，饬差各处张贴，并通饬各里绅首一体督催赶办外，合亟札饬。为此札仰该团绅等遵照，札到立即督催各寨业户务将买田房白契赶紧赴辕投税，切勿仍前观望隐匿，其有税价本县俯从该绅首之请，格外轸恤民艰，定章减为每千收钱十三文外，本署纸笔房费等钱三文，团绅经手盘费钱三文，绝不格外索取，抑且随到随印，并不稽违时日，倘各业户仍敢隐匿抗延，准该绅首指名具禀，以凭提究。该绅等务须实心赶办，勿稍徇延。切切特札。

① ［清］梅英杰：《清胡文忠公林翼年谱》，台湾地区商务印书馆1978年版，第56页。
② 王宗勋：《清水江历史文化探微》，云南美术出版社2013年版，第34页。
③ 龙泽江：《清代贵州清水江流域的保甲与团练——九寨侗族村落保甲团练档案的文献价值释读》，载《原生态民族文化学刊》2017年第2期。

右札仰循礼里上团绅 姜恩成、刘荣邦、龙露森、姜登泮、姜超贵准此

光绪十八年十一月廿一日札"①

团绅要求官府降低契税标准，被天柱知县接受。笔者并未发现天柱县循礼里上所属的文斗下寨的白契投税的清单，但是发现其邻寨平鳌寨的民国时期的《计开我甲大小红白田山契验契税清单》，详细记载了该甲30户所藏红契、白契的数量，以及相应的契税费额（白田契贰角，红田契贰元），"红白验契尾，共洋贰拾贰元六角"②。但考虑到清代的锦屏文书红契占比不少，应与团练保甲组织的督促有较大关联。

（五）乡约、保甲是苗疆流官衙门治理的"内地化"的表现，是在寨款基础之上的"架床叠屋"

乡约、保甲是内地郡县制下基层治理的比较有效的措施，苗疆流官衙门希望复制过来。这是一种经验主义的思维，也是一种普遍主义的思维，没有考虑到苗疆的社会文化基础——寨款。故而乡约并不能发挥出教化功效，许多苗寨推行保甲，也只是虚应故事而已，并未实行连坐责任制度。

多民族杂居村落中不同文化的
一致性和差异性研究
——对青海省农牧区互嵌式居住村落的抽样调查

华热·多杰　达哇才让

摘要： 多民族互嵌式居住模式是历史上经过自然融合和政府推动而由分立并居型向嵌入混居型逐渐发展的产物。在各民族一律平等的原则下，各民族之间经过长期的接触和交往，文化的一致性、共同性逐渐增长，差异性慢慢缩小，文化一体化形成了杂居村落中民族文化发展的基本价值走向。同时，随着市场经济的发展、社会多元化态势的加剧，杂居村落中文

---

① 张应强、王宗勋主编：《清水江文书》第3辑第7册，广西师范大学出版社2011年版，第125页。
② 锦屏县档案馆藏文书，编号：JPWS—JP—0192—姜承奎—1048，来源锦屏县平略镇平教村。

化的差异性保存。今后，民族互嵌式社会结构和互嵌式社会环境的营造，并保持长期和谐稳定，一要循序渐进，不能急于求成；二要加强政策引导和国家法律的保障。

关键词：民族杂居　文化　一致性　法律保障

作者简介：华热·多杰，青海民族大学法学院教授，研究方向：法史学、民族法学。

达哇才让，青海民族大学法学院民族法学硕士研究生，研究方向：少数民族权益保障制度。

青海省是一个多民族省份，居住百年以上的民族有藏族、土族、撒拉族、回族、蒙古族和汉族。此外，还有一部分其他民族居住和生活在青海省^①。民族关系历来是青海省的主要社会关系，也是影响青海省社会稳定、发展的重要因素之一。青海省委、省政府一直十分重视民族宗教工作，把贯彻党的民族宗教政策和搞好民族工作作为本省工作的重中之重，并长期坚持，收到了良好的社会效果。

民族互嵌式社会结构和民族互嵌式社会环境是中华民族在从多元向一体的发展过程中自然形成的一种社会结构和社会环境，它是以互嵌式居住模式为基础的。历史经验证明，这种居住模式有利于促进各民族之间的文化认同，有利于化解历史上遗留下来的因民族分居而形成的民族隔阂，增进民族团结，维护民族地区社会秩序的长期稳定。为了对这种居住模式中各民族的文化状态，尤其对其中文化的一致性和差异性，及其内在机理和外部条件，有一个更加深入的了解和认识，以便促进各民族之间文化的一致性，减少因差异性而引发的不协调因素。本课题组运用抽样调查方法，从青海农牧区选择了若干多民族杂居村落，就多民族杂居村落的类型、形成方式、生活往来、经济互通、文化融合和心理认同等作了专题调研。

一、多民族杂居村落的类型

从调查情况看，青海省各民族的居住呈现两种模式，即分立并居型和嵌入混居型。

（一）分立并居模式

分立并居模式是指在一个地区范围内，各单一民族村落，各自为政，

---

① 廖霞：《青海少数民族人口发展状况及特点》，载《青海人口》2013年第8期。

分而居之，处于相对独立的状态，在经济和文化上又有相互往来的居住模式（见图一）。这类村落大都是历史上形成的，其分布较广，在日月山、拉脊山、青沙山（下文简称"三山"）两侧及湟水河、大通河（下文简称"两河"）流域有广泛分布。

这类村落的分布又有两个特点，即点缀型分布和大面积割据型分布。点缀型分布，即一个汉族村落居落于多个少数民族村落之间。这类村落，在"三山"两侧地区分布较为广泛，呈星罗棋布状。譬如互助县南门峡镇的古边村是一个历史上逐渐迁入该镇的纯汉族村落，全村376户，1438人。北接北沟垴藏族村、西临卷槽藏族村、东面水洞藏族村。该村自翻越边墙入住古边地区以来，长期与这三个藏族村落互通有无，友好相处，在文化上保持了相对的独立性。大面积割据型分布是"两河"流域各民族居住状况之一，从"三山"两侧的情况看，藏族基本上分布于山区，而土族、汉族等以农耕为主的民族则居于川水地区，从而形成了不同民族在居住格局上相对独立的居住特色。譬如互助县的汉族主要居住于沙塘川、哈拉直沟、西山、蔡家堡地区，而土族则居住于五十、丹麻、东沟、东山、红崖子沟等地区。藏族则分居于松多、巴扎、嘉定、南门峡、水洞峡、七塔尔峡、柏木峡、花石峡等所谓"九峡"地区，人口虽少，但分布较广。在三个民族接壤的地区，形成了众多嵌入式民族杂居村落，作为各民族之间的过渡和缓冲地带，互嵌式居住首先在这些地区出现，并向四周扩散。

（二）嵌入混居模式

嵌入混居模式是指若干民族居住在同一村落中，关系较为密切（见图二）。从走访情况看，大部分嵌入混居村落是1949年后，随着土地改革和人口迁移而形成的。原来少数民族居住的村落地多人少，建立人民公社后，为了集中劳力，发展农业，政府积极推动人口迁移。将川水地区的过剩人口迁入民族村落，从而形成了不少多民族杂居型村落。这种居住模式，目前分布于青海各地，在民族文化的融合中发挥了重要的作用。

从走访情况看，多民族杂居村落中，其内部又有两种杂居类型，即相互嵌入型杂居和分立混居型杂居。即在一个行政村中，既有单一民族组成的自然村，又有多个民族混杂居住的自然村落。作者调研过的贵德县的新街村、门源县的措隆滩村，共和县区沟乡的阿乙亥村都属这类村落。这类村落的特点是一个少数民族村落中，逐渐融入其他民族，从而形成杂居状态。譬如门源县的措隆滩村，历史上属于藏族聚居地，民国时期因回汉之争，将回族安排河南（大通河）措龙滩一带。形成了与当地藏族相望而居的格局，后来土族、蒙古族和汉族陆续嵌入该地，从而形成了以回族为主体，多民族杂居的现状。全村480户，2773人。其中回族408户，2303人；汉族25户，173人；藏族23户，159人；土族20户，66人。由两个自然村落组成，居住呈现两种类型，一部分回族聚众而居，形成了一个由纯回族组成的自然村；另一个自然村，则由回族与藏、汉、土等民族混杂而居，形成你中有我，我中有你的嵌入式居住模式。

从青海各地多民族杂居村落的形成方式看，一种是楔入式，即一个或多个民族嵌入其他民族村落，从而形成两个以上民族杂居的状况。这种形成方式是青海多民族杂居村落形成的主要方式。另一种叫组合式建村，即由若干民族共同进入某一特定地区共同居住，从而形成杂居。这种方式大部分是中华人民共和国成立初期土改过程中和在上个世纪的西部大开发背景下"二次移民"过程中形成的。譬如乐都北山地区的隆沟寺村所在地，原本该地只有一个小寺院，周围都是森林，沟深坡陡，不适于农耕，也没有农牧民居住。中华人民共和国成立初期，从周围村落中分化出来的若干藏族、土族和汉族家庭几乎同时迁入该地，开荒拓地，半耕半牧，最后发展成一个大约50户人家的村落。其中藏族20多户，汉族10多户，土族10多户。改革开放以来，由于地少人多，无法继续生活，该村的大部分汉族和土族，以及个别藏族家庭陆续迁居新疆、青海海西、格尔木等地，现在约15户人家，其中9户藏族，3户土族，3户汉族。

从互嵌式居住模式形成的主导力量来看，自然融入型和政府主导型并存。以政府主导型为主。也就是说，在多民族杂居模式形成的过程中，历代中央政府的边疆政策和积极推动发挥了主导作用。

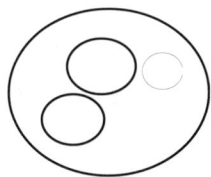

某地区多民族分立并居模式（图一）　　某村落多民族嵌入混居模式（图二）

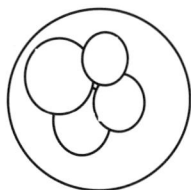

民族民间习惯法研究

409

根据英国文化人类学家泰勒的文化定义 [①]，文化是历史上形成的，而且几乎涉及人类活动的一切领域。从这个意义上说，人类的语言、服饰、信仰、居住、仪式、婚庆、丧葬、通婚等都是文化的表现形式。就多民族杂居村落而言，文化碰撞常常因语言、信仰、饮食、习俗、生活方式、行为方式、价值观念的不同而引起的。因此，语言、饮食、居落、婚嫁、丧葬、往来、宗教信仰、族际通婚等，应该是考查民族文化一致性和差异性的主要指标。

1. 杂居村落中语言的变迁：公共用语的汉语化态势显著

语言是文化的载体，也是文化变迁的主要表现形式。一般来说，杂居村落中，语言的变化是从多元向一体变化。在这一过程中，一些语言的功能得到强化，而另一些语言的功能逐渐萎缩，直到消亡。杂居村落在形成之初，各民族都使用本民族的语言，民族之间有着比较清晰的语言边界。随着文化涵化和民族融合的加剧，语言边界变得逐渐模糊。因此，语言边界是文化边界的重要试金石。

青海省各民族中，历史比较悠久，使用面比较广，影响力比较大的民族语言，主要有藏语、土语、蒙古语、汉语和撒拉族语。其中，使用人群最多的语言是汉语和藏语。这两个语言的使用人群均超过百万，其他语言的使用人群在10万人上下。在青海，各民族语言的竞争主要发生在少数民族聚居地区，而少数民族散居地区，民族语言之间的竞存现象已变得十分微弱。

从调查中得知，杂居村落中民族语言的使用情况，可以分四种类型：

其一，家庭用语。青海省各民族杂居村落中家庭用语呈三种状况：一是在语言上完全被汉化，连家庭语言都是汉语。这类村落，在"两河"领域较为普遍，占到90%以上。譬如湟中、湟源、互助、门源、平安等县的多民族杂居村落中，家庭用语基本上汉语化了。二是六州农牧区藏族、蒙古族家庭用语基本上是本民族语言。但土族等散居民族和城镇居民家庭用语汉语化倾向比较突出；在民和、互助、乐都的大部分以土族村落为主或以藏族为主的村落中，家庭成员之间依然是用本民族语言交流。三是双语

---

① 英国人类学家 E.B. 泰勒于1871年出版了《原始文化》，他在书中指出："据人种志学的观点来看，文化或文明是一个复杂的整体，它包括知识、信仰、艺术、伦理道德、法律、风俗和作为一个社会成员的人通过学习而获得的任何其他能力和习惯。"泰勒：《文化之定义》，转引自庄锡昌等编：《多维视野中的文化理论》，浙江人民出版社1987年版，第98页。

制家庭，即在家庭内部汉语和各少数民族语言交替使用的家庭。这类家庭主要集中在城市少数民族家庭或跨民族通婚家庭中。主要在州县城所在和农村个别家庭中。

其二，族内通用语。从笔者走访过的村落来看，族内交流语言，依旧适用当地通用的少数民族语言的情况，除了青海六个民族自治州的藏族和蒙古族外，还有民和、互助和同仁地区的土族，以及撒拉族。在"三山"以东北地区，本民族内部依旧使用本民族语言交流的藏族村落，有一定的分布。譬如民和县厦门乡的抓扎村，乐都北山寿乐镇的仓家村，互助巴扎乡、松多乡的部分藏族村，族内交流语言依旧是藏语；再譬如互助土族自治县大部分土族村落之间仍然用土语交流。黄南藏族自治州土族族内通用语仍然是土语。

其三，村内通用语。村民之间交流所使用的语言，主要取决于该村的民族结构。从我们所走访的杂居村落来看，以藏族为主的村落中，藏语是村民交流的主要用语，其他语言只是辅助性的语言。譬如我们走访过的贵德县新街乡的陆切村，虽然由藏、回、汉、土四个民族构成，由于回、汉、土三个民族是中华人民共和国成立前后逐步嵌入该村的，所以语言上被藏语化倾向十分突出。村内交流习惯上采用藏语，而辅之以汉语。乐都县寿乐镇仓家村的情况也相类似。互助县以土族为主体，藏汉土三个民族杂居的村落中，村内交流语言大多是土语。六州农牧区杂居村落中，村内通用语的藏语化现象也较为普遍。在土族、蒙古族和撒拉族聚居的地区，村内通用语的当地民族化现象也较为普遍。对于大多数多民族杂居村落来说，村内通用语，基本上都是用汉语。汉语成为各民族沟通的主要桥梁。

其四，村外社交语言。在青海，除了六州农牧区在社交场合继续使用藏族和蒙古语的情况较为普遍外，在"两河"流域，除了一些民族自治县和民族乡局部社交场合，通用"双语制"（藏语、土语、撒拉语等少数民族语言与汉语并用）外，大部分社交场合只能用汉语交流。可以说，汉语已经成为民族杂居村落与外界沟通的主要语言工具。

2. 杂居村落中信仰变迁：信仰的多元化倾向显著

宗教信仰是民族文化的重要特征之一，对于大多数民族而言，宗教与民族文化融为一体，界限模糊，很难作出明确区分。

青海各世居民族，历史上都有信教的传统。藏族、蒙古族和土族，几乎全民信仰藏传佛教；回族和撒拉族几乎全民信仰伊斯兰教；汉族，尽管其宗教信仰状况较为复杂，基本上在儒释道三者中徘徊。近年来，随着藏传佛教的传播，青海当地汉族中，信仰藏传佛教的人口呈逐年上升态势。

中华人民共和国成立以后，经过马克思主义无神论思想教育和"文化大革命"对传统文化观念和宗教及宗教信仰的冲击，青海各族人民的宗教信仰一度转入地下或被人为地虚无化。改革开放以后，随着思想领域的日益宽松和宗教活动的合法化，宗教信仰一度被放大，经过数十年的发展，宗教信仰活动中的盲从因素逐渐减少，理性因素逐渐增多。

从调查情况看，目前，青海多民族杂居村落中的宗教信仰，呈三种发展态势：

其一，藏传佛教信众和穆斯林群体以家庭传承为基础，信仰群体较为稳固。藏族、土族和蒙古族是藏传佛教的坚实信徒，回族和撒拉族是青海省主要的穆斯林群体。这两种宗教的传承，以家庭为基础，信仰人群历来相对稳固。经过"文化大革命"，虽然有被虚无化和淡化的因素，但改革开放以来，随着宗教信仰自由政策的落实和宗教立法的实施，这部分信仰人群继续得到加强和稳固。尽管在多民族村落中，平时由于外出务工等因素，参加宗教活动的青年人群较少，但逢年过节时，这部分人群迅速扩张，甚至成为宗教活动的中坚力量。

其二，汉族人群中，宗教信仰现象有强化之势。传统上，被认为汉族受功利主义思想的影响，信仰群体波动较大，稳定性较差，而且宗教信仰呈多元化状态。从走访情况，近年来，汉族人群中的信仰有强化态势，而且由以往的多元化信仰向着佛教，乃至藏传佛教倾斜的势头。尤其在藏传佛教信仰人群占主导地位的多民族杂居村落，汉族在宗教信仰方面，由原来的跟风和入乡随俗变得更加主动和虔诚。譬如贵德县河西镇的下排村，村内的土族和汉族，在宗教生活方面基本上与该村藏族保持一致。其他民族的青年人群中，出于传承民族文化方面的考虑，宗教信仰的强化现象也格外明显。另外，在调查中也发现，在汉族人群中，追随新兴宗教、西方宗教和非法宗教的情况较为突出。

其三，宗教信仰人群有扩大之势，藏传佛教化倾向较为突出。"两河"流域的一些多民族杂居村落，过去受"文化大革命"的影响，宗教信仰一度被淡化或转入地下，给人一种"宗教信仰观念淡薄，无信仰人群较为壮大"的表象或错觉。近年来，随着生活条件的改善，人们对精神生活的要求越来越高，因此在以往信仰较为淡薄的一些民族和村落中，出现了集体性的信教行为，譬如乐都、化隆等地区多民族杂居村落中兴建佛塔、村庙等活动，在互助等地区的某些纯汉族村落中供奉佛像和少数民族地方神祇等现象，就是一个显著的标志。

3.杂居村落中的住房变迁：居住风格的一体化和家庭陈设的多元化

住房是人类生活的产物，不仅取决于一定的地理条件，而且与一个民族的生产和生活方式密不可分，是民族文化的直接体现。过去，游牧民族的住房以帐篷为主。这是因为帐篷便于搬迁。现在，固定房屋成为游牧民族冬季生活的主要选择，夏季多用帐篷。农耕民族主要居住房屋。

从所调研样本村落的居住情况看，基本上呈现出一体化态势。只是在居住房屋的结构、样式和内部陈设方面呈现出一定的地区性和民族性差异。从全省农区的情况看，房屋风格，基本呈两种类型："三山"以东北地区，农村家居以西北地区汉式砖木结构房屋为主，并向砖混二层楼方向发展。木质房屋的结构，根据院落大小，一般以主房5间或7间，偏房3间或4间构成。所谓木质结构房屋，是指房屋的框架结构都由木材构成，如柱、梁及顶棚。墙体则由砖木构成。由于该地区雨量较多，因此，房屋外形基本上是"徒尾巴起脊"，即传统两出檐起脊砖瓦房基本结构不变的情况下，删除了房后出檐，从而成为"徒尾巴起脊"这种较为简约的房屋构造。"三山"以西南地区，在观念上属于牧区，气候上比"三山"以东北地区较为温暖，因此房屋为平顶木质结构为主，内部隔墙较少，起居室和厨房、火炕相连，因而宽敞明亮，通风较好。现代二层楼结构，外形各异，内部结构简单，一般一层以起居间、主客厅、厨房、储藏室为主，二楼主要是卧室和副客厅。窗户大、采光好，居高临下，视野旷阔。

除了居住上的地区特点外，其主要差别集中在内部布局和陈设上，信仰佛教的藏族、土族和蒙古族大都有独立佛堂。即使没有独设佛堂的人家，其中堂主要以供奉佛像为主。汉族家庭，一般设中堂，中堂中一般供奉财神爷或不具有宗教意义的字画。随着生活条件的改善，信仰佛教的富户有增长趋势。这些家庭中，常常设有专门的佛堂。

总之，近年来，住房变迁呈现出居住风格的一体化和家庭陈设的多元化趋势。

4.杂居村落中的饮食变迁：饮食和宴席菜谱的现代化倾向明显

民以食为天，饮食习俗也是历史上形成的，受制于物产和自然条件的主要生活习俗，是民族文化的重要组成部分。

历时性地分析，青海省各民族的饮食习俗各有特色，但可以分为两类：一类是农耕社区，主要集中在"两河"流域和"三山"以西南地区的农村。譬如本人调研过的门源县的措隆滩村、互助县扎隆沟的泉湾村，以及共和县的阿乙亥村等，都属于这类。其饮食特点，主要以面食、土豆、蔬菜、猪肉为主。在饮食结构保持大体一致的同时，在做法、食法方面，又呈现出细微的民族差别。譬如回族忌食猪肉，喜好牛羊肉。汉族倾向于猪肉，藏族在偏向牛羊肉的同时，也有食用猪肉的情况。随着生活条件的变化，在回汉杂居村落，养猪和食用猪肉的现象越来越少。一类是牧业区，主要指藏族和蒙古族村落。其饮食习惯在保持传统的牛羊肉、酥油糌粑等主要食品的同时，面粉做成的馍馍、面条、面片，以及蔬菜的食用量逐渐增加，饮食结构发生了细微的变化。在牧业区的杂居村落中，藏族和蒙古族的饮食结构中，传统成分较多，在汉族和和回族家庭中，各该民族饮食占主流。

婚丧嫁娶，亲来客去，设宴待宾，乃人之常情，乡之风俗，自古有之，但其具体仪式和内容，古往今来，多有变化。以往，青海民间的宴席风格大体分两种：一是少数民族式宴席。被蒙藏土等民族称为"圈圈席"，即在天井中摆上环形席位，来宾席地而坐就餐之风俗。主要菜品是熬茶、油炸馍馍，酥油糌粑；主食或牛羊肉，或青海称之为"熬饭"的烩菜，或者是肉米混合熬制而成的所谓"米饭"。二是汉式宴席。与少数民族宴席比较，较为复杂，以系列菜品构成。因菜品数量和品种不同，因而分为"八盘""十大碗"和"十二碗"。"八盘"用于婚嫁，分八道菜，菜品简单，经济实惠。"十大碗"用于丧事，十道菜品，用瓷碗盛装；"十二碗"用于喜庆之事，譬如婚娶、升学等。菜品丰富，洋溢着喜庆之气。

改革开放以来，随着生活条件的改善，汉族和少数民族都放弃了传统喜庆习俗，都采用了以"十二道菜"为主体的具有现代风格的自由组合式宴席，无论婚丧嫁娶，一律一样。而且菜品种类繁多，内容丰富，量大品多，色香味俱全。淡化传统，甚至放弃俗套，追求实惠成为现代人的价值取向。这在青海各地各民族的饮食结构和宴席习俗中，都有所体现。

5. 婚丧嫁娶仪式的变迁：婚丧嫁娶仪式的现代化和活动内容的民族化倾向

仪式是民间文化的重要载体。在多民族杂居村落中，风格不同，内涵各异的仪式成为民族文化的一道风景线，也是衡量各民族之间文化一致性和差异性的一个重要指标。仪式的种类较多，有宗教仪式、成年仪式、订婚仪式、结婚仪式、丧葬仪式、节庆仪式等。可以说民间活动，无一不是以仪式的形式出现，无一不因仪式的独特性而散发出不同的民族文化气息。

从调研中得知，仪式因内容的不同呈现出不同的发展态势。譬如订婚、结婚等仪式，除了保持各民族的传统风格外，现代文化元素越来越多。人们追求新奇的心理和保持传统的心理在矛盾中巧妙地结合起来，显得独具特色。在各类仪式中，结婚仪式和宗教仪式具有一定的代表性。

结婚是人生的一大重要历程，对于每一个民族来说，都是十分重要的事情。结婚仪式是重要的文化活动，反映了一定的民族文化特色。根据调查，青海省各民族的婚庆仪式，大体分三类，第一类是少数民族风格的婚礼，一般藏族、蒙古族和土族相类似，穆斯林群体的婚礼基本一致；第二类是汉族风格的婚礼，一些文化上受汉族影响的地区和民族都沿用同类风俗；第三类是半土半洋式婚礼，所谓半土半洋婚礼，即在各民族风格的婚礼中夹杂着某些西式婚礼的内容，譬如穿戴婚纱、交换戒指、演奏门德尔松的"婚礼进行曲"，甚至宣誓等，都不是东方文化的产物。近年来，青海省各民族的风俗习惯发生了一定的变化，这种变化也体现在结婚仪式上。与此同时，也有一部分人反潮流而行之，举行具有浓郁传统文化色彩的结婚仪式，并以此为时尚。

就宗教和丧葬仪式的总体情况而言，简化现象较为突出。同时，不同宗教的宗教仪式和不同民族的丧葬仪式，又呈现出显著的宗教特色和民族特色。就以丧葬仪式为例来说，从调查情况看，大致分为三类，即藏传佛教信徒、穆斯林群体和汉族。这三个群体的丧葬仪式，自成一体，各有特点。尽管在"两河"流域和"三山"两侧，佛教徒的丧葬仪式汉化成分较多，但总体上看，在风格、细节和文化意义上，藏传佛教徒的丧葬仪式和汉族的丧葬仪式之间存在较大区别[①]。

从总体上看，婚丧嫁娶仪式的变迁呈现出明显的现代化和活动内容的

---

① 华热·多杰：《西部汉族村落中的信仰、仪式和文化》，载《青海民族研究》2008年第4期。

民族化倾向。

6. 节庆礼俗变迁：一体化趋势下多元性有增强之势

节庆礼俗是历史上形成的一种群体行为和社会文化现象，具有一定的民族性。青海的六个世居民族（藏族、土族、蒙古族、撒拉族、回族和汉族），都有各自的民族文化传统，其中，节庆礼俗是重要的内容之一。

青海省各民族的节庆礼俗，可以分为三类：第一类是受藏传佛教影响的藏族、土族和蒙古族，其节庆受佛教文化的影响较大，不仅具有一些共同的宗教节日，同时也有属于各民族自己的传统节日和庆祝礼俗；第二类是回族、撒拉族等穆斯林群体的节日和喜庆礼俗，由于受伊斯兰教影响，既有其一致性，也有一定的民族性和地方特色；第三类是汉族的传统节日和喜庆礼俗，由于受儒释道多元文化的影响，形成了自己的特点。对于杂居于同一个村社中的不同民族而言，在节庆方面呈现出不同的文化气息。

据调查，各民族在长期的混居过程中，加上社会文化环境的影响，既保留了本民族独特的节庆礼俗，也形成了各民族认同和遵行的节庆礼俗，譬如元旦、国庆、五一等节日，已经成为全民性的节日。再譬如春节早已成为土汉藏蒙古四个民族共同的节日，但对于端午节、重阳节等汉族比较重视的节庆，牧区藏族和蒙古族并不重视，相反居住在农业区的藏蒙民族则视为重要的节日，其喜庆方式，与汉族基本一致，但意义诠释方面，各显特色。穆斯林群体对于汉族和藏族的节庆，基本不予认同，则把古尔邦节和尔代节等作为重要节日。各民族在欢庆本民族传统节日期间，非穆斯林群体之间往来、走动较为普遍，而与穆斯林群体的互动明显欠缺。课题组在贵德县几个回汉杂居村庄的调研证实了笔者的判断。

7. 族际关系：族际通婚和日常往来有所发展

族际通婚是民族文化融合的重要指针，而日常往来的频繁程度和领域也是反映民族关系好坏和文化融合程度的重要指标。

调查中得知，在不同民族杂居的村落中，族际通婚发生的概率是不一样的。文化和宗教信仰接近的民族之间发生通婚的机率较高。譬如黄南州河南县的蒙族藏化过程中，通婚起到了催化剂作用①。"两河"流域的藏族、蒙古族和土族之间的通婚较为普遍，其历史也在百年以上。族际通婚加速了该地区蒙、藏、土之间的文化融合。在"两河"流域，汉族嵌入

---

① 华热·多杰：《民族特性的丧失与文化认同的重构》，载《青藏高原论坛》2016年第2期。

当地少数民族村落居住的历史并不长，大部分形成于中华人民共和国成立后，而较为广泛的族际通婚则发生于改革开放以来的近40年当中。在此之前，当地土族、藏族和蒙古族与汉族之间的通婚属个别现象。加速跨民族通婚的社会原因较为复杂，但与人口流动的增加、不同民族青年男女间接触机会的增多，民族和文化偏见的减少有着直接的关系。

民族间的互动和往来是加强民族认同的重要渠道。一般来说，日常生活中往来越频繁，彼此了解和认识对方的机会越多，促进文化认同和文化融合的可能性就越大。调研中，我们发现，多民族杂居村落中，日常生活中的往来，因民族文化的差异，大致呈现两种类型：即穆斯林群体与其他民族杂居型和汉族与其他非穆斯林民族杂居型。前者，穆斯林群体与其他民族在婚丧嫁娶、节庆礼俗、饮食、宗教信仰等领域的来往，相对少些；相反，汉族与其他民族的往来则相对频繁。因此，形成两种交往模式，即分立交叉模式和基本重合模式。其中，分立交叉模式表明，穆斯林群体和非穆斯林民族杂居的村落中，他们之间的生活往来和文化关系，共同的领域和分立的领域并存。在承包制度下，农民在生活生产领域各自为政，互不往来的情形较为突出。往往是分立大于共同领域。基本重合模式表明，在汉族和其他非穆斯林民族杂居的村落中，共同生活的领域较大，几乎实现了完全重合。笔者在海南藏族自治州贵德县的五个样本村落的调查中所发现的"两种和谐模式"，即源于不同的交往模式①。门源县措隆滩村的情况，再一次证明了这一判断。

8.衣着的变迁：日常服饰的现代化和节庆服饰的民族化

衣着作为一种文化符号，也是文化变迁的重要指标之一。衣着具有民族性、时代性等特性，深受气候、生产生活方式，甚至政治等因素的影响。就青海省各民族杂居村落的服饰风格而言，日常服饰呈现出一体化、现代化势头。各民族之间几乎看不出大的差异，也无明显的民族特色，但节日盛装则呈现出显著的民族特色。青海省的民族服饰，花样繁多，其差异性和民族性主要集中在妇女服饰方面。从调查情况看，妇女服饰解放以后的数十年间，一致朝着去传统的方向发展，但是近十几年来，随着生活水平的提高，服饰方面回归传统的气氛日益明显。每逢节庆，尤其在传统节日

---

① 华热·多杰：《论民族杂居地区族群和谐的社会基础和内在机理》，载《青藏高原论坛》2015年第4期。

和宗教活动中，民族服饰焕发出新的生命力。因此，服饰方面，一致性增长的同时，差异性有被人为拉大的势头。

三、民族杂居村落中文化融合的价值取向

从以上分析中，不难发现，尽管民族杂居村落的文化呈现出一定的一致性和差异性，但从总体上看，文化融合是大势所趋。在文化融合、文化认同不断得到强化的同时，又呈现出一些细微的差异性特点。

第一，文化的一致性（共同性）不断增长。多民族杂居村落中文化的一致性是指各种文化现象的共性大于个性，一般性大于特殊性状况。通过对若干多民族杂居村落的调研，我们发现，在多民族杂居村落形成之初，不同民族和文化之间的差异性较大。在饮食、衣着、接人待物等方面存在较大差异，而且不同文化之间的相互了解有限，对彼此文化的历史、功能、价值和作用缺乏必要的认识，因无知、不解而产生的误会、误判，以及由此而引发的矛盾和冲突时有发生。随着共同居住中生活往来的不断深入，对彼此文化的了解、认识和认同有所提高。尤其在共同生活领域，文化的差异性减少的同时，文化的一致性不断增长。譬如在住房方面，一个地区范围内的房屋构造、建筑风格基本趋于一致，不存在因民族而异的现象。再如，日常穿戴、饮食方面也趋于一致。在藏、土、汉等民族杂居的村落中，信仰方面的一致性，社交语言方面的一致性呈现出一体化态势。文化的一体化，即文化共性的增加和个性的减少，可以说是多民族杂居的必然结果。文化共性的增加意味着文化相容性加强，因文化的差异性而引起的文化冲突相应会减少。这也是国家倡导建立互嵌式居住模式的主要理由。

第二、现代化趋势较为突出。所谓现代化是基于现代性这一概念而来。"'现代性'一词专指哲学意义上的，其内涵是什么呢？哈贝马斯把它看作是一种新的社会知识和时代，它用新的模式和标准来取代中世纪已经分崩离析的模式和标准。现代性这样一个时代的特征与贡献，是个人自由。福柯则把现代性理解为'一种态度'，而不是一个历史时期，不是一个时间概念。'所谓态度，我指的是与当代现实相联系的模式，一种由特定人民所做的志愿的选择；最后，一种思想和感觉的方式，也就是一种行为和举止的方式，在一个和相同的时刻，这种方式标志着一种归属的关系并把它表述为一种任务。无疑，它有点像希腊人所称的社会的精神气质。'"[1]

---

① 福柯：《何为启蒙》，引自《文化与公共性》，生活·读书·新知三联书店1998年版，第430页。

无论从何种意义上定义现代性，文化的现代化是每一个杂居村落中各文化变迁的总体趋势。在多民族杂居村落中，现代化意味着对传统不同程度的背离和新的文化元素的增长。譬如回族女孩儿外嫁非穆斯林民族，在以前是不可想象和难以接受的，现在不仅已经出现，逐渐多了起来；再譬如多民族杂居村落中，宴请客人时放弃各民族传统的宴席（藏族、蒙古族和土族的"圈圈席"）而采用汉族传统的炒菜，即"八盘"席，已经成为无法逆转的事实；又如，在居住房屋、衣着方面相互模仿、千篇一律已经成为不变的事实。由此可见，现代化不仅已成为一种趋势，而且通过现代化，使每个民族之间文化差异性减少的同时，文化的一致性不断增长。而这里所说的文化的一致性，恰恰集中在新的文化元素上。

　　多民族杂居村落中，从文化变迁的价值取向看，青年人的主体意识、自主意识、自由观念和理性成分在不断增长。

　　第三，文化的差异性依然存在。文化的差异性是指不同民族文化之间的不同点，也是文化的个性所在和文化民族性的具体表现。从走访过的多民族杂居村落中的文化关系和文化变迁情况看，尽管文化一致性的增长和差异性的缩小是总的趋势，并且市场经济、现代化和一体化加剧了文化融合的进程，但民族文化的差异性依然存在，而且在一些时候或一些领域，呈现逆向发展的势头。譬如民族语言文字的学习和使用、少数民族传统文化的继承和发展、宗教信仰价值的认同和信仰追随等方面，国家越是强调淡化，其自觉学习的势头越强。近年来，"两河"流域学习藏语藏文的热潮一直长兴不衰的原因就在于此。

　　目前，文化差异性的领域，主要集中在传统服饰的重视、宗教情结的增强、少数民族语言文字的高度关注、对本民族传统文化价值的高度重视等方面。这些思想观念，集中体现在对传统文化仪式的重视，对传统民间歌舞的学习、挖掘和整理。在多民族杂居村落中，不同民族各自重视本民族传统文化并举办相关活动的过程中，不同民族之间的相互学习和取长补短同时进行。这些活动，看上去貌似反规律而行，但实际上也使各民族之间的文化认同水准不断提升。

　　可以说，在民族存在的情况下，文化的差异性还会长期存在下去。用外力消除差异性，有时会适得其反，所谓"物极必反""强扭的瓜不甜"，就是这个道理。文化之间的竞存和优胜劣汰，应该交给市场，由市场规律决定，才符合事物发展的基本规律，但不排斥政府的积极引导。

第四，多元文化现象不可低估。多元文化是指在一个区域、地域、社会、群体和阶层等特定的系统中，同时存在、相互联系且各自具有独立文化特征的多种文化。它不同于以往的文化存在方式，在空间上具有多样性，在时间上具有共时性。它是相对于以往的文化发展定势，即在一定的区域、地域、社会、群体和阶层中只存在着某一种单一文化的事实而言。"多元文化论"认为，一个国家由不同信念、行为方式、肤色、语言等多样化民族所组成的文化，其彼此间的关系应是相互支持且均等存在的[①]。

文化的差异性和多样性决定了文化的多元性。就多民族杂居村落中的文化状况而言，不同的文化并凑式地组合在一起，就像一个花瓶里插入了不同品种不同颜色的花卉一样，尽管因为环境、水土的差异使其共生显得困难，但并不是完全的不相容。青海省各民族杂居村落中的文化成分，因杂居民族成分的不同而呈现出不同的样态。从宗教上分，佛教、道教、伊斯兰教并存；从文化的时代性看，传统文化、现代文化、社会主义文化并存；从文化的民族性看，汉文化、穆斯林文化、藏文化、蒙古文化、土文化并存十分普遍。

尽管市场经济和现代文化传播方式的多元化加快了文化融合的进程，但不能否认的是，从历史的角度看，文化多元依旧是一种社会现实，不因人的意志而消失，还会长期存在；从价值选择看，尽管功利主义和实用主义思想对现代人施加的影响不可小觑，但文化的民族性和自我保护主义情调常常促使人们去积极主动地保护属于本民族的文化，如此一来，多元文化的土壤和养分还非常丰厚。各种迹象表明，目前和今后相当长的时期内，文化多元不仅作为一种事实存在并发挥其作用，而且会成为一种民间思潮强化文化多元的事实。从软实力建设和强化国家文化竞争力的战略高度看，发挥各民族文化的优势，整合各民族的优良文化不失为一条振兴中华文化、建设各民族共有精神家园的可取之道。为此，我们在强化各民族共创中华、多元一体这一历史共识的前提下，在文化发展模式上，提出"宪法至上、法治统一、文化多元"的主张，既符合历史和现实，也顺应潮流，并着眼于未来。

四、民族杂居村落中文化变迁的内在机理

通过对青海省农牧区多民族杂居村落的抽样调查和分析，我认为，民

---

① 沈银珍：《多元文化与当代英语教学》，浙江大学出版社2006年版，第2页。

族文化的变迁是沿着文化的一致性增长，差异性缩小的道路迈进。同时，随着市场经济的发展、民主和法治意识的增强、社会环境的逐渐宽松，维持民族特性和文化认同的愿望会逐渐强烈，因此，文化的差异性还会继续存在下去，多元主义的主观思想意识也会出现增长的趋势。

（一）文化一体化的内在机理

任何事物的发生都不是毫无道理的，人类文化的变迁，如同四季交替、昼夜轮回，都有其内在的规律。从民族杂居村落的形成，到民族文化的碰撞和变迁，既有外界环境——包括战争、政治、政策、经济、法律、民族力量对比等社会因素的变迁对民族关系的影响，也有因民族间的长期交往、互通、相互影响，以及潜移默化、文化涵化、文化认同等内在因素的变迁对民族文化的影响。

1. 生活共性和相互需要。人类是自然进化的产物，人类生活的共性是不可否认的社会事实。无论是生活于何处的人群，他们在基本的生活需求方面表现出极大的一致性，同时因为地理、环境、历史和文化的差异性而表现出各自的行为特征和价值观念。正是人类生活的一致性或雷同性，使人们之间具有相同或相近的共同需要。譬如地区上的差异性、经济上的互补性决定了不同地区的人之间存在相互需要。民族之间的经济往来、茶马互市就是基于这种需要而产生的。在同一个村落中生活的不同民族，其依赖性更强，他们彼此需要相互的协助才能壮大自身的力量；由于文化上的差异和冲突，他们之间需要通过沟通、接触增进了解和认同。因此，可以说生活共性和相互需要是彼此接触和文化互动的基础。

2. 文化互动和文化涵化。文化互动是指各民族在交往的过程中通过自己的文化行为相互影响的过程，文化互动是通过人的行为完成的。人的行为可以统称为文化行为，包括言谈举止、接人待物等一系列行为动作。可以归纳为行为方式、价值观等方面。文化互动是杂居村落中的各民族成员出于生存的需要，与其他民族的成员不得不发生的社会行为。这种行为，因民族的不同而有所不同。因此，文化互动是文化交流的开始，也是文化交流的主要方式。文化涵化则是文化融合的具体表现。"涵化是一种特殊的传播，它是在两个先前独立存在的文化传统进入持续的接触，并且其接触程度已强烈到足以引起一个或两个文化产生广泛变迁的时候发生的。这种变迁与单个文化特质和丛体的传播在性质上是不同的，涵化可能在相对较短的时间内，使一个或两个民族完全重新组合。虽然人类学家们已经趋向于注视一个附属民族与占统治地位的民族接触时在后者的影响下所发生的急剧变迁，但其情形和结果可以有很大的不同：也许会获得长久稳定的重新调整；也许一个民族会灭绝；也许会发生同化；也许会合并到其他文化中，成为一个亚文化。"① 可以说，文化互动是文化变迁的动力，文化涵化是文化变迁的开始，文化变异则是文化涵化的结果。有交往就有互动，有互动就有涵化，有涵化就有变迁，这是文化发展的内在规律。

3. 自然选择、政府引导和市场之手。从文化的适应性分析，每一种文化或在该文化熏陶下成长起来的人类个体，其适应社会的能力也有所不同。按照进化论的观点，人类基于经验而拥有了自然选择的能力，通过文化的自然选择、优胜劣汰使适者得以生存，使得到传承的文化更加强大。多民族杂居村落中，文化涵化和变迁的动力中，人类的自然选择能力起着决定性的作用。同时，在现代社会人类的理性选择能力、市场的引导和政府的推动，对文化选择，同样起着重要的作用。理性选择能力是人类在经验的基础上通过一系列思考、比较和权衡文化价值的一种能力。在这种选择中，人类出于对自身有益性和有用性的判断来决定文化选择的方向。从而使那些有益于人类生活的民族文化得到了传承或占据了主导地位，而那些不利于人类自身需要的文化，逐渐被放弃。市场经济条件下，需求规律同样决定着民族文化的命运。有益于人类生活的文化，其价值被得到重视并在市场筛选中得以保留和继承。反之，则被遗弃。在现代社会，政府行为，社会舆论同样影响着文化选择。在中国，政府倡导什么，舆论就会放大什么，这种政府主导下的文化政策和舆论导向，也对文化选择发挥着重要影响。

4. 功利思想和实用主义。功利思想是一种趋乐避苦的思想。在中国传统文化中，功利是利和义的有机结合，以义取利是功利思想的基本原则。在西方，功利主义的最大特点是在人类趋乐避苦的自然本性中寻找道德行为的动机、标准和终极目标。于是，尽可能地增进快乐或幸福与尽可能地减少或避免病苦与损害是功利主义的基本原则。边沁认为，功利是一种使行为趋向于快乐或幸福的性质，将快乐或幸福视作功利的尺度②。实用主义则是功利思想的具体体现。调查中发现，多民族杂居村落中，民族文化之所以会涵化，最终导致一致性增长，差异性减少，与人们根深蒂固的功

---

① ［美］克莱德·M·伍兹：《文化变迁》，何瑞福译，河北人民出版社1989年版，第46页。
② ［英］边沁：《政府片论》，沈叔平译，商务印书馆1997年版，第115—116页。

利思想和实用主义追求有着密切的关系。作者在上个世纪90年代撰写的一篇题为"拉贡麻村藏族风俗变化的价值取向"一文中也发现了这种思想在文化选择中的关键作用 ①。在生活中趋乐避苦和追求实用是人性所在，生活所迫。对于普通百姓来生活，文化的价值不在于其民族属性，而在于其价值所在。只要是有利于人类生存和发展进步的文化因素，都是普通百姓所喜闻乐见和积极推崇的，也只有这样的文化才具有生命力，在竞争中才能立于不败之地。

（二）文化多元化的内在机理

在多民族杂居村落中，文化的一致性不断增长，这是一个不变的趋势，但与此同时，文化的差异性依旧存在，而且在某些方面文化多元主义思潮呈现出新的发展势头。究其原因，与以下因素密不可分。

1. 民族特性和文化差异。对多民族国家来说，国家的民族性是一个不争的事实。对于多民族杂居村落而言，民族性和文化差异性，至少在杂居形成之初的相当一段时期内，无法彻底回避。从我们走访村落的情况看，这一特点还会持续相当一段时期。显然，民族文化的融合，不是一蹴而就的事。青海各地民族杂居村落中的民族性和文化差异性，各地不尽相同。其对比的明显程度，也略有差异。去年，笔者在贵德县的调研中所发现的和谐的两种模式，即分立型和谐和融入型和谐 ②，从某种意义上说明，即使是文化差异，也有不同的类型和社会意义。决定文化差异性的因素，除了民族性外，主要是文化之间的相融性因素。譬如汉、藏、土、蒙古四种民族文化之间，一致性和相容性较大，而回族、撒拉族与汉、藏、土、蒙古文化之间的一致性和相容性相对小一些。我认为，这一切都与宗教信仰和生活习俗的不同有着密切的关系。因此，也可以说，宗教在维护民族特性和保持文化差异性方面发挥着重要的作用。

2. 民族情结、文化偏好和文化认同。民族主义思潮是18世纪以来就被推上历史舞台的一种思潮，这种思潮之所以被放大或被不同集团所利用，因为民族主义思潮植根于各个民族的民族情节、文化偏好和文化认同中。尽管当代中国，民族主义思潮并未成为任何过于积极或消极的社会思潮而得到重视。但作为民族主义思潮土壤的民族情节、文化偏好和文化认同具

---

① 华热·多杰：《拉贡麻村藏族风俗变化的价值取向》，载《青海民族研究》1996年第1期。
② 华热·多杰：《论民族杂居地区族群和谐的社会基础和内在机理》，《青藏高原论坛》2015年第4期。

有广泛的存在空间。民族情结是一种基于自己特殊的出生和身份认同而潜移默化的群体感情倾向。从我们走访的情况看，几乎每一个多民族杂居村落中都有明显的民族认同和由此而形成的情感倾向。其结果是每个民族的成员都有各自的文化偏好和文化认同。这种文化偏好和认同毫无例外地倾向自己所属的那个民族或族群。具体到一些活动中，无论是个体行为，还是群体活动，都在有意无意中肯定和赞美自己的文化，对其他民族文化的不屑之感，或露于言表，或藏于心底。没有民族情结、文化偏好和文化认同的个体几乎不存在。这种现象，必然强化了群体特征和集体意识。这正是民族文化差异性的内在原因之一。

3. 审美情趣和文化选择。不同文化环境下成长起来的人，其审美情趣必然带有该文化的烙印。反过来，其审美情趣又影响文化选择。调研中发现，不同民族，即使生活于一个村落中，环境条件、生活元素基本一致，其审美情趣也不尽一致。在文化坚持和文化传承中，各民族特有的审美情趣，发挥着重要作用。譬如节日盛装的选择，人们更加看好本民族传统服饰。再譬如，家庭内部陈设方面，民族化倾向较为突出。在日常服饰的选择上，人们则看重便装；在工作场合，人们更加看重西服。这说明，在现代化的过程中，审美情趣也在发生着变化。审美情趣在一定程度上影响着文化选择，这种内倾性的文化选择，也是导致文化差异性和多元化的社会因素之一。

五、民族村落中文化融合的外部条件

无论是民族杂居村落的形成，还是民族杂居村落中文化一致性的增长，完全依靠人类社会的内部动力是难以实现的，或者退一步说，即使能够实现，也是非常缓慢的。根据研究，我们可以这么说，历史上的民族融合，尽管政府的推动起到了一定的作用，但总体上看，互嵌式居住模式的形成，主要依赖各民族之间基于相互需要而自然融入的结果。进入现代社会后，尤其是1949年以后，民族地区人口结构和民族结构的变迁，与政府的推动有着直接的关系。

（一）互嵌式居住模式形成的外部条件

如前文所述，民族杂居模式的形成，在形成方式上，具有楔入式和组合式两种。在力量上，分为市场主导下的自然融入型和政府推动的组合和楔入型两类。

第一，政府主导下的组合和楔入式。历史上，之所以出现那么多民族杂居村落，究其原因是各民族之间围绕领地和疆域而发生的生存之争，譬如先秦以前的华夷（羌戎）之争，唐宋时代的唐蕃之争、吐蕃与吐谷浑之争，元代的蒙古人西征等，都是民族之间竞存的历史事实。历史上政府主导下的各民族争夺领地和疆域的竞争，为各民族之间的自然融合打下了基础，使各民族之间由原来的各据一方，互不来往，变得咫尺之遥，形成民族之间相互交往、彼此了解的便利条件。早期，政府主导下的民族杂居模式是一种互相隔离、各自为政和分而治之的居住模式。之后，尤其中华人民共和国成立以后，通过土地改革和移民而形成的互嵌式居住模式，一种是靠楔入式迁居政策形成，一般是外来民族强行嵌入当地村落而形成杂居格局；另一种是不同民族以组合的方式同时落户于某无人之地，从而形成杂居格局。这当中，政府的引导和推动，发挥了重要作用。

第二，市场主导下的自然融合。通过各民族之间的领地之争和政府的移民政策而形成的各民族村落马赛克状分布，为各民族根据生活需要自动自愿地融入对方群体形成杂居模式创造了条件。譬如互助土族自治县南门峡镇古边村的汉族，是明清以来，通过买土地、开荒等方式陆续入住南门峡地区并在明长城外定居延续下来的纯汉族村落。在后来的发展中，该村的村民，通过非政府手段逐步嵌入其他藏族村落。再以十年前出现的"二次移民"现象来说，其中既有政府因素，也有各民族自主自动迁往其他地区的市场因素。可见，无论是历史上的民族杂居村落，还是当代正在形成中的民族杂居村落，政府因素和市场因素都发挥了积极作用。

（二）杂居村落内部文化融合的外部条件

在多民族杂居村落中，民族文化融合的趋势之所以十分明显，文化之间的一致性之所以扩大，究其原因，与稳定的社会环境、缓和的族群关系、生活方面的依赖性、互补性，以及国家政策的积极引导和法律的保驾护航不无密切关系。

首先，稳定的社会环境是各民族和谐相处，相安无事的基础。从调查情况看，各民族分立并居模式的历史较为悠久，但互嵌式居住格局的形成历史还不到百年。在这期间，各民族之间之所以能和谐相处，主要源于稳定的社会环境。而稳定的社会环境与国家积极推动各民族一律平等的政策和诸多保障措施不无密切关系。

其次，缓和的族群关系是各民族和谐相处的前提。从总体上来看，中国历史上的族群关系不算紧张和充满危机，尽管各民族之间的竞存一直是中国历史发展进步的内在动力，青海地区又是各民族角逐的主要战场之一。历史上，当各民族之间分立并居的格局形成后，尽管这种格局时不时遭到挑战和威胁，但最终这种格局得到了维持。1949年后，经过政府推动而形成的互嵌式居住模式，使各民族不仅在居住格局上深入彼此之间，而且在经济、文化和习俗上形成了相互影响相互依赖的格局。在政府的教育和引导下，历史上紧张的民族关系得到了缓解，通过共同生活和交往，彼此之间增进了了解，为文化融合打下了基础。

再次，生产和生活方面的依赖性、互补性是民族文化从双流向到涵化的直接动力。由于历史的原因，青海省各民族赖以生存的技能不尽一样。汉族、土族和撒拉族基本上属于农耕民族，而藏族、蒙古族擅长游牧，回族长于贩运和经商。对于任何一个民族而言，完全离开其中一种生存技能而独立生活都会带来诸多不便。农、牧、商三者之间存在着天然的内在联系，这种联系对于任何民族的生存来说都是不可或缺的。也就是说，青海的各民族之间在生产、生活方面存在依赖性和互补性。正是这种依赖性和互补性增进了彼此的需要。笔者在门源县措龙滩村调研时，该村村支部书记李某告诉笔者，改革开放以来，该村年轻人之间之所以维持着较为密切的关系，甚至出现了通婚现象，主要源于共同外出打工时团结一致，互相帮助，增进了信任。该村回族经商时雇用本村其他民族的情况也相当普遍。这些关系，在客观上起到了维护族群关系的积极作用，同时促使民族文化涵化或双向流通，最终促进了民族文化的融合。

最后，国家政策的积极引导和法律的保驾护航是各民族和谐相处、文化涵化和文化一致性增长的制度保障。五方之民，各有其性，不可推移是古人对民族关系的最早认识，而华夷两分，改其教，不易其俗和以夷治夷是对待民族关系和民族文化的基本方略。自确立五族共和以来，直到中华人民共和国的成立，各民族一律平等成为中国处理国内民族关系的基本政治原则。而民族区域自治制度和散居少数民族权益保障制度则成为解决国内民族问题的基本制度。1949年以来，青海省各民族之间之所以和谐相处，相安无事，与党和国家奉行各民族一律平等的政策，并从法律制度上保证这一政策落到实处的治国之道有着密切的关系。历史经验证明，从政治上、法律上、制度上和实效上积极推动和落实党的民族宗教政策和相关法律制度，对于维持民族地区的长期稳定和全面进步有着十分重要的意义。同时说明，正确的政策选择和有效的制度保障，对于增强民族杂居村落中民族文化的一致性，促进文化融合有着十分重要的作用。

总而言之，民族杂居是历史上通过自然选择和政府推动形成的一种居住模式，这种居住模式通过文化一致性的增长和差异性的缩小，促进了民族文化的融合；民族文化的融合有利于削减因文化差异而带来的民族矛盾和文化冲突，对于增强中华民族的凝聚力和国族认同，促进中国社会的长期稳定和发展，有积极意义。但我们也不得不承认，民族融合是一个历史的过程，无论是文化涵化、还是民族同化、融合，都有其内在的客观规律。只有尊重这个客观规律，民族融合才能可持续的繁荣发展下去。

外国少数人
权利保障制度研究

WAIGUOSHAOSHURENQUANLIBAOZHANGZHIDUYANJIU

分离与挣扎：菲律宾少数人权利保护的实践与反思

涂少彬

摘要：菲律宾的少数人权利保护存在着法定状态与实然状态的巨大分离：一方面，菲律宾有着完善的少数人权利保护的法律体系，即既有宪法条款确立少数人权利保护的基本框架，又有具体法律制度将宪法条款予以衔接、承续与细化；而另一方面，由于权利的实现有着相应的成本，少数人权利的实现极大地受制于以经济资源为核心的该国权力主体可供支配的各种资源，菲律宾少数人权利实现与既存法律体系的规定存在着巨大的差距。因此，菲律宾少数人权利的实现面临着各种艰难的权衡与选择。

关键词：人权形态　少数人权利　权利的成本

作者简介：涂少彬（1976—），男，湖北浠水人，中南民族大学法学院副教授，法学博士，主要研究方向：法理学、民族法学。

项目来源：本文为2013年度国家社科基金重点项目《少数人权利保护比较研究（项目批准号：13AMZ006）》之阶段性成果。

由于受制于国际政治对待少数人的态度 ① 以及少数人定义本身的复杂与艰难，国际学术界仍未形成关于少数人定义的一致意见。尽管如此，我国有学者对少数人的定义做了有益的探索，并提出了较为精准的定义，"少数人是指那些在一个国家居住达到一定期限，处于非支配地位，数量上具有一定规模但少于该国其他有关人口，在民族、人种、宗教和语言等方面具有自身不同于其他人口的特征，并且具有维持这些特征的共同愿望的人"② 。实际上，对少数人定义的重要目的在于区别出需要国家权力予以特

---

① "二战"后，在起草《世界人权宣言》过程中，美国、澳大利亚、新西兰、加拿大和拉丁美洲各国等普遍认为，作为土著和移民的少数人应该被同化，而欧洲各国则主张少数人的权利应该得到特殊保护（曼弗雷德·诺瓦克：《民权公约评注》，毕小青等译，生活·读书·新知三联书店2003年版，第476页）。这种发生在各国之间的严重分歧使得《世界人权宣言》没有关于少数人及其权利的规定。

② 吴双全：《论"少数人"概念的界定》，载《兰州大学学报（社会科学版）》2010年第1期。

别救济的群体，因此少数人往往不仅仅是处于非支配地位，而且常常在与其他群体相竞争中处于群体性的不利地位，而群体性竞争的不利地位又是处于动态变化之中的，因此少数人的定义有着很强的政治权衡性，难以作出一般性定义。尽管如此，在上述细微补充的基础上，本文沿用上述少数人的定义。

虽然对少数人进行简单定义是本文所必要，但由于本文的重点在于论述菲律宾少数人权利保护的立法与实践，即使不同文献对少数人的定义存在细微差别也不妨碍本文中心论题的论述，因此，这里不就少数人的定义进行展开论述。

一、菲律宾的少数人：土著人与南部的穆斯林群体

菲律宾人口约1亿340万（至2017年1月），其中马来族占全国人口的85%以上；少数民族及外来后裔有华人、阿拉伯人、印度人、西班牙人和美国人；作为少数人的土著人占菲律宾总人口的近14%。菲律宾国民约85%信奉天主教，4.9%信奉伊斯兰教，少数人信奉独立教和基督教新教，华人多信奉佛教，土著人多信奉原始宗教[①]。

从自然法学的逻辑来讲，人权的本质是人权主体对抗压迫的道德要求。"人的尊严的观念发生变化、新的政治力量的产生、技术的进步、新的压迫方式的出现、甚至过去人权的成功，所有这些因素都可能使人们转而关注和对付那些先前没有被正确认清或没有得到充分强调的威胁上"[②]。质言之，作为权利主体的少数人不仅仅是指在人口数量上占少数，而且往往还要是处于一种现实的被压迫环境中，或者是因过去不利历史与环境造就了现实的不利竞争地位。例如，南非废除种族隔离前，白人在人数上处于少数，但他们并非是少数人权利保护的主体，因为他们并非处于被压迫的弱势地位或因历史与环境造成了现实的不利竞争地位。在菲律宾，虽然有作为少数裔的华人、阿拉伯人、印度人、西班牙人和美国人等，但在当今的菲律宾，这些群体的经济、政治与社会地位并没有受到非正常的压迫。因此，在上述少数人权利定义的意义上，他们并非是严格的少数人权利的主体。

菲律宾少数人权利保护意义上的少数人主要是菲律宾的土著人与南部

---

① 外交部网站：https://www.fmprc.gov.cn/web/gjhdq_676201/gj_676203/yz_676205/1206_676452/1206x0_676454/。

② 徐显明：《国际人权法》，法律出版社2004年版，第6页。

的穆斯林群体。自西班牙殖民征服以来，菲律宾的土著人与南部穆斯林群体便处于经济与政治发展不平衡，宗教上处于被歧视状态之中，这种状态严重威胁了菲律宾的国家统一与发展。为了改善菲律宾土著人与南部穆斯林的境况，缓解乃至去除这些威胁，几十年来，菲律宾政府通过了一系列的少数人权利立法来力图改善土著人与南部穆斯林的状况。

从来源上来说，土著人是菲律宾有历史记录以来一直在菲律宾本土居住，而南部穆斯林则是外来的马来族移民。虽然在菲律宾南部也存在着土著人，也同样被战争与贫穷所害，但是他们与追求独立的南部穆斯林是不同的群体，有着不同的权利诉求。菲律宾的土著人虽然在绝对数量上不多，但在地理上遍布菲律宾北中南部山区，土著人普遍被缺乏司法救济、文化权、生计权、土地权、自治权以及军事化等问题所困扰，而在这些问题中，土著人的祖传领域权（Rights to Ancestral Domains）及其相关经济权利的保护与实现是关键。

尽管如此，相对于菲律宾中央政府来说，土著人的问题没有南部穆斯林那么严重。菲律宾南部的穆斯林群体不仅有着自治权与经济权利问题，更有着历史的、宗教的与分离的问题，对菲律宾中央政府来说，这些都是非常棘手的问题。

菲律宾北部的天主教群体（约占总人口的85%）与南部的穆斯林群体（约占总人口的4.9%）在种族上都同属于马来人种，但由于西班牙、美国的殖民入侵与统治，造成了菲律宾南部与北部之间巨大的宗教、经济与社会差异：菲律宾北部的马来人逐渐天主教化，而菲律宾南部的马来人则受阿拉伯商人和印度尼西亚穆斯林的影响而穆斯林化。菲律宾北部虽然受到西班牙与美国的殖民统治，但由于有着相对稳定与安宁的社会秩序，经济与社会得到逐步发展；而南部地区，由于饱受西班牙与美国殖民统治的武力征服、移民、土地占有、强制改变穆斯林的宗教信仰等同化政策而引发了长达5个世纪的武装冲突，这使得南部穆斯林社会陷入巨大的贫穷与落后，其与北部地区的经济、政治、宗教与社会的鸿沟越来越大。

1946年菲律宾独立后，菲律宾中央政府延续了西班牙与美国殖民统治时期对南部穆斯林的同化政策。菲律宾政府通过各种优惠政策激励北部的天主教徒移居南部，南部穆斯林认为这种政策与过去的西班牙与美国殖民者无异，他们于1973年联合成立了追求独立的解放组织。

为了菲律宾的完整与统一，菲律宾政府在国际社会的支持下，试图通过军事打击与法律及政策供给相结合的办法，给南部地区以较大自治权来缓和矛盾，解决问题。菲律宾中央政府的这一方略取得了部分效果，如今，菲律宾南部的多数穆斯林不再以独立为主要诉求，而是追求更多的自治权及其相应落实。尽管如此，部分穆斯林仍然以建立脱离菲律宾的伊斯兰教国家为目标，故而菲律宾政府与追求独立的南部武装分子之间的武装冲突绵延至今。

二、土著人权利：宪法规定与土著人权利法案

由于国内目前关于菲律宾少数人权利立法的资料非常有限，结合英文搜索引擎可获得的文献，本文将菲律宾少数人权利保护的立法的述析集中在菲律宾1987年宪法（下文称菲律宾宪法）、《菲律宾土著人权利法案》以及南部穆斯林两个自治区的组织法。

（一）土著人权利保护的宪法框架

总体来讲，菲律宾1987宪法对少数人权利保护的立法紧跟世界立法潮流且比较全面。菲律宾宪法一共有6处对土著人的权利作出基本规定。

菲律宾宪法第2条第22款对土著人的权利保障及相应的国家义务作了纲领性规定，"在国家统一和发展的框架内，国家承认和促进土著部落的权利"[①]。这一条款既强调了国家的统一与发展这两大土著人享有权利的基础与条件，也规定了国家在承认与促进土著人享有权利中的义务。

为了保障土著人权利的实现，菲律宾宪法还通过在国会中对土著人参与国政的机会进行顶层制度安排以达到保障土著人权利的目标。菲律宾宪法在第6条第5款中规定，土著部落在众议院中享有专有的议席份额[②]；此外，菲律宾宪法还在16条第12款中规定，"国会得设立一个咨询机构，就影响土著文化社区的政策向总统提供建议，该机构过半数以上成员应来自此类社区"[③]。

菲律宾宪法的纲领性规定与顶层制度安排是土著人权利保障的重要手

---

① 《世界各国宪法》编辑委员会：《世界各国宪法·亚洲卷》，中国检察出版社2012年版，第186页。
② 《世界各国宪法》编辑委员会：《世界各国宪法·亚洲卷》，中国检察出版社2012年版，第189页。
③ 国内有译文将菲律宾宪法英文版本中的"indigenous cultural communities"翻译成"土著文化社区"（《世界各国宪法》编辑委员会：《世界各国宪法·亚洲卷》，中国检察出版社2012年版，第203页），严格来讲，"社群"更符合communities在这里的含义，它强调的是土著人作为文化上的共同体的存在，而并非仅仅强调土著人在物理与地理上居住的共同存在。尽管如此，本文在引用翻译的菲律宾宪法本文时，尊重原文的翻译，但实际上，本文引用的菲律宾宪法翻译文本中的"社区"都可以改为"社群"。

段，而土著人的经济、社会与文化权利则是土著人权利保障的基本目标，在这些基本目标中，菲律宾宪法强调了土著人的祖传土地及其上的文化、传统与习惯等权利，由此构成了土著人物质维度与精神维度两个层面的自治权。

祖传土地及其上的各项权利是土著人经济、社会与文化权利保障最重要的基础性载体。菲律宾宪法第12条第5款规定，"国家应当保障保护土著文化社群对其祖传土地所有的各项权利，以保障他们经济、社会和文化上的福祉"[①]。菲律宾宪法这一规定确保了土著人安身立命的土地载体，而这一权利也为土著人的文化性权利提供了载体。为了对土著人祖传土地及其各项权利加以进一步的保障，防止菲律宾宪法的下位法或政府政策对这一权利进行侵蚀，菲律宾宪法第13条第6款规定"国家在处分或使用其他自然资源依法适用土地改革或管理工作的原则时，不适用于土著社群对其祖传土地所享有的各种权利"[②]。

文化、传统与习惯是土著人精神、心理与日常生活层面的制度性存在，也是土著人自我识别、自我定义与族群维系与认同的重要文化系统。菲律宾宪法第12条第5款规定，"就祖传地产的所有权与范围的确定而言，国会得规定，对其适用调整财产权和财产关系的习惯法"[③]。第14条第17款规定，"国家应承认、尊重和保护土著文化社区保存和发展其文化、传统、习惯的权利。在制定国家规划和政策时应考虑这些权利"[④]。菲律宾宪法的这些规定为土著人维系其文化权利并保障与延续其共同体的精神属性奠定了根本法的基础。

由此，菲律宾宪法对土著人的权利已经基本上搭建起来了一个立体的顶层制度框架：土著人权利保护的宪法原则与宪法定位、土著人权利保护国家层面的参与与表达机制、土著人权利保护的基础与重要内容。由此，菲律宾宪法对土著人权利保护的充分重视与周延框架为土著人权利保护的其他立法奠定了充分的基本法基础。

（二）《土著人权利法案》：土著人权利保护的具体法律

为了落实土著人菲律宾宪法中的权利以及1989年的《国际土著与部族人民公约》，1997年，菲律宾国会通过了《土著人权利法案》（the

---

① 《世界各国宪法》编辑委员会：《世界各国宪法·亚洲卷》，中国检察出版社2012年版，第199页。
② 《世界各国宪法》编辑委员会：《世界各国宪法·亚洲卷》，中国检察出版社2012年版，第200页。
③ 《世界各国宪法》编辑委员会：《世界各国宪法·亚洲卷》，中国检察出版社2012年版，第199页。
④ 《世界各国宪法》编辑委员会：《世界各国宪法·亚洲卷》，中国检察出版社2012年版，第202页。

Indigenous Peoples' Rights Act of 1997）。1998年，菲律宾总统办公室与菲律宾土著人权利委员会共同颁布了《1998年土著人全国委员会第1号行政命令》，以此来指导与落实《土著人权利法案》的实施。限于本文篇幅，本文这里只简要述析《土著人权利法案》中的主要内容。

《土著人权利法案》宣称，权利法案旨在承认、保护与提升土著人权利，创建土著人全国委员会，建立土著人权利实施机制，拨出资金，以及实现权利法案其相关目的。《土著人权利法案》共分为13章，对土著人权利进行了详细的规定。

《土著人权利法案》中的主要内容为：制定权利法案的宗旨；土著人政治结构的自我组织权；土著人的祖传领域权（the Rights of ICCs/IPs to their Ancestral Domains）[①]；土著人的文化、传统与制度权；土著人的平等以及不被歧视的权利；土著人的文化完整权；土著人的受教育权；反就业歧视与土著人的平等就业权。最后，《土著人权利法案》规定了国家对土著人权利保护与实现的相应义务。

对于土著人来讲，无论是菲律宾宪法还是《土著人权利法案》，其祖传领域权（Rights to Ancestral Domains）与祖传土地权（Rights to Ancestral Lands）是最为基础与重要的，这两项权利既是土著人政治权利的主要与重要目标，也是土著人生存与发展的基础与重要权利载体。国内一些文献在翻译这前一个概念——Rights to Ancestral Domains——时，笼统地将其翻译成祖传土地权，但实际上，祖传领域权并不等于祖传土地权，祖传土地权只是祖传领域权中的基础与重要的组成部分。无论在《土著人权利法案》还是在菲律宾的一些学术文献中，二者的区别表述得很清楚。在《土著人权利法案》的概念定义部分，祖传领域权包括以下几个部分：所有权、土地与资源发展权、居留领地权、被安置权、移民进入规范权、安全与干净的空气与水权、部分保留地请求权、冲突解决权；而祖传土地权仅仅包括土地与财产转让权与赎回权两部分。与之相应，有菲律宾学者认为，"根据《土著人权利法案》的规定，祖传领域权的法律概念，超越了自然与居住的领地范围，包括精神、文化和传统实践的领域，而祖传土地权只是祖传领域权的一部分"。进一步而言，"如果土著人获得了祖传领域的认证，他们不仅拥有该领域的土地，还能在该土地上实施习惯法，只要这些习惯

[①] 这里的 ICCs/IPs 是英文 Indigenous Cultural Communities/Indigenous Peoples 的缩写，即土著文化社群／土著人民。

法和宪法不冲突"①。

应该说，1997年《土著人权利法案》的制定与颁布对菲律宾的土著人来说是巨大的立法进步。因为在西班牙和美国殖民统治的过程中，菲律宾的土地被宣布为国有，法律根本不考虑土著人对其祖传领域与土地的权利主张。不仅如此，西班牙与美国殖民统治者还在土著人的土地上推行与土著人的传统习惯法相冲突的法律。《土著人权利法案》不仅承认了土著人祖传领域权与土地所有权的概念，它还支持这样的观点，即土著人的祖传领域和所有发现于其中的资源，应该服务于土著人的文化发展。在落实《土著人权利法案》时，大量的祖传领域权认证证书已经发放给了菲律宾不同地区的不同土著部落。《土著人权利法案》还鼓励土著人社群实施他们的传统与习惯法来解决争议，并在传统实践的基础上发展自己的司法系统与冲突解决机制，这些措施极大地调动了土著人参与国家与社会建设的热情，使得土著人成为菲律宾国家建设中的主要角色与参与者之一②。

尽管如此，人权从应然到法定只是开始而并非全部，甚至不是最为关键的一步；人权实现最为关键的一步是从法定到实然。因为从法经济学的角度来看，在人类权利的实现史上，人权从所谓价值或道德层面进入纸面虽然也颇为艰难，但毕竟花费甚小——人权立法的成本相对人权实现的成本，后者更高，更受经济发展水平的制约。菲律宾的《土著人权利法案》也面临着类似的问题。《土著人权利法案》在实施中还是存在很多问题，其中最重要的问题是执行法律的能力低下以及腐败对执行法律的破坏性影响。从表面上看，这似乎无关人权实现成本及其经济发展水平制约，但实质上却正是如此。鉴于行文安排，这一部分分析放在本文最后一部分中。在《土著人权利法案》实施的头四年，棉兰老岛的南部地区，土著人递交的80份祖传领域权认证的申请中只有9份进入程序，并且只有3份被通过。除了政府执行法律的能力与效率低下外，国家土著人委员会缺乏合格和具有相关技能的官员，提供基本服务的机构协调能力差；不仅如此，国家土著人委员会对保护土著人的权利不力，不采取严格的限制与审查措施，而放任土著人之外的采矿与伐木公司大量无序进入土著人的祖传领域，进而

---

① Gregor Keienburg, Blessing or curse：The indigenous peoples rights act of 1997 and its implementation,A Journal on threatened Human Rights Defenders in the Philippines,Volume 4, 2012.

② Gregor Keienburg, Blessing or curse：The indigenous peoples rights act of 1997 and its implementation,A Journal on threatened Human Rights Defenders in the Philippines,Volume 4, 2012.

侵蚀土著人法律层面上的权利，使得土著人的权利实际上得不到有效的保护。由于这些问题的存在，很多土著人对《土著人权利法案》十分失望；一些土著人认为，对土著人来讲，《土著人权利法案》是多余的，它不过是1990年代后期菲律宾政府回应国际社会要求其对土著人权利保护的压力的工具，而菲律宾政府并没有真正的意愿去实现它 [①]。

三、菲律宾南部穆斯林自治权及其立法

除了土著人问题，菲律宾最棘手的少数人问题是南部穆斯林武装追求分离与独立的问题。为了解决这一问题，菲律宾政府一方面通过军事镇压，另一方面通过法律层面的权利供给，以图瓦解南部穆斯林分离武装并完善两个穆斯林自治区的治理问题。

菲律宾对南部穆斯林分离武装军事镇压非本文的论题范围，本文这里简要述析菲律宾力图从宪法与自治区组织法两个层面，通过赋予两个自治区以一系列自治权以图治理的方略与效果。

为了瓦解南部穆斯林分离武装，安抚大多数穆斯林人，菲律宾从宪法上确定了穆斯林聚居的棉兰老岛和科迪勒拉两个地区的自治地位。宪法第10条第1款规定，穆斯林聚居的棉兰老岛和科迪勒拉设立自治区，这一款将棉兰老岛与科迪勒拉地区的自治宪法化。宪法在第10条第15款继续规定，"在本宪法和菲律宾共和国国家主权、领土完整的框架内，在穆斯林聚居的棉兰老岛和科迪勒拉地区设立自治区" [②]。这一条款规定了菲律宾自治区设立的前提与条件，即在宪法、国家主权与领土完整的框架内，这一条款可谓是自治区设立的最高原则，既明确棉兰老岛与科迪勒拉两个地区的宪法上的自治地位，也意味着从宪法上确认穆斯林分离武装分离行为是违反宪法的行为。简言之，这一条款明确了穆斯林自治区设立的宪法渊源。

除了上述奠基性规定外，菲律宾宪法第10条第15款至第21款对菲律宾南部穆斯林自治权进行了全面细致的规定。菲律宾宪法关于自治区的组成有下列主要内容：宪法、主权与领土框架内的自治区及其主要特征（第15款）；总统对于自治区实施的监督权与保障（第16款）；自治区与中央政府的权力、职能与责任的划分（第17款）；自治区组织法的制定及其立法、行政与司法制度的规定，自治区设立生效的条件及自治区公民（第18款）；

---

① Gregor Keienburg, Blessing or curse: The indigenous peoples rights act of 1997 and its implementation,A Journal on threatened Human Rights Defenders in the Philippines,Volume 4, 2012.

② 《世界各国宪法》编辑委员会：《世界各国宪法·亚洲卷》，中国检察出版社2012年版，第197页。

国会通过棉兰老岛和科迪勒拉地区的自治区组织法的时间规定（第19款）；自治区组织法立法权的事项规定（第20款）；自治区公共秩序、防务与安全维护的中央与地方分工（第21款）①。

除了中央与地方之间的权力划分外，菲律宾宪法对南部两个自治区的自治权进行了具体的罗列。在对棉兰老岛和科迪勒拉两个地区自治制度的规定中，第10条第20款是非常重要的条款，它直接涉及自治权的范围及其主要内容。第10条第20款规定，"自治区组织法得对下列事项的立法权加以规定：行政组织；开辟税收来源；祖传领域和自然资源；私人、家庭和财产关系；自治区城市和农村规划发展；经济、社会和旅游发展；教育政策；文化遗产的保存和发展；为促进自治区人们总体福祉而由法律授权的其他事项"②。这些具体的自治事项以宪法而非一般法律来规定，凸显了菲律宾立法机关对自治权的重视程度；从立法科学的角度来讲，也有助于强化自治制度的宪法权威。

从上述内容及宪法第10条的第18款来看，菲律宾宪法规定的自治权广泛涉及立法、行政、司法、税收、民事关系、城乡建设发展、经济、社会、文化、教育等各个方面，有利于地方展开充分的自治。

为了落实菲律宾宪法关于在棉兰老岛与科迪勒拉两个自治区自治规定，菲律宾国会于1989年1月通过了《共和国6734号法案》，即《棉兰老岛自治区组织法》（共19条）；同年10月又通过了《共和国6766号法案》，即《科迪勒拉自治区组织法》（共22条）。

《棉兰老岛自治区组织法》强调了在菲律宾宪法、国家主权和领土完整的框架内建立自治区。在指导原则和政策条款部分，特别强调了菲律宾宪法和既有法律框架下的自治，对菲律宾共和国的忠诚，以及依照自治法的自治。自治法规定的其他主要原则或制度主要有：非暴力解决冲突的原则、自治权下放、城市自治、自治区内无歧视、教育政策、民众福利尤其是被边缘化的弱势群体的福利、自然资源的开发利用权及土著人的权利优先、人力资源培训计划、妇女和儿童的权利、基本健康教育与服务、政府提供及时税收的激励、中央政府的财政支援③。

《科迪勒拉自治区组织法》的指导原则与政策部分也类似强调了在菲

---

① 《世界各国宪法》编辑委员会：《世界各国宪法·亚洲卷》，中国检察出版社2012年版，第197页。

② 《世界各国宪法》编辑委员会：《世界各国宪法·亚洲卷》，中国检察出版社2012年版，第197页。

③ Republic Act No.6734:An Act Providing For An Organic Act For The Autonomous region In Muslim Mindanao.

律宾宪法、国家主权和领土完整的框架内建立自治区。在指导原则和政策条款部分，强调了菲律宾宪法和既有法律框架下的自治，对菲律宾共和国的忠诚，以及依照自治法的自治。自治法规定的其他主要制度有：自治法确保他们对祖传领域权、发展经济权、提升文化传统权；自治区政府权威来源于人民、人民参与、代表与同意；在宪法和自治法的保障下，自治区政府首要的义务是保证个人和集体的权利；自治区的和平与非暴力；平等原则；自治区人民的政治、经济、社会与文化参与权；环境权；自治区人民的自然、物质与财政资源优先权；自治区政府发展教育、科技与文化的义务；尊重土著人的文化；青年发展义务；文职机关的义务；中央政府的财政支援；地方政府决策的听证与透明性；地方政府的权力与下放；承认民间组织并进行监管；自治区政府的扶贫义务；自治区政策禁止开发、储存、使用、运输核、生物或化学武器；自治区政府应该鼓励投资与开发；自治区政府应反对贪污浪费、徇私舞弊；和谐劳资关系；男女同工同酬；保护儿童权利；和平时期的非军事驻扎；反对酷刑、非法拘禁与处决；和解与地方非军事化 [①] 。

从《棉兰老岛自治区组织法》与《科迪勒拉自治区组织法》两个自治法可以看出，自治法除了细化落实宪法规定的自治权，同时又要求自治必须按照合宪、非暴力、世俗化、地方民主与分权、法治、人权、平等原则来行使自治权。上述原则从现代文明社会的治理原则与制度来看，并无特别之处，应该说具有相当的先进性；但从自治地方来说，这些制度规定使得棉兰老岛和科迪勒拉地区从法律上成为与其他地区区别不太大的自治区，这种规定与南部穆斯林要求的自治存在很大的差别。实际上，南部两个穆斯林自治区希望拥有和实现更大自治权和更加穆斯林化的自治，而菲律宾中央政府主张的统一、和平、民主、法治与人权原则则更多地强调了现代化、世俗化乃至是西方化的自治。也就是说，虽然这两个自治区的组织法与国际法治社会主流的价值取向与制度设计一致，但在南部的一些激进的穆斯林看来，这两部自治法体现着明显的菲律宾化即世俗化的特点。简言之，在南部穆斯林自治的问题上，中央政府与自治地方存在着所谓的菲律宾化与穆斯林化的冲突，而这个冲突正是两个自治区与菲律宾中央政府在政治上的矛盾与冲突的关键所在。因此，虽然大多数自治区的人希望

---

① Republic Act No.6766:An Act Providing For An Organic Act for The Cordillera Autonomous region.

获得更多自治权，但一些穆斯林激进分子则展开武装斗争甚至恐怖活动以追求南部更为穆斯林化甚至南部独立。

正因为如此，菲律宾南部地区的法律秩序并未真正稳定下来，直至2017年，菲律宾政府军还在南部地区与谋求独立的穆斯林极端武装力量发生军事冲突。如果从西班牙殖民统治时期算起，菲律宾南部穆斯林与菲律宾中央政府的武装冲突是地球上第二长的国内武装冲突，长达5个世纪[①]。这种长达数个世纪的冲突在地球上非常罕见，也不是那么容易就很快予以解决的。

四、菲律宾少数人权利保护立法与实践之评析

（一）纸面人权法律制度健全且先进

菲律宾宪法不惜篇幅，全面与细致地规定了少数人权利保护的基本原则与主要制度，为下位法的制定确立了宪法基础与框架。目前，菲律宾少数人权利保护实现了从菲律宾宪法到专门法的紧密衔接，并形成了相对完善的少数人权利保护的法律体系。

对菲律宾宪法而言，1997年《土著人权利法案》对菲律宾的土著人权利保护的落实起着十分重要的衔接、承续与细化的作用。在法案内容上，菲律宾对落实1989年《国际土著与部族人民公约》不仅没有折扣，而且在一些具体权利上，根据菲律宾的实际情况加以扩展，这在立法上来说是相当先进的。

对棉兰老岛和科迪勒拉两个自治区而言，除了菲律宾宪法规定了两个自治区的基本原则外，《棉兰老岛自治区组织法》与《科迪勒拉自治区组织法》这两部自治法也为南部地区穆斯林的自治明确了详细与具体的权利保护制度。从中央政府的角度来说，这两部自治区组织法，既从法律上保证了中央政府的主权、统一与和平，又赋予了地方以充分的自治权。

同时，菲律宾政府积极签署并通过一些国际人权公约，通过与其他国家政府与社会组织及联合国的有关人权组织进行合作，对少数人权利保护进行资金、人员与物流等方面的保障。

---

① Salvatore Schiavo—Campo, The Mindanao Conflict in the Philippines: Roots, Costs, and Potential Peace Dividend, The world bank social development papers conflict prevention and reconstruction, Paper No.24/February 2005.

（二）菲律宾少数人权保护面临的关键问题

1. 少数人权利保护的关键问题是经济问题

无论是古典自然法学还是现代自然法学，权利不仅被看成是政府的道德与义务，还被认为是政府合法性的来源。美国的新自然法学家德沃金甚至认为"个人权利是个人手里的政治王牌"①，它可以否决任何侵蚀公民权利的政治性权衡——即政府为了某种政治性的目标而减损甚至否定公民权利。按照自然法学权利理论的道德逻辑来推理，一国少数人的应然权利都应该被写入实证法之中，而实证法都应该被全面完整实现，否则该国政府就是不道德的，其合法性也会受质疑。自然法学的这种权利理论把少数人的权利置于一种近乎绝对的道德高度，这对少数人权利的保护无疑是有积极意义的；然而，这种理论忽视了少数人权利保护最为关键的变量，即一国公权力所能支配的权利保护所需要的资源。这种资源的核心被美国法学家凯斯·R.桑斯坦直接称之为"钱"。正如他在其著作中所说的，"权利被熟悉地表述为神圣的、优先的和终极的，但是这些明显是语言上的措辞，涉及钱的东西没有绝对的"②。

从法经济学的角度来看，少数人权利保护的问题表面是立法、政府意愿与能力及司法服务供给的问题，但更为深层次的关键问题是以经济资源为核心的公权力所能支配的资源的多寡问题。一国政府保护人权，通过立法设立人权保护制度，这种设立行为本身需要耗费资源，而且执法与司法保护人权也都需要耗费国家的税收。简言之，"所有权利都依赖于经济状况和公共财政"③。既然如此，现实的情况就是，"一旦可供使用的资源枯竭，权利通常也就被剥夺了"④。尽管这一逻辑很冷酷，没有自然法学对权利的论述那么动听，但少数人的权利保护一样难以逃离这一逻辑的支配。

从法经济学的角度上来讲，少数人权利保护立法的本质是国家对少数人的利益——包括物质与精神利益——进行保护的一种承诺。而能否兑现这些承诺至少关系到两个问题：第一，国家对少数人利益保护的承诺能否有经济能力与权力机关运行的效能支撑？第二，少数人的权利保护能否产

---

① Ronald Dworkin, Taking Rights Seriously, Harvard University Press, 1977, p11.

② ［美］史蒂芬·霍尔姆斯，凯斯·R.桑斯坦：《权利的成本——为什么自由依赖于税》，毕竞悦译，北京大学出版社2011年版，第66页。

③ ［美］史蒂芬·霍尔姆斯，凯斯·R.桑斯坦：《权利的成本——为什么自由依赖于税》，毕竞悦译，北京大学出版社2011年版，第84页。

④ ［美］史蒂芬·霍尔姆斯，凯斯·R.桑斯坦：《权利的成本——为什么自由依赖于税》，毕竞悦译，北京大学出版社2011年版，第67页。

生更大的超过其成本的收益？对于第一个问题，如果国家没有经济能力与权力机关的运行效能支撑，这种少数人权利保护的国家承诺便难以兑现。对于第二个问题，如果少数人的权利保护不能产生更大的超过其成本的收益，那么，国家最终在少数人权利保护上将难以为继。从自然法学的观点来看，这种推断难以接受；但从法经济学的逻辑来看，这种观点虽然冷酷，但却是事实，对少数人权利保护的实际更具有解释力。实际上，人权的这种经济逻辑的本质很好地解释了菲律宾少数人权利保护的关键问题所在。

2. "强权利无救济" 的尴尬现实

亚洲人权委员会2012年在对菲律宾当年的人权状态评估报告中认为，菲律宾的人权存在着 "强权利却无救济（Strong rights, No remedy）"[1] 的尴尬局面。所谓 "强权利"，是指菲律宾的人权在法律化方面表现先进，能够紧跟世界潮流，将应然权利纳入法定权利之内；而所谓 "无救济"，即法定权利却得不到国家的相应保障，权利流于纸面，得不到真正的落实。

这种评估虽然是针对菲律宾人权保护的总体状态而言，但实际上一样适用于菲律宾的少数人权利保护状况。2015年，菲律宾国内生产总值2850亿美元，人均国内生产总值2799美元，属于世界上的低收入国家。完善的法律体系意味着需要高效能的公权力与充足的税收基础来支撑，但是菲律宾实际上二者都严重不足：一方面，菲律宾土著人权利保护的相关法律实施存在政府效能严重不足的问题[2]，另一方面即菲律宾的国家经济能力不足使得公权力根本不足以支撑菲律宾相对完备的纸面法律规定。简言之，从纸面上来看全面、完善与成体系的国家少数人权利保护法律体系，缺乏与之相应的公权力效能与国家财政力量的支撑，先进的法律体系难以真正保护少数人的权利。

从直观上来看，同样为西式的政治与法律制度，但菲律宾与欧洲国家人权保护的水平差异巨大。正如亚洲人权委员会对菲律宾2012的人权报告中所称，"菲律宾的人权，在纸上，而不在实践中（Rights in the Philippines: on paper, not in practice）；菲律宾有着先进的人权法立法，然而，这些法律的救济是微不足道的且不足以导致充分的人权保护"[3]。

---

① Asian Human Rights Commission, the State of Human Rights in the Philippines in 2012.

② Gregor Keienburg, Blessing or Curse: the Indigenous Peoples Rights Act of 1997 and its Implementation, A Journal on Threatened Human Rights Defenders in the Philippines, Volume 4, 2012.

③ Asian Human Rights Commission, the State of Human Rights in the Philippines in 2012.

由此可见，少数人权利保护的关键不在于通过了所谓先进的人权立法，真正的挑战在于权利的实施；而不幸的是，权利实施的关键并不在于漂亮的立法，而在于一个国家的经济能力，一个国家的经济能力决定了其少数人权利保护水平的高低。尽管如此，从人权保护的主观意图来讲，陷入这种"强权利无救济"的困境反映了菲律宾历届政府的挣扎，少数人权利保护的法定权利与实然权利的分离并非是其意愿如此，而是其不愿面对却不得不面对的现实。进一步来讲，一个国家对少数人权利的保护要根据自己的国情，主要包括国家的经济发展水平和权利保护的轻重缓急来进行法经济学层面的安排，这样才能在权利保护方面实现有效与高效的目标。对于发展中国家而言，由于可供国家支配以进行人权保护的资源并不十分充沛，在不得不进行权利保护的权衡时，例如有时可能要优先保护某些权利（比如生存权与发展权），根据法经济学的逻辑来安排少数人的权利保护是不得不面对的选择。

巴西肯定性行动：探源、发展、争论

何静宜

摘要：作为"种族大熔炉"的巴西在历史上并没有采取种族隔离政策，种族之间一直维持着表面的和谐。因此，巴西自认为是多元文化主义的典范，并自称"种族民主"国家。然而，因社会结构性差异而产生的恶性循环，导致了巴西的不同族群在教育、就业以及不同行业中的分割与隔离，使得巴西成为世界上收入分配最不平等的国家之一，种族歧视现象在巴西也的确存在。20世纪，巴西开始逐渐重视其种族问题，一系列法律和政策为肯定性行动计划铺平了道路。到21世纪，巴西真正开始着手实施肯定性行动，高等教育中的肯定性行动展开较为全面且扩展迅速，在就业方面的肯定行动政策也亟待发展。随之而来的争议和讨论也在持续之中。

关键词：巴西肯定性行动配额

作者简介：何静宜，中南民族大学法学院硕士研究生。

　　少数人权利保护是目前国内外法学界和民族学界学者研究的热点问题，但对少数人权利保护的个别国的研究还存在空白。由于长期历史的演进，巴西成为了当今世界上种族（民族）最为复杂的国家之一。随着社会经济的发展，巴西政府为保护少数人合法权益采取了许多措施，巴西少数人的政治、经济和社会情况由此发生了巨大的变化。因此，巴西少数人权利保护的制度具有一定的代表性和典型性。其中，巴西政府所采取的肯定性行动政策最具研究价值。本文将重点探讨巴西种族问题的起源和肯定性行动的发展，总结其成就和争议，进而为完善中国少数民族权利保护机制提供参考。

　　根据我国学者对少数人作出的定义，"少数人"是指那些在数量上具有一定规模，在人种、宗教和语言方面具有不同于其他人的特征，并且具有维系自己文化、传统、宗教或语言倾向，遭受偏见、歧视或权利被剥夺，在政治、社会和文化生活中长期处于从属地位，在一国领土上居住了一定时间的个人[①]。根据这一定义，巴西的少数人群体主要为非洲裔巴西人和土著印第安人。本文将主要从非洲裔巴西人[②]着手，探究巴西所采取的肯定性行动及其效验。

一、"种族大熔炉"的诞生

　　巴西是世界著名的多种族国家。随着历史长期演进，"在像巴西这样的一个国家里，每个人的身体里都流淌着融合了不同种族的血液"。16世纪，葡萄牙的航海家第一次发现了这块陆地，这时巴西土地上居住着约300万当地土著印第安人。葡萄牙殖民者采取各种手段迫使印第安人为其无偿劳动。长期生活在森林中生性自由的土著居民，不堪忍受白人殖民者的压迫和强制性的奴役，纷纷逃入原始森林。为了弥补劳动力的短缺，非洲黑人奴隶被运进巴西。这一时期，欧洲移民普遍以男性为主，即便是殖民者正常的婚姻需求也难以在"同类"中实现。因此，对印第安人的残暴征服和奴役，也包括了对女奴的人身占有。后来的黑人奴隶也无法避免这种命运，黑人与印第安人之间的"奴隶婚姻"也开始发生[③]。这就是巴西所谓"种族大熔炉"的开端。

---

　　① 李忠：《论少数人权利——兼评〈公民权利和政治权利国际公约〉第27条》，载《法律科学》1999年第5期。
　　② 非洲裔巴西人包括巴西黑人和带有黑人血统的混血人种。
　　③ 郝时远：《巴西能为中国民族事务提供什么"经验"——再评"第二代民族政策"的"国际经验"说》，载《西北民族大学学报（哲学社会科学版）》2012年第4期。

除了葡萄牙殖民者，巴西在殖民时期和共和国时期还吸纳了来自西班牙、德国、荷兰、意大利、瑞典等国家的移民。19世纪末，一些阿拉伯人也开始向巴西移民，其大多来自黎巴嫩和叙利亚。第二次世界大战前后，移民高潮再次出现，亚洲移民成为主力军，绝大多数为日本人，这使得黄种人的血液也融入进这个"大熔炉"中[1]。

根据巴西地理和统计研究所（IBGE, Brazilian Institute of Geography and Statistics）2010年的人口普查数据显示，巴西的白人人口降低到47.73%，混血人口占43.13%，黑人占7.61%，亚洲人占1.09%，土著人占0.43%。巴西黑人的人口比例在全世界排名第二，仅次于尼日尼亚，但同时巴西也是西半球最后一个废除奴隶制的国家。在历史上，巴西社会并没有采取种族隔离政策，种族之间维持着表面的和谐，因此巴西一直被认为是多元文化主义的政治典范。巴西认为自己并没有美国那样的种族问题，较高的种族通婚率是证据之一。种族通婚可以一直追溯到殖民时期的巴西，那时，族际通婚就已经被宽恕甚至被鼓励。混血儿被认为是美丽的象征，而肤色最白或者最黑的人却是缺乏魅力的。黑人文化明星的出现也可以证实这一点。如足球运动员贝利和一些著名的歌手，都是黑人与白人的混血儿。这些例子都证明了巴西的确是多元文化主义的典范，一些民众和评论家也常常鼓吹其为"种族民主（racial democracy）"国家[2]。但事实上，巴西族群之间的关系并不像表现出来的那样好。根据世界银行2007年数据显示，在社会经济分配顶层的人们占有着巴西总收入的46.9%，巴西是世界上收入分配最不平等的国家之一[3]。而几乎在经济和社会的每一个领域，高居于金字塔的最上层的都是白人，生活在下层和最底层的大多是非裔巴西人。

二、恶性循环的因果结构链

从社会学的角度来说，分析社会走向是朝多元化方向发展还是将异己的元素排除在外，对公共领域扩张的分析至关重要。人们通常认为，更多的平等带来了更多的包容，但考虑到偏见和歧视等变量后，这可能是一个十分复杂的等式。即使是将平等作为基本原则的美国，也因相信错误的等式而采取了种族隔离政策。因此，若要对巴西社会不平等和公共领域参与

① 吕银春，周俊南：《列国志巴西》，社会科学文献出版社2004年版，第63页。

② Christopher Guillebeau," Affirmative Action in A Global Perspective: The Cases of South Africa and Brazil",19 Sociological Spectrum 1999:443—465.

③ Leticia J. Marteleto," Educational Inequality by Race in Brazil,1982—2007:Structural Changes and Shifts in Racial Classification",49 Demography 2012:337—358.

之间的等式进行分析，必须从其社会秩序的结构性不平等开始[1]。

巴西具有独特的种族和阶层间关系。对这一领域的研究可以追溯到1940年，大多数的研究都表明巴西基于肤色的社会阶层系统十分复杂。另外，大量的黑人和混血人种对于非洲裔文化表现出漠不关心甚至排斥的态度，这种现象被一些学者称为"冷漠的非裔"（frozen Africanity）[2]。非洲裔巴西人的自我歧视与其长期处于社会最底层的历史不无关系，造成这种结果的原因或许就是巴西社会结构性差异长期的恶性循环。

在这样一个多族群国家，不同的族群集团共同生活在同一社会结构中，除了在体质或文化传统等方面存在差异之外，还存在"阶层"和"地位"方面的差异。这种"族群分层"（ethnic stratification）来源于族群集团之间的结构性差异及其对族群关系的影响，可以通过劳动力的行业结构、平均受教育水平、劳动者就业率、职业结构、收入结构与消费模式等指标对其进行评估。各指标之间相互影响，甚至形成一种因果结构链。如族群之间在受教育程度上的结构性差异会影响族群成员的职业结构，族群成员职业分布结构的不同又会影响到收入水平结构，进而影响该族群在社会整体结构中所扮演角色的看法，以及该族群和其他族群的未来发展水平和社会角色方面的预期估测[3]。

巴西族群之间的结构性差异就是这种因果结构链的典型。1888年，巴西废除奴隶制，巴西黑人自此成为自由人。但是，黑人的归宿基本分为三种。一是到偏僻的农村定居，从事自给自足的农业劳动，从而保持了其相对的独立性；二是继续留在种植园内从事与生产没有直接关系的最卑贱的劳动；三是一部分黑人奴隶在废除奴隶制初期，回流到他们最初被卖的东北部区，或进入城市从事一些零星的体力劳动。可见，黑人虽然得以解放，却仍长期处于社会的最底层。时至今日，巴西贫困人口中有73%为非裔，而富人中却只有12%是非白人，白人的人均家庭收入也已是非白人的两倍多。

收入的不平等导致了教育的不平等。在巴西，公立的中小学一般缺乏资金来源，提供的是低质量的教育。所以，中上层阶级和富人阶级的

① Angela Randolpho Paiva," Citizenship,Racial Inequality and Affirmative Action Policies", 12 The Latin Americamist 2012:91—109.

② Christopher Guillebeau," Affirmative Action in A Global Perspective: The Cases of South Africa and Brazil",19 Sociological Spectrum 1999:443—465.

③ 马戎:《民族社会学——社会学的族群关系研究》，北京大学出版社2016年版，第232—233页。

家庭会将他们的孩子送往私立学校，而穷人或者蓝领家庭的孩子则不得不去公立学校。但到了高等教育阶段，公私立学校的状况却发生了反转。除了少数几个例外，一般公立大学能提供更好的专业培训，全国大部分的科学研究成果都产出于此。而私立大学只能依靠学费运作在规模越来越大和竞争越来越激烈的市场中生存。在竞争激烈的入学考试之后，富裕家庭的孩子由于受到过良好的私立学校教育，大多数得以进入公立大学，而来自中低收入家庭的孩子则注定要缴纳学费才能进入低质量的私立大学①。这种教育的不平等却又直接导致毕业之后的收入不平等。这样不断的恶性循环，构成了因果结构链，巴西的种族不平等与贫富差距现状密切相关。根据美国学者提出的"二元劳动力市场理论"（Dual Labor Market Theory），社会中一旦出现了不同族群在教育、就业、行业中的分割与隔离格局，族群关系必然会导致族群冲突②。巴西的黑人运动常常强调这种收入差距导致的种族不平等。在一些运动的领袖赴美国学习并了解到了肯定性行动的相关知识之后，他们开始在本国要求类似的政策。肯定性行动当然地成为了巴西的热门话题：这项政策会重新分配公立大学的入学名额，而这个名额是所有人梦寐以求的，它能够维持或者提升一个人的社会地位以及增加收入。

"肯定性行动"（Affirmative Action）的概念来源于美国，首先出现在肯尼迪总统于1961年签署的《第10925号总统行政命令》中③。自此之后，美国社会采取的一系列反歧视措施统称为肯定性行动，主要指就业或者大学、专业学院招生中，给予社会弱势群体，如落后少数族裔、妇女、残障人士等以特别照顾，从而提高他们在就业中或者是高等教育机构中的比例④。这种政策允许把种族、原籍、性别、残疾与其他标准一起考虑，不单纯为了结束歧视性行为，而是为了给历史上或现实中被否定了机会的或（以及）为预防将来重新出现的歧视某类人中合格的个人提供机会⑤。需要明确的是，美国政府发起的肯定性行动针对的人群包括少数群体、妇

---

① Joao Fere Junior, Veronica Toste Daflon, and Luiz Augusto Campos, "Lula's Approach to Affirmative Action and Race",2 Nacla Report on the Americas, 2011:36—40.

② Olzak, Susan and Joane Nagel, Competitve Ethnic Relations, New York:The Academic Press, 1986, p.23.

③ 王凡妹：《肯定性行动——美国族群政策的沿革与社会影响》，社会科学文献出版社2015年版，第26页。

④ 刘希伟：《巴西高等教育肯定性行动探析》，载《比较教育研究》2013年第9期。

⑤ 张立平：《论肯定性行动》，载《太平洋学报》2001年第3期。

女、残障人士与老兵，所关注的问题覆盖教育、雇佣、政府承包合同与住房领域。而本文的研究范围将限定在巴西政府针对少数群体在教育和就业方面采取的肯定性行动。

三、从"种族民主"到肯定性行动

虽然肯定性行动在巴西是近些年才采取的政策，巴西有关反对种族歧视的政策却早已有之。早在20世纪30—40年代期间，巴西共颁布了三部宪法，均宣告"法律面前人人平等"。20世纪60年代，军政府上台，重申了对于种族歧视的禁止，并规定应对种族歧视行为施加惩处。这些早期的规范大多都是象征性的，直到1985年民主政府恢复，巴西才对种族问题开始实际的行动。1988年，民主政府修改了军政时期的宪法，颁布了恢复民主后的第一部宪法。1988年宪法是巴西肯定性行动法律依据的源头，其重要性不言而喻。这部宪法明确规定了种族歧视是一种犯罪行为，同时对多元文化主义发展也作出了承诺，包括承诺保护巴西非裔文化遗产和承认歌伦波（quilombos）①占领地的土地所有权。1988宪法规定了公共部门中针对残疾人的配额制，这也为在高等教育中实施配额制的计划铺平了道路。

在州级层面，90年代早期，里约热内卢和圣保罗的州长们为解决种族问题建立了一些政府机构和咨询小组，这些机构代表非裔选民提出倡议。尽管这些机构均规模较小且缺乏资金来源，但它们的成立意味着一些州政府开始否认巴西所谓"种族民主国家"的说法。

1995年，卡多佐（Fernando Henrique Silva Cardoso）总统上台，联邦政府开始采取更多有关种族主义的行动，并且第一次开始考虑实施肯定性行动。同一年，巴西向联合国人权委员会提交了第十次报告，报告认为肯定性行动可以与巴西法律相容，并且承诺巴西将"采取积极的行动促进平等"。1996年，"国家人权计划"启动，巴西提出了一些专门针对非裔的公共政策，例如，向雇佣非裔的私人企业提供支持，采取措施提高非裔的大学入学率。"国家人权计划"首次以官方的名义将种族群体作为公共政策的对象。随着2001年世界反种族主义大会的召开，巴西各级政府都陆续宣布将实施肯定性行动政策。到2001年末，共有14项向国会提交的法案中设计了种族配额形式的各种方案。2002年，卡多佐公布了"第二个国家

---

① 歌伦波（quilombo）位于巴西内陆，是由逃离奴隶庄园的黑人逃奴建立的村落，其居民被称为歌伦波拉（quilombola）。最著名的歌伦波社区是帕梅儿丝（palmares），最著名的歌伦波拉是赞比人（zumbi）。

人权计划"，其中包括了关于种族意识肯定性行动的规定。但是这些规定没有得到国会的同意。卡多佐还制定了"国家肯定性行动"，计划中包括政府机关和与政府签约的企业应达到雇佣黑人、女性和残疾人的"百分比目标"，这项计划依然未得到实施。2003年，卢拉（Luiz Iná cio Lula da Silva）总统上台，政府开始实行一系列解决种族问题的政策。卢拉在其就任后不久就成立了促进种族平等秘书处（SEPPIR, Secretariat of Policies for the Promotion of Racial Equality），专门负责促进和解决正遭受歧视的种族和族裔群体的权利保护问题，这也是巴西在历史上第一次由联邦政府成立机构保护少数群体的权利问题，该机构不仅促进法律上的象征性的种族平等，而且追求现实中的实质性的种族平等。促进种族平等秘书处还负责执行和协调第4.668/03号法令规定的国家促进种族平等政策（PNPIR, National Policy for the Promotion of Racial Equality），这些政策分为长期、中期和短期政策，主要以6个纲领性行动计划为基础，包括：国家促进种族平等政策的管理模式的实施、支持哥伦波拉土著社区、肯定性行动、发展与社会包容、国际关系和知识生产。卢拉还签署了第10.639号法案，法案规定将非洲历史和非裔巴西文化纳入所有小学课程。教育部和促进种族平等秘书处牵头采取行动制定教学材料并培训教师，第10.639号法案得以实施。在卢拉总统任期内，至少有三项建立联邦肯定性行动的法律草案递交给国会进行讨论，提出这些法案的代表和议员们来自于巴西社会民主党（PSDB, Partido da Social Democracia Brasileira）以及来自于依靠巴西社会民主党建立的右翼政党民主党（DEM, Democrats）[①]。其中一项关于种族平等法的法案得以通过，国会官方承认了巴西是一个多元种族和多元族群的国家，并且承认非裔巴西人有受到种族歧视。种族平等法建立了"国家促进种族平等体制"（SINAPIR, Portuguese anagram for National System for the Promotion of Racial Equality），要求各级学校的课程中都应包括非裔巴西人的历史和文化，禁止种族和族群的歧视，保护少数人宗教表达自由，承认仍然存在的歌伦波社区并且为其提供资金援助，宣布非裔巴西艺术遗产卡波耶拉（capoeira）[②]是一项值得政府支持的官方运动。

---

① 巴西民主党（DEM）是巴西右翼主要政党，1985年1月成立，主要由原民主社会党内持不同政见者组织的"自由阵线派"成员组成，前身为自由阵线党（LFP），2007年重建并改名为巴西民主党。

② 卡波耶拉（capoeira）又称巴西战舞，是一种16世纪时由巴西的非裔移民所发展出，介于艺术与武术之间的独特舞蹈。虽然已经存在数百年，但一直到1930年代以后卡波耶拉舞才正式地被允许在民间习授流传，由于这种舞蹈起源于非洲却又融入了相当程度巴西本土原住民的文化特性，因此被认为是巴西最重要的本土文化象征与国技之一。

在政府的一系列政策下，巴西高等教育肯定性行动全面展开，肯定性行动计划也自此真正开始着手实施。2000年12月，里约热内卢州州长安东尼·嘉罗迪尼奥（Anthony Garotinho）批准了一项地方法律，该法律规定里约热内卢州的州立大学必须在本科阶段保留一半的名额予以公立高中毕业生。2001年10月9日，他又批准了另一项法律，该法律规定这一半予以公立高中毕业生的名额中必须有40%的黑人和混血人种。同时，在其州管辖范围内的两所高校（里约热内卢州立大学和北里约州立大学）采取了40%的非裔配额制。巴伊亚州和米纳斯吉拉斯州也紧随其后采取了类似的政策。州立大学自此成为巴西高等教育肯定性行动实施的先驱。2002年11月，联邦法律第10.558/2002号法律颁布，这部被称为"配额法"的法律成为高等教育肯定性行动的法律依据。2004年，巴西利亚大学实施了一项入学配额计划，保留20%的入学名额予以非裔和土著学生，成为第一个为非裔和土著人实施肯定性行动的联邦大学，学校通过一个秘密小组审查学生的照片以判定申请人是否属于该血统。2004年1月，政府推行了一项新的政策，即"所有人的大学计划"（PROUNI, the University for All Program），联邦通过免除私立大学的税费，作为交换，私立大学会免除来自少数人群体的本科生的学费，并为其提供适当的奖学金，受益学生中包括非洲裔和土著人，受益学生的人数根据各州的人口统计比例设定。联邦政府也同样鼓励公立大学促进教育机会平等。一个较为典型的例子是全国范围内的"联邦大学重建与扩招计划"（REUNI, Restructuring and Expansion of Federal Universities program），该计划为采取肯定性行动的联邦大学提供资金支持。因此，在州立大学采取行动之后，联邦大学也紧随其后纷纷效仿。到2011年，有超过87%的公立大学肯定性行动计划囊括了来自公立高中的所有种族的学生，因为他们一般来自低收入家庭。这些大学中又有超过57%的肯定性行动计划中明确包括了非裔学生，超过51%包括了土著人[①]。

不同大学采取的肯定性行动措施也各有异同。到2013年，总共38所州立大学中已有32所采取了不同形式的措施，59所联邦大学中也有49所实施了肯定性行动。在州立大学中，有30所大学采取了为公立高中毕业的黑人学生预留席位的配额制，这其中，还有两所大学也为其他弱势群体留出了

---

① Joao Fere Junior, Veronica Toste Daflon, and Luiz Augusto Campos, "Lula's Approach to Affirmative Action and Race", 2 Nacla Report on the Americas 2011:36—40.

额外的席位。但是巴西最为顶尖的两所大学——圣保罗大学和坎皮纳斯大学却选择了奖励制度，该制度会在入学考试中为公立学校毕业生加上额外的分数。有趣的是，这些采取了肯定性行动的大学中有一半是由州法律强制实施的，而另一半则是大学自身采取的行动[1]。最先实施肯定性行动的州立大学是根据州政府制定的法律而实施的，而紧随其后的联邦大学却发挥了宪法赋予的自治权，自主地采取了这些行动。

2012年8月29日，总统罗塞夫（Dilma Rousseff）正式签字批准了"社会与种族配额法"。该法规定在未来十年间，联邦高等教育机构共约12万个入学名额中，至少应保留50%给公立高中的毕业生，其中半数应依该州非裔巴西人及土著人的人口比例，分配给不同族裔的学生，另外一半则保留予月收入低于450美元家庭的子弟。这项法律允许公立大学有4年的适应期，可分阶段提高名额比例，但要求到2013年至少有25%的配额分配给公立高中的毕业生[2]。不过，在这项法律颁布之时，几乎所有的公立大学都已经在实行配额制了。

巴西少数群体有关增加自己高等教育入学机会的诉求长期存在。21世纪以来，这种诉求得到了全面而实质性的回应。无论是州立大学还是联邦大学，无论是公立高等教育机构还是私立高等教育机构，都已经实施了高等教育肯定性行动，且发展迅速，呈现出一种不断扩张的态势[3]。但尽管如此，制度性种族主义依然存在于巴西政府部门和私营企业中。许多毕业于顶尖大学的少数群体毕业生在其专业领域找不到就业岗位。在这种情况下，继续以少数群体的教育资源不佳为借口来说明不同人种间的就业差距是明显不合理的。因此，如果仅仅只在高等教育中采取肯定性行动，忽略巴西种族主义的普遍性和结构性，那么这些政策的结果必然是失败的。所以，若要从结构性改变出发，全面消除种族歧视，那么制度性干预就需在巴西全社会中成为主流。

2001年，联邦政府部门司法部和土地发展文化部首次在雇佣人员时采取配额制，为黑人和混血人种预留了20%—30%的人员指标，成为了第一

---

① Marion Lloyd, "A Decade of Affirmative Action in Brazil: Lesson for the Global Debate", 11 Advances in Education in Diverse Communities: Research, Policy and Praxis 2005:160—189.

② Whitney Kramer, "Brazil and the Law of Social Quotas: An Analysis of the Whether Brazil's Recent Affirmative Action Law Would Survive Review Under U.S. Constitutional Standards", 2 Journal of Law&Education 2013:373—389.

③ 刘希伟:《巴西高等教育肯定性行动探析》，载《比较教育研究》2013年第9期。

批实施肯定性行动的联邦政府部门。由于历史上几乎没有黑人能够进入外交使团，外交部也紧接着宣称将实施肯定性行动。2003年，外交部向20名黑人候选人提供年奖学金，以资鼓励他们通过公共服务入学考试，肯定性行动自此得以在外交部实施。与此同时，巴西各州如马托格罗索州、巴拉那州、里约热内卢州和南里奥格兰德州以及包括里约热内卢在内的一些城市在其公务员录取系统中实施了肯定性行动。但一直到罗塞夫总统时期，巴西内阁10位成员中只有1位黑人，法官、高级军官和警官中的黑人数量也很少。罗塞夫也于2013年表示，她将寻求国会通过议案，在政府职位中保留20%的席位给黑人群体。2014年5月13日，巴西参议院通过了一项决议，该决议在参议院的公务员招录系统中建立了一项种族配额制计划，并决定所有向参议院提供服务的私营企业也必须实施这个20%的配额制度。这项参议院决议是巴西为数不多的此类规定之一，因为它还控制了私营企业的招聘政策。如果私人承包商希望与参议院保持合同关系，就必须在招聘制度中考虑种族因素了。此后不久，6月9日，罗塞夫又签署了一项新的有关肯定性行动计划法案，规定在全国范围内的联邦公务员岗位中为黑人和帕尔多人保留20%的席位。这项法案同时适用于联邦政府部门中的行政部门和所有由巴西联邦政府控股的上市公司，但却不适用于立法和司法部门。此外，该法规定只有当该部门招录三个以上的岗位时，才可适用这项配额。这项法案的有效期为十年，并很有可能在十年后续延。

四、肯定性行动的成就与争议

在肯定性行动刚刚开始实施的时候，很多人认为这将会是巴西又一个短命的政策，但肯定性行动的的确确在巴西实行到了今天。未来，肯定性行动依然是一条艰难而漫长的道路。有人认为，肯定性行动是一项从美国引进的"进口产品"，但两国在种族划分和种族关系上都存在着不同，因此美国模式并不适合巴西。不过更多的人认为，巴西长久以来的种族民主就是一场闹剧，肯定性行动即使没有达到预期的效果，但它能促进对于种族问题的讨论并且迫使政府正视这个问题。所以，虽然反对之声不绝于耳，但它至少在公共领域引发了讨论，而所讨论之问题，无论是巴西是否存在种族主义的文化背景问题，还是基于种族不平等的社会政治问题，在此之前都是被否认的 ① 。因此，肯定性行动的实施表明了巴西开始否认种族民

① Angela Randolpho Paiva, "Citizenship,Racial Inequality and Affirmative Action Policies", 12 The Latin Americamist 2012:91—109.

主的说法，积极正视种族问题，寻求解决之路。

许多案例挑战着肯定性行动，反对者中既有政治党派，也有社会组织；既有来自私立学校的教授和白人学生，也甚至有相信现有制度的黑人们。他们分别从不同角度、不同方面对肯定性行动提出了质疑。2004年末，在国会正讨论制定"所有人的大学计划"的法案时，自由阵线党（PFL）向最高法院提起诉讼质疑其合宪性，认为这项计划侵犯了大学的自治权。2009年，同一政党，即改名后的民主党（DEM），又挑战了巴西利亚联邦大学招生计划的合宪性，认为其侵犯了种族平等的宪法原则。另一个著名的挑战来自没能进入南里奥格兰德联邦大学（UFRGS, Universidade Federal do Rio Grande do sul）的白人学生，他控诉自己的入学名额被非白人学生给侵占了，南里奥格兰德联邦大学会为公立高中的学生保留30%的名额，而这30%的名额中有一半预留给了非白人。

有批评者认为，面对种族主义的唯一途径应是弱化"种族"的概念。而巴西肯定性行动却将种族主义制度化了，原因是这种模式的肯定性行动利用了一些标准将种族进行了分类，进而将种族之间的区分系统化、清晰化，而这与巴西历来奉行的种族观念传统是不同的。但支持者认为，巴西社会中的一些社会群体是存在自我认同的，这些群体通过种族概念或者与种族相关的一些标志来识别。巴西种族之间的区分认知早已存在，由这些种族标志导致的不平等和歧视，导致巴西社会的等级制度更加普遍化。而巴西政府推广以种族为导向的政策，使得遭受歧视的人受益于此，这应当是合理的。

另有批评者指出，由于巴西种族大融合的历史，定义谁是"黑人"是非常困难甚至是不可能的事情[①]。早在肯定性行动实施之前，巴西就已经讨论过种族身份的问题，种族分类的标准问题使其变得更为复杂了。通过官方数据进行的统计研究表明，巴西肯定性行动在学术上部分是合理合法的。许多研究将所有黑人和棕色混血人种都归入同一组，其标签都为"黑人"（negros）或者"非裔"（afrodescendentes）。这种分类方式基于统计分析得出结论，两组人群在社会中的表现呈现出高相似度。然而，批评者认为，这种分类是黑人运动所主导的一种政治策略，将黑人和棕色混血人种归入同一组，从而在"黑人"与"白人"之间形成了一种两

---

① Christopher Guillebeau, "Affirmative Action in A Global Perspective: The Cases of South Africa and Brazil",19 Sociological Spectrum 1999:443—465.

极化的种族关系。

　　还有批评者认为，将少数群体与穷人画上等号，这使得巴西肯定性行动的前提就是错误的。例如，在高等教育肯定性行动中，将少数人和公立学校的学生等同于来自贫困家庭的人，使得许多富裕阶层的非洲裔巴西人和少数精英公立高中的学生们得以从这个计划中受益。事实上，一些能够进入私立高中却来自中低阶层的学生，其父母认识到了公私立高中之间的差距，竭尽全力让孩子进入了私立高中。还有一些来自中低阶层的白人学生，这些学生并不在受保护的学生种类当中，因而没有从这个计划中受益 ① 。但对这个问题又有两种相反的观点。一种观点认为，根据统计分析，由于社会流动在少数人与白人之间分配的不均等，即使在穷人之间也存在着种族歧视；而另一种观点则认为，正是由于穷人中大多数为少数人种，因此巴西国家和社会在历史上对其并不重视，从这个意义上说，通过肯定性行动进入高等教育体系对来自少数群体的学生来说尤为重要，因为它帮助少数群体进入了一个由白人主导的中上层阶级占领的世界。

　　即使是对肯定性行动持肯定性态度的人们对这项政策所采取的方式也颇有微词。基于种族进行配额是巴西肯定性行动的重要特征之一。在基于社会收入的高等教育入学配额政策中，由于黑人、混血种人等在社会低收入群体中所占比重最大，配额制的最终受益者也主要是黑人和混血种人。因此，对配额制的争议最为广泛。除了上文中将少数群体直接视作穷人的错误观念以外，不同高校在配额制的设计上也存在不合理性。以里约热内卢大学（Uerj, University of Rio de Janeiro）的配额制为例，该校的配额制中为黑人和帕尔多人保留了40%的名额，为公立高中的学生保留了55%的名额。里约州政府本以为这两项标准的申请人会大部分重叠，配额名额中至少一半应会轮空。但是，最终有57%的学生通过配额制入学，甚至比达到了入学考试（vestibular）分数的普通学生比例更高。这个未能预料到的结局源于公立高中的学生人数并不足以满足保留给公立学校的配额人数，所以为了能够完全地遵从种族配额，学校必须降低要求允许一些分数没有达到入学考试要求的黑人和帕尔多人进入学校。然而，这些学生在学术上很难成功，因此他们中有44%的学生都选择在中途辍学。其次，认定谁是"黑

① Richardo Rochetti, "Not as Easy as Black and White: The Implication of the University of Rio de Janeiro's Quota—Based Admissions Policy on Affirmative Action Law in Brazil", 37 Vanderbilt Journal of Transnational Law 2004:1423—1471.

人"的方式也存在争议。里约热内卢大学通过学生"自我认定"决定其种族归属。这种自我认定仅仅只需要在入学申请表中种族这一栏填上自己认为的种族,那么学校就会认定他属于这个种族。这种方法会导致白人学生滥用这个计划,但其有效性的最大的阻碍还是来源于巴西种族之间的模糊界限。最后,作为一部当时已经实行的法律,"配额制法案"已经不是一种临时措施,这违反了肯定性行动最重要的原则。

当然,以配额制为基础的肯定性行动是否有效,最终还是取决于联邦最高法院的决定以及对这其中蕴含的各种宪法问题的分析。首先,联邦最高法院将决定这种肯定性行动是否违反了"法律面前人人平等"和"大学自治"的宪法原则。其次,联邦最高法院必须确定巴西的肯定性行动没有违反巴西已经加入的各类国际条约和公约。

现行巴西《宪法》第5条规定:"法律面前人人平等,不因任何理由而有所差别。"[1] 但宪法同时赋予了政府一定的权力,允许它参与某些形式的"逆向歧视(positive discrimination)"。授予政府这种权力的规定可以分为三类:(1)政府有义务废除"边缘化和不平等"的规定;(2)政府有权"推动和整合弱势群体"的规定;(3)具体规定了某些"公正的歧视(just discrimination)"的条款,以弥补机会不平等并促进某些部门(主要是小企业)的发展。而政府所采取肯定性行动是否扩大了"逆向歧视"的权力正是争议之焦点。有学者认为最高法院的决定将取决于最高法院将教育机会中的平等权利视作个人权利还是集体权利。一般来说,大学都是凭个人的优秀品质来断定这个人是否可以进入大学,并不受任何政府单位的干涉,这表明教育机会平等被视为个人权利。因此,Uerj 的肯定行动计划将违背宪法的平等原则。但是人们一般认为,平等长期以来都是以人人平等的权利和利益为前提的。根据这个观点,那些历来遭受排斥和歧视的人应该通过政府保护享有平等的教育机会,这是完全合理的。在巴西司法历史上,只有一个与之相关的具有约束力的判例,即宪法、司法和公民事务委员会于1995年就类似项目的提案作出的判决。当时,委员会否决了与宪法第5条相违背的提案,并认为法律面前人人平等一直意味着法律必须"不考虑差别"地对待所有类似的问题。但是,如前所述,巴西宪法的确赋予了政府一定的权力为某些团体提供了优惠待遇。因此,最高法院面临的

---

[1] 孙谦,韩大元:《世界各国宪法美洲大洋洲卷》,中国检察出版社2012年版,第154页。

关键问题是联邦宪法是否应当允许这种"不平等待遇"延伸到教育领域或黑人领域。

除此之外，巴西《宪法》第207条规定："大学在教学、科学和行政上实行自治，在财政和资产管理上也享有自治权，并应坚持教育、研究和发展不可分离的原则。"① 配额制法案最初是由教育部和促进种族平等秘书办事处联合制定的，根据该法案，学校可以决定为黑人预留多少席位，而认定谁为受保护人的方法也可以自主决定。政府认为，允许每个学校确定自己的配额计划的机制，可以防止配额制法案违反"大学自治"的宪法原则。但如果最高法院认定政府强制要求大学实施肯定性行动侵害了宪法赋予大学的权利，那么就可以仅凭这一基础来裁定配额制违宪。

巴西宪法不限于自己的文本。第5条还规定："本宪法规定的权利和保障……不排除巴西联邦共和国加入的国际条约所授予的其他权利。"如果政府不遵守已加入的国际条约和公约的规定，政府将违反宪法。与此有关的条约包括巴西于1968年3月27日正式批准的"消除一切形式种族歧视国际公约"，1993年"维也纳宣言和行动纲领""反对种族主义、种族歧视、仇外心里和有关不容忍行为"等。巴西批准了这些条约和公约，表明了联邦政府不再选择忽视种族主义和种族歧视的存在。为了遵守这些条约和公约，政府不可避免地采取某种肯定性行动措施。而最高法院将决定这些措施是否符合条约和公约的精神，以此判定政府是否违宪②。

对这一系列问题进行分析研究之后，巴西最高法院在争论中得出了最终结论。2012年4月26日，最高法院确认了国家为促进教育机会平等而实行的大学配额制的合法性。首席大法官李万度斯基（Ricardo Lewandowski）提交了10位法官的不记名法庭意见，认为配额制虽然存在差别对待，但更是法律授权的可行的方案。李万说，"多年来我们对于种族关系一直抱有中立的态度，但实施证明这是失败的""这是黑人运动的胜利，我们做到了，肯定性行动从此将不再处于争议之中"③。

① 孙谦，韩大元：《世界各国宪法（美洲大洋洲卷）》，中国检察出版社2012年版，第196页。

② Richard Rochetti, "Not as Easy as Black and White: The Implication of the University of Rio de Janeiro's Quota—Based Admissions Policy on Affirmative Action Law in Brazil", 37 Vanderbilt Journal of Transnational Law 2004:1423—1471.

③ Karen Juanta Carrillo, "Brazil's Supreme Court upholds affirmative action in universities", 21 The New York Amsterdam News 2012:2.

自肯定性行动出现在美国肯尼迪总统的《第10925号行政命令》中以来，肯定性行动计划在美国甚至全世界的族群政策中产生了非常深远的影响。经过长期的发展，美国的肯定性行动已呈现逐步淡化的趋势，甚至有部分州取消了此类政策。然而，在肯定性行动作为一种舶来品的巴西，进入21世纪以后，才真正着手采取以种族配额制为中心的肯定性行动。时至今日，高等教育肯定性行动已在巴西全面展开，不同高校采取的措施各异，但绝大部分都会在招生方案中为来自少数群体的学生制定配额；在就业方面，部分州政府在公务员系统内的一些部门采取了一定的配额措施。由于肯定性行动刚刚在巴西还处于起步阶段，讨论其对种族关系的影响结果还为时尚早。不过，巴西的肯定性行动仍然具有借鉴意义。

中国的民族政策从中华人民共和国成立开始，就具有非常鲜明的马克思主义中国化特色，中国特色的民族相关理论强调民族平等、民族区域自治以及要对少数民族进行帮助，促进民族共同繁荣等基本理论方针。中国的民族政策执行遇到了许多问题，总体步伐相对缓慢。反观巴西的肯定性行动政策，在卡多佐和卢拉两任总统任期内已经全面展开，且针对性较强。尤其是高等教育范围内的肯定性行动，传播速度快且范围广。虽然这与巴西大学自治的原则不无关联，但如何在政府层面制定和实施有实效性的计划，才是我们应当真正学习和借鉴的。

欧洲理事会《保护少数民族框架公约》监督执行机制研究

张颖军　潘　萍

摘要：《保护少数民族框架公约》是世界上第一个致力于将少数民族保护作为人权保护一部分的具有法律约束力的区域性多边条约，建立了主要通过提交和审议缔约国报告来监督公约执行的机制。本文主要对公约的监督执行机制的运作、取得监测效果、面临的主要问题进行研究，指出公约的监督执行机制虽然还存在着诸如以缔约国报告制度为主的监督执行方式过于单一、咨询委员会作用有限等方面的不足，但是，为了保障少数民族的权利而确立专门性的公约以及建立区域性的监督执行机制，其本身就是欧洲乃至国际保护少数民族事业的巨大进步，从其运作的结果来看，总体上也是富有成效的。

关键词：国际法　少数人权利　欧洲理事会　保护少数民族框架公约监督执行机制

作者简介：张颖军，女，中南民族大学法学院副教授，国家民委人文社科重点研究基地中南民族大学民族法制研究中心研究人员。

潘萍，女，中南民族大学法学院法律硕士研究生。

项目来源：本文为国家社会科学基金重点项（13AMZ064）、湖北省人大民族立法研究课题（HBRDMZLFKT201604）、中南民族大学民族法制研究中心重点项目（201502）的阶段性成果。

少数民族问题一直是影响地区稳定与世界和平的重要因素，欧洲作为多民族聚集的地区，民族问题一直是该地区的热点和焦点之一。欧洲理事会于1994年通过了《保护少数民族框架公约》（Framework Convention for the Protection of National Minorities, 以下简称公约）[①]，对区域内的少数民族进行专门保护。公约没有对"少数民族"进行界定，但是强调"少数民族权利保护是人权保护不可缺少的部分"，明确赋予和承认"属于少数民族的人"（persons belonging to national minorities）应该享有的广泛权利和自由，称得上是迄今为止少数民族权利保护领域最全面的国际标准。公约还建立了以缔约国报告为主的监督执行机制。但是，公约标题中的"框架"一词表明，公约所确立的权利大多为原则性条款，需要缔约国通过国内立法和政策予以实现。这给缔约国适用公约提供了较大的自由空间，又使得公约成为一个动态机制，可以根据实际情况变化，对具体的执行措施作出调整，以不

---

① 1995年2月1日，《保护少数民族框架公约》正式公开成员国签署，1998年2月1日，经由12个欧洲理事会成员国签署通过之后公约正式生效，截止到目前，共有39个国家通过了该公约，分别是：阿尔巴尼亚、亚美尼亚、奥地利、阿塞拜疆、波黑、保加利亚、克罗地亚、塞浦路斯、捷克共和国、丹麦、爱沙尼亚、芬兰、德国、格鲁吉亚、匈牙利、爱尔兰、意大利、拉脱维亚、列支敦士登、立陶宛、马耳他、摩尔多瓦共和国、黑山、荷兰、挪威、波兰、葡萄牙、罗马尼亚、俄罗斯、圣马力诺、塞尔维亚、斯洛伐克、斯洛文尼亚、西班牙、瑞典、瑞士、前南斯拉夫马其顿共和国、乌克兰、英国。

比利时、希腊、冰岛、卢森堡已经签署但未通过，安道尔、摩洛哥、法国、土耳其既未签署也未通过。2004年8月23日，欧洲理事会与联合国驻科索沃临时特派团（United Nations Interim Mission in Kosovo）达成协议，决定对科索沃执行公约的情况进行监督。

断适应欧洲民族问题呈现的新挑战。

目前，公约已经进入第四轮监督阶段，较之成立之初已经作出了较大调整。为了进一步了解公约的监督执行机制，本文力图在借鉴国内外学者研究成果的基础上，探析该机制的运作情况。同时，对该机制在缔约国国内、区域和国际层面的执行效果进行研究，分析其运行面临的主要问题，对其日后的完善和发展予以展望。

一、公约的监督执行机制架构及其特点

公约第四部分[①] 规定欧洲理事会部长委员会（Committee of Minister of the Council of Europe），以下简称部长委员会）在公约咨询委员会（Advisory Committeeon the Framework Convention for the Proiection of National Minorities，以下简称咨询委员会）的协助之下履行监督职责，缔约国在公约生效后一年内提交初次报告，之后定期或应部长委员会的要求提交材料。而至于咨询委员会的组成、任期及其工作程序、定期提交报告的周期、缔约国报告应当涵盖的具体内容等问题，部长委员会在1997年通过的《关于根据〈保护少数民族框架公约〉第24至第26条制定的监督规则》（Rules on the Monitoring Arrangements under Articles 24 to 26 of the Framework Convention for the Protection of National Minorities, 简称（97）10号决议）[②] 和1998年通过的《保护少数民族框架公约咨询委员会议事规则》（以下简称《议事规则》）[③] 中予以明确规定。

（一）监督执行机构

1. 部长委员会

部长委员会是欧洲理事会的最高决策和执行机构，通过召开部长级会议（Ministerial Level）[④] 和部长代表委员会会议（Deputy Level）[⑤] 讨论成员国事务，在公约监督执行机制中的职责包括决定咨询委员会的组成、任期

---

① Articles 24 to 26 of the Framework Convention for the Protection of National Minorities, ETS No.157, Treaty Office, Council of Europe,1 February 1995.

② Rules on the Monitoring Arrangements under Articles 24 to 26 of the Framework Convention for the Protection of National Minorities, Resolution（97）10,Committee of Ministers, Council of Europe, 17 September 1997.

③ Rules of procedure of the Advisory Committee on the Framework Convention for the Protection of National Minorities, ACFC/INF（1998）002, Advisory Committee on the Framework Convention for the Protection of National Minorities, Council of Europe, 16 December 1998.

④ 部长委员会由47个成员国各派一名代表（一般为外长）组成，每年的5月5日左右召开部长级会议。

⑤ 部长代表委员会由成员国各派一名常驻代表（大使级）组成的部长代表委员会，通常每月举行三次部长代表委员会会议。

和工作程序，基于咨询委员会提出的意见就有关国家实施公约所采取的措施是否适当作出最后的结论和提出建议等。由于准备工作要消耗大量的会议时间，部长委员会将所有关于公约决议的准备工作交由其下属的人权报告小组（Rapporteur Group on Human Rights）负责。

事实上，部长委员会作为欧洲理事会的最高决策机构和执行机构，在欧洲理事会中承担着许多其他职责。因此，公约具体的监督执行工作实际上主要由咨询委员会完成。

2. 咨询委员会

咨询委员会是一个独立的负责协助部长委员会评估缔约国执行公约情况的专门机构，由最多18位在保护少数民族领域具有公认的专长并以个人身份工作的普通委员（ordinary members）和一定数量的补充人员（additional members）组成，成员由缔约国提名，部长委员会任命[1]，并设置咨询委员会主席（Presidency of the Committee）、委员会主席团（Bureau of the Committee）和秘书处（Secretariat of the Committee）[2]。

为了便于开展监督执行工作，咨询委员会还设立了国别小组和专题工作组。

国别小组由4至5位普通委员组成[3]，主要任务是与报告国政府和特定国家的其他参与者建立联系，审查缔约国报告和拟定咨询委员会意见的初稿。

专题工作小组则主要负责拟定专题意见（Thematic Commentaries）。第一轮监督工作完成后，咨询委员会提出从2004年起开始拟定专题意见，力求借助其专题意见使得在监督过程中积累的经验能够被缔约国所利用，帮

---

[1] Rules on the Monitoring Arrangements under Articles 24 to 26 of the Framework Convention for the Protection of National Minorities, Resolution（97）10,Committee of Ministers, Council of Europe, 17 September 1997.

[2] Rules of procedure of the Advisory Committee on the Framework Convention for the Protection of National Minorities, ACFC/INF（1998）002, Advisory Committee on the Framework Convention for the Protection of National Minorities, Council of Europe, 16 December 1998.

[3] 任命国别小组成员时须考虑到其语言技能和其他专门知识，同时避免对各自成员的公正性产生怀疑。因此，一名普通委员不得成为其国籍国的国别小组成员，也不得成为与其国籍国有着种族、历史或其他渊源的有着大量的少数民族国家的报告小组成员。例如，一名德国籍的普通委员不得担任德国的报告小组成员，也不得成为其他有大量讲德语的少数民族的国家的报告小组成员。Rainer Hofmann, "Review of the Monitoring Process of the Council of Europe Framework Convention for the Protection of National Minorities", In Marc Weller（ed.）, The Rights of Minorities: A commentary on the European Framework for the Protection of National Minorities, Oxford: Oxford University Press, 2015,435—460, at 441.

助他们理解公约条款从而促使公约的进一步执行 [1] 。

（二）监督执行机制的特点

1. 符合区域内少数民族保护状况

公约建立了以缔约国报告为主的监督执行机制，从制度本身来看，该制度符合区域内少数民族保护状况。

根据区域和国际文件的规定以及有关少数民族权利保护的实践，监督执行机构可以通过审议缔约国提交的报告、受理国家间指控、接受个人来文、进行有关调查来监督缔约国履行条约义务。这四种监督职能有其各自的优势和不足，而缔约国报告制度凭借其全面性、系统性和连续性特点，通过缔约国提交报告，独立的专家机构审查报告并发表意见的方式在监督执行机构与缔约国之间建立起建设性对话关系，既能体现"主权国家参与和国家主权原则的特点" [2] ，又在国际监督和尊重国家主权间取得某种平衡，成为人权保护领域最为广泛适用的监督执行制度。

回顾公约的立法背景，虽然"二战"结束以后人权已经成为国际社会关注的事项，一国的人权问题不再只是一国"管辖范围内"的事项，欧洲理事会也在人权保护方面作出了突出贡献，但是对于将少数民族权利作为人权的一部分加以保护并颁布专门的具有法律拘束力的公约，欧洲理事会的成员国出于各自利益衡量一度难以达成一致。因此，可以说公约及其建立的以缔约国报告为主的监督执行机制是当时条件下考虑到成员国的多样性和少数民族状况的差异性与尊重国家主权的前提下，欧洲理事会成员国在少数民族保护方面所能作出的最大妥协。缔约国报告制度协调了各国的政治承受能力，在监督执行机构和缔约国之间搭建起了区域性的、综合性的交流、磋商和协调的平台。在监督机构帮助下，一方面，缔约国能够了解本国少数民族保护的立法和实践与公约之间的差异，并且与其他缔约国

---

① 目前，咨询委员会已经形成了四份评论意见。分别是：2016年5月27日通过的《关于〈框架公约〉适用范围的评论》（Commentary "The Framework Convention: a key tool to managing diversity through minority rights: The Scope of Application of the Framework Convention for the Protection of National Minorities）；2012年5月24日通过的《关于教育权的评论意见》（Commentary on Education under the Framework Convention for the Protection of National Minorities）；2008年2月27日通过的《关于参与权的评论意见》（The Effective Participation of Persons Belonging to National Minorities in Cultural, Social and Economic Life and in Public Affairs）；2006年3月2日通过的《关于语言权的评论》（The Language Rights of Persons belonging to National Minorities under the Framework Convention）。

② 彭锡华：《联合国人权公约缔约国报告制度述评》，载《武汉大学学报（哲学社会科学版）》2007年第3期。

外国少数人权利保障制度研究

相互交流在国内实施少数民族保护的具体经验，从而加深对公约的理解并逐步推动欧洲区域内对少数民族权利及其保护的理解和适用；另一方面，监督执行机构也能够更加综合和全面地掌握欧洲区域内保护少数民族的状况，为区域内建立更加完善的少数民族保护体系打下基础。

2. 监督执行机制比较灵活

公约的监督执行机制相对更加灵活，这种灵活性体现在：作为一个开放的规范体系，由于公约条款的原则性和不受详尽的组织文件规定的约束，一方面，咨询委员会的专家在提出审查意见时，不是静态地、机械地解释公约条款，而是能够根据公约原则性的特点，把变化了的社会、道义和政治信念考虑进去，使得咨询委员会的意见更加实际，更具有操作性，也使得公约更加适应环境的变化 [①]；另一方面，承担具体监督执行工作的咨询委员会也能够根据实际情况的变化对其工作程序不断作出调整，迅速、灵活地运用自己的工作方法，克服自身的缺陷且只需征得部长委员会的同意，而不需要通过复杂的条约修改程序修改公约文本。因此，在传统的缔约国报告制度下，咨询委员会还在借鉴其他监督执行机构经验的基础上发展了如发表专题性意见、走访缔约国、无报告下审议、后续对话等新的程序，使得公约的监督执行机制更具有活力。特别是无报告审议形式的出现和后续行动程序的加强，使得缔约国报告制度温和的专家建议性质多了几分"内刚"和几丝"尖锐"，增加了对报告国的政治、舆论和道义压力 [②]。

公约的监督执行机制的灵活性还体现在，咨询委员会善于借助其他机构组织的配合提升工作效率和质量。多数情形下，缔约国同时承担着其他区域和国际人权义务。实践中，不同监督机构在某些方面存在着交叉和信息共享的情形。有鉴于此，咨询委员会从建立之初就注重与国际、区域条约机构的合作。例如，为了减轻缔约国的负担，提高报告制度的效率，咨询委员会在第四轮监督开始之后与欧洲反对种族歧视和不容忍委员会（Council of Europe's European Commission against Racism and Intolerance，简称 ECRI）开展了两次合作，于2014年11月对爱沙尼亚和2015年对格鲁吉亚进行联合访问，两个机构都派出了自己的代表并在访问之后分别按照正

① 焦传凯：《后冷战时期欧洲少数民族保护机制的特点及不足》，载《西南民族大学学报（人文社会科学版）》2011年第4期。

② 尹生：《核心国际人权条约缔约国报告制度：困境与出路》，载《中国法学》2015年第3期。

常程序通过了自己的调查结果 ① 。这种不同监督机构的协同作用，使得爱沙尼亚和格鲁吉亚当局和社会组织代表能够在一次访问中解决与 ECRI 和公约相关的问题，提高了监督执行工作的效率和一致性，减少了监测的疲劳感。

二、监督执行机制的运作及其监测效果评估

（一）监督执行机构的运作

1.缔约国提交报告

根据规定，公约生效后一年内，缔约国提交初次报告 ② ，此后每五年提交一次报告 ③ 。

为了方便并规范缔约国提交报告，部长委员会在一轮监督执行周期开始前，以报告指导大纲的形式指导缔约国编写报告。指导大纲根据监督执行情况的实际变化进行调整，侧重于反映对上一轮监督执行结果的履行情况与回复咨询委员会的具体问题，尽量避免增加缔约国的报告负担义务 ④ 。

除了参考指导大纲，咨询委员会还鼓励缔约国政府在编写报告时积极邀请少数民族代表、非政府组织以及其他独立的组织机构参与起草。咨询委员会的专题意见对公约的实质性条款加以解释，也能为缔约国编写报告提供指导。但是，实践中如果缔约国的报告不符合报告大纲准则或者没有非政府组织的参与等，咨询委员会通常只会表示遗憾，一般情况下不会以此为由拒绝接收该报告。

此外，如果某个缔约国所提供的资料不足或者没有述及委员会关注的问题，以致咨询委员会不可能对该国履约情况进行有意义的评估时，根据

① Tenth Activity Report, Advisory Committee on the Framework Convention for the Protection of National Minorities, Council of Europe, 28 September 2016, p.25.

② Article 25 of the Framework Convention for the Protection of National Minorities, ETS No.157, Treaty Office, Council of Europe, 1 February 1995.

③ Article 21 Rules on the Monitoring Arrangements under Articles 24 to 26 of the Framework Convention for the Protection of National Minorities, Resolution（97）10,Committee of Ministers, Council of Europe, 17 September 1997.

④ 2013年5月30日，部长委员会通过了第四轮监督报告的指导大纲，根据该指导大纲，第四轮缔约国报告应主要包括四个部分：第一部分主要是缔约国为了继续执行公约、提升社会组织参与，保持与咨询委员会的对话的实践；第二部分要求提供信息说明为解决第三轮监督执行中确认的须立即采取措施的问题（to address the issues for immediate action）所采取的措施以及第三轮监督之后，缔约国对任何突出问题的评估；第三部分通过逐条提供信息的形式说明相关进展，尤其是关于执行第三轮监督执行中部长委员会提出的关于采取行动的进一步建议的措施；第四部分作为与咨询委员会保持对话的一部分，邀请缔约国回答根据该国情况所提出的具体问题。来自：Outline for Reports to be Submitted Pursuant to Article 25 Paragraph 1 of the Framework Convention for the Protection of National Minorities, ACFC/III（2013）001, Advisory Committee on the Framework Convention for the Protection of National Minorities, Council of Europe, 30 April 2013.

（97）10号决议第35条的规定，经咨询委员会提议，部长委员会可要求该缔约国提供特殊报告（Ad hoc reports）[①]。

虽然有上述明确的报告计划和时间安排，仍有很多缔约国迟延递交报告。为此，咨询委员会采取了多种解决措施[②]，仍不能遏制这一现象。2003年3月19日第832次部长委员会决定，若某一缔约国的报告延迟递交的时间超过24个月，即授权咨询委员会在提交一份事先未收到该缔约国报告的提议后对该国展开监督程序，与此同时，该国应提交关于迟延提交报告的原因说明[③]。该规定的效果是一些国家随后都在咨询委员会到访之前补交了报告，从而在一定程度上避免了缔约国通过延迟递交或者不递交报告逃避任何形式的监督[④]。

缔约国报告交给欧洲理事会秘书处后，欧洲理事会秘书处随即将其交给部长委员会，再由部长委员会交给咨询委员会[⑤]。之后欧洲理事会在网站上公开报告，相关缔约国也可以选择在更早的时候将报告内容予以

[①] 鉴于该程序只有特殊情况下才能启动，咨询委员会认为有必要设立一道前置程序，使得咨询委员会能够获得足够的信息来进行评估，从而决定是否提请部长委员会考虑要求相关缔约国提交特殊报告，尤其是在该发展与咨询委员会访问该国或者其他常规程序中所获得的信息不符的情况下。基于此背景，咨询委员会在2005年11月的委员会议上同意在提请特殊报告前应当通过"特殊联系"（Ad—hoc contact procedure）程序，即：只有当咨询委员会从可靠的信息来源处获得关于某一缔约国正在发生令人不安，严重影响到少数民族保护且非个例的信息情况下才可已建立特殊联系；若该信息无法迅即通过后续对话或者监督执行中的其他可对话阶段予以澄清，咨询委员会主席团在咨询过国别小组和相关少数民族成员后作出是否由咨询委员会主席向该国发出信函要求该国对有关问题予以澄清；在其随后的全体会议上，咨询委员会主席团告知相关缔约国与咨询委员会特殊来往的通信内容，并建议是否在已经掌握的信息的基础上向部长委员会提议要求相关缔约国提交特殊报告；考虑到特殊联系只具有初步调查的性质，其本身可能并不能让咨询委员会得出任何结论，因此，相关通信应当保密，除非相关缔约国同意将交流的实质内容公之于众目前特殊报告程序还从未被援引过，特殊报告的结构和内容也有待明确。See Fifth Activity Report, ACFC/INF（2006）001, Advisory Committee on the Framework Convention for the Protection of National Minorities,Council of Europe, 13 December 2006, para.29.

[②] 如果拖延时间不长，咨询委员会秘书处会在会议期间将未递交报告的缔约国报告给咨询委员会，咨询委员会主席之后会通知该国在欧洲理事会的常驻代表，提请该国注意提交报告的最后期限。如果迟延现象严重，咨询委员会主席则报告给欧洲理事会部长代表委员会主席，由他来决定采取何种行动。See First Activity Report, ACFC/INF（99）1def, Advisory Committee on the Framework Convention for the Protection of National Minorities, Council of Europe, 15 September 1999, para.28.

[③] Framework Convention for the Protection of National Minorities—Failure to Comply with the Reporting Obligation, CM/Del/Dec（2003）832/4.2, Committee of Ministers, Council of Europe, 19 March 2003.

[④] 利用这一规定，咨询委员会获得在2003年9月3日对波黑展开监督工作的授权，2009年9月27日部长委员会又授权咨询委员会对超过规定期限提交报告的英国和塞浦路斯展开监督，这些国家随后都在咨询委员会到访之前补交了报告。

[⑤] Rules on the Monitoring Arrangements under Articles 24 to 26 of the Framework Convention for the Protection of National Minorities, Resolution（97）10, Committee of Ministers, Council of Europe, 17 September 1997, paras.20, 22.

公开。

2. 咨询委员会对缔约国的监督

咨询委员会通常会在收到报告之后三个月内开始具体的监督工作，包括审查报告、走访缔约国、制定咨询委员会意见，具体程序如下：

首先，国别小组通过召开小组会议审查提交的报告，重点审查报告中关于该国保护少数民族的立法和实践信息。审查报告时，除了缔约国政府提供的报告和相关缔约国对具体问题的回复，咨询委员会还可以获取来自非政府组织的"替代性报告"（shadow reports），民间社会等其他机构或者团体提供的信息，以及与《欧洲区域或少数民族语言宪章》（European Charter for Regional or Minority Languages, 以下简称 ECRML）的专家委员会和欧洲理事会的其他相关专家机构进行合作并交流信息[①]。此外，国别小组还会参考如欧安组织、欧盟、联合国等区域和国际组织的信息材料。

其次，国别小组在必要时对缔约国进行访问。该实践源于（97）10号决议第32条规定，即"咨询委员会可以在缔约国的要求下与该国举行会议以获取更多信息"[②]。在咨询委员会的推动下，第一轮监督执行结束以后，由国别小组访问缔约国就已经成为了公约监督执行程序中不可或缺的重要环节，并在2003年4月8日第835次部长代表委员会议上获得在第二轮报告周期，以及随后周期期间对缔约国进行访问时与非政府组织和其他独立机构举行会议的授权[③]。出于精简工作和预算考虑，咨询委员会将访问团的人数从4名减少到3名。实践中，为了获取更加有价值的信息，国别小组在缔约国的支持下逐渐将访问的地点扩展到一国首都和中心城市之外其他民

---

① Article 39 of Rules of procedure of the Advisory Committee on the Framework Convention for the Protection of National Minorities, ACFC/INF（1998）002, Advisory Committee on the Framework Convention for the Protection of National Minorities, Council of Europe, 16 December 1998.

② 1999年2月16日，芬兰政府在提交初次报告后向咨询委员会发出邀请函，要求与咨询委员会举行会议并提议将会议的地点安排在芬兰本国。咨询委员会随后决定此次会议应当由芬兰的国别小组负责，并在与芬兰政府的商讨中决定会议于1999年8月23至24日举行。咨询委员会还根据（97）10号决议第32条向部长委员会提议，授权咨询委员会的工作小组在访问芬兰首都赫尔辛基的过程中与芬兰政府的专员（Ombudsman）、相关的非政府组织和其他独立的机构组织举行会谈，部长委员会随后在1999年第767次部长代表会议上通过了该授权。这次访问之后，咨询委员会又陆续收到匈牙利、丹麦、罗马尼亚、捷克共和国等国发出的邀请函，并对其展开了访问。来自：Second Activity Report, ACFC/INF（2000）1, Advisory Committee on the Framework Convention for the Protection of National Minorities, Council of Europe, 30 November 2000,paras.20, 21.

③ Framework Convention for the Protection of National Minorities—Renewal of Authorizations Granted to the Advisory Committee for the First Monitoring cycle, CM/Del/Dec（2003）835/4.3,Committee of Ministers, Council of Europe, 8 April 2003.

族聚居区 ^①。

最后，国别小组在完成上述审查和走访工作后两到三个星期之内着手拟定意见初稿。咨询委员会的意见是部长委员会制定最后结论与建议的基础，因此，咨询委员会在拟定意见时尽量确保意见结构合理，内容详尽、客观、准确，草案完成后交由咨询委员会全体会议审议修订后通过。之后以信函的形式交给相关缔约国政府和部长委员会。缔约国若是没有明确合理的反对公开的理由，咨询委员会的意见会在交给相关缔约国后四个月内自动公开 ^②，而收到意见的缔约国有权在四个月内针对相关意见作出评论，非政府组织、少数民族代表和其他相关方也可参与准备评论。

3. 部长委员会对缔约国执行情况作出决议

部长委员会接到咨询委员会的意见后，其下属的人权报告小组就开始进行准备工作，欧洲理事会秘书处则开始起草最后的结论与建议。

人权报告小组通过会议的形式对咨询委员会意见进行讨论，参与讨论的除了人权报告小组成员，还包括缔约国政府的代表和受邀参与讨论的咨询委员会的代表。一般沿用如下会议程序：首先由咨询委员会代表介绍意见内容并回答人权报告小组提出的相关问题，其次由缔约国代表对咨询委员会的意见发表评论。实际上，几乎所有缔约国代表都会发表评论，而这种评论就成为了缔约国与咨询委员会之间就访问该国之后对话的继续。除此之外，政府代表们也会表达他们对咨询委员会调查结果的不同意见。

考虑到欧洲理事会秘书处需要在此期间拟定结论和建议草案，报告小组在第一次会议上只会对咨询委员会的意见初步交换看法，其他问题则留待下次会议讨论或必要时向报告小组另外提供书面资料予以说明。

结论和建议草案出来后，报告小组对草案交换意见。在此期间，如缔约国代表表示不同意草案中的某些内容，认为草案有误，并表示要提出修订意见的话，主席团会让缔约国代表在下一次会议召开前尽快提交。如果分歧较大，主席团还可以组织代表团在下一次会议举行之前进行非正式的

---

① Second Activity Report, ACFC/INF（2000）1, Advisory Committee on the Framework Convention for the Protection of National Minorities, Council of Europe, 30 November 2000, para.20.

② Resolution Amending Resolution（97）10 on the Monitoring Arrangements under Articles 24—26 of the Framework Convention for the protection of National Minorities, CM/Res（2009）3, Committee of Ministers, Council of Europe,16 April 2009.

协商。如果缔约国代表团对结论和建议草案没有意见，报告小组则将草案提交到欧洲理事会部长代表会上进行投票表决。一般情况下，部长代表大会中三分之二的成员同意草案即告通过，而结论和建议一旦通过之后会立即公开。

严格意义上来说，部长委员会通过最后的结论和建议是公约一轮监督执行周期的最后一步。其最后的结论和建议通常以咨询委员会的意见为基础，包括对缔约国本轮监督执行情况的结论和必要时要求相关缔约国采取改进措施的建议。最后的结论和建议不具有法律拘束力，也没有制裁措施，但实践中对于处于调查之下的国家将形成政治压力。

4. 监督结果的后续对话（Follow—up Dialogue）

迄今为止，部长委员会在所有的最后的结论和建议中都要求缔约国与咨询委员会继续保持对话，定期向咨询委员会反映对监督结果的执行情况。因此，一个监督执行周期结束以后，通常会在缔约国的配合下举行一个1到2天的后续对话会议。咨询委员会的代表、少数民族代表、国家和地方当局、专家和民间社会组织的代表都能在后续对话中就咨询委员会的意见、部长委员会的建议和政府关于咨询委员会意见的书面评论开诚布公地陈述和讨论。后续对话会议虽然与监督执行的结果紧密相关，但是不属于正式的监督活动，需要缔约国予以配合。

（97）10号决议第36条还规定，咨询委员会可以在部长委员会的指示下参与关于部长委员会最后结论和建议的特殊后续行动 ①，而这种特殊的后续监督也成为紧急情况下保护少数民族成员的一种手段。

5. 非政府组织的监督

根据公约及其程序性规定 ②，非政府组织能够参与到公约监督执行过

---

① 该条款一直未实践过，直到2014年3月，在乌克兰当局的要求下，部长委员会指示咨询委员会按照上述规定对乌克兰的少数民族情况进行调查并尽快报告调查结果。咨询委员会随后于2014年3月21日至26日对乌克兰展开了特别调查，并在敖德萨、哈尔科夫和基辅召开会议。2014年咨询委员会会议通过了调查报告并立即交给部长委员会，部长委员会随后将报告公开。来自：Ninth Activity Report, Advisory Committee on the Framework Convention for the Protection of National Minorities, Council of Europe, 17 September 2014, pp.20,21.

② Article 17of the Framework Convention for the Protection of National Minorities, ETS No.157, Treaty Office, Council of Europe, 1 February 1995;

Article 30, 39 of Rules on the Monitoring Arrangements under Articles 24 to 26 of the Framework Convention for the Protection of National Minorities, Resolution（97）10, Committee of Ministers, Council of Europe, 17 September 1997.

程的不同阶段，在公约的监督执行机制中发挥着重要作用[1]，主要包括：

（1）参与政府报告的咨商。非政府组织在缔约国编写报告时参与咨商，尽管在第一轮监督执行中非政府组织的参与只是例外而非惯例，到了第二轮监督时，已经有许多缔约国邀请本国非政府组织参与报告的讨论。

（2）提交替代性报告或者补充信息。非政府组织也被邀请提交关于书面的替代性报告。从欧洲理事会网站上能够获取的信息来看，截止到2010年，不同的非政府组织共向咨询委员会提交了76份替代性报告，这些替代性报告成为咨询委员会评估缔约国履约情况时所依据的重要信息之一[2]。

此外，为了保证对话的连续性，对于非常重要的信息，非政府组织可不管相关缔约国处于监督执行的哪个阶段随时提供其他信息，而这些信息限于对立法、政策和实践的关键性变化的分析。

（3）参与访问缔约国会议和后续对话会议。除了向咨询委员会递交书面材料外，许多非政府组织也在咨询委员会国别小组访问该国之前或者期间对公约进行宣传，或借此机会与咨询委员会的国别小组任务负责人会面，参与会议讨论。而对于在监督执行结束后没有决定召开后续会议的缔约国，一些非政府组织和其他社会组织也会在国内层面开展后续行动，督促缔约国执行监督执行的结果。

（二）监督执行机制的监测效果评估

1.缔约国国内的监测效果

监督执行机构的意见和建议在缔约国国内起到了立法建议的作用，推动了缔约国对少数民族保护性的立法和非歧视性法律与实践的完善。例如，对于咨询委员会倡导的修订本国宪法中关于少数民族的定义或者增加保护少数民族的条款，2002年12月13日，克罗地亚在宪法中加入少数民族保护的条款[3]，塞尔维亚的新宪法中加入了少数民族保护的章节，爱沙尼亚、瑞士、爱尔兰也都明确的在其第二次国家报告中表示已经在原有的基础上放宽了

① The role of NGOs in the monitoring mechanism of the FCNM, Council of Europe, http://www.coe.int/en/web/minorities/role—des—ong, last visit 13 February 2017.

② State and NGO reports under FCNM, MINELRES, http://www.cilevics.eu/minelres/coe/statereports.htm, last visit at 13 February 2017.

③ Antonija Petričušić, "Constitutional Law on the Rights of National Minorities in the Republic of Croatia", European Yearbook of Minority Issues,Vol.2:No.3, 2002.

对少数民族群体范围的限制 ① 。另外，为了保护少数民族的语言权利，大多数公约的缔约国都根据部长委员会的建议对保护少数民族语言权利的法律条文作出了修订。例如，《波兰的民族、少数族裔以及区域语言法》（Act on National and Ethnic Minorities and on Regional Language in Poland）为适用少数民族语言提供了新的机遇，2009年瑞典的语言法改革则扩展了公约的适用范围 ② ，2007年瑞士通过的《联邦民族语言和语言群体之间的了解法》（Federal Law on National language and Comprehension between Linguistic Communities），毫无疑问在某种程度上受到了瑞士加入公约和 ECRML 的影响。此外，一国宪法法院在判决的说理阶段也会引用公约的内容 ③ 。在瑞士，公约甚至间接影响了瑞士联邦法院的判决。批准加入公约后，两个国家之间订立双边协定时甚至可以逐字逐句采用公约的条文 ④ 。

公约还促进了缔约国有关当局与少数民族代表之间的协商对话。例如，2008年波黑在议会中设立少数民族理事会（Council of National Minorities）就是考虑到参与相关法律和政策制定的少数民族逐渐增多这一现状 ⑤ 。在准备政府报告时以及咨询委员会访问缔约国的会议和监督执行之后的后续活动中，越来越多的缔约国政府重视邀请少数民族代表参与。

此外，咨询委员会的专家凭借其专业性和权威性制定了一系列的专题性意见对指导缔约国理解和履行公约，提升公众的少数民族保护意识起到

① Second Opinion on Estonia, ACFC/INF/OP/II（2005）001,Advisory Committee on the Framework Convention for the Protection of National Minorities, Council of Europe,22 July 2005, para.25;

Second Opinion on Switzerland, ACFC/OP/II（2008）002, Advisory Committee on the Framework Convention for the Protection of National Minorities, Council of Europe, 2 September 2008, paras24,28,32;

Second Opinion on Ireland, ACFC/OP/II（2006）007, Advisory Committee on the Framework Convention for the Protection of National Minorities, Council of Europe, 30 October 2006, paras24,26.

② Seventh Activity Report, ACFC/INF（2010）001, Advisory Committee on the Framework Convention for the Protection of National Minorities, Council of Europe, 28May 2010, p.15.

③ Francesco Palermo, "Domestic Enforcement and Direct Effect of the FCNM.", In: A. Verstichel et al., Framework Convention for the Protection of National Minorities: A Useful Pan—European Instrument?, Antwerp: IntersentiaPress,2008, pp.187—214.

④ Péter Kovács, International Law and Minority Protection: Rights of Minorities or Law of Minorities? Budapest: Akadémiai Kiadó Press, 2000, 105—107,110—115.

⑤ Seventh Activity Report, supra note 79, p.5.

了重要作用 ① 。

2. 区域和国际层面的监测效果

除了在缔约国层面取得显著的实效，公约及其监督执行机制也获得了区域和国际少数民族保护领域的认可，成为区域和国际少数民族保护领域的重要参考标准。

欧洲理事会议会大会（Parliamentary Assembly）称"公约在少数民族保护方面的作用不可替代"②，欧洲人权法院（European Court of Human Rights）在有关少数民族的判决中也越来越多的参考公约中少数民族权利保护标准和咨询委员会的调查结果 ③ 。

除欧洲理事会的机构外，其他区域性和国际机构也对公约在少数民族保护方面的作用表示认同。例如，欧安组织少数民族问题高级专员（High Commissioner on National Minorities of the CSCE）Rolf·Ekeus 认为，公约是他在解决所面临的少数民族问题时"最重要的文件"。咨询委员会在阐释少数民族保护标准方面的贡献引人注目。欧盟（European Union）虽然在少数民族保护方面没有自己的标准，但是经常借鉴欧洲理事会的专门知识 ④ ，尤其是重视欧洲理事会公约中原则的实施。1993年欧盟明确将少数民族保护问题作为中东欧国家入盟的"哥本哈根标准"（Copenhagen Criteria）之一，并依靠公约的规范性基础来衡量一国人权尤其是少数民族权利是否达标的政治标准。欧盟以法促民主委员会（European Commission for Democracy through Law）认为公约是缔约国必须承诺的少数民族保护的

---

① 例如在第四份专题意见《关于〈框架公约〉适用范围的评论》中，考虑到各国存在的实际差异，咨询委员会倡导缔约国根据具体情况决定公约各条款的适用范围（article—by—article approach）。咨询委员会认为公约第6条规定的反歧视条款应适用于所有人；第4条规定的平等权、第5条规定的文化权、第9条规定接触利用传媒的权利、第7条和第8条规定的结社和宗教自由、第10条第1款、第3款和第11条规定的第1款和第2款中涉及的语言权、第12条第3款和第14条第1款、第3款规定的教育权，以及第15条规定的参与权等有"广泛的适用范围"（a broad scope of application），包括适用于根据某些国家的规定不属于少数民族保护范围的人；第10条第2款规定的使用少数民族语言与行政当局交流的权利，第11条第3款规定的以少数民族语言展示标识、牌匾和其他公众可见的个人性质的信息的权利和第14条第2款规定的学习本民族语言的权利，由于有特定的财政资金和政策要求，可设定特定的适用范围（a specific scope of application）。

② Rights of National Minorities, PACE Recommendation 1492（2001）, Parliamentary Assembly of the Council of Europe, Council of Europe, 23 January 2001.

③ Cases of D.H. and others v. Czech Republic. Appl. No 32772/02, judgment, 13 November 2007, Grand Chamber, ECHR;

Cases of Seidic and Finci v. Bosnia and Herzegovina, Appl. Nos. 27996/06 and 34836/06, judgment, 22 December 2007, Grand Chamber, ECHR.

④ Frank Hoffmeister, "Monitoring Minority Rights in the Enlarged European Union", In: Gabriel N. Toggenburg（ed.）, Minority Protection and the Enlarged European Union: The Way Forward, Budapest: LGI Books, 2004, 85—106, at104.

最低标准 ① 。欧盟委员会（European Commission）也在其进展报告中参考部长委员会的建议和咨询委员会的意见 ② 。

国际方面，国际公约的监督机构经常在报告中参考公约或者咨询委员会的调查结果。2004年，联合国驻科索沃临时行政特派团（United Nations Interim Mission in Kosovo）与欧洲理事会达成协议，表示不仅接受公约的实质条款，驻科索沃特派团也得遵守公约中监督执行条款。此举也是联合国驻科索沃临时特派团第一次同意接受一个人权公约或者是少数民族保护公约的约束。

三、监督执行机制的不足及其完善

（一）监督执行机制的不足

1. 监督执行的方式单一

公约作为迄今为止为数不多的专门规定少数民族保护的区域性法律文件中最全面的一个公约，由于各方争议较大，只规定了缔约国报告这一种强制力相对较弱的监督执行方式。实践中，这种单一的监督执行方式也呈现出固有的一些缺陷。

首先，以缔约国提交报告这一基本措施作为保证缔约国遵行公约的手段使得缔约国的报告成为监督执行机构审查其履约情况最为重要的途径。但是，各项公约基本上都没有明确规定不提交或不按时提交此类报告所要承担的主要后果，公约亦是如此。实践中，从咨询委员会历年的活动报告中可得知缔约国拖延提交报告的现象严重，导致公约监督执行进程的中断，阻碍了监督的有效进行。至于报告的内容，当缔约国未作出进展或面临困难时，有些缔约国的报告就选择抽象概括、避重就轻，对法律条款的援引往往缺乏详细的事实说明和证据支持，不能从实际上展现出每个缔约国的实际履行情况，阻碍了报告作用的发挥。

---

① Rainer Hofmann, Erik Friberg, "The Enlarged EU and the Council of Europe: Transfer of Standards and the Quest for Future Cooperation in Minority Protection". In: Gabriel N. Toggenburg (ed.), Minority Protection and the Enlarged European Union: The Way Forward, Budapest: LGI Books, 2004, 125—147, at143—144.

② Regular report on Cyprus' progress towards accession 2001, SEC (2001) 1745, European Commission, European Union, 13 November2001, p.18;

Croatia 2005 Progress Report, SEC (2005) 1424, European Commission, European Union, 9 November 2005, p.21, "As regards the use of the Serbian language and script in schools, according to a recent Council of Europe report there is a degree of legal uncertainty in the Croatian legislation concerning the conditions and procedures for the implementation of educational models envisaged in the Croatian Law on Education in Languages and Scripts of National Minorities."

其次，虽然实践中在咨询委员会的提议下，部长委员通过了一些增强监督力度的措施，如到有关缔约国进行访问以及无报告下审议等，从而使公约的报告制度与其他公约的报告制度相比显得更具活力。但这些措施的实际效果大多有赖于有关缔约国对这些做法的认可与配合程度，因而带有难以避免的局限性。例如，对缔约国进行访问的程序只能在有关国家发出邀请的基础上进行，尽管现实中，多数国家对此举予以配合，但仍然有国家延迟向咨询委员会发出邀请或者未向咨询委员发出邀请，实践中，延迟6个月才发出邀请的现象并不少见。而对于新出现的在没有缔约国报告的情形下对缔约国开始监督程序，奥地利国际法与国际关系研究所研究员Cartrin Pekari 认为，此举看似比直接提醒更有效，然而其实际效果值得怀疑。尤其是有缔约国难以接受这种监督执行的结果的局面出现，更不用说去执行这种他们根本没有参与过的监督结果 [①]。

最后，部长委员会的结论和建议政治意味很重，对于那些提交报告迟延、报告内容空洞的缔约国，部长委员会也不能强制其履行报告义务或执行其结论和建议，体现了公约"软法"的性质 [②]。目前为止，对公约的监督执行，更大程度上依赖舆论和道德的压力，用道义代替司法的强制力。

由于只规定了缔约国报告这一监督执行方式，当该机制由于本身的局限性而影响到公约的监督执行时，没有其他方式予以补充或者加强。

2. 咨询委员会的作用有限

人权条约一般都对监督机构的设立、组成、职能、工作方法直接做出规定，而公约只作出了总体规定，将监督缔约国遵守条约义务的职责赋予了部长委员会，部长委员会拥有最终决定权，咨询委员会只是监督执行框架公约的一个协助机构。

从前文中可以看出，对缔约国履约情况的审查和评估工作主要由咨询委员会完成。虽然咨询委员会与其他人权条约机构的运作方式大致相同，但实际上它并不是严格意义上的条约机构。与其他条约机构相比，咨询委员会有两点明显的不同：其一，虽然咨询委员会的委员人选与其他条约机构一样由缔约国提名，但其他条约机构的正式委员由缔约国选举产生，而

---

① Catrin Pekari, "Review of the Monitoring Process of the Council of Europe Framework Convention for the Protection of National Minorities", European Yearbook of Minority, Vol.3:No. 4, 2003.

② Emma Lantschner, "Standard—Setting in the Field of Minority Rights: From Soft Jurisprudence to Hard Law?", The International Journal of Diversity in Organizations, Communities and Nations,Vol.8:No. 6 , 2009.

咨询委员会的正式委员由部长委员会任命产生；其二，咨询委员会的权力来自部长委员会的授权，而不是条约本身的规定。作为一个专家机构，咨询委员会强调其工作的独立性，即不需要向任何政府负责。而根据公约的规定，咨询委员会只是部长委员会监督公约执行的协助机构，其人员任免、资金划拨、重大事项的决策均需要由各缔约国外交部长所组成的部长委员会的通过，部长委员会可以据此对咨询委员会进行政治控制，其独立性和中立性值得怀疑。

此外，承担大量监督执行工作的咨询委员会已经多次在其活动报告中反映其面临的秘书人员和资源短缺问题，这些问题，阻碍了其监督执行活动的有效进行。

首先，由于预算有限，咨询委员会已经将每年召开五至六次全体会议减少到三次，而将节省下来的资金投入到对缔约国进行访问和其他一些新增加的活动中。

其次，人力资源的短缺也一直阻碍咨询委员会提升运作效率。由于咨询委员会的委员都是有其各自职责的专家，除了咨询委员会的事务外还有其他事务需要处理，工作时间有限。因此，咨询委员会的大量准备工作需要秘书处完成，而且，自公约生效以来，后续不断有新的国家加入，截止到目前，缔约国数目已达39个。与此同时，咨询委员会还发展了如走访缔约国、后续对话会议等新的工作程序，工作量大大增加，秘书资源却没有得到相应的增加。2011年10月10日，部长委员会作出改革，将公约秘书处置于民主总局（Directorate General of Democracy）中新成立的反种族歧视与社会融合部（Anti—Discrimination and Social Cohesion Department）。此举在少数民族代表和独立的专家间引起了轰动，认为这一改革与公约的主要依据，即公约第1条所规定的"少数民族保护属于人权保护的一部分"不一致。咨询委员会则一贯认为，保护少数民族不仅仅是使他们不受到"歧视"，公约中所包含的容忍、凝聚力和尊重多样性的原则已经超越了单纯的民主价值观 [①] 。虽然部长委员会认为此举是为了加强不同监督执行机关的配合，提升监督执行的效率，但实际上对于承担大量监督执行工作，需要秘书处密切配合的咨询委员会并未起到提高效率的作用，这一点从后来咨询委员会的活动报告中可以看出来。

---

① Ninth Activity Report, Advisory Committee on the Framework Convention for the Protection of National Minorities, Council of Europe, 17 September 2014, p.35..

最后，对于监督执行过程出现的很多问题，咨询委员会只能表示"关注""遗憾"，或者提请部长委员会注意，而不能采取任何强制性措施。由此可见，咨询委员会作为专家机构在公约的监督执行机制中所能起到的作用有限。

3. 其他方面的不足

公约监督执行机制其他方面的不足还包括公约是一个必须依赖于国家批准或加入才具有拘束力的文件，至今，公约的缔约国为39个，而在公约生效后不久，基于欧盟扩大化的特殊背景，大批的中东欧国家加入了公约，并对少数民族保护作出了承诺。但是，欧盟在少数民族尤其是罗姆人权利保护问题上对新成员入盟设定的相关标准远远高于法国与意大利等老成员国，这一"双重标准"的存在引起一些新加入国家的不满。成功加入欧盟后，一些学者对这些新加入的国家能否按照承诺的标准遵守公约的规定表示怀疑，认为公约的影响力会逐渐被削弱。尤其是在近几年经济危机的背景下，一些缔约国已经减少了在少数民族保护上的资源和资金投入。另外，欧洲理事会的成员国比利时、希腊、冰岛、卢森堡已经签署但未通过，安道尔、法国、摩洛哥、土耳其则既未签署亦未通过，公约的影响力仍然有限。

虽然咨询委员会反复强调非政府组织参与监督的重要性，并鼓励缔约国积极邀请非政府组织、少数民族代表和其他社会组织参与包括报告的起草、访问缔约国的会议和后续对话等活动，实践中，一些国家却怠于举行类似的咨商。据一些非政府组织反映，他们虽然受邀参加报告制定的讨论和起草，不过有时候这种咨商并不充分，其提出的意见也未在报告中得到系统体现。有些情况下，所谓的非政府参与甚至只是某些缔约国政府宣传的噱头。

其他问题还有，虽然咨询委员会反复强调咨询委员会的意见和部长委员会的结论和建议应当翻译成官方语言之外的其他少数民族语言，以提升公约的知名度和监督执行的透明度。然而，多数情况下，上述文本只被翻译成了相应的官方语言。监督执行结束后针对监督结果所举行的后续活动的形式过于单一，而关于其他类型的后续活动的提议在实践中却未有进展。

（二）监督执行机制的完善

公约是世界上第一个将少数民族权利作为人权保护一部分的区域性

多边条约，也是迄今为止少数民族权利保护领域最全面的国际标准。虽然由于欧洲理事会成员国之间的意见分歧，公约及其建立的监督执行机制存在众多妥协和不足之处，不能尽如人意，但却是当时条件下能够得到的最好结果，是区域和国际少数民族保护事业的巨大进步。自生效以来，公约也凭借其灵活的监督执行机制不断进行调整，客服了本身的一些不足。尽管如此，公约的监督执行机制仍然有许多地方需要完善和改革。但是，改革和完善的前提和基础是既不能否定这种监督执行措施在少数民族保护方面的效力，也不得试图强化其"强制性"，而应当首先着眼于现有机制中仍存在的问题，在此基础上逐步建立全方位的、多元化的监督执行机制。

针对咨询委员会作用有限，独立性和中立性受限的特点，笔者认为要顺利执行公约，真正发挥缔约国报告这种监督执行机制的优势，需要一个更加独立的、有足够资源履行其职责的咨询委员会。作为一个专家机构，其职责不应仅仅是"协助"部长委员会得出最后的结论和建议，而是通过专家机构系统、全面地审查和调查从而得出权威的意见供缔约国交流和协调。因此，在将来的发展中，应当逐渐减少部长委员会对咨询委员会人、财、物的干涉并为其顺利开展监督执行工作提供便利。鉴于某些缔约国忽视非政府组织在公约监督执行中的作用以及某些非政府组织在参与时所面临的语言、机构设置和资金的不足，咨询委员会一方面可以效仿其他国际人权公约的监督执行机构，在审议缔约国报告时直接邀请非政府代表参与讨论，另一方面可以和其他非政府组织合作，编制一套权威的关于"关于非政府组织、少数民族代表参与监督执行过程的优秀事迹汇编"，用以指导非政府组织的参与并在适当的时候予以援助。鉴于某些缔约国履行不力的现象，部长委员会在其最后的结论时应侧重监督法律义务的履行和揭露其不力行为，强化对其政治压力。其他完善建议还有，鼓励还未加入公约的欧洲理事会的成员国和已经签署公约但还未通过的国家正式通过该公约，并邀请更多的非欧洲理事会成员国加入，从而进一步扩大公约的影响力。具体的措施有通过部长委员会和咨询委员会与这些国家的常驻代表进行磋商，通过这些国家的非政府组织、保护少数民族团体等向政府施加压力，扩大公约在这些国家尤其是少数民族中的知名度等。其他完善建议还有，通过新的修订决议将后续对话列入正式的监督执行程序中并确保有足够的资源投入保障其顺利进行，发展新的后续活动以保证咨询委员会与缔约国之间保持持续的沟通。缔约国在少数民族立法和完善相关法律时可以求助于咨询委员会的指导和协助，咨询委员会在尊重该国主权的前提下为该国提供专业的指导意见。

另外，公约作为少数民族保护领域第一部具有法律拘束力的公约，以缔约国报告制度为主的监督执行机制因其本身局限性不能很好地体现该特点。因此，意欲真正体现公约的法律拘束力，增强监督执行机制的强制力，笔者认为应该跳脱出缔约国报告制度这一单一的监督执行制度，建立更加全面的监督执行机制。这一点，同是欧洲理事会下的《欧洲人权公约》几经改革所建立起来的人权法院和个人申诉的监督执行机制可以成为公约将来的发展方向。通过缔约国报告制度的铺垫，循序渐进，逐步建立起全方位的少数民族保护的监督执行机制。

结　语

任何改革都不可能一蹴而就，保护少数民族权利是一个复杂且渐进的过程。它不能超越国际人权法的发展阶段，也不能忽视各国国情不同和利益冲突的现实。相反，它应该着眼于总体的有效性和未来的发展，在对话与合作的基础上，促进区域内国家在少数民族保护理念和价值判断上的趋同，从而建立更加具有强制性的监督执行机制，最终从整体上提高少数民族保护监督执行机制的效力。从这个角度来说，公约及其建立的监督执行机制已经为区域内大环境的改善起到了很好的作用。但是，无论建立怎样的监督执行机制，其执行效果仍取决于国内和国际两个层面的因素。诚如公约所言，"实现一个容忍、繁荣的欧洲不仅仅依靠国家之间的合作，还需要地方、区域当局之间跨地区的合作"[1]。随着欧洲区域内少数民族保护意识的日益提高，公约凭借其灵活的规范特点，必将不断完善和发展其监督执行机制，与欧洲区域内其他保护少数民族的机制相互配合，在区域和国际少数民族保护方面发挥更加重要的作用。

---

[1]　夏敬革、尹航：《欧洲理事会〈保护少民族框架公约〉》，载《世界民族》1995年第2期。

"土著民族"的定义及其认定

潘红祥　任　纳

摘要：从20世纪70年代起，"土著民族"逐渐从国际法、国际政治中一个无足轻重的表述，变成一个相当重要的概念，并得到2007年《联合国土著民族权利宣言》的正式承认。"土著民族"是"peoples"中一个特殊种类，与其他所有民族平等。尽管在起草《联合国土著民族权利宣言》中，就是否需要对"土著民族"进行定义产生巨大争论，但最终文本还是放弃对"土著民族"进行定义。此举被视为对"土著民族"的"自我认同"原则的日益尊重。虽然《联合国土著民族权利宣言》未能给出一个被广泛接受的"土著民族"定义，但为了便于实践，还是确定了一套对土著民族进行识别的标准：既明确土著民族"自我认同"这一主观标准，又规定了一些便于实际操作的客观标准。

关键词：民族　土著民族　《联合国土著民族权利宣言》

作者简介：潘红祥，男，汉族，湖北省天门市人，法学博士，国家民委人文社科重点研究基地中南民族大学民族法制研究中心教授，博士生导师，主要研究方向：民族区域自治制度和少数人权利。

任纳，女，汉族，湖北省大悟县人，中南民族大学法学院2015级硕士研究生，主要研究少数人权利。

从20世纪70年代起，"土著民族"逐渐从国际法、国际政治中一个无足轻重的表述，变成一个相当重要的概念。土著民族权利在不同国际机构中均得到逐渐发展，其中2007年《联合国土著民族权利宣言》（United Nations Declaration on the Rights of Indigenous Peoples）（下文简称"2007年《宣言》"）被视为第一次在国际法上对土著民族权利进行正式的全球性确认[①]。在2007年《宣言》通过后，国外学者掀起了研究这一问题的新热潮。

[①] See Jérémie Gilbert, Indigenous Rights in the Making: The United Nations Declaration on the Rights of Indigenous Peoples, International Journal on Minority and Group Right, Vol.14, 2007, pp.212,230.

就国内而言，目前对于这一问题仅有少数学者予以研究。故本文仅就"土著民族"的定义及其认定问题作一综述，以作引玉之砖。

一、与"民族"有关的概念

在谈及"土著民族"前，需要先对其基础概念"民族"进行一定的阐释。"民族"不是在中国特定的社会历史文化环境中所形成的，而是一个由外部传入的概念[①]。而最初的引入者并没有直接从这一概念的源头——西方着手，而是间接通过日本学者对西方相关著作的译本[②]。近代以来，中国学者不断引入来自不同文明传统、社会条件和政治背景的"民族"理论，但是这些外来理论彼此相互冲突，使得中国学者缺乏统一的理论基础，甚至内部的对话也十分困难。近百年来，中国学者一直在如何理解和应用这些外来概念的讨论中挣扎和苦思[③]。这就造成了现在的一种局面：一方面不断地使用"民族"这个概念；另一方面尚未弄清其定义和内涵。也正是由于这一局面，中国6所国家民委直属民族高校中的5所的英文名称对于"民族"一词，没有再使用以往的"Nationalities"，取而代之的则是汉语拼音"Minzu"[④]。之所以这样，作者认为主要原因在于，中文中的"民族"被学者们在不同语境下使用，被赋予太多的内涵，而英文里没一个词语能够对应中文的"民族"。相较于中文的"民族"包罗万象，在英文中则需要用一系列词汇来分别表述"民族"的具体内涵，本文将它们统称为"与'民族'有关的概念"。通过对英文中的这些概念的介绍，我们可以对"民族"的内涵有一个较为全面的了解。由于作者对于英文中的这些概念尚无恰当的中文翻译，因此在下文直接使用英文进行表述。

（一）Nation

在《布莱克法律词典》中，"nation"是指"拥有共同的起源、历史、传统，并通常构成一个政治实体的一大群人"[⑤]。而在《加纳法律用语字典》中，"nation"则是指居住在确定的领土上的一群人，他们效忠于对群

[①] 周平：《中国民族构建的二重结构》，载《思想战线》2017年第1期。

[②] 杨思机：《"少数民族"概念的产生与早期演变——从1905年到1937年》，载《民族研究》2011年第3期。

[③] 马戎：《中国的民族问题与20世纪50年代的"民族识别"》，载《西北民族研究》2012年第3期。

[④] 截止2017年8月20日，中央民族大学的英文名为"Minzu University of China"，西南民族大学的英文名为"Southwest Minzu University"，西北民族大学的英文名为"Northwest Minzu University"，北方民族大学的英文名为"North Minzu University"，大连民族大学的英文名为"Dalian Minzu University"，中南民族大学的英文名为"South—Central University for Nationalities"。

[⑤] Bryan A. Garner, editor in chief, Black's Law Dictionary, Ninth Edition, West Publishing Group, 2009, p.1121.

体中每一个体直接行使管辖权的单一政府①。事实上，"nation"的内涵，经历了一段相当长的演变过程。起初，"nation"主要是指自然的起源和血统，通常与"氏族和民族"（gens and populus）相关联，甚至与"文明的政治和法律共同体"（a civilized political and legal community）这一概念相对立。由此可见，最初的"nation"不具有政治和法律意义。在15世纪末，"nation"开始被引入政治和公法领域，用来具体表示国王所领导的政治机关。在18世纪，随着法国大革命的爆发，出现一种新的观点，即引导"nation"对其所在"state"（国家）的认同②。至此，一种通过实现"nation"对"state"的认同，来实现二者相统一的国家制度体系逐步形成，从而确立了一种新的国家形态，即"民族国家"（nation—state）③。正是由于"nation"与"state"之间这种密切关系，国内学者也将"nation"翻译为"国族"④。事实上，梁启超在将"民族"概念引入中国时，更多也是将其作为"nation"进行理解，所以有学者考证认为，可能是梁启超率先使用"中华民族"一词⑤。因此，现在的"nation"作为一个与"state"相重合的概念，主要是指已经完成国家建构的"民族"。

（二）Nationality

"nationality"通常对应中文中的"国籍"，其在"民族"方面的含义是指：具有相同种族、起源和语言等共同特征的一群人，通常是作为"nation"构成部分的族群（ethnic group）⑥。当我们用"nationality"来对应"民族"时，"一般是指被特定国家接纳和认可，或被国家宪法确认为人口构成部分的具有同一种族、血缘和语言，且其每个成员被赋予该国国籍或宪法意义上的公民身份的族群"⑦。由此可见，"nationality"通常是在宪法语境下，指代所有作为"nation"组成部分的族群。正是基于此，在原先中国大陆的民族院校的英文名称中均用"nationality"来对应"民族"。

---

① Bryan A. Garner, Garner's Dictionary of Legal Usage, Third Edition, Oxford University Press, 2011, p.596.

② See Armin von Bogdandy, Stefan Häußler, Nations, Max Planck Encyclopedia of Public International Law, October 2008, para.3.

③ 周平：《多民族国家的国家认同问题分析》，载《政治学研究》2013年第1期。

④ 周平：《民族国家认同构建的逻辑》，载《政治学研究》2017年第2期。

⑤ 黄兴涛：《现代"中华民族"观念形成的历史考察——兼论辛亥革命与中华民族认同之关系》，载《浙江社会科学》2002年第1期。

⑥ 《牛津高级英汉双解词典》，商务印书馆、牛津大学出版社2002年版，第979页；《朗文现代英汉双解词典》，现代出版社、朗文出版社（远东）有限公司1988年版，第927页。

⑦ 廖敏文：《为了一个和而不同的世界——〈联合国土著民族权利宣言〉研究》，中国政法大学出版社2009年版，第23页。

（三）Ethnic

由于"ethnic"是形容词，通常需要在同其他词组合成词组后，方能对应"民族"。这些词组中最为常见的就是"ethnic group"，一般是指在一个更大的共同体（a larger community）中占据少数或支配地位的群体（a minority or dominant group），这个群体拥有自己长期的共同历史和文化传统，以及共同的地理起源、语言和文学[①]。可见，"ethnic group"更多是以人们是否具有共同的文化特征作为划分标准。对于"ethnic group"，现在学者通常将其翻译为"族群"。"ethnic group"已经成为学界重点关注的概念，甚至有学者在反思20世纪50年代中国大陆的"民族识别工作"时，认为若当时按照西方"族群"概念的指导思路，那么今天中国的族群关系问题将是另一种局面[②]。值得注意的是，"ethnic"还得到部分国家机关的使用，例如，"国家民族事务委员会"的英文名称——"State Ethnic Affairs Commission of the People's Republic of China"，以及"中央民族干部学院"的英文名称——"the Central Institute of Ethnic Administrators"[③]。

（四）People

将"people"与中文"民族"相对应，主要出现在国际法上。例如，早在《国际联盟盟约》的序言中，"organized peoples"就被翻译为"有组织之民族"[④]。同样，作为国际法上一项基本原则——"the right of peoples to self—determination"被翻译为"民族自决权"。实际上，在国际人权法中，用"people"来表示"民族"，是一件常见的事情。但是与前文所提及的"nation""nationality""ethnic"相比，"people"又具有特殊性。在实践中，前面三个概念主要面临在具体语境下如何与中文"民族"相对应的问题，关于其自身的定义，争议并不大。而关于"people"不仅要处理在何种语境下方能与"民族"相对应的问题，更为重要的是一个先决问题尚未处理——即便在英文中，目前尚无一个明确的定义。

"people"之所以在国际法上尚未被定义，是由于这一概念的定义与敏感的政治和法律因素密切联系，特别是涉及"自决权"这一基本问

---

① L.B.科尔森：《朗文法律词典》（第6版），法律出版社2003年版，第160页。
② 马戎：《中国的民族问题与20世纪50年代的"民族识别"》，载《西北民族研究》2012年第3期。
③ 具体参见国家民族事务委员会官网：http://www.seac.gov.cn/。
④ 许光建主编：《联合国宪章诠释》，山西教育出版社1999年版，第726页。

题 [①]。正如"防止歧视及保护少数小组委员会（the Sub—Commission on Prevention of Discrimination and Protection of Minorities）" [②] 特别报告员——AureliuCristescu 所指出的，对"people"进行精确定义是困难的，因为识别一个可以适用自决原则的"people"，可能会产生复杂的问题。诸多的解释及其造成的不确定性，很多时候会使得"自决权"成为一种损害国家领土完整和政治统一的武器。如果对"people"不当解读，只要任何一个群体认为其拥有一项建立自己国家的立即和绝对的权利，自决权将会导致鼓励独立国家领土内的分离运动。没有国家会认为自己可以免于此危险，即便是那些族群最具同质性的国家也不例外 [①]。

虽然无法对"people"进行定义，但是学者们仍尝试从不同角度对其进行描述。例如，AureliuCristescu 认为在考虑一个实体是否构成"people"的具体情形下，有必要考虑以下因素：（1）"people"表示一个具有明确认同和自身特点的社会实体；（2）暗含与领土（territory）的关系，即便"people"曾被从领土上非法驱逐，并人为地被其他居民所取代；（3）不应当将"people"与《公民权利和政治权利国际公约》所承认的族群、宗教和语言上的少数人（ethnic, religious or linguistic minorities）相混淆 [④]。

Michael Kirby 也指出，"people"可能具有一些普遍特征：第一，是指一群人类个体，这群人具有以下部分或全部共同特点：（1）共同的历史传统；（2）种族或族群认同；（3）文化同质性；（4）语言统一；（5）宗教或意识形态上的类同；（6）地域上的联系；（7）共同的经济生活。第二，这一个群体必须拥有一定数量，未必要数量庞大，但远不止一个国家内个人的联合。第三，这个群体必须有意愿被识别为一个"people"或者拥有成为一个"people"的意识。允许这些群体内的小群体或部分成员，虽然拥有上述特征，但不具有被识别为一个"people"的意愿或成为一个"people"

<hr/>

① John B. Henriksen, Implementation of the Right of Self—Determination of Indigenous Peoples within the Framework of Human Security, International Conference on Indigenous Peoples' Self—Determination and the Nations State in Asia, Baguio, Philippines, 18—21 April 1999, p.4.

② 该委员会在1999年之后改为"促进和保护人权小组委员会（Sub—Commission on the Promotion and Protection of Human Rights）"。

① See The Right to Self—Determination: Historical and Current Development on the Basis of United Nations Instruments, Special Rapporteur of the Sub—Commission on Prevention of Discrimination and Protection of Minorities, E/CN.4/Sub.2/404/Rev.1, 1981, para.275.

④ The Right to Self—Determination: Historical and Current Development on the Basis of United Nations Instruments, Special Rapporteur of the Sub—Commission on Prevention of Discrimination and Protection of Minorities, E/CN.4/Sub.2/404/Rev.1, 1981, para.279.

的意识。第四，这个群体必须具备表达其共同特征和认同意愿的机制或其他方式[①]。另外，John B. Henriksen 在描述"people"的共同特征时，基本上延续了 Michael Kirby 所列出的第一、四两项特征[②]。由此可见，Michael Kirby 虽然未能明确"people"定义，但已经比较全面地列举了"people"的特征，这将为我们在实践中判定"people"提供了有益借鉴。

此外，"people"与"nation"是两个存在密切联系的概念，虽然它们可以出现重叠，但它们并不是同义词。现代国际法有意把权利归于"peoples"，而不是"nations"和"states"[③]。一般来说，由一个或若干个"people"形成"nation"，并在此基础上建立"state"，此时"people"与"nation"就出现了重叠。需要指出的是，是否已经形成"nation"并建立"state"，并不能作为判断是否构成"people"的标准。通常而言，能够形成"nation"的"people"，是发展程度较高的那一部分，还有许多发展程度较低的"people"。因此，"people"涵盖了从氏族民族（clan people）、部落民族（tribal people）到国族（nation）等处于不同社会形态的人们共同体[④]。

二、"indigenous peoples"的中文表述："土著人民"与"土著民族"之比较

"土著人民"这一表述直接来自2007年《宣言》的中文本。事实上，在此之前中国政府还曾使用过"土著人"的表述[⑤]。本文认为，中文本中使用"土著人民"的表述是不准确的，而且已经造成了中文内部的自相矛盾。例如，在中文本的序言中规定"申明土著人民与所有其他民族平等，同时承认所有民族均有权有别于他人，有权自认有别于他人，并有权因有别于他人而受到尊重"[⑥]。这段话不禁让人产生疑问："土著人民"如何

---

① Michael Kirby, International Meeting of Experts on Further Study of the Concept of the Rights of Peoples, Final Report and Recommendation, United Nations Educational, Scientific and Cultural Organization, Paris, 27—30 November 1989, para.22.

② John B. Henriksen, Implementation of the Right of Self—Determination of Indigenous Peoples within the Framework of Human Security, International Conference on Indigenous Peoples' Self—Determination and the Nations State in Asia, Baguio, Philippines, 18—21 April 1999, p.4.

③ The Right to Self—Determination: Implementation of United Nations Resolutions, Special Rapporteur of the Sub—Commission on Prevention of Discrimination and Protection of Minorities, E/CN.4/Sub.2/405/Rev.1, 1980, para.56.

④ 廖敏文：《为了一个和而不同的世界——〈联合国土著民族权利宣言〉研究》，中国政法大学出版社2009年版，第37页。

⑤ 《审议〈联合国土著民族权利宣言——各国政府提供的材料〉》，E/CN.4/1995/WG.15/2, 1995, pp.7—8.

⑥ 《联合国土著民族权利宣言》，A/RES/61/295, 2007.

与"所有其他民族"平等？按照常识，我们只会说"人民"之间是平等的，或者"民族"之间是平等的。因为只有是同属一类才有比较的可能性。

为了解决这个疑问，我们可以看一下这段话的英文表述，"Affirming that indigenous peoples are equal to all other peoples, while recognizing the right of all peoples to be different, to consider themselves different, and to be respected as such"[①]。中文本中的"土著人民""所有其他民族"以及"所有民族"，分别对应英文本中的"indigenous peoples""all other peoples"和"all peoples"。事实上，在英文本中并不存在中文所出现的"人民"与"民族"之别，均使用"peoples"来表述。按照英文的意思，"all peoples"的外延包括"indigenous peoples"和"all other peoples"，"indigenous peoples"之所以有别于"all other peoples"，关键在于"indigenous"而非"peoples"。因此，中文本中对于"peoples"应当使用同一表述，既然"all other peoples"和"all peoples"都被译为"所有其他民族"和"所有民族"，以显示"民族"的性质，那么"indigenous peoples"也应当被译为"土著民族"。实际上，国内也已经有部分学者倾向于将"indigenous peoples"译为"土著民族"[②]。

三、"土著民族"的定义

从20世纪70年代起，在很短的时间内，"土著民族"已经从国际法、国际政治中一个无足轻重的描述，变成一个相当重要的概念。起初并没有"土著民族（indigenous peoples）"这个概念，在1972年特别报告员José R. MartínezCobo所提交的报告中，只有"土著居民（indigenous populations）"这个概念[③]。到了1996年，在特别报告员Erica—Irene A. Daes所提交的另一份报告中，才出现了"indigenous peoples"[④]，"indigenous peoples"的表述，在2007年经联合国大会（简称联大）决议通过的2007年《宣言》文本中得到了保留。

---

① United Nations Declaration on the Rights of Indigenous Peoples, A/RES/61/295, 2007.

② 例如，廖敏文在《为了一个和而不同的世界——〈联合国土著民族权利宣言〉研究》一书中，吕艳滨在其所翻译的《土著民族的文化与知识产权研究》中，张慧卿、高景柱在其所翻译的《少数群体权利的国际化》中，吴琼在《国际法视野中的土著民族——土著民族普遍国际法的形成与发展》一文中，均使用了"土著民族"来对应"indigenous peoples"。

③ See Study of the Problem of Discrimination against Indigenous Populations, E/CN.4/SUB.2/L.566, 1972.

④ See Standard—Setting Activities: Evolution of Standards Concerning the Rights of Indigenous Peoples, E/CN.4/Sub.2/AC.4/1996/2, 1996.

（一）能否使用"土著民族"这一术语

虽然现在2007年《宣言》中使用了"土著民族"，但在2007年《宣言》草案的讨论过程中，这一术语的使用，遭到许多国家的反对。这些国家担心这一术语在国际法中可能隐含的意思，特别是意味着这些群体拥有自决权，使用这一术语会助长"土著民族"主张分离和独立国家的权利[①]。另外，还有国家担心该术语意味着2007年《宣言》中的权利应当集体地行使，这种人权的集体性以及其和个人权利可能的潜在冲突，对于一些国家而言是不可接受的[②]。因此，许多国家主张使用"土著居民（indigenous populations）""土著个人（indigenous individuals）"或者"属于某一土著群体的人（persons belonging to an indigenous group）"，来代替"土著民族（indigenous peoples）"[③]。

（二）"土著民族"与"peoples"的关系

即便确定在2007年《宣言》中使用"土著民族"这一术语，但在起草过程中关于它与"peoples"的关系，还存在不同的观点。

第一，许多国家将"土著民族"视为有别于"peoples"的特殊法律概念，即便赋予"土著民族"的自决权也能称之为"自决权"，也不同于"peoples"在国际法上拥有自决权。实际上是将"土著民族"作为"peoples"和"minorities"之后的第三类群体[④]。事实上，国际劳工组织《第169号公约》就是采用这一模式。尽管它使用了"土著民族"，但在第1条第3款中对其进行了限定：在本公约中对于"peoples"这一术语的使用，不应被解释为国际法可能赋予该术语权利的任何意思。加拿大和厄瓜多尔建议效仿这一做法，明确规定使用"peoples"不具有国际法上的后果，特别是分离（secession）[⑤]。德国也认为，2007年《宣言》中的"土著民族"不同于拥

---

① Kamrul Hossain, Status of Indigenous Peoples in International Law, Miskolc Journal of International Law, Vol.5, No.1, 2008, p.14.

② Helen Quane, The Rights of Indigenous Peoples and the Development Process, Human Rights Quarterly, Vol.27, 2005, pp.657—658.

③ See Indigenous Issues, Report of the working group established in accordance with Commission on Human Rights resolution 1995/32, E/CN.4/2002/98, 2002, p.22.

④ See James Summer, Peoples and International Law, Second revised edition, Brill Nijhoff, 2014, p.259.

⑤ See Discrimination against Indigenous Peoples, Report of the Working Group on Indigenous Populations on its eleventh session, E/CN.4/Sub.2/1993/29, 1993, p.19, para.62; See Indigenous Issues, Report of the working group established in accordance with Commission on Human Rights resolution 1995/32, E/CN.4/2000/84, 1999, p.10, para.56.

有自决权的"peoples"[1]。

第二，土著民族代表则与之相反地主张"土著民族"应当被承认为国际法上的"peoples"，反对在二者之间进行区分[2]。实际上，最终通过的2007年《宣言》文本支持了土著民族代表的这一立场。它不仅未对使用该术语施加任何限制，而且在第2条和序言第1段中提及"土著民族与其他所有民族平等（all other peoples）"。这就意味着，"土著民族"是更大的概念——"peoples"中特殊的一类。因此，土著民族中的"民族"应当作"peoples"进行理解。

（三）是否需要对"土著民族"进行定义

即便确定在2007年《宣言》中使用"土著民族"这一术语，但依旧不能解决2007年《宣言》起草过程中所面临的一个核心问题，即"土著民族"的定义。尽管"土著民族"已经成为国际实践中一个重要的概念，但国际社会尚未就其定义达成一致，甚至就确定其定义的程序也未达成一致。随着这个概念变得日益重要，围绕其定义的国际争议越来越具有法律和政治意义[3]。尽管其他国际文件，例如国际劳工组织《第169号公约》和《世界银行业务指南》（World Bank Operational Directives），都对"土著民族"进行了定义。但是在2007年《宣言》文本中，却没有具体定义[4]。在整个起草过程中，对于是否有必要给出定义，一直是一个争议的问题，主要存在两种对立的观点。

第一，一些国家主张为"土著民族"设立一个客观的定义。定义的重要性不仅在于确定谁可以积极主张"土著民族"的权利，也可以阻止其他群体主张此类权利[5]。例如，美国代表曾指出，虽然在2007年《宣言》草案中一再提及"土著民族"，但并未明确其定义。应当就"土著民族"确定一个被广泛接受的定义，只有这样，2007年《宣言》才能为"土著民族"

---

① See Summary Record of the 21st Meeting, Human Rights Council, 1st Session, A/HRC/1/SR.21, 2006, p.10, para.53.

② See Report of the Working Group Established in Accordance with Commission on Human Rights Resolution 1995/32 Of 3 March 1995, E/CN.4/1996/84, 1996, p.10, para.40.

③ See Benedict Kingsbury, "Indigenous Peoples" in International Law: A Constructivist Approach to the Asian Controversy, The American Journal of International Law, Vol.92, No.3, 1998, p.414.

④ See Jérémie Gilbert, Indigenous Rights in the Making: The United Nations Declaration on the Rights of Indigenous Peoples, International Journal on Minority and Group Right, Vol.14, 2007, p.216.

⑤ See James Summer, Peoples and International Law, Second revised edition, Brill Nijhoff, 2014, pp.259—260.

规定明确且可行的权利和义务[1]。日本代表也曾表示，不要使用未经限定的"土著民族"一词，否则最终可能会打开主观地给出定义的口子，从而造成混乱[2]。中国代表也认为，2007年《宣言》作为一系列保护"土著民族"权利文件中的第一份，必须明确它可以适用于哪些群体，因此必须明确"土著民族"的定义，并明确规定2007年《宣言》草案的适用范围[3]。

尽管许多国家主张对"土著民族"进行定义，但目前尚无一个被广泛接受的定义。缺乏对"土著民族"的定义，不仅是因为土著民族代表的反对，许多国家也非常怀疑对"土著民族"设定一个客观定义是否可能或可取[4]。首先，一些国家认为"土著民族"只适用于特定区域，特别是在美洲和大洋洲的前欧洲殖民地，不具有普遍适用性。其次，"土著民族"和许多国家认为，由于"历史和族群的复杂性"，不可能给出一个可以涵盖所有合适的情形，因此一个统一的定义可能是僵化的和排他的[5]。正是由于上述原因，在土著居民问题工作组（Working Group on Indigenous Populations）1997年举行的第15次会议上，得出如下结论：此时不可能对"土著民族"下定义，而且对于2007年《宣言》草案的通过而言，这一定义并不是必要的[6]。

第二，土著民族代表反对就"土著民族"进行定义。土著民族代表主张"自我认同（self—identification）"，认为给"土著民族"下定义是没有必要或者不可取的。强调"自我认同"作为联合国系统内可能拟定的任何定义的基本要素的重要性。"自我认同"强调由这些群体自己决定其是否是"土著民族"。根据这一主观方法，"土著民族"就是指那些认为自己是"土著民族的成员"，并且被该群体的成员以"土著民族的成员"身份予以接纳的人们[7]。

事实上，在"防止歧视及保护少数小组委员会"1994年所提交的年度

---

① See Indigenous Issues. Report of the working group established in accordance with Commission on Human Rights resolution 1995/32, E/CN.4/1999/82, 1999, pp.7—8, para.40.

② See Report of the Working Group on Indigenous Populations on Its 10th Session, E/CN.4/SUB.2/1992/33, 1992, p.19, para.73.

③ See Indigenous Issues. Report of the working group established in accordance with Commission on Human Rights resolution 1995/32, E/CN.4/1998/106, 1997, p.8, para.37.

④ See James Summer, Peoples and International Law, Second revised edition, Brill Nijhoff, 2014, p.261.

⑤ See Helen Quane, The Rights of Indigenous Peoples and the Development Process, Human Rights Quarterly, Vol.27, 2005, p.658.

⑥ Kamrul Hossain, Status of Indigenous Peoples in International Law, Miskolc Journal of International Law, Vol.5, No.1, 2008, p.13.

⑦ See Standard—Setting Activities: Evolution of Standards Concerning the Rights of Indigenous Peoples, E/CN.4/Sub.2/AC.4/1996/2, 1996, pp.12—13, paras.35—36.

报告中，2007年《宣言》草案第8条曾明确规定，"自我认同"即"土著民族拥有维护和发展其独特的特性和特征的集体和个人权利，包括自我认同被承认为土著民族成员的权利"①。但是这一条款引起一些争议，一些国家以此为由再次提出对"土著民族"进行定义。后来草案中删除了"自我认同"这一规定。但是通过对2007年《宣言》正式文本第9条和第33条分析可知，尽管"自我认同权"没有正式出现在文本中，但是其精神仍得到了体现②。因此，有学者指出，在2007年《宣言》中未对"土著民族"进行定义，应被视为对"自我认同"原则的日益尊重③。

（四）对"土著民族"进行定义的尝试

尽管2007年《宣言》未对"土著民族"进行定义，而且在相关条文中还体现了"自我认同"的精神，但如果不能对"土著民族"进行任何界定，我们将很难确定该《宣言》中所规定的权利的主体，也不利于在实践层面对土著民族权利进行保护。

事实上，联合国曾尝试对"土著民族"进行定义，其中以1986年"防止歧视及保护少数小组委员会"特别报告员 Martínez Cobo 所作的定义最具代表性。尽管由于时代的限制，当时仍使用"indigenous populations"的表述，但是该定义的重要性不容置疑。联合国的实践，在一定程度上受该定义的指导④。该定义已经为人们所熟知并被经常使用⑤。根据 Martínez Cobo 的定义：土著民族与被侵占和殖民前就在其领土上建立的社会存在"历史连续性（historical continuity）"，并且自认为他们自己有别于在他们全部或部分领土上占优势的其他群体。他们现在构成社会的非主导群体，决定按照他们自己的文化模式、社会架构和法律制度，保存、发

---

① Report of The Sub—Commission on Prevention of Discrimination and Protection of Minorities on Its Forty—Sixth Session, E/CN.4/Sub.2/1994/56, 1994, p.108.

② See Jérémie Gilbert, Indigenous Rights in the Making: The United Nations Declaration on the Rights of Indigenous Peoples, International Journal on Minority and Group Right, Vol.14, 2007, p.217.

③ See P. Thornberry, Indigenous Peoples and Human Rights, Manchester University Press, 2002, p.15.

④ See Benedict Kingsbury, "Indigenous Peoples" in International Law: A Constructivist Approach to the Asian Controversy, the American Journal of International Law, Vol.92, No.3, 1998, p.419.

⑤ See Abdullah Al Faruque, Najnin Begum, Conceptualising Indigenous Peoples' Rights: An Emerging New Category of Third—Generation Rights, Asia—Pacific Journal on Human Rights and the Law, Vol.5, No.2, 2004, p.5; Kamrul Hossain, Status of Indigenous Peoples in International Law, Miskolc Journal of International Law, Vol.5, No.1, 2008, p.11; Helen Quane, The Rights of Indigenous Peoples and the Development Process, Human Rights Quarterly, Vol.27, 2005, p.659.

展以及向下一代传承他们祖传的领地和他们的族群认同。而祖传的领地和族群认同（ethnic identity），也是他们作为民族得以存续的基础 [①] 。

MartínezCobo 特别强调"历史连续性"，认为在延伸至今的相当长时间里，"历史连续性"包括以下一项或几项因素的延续：（1）对祖传土地全部或者至少部分的占有；（2）与这些土地最初占有者拥有共同的祖先；（3）一般或具体的文化表现（例如信仰、在部落制度下生活、土著群体成员的身份、服饰、谋生方式、生活方式等）；（4）语言（该语言是否被用作唯一语言、母语、家庭中惯用的沟通语言，或者被用作主要的、优先的、惯常的、一般性的或正式的语言）；（5）定居在一国内的某一区域，或者世界的某些地区；（6）其他相关因素 [②] 。

MartínezCobo 所给出"土著民族"定义中含有三个区分因素：

第一，与历史性群体存在连续性，而这些历史性群体是源于外部社会的殖民化进程的受害者。虽然"历史连续性"的标准的缺点，在于可能导致就族群的起源，简单地创设一个浪漫的理想化传说。但现在的定义可以包含那些无法证明其成员是最初被殖民的人们的纯粹生物学上后代的群体。也不需要他们的现代文化与历史祖先的生活方式相一致。这一定义充分考虑了族群认同是社会互动的产物。

第二，不居于优势地位，在更广泛的社会政治环境中属于弱势群体。土著民族经济上被边缘化，并且遭受各种歧视。这是历史上殖民的长期影响，但已成为一项单独的特点。土著民族屈从于外来的政治体制，这一政治体制使得他们无法实现自己的利益。他们往往在很大程度上被排除在所生活的国家的政治权力之外。

第三，这些群体自认为不同于占据优势地位的群体，他们的族群认同，根据他们自己的文化模式和社会制度得以传递。

第三个定义要素在于强调文化特性，这对于认同感而言很重要 [③] 。

同样，MartínezCobo 的定义也引发了一些争议，其中最主要的问题就是"历史连续性"。"土著民族"概念的现代发展，是以欧洲殖民地而形成的国家的历史、国情和政治话语为条件。土著民族的特殊诉求和法律权

---

① See Study of the Problem of Discrimination against Indigenous Populations, E/CN.4/SUB.2/1986/7/ADD.4, 1987, p.29, para.379.

② See Study of the Problem of Discrimination against Indigenous Populations, E/CN.4/SUB.2/1986/7/ADD.4, 1987, p.29, para.380.

③ See René Kuppe, the Three Dimensions of the Rights of Indigenous Peoples, International Community Law Review, Vol.11, 2009, pp.104—105.

利，取决于殖民主义对那些在殖民时代之前就居住于这片土地上的民族的可以感知的持续影响。这些民族现在仍处于离散和可以识别的状态，而且持续承受土地被剥夺、资源枯竭、政治自主以及文化特性遭受侵蚀的长期历史过程[1]。不难看出，Martínez Cobo 的定义中对于"历史连续性"的坚持，部分源于欧洲殖民地区域的认知和经验。如果坚持这一要求，那么"土著民族"这个概念在世界其他地区的适用性将被限制和复杂化[2]。有些国家基于这一定义，坚持土著民族必须先于殖民者而占有土地，并且将土著民族与欧洲殖民主义的有害影响联系起来。土著民族是指那些尚未从欧洲人统治下获得解放，继续作为殖民主义的受害者，并且是欧洲人在欧洲之外形成国家的过程中的输家。例如，亚洲一些国家认为其已经摆脱殖民主义，反对再将"土著民族"概念适用于它们，并认为将"土著民族"概念强加给它们的企图，是一种新殖民主义形式[3]。

此外，对于"历史连续性"的要求，还有观点认为，随着人口流入、迁移和融合这样漫长而复杂的历史，不可能再认定某片土地或区域上先占者（prior occupants）。如果基于先占（prior occupation）而承认一些特定群体的权利，将会刺激很多群体的诉求，并使之合法化，这必将损害国家真正关心的其他价值[4]：首先，一些应受特别保护的群体可能会被排除，而其他一些不需要特殊保护的群体则可能被纳入。其次，承认最早或最初占有者的特殊权利，将会刺激一些群体的沙文主义主张，并使之合法化。这些群体中的许多民族，在地方上非常强大，但是在某种意义上又不具备全国性的优势地位。实际上，如果某个民族是一地区的"土著民族"，那么其他民族就容易被视为"非土著民族"。那些被视为"非土著民族"的民族，可能要受到"本土主义者"所制定的"本土主义"政策的冲击。一旦"土著（indigenousness）"成为政治或军事上优势群体的合法性基础，那么

---

① See Benedict Kingsbury, "Indigenous Peoples" in International Law: A Constructivist Approach to the Asian Controversy, The American Journal of International Law, Vol.92, No.3, 1998, p.446.

② See Benedict Kingsbury, "Indigenous Peoples" in International Law: A Constructivist Approach to the Asian Controversy, The American Journal of International Law, Vol.92, No.3, 1998, p.433.

③ See Benedict Kingsbury, "Indigenous Peoples" in International Law: A Constructivist Approach to the Asian Controversy, The American Journal of International Law, Vol.92, No.3, 1998, p.434.

④ See Benedict Kingsbury, "Indigenous Peoples" in International Law: A Constructivist Approach to the Asian Controversy, The American Journal of International Law, Vol.92, No.3, 1998, p.433.

对于权力滥用的限制将很难维持 ①。

尽管 Martí nezCobo 的"土著民族"定义存在一定的局限性，最终未能出现在2007年《宣言》正式文本中，但其学术价值不容低估，特别是上文提及的三个定义要素："历史连续性（historic continuity）""当代的歧视（contemporary discrimination）""构成认同的文化特性（identity—forming "cultural distinctiveness"）"，在学术著作中经常被提及，也经常被包含在国家和国际文件中，是一种有用的工作定义 ②。

四、认定"土著民族"的标准

虽然2007年《宣言》中未能给出一个被广泛接受的"土著民族"定义，但为了在实践中明确2007年《宣言》的适用范围，还是有必要确定一套对土著民族进行识别的标准。事实上也存在确立认定标准的可能性，因为土著民族之间也是存在共性的。土著民族之间的共同性根植于他们相似的历史、社会和政治遭遇，例如遭受过殖民、歧视以及现代国家普适性的消极影响 ③。

（一）特别报告员的建议

根据1996年"防止歧视及保护少数小组委员会"特别报告员 Erica—Irene A. Daes 的报告，判断某一群体是否属于土著民族，可以考虑以下相关因素：（1）对于占有和使用特定领地，在时间上处于优先；（2）文化特性的自愿延续，这种文化特性可能包括以下方面：语言、社会组织、信仰和精神价值、生产模式、法律和体制；（3）自我认同为一个独特的群体，同时也被其他群体或国家当局所承认；（4）曾经有过被征服、边缘化、剥夺财产、排挤或歧视的遭遇，不论这一状态是否存续 ④。不难看出，Erica—Irene A. Daes 所给出的相关标准中，既有便于实践操作的客观标准，例如第（1）、（2）和（4）项所列内容；也有尊重土著民族自我意识的主观标准，例如第（3）项所列内容。

---

① See Benedict Kingsbury, "Indigenous Peoples" in International Law: A Constructivist Approach to the Asian Controversy, The American Journal of International Law, Vol.92, No.3, 1998, p.435.

② See René Kuppe, the Three Dimensions of the Rights of Indigenous Peoples, International Community Law Review, Vol.11, 2009, p.106; Helen Quane, The Rights of Indigenous Peoples and the Development Process, Human Rights Quarterly, Vol.27, 2005, p.659.

③ See René Kuppe, the Three Dimensions of the Rights of Indigenous Peoples, International Community Law Review, Vol.11, 2009, p.106.

④ See Standard—Setting Activities: Evolution of Standards Concerning the Rights of Indigenous Peoples, E/CN.4/Sub.2/AC.4/1996/2, 1996, p.22, para.69.

（二）学者的观点

Benedict Kingsbury 对特别报告员的上述观点进行了继承和发展。首先，他坚持认为一个群体成为"土著民族"，必须具备四个要件：自我认同为一个独特的族群；经受了严重破坏、混乱或剥削的历史遭遇，或者容易遭受此类遭遇；与该地区的长期联系；保持独特认同的愿望^①。这四个要件与 Erica—Irene A. Daes 所给的四项考虑因素的内容基本一致。

其次，虽然上述四个要件对于认定"土著民族"至关重要，但在实践中无法仅仅依靠它们来确定"土著民族"的范畴。因此，Benedict Kingsbury 又给出了三个高度相关的因素：（1）在国家或区域内未占优势。这一标准是必不可少的，但是在许多情况下，难以确定"优势"的准确含义。最明显的就是，数量上的优势并不当然排除这一群体具有很少的政治或经济权力。（2）一个群体应当与陆地上特定领土或区域存在密切的文化联系，但没有必要要求群体已经与特定的土地或领土存在世世代代的联系。群体经常迁移，与其他群体结合，或者被迫迁移。若对这一要求作严格解释，将会在有些情况下造成不公平。（3）与被入侵或殖民前的社会存在历史的连续性。这一要求可能被视为"土著民族"概念形成过程中的基础阶段的产物。在这一阶段，强调历史连续性的"土著民族"概念，不一定反映了许多亚洲国家全部的社会现实。

上述三个因素不应当被视为硬性要求。在前述四项要件必须满足的情况下，上述三个因素的存在可以强有力地支持"土著民族"的认定。如果缺乏这三个因素，所作的认定将会引发严重质疑。如果缺乏前两个因素中的任何一个，虽然也会引起质疑，但在特殊情况下还是可以予以反驳的^②。

最后，Benedict Kingsbury 还列出了一些相关性略低的因素：（1）与周围的人存在社会经济和社会文化差异；（2）存在明显的客观特征，例如语言、种族以及物质或精神文化；（3）被周围的人视为"土著"，或者在法律和行政安排上被视为"土著"^③。

---

① See Benedict Kingsbury, "Indigenous Peoples" in International Law: A Constructivist Approach to the Asian Controversy, The American Journal of International Law, Vol.92, No.3, 1998, p.453.

② See Benedict Kingsbury, "Indigenous Peoples" in International Law: A Constructivist Approach to the Asian Controversy, The American Journal of International Law, Vol.92, No.3, 1998, pp.453—455.

③ See Benedict Kingsbury, "Indigenous Peoples" in International Law: A Constructivist Approach to the Asian Controversy, The American Journal of International Law, Vol.92, No.3, 1998, p.455.

在认定"土著民族"时，一个灵活的方法就是将要件和相关因素集合起来。除了要件之外，通常也希望存在一些高度相关的因素，但是在特殊情况下并无此要求。而另外一些相关性略低的因素，仅是在发生疑问或争议的情况下，作为考虑的因素[①]。

（三）2007年《宣言》中的做法

尽管2007年《宣言》正式文本中既没有对"土著民族"进行定义，也没有明确规定认定"土著民族"的标准，但是通过对2017年《宣言》具体内容的研究，我们会发现其所确立的界定"土著民族"的标准，与前述两种做法存在很大的相似性，都是将主观标准和客观标准相结合。

第一，明确土著民族"自我认同"这一主观标准。2007年《宣言》正式文本序言第2段和第33条对此有明确规定。土著民族的自我认同包括两个方面：（1）土著民族有权有别于他人，有权自认有别于他人，并有权因有别于他人而受到尊重（序言第2段）；（2）土著民族有权按照其习俗和传统，决定其身份或成员资格（第33条）。

第二，规定了一些便于实际操作的客观标准。（1）有独特的政治、经济和社会结构及其文化、精神传统、历史和思想体系（序言第7段）。（2）决议信守、发展和传承其文化传统与习俗（第11~13条）。（3）他们的生活和生计方式与其历来拥有或以其他方式占有和使用的土地、领土和自然资源有密不可分的关系，他们还与这些土地、领土和自然资源之间存在独特的精神联系（第25-27条）。（4）曾遭受过殖民统治，以及土地、领土和自然资源被剥夺的经历（序言第6段）。（5）在政治、经济、社会和文化等领域容易遭受歧视和压迫（序言第9段）。（6）民族的完整性、民族的文化价值和特性，容易遭受不同形式和程度的强行同化和文化毁灭的威胁[②]。

[①] See Benedict Kingsbury, "Indigenous Peoples" in International Law: A Constructivist Approach to the Asian Controversy, The American Journal of International Law, Vol.92, No.3, 1998, p.455.

[②] 廖敏文：《为了一个和而不同的世界——〈联合国土著民族权利宣言〉研究》，中国政法大学出版社2009年版，第148页。

克罗地亚少数民族权利保护法研究

郭友旭

摘要：克罗地亚因历史变迁、人口迁徙等因素逐渐形成了一个多民族融合的国家，其主要民族为克罗地亚族。因此，克罗地亚政府重视国内不同民族间的和睦相处。不仅有国际公约和国家宪法对民族的权利作出充分肯定，又制定了具体的宪法性法律将宪法的有关条款予以细化和完善。一方面，包括宪法在内的有关条款体现了标准高、综合、全面等特色；另一方面，克罗地亚少数民族保护法仍存在一定的问题，即实际执行情况与立法规定不完全相符。因此，克罗地亚少数民族权利的实现仍然面临各种挑战和选择。

关键词：克罗地亚 少数民族 权利保护法

作者简介：郭友旭，云南民族大学法学院副教授。

一、克罗地亚民族国家简史

公元前6世纪到5世纪，最早的克罗地亚人生活在今伊朗和阿富汗境内，之后越过高加索山和喀尔巴阡山，最后约在6世纪末7世纪初扎根于西巴尔干，这一过程跨时约1200年[①]。克罗地亚人在西巴尔干安顿下来后，皈依了基督教。公元925年，托米斯拉夫建立克罗地亚王国，版图大致相当于今天的克罗地亚。克罗地亚成为欧洲诸国中立国较早的国家。托米斯拉夫之后的第三位国王兹沃尼米尔死后无子嗣，其遗孀获得王位继承权，遂将克罗地亚王国并入她的故国匈牙利。1102年，匈牙利国王改称"匈牙利、克罗地亚和达尔马提亚国王"。克罗地亚民族从此丧失了独立地位，开始了800年寄人篱下的历史。1527年，为了抵御奥斯曼帝国的入侵，克罗地亚又加入了后来演变为奥匈帝国的奥地利哈布斯堡王朝，直到1918年一战结束才脱离与奥匈帝国的领属关系[②]。

[①] 赵文城：《克罗地亚的悠悠独立梦》，载《世界博览》1996年第2期，第28—30页。

[②] 赵文城：《克罗地亚的悠悠独立梦》，载《世界博览》1996年第2期。

克罗地亚人在一战结束后与有着相似语言的塞尔维亚、斯洛文尼亚等民族一起，组成塞尔维亚—克罗地亚—斯洛文尼亚王国（南斯拉夫王国）。这是当时历史条件下克罗地亚人的最优选择，因为如果独立建国，其在战争中从属于作为战败国的奥匈帝国的地位，可能导致其向战胜国割地、赔款。克罗地亚人在思想上对于独立建国也无充分的准备。在这个多民族王国中，当权的塞族大肆迫害克罗地亚族异见人士。"二战"期间，纳粹德国利用克塞两族的矛盾挑起两族复仇，煽动"克罗地亚解放运动"（"乌斯塔沙"），实行对塞族人的大屠杀。

二战结束后，克罗地亚又与其他5个共和国一起，组成了社会主义的南斯拉夫联邦制国家。在这期间，克塞两族之间虽未见腥风血雨，但民族积怨却未消解，两族之间仍然存在经济生活差距和语言文化上的矛盾。1980年铁托死后，克罗地亚人的民族主义越演越烈。"国父"图季曼宣扬塞尔维亚人是克罗地亚人的天敌[①]。在20世纪80年代末、90年代初中东欧"天鹅绒"革命、柏林墙倒塌等的大背景下，克罗地亚议会于1991年6月25日宣布脱离南斯拉夫社会主义联邦共和国独立。

二、克罗地亚的民族关系和民族状况

克罗地亚共和国的成立，是克罗地亚民族主义的胜利成果。这次民族主义潮流中的"他者"主要是塞尔维亚人及其国家。1991年，在主要由塞尔维亚人居住的地区，超过40万克罗地亚人和其他非塞尔维亚人被克罗地亚塞族军队逐出家园，或者因受暴力威胁而逃亡[②]。1995年，在战争的最后几天，超过12万塞尔维亚族人[③]，或许多达20万的塞尔维亚族人[④]，在克罗地亚军队"风暴行动"到来之前逃离了克罗地亚。整个战争期间30万塞尔维亚族流离失所者，在战争结束后10年中，只有11.7万人回来[⑤]。留下来的克罗地亚塞尔维亚族人多半并不居住在独立战争期间的被占领地区。塞尔维亚族人仅有部分被重新安置在他们以前居住的地区，以前塞尔维亚族人居住的一些居民点由来自波黑（尤其是波黑塞族共和国）的克罗地亚族

① 沈旭晖：《科索沃战争十年祭》，载《南风窗》2009年第7期。

② "Summary of Judgement for Milan Martić". United Nations.12 June 2007.

③ Steven Erlanger（16 January 2000）. "For Serbs in Croatia,a Pledge Unkept".The New York Times.

④ Matt Prodger（5 August 2005）. "Evicted Serbs remember Storm".BBC News.

⑤ "Status Report No.16 on Croatia's Progress in Meeting International Commitments since November 2004".Organization for Security and Co—operation in Europe.7 July 2005.

难民居住[①]。

克罗地亚族是克罗地亚的主要民族，占89.7%，是从前南斯拉夫分解出来的6个国家中族群同质性最高的。少数民族包括塞尔维亚人（4.4%），波斯尼亚克人、匈牙利人、意大利人、斯洛文尼亚人、日耳曼人、捷克人、罗姆人和其他民族（5.9%）[②]。

三、国际公约和宪法：克罗地亚少数民族的保护

（一）国际公约

与斯洛伐克、塞尔维亚等中东欧国家不同，在克罗地亚占主导地位的是天主教文化，与西欧更具有文化相容性。独立后的克罗地亚主导性国家战略是"回归欧洲"，加入欧盟是其国家根本利益所在。2003年，克罗地亚政府提出加入欧盟的申请。次年6月，欧盟宣布克罗地亚已经满足了"哥本哈根标准"中的政治条件，克罗地亚被赋予候选国地位[③]。加入欧盟的前景是其国内政治、经济改革的主要政治推动力[④]。

在保护少数民族的国际法方面，克罗地亚政府批准了欧洲理事会《保护少数民族框架公约》（1994）和《欧洲地区语言或少数民族语言宪章》（1992）。这两个条约称得上是少数民族保护方面的"欧洲标准"。前者为少数民族规定了若干特别权利，尽管原则性很强；后者虽不是以赋予权利为取向，但其从语言文化遗产保护的角度促进少数人（少数民族）基本人权的享有。

（二）宪法

克罗地亚现行宪法[⑤]对少数民族保护作了原则性规定。

1.国家身份

国家身份是指一国相对于国际社会的位置，即一个现代意义上的主权国家与主导国际社会的认同程度[⑥]。显然，国家身份是国家对外而言。本

---

① "Savez udruga Hrvata iz BiH izabrao novočelništvo" [Union of associations of Bosnia and Herzegovina Croats elects new leadership] (in Croatian) .Index.hr.28 June 2003.

② "Stanovništvo Prema Narodnosti Po Gradovima/Općinama,Popis 2011." [Population by Nationality by City/Municipality,2011 Census] (in Croatian) .Croatian Bureau of Statistics.17 December 2012.

③ 左娅：《克罗地亚入盟及其对西巴尔干国家的启示》，载《欧罗斯东欧中亚研究》2013年第6期。

④ 扈大威：《欧盟对西巴尔干地区的政策评析》，载《国际问题研究》2006年第2期。

⑤ 1990年12月22日克罗地亚共和国议会通过《克罗地亚共和国宪法》，有时又称"圣诞节宪法"。最近一次修正是在2013年。

⑥ 秦亚青：《国家身份、战略文化和安全利益——关于中国与国际社会关系的三个假设》，《世界经济与政治》2003年第1期。

文将这一概念进行扩展，认为它还应包括国家的对内身份，如国家对内代表哪一民族的利益。在此意义上，宪法中通常有关于国家的身份叙述。宪法中的国家身份叙述首要的问题就是"立宪者（我们）是谁"。其宪法"历史依据"部分最后两段写道："从这些历史事实、关于当代世界的普遍接受的原则以及克罗地亚民族自决和独立的不可剥夺、不可分离、不可转让的永久权利——包括作为为国际秩序的和平与稳定而退盟和结盟的根本性条件的不可侵犯的权利出发，特建立克罗地亚共和国，它是克罗地亚民族的民族国家及其所有少数民族的成员的国家。这些少数民族成员包括塞尔维亚族人、捷克族人、斯洛伐克族人、意大利族人、匈牙利族人、犹太人、德意志人、奥地利人、乌克兰人、卢森人、波斯尼亚克人、斯洛文尼亚族人、黑山人、马其顿人、俄罗斯人、保加利亚人、波兰人、罗姆人、罗马尼亚人、土耳其人、弗拉赫人、阿尔巴尼亚人和其他人，他们具有克罗地亚公民资格，克罗地亚共和国保障他们与克罗地亚族公民的平等，保障他们根据联合国和自由世界各国的民主规范行使其民族权利。""尊重克罗地亚民族及所有公民在自由选举中坚定地表达意志，特建立克罗地亚共和国，并将其发展为独立民主的国家，保障平等、自由、人权与公民权利，促进经济文化提升和社会福利。"

克罗地亚宪法关于国家身份的这两段文字，清楚地说明了克罗地亚共和国是谁的国家。它明确指出：克罗地亚共和国是克罗地亚民族的民族国家及其所有少数民族的成员的国家。应该说，这种身份建构是稍有问题的。由于克罗地亚族占该国总人口近90%，说克罗地亚是"克罗地亚民族的民族国家"，有族裔民族主义（ethnic nationalism）的嫌疑。虽然它不像《斯洛伐克共和国宪法》（1992）所称"我们，斯洛伐克民族……与生活在斯洛伐克共和国领土上的少数民族和族群的成员一起……"那样极端地肯定民族主义，但其终究会让少数民族产生疏离感。"以及所有少数民族的成员的国家"这一补充的国家身份叙述在部分弥补"民族国家"身份建构的缺陷的同时，又引起了新的问题，即宪法只承认主体民族的群体特性（或权利），不承认少数民族成员的群体特性（或权利）。由这两段国家身份叙述还可以推导出一个结论，即该宪法保障不同民族的公民的平等，但并不保障民族群体之间的平等。这种身份定位是对克罗地亚民族发展史上长期丧失独立地位的创痛的过激反应。一个民族如何建构自己与自己已经如何被建构的事实存在密切联系，后者由该民族的特定历史和根本的民族精神决定 ①。

2. 国家尊崇的价值

这也可理解为国家身份的一个方面，即"立宪者（我们）追求什么"。克罗地亚对外追求独立，对内保障民主、平等、自由、人权和公民权利，促进经济文化提升和社会福利。这些价值涵盖全体公民，包括少数民族公民。

3. 其他规定

第15条规定：保障克罗地亚共和国所有少数民族的成员的平等权利（第1款）；少数民族的平等和权利保护，由根据规定的组织法立法程序制定的宪法性法律调整（第2款）；在普选权之外，少数民族成员选举他们的克罗地亚议会代表的权利可以由法律规定（第3款）。所有少数民族的成员表达自己的族属、使用自己的语言文字、行使文化自治的自由，应予保障（第4款）。

第83条规定：克罗地亚议会应以所有议员的2/3多数票通过调整少数民族权利的法律（组织法）。

根据第12条，在克罗地亚共和国，正式使用克罗地亚语和拉丁文字；在个别地方单位，另一种语言和西里尔文字或其他文字也可以根据法律规定的条件与克罗地亚语和拉丁文字一起使用。根据第14条，在克罗地亚共和国，所有人享有权利和自由，不分种族、肤色、性别、语言、宗教、政治和其他信念、民族或社会出身、财产、出生、教育、社会地位及其他特征；所有的人在法律面前平等。根据第17条第2款，特别情况下宪法保护的权利和自由的克减的范围，必须与威胁的性质相适应，不应导致公民之间在种族、肤色、性别、语言、宗教、民族或社会出身方面的不平等。根据第146条，克罗地亚公民是欧盟公民，享有欧盟法律保障的权利，包括以克罗地亚语和欧盟的所有其他官方语言，向欧洲议会提出诉愿、向欧盟专员提出申诉、向欧盟组织和咨询机构提出申请，并得到以同一语言作出的答复的权利。由于宪法承认的22个少数民族绝大部分都有亲缘国，这可以说是有力地保障了克罗地亚少数民族在与欧盟打交道的过程中使用自己的语言的权利，也有利于缩小欧盟对于克罗地亚人民的民主赤字。

四、《关于少数民族权利的宪法性法律》

在《关于少数民族权利的宪法性法律》通过之前，克罗地亚国内的少

---

① Hanna Fenichel Pitkin, "The Idea of a Constitution", 37 Journal of Legal Education (1987), 167—169.

数民族立法有《少数民族语言文字教育法》（Law on Education in Languages and Letters of National Minorities，2000）。《克罗地亚议会代表选举法》（Law on Election of Representatives to the Croatia Parliament，2003年通过，2003年、2007年和2009年修正）中设有关于少数民族议会代表选举的规定。对罗姆人，政府专门制定和实施《国家罗姆人方案》。在机构方面，政府设有少数民族办公室，负责在少数民族领域促进人权和提供额外支持；议会主要通过人权和少数民族权利委员会与性别平等委员会审议人权问题。

《克罗地亚共和国宪法》第15条第2款委托立法机关制定宪法性法律保护少数民族权利。2002年12月13日，克罗地亚议会通过了《关于少数民族权利的宪法性法律》。根据《克罗地亚共和国宪法》第88条的规定，总统斯捷潘·梅西奇于12月19日公布了该法律。2010年6月，议会又通过了修改该法的决定。这是克罗地亚关于少数民族的基本法律。

（一）《关于少数民族权利的宪法性法律》的主要内容

该法包括6章：总则、权利和自由、自治单位的少数民族理事会和少数民族代表、少数民族咨询委员会、监督、过渡性和最后规定。

1. 总则

这部分声明，制定该法的根据是本国宪法、联合国系统和欧洲理事会所有关于人权的国际公约，甚至包括这两个系统的倡议性文件，如联合国《关于在民族或族裔、宗教和语言上属于少数的人的权利宣言》和欧安组织《关于少数民族有效参与公共生活的隆德建议书》。还有欧洲安全与合作组织的人权文件，如《关于人的向度的哥本哈根会议文件》。克罗地亚根据这些文件的精神，尊重和保护少数民族的权利以及人和公民的其他基本权利和自由、法治以及宪法和国际法体现的其他所有最高价值。除宪法性规定承认的人权和自由外，克罗地亚还承认和保障该法第1条列举的国际文件中规定的其他权利，除了这些文件本身规定的例外和限制，不受基于种族、肤色、语言、宗教、民族和社会地位、与少数民族的联系等的歧视。公民有权自由表达自己的少数民族族属，有权独自地或者与本少数民族其他成员一起，或者与其他少数民族的成员一起，行使法律规定的少数民族权利和自由；少数民族成员应以与其他公民相同的方式，行使宪法和法律保障的权利和自由；禁止基于族属的歧视；在少数民族居住的地区，禁止采取旨在改变民族结构、妨碍法律规定的权利和自由的行使或对其进行限制的措施。在该法中，少数民族是指克罗地亚公民群体，其成员传统上居住在克罗地亚领土上，其族裔、语言、文化和（或）宗教上的特征与人口的其他部分不同，并受保护这些特征的愿望所激励。国家保障少数民族成员行使其享有的特别权利和自由，这些权利和自由可以由他们单个人享有，或者与同一少数民族的其他成员一起享有，当法律有特别规定时，还可以与其他少数民族之成员一起享有，尤其是在少数民族语言文字使用、少数民族语言文字教育、文化自治、宗教以及在国家和地方政权机关的代表权等事项上。总则部分还规定了关于少数民族的法律的目的解释原则，即应与尊重克罗地亚少数民族成员和其他公民，促进他们之间的理解、团结、宽容和对话之目的相一致。

2. 权利和自由

这一部分规定的少数民族的权利和自由涵盖语言文字文化、教育、宗教、标识和象征、对外联系以及国家、地方自治单位、区域自治单位的财政义务（第15条第2款、第18条第2款），在议会和地方自治单位、区域自治单位代表机关的代表权等方面。少数民族成员有权以本民族语言文字使用自己的姓名并获得官方承认，有权私下或公开地使用本民族语言文字，有权获得以本民族使用的语言文字进行的教育；以单个少数民族语言文字提供的教育的大纲和课程，应当包括针对该少数民族的科目（母语、文学、历史、地理和文化传统）。但以单个少数民族语言文字受教的学生，有权利和义务同时学习克罗地亚语及其拉丁文字。单个少数民族占总人口1/3以上的地方自治单位，官方应在其辖域内平等使用该少数民族的语言文字；公权力机关少数民族语言文字使用的其他事项，由《少数民族语言文字使用法》等法律规定。为保持少数民族语言文化特性，该法规定："关于少数民族语言文字使用的法律和自治单位之章程，应规定措施，以便利少数民族传统上居住的地区或有显著数量的少数民族居住的地区的有关少数民族保持传统姓名和标记，以对本少数民族的历史和文化具有重要意义的人物或事件对居民区、街道、广场进行命名（第13条）。""少数民族象征和标识的使用和节日庆典不受限制。在正式使用少数民族的象征和标识时，应同时陈列国家象征和标识；演奏少数民族之族歌或庆典歌曲时，应首先奏唱国歌（第14条）。少数民族成员为保护、发展、促进和表达民族文化认同，可以建立从事文化、出版、博物馆、图书馆等活动的组织、捐赠会、基金会和其他机构；国家、地方自治单位和区域自治单位应根据自己的能力为这些机构的活动提供资金（第15条）。""少数民族成员及其协会、少数民族委员会、少数民族代表可以自由地与亲缘国人民以及亲缘国从事教育、文化、出版、学术、慈善等事业的法人保持自由的联系；少数民族成员可以自由地表达和实践自己的宗教，并据此归属于一个宗教群体（第16条）。""广播电台、电视台负有特别义务促进少数民族相互理解，鼓励和促进少数民族之文化的、宗教的以及其他方面的认同的维护、发展和表达，民族遗产和传统之保持和保护；国家、地方自治单位和区域自治单位，应为广播电台、电视台的少数民族节目拨付预算资金（第18条）。"

少数民族的政治参与和少数民族语言文字一样，是这一部分中最重要的主题之一。宪法第15条第3款授权议会制定法律，就少数民族成员在普选权之外选举他们的议会代表的权利作出规定。《关于少数民族权利的宪法性法律》实现了这一宪法委托。它规定，人口超过克罗地亚共和国总人口的1.5%的少数民族（只有塞尔维亚族），议会为其保留至少1个、至多3个议席；占克罗地亚共和国总人口的比例小于1.5%的各少数民族（即塞尔维亚族之外的其他少数民族），除了行使普选权外，还有特别的选举权，可从特别选区（即议会选区第12特区）选总共4位属于这些少数民族的议员（第19条第2款、第3款）。该法还保障少数民族成员在地方自治单位和区域自治单位的代表机构中的代表权利。在一个自治单位辖域内，如果一个少数民族占总人口的比例在5%以上、15%以下，在普选的基础上未能选出至少一位代表进入自治单位的代表机关，该代表机关的代表名额应增加一名，该少数民族未当选、但在每一份选举人名单中依比例顺序最靠前的那位成员视为当选，自治单位代表机关代表选举法另有规定的除外（第20条第2款）。一个地方自治单位在普选中，占地方总人口至少15%的各少数民族如果未能选出与其人口比例相称之数量的代议机关代表，则该代议机关的代表名额应增加到实现该代表性（representation）所要求的数量，那些未当选，但在每一份选举人名单中依比例顺序最靠前者视为当选，地方自治单位代表机关代表选举法另有规定的除外（第20条第3款）。占区域总人口15%以上的特定少数民族在区域自治单位代表机关的代表权，与地方自治单位的有关规定类同（第20条第4款）。如果适用以上规定不能实现少数民族成员的代表权，有关机关应依法宣布补选（第20条第5款）。少数民族不构成人口多数的地方自治单位和区域自治单位可以在章程中规定，少数民族成员可以依其人口占所在自治单位总人口的比例或高于该比例当选代表机关的代表（第21条）。在应实行少数民族的比例代表制的自治单位的执行机关中，该等少数民族的比例代表权应受到保障。少数民族成员在公共行政和法院的代表权（representation）应根据特别法或者该等机构之就业政策文件的规定予以保障。该种保障应考虑少数民族占与该等公共机构或法院之级别层次相应之总人口的比例，以及少数民族之既得权利（第22条第1款到第3款）。

3. 自治单位的少数民族理事会和少数民族代表

少数民族理事会是在地方自治单位和区域自治单位设立的提升、保护少数民族的地位的机构，为非盈利法人（第23条和第25条第1款）。其资金来源于自治单位和国家的预算、捐赠和其他渠道（第28条、第29条第1款）。在单个少数民族人口占总人口的比例达到1.5%的自治单位、同一少数民族超过200人居住的地方自治单位以及同一少数民族超过500人居住的区域自治单位，该少数民族的成员可以选举产生少数民族理事会。自治市级（municipal）少数民族理事会由10人组成，市级（city）少数民族理事会由15人组成，县级（county）少数民族理事会由25人组成。少数民族理事会的成员通过秘密投票选举本少数民族理事会理事长，并选举理事长缺位或不能履行职责时的代理人。在至少有100人属于同一少数民族的人居住的地区，如果不能满足设立少数民族理事会的条件，则应选出1名该少数民族的代表。少数民族理事会成员和少数民族代表由直接选举、秘密投票产生，任期4年。其履行职责是志愿的、无薪的，并应尽善良管理人之适当注意义务。其权利、义务与少数民族理事会相同。

自治单位的少数民族理事会有下列权利：（1）向自治单位的机关提议，采取措施改善全国或特定地区本少数民族的境况，包括提出关于本少数民族相关事项的一般条例（general ordinances）之议案；（2）提名自治单位机关职位之人选；（3）获得关于自治单位代表机关之各委员会拟讨论的与本少数民族之地位有重要关系的事项的通知；（4）对地方和区域的电台、电视台以少数民族为受众或者讨论少数民族问题的节目，向自治单位的机关提出意见和建议（第31条）。少数民族理事会有权参与并监督自治单位政府立法。自治单位的政府在起草条例时，应就关于少数民族权利和自由的规定征求少数民族理事会的意见和建议。如果少数民族理事会认为自治单位的条例或其某些规定与宪法和关于少数民族权利和自由的法律相抵触，必须立即通知主管一般行政事务的部门，或者通知该自治单位政府和少数民族咨询委员会（第32条）。这种监督权的行使最后可能导致宪法诉讼。

建立在同一地方自治单位的两个或两个以上的少数民族理事会、建立在不同地方自治单位的两个或两个以上的少数民族理事会、建立在同一区域自治单位的两个或两个以上的少数民族理事会、建立在不同区域自治单位的两个或两个以上的少数民族理事会，为协调和促进共同利益的目的，可以建立一个少数民族协调理事会（national minority coordinating council）。相关各少数民族理事会通过少数民族协调理事会，协调关于工作职责范围内的事项的立场。相关各少数民族理事会可以授权少数民族协调理事会采取第31条规定的个别措施。各区域自治单位过半数的少数民族理事会加入少数民族协调理事会之协议，应视为各区域自治单位的少数民族理事会已经建立全国性的少数民族协调理事会。该全国性少数民族协调理事会由选举产生，是全国各少数民族理事会的协调机构，为非盈利法人。塞族理事会是全克罗地亚各塞族少数民族理事会的协调机构，具有法人资格。区域自治单位之少数民族理事会已经建立的覆盖全国的各少数民族协调理事会，可以就少数民族的标志和象征符号、庆祝少数民族节日之方式作出决定，并报少数民族咨询委员会批准（第33条）。

4.少数民族咨询委员会

建立少数民族咨询委员会的目的，在于使少数民族参与国家的公共生活，尤其是研究并提出与少数民族权利和自由的行使和保护有关的问题的规制和解决办法。少数民族咨询委员会成员由克罗地亚共和国政府任命，任期4年，其中：7名少数民族委员从各少数民族理事会提名的人员中产生，5名少数民族委员从各少数民族协会或少数民族的其他组织、宗教界、法人和少数民族公民提名的杰出的文化人士、学术人士、专业人士和宗教人士中产生。议会中拥有席位的少数民族代表也是少数民族咨询委员会成员。委员会设1名主任，1名副主任，由政府从该咨询委员会成员中任命。主任、副主任中应有一位占克罗地亚共和国总人口1.5%以上的少数民族的成员。政府在任命少数民族咨询委员会成员时，应考虑特定少数民族在全国人口中的比例，并应考虑少数民族咨询委员会之组成反映各少数民族的认同和特征、历史价值观，以及族裔、文化和其他方面的特征的多样性。政府还应组建该委员会履行技术和行政职责的行政局。该委员会章程由政府批准。

该委员会有权为下列行为：（1）提请国家当局就与少数民族有重要关系的特定问题进行辩论；（2）向国家当局提出改善全国或部分地区某少数民族境况的措施；（3）对以少数民族为受众的公共广播电视节目之

播放、公共广播电台、电视台的节目播放中或其他媒体中少数民族问题的处理提出意见和建议；（4）提议在少数民族传统上居住的地区或主要是少数民族居住的地区采取经济、社会等措施，以保护他们在这些地区的生存；（5）向中央政府、地方自治单位和区域自治单位之机关寻求并获取对审议工作职责范围内的事项必要的信息和报告；（6）对依该法和少数民族咨询委员会章程属于少数民族咨询委员会工作职责范围内的事项，邀请、要求有管理权的中央政府代表或地方自治单位、区域自治单位有关机关的代表出席有关会议（第35条第2款）。少数民族咨询委员会就少数民族关注的事项，与处理少数民族问题的有关国际组织和机构、克罗地亚共和国少数民族之亲缘国有关当局开展合作；分配被指定用于满足少数民族需要的中央预算资金。如果自国家预算通过之日起90日内，少数民族咨询委员会不能就该预算资金的分配作出决定，则由政府作出决定。

5. 监督

这一部分有两个条文（第37条和第38条），反映出来的监督机制并无特色，也许引人注意的就是该法规定的宪法诉讼。该法的实施由有关国家机关根据自身的职责范围进行监督。政府应协调各机关的工作，并就该法执行情况和用于少数民族之需要的中央国家预算资金的使用情况，每年至少向议会提交一次报告。少数民族咨询委员会就其工作职责范围内的事项，向议会或其主管少数民族权利之专门委员会每半年提交一次报告，就中央国家预算提供的用于少数民族之需要的财政资金的支出情况，每季度向议会或其主管少数民族权利的专门委员会提交一次报告。自治单位的少数民族理事会或少数民族代表，可以就其据以选出的自治单位执行该法的情况，要求有关机关采取监督措施。少数民族理事会或少数民族代表、少数民族咨询委员会，根据自己的评估或少数民族成员的提议，如果认为受该法和特别法保障的少数民族权利和自由受到了侵害，可以根据《克罗地亚共和国关于宪法法院的宪法性法律》的规定，向宪法法院提起宪法诉讼（constitutional appeal）。

6. 过渡性和最后规定

这一部分特别值得注意的有两个条文。第40条规定，该法中任何条款不得解释为包含从事违反国际法基本原则，尤其是克罗地亚共和国的主权、统一、领土完整和独立的活动或行为的任何权利。第41条规定，克罗地亚作为签署国并构成克罗地亚国内法律秩序一部分的国际条约规定的少数民族权利，不因该法而改变或取消。

（二）克罗地亚少数民族权利保护法的特色

克罗地亚在1991年正式独立，融入欧洲既是国家的根本利益所在，也是欧洲一体化的趋势使然。因此，虽然图季曼时代（1990年–1999年）实际上奉行"大克罗地亚主义"和"一个国家一个民族"的主张①，但进入新世纪后，克罗地亚积极接纳欧盟的"哥本哈根标准"，包括政治方面的民主、法治、人权和少数民族保护。关于少数民族的立法，是接纳和确认这些标准的重要举措。因此，包括宪法有关条款在内的少数民族权利保护法体现出如下特色：

1. 标准高

这主要体现在《关于少数民族的宪法性法律》明确地以联合国系统和欧洲区域主要的人权文件为基础，甚至承认在法理上只有道义约束力的人权文件，如联合国大会1992年《关于在民族或族裔、宗教和语言上属于少数的人的权利宣言》、欧安组织《关于少数民族有效参与公共生活的隆德建议书》。这使克罗地亚关于少数民族的法律具有包容性品格。在这方面，克罗地亚法律体系中关于少数民族在议会的代表权方面的规定最为引人注意。人口比例不到全国总人口1.5%的各少数民族，不仅可以根据普选产生议会代表，还可以在普选之外享有特别选举权，在由他们组成的全国性选区选举产生5名议会代表（《关于少数民族权利的宪法性法律》第19条）。其理论根据在于，少数民族除平等权利之外，还应受特别保护。

克罗地亚成为巴尔干地区第一个加入欧盟的国家，其少数民族立法可为其他国家提供参考。

2. 综合、全面

在俄罗斯，关于少数民族保护的主要法律是《民族文化自治法》，其基调在于将民族问题限制在语言文字、教育等文化领域。与俄罗斯《民族文化自治法》相比，虽然克罗地亚立法中的少数民族理事会制度以民族文化自治理论为基础，但其少数民族保护法有重大拓展，从文化领域扩大到了政治生活领域，具有综合性、全面性的特征。它是欧洲理事会《保护少数民族框架公约》在克罗地亚的展开和落实。

---

① ［克］白伊维：《欧洲主义与民族主义的较量：克罗地亚社民党的演变》，载《当代世界与社会主义》2013年第3期。

3. 以民族文化自治为基底

可以看出，克罗地亚少数民族保护法以民族文化自治为底色。但从少数民族理事会所享有的权利来看，克罗地亚少数民族保护法又超出了文化自治的范畴，立法提案权即是明显的例子。

（三）克罗地亚少数民族保护法存在的问题

克罗地亚《关于少数民族权利的宪法性法律》经过2010年的修订之后，已经趋于完善。如修订之前自治单位的少数民族委员会和全国性的少数民族委员会都不具有法人资格，但在修改之后，各少数民族委员会都具有了非盈利法人的地位，这对于各少数民族委员会更好地行使提议权、提案权、提名权、获得通知权（第31条）、促进少数民族的权益实现是有意义的。但少数民族咨询委员会在政府面前仍然不具有独立的主体资格。

克罗地亚少数民族保护法的问题主要存在于执行之中。实际的执行情况与立法的规定并不完全相符。少数民族精英对于充分利用该法律框架存在不同程度的淡漠，或者动力不足。族群不宽容在社会中的持续存在，也常常成为妨碍新法及时执行的因素。帮助独立战争期间流亡国外的塞族难民回家和解决他们的公民地位和财产返还问题，仍然是克罗地亚政府的重要任务。根据2010年克罗地亚政府提交联合国人权理事会的报告，政府给予了少数民族很高的政治代表权，但塞族依然没有在公共行政部门和司法机构中实现令人满意的代表权；罗姆人融入克罗地亚社会存在困难，应继续开展活动，使罗姆儿童和青少年融入克罗地亚教育体系；必须继续改善罗姆人的住房条件，确保他们有更好的卫生保健[①]。

---

① 克罗地亚共和国：《根据人权理事会第5/1号决议附件第15（a）段提交的国家报告》（2010），A/HRC/WG.6/9/HRV/1。

肯尼亚《传统知识与传统文化表达保护法》述评

——兼谈对我国的启示

陈 染

摘要： 传统知识和传统文化表达具有重要的文化价值和精神价值，在货币意义上无法量化。肯尼亚比较注重本国传统知识和民间文学艺术的保护，立法成果也较为突出，其于2016年颁布的传统知识与传统文化表达保护法涵盖了保护标准、登记维护制度、权利内容、权利期限、限制与例外、利益分享、权利管理、制裁与救济等四十多项内容，可以为包括我国在内的许多国家提供借鉴。当前，我国正缺少专门的法律来保护我国丰富的传统知识与民间文学艺术，借鉴肯尼亚的立法，我们应当制定专门的立法，进一步明确相关部门职责，使传统知识和民间文艺实现可持续发展。

关键词： 肯尼亚 传统知识 传统文化表达

作者简介： 陈染，中南民族大学法学院民商法专业研究生。

肯尼亚有着丰富多彩的文化遗产，如传统文学、传统工艺美术、音乐、视觉艺术、传统建筑、传统药物、与农业相关的传统知识等。这些文化遗产，可以分为传统知识和传统文化表达两大类。忽视传统文化等文化遗产，不利于社会的发展。肯尼亚的传统知识和传统文化表达被广泛传播和商业利用，只有小部分利益回流给提供者和来源社区，这对提供者和来源社区是极不公平的。为了给本国传统知识和文化表达的知识产权保护提供法律依据，肯尼亚政府于2016年9月7日颁布了《肯尼亚传统知识与传统文化表达保护法》(the Protection of Traditional Knowledge and Cultural Expressions Act，2016，以下简称《肯尼亚保护法》)。该法共八章。其中，第一章主要界定了相关术语的含义，郡县及地方政府的责任。第二章主要规定传统知识的保护，具体包括：保护标准、传统知识保护的形式与程序、注册的维护、保护权利、传统知识持有人的权利内容、对传统知识与传统文化表达所有者的承认、强制许可、传统知识的保护期。第三章规定了传统文化表达的保护，主要分为：传统文化表达的保护标准、与传统文化表达有关的程序性事项、保护的权利、传统文化表达的保护期。第四章则为一般条款。主要有以下内容：针对有关传统知识和文化表达的不合法行为的保护、例外和限制规定、与衍生性作品有关的规定。第五章规定了精神权利，主要包括：精神权利的含义、转让许可、附加权利、基于公平的利益分享权利。本文主要对以上内容进行评述。

一、肯尼亚传统知识和传统文化表定义、保护标准与程序要求

（一）保护标准

1. 对传统知识的定义与保护标准

《肯尼亚保护法》对"传统知识"（traditional knowledge）的内涵进行了界定：即来自原住民和地方性社区智力活动、体现其传统生活方式的诀窍、技能、创新和实践（know—how, skills, innovations, practices），包括代代相传的农业、环境或医学知识、与遗传资源或生物多样性有关的知识，传统建筑与施工技术、设计、标志等知识体系。在其传承和保存方式上，传统知识具有群体所有性、代代相传性、依靠习惯法管理等特征[①]。按照世界知识产权组织（简称 WIPO）的界定：传统知识是基于传统产生的文学、艺术和科学作品，表演，发明，科学发现，外观设计，标志、名称和符号，未披露信息，以及其他一切在工业、科学、文学或艺术领域由智力活动产生的基于传统的创新和创造[②]。作为人类知识体系的一部分，传统知识是人类对生活经验的总结，是实践和技术的体现。这是 WIPO 早期一个研究报告对传统知识的内涵与范围进行的界定，过于广泛。《肯尼亚保护法》对传统知识的界定，相对于上述广义界定，有很大进步。根据《肯尼亚保护法》第6条的规定，传统知识要获得保护，需满足以下条件：（1）在社区范围内，为了经济、信仰仪式、叙述、装饰、娱乐的目的产生、保存及传承；（2）个人或集体产生；（3）被认为与社区联系在一起或属于一个

① See Kenya provisions for Protection of Traditional Knowledge and Cultural Expressions ACTs,Nairobi,2016,PartI,Article2.

② Intellectual Property Needs and Expectations of Traditional Knowledge Holders,WIPO Report on Fact—Finding Missions on Intellectual Property and Traditional Knowledge（1998~1999）,WIPO,Geneva,April 2001,p.25.

社区；（4）作为传统社区的组成部分，传统知识与社区文化身份（cultural identity of community）不可分割。社区被视为传统知识的持有人，被惯例、习惯法正式或非正式地赋予监管职责。

2. 对传统文化表达的保护标准

在《肯尼亚保护法》中，"传统文化表达"（cultural expressions）是指，以有形或者无形方式表现、呈现或者表征"传统文化和知识"的任何形式，包括以下四种形式及其组合：一是言语表达形式，如故事、史诗、传说、诗歌、谜语以及其他叙述形式；语词、标志、名称和符号；二是音乐表达形式，如民间歌曲、器乐等；三是以舞蹈、戏剧、宗教仪式或其他表演等动作形式表达的作品，无论其是否具有一定的有形载体（a material form）；四是有形形式（tangible expressions）。这种有形形式可以分为以下几类：艺术作品、图纸、铜版画、石版画、雕刻、印刷品、照片、设计、绘画（包括人体彩绘）、雕刻、雕塑、陶器、镶嵌作品、木制品、金属制品、珠宝、编织品、形象的编织物、刺绣、纺织品、玻璃器皿、地毯、服饰、手工艺品、乐器、地图、建筑图表、建筑模型，以及建筑形态。从世界知识产权组织的相关法律文件可以看出，《肯尼亚保护法》中所指的"传统文化表达"可看作与"民间文学艺术作品""民间文学艺术表达形式""民间文学艺术等相近似的概念"①，因此，对其评述探讨可以借鉴已有的相关研究。当然，现在，"传统文化表达形式"或"民间文学艺术表达形式"已成为 WIPO 知识产权与遗传资源、传统知识和民间文学艺术政府间委员会（简称 IGC）在有关传统文化表达保护的相关文件中经常使用的术语。

第14条规定，其所保护的传统文化表达是指任何具有以下特点的文化表达：（1）该文化表达是集体创作或者由个人创作但其身份无法确定的累积性成果（cumulative intellectual activity）；（2）社区的文化认同和文化遗产的特征，是根据社区的习惯法律和惯例，由这些社区维持、使用或发展的；（3）在社区范围内，为了经济、信仰仪式、叙述、装饰、娱乐的目的产生、保存及传承传统知识；（4）通过个人或集体产生；（5）与社区有关的或属于社区；（6）通过惯例、法律或协议正式或非正式的建立对社区文

---

① 1976年《突尼斯版权示范法》对"民间文学艺术"采用"民间文学艺术作品"的说法；联合国科教文组织和世界知识产权组织共同推出的1982年《示范法》创设了"民间文学艺术表达形式（expressions of folklore）"这一术语来描述其保护客体，2008年 WIPO—IGC《传统文化表达形式/民间文学艺术表达形式保护修订条款》（简称 IGC）将"民间文学艺术表达形式"等同于"传统文化表达形式"，并称为"民间文学艺术"。

化认同的整合，即通过管理、监护来获得传统知识或集体所有权和文化责任。由此可以看出，《肯尼亚保护法》下，传统文化表达具有以下特点：（1）具有传统的、世代相传的特征；（2）必然没有特定作者；（3）与持有人和持有人所在社区相关；（4）由社区依据其习惯法而保持、使用或发展。其保护条件为：（1）受保护的传统文化表达是个人或集体创造性智力活动的产物；（2）具有某社区的文化身份和社会身份及文化遗产的特征；（3）受保护的传统文化表达为有关社区或个人所维持、使用或发展，该个人根据其所在社区的习惯法与惯例有权利或责任对该文化表达进行维持、使用或发展。

（二）保护传统知识与文化表达的形式与程序

1. 对传统知识和文化表达进行登记注册

肯尼亚传统知识的保护不受任何形式和手续的约束，但是，各国政府应在各自的县内收集资料、文件，并将传统知识登记注册，以供认可之用。该注册在获得事先知情同意（prior informed consent）的情况下，应由传统知识的所有者自愿承担，但不要求公开披露有关传统知识（根据《肯尼亚保护法》的相关术语解释，"事先知情同意"是指由预期使用者提供完整和准确的信息，相关社区依据这些信息，对其传统知识或文化表达的使用予以事先认可）。每一个县在收集、记录并登记与任何社区有关的传统知识或文化表达的信息时，应当将完整的、经过验证的信息传递给每一个县。每一个县的政府，应当建立并保存一个登记册，登记册应包含在注册过程中由县政府收集和记录的有关传统知识和文化表达的信息。涉及特定形式的保护的登记册，不应损害未公开的传统知识或与其知识的未披露要素有关的传统知识持有者的利益。肯尼亚的一个社区与肯尼亚以外的社区分享传统知识，国家和县政府应登记肯尼亚的传统知识的所有者，并保持相关记录。该规定基本沿袭了《斯瓦科普蒙德议定书》第5节第4款的规定 ①。《斯瓦科普蒙德议定书》生效后，作为其缔约国，肯尼亚的知识持有人和当地社区能够在非洲地区知识产权组织（简称 ARIPO）注册跨国界传统知识和民间文学艺术表达；成员国的知识持有人和当地社区能够在其国家内

---

① 非洲地区知识产权组织成员国于2010年8月9日在纳米比亚共和国斯瓦科普蒙德通过了保护传统知识和民间文学艺术表达的《斯瓦科普蒙德议定书》，于2015年5月11日生效。相关原文：Where two or more communities in the same or different countries share the same traditional knowledge,the relevant national competent authority of the Contracting States and ARIPO Office shall register the owners of the traditional knowledge and maintain relevant records.

备案其传统知识和民间文学艺术表达，备案将通过其国内主管机关进行；成员国知识持有人和当地社区能够许可其在 ARIPO 正式注册的传统知识和民间文学艺术表达并获得相应许可费用，有权从其传统知识和民间文学艺术表达的商业开发中获利。《肯尼亚保护法》第7条第6款和第7款规定，在不同的社区提出相同要求时，肯尼亚版权局或县政府在确定索赔时，应考虑所涉社区的习惯法和议定书、当地信息来源和可能适用的任何其他手段。登记应当仅仅具有一个宣告性的功能，本身不得被赋予权利。

2. 建立和维护数据库

《肯尼亚保护法》第8条规定，国家政府应当和有关县政府协商建立和维护一个全面的传统知识数字库，其中包含被县政府记录和登记的有关传统知识和文化表达的相关信息。县级政府和其他处理与传统知识和文化表达有关的事项的机构，也应与国家政府合作建立和维持知识库。为了传统知识保护的透明度、便于举证、便于传统知识的保存，考虑到传统知识持有者的需求和愿望，国家政府和有关机构应当适当根据相关的政策、法律和程序，维护知识库中传统知识的登记和记录。在肯尼亚政府2009年颁布的《关于传统知识、遗传资源和传统文化表达的国家政策》第3条第5款也作了"建立传统知识、遗传资源和传统文化表达检索的数据库和网络"的相关规定①。在实践中通过建立传统数据库可方便对涉及传统知识的技术进行可专利性审查，保证获得专利保护的技术具有社会价值或具有潜在的社会价值②。同时，也可以减少和防止对传统知识的不当授权，建立供知识产权主管机关审查使用的传统知识数据库，可以实现传统知识的文献化③。不仅促进了传统知识和文化表达受到的更好保护，当遇到侵权纠纷，要求权利主张者披露其使用的传统知识来源时，知识产权主管机关也可以基于数据库更好地判断其权利主张与传统知识之间的关系。从《斯瓦科普蒙德议定书》来看，ARIPO 能够建立已编纂和未编纂的传统知识和民间文学艺术表达的数据库，数据库中的信息只有经过知识持有人同意后才可使用，查看参考数据库还会给成员国创造收益。

---

① 原文为：Establish traditional knowledge,genetic resources and traditional cultural expressions searchable database and networks.

② 陈默：《遗传资源及传统知识披露问题研究》，中国政法大学出版社2014年版，第18页。

③ 古祖雪：《TRIPS框架下保护传统知识的制度构建》，《法学研究》2010年第1期。

二、传统知识和传统文化表达的权利主体与权利内容

（一）权利主体

权利主体，即一些国际法律文件中指称的受益人（beneficiaries）。按照1976年《突尼斯版权示范法》第6条和第18条规定，民间文学艺术的权利持有人是政府主管部门，可以认为政府主管部门是民间文学艺术的权利主体。1982年联合国教科文组织和世界知识产权组织共同制定的《示范法》没有明确界定民间文学艺术表达形式的权利主体。从其概念界定看，作为由特定社区或其成员创作、发展或维持、由反映该社区传统的主题、母题、情节、人物和艺术形式等艺术遗产典型要素组成的智力成果，民间文学艺术表达形式的权利主体包括"创作、发展或维持"特定民间文学艺术表达形式的"特定社区"或"其成员"。《太平洋示范法》第4条规定，传统所有人是指拥有"传统知识和传统文化表达形式"的族群、氏族、社区的习惯法与惯例对监管与保护传统知识及传统文化表述形式负有义务与责任的个人。其主体被视为有关社区、族群及其成员。WIPO—IGC 把民间文学艺术表达形式保护的权利主体界定为原住民、传统社区和其他文化社区（the indigenous peoples and traditional and other cultural communities）。

《肯尼亚保护法》的第9条规定，"传统知识的所有者和持有者（holder）有权保护这些传统知识（traditional knowledge）"，第16条规定"传统文化表达的所有者和持有者有权保护这些文化表达（cultural expressions）"[1]。该法对"持有者"解释为依照该社区的习惯法和惯例，将传统知识和文化表达被委托保管或保护的社区内的公认的个人或组织，该规定与其加入的《斯瓦科普蒙德议定书》相一致[2]。由此可见，权利主体为传统知识或文化表达的"所有者"和"持有者"，即权利所有者和受委托的社区机构。然而，在 WIPO 的相关研究中，将国家主管机构称为"权利持有者"，而未将传统族群等传统知识或文化表达的真正创造者视为权利持有人[3]。在上述两类主体中，"代代相传"的源头创作者本身不确定，

---

[1] See Kenya provisions for Protection of Traditional Knowledge and Cultural Expressions ACTs,Nairobi,2016,PartIV,Article 9,Article16.

[2] 《斯瓦科普蒙德议定书》第6条规定："传统知识的权利所有人应为其持有人，即第4节规定在传统和跨代环境下创造、保留和传递知识的本地和传统社区以及该社区中被认可的个人。"第18条规定："下列本地或传统社区应当是民间文艺表达的权利所有人：（a）依照上述社区的习惯法和实践，负责管理和保护民间文艺表达者（b）将民间文艺表达作为其传统文化遗产特征而保留和使用者。"

[3] 杨鸿：《民间文艺的特别知识产权保护——国际立法例及其启示》，法律出版社2011年版，第97页。

社区也可能面临难以有效行使其权利的困难，因此，《肯尼亚保护法》规定了由国家或特定机构进行管理、维护的机制，例如，建立传统知识与文化表达的知识库和登记册。一般来说，来自传统知识和传统文化表达的知识、创新和实践不能归功于个体。因为这些由实践积累起来的财富都是以社区为基础的，随着时间和世代而增加，可以说，传统的知识体系、传统的创新和实践是人民的日常生活。其创新的动力来源不是为了营利或个人利益，而是为了整个社会和后代的福利和共同利益。但是，传承人对其保存与传播起到了重要作用，而且在传承的过程中也付出了创造劳动，《肯尼亚保护法》就规定了"衍生作品"（derivative work）的创作者享有任何与作品有关的著作权、商标、专利、工业设计、地理标志或者其他知识产权 ①。根据《肯尼亚保护法》的相关规定，衍生作品是指任何基于或源自传统知识或传统文化表达的知识创造或创新，是以传统知识或者文化用语为基础的派生作品。该法第20条第2款规定，当衍生作品被用于商业或者工业用途时，应当在权利人和授权用户之间签订授权用户协议。同时，第3款还规定了：授权用户协议应含有利益分享条款，为权利持有人提供公平的货币或非货币补偿；对衍生作品相关的传统知识或文化表达进行识别和披露，标识其所有者或来源；同时，应当规定传统的知识或文化表达不会遭受贬损待遇。

根据《肯尼亚保护法》对传统知识及文化表达概念的表述，结合WIPO—IGC等法律文件的规定，可以将传统知识和文化表达的权利主体条件概括为以下两点：（1）该原住民、传统社区，根据其习惯法和惯例，对该传统知识和文化表达负有监管、照看和保护的责任与义务；（2）为体现其文化身份和社会身份及文化遗产的特征，该原住民、传统社区对该传统知识和文化表达进行维持、使用或发展 ②。肯尼亚《关于传统知识、遗传资源和传统文化表达的国家政策》还提到"缺乏对传统知识、遗传资源和传统文化表达的承认和保护的有利政策和法律框架导致了这样一种后果，即从传统的创新和实践中获得知识和创新的保管者不会因提供的贡献

---

① 原文是：Any copyright,trademark,patent,industrial design,geographical indication or other intellectual property right that exists in relation to a derivative work shall vest in the creator of the work as provided by the relevant intellectual property law.

② 严永和：《民间文学艺术的知识产权保护论》，法律出版社2009年版，第193页。

而得到奖励"①。《肯尼亚保护法》通过对所有者和持有者权利地位的确定以及对衍生性作品的相关规定，充分认可了传统知识和文化表达在发展及传承的过程中不同主体的劳动成果。传统知识和文化表达的专有权作为知识产权的一种，在确认权利主体时，可以参照知识产权权利主体认定的一般原则，即"创造性活动是权利产生的源泉"。由此也可以看出其原创作者可能是个人，也可能是某一个民族或国家的全体人民。

（二）权利内容

《肯尼亚保护法》明确了权利所有人的法律地位，对传统知识与传统文化表达所有者进行承认。第11条指出，在传统语境之外使用传统知识或文化表达的人应当承认传统知识所有者的地位，在必要时，指明知识或表达的来源，并以尊重持有者的文化价值的方式使用这些传统知识或传统文化表达②，即标明来源权。1982年《关于保护传统文化表现形式、防止不正当利用及其他损害性行为的国内示范条款》（简称1982年《示范条款》）要求在所有的印刷出版物中以及有关民间文学艺术的任何公开传播中，必须用恰当的方式标明其来源，即通过提及所使用的民间文学艺术的起源社区和其地理位置的方式来标明③。除此之外，作为传统知识和文化表达的权利所有人，还享有以下权利：

1. 专有权

每个社区都享有对传统知识的专有权（exclusive right），包括：（1）有权授权他人利用其传统知识；（2）有权防止任何人未经事先知情同意（prior informed consent）而利用其传统知识；除此之外，所有权人有权对未经所有者许可而利用传统知识的人提起法律诉讼。每个社区都应制定和通过一定的社区规章，授权对其传统知识进行开发，且在传统知识登记的过程中，向县政府提交。

2. 精神权利

传统知识或文化表达的所有者应享有一定的精神权利。具体包括

---

① See The National Policy on Traditional Knowledge,Genetic Resources and Traditional Cultural Expressions,2009,Annex,p.5. 原文：Lack of enabling policy and legal framework for the recognition and protection of traditional knowledge,genetic resources and traditional cultural expressions has led to a situation where custodians of knowledge and innovations derived from their traditional innovations and practices are not rewarded for contributions rendered.

② See Kenya provisions for Protection of Traditional Knowledge and Cultural Expressions ACTs,Nairobi,2016,PartIV,Article 11.

③ 黄玉烨：《民间文学艺术的法律保护》，知识产权出版社2008年版，第93页。

以下内容：（1）社区对其传统知识或文化表达享有所有权（the right of attribution of ownership）；（2）对将传统知识或者文化表达所有权错误归属于他人时，社区享有否定权；（3）使他们的传统知识和文化表达免受贬损的权利。包括任何作为或不作为的形式歪曲、毁损或改变传统知识或文化表达，对所有权人的荣誉或声誉带来不利影响，或者破坏传统知识和文化表达的完整性；（4）制止对传统文化或表达的真实性以及真实来源进行错误的、虚假性描述的权利。此外，传统知识和文化表达的传统所有者的精神权利应独立于其文化权利而存在，精神权利永远有效，不可被剥夺，不能放弃或转让。《保护文学和艺术作品伯尔尼公约》（简称《伯尔尼公约》）第6条第2款规定了精神权利，即"不依赖于作者的经济权利，即使在该权利转让后，作者有权主张作品作者的身份和反对与作品有关的、可损害其尊严或名誉的任何歪曲、篡改或其他更动，或其他毁损行为。"WIPO—IGC在2017年召开的第三十四届会议中，关于"保护传统文化表现形式：条款草案第二次修订稿"第5条也有相关规定①。美国著作权法规定了著作人身权或者说作者的精神权利②，德国著作权法亦规定了精神权利③。这些权利主要有发表权、署名权即归属权（the right of paternity）、修改权、保护作品完整权、追回权等。我国研究传统知识与民间文学艺术的专家认为："传统知识和文化表达具有一定的保密性，而与某些宗教信仰仪式有关的民间文学艺术，不仅具有保密性，还具有一定的神圣性和宗教信仰的特征。其功能和目的不是为了向外部社会传播，而是满足有关社区精神生活的需要。"④ 这与前文中提到的县政府对传统知识进行登记注册，但并不作披露要求的规定相一致，目的是使得传统知识与文化表达能真正成为社区精神世界的一部分，受到保护和尊重。《肯尼亚保护法》对传统知识和文化表达权利人精神权利的规定，不仅立足于本国实际，符合传统社区保护本族精神财富的需求及愿望，也符合其加入的相关国际公约的宗旨。

---

① See WIPO/GRTKF/IC/34/6,Annex,p.8. 原文为：Independently of the economic rights and even after the transfer of those rights,beneficiaries shall,as regards their traditional cultural expressions,have the right to be identified as the owners of those traditional cultural expressions and object to any distortion,mutilation or other modification of their traditional cultural expressions that would be prejudicial to the integrity of their traditional cultural expressions.

② 李明德：《美国知识产权法》，法律出版社2003年版，第200页。

③ ［德］M·雷炳德：《著作权法》，张恩民译，法律出版社2005年版，第四编第二部分"作者人格权"的相关内容。

④ 严永和：《民间文学艺术的知识产权保护论》，法律出版社2009年版，第115页。

3. 转让许可、附加权利、基于公平的利益分享权利

　　传统知识或文化表达权利的所有者有权订立许可和转让协议，但是没有当地或传统社区的保管人的授权，属于当地或传统社区的传统知识或文化表达不得被转让。在保护传统知识或文化表达方面，传统知识或文化表达权利的持有人应当以书面形式将传统知识或文化表达转让给他人，授权许可他人使用，并将其授权许可的复制件提交内务部和当地执行委员会负责传统知识或文化有关事务的人员。未经书面批准的受保护的传统知识或者文化表达的获取、授权、转让或者许可无效。转让许可协议的双方在草拟相关条款时，可以征求内阁秘书的意见。内阁秘书需要对所有的许可转让作登记。

　　对传统知识或文化表达的所有者和持有者的保护，还应包括公平合理地分享由商业或工业使用其知识所产生的利益，利益分享由双方通过协议来决定。公平的利益分享权可能延伸到非金钱利益，例如社区发展的贡献，取决于社区本身的物质需求和文化偏好。同时，内阁大臣可以制定规章制度，来规定应被纳入利益共享的事项。《与贸易有关的知识产权协定》（Agreement on Trade—Related Aspects of Intellectual Property Rights，简称 "TRIPS"）首次以国际条约的形式将利益平衡明确规定为知识产权制度的目标，具体体现在其第7条规定中："知识产权的保护和实施应有助于促进技术革新及技术转让和传播，有助于技术知识的创造者和使用者之间的互利，并在一定程度上有助于社会和经济福利及权利与义务的平衡。"我国学者认为这一目标中体现的创造者利益和使用者利益之间的平衡是核心 [1]。也有学者指出："知识产权法需要特别协调知识产权人与社会公众之间的利益，其中主要是平衡知识产权人与知识产品使用人之间的利益。"[2]《肯尼亚保护法》不仅对利益分享制度作了说明，还明确了利益分享权可以延伸到非金钱利益。

　　4. 针对有关传统知识和文化表达的不合法行为的保护

　　《肯尼亚保护法》第18条列举了多项消极权利，对应有关传统知识和文化表达的不合法行为，例如：（1）任何人不得以任何方式对传统知识不公正、不合理地误用、滥用，非法获取和利用传统知识和文化的表达方式。（2）没有获得所有者事先知情同意，传统知识或传统文化表达不得被复制，

---

① 古祖雪：《TRIPS 框架下保护传统知识的制度构建》，载《法学研究》2010年第1期。
② 冯晓青：《知识产权法利益平衡理论》，中国政法大学出版社2006年版，第22页。

出版，公开展示或表演，通过广播、电视、卫星、有线或其他通信手段向公众传播，翻译、修改、改编，通过照片、电影或录音进行固定，向公众在线或电子传送（无论是路径或路径的组合，或两者皆有），创造衍生作品。没有获得所有者事先知情同意，不得生产、使用、销售、进口或出口传统知识或传统文化表达的产品。所有者在行使其文化权利时，不受上述规定的限制。（3）任何人不得使用传统文化表达或衍生品的文字、标志、名称和符号，在获取和利用传统文化表达或其衍生品时，不得贬低、冒犯或不当暗示与相关社区的关联，以免给社区带来不良影响。同时规定了政府及内阁针对一些不合法行为应采取的措施，具体有：中央政府与地方政府应协商建立机制，防止社区的传统知识和传统文化表达被盗用、滥用或被非法获取和利用。应防止的行为除了盗用、滥用或非法获取和利用文字、符号、名称和标志外，还应包括：（1）复制、出版、改编、广播、公开表演、向公众传播、发行、出租、固定传统文化表达（包括静态摄影）或衍生作品；（2）任何不承认社区作为传统文化表达来源的改编或使用；（3）任何歪曲、损毁或其他贬损传统文化表达的行为（即保护完整权）；（4）获取和行使传统文化表达或其改编作品的知识产权。内阁部长与地方政府应当协商建立机制，以确保：（1）相关的社区被确定为任何传统文化作品或其改编作品的来源。（2）避免任何歪曲、损毁或其他贬损传统文化表达的行为。（3）避免任何关于商品或服务的虚假、混淆或误导性的主张或暗示，使人联想到社区的传统文化表达，或暗示与该社区的任何认可或联系；WIPO—IGC在2017年召开的第三十四届会议中，关于"保护传统文化表现形式：条款草案第二次修订稿"中也有规定："防止在商品和服务上对受保护的传统文化表现形式进行任何虚假的或误导性的、表示受益人予以认可或与受益人有联系的使用。"（4）使用和开发能够获得收益、利益共享，在没有由内阁秘书与有关社区协商确定协议的情况下，与相关社区协议确定使用或开发的条款。（5）确保社区能够防止具有保密性质的传统文化表达的知识产权被非法的披露、获取和后续使用。

5. 传统知识与传统文化表达的保护期

有关保护期方面，《肯尼亚保护法》规定，符合该法第6条所述的保护标准的传统知识将会受到永久保护。符合第14条规定的保护标准的情况下，传统文化表达应受到保护，防止任何滥用、非法获取或利用的行为。区别于普通版权法对经济权利只提供有限期保护的情形。民间文学艺术经济权利的保护期不受限制，因为其创作时间长，是世代相传、在社会发展进程中产生的具有创造性的产品，既无法考证其创作的起始时间，也无创作完成的终点，很难给予合理的时间上的限定[①]。1982年《示范条款》、巴拿马版权法和太平洋地区有关民间文学艺术保护的规定对其保护也没有时间限制。2008年WIPO—IGC实体条款对民间文学艺术的保护期采取区别对待原则。对第3条（a）款规定的具有特殊价值的民间文学艺术，只要能够满足第1条规定的保护标准并依法办理注册和公告手续，就可以得到无限期保护；对于秘密的民间文学艺术，只要权利人能够保持其秘密性，就可以得到永久保护，对于一般的民间文学艺术，WIPO—IGC没有作出规定。笔者认为，参照各国著作权法的规定，对于精神性权利以及消极权利，可以永久保护。对于消极权利，可以作出一定的区分。具体来说，规定对传统知识进行永久性保护，同时可以参考《斯瓦科普蒙德议定书》第13节的规定"若传统知识属于个人，保护期限应为25年，自该个人在传统环境之外利用该知识计算"。但是对于传统文化表达，其经济权利应给予有限期的保护，例如，可参照《伯尔尼公约》为实用艺术品提供25年的保护期。如此规定，将能更好地体现传统知识作为民族精神财富的文化价值和世代传承的传统观念，也能更好地促进传统文化表达在传承及发展的过程中不断创新。

三、《肯尼亚保护法》传统知识与文化表达保护的例外和限制规定

由于传统知识与文化表达获得的权利保护仍在版权法体系下，具有版权属性，因此必然也要涉及版权法中平衡各方利益的核心制度——权利限制。同时，这种权利毕竟是特别的，因此，相应的权利限制方式可能也具有特殊性[②]。根据《肯尼亚保护法》第四部分一般条款的规定，可以将这种权利限制分为合理使用的限制和强制许可的限制。

《肯尼亚保护法》第19条第1款规定"保护传统知识或文化表达，不应当限制或妨碍特定社区的成员按照社区的习惯法和惯例正常使用、发展、交流、传播传统知识和文化表达。不论是否获得商业利益，只能在传统或习惯的背景下使用传统知识或文化表达。对一些非商业性使用做了例外规定，例如：为教育或者科研目的而使用；为个人学习或者研究

---

① 黄玉烨：《民间文学艺术的法律保护》，知识产权出版社2008年版，第205页。
② 杨鸿：《民间文艺的特别知识产权保护——国际立法例及其启示》，法律出版社2011年版，第95页。

目的而使用；为新闻报道或者介绍评论目的而使用；在诉讼过程中使用；为保护传统知识、文化遗产，将传统知识或者文化用语的录音、复制品纳入档案或者目录；附带性使用（incidental use）"①。相比1982年《示范法》第4条的规定，《肯尼亚保护法》增加了在诉讼过程中使用和保护性使用的规定，对传统知识与文化表达保护的限制与例外，总体上类似于著作权法的合理使用制度。《伯尔尼公约》第2条和第10条规定了一些类似的合理使用条款②，在《世界知识产权组织版权条约》（WCT）中也有相关规定"缔约方可以在某些特殊情况下在其国内法律中对本条约之下赋予文学和艺术作品作者的权利规定不与作品的正常使用相冲突并且不过度损害作者合法利益的限制或例外"。《肯尼亚保护法》对合理使用的规定符合国际上通行的做法，而且，对于特定社区成员在传统或习惯的背景下使用传统知识或文化表达，超出了营利性使用的限制。即：特定社区的成员按照社区的习惯法和惯例正常使用、发展、交流、传播传统知识和文化表达不受限制或妨碍，不论是否获得商业利益，但是，只能在传统或习惯的背景下使用传统知识或文化表达。对于社区成员外的使用者，该法第19条第2款明确提及"应当事先取得所有权人的知情同意，并在使用过程明确披露有关传统知识或文化表达的来源地"。对传统知识或文化表达的使用，第3款规定："应当符合公平的惯例（fair practice）、符合有关社区的习惯法；同时，也应当承认有关社区为有关传统知识或文化表达的来源，并且不得冒犯有关社区。"

关于强制许可，《肯尼亚保护法》仅在第二部分有关传统知识的规定中明确规定，具体如下：（1）受保护的传统知识没有被所有者或权利人充分利用，或在传统知识权利的所有人拒绝授权开发许可的情况下，内阁秘书可以在事先知情同意的情况下，根据《宪法》第40条第（3）款（b）条，授予强制许可。（2）有关强制许可的赔偿金额，在双方没有达成协议的情

---

① See Kenya provisions for Protection of Traditional Knowledge and Cultural Expressions ACTs,Nairobi,2016,PartIV,Article 19.

② 译文为：文学或艺术作品的汇编，由于内容的选取和编排而构成智力创作，本身受保护；公约的保护不适用于日常新闻或纯属报刊消息性质的各种事实；联盟国家的法律可以确定，在何种条件下，公开发表的演说、讲话和其他同样性质的作品，可以在符合提供消息的目的时被报刊转载、广播、以有线方式向公众传播；可以允许引用已经合法向公众提供的作品，只要引用符合正当惯例，且不超出与目的相符的程度，包括以新闻提要的形式引用报纸文章和期刊；可以允许在与目的相符的程度上未来教学在出版物、广播节目或录音或录像中以说明的方式使用文学或艺术作品，条件是此种使用符合正当惯例。裴安曼译：《International Instruments on Copyright and Related Rights》，中国书籍出版社2016年版，第4页、第8页。

况下，有管辖权的法院应基于当事人的申请确定合适的补偿金额。（3）在发生纠纷而当事人之间没有协议的情况下，内阁部长应通过其他争端解决机制解决问题。（4）内阁部长应制定授予强制许可的相关标准和条件。《斯瓦科普蒙德议定书》第12条规定："当权利持有人未充分利用受保护的传统知识，或拒绝按合理的商业条款和条件授予许可时，缔约国为公共安全或健康利益可授予强制许可以满足国家需要。"《肯尼亚保护法》未明确指出为了公共安全或健康利益授予强制许可，使得强制许可的条件更宽松，但是，《肯尼亚保护法》未能规定在国家出现紧急状况或非常情况时，政府可以基于公共利益的目的实施强制许可，这也是其立法的一个限制。

四、《肯尼亚保护法》对我国立法的借鉴意义

关于传统知识，我国没有制定专门的保护性法律，《著作权法》规定对民间文学艺术作品的著作权保护，授权国务院以行政法规形式另行制定具体办法，但至今仍未出台相关行政法规。自2007年起，《民间文学艺术作品著作权保护条例》被正式列入国务院年度立法计划，2014年形成了现在的《民间文学艺术作品著作权保护暂行条例草案》（送审稿）（简称《送审稿》）。《肯尼亚保护法》可以为我国在传统知识尤其是民间文学艺术的保护上提供诸多可借鉴的立法经验。

《肯尼亚保护法》规定在履行该法规定的权力和行使职能时，每一个处理与传统知识或文化表现有关的事项的人都应遵循《宪法》第10条规定的国家价值观和施政原则。该法详细规定了政府应该履行的职能和应负责的具体事项。其中规定了六项县政府应当通过县执行委员会成员负责的文化事项和四项国家应负责的事项。而《送审稿》第四条只规定了主管部门，即：国务院著作权行政管理部门主管全国民间文学艺术作品的著作权保护工作，国务院其他部门在各自职责范围内负责相应工作；地方各级人民政府著作权行政管理部门主管本行政区域内民间文学艺术作品的著作权保护工作。借鉴肯尼亚的立法，将权责明细化，不仅可以明确政府各部门的职责，做到责任分明，也可以提高管理效率，避免互相推诿。

《肯尼亚保护法》关于权利转让的规定为：在取得当地或传统社区的保管人的授权后，属于当地或传统社区的传统知识或文化表达可以被转让，所有者有权订立许可和转让协议。而《送审稿》第13条规定，"民间文学艺术作品的著作权不得转让、设定质权或者作为强制执行的标的"。第8条规定，"民间文学艺术作品的著作权人或者专门机构不得向任何使

用者授予专有使用权"。但是向著作权人或国务院指定的专门机构支付合理报酬后，使用者向专门机构申请许可，专门机构在没有特殊原因的情况下不得拒绝授权。也即我国的民间文学艺术作品著作权不得转让，但是支付报酬后可以申请使用。从此规定可以看出，民间文学艺术作品将被视为一种国家文化资源受到保护。关于权利主体的确定，《送审稿》采取"代表行使制"，也规定了政府著作权行政管理部门也可以代为行使著作权，排除了个人作为民间文学艺术主体的可能性。这可能导致民间文学艺术的传承人因其提供的贡献得不到奖励，从而可能限制民间文学艺术的发展和创新。结合上述关于权利转让的规定，民间文学艺术一旦被视为一种国有文化财产进行保护和许可使用，将丧失传统社区、族群丰富的发展环境，虽然使得固有的文化资源得到保存，但不利于其发展和创新。因此，可考虑对民间文学艺术进行分类保护，对于年代久远、与传统文化社区脱离的民间文学艺术以及无法确定权利主体的民间文学艺术如民间故事、传说等采取由国家统一保护授权使用的机制，而对于其他诸如民间舞蹈等具有极大创新空间的民间文学艺术可参照肯尼亚的做法，赋予当地社区以相应的主体权利。

在《送审稿》中，第11条有关利益分配是这样规定的："国务院著作权行政管理部门指定的专门机构应当将其收取的民间文学艺术作品著作权报酬及时分配给相应的民族、社区或者社群。"《送审稿》规定了专门机构应建立数据库，但不是用来保存或记录传统知识或民间文学艺术，而是用来每年向社会公示民间文学艺术作品著作权报酬的收取和分配等相关情况。建立数据库的意义在前文已有较详尽的论述，在此不做过多赘述。作为一个民间文艺资源大国，各族人民在长期生产生活实践中创造的数量众多、丰富多彩的民间文艺，是中华民族智慧的结晶和历史的见证，我国应充分认识到建立数据库对民间文艺的收集、保存及传承的意义。

我国文化产业蓬勃发展，一方面使得民间文艺资源被越来越多的开发使用，广泛促进了民间文艺作品的利用和传播；另一方面，各种侵权行为也导致了民间文艺作品权利人的精神权利和财产权利遭受到不同程度的侵害。由于我国缺乏相应的法律保护，在进入诉讼程序后，司法处理情况也千差万别。此外，民间文艺的收集、整理、传承、利用、弘扬、发展等问题日益突出，其中民间文艺的著作权立法保护工作亟待加强。2008年6月5日，国务院颁布《国家知识产权战略纲要》，提出了"到2020年把我国建设成知识产权创造、运用、保护和管理水平较高的国家"的战略目标，在"战略重点"部分提出要适时做好民间文艺的立法工作；在"专项任务"之"特定领域知识产权"部分提出要"加强民间文艺保护，促进民间文艺发展"。2017年1月，中共中央办公厅、国务院办公厅印发了《关于实施中华优秀传统文化传承发展工程的意见》，更是强调了发展中华优秀传统文化的重要性，提出了维护国家文化安全、增强国家文化软实力，建设国家文献战略储备库等大数据库，开展少数民族特色文化保护工作等内容。总之，我国亟待制定专门的传统知识与民间文艺保护法以回应社会需要，使我国众多优秀的传统文化资源能够在得到有效保护的同时得以更好地实现传承与弘扬。

后 记

  2018年6月21日至22日，中国法学会民族法学研究会在湖北省武汉市召开第六次会员代表大会暨学术研讨会，中南民族大学法学院和民族法制研究中心承办了会议。与会专家学者踊跃提交参会论文100多篇，并就民族事务依法治理、民族区域自治法治建设、民族民间习惯法与国家法规范的互动、国外少数民族人权立法等议题进行了热烈的研讨。由于篇幅限制，这些各有千秋的论文不能尽数收入本选集中，编者综合考虑论文质量以及论题类型、作者年龄、所在机构和区域的代表性等因素，选择其中34篇收录于此。因版权问题一些已发表的论文只能忍痛割爱。另外，开会签到时作者不同意收录的没有收录。本论文集的出版，还要特别感谢中国法学会和国家民族事务委员会政策法规司的经费支持。

王 平
2018年10月10日